Josef Guter

LEXIKON
ZUR GESCHICHTE CHINAS

Sieben Jahrtausende im Überblick

marixverlag

Ein Projekt der AVA International GmbH Autoren- und Verlagsagentur, Herrsching,
www.ava-international.de

Covergestaltung: Thomas Jarzina, Köln
Bildnachweis: akg-images, Berlin
Satz: Pinkuin Satz und Datentechnik, Berlin
Druck und Bindung: GGP Media GmbH, Pößneck

ISBN 3-937715-40-1
www. marixverlag.de

A

Abaoji Abaoji (872–926), Häuptling des Yila-Stammes, in der Inneren Mongolei und in der heutigen Provinz Liaoning, einst nomadisierend, gilt als der eigentliche Gründer-Vater der Liao-Dynastie (947–1125). Obwohl diese Dynastie erst 21 Jahre nach dem Tode Abaojis von seinem Sohn und Nachfolger Deguang (902–947) gegründet wurde, hat aus Pietät Deguang seinem verstorbenen Vater den posthumen Titel »Liao Taizu« verliehen. Der auf diese Weise ausgezeichnete Stammesfürst ist auch unter dem Namen Yelu Abaoji bekannt geworden, da der gesamte Yila-Stamm den Namen Yelu als Familiennamen für jedes einzelne Mitglied annahm. Abaoji war ein eifriger Förderer der Sinisierung seines Stammes, denn er veranlasste persönlich den Bau von konfuzianischen, daoistischen und buddhistischen Tempeln und Klöstern in seinem Territorium. Von den Städten, die Abaoji gründete, sind heute in der Inneren Mongolei noch die Ruinen von Shangjing bei Balinzuqi im Kreis Chifeng erhalten. Die »Östliche Hauptstadt« (Dongjing) in der heutigen Provinz Liaoning wurde von ihm nach der einstigen Hauptstadt des Bohai-Königreiches verlegt und mit starken Mauern befestigt. Im weiteren Verlauf der Liao-Dynastie wurden zwar noch eine »Südliche Hauptstadt« (Nanjing) und eine »Mittlere Hauptstadt« (Zhongjing) gegründet, aber auch von ihnen sind nur kleine Überreste erhalten. Das Herrschaftsgebiet von Abaoji erstreckte sich in seinen letzten Lebensjahren von Huhehot in der Inneren Mongolei bis zur Provinz Jilin in der Mandschurei und galt im 10. und 11. Jahrhundert als mächtiges Reich, das bereits 947 den Dynastienamen Liao dann führte.

Aberdeen Bis zum Ende des 20. Jahrhunderts größter Dschunkenhafen der Welt auf der Insel Hongkong, in dem noch 1980 nahezu 4000 Dschunken vor Anker lagen, auf denen 20 000 Chinesen lebten. Gleichzeitig kann Aberdeen als größter und ältester Fischereihafen Hongkongs gelten.

Academia Sinica Internationale, auch in China selbst gebräuchliche Bezeichnung für die chinesische Akademie für Wissenschaft und Kultur, unter deren Federführung sämtliche in China betriebenen archäologischen Nachforschungen geplant, durchgeführt und finanziert werden.

Achang-Nationalität Unter den 55 nationalen Minderheiten, die in China neben den Han-Chinesen leben, befindet sich auch die mit 21 000 Angehörigen sehr kleine Nationalität der Achang, die in hohen und dicht bewaldeten Ausläufern des Gaoligong-Gebirges zuhause sind. Die Achang-Sprache gehört zur tibeto-birmanischen Sprachgruppe der sinotibetischen Sprachfamilie. Eine eigene Schrift existiert nicht, jedoch eine reichhaltige, mündlich überlieferte Literatur mit vielen Sagen, Märchen und Liedern. Bekannt sind auch die sehr feinen Schnitzereien, Stickereien, Lackarbeiten und Webstücke der Achang. Neben einem ausgedehnten Ahnenkult herrscht bei den Achang der Hinayana-Buddhismus vor. Lebensgrundlage ist allgemein der Wasserreisanbau.

Achtzehn Provinzen In der Kaiserzeit gab es noch keine regierungsunmittelbaren Städte mit Provinzstatus, auch keine Autonomen Gebiete für bestimmte Nationalitäten. Das Reich war in folgende 18 Provinzen eingeteilt: Hebei (früher Chili), Schanxi, Schaanxi (früher Schensi), Henan (früher Honan), Shandong, Jiangsu, Anhui, Hubei, Hunan, Zhejiang, Fujian (früher Fukien), Jiangxi, Guangdong, Guangxi, Guizhou, Yunnan, Sichuan, Gansu. Die heutigen mandschurischen Gebiete und alle anderen Territorien im Norden und Westen waren in besondere Militärbezirke eingeteilt oder unterstanden Sonderverwaltungen. In der Qing-Dynastie war das Heimatland der Mandschuren sogar lange Zeit für jegliche chinesische Einwanderung gesperrt.

Ahnenkult Bereits zu jungpaläolithischen Zeiten ist im alten China der Glaube an ein Weiterleben nach dem Tode das Hauptmotiv für einen ausgedehnten Ahnenkult. Man nahm offensichtlich an, dass die Seelen der Verstorbenen den Lebenden beschützen oder ihm schaden könnten, wenn sie als Totengeister auf Erden wiedererscheinen. Man opferte den Verblichenen daher nicht nur aus Dankbarkeit für ihre Wohltaten von einst sondern auch aus Furcht vor ihrem Eingreifen im Alltag zum Schaden der Hinterbliebenen. Da man sich das Leben der Seelen im Jenseits ähnlich vorstellte wie das Dasein auf der Erde mit allen bekannten Bedürfnissen, mussten einerseits dem Toten reichliche Beigaben mit ins Grab gelegt werden, andererseits aber auch an besonderen Gedenktagen durch Opferfeiern ihrer gedacht werden. Man sublimierte einen mächtigen, jedoch legendären Herrscher der Urzeit zur obersten Gottheit und brachte vor allem ihm die bedeutendsten Opfer dar. Gleichfalls wurden in der Folgezeit den Geistern verstorbener Potentaten bedeutende Opfer dargebracht, auch deren Frauen sowie den hohen, verdienstvollen Beamten. Bei der Darbringung von Trankopfern (Wein) und von Speiseopfern aller Art auf besonderen Altären glaubte man, dass die Geister der Verstorbenen den Duft und den Geschmack der Speisen wahrnehmen und sich ihre Essenz magisch einverleiben könnten. Die realen Opfergaben konnten anschließend von den Beteiligten aufgegessen oder zu Nutz und Frommen der Totengeister verbrannt werden. Die Grabbeigaben dagegen enthielten neben allen nur denkbaren Amuletten, Waffen, Gebrauchsgegenständen auch oftmals Pferde, Wagen, Diener, Frauen und Konkubinen, die man dem Toten für sein jenseitiges Dasein opferte. Vielleicht wurden auch wichtige Berater mitbegraben und wohl auch Kriegsgefangene mit auf die Jenseitsreise geschickt. Zahlreiche Ausgrabungen des 20. Jahrhunderts haben unzählige dieser Grabbeigaben zutage gefördert. Der offiziell am Hofe der Herrscher der Shang-Dynastie (16.–11. Jh. v. Chr.) betriebene Ahnenkult endete praktisch erst 1911 mit dem Sturz der letzten Kaiserdynastie. Seit der Zhou-Dynastie (11. Jh.–256 v. Chr.) bestand neben dem Palast des Herrschers stets ein Ahnentempel, der neben dem Erdaltar das wichtigste Staatsheiligtum darstellte. Was der Zentralherrscher (König, Hegemon, später Kaiser) an seinem Hof vollzog, ahmten die Territorialfürsten in bescheidenerem Umfang an ihren Residenzen nach. Inschriften auf Knochen und Schildkrötenpanzern, auf Bronze- und Keramikgefäßen künden seit mehr als drei Jahrtausenden von der Fürsorge einstiger Geschlechter für ihre Toten. Nach einem Sieg in der Schlacht und nach der Unterwerfung eines feindlichen Stammes oder

Volkes wurden den Ahnen der Besiegten ebenfalls Opfer gebracht, damit sie nicht als Rachegeister erscheinen und den Siegern Schaden zufügen möchten. Das »einfache Volk« beobachtete im Rahmen seiner Möglichkeiten einen weit schlichteren Kult der Ahnen, meist mit weit weniger Aufwand, dafür jedoch oft mit mehr Pietät und Inbrunst. Die Ahnengeister werden als mächtige Beschützer der Stämme und der Familien gedacht. Verstirbt ein Mächtiger, so wird er auch meist ein wichtiger Beschützer seiner Sippe. Die Ahnengeister der Könige wurden auf diese Weise geradezu für die Dynastie, ja für den ganzen Staat mächtige Schutzgeister. Eine Besonderheit der chinesischen Religion ist ferner darin zu sehen, dass der Kaiser auf Grund seiner Mittlerstellung zwischen Himmels- und Menschenwelt verdienstvolle Verstorbene zu Göttern erheben konnte, denen dann Tempel gebaut und die der Verehrung des ganzen Volkes dann per Dekret anheim gestellt wurden. Der Ahnenkult wurde vom Konfuzianismus als Teil der Riten übernommen, in den Daoismus eingebaut und vom Buddhismus auch nur abgewandelt, blieb jedoch bis in das 20. Jahrhundert hinein ein bestimmender Faktor im chinesischen Alltag und bis zum Sturz der letzten Dynastie eines der Fundamente des kaiserlichen Herrschaftssystems. Da das Grab als Wohnung des Toten angesehen wird, war bis zum Ende des Kaiserreiches die Zerstörung oder Auflassung von Gräbern verboten. Auf dem Felde musste der Bauer mit seinem Pflug die Gräber aussparen. Mit dem Sieg der Kommunisten wurde der Ahnenkult als »feudaler Aberglaube« geächtet. In Taiwan, Singapur und bei den Auslandchinesen besteht er in abgewandelten Formen fort.

Aidi Kaiser der Westlichen Han-Dynastie von 7–1 v. Chr., der als Halbneffe des verstorbenen Kaisers Chengdi neunzehnjährig auf den Thron kam, vergaß über seiner Zuneigung zu einem jungen Höfling praktisch Reich und Krone, ernannte seinen unerfahrenen Liebling zum Reichsmarschall und vertraute ihm sogar die kaiserlichen Siegel an. Nach Aidis Tod mit 23 Jahren kam die Kaiserwitwe Wang wieder in den Besitz der Siegel und übergab sie ihrem Neffen Wang Mang. Wang Mang wagte damals noch nicht, die Hand nach dem Thron selbst auszustrecken, aber er sorgte dafür, dass ein ihm ungefährlicher Knabe aus der Nachkommenschaft des Kaisers auf den Thron kam, Pingdi (1 v.–6 n. Chr.).

Akademie der Grotte des Weißen Hirsches Diesen poetischen Namen trug eine der vier wichtigsten Akademien des Kaiserreiches in der Song-Dynastie. Gelegen auf dem malerischen Berg Lushan im Norden der Provinz Jiangxi unweit des Poyang-Sees. Diese ehrwürdige Stätte höheren Studiums wurde im Jahre 927 erbaut und blieb letztlich bis ins 20. Jahrhundert – mit gelegentlichen Unterbrechungen – eines der bedeutendsten Institute chinesischer Wissenschaft. Erhalten sind bis heute die Zeremonienhalle, der Steintafel-Korridor, die Halle der Ethik und der Raum, in dem sich einst die kaiserliche Bibliothek befand.

Altäre in Peking Für den Staatskult waren besondere Opferaltäre in den Hauptstädten Chinas unverzichtbar. Bis zum Sturz der letzten Dynastie gab es in Peking eine Reihe von Altären, die vom Kaiser und von Angehörigen der kaiserlichen Familien zu verschiedenen Tagen des Jahres meist mit großem Gefolge besucht wurden. In oft stundenlangen Zeremonien fanden dann an diesen Altären Gebete, Anrufungen der Ahnen sowie Danksagungen an den Himmel und Bitten an die Götter statt. Der wichtigste Altar in Peking war zweifellos der Himmelsaltar (Tiantan), gefolgt vom Altar der Erde (Ditan), dem Altar des Mondes (Yuetan) und dem Altar der Sonne (Ritan). Im Zhongshan Park lag der Altar des Ackerbodens und Getreides (Shejitan), der den Göttern des Bodens (She) und des Getreides (Ji) geweiht war. Die Oberfläche dieses quadratischen Altars war mit der Erde aus fünf verschiedenen Teilen des Landes bestreut, die auch eine verschiedene Farbe aufwiesen. Der mittlere Teil war bestreut mit der gelben Erde der Provinz Henan, grünschimmernde Bodenkrume kam aus dem östlichen Shandong und lag auch daher an der östlichen Ecke des Altars. Im Süden war rötliche Erde aus Guangdong und Guangxi zu sehen, im Westen weißlicher Ackerboden aus Shaanxi und im Norden schließlich schwarze Erde aus Peking selbst. Der Altar der Landwirtschaft (Xiannongtan) war Shennong geweiht, dem legendären Kulturheroen aus mythischer Vorzeit, der die Menschen einst mit dem Ackerbau vertraut gemacht habe. Der Altar der Jahreszyklen (Taisnitan) und der Altar der Berge und Flüsse (Shanchuantan) waren ebenfalls eng mit der Landwirtschaft verbunden. Ferner gab es noch einen eigenen Altar für die Göttin der Seidenwürmer, der speziell von der Kaiserin und ihren Hofdamen betreut wurde. Dieser Altar hieß Xiancantan, denn Xiancan war die Seidengöttin. Eine Ausnahme machte der Altar für den Himmelsgott (Tianshentan), der im Yuanmingyuan-Garten stand und wohl nur zur Verschönerung seiner Umgebung errichtet worden war. Die Tage der Altarprozessionen und Opferungen folgten dem Mondkalender und mussten jedes Jahr neu berechnet werden. So besuchte man den Sonnenaltar (Ritan) stets am Tag der Frühjahrs-Äquinoktien, und zwar vor Sonnenaufgang, während der Mondaltar vor Sonnenuntergang am Tag der herbstlichen Tag- und Nachtgleiche aufgesucht werden musste.

Altchinesische Sprache Die altchinesische Sprache, so wie sie bis zum Ende der Han-Dynastie im 3. Jahrhundert n. Chr. gesprochen wurde, hat mit der modernen Umgangssprache gemeinsam, dass die Wörter unveränderlich und die Wortarten (Substantive und Verben) nicht unterscheidbar sind. Die Unterschiede liegen darin, dass es in der alten Sprache fast nur einsilbige Wörter gab, während in der modernen Sprache die zwei- und mehrsilbigen Wörter überwiegen. Der Wortschatz zeichnete sich auch schon durch große Reichhaltigkeit aus. Da die Schriftzeichen jedoch weder bei der alten noch bei der modernen Sprache von den Lautveränderungen im Laufe der Jahrhunderte je abhängig waren, nimmt man an, dass auch in der alten Sprache jedes Wort in einem bestimmten Ton gesprochen wurde. Die Vielzahl von Bedeutungen eines einzelnen Wortes und seine Verwendbarkeit als Hauptwort, Tätigkeits- oder Eigenschaftswort, macht die Lektüre alter Texte nicht einfach. Der gesellschaftliche, religiöse und kulturelle Hintergrund, die alten Denkgewohnheiten müssen dem Lesenden bekannt sein, wenn er sich nach langjähriger Leseerfahrung fachgerecht in die Texte aus alter Zeit einarbeiten will. Als Sprache der Gelehrten hat die alte chinesische »klassische Schriftsprache« jedoch in allen Jahrhunderten in den Kanzleien der konfuzianischen Beamten und in den Studios der Literaten eine bedeutende Rolle gespielt.

Amban Die Vertreter der chinesischen kaiserlichen Regierung bei der Regierung des Dalai-Lama in Lhasa führten den Titel Amban. Der Posten wurde vom Kaiserhof in Peking 1727 geschaffen und 1913 vom 13. Dalai-Lama abgeschafft. Bis zu diesem Zeitpunkt kontrollierten die Ambanen die politischen Entscheidungen der tibetischen Autoritäten und dirigierten sie oftmals selbst.

Amdo Nordöstliche Region von Tibet, die seit 1951 den chinesischen Provinzen Qinghai und Gansu einverleibt ist. Der gegenwärtige 14. Dalai-Lama ist in Amdo geboren. Die berühmte Klosterstadt Labrang, von Dschamyang Schepa gegründet, liegt ebenfalls in Amdo.

Amulette Amulette fanden in China bereits in der Jungsteinzeit (5.–3. Jahrtausend v. Chr.) allgemein Verwendung. Aus der Shang- und Zhou-Dynastie beispielsweise sind dann unzählige Amulette aus Jade erhalten, die man selbst trug und die man auch den Toten mit ins Grab gab. Glückbringende Symbol-Schutzgottheiten, helfende Dämonen und Zauber abwehrende Tiergestalten kommen als Motive vor.

Amur-Ussuri-Gebiete Bereits im Vertrag von Aigun (1858) hatte China das Nordufer des Amur als russisches Gebiet anerkennen müssen. Im Jahre 1860 musste das Kaiserreich China das gesamte Gebiet vom Japanischen Meer bis zum Ussuri an Russland abtreten. An der Stelle der chinesischen Siedlung Haishenwai gründeten die Russen die Stadt Wladiwostok (»Beherrsche den Osten«). Innerhalb dieses Gebietes entstand dann auch die russische Stadt Chabarovsk.

Ananda Lieblingsjünger Buddhas (5. Jh. v. Chr.), dem die Redaktion der Reden des Erleuchteten anvertraut wurde. Der gesamte Kanon der Reden Buddhas liegt mehr oder weniger unverändert in der Fassung des Ananda bis heute vor.

Andi Kaiser der Östlichen Han-Dynastie (106–125 n. Chr.). Andi kam als Neffe des Kaisers Hedi zwölfjährig auf den Thron, sodass die Regierungsgeschäfte von der Familie der ihm anvertrauten Kaiserin aus dem Yan-Clan geführt wurden. In der Ära dieses ohnehin schwachen Herrschers führte zwar ein Feldzug gegen die im Nordwesten angreifenden Qiang zum Erfolg, es mussten jedoch die zentralasiatischen Gebiete wieder vollständig geräumt werden. Nach Andis Tod im Jahre 125 n. Chr. und einer Palastrevolution gelangte der Sohn von Andi und seiner Nebenfrau Li als Elfjähriger unter dem Namen Shundi (125–144 n. Chr.) zu kaiserlichen Würden.

Anhui Die mit rund 60 Millionen dicht bevölkerte Provinz Anhui (mit 139 000 qkm) ist eine mittelgroße Provinz im Osten Chinas, die im Westen von Henan, im Osten von Jiangsu und Zhejiang, im Norden von Shandong und im Süden von Jiangxi begrenzt wird. Im südlichen Teil durchströmt der Jangtse in seinem Unterlauf die Provinz, im nördlichen Teil der Huai-Fluss. Die Provinzhauptstadt liegt in der Mitte zwischen diesen beiden Flüssen. Der alte Name der Provinz lautet Wan, und die beiden ersten Schriftzeichen der beiden alten Städte Anqing und Huizhou ergeben den heutigen Provinznamen. Im Westen ist die Provinz gebirgig, dann folgt niedriges Berg- und Hügelland und im Osten dehnt sich die fruchtbare Schwemmlandebene aus, die als Heimat von Reis und Fisch bekannt ist. Im Süden breitet sich wieder Hügel- und Gebirgsland aus. In diesem südlich des Jangtse gelegenen Gebiet finden sich zwei der berühmtesten Bergwelten Chinas: das Jiuhua-Gebirge und der Huangshan. Das Jiuhua-Gebirge ist allen Buddhisten heilig und ein Wallfahrtszentrum seit vielen Jahrhunderten. Der Jiuhuashan gilt neben dem Wutaishan, dem Emeishan und dem Putuoshan als der vierte der heiligen Berge Chinas und ist dem Bodhisattva Kshitigarbha geweiht, dem Beschützer der Toten. Dieses in einer einzigartigen Landschaft gelegene religiöse Zentrum mit einstens rund 300 Klöstern und bis zu 5000 Mönchen war zugleich eine kulturelle Sehenswürdigkeit ersten Ranges, denn Architektur und Natur bildeten hier eine harmonische Einheit von auserlesener Schönheit. Einige Klöster haben die Stürme der Zeiten überlebt und sind meist in der näheren Umgebung des Weges zum Hauptgipfel (mit 1323 Metern Höhe) zu finden. Der Huangshan dagegen im äußersten Südosten der Provinz ist ein Eldorado für alle Naturliebhaber. Dieses 1200 Quadratkilometer große Berggebiet mit seinen 72 Bergspitzen vereint in sich alle Superlative chinesischer Landschaften: bis zu 1841 Meter hohe Gipfel, bizarre Felsformationen, Pferdeschwanzkiefern in unberührten Waldgebieten, heiße Quellen und eine seltene Fauna und Flora. In der vor allem landwirtschaftlich geprägten Provinz werden Weizen, Süßkartoffeln, Wasserreis, Mais, Erdnüsse, Baumwolle und Bohnen angebaut, auch Teeplantagen finden sich an günstigen Hanglagen. Die Provinz ist reich an Bodenschätzen, daher nehmen die Kohleförderung, die Eisen- und Stahlproduktion sowie die Kupferverarbeitung von Anhui einen wichtigen Platz in China ein. Auf Grund der vielfachen Hochwasser, die sowohl der Jangtse als auch der Huai-Fluss immer wieder mit sich führten, war Anhui in der Geschichte vielfach von verheerenden Überschwemmungen betroffen. Und wie die gesamte Untere Jangtse-Region suchten die Provinz oftmals auch langanhaltende Dürreperioden heim. Bereits in der Zeit der Shang-Dynastie (1500–1050 v. Chr.) gehörte das Gebiet bis zum Jangtse zum chinesischen Herrschaftsbereich, die Han-Dynastie dehnte dann ihre Dominanz auch südlich des Jangtse aus. Zur Zeit der »Drei Reiche« gehörte der nördliche Teil zum Staat Wei, der südliche jedoch zum Staat Wu, und so fanden gerade in diesem Gebiet gewaltige Kämpfe um die Vorherrschaft statt. Seit der Tang-Dynastie wurde dann die Provinz meist unter dem Namen Huainan in den Steuerlisten geführt. Da in Anhui die warmen Luftströmungen von der Küste und die kalten Winde aus dem Inland aufeinander treffen, ist das Wetter oft unberechenbar und beschert der Provinz immer wieder Überschwemmungen und verheerende Dürreperioden. Anhui umfasst auf einer Fläche von 139 800 Quadratkilometern 64 Kreise und 22 Städte und hat 60 Millionen Einwohner. Hefei ist als Universitätsstadt berühmt, vor allem hat hier die Chinesische Universität für Wissenschaft und Technologie ihren Sitz, die mit der in der Provinz ansässigen Industrie (Informationstechnik, neue Werkstoffe, Biomedizin) eng zusammenarbeitet.

An Lushan Turkstämmiger Feldherr der Tang-Dynastie, der 756 einen Aufstand gegen den amtierenden Kaiser inszenierte und einen mehrjährigen Bürgerkrieg verursachte, der bis zu seiner Ermordung und bis zur Niederlage seiner Truppen die Dynastie entscheidend schwächte.

Annalen Die Chronik des Staates Lu, annalenartige Geschichtsaufzeichnungen, haben sogar einer ganzen Epoche den Namen gegeben. »Frühlings- und Herbst-Annalen« nennt man nach diesem Werk die Periode von 722–481 v. Chr., den Chinesen als »Chunqiu« bekannt. Der Name Annalen meint daher stets eine Chronik der Taten von Herrschenden allgemein.

Anping-Brücke Die längste noch erhaltene Steinbrücke Chinas aus alter Zeit ist die Anping-Brücke, die im Jahr 1188 begonnen und 1204 fertig gestellt wurde. Sie befindet sich im Kreis Jinjiang, Provinz Fujian, und überspannte einst eine

Meeresbucht. Heute ist diese Bucht trockenes Land; die 2070 Meter lange Brücke aus Granit mit ihren 362 Brückenbögen steht als historisches Baudenkmal in der Landschaft. Von den ursprünglichen Brückentürmen ist noch einer erhalten, von den einst vorhandenen 5 Pavillons auf der Brücke blieben nur zwei noch übrig. Dreizehn Steinstelen aus verschiedenen Dynastien und zwei songzeitliche Kriegerstatuen haben seit mehr als 800 Jahren die Stürme der Zeiten ebenfalls überdauert.

Anshan Die Stadt Anshan in der Provinz Liaoning ist seit dem 10. Jahrhundert Zentrum der chinesischen Eisenindustrie und entwickelte sich in der Neuzeit zum Mittelpunkt der Stahlerzeugung. Nach der Gründung der Volksrepublik China spielte Anshan für die industrielle Entwicklung des Landes eine entscheidende Rolle. Am Ende der siebziger Jahre wurde Anshan dann von dem modernen Stahlwerk in Wuhan von seinem bevorzugten Platz verdrängt.

An-Shi-Rebellion Inmitten der glanzvollen Tang-Dynastie erschütterte eine grauenhafte Rebellion das Reich, die von 755–763 währte. Von dieser militärischen Revolte hat sich die Dynastie nie mehr ganz erholen können. Ihre Namen erhielt sie nach den Familiennamen der beiden Haupträdelsführer An Lushan und Shi Siming. An Lushan war zum Militärmachthaber der nördlichen Provinzen Hebei, Shanxi und Liaoning aufgestiegen und hatte den Titel eines Vizekönigs erhalten. Diese Vergünstigungen waren ihm zuteil geworden, weil er es verstanden hatte, sich bei Hofe beliebt zu machen und die Gunst der berühmten kaiserlichen Konkubine Yang Guifei zu gewinnen. Auf diese Weise lernte An Lushan die Dekadenz des Hofes in der Hauptstadt kennen. Brennender Ehrgeiz und Machtstreben ließen in ihm den Plan zu einem großen Aufstand reifen. Shi Siming, seinen Vertrauten, weihte er in seinen Plan ein und machte ihn zu seinem Stellvertreter. Als sie die An Lushan unterstellten Heeresverbände durch beutegierige Freiwillige aus nomadischen Stämmen ergänzt hatten, schlugen sie 755 los und marschierten aus dem Gebiet des heutigen Peking in Richtung Reichszentrum. In einem Blutrausch nahmen sie Luoyang und bald darauf die Hauptstadt Changan. Der Kaiser floh nach Sichuan. Die ihn begleitenden Truppen zwangen ihn schließlich, das Todesurteil für die Konkubine Yang Guifei zu unterschreiben, deren Existenz sie letztlich die entnervte Haltung des Kaisers zuschrieben. Erst mit Hilfe uigurischer Stämme war es den Kaiserlichen schließlich möglich, Luoyang und Changan wieder zu erobern. An Lushan wurde ermordet, aber Shi Siming führte die Rebellion weiter, bis auch er im Jahre 763 endgültig besiegt wurde. Ganz Zentralchina war in diesem über achtjährigen Ringen verwüstet worden. Die beiden glanzvollsten Städte waren nur noch Ruinen. Die einstige Strahlkraft der Tang-Dynastie war einem matten Schein gewichen. Die Staatsfinanzen waren ruiniert, das Steuersystem zusammengebrochen. Nur mühsam konnte sich die Dynastie noch einmal erholen. Diese Revolte, vor allem die Ereignisse um Kaiser Xuan Zong (685–763) und seine schöne Konkubine Yang Guifei, ist in der Literatur Chinas genauestens bekannt und hat Stoff für viele Opern und Volkserzählungen geliefert.

Anyang Die Stadt Anyang, im äußersten Norden der Provinz Henan gelegen, ist eine der sieben antiken Hauptstädte Chinas. Bereits um 1400 v. Chr. verlegte König Pan Geng von der Späteren Shang-Dynastie seinen Regierungssitz an diesen Ort. Im Laufe von 273 Jahren blieb Anyang unter der Herrschaft von zwölf Königen das politische und wirtschaftliche Zentrum der Späteren Shang-Dynastie. Man nannte die Stadt damals Yin, die dann um 1100 v. Chr. von den Zhou zerstört wurde. Nach diesem alten Namen Yin ist die Spätere Shang-Dynastie auch unter dem Namen Yin-Dynastie oder Yin-Shang-Dynastie bekannt geworden. Im Jahre 1899 wurden im Dorf Xiaotun Orakelknocheninschriften gefunden, aus denen hervorgeht, dass hier der Regierungssitz der Shang-Herrscher gestanden hat. Man entdeckte im Umkreis von Anyang auch die Fundamente einer königlichen Palastanlage, einen Shang-Friedhof und 1976 das Grab der Königin Fu Hao. Das ganze Gebiet stellt heute ein 20 Quadratkilometer großes Ruinenfeld dar, das ein bedeutendes Zentrum der chinesischen archäologischen Forschung genannt werden kann. Die Stadt Anyang zählt heute zu den wichtigsten Industriestädten der gesamten Region und verfügt auf Grund der erfolgten Eingemeindungen über einen Verwaltungsbereich, der eine Fläche von 4700 Quadratkilometern umfasst und 5 Millionen Einwohner zählt, von denen jedoch nur 600 000 in der Stadt selbst leben. Die Grundlage der Industrie von Anyang sind bedeutende Vorkommen an Kohle, Eisenerz, Marmor und Erdöl, sodass die Stadt zu einem Zentrum der Eisen- und Stahlindustrie heranwachsen konnte. Mit der rings um die Stadt angebauten Baumwolle konnte eine leistungsfähige Textilindustrie aufgebaut werden.

An-Yuan-Miao-Tempel Der An Yuan Miao-Tempel in Chengde, Provinz Hebei, gehört zu den Acht Äußeren Tempeln der kaiserlichen Bergresidenz und wurde von Kaiser Qianlong 1794 errichtet. Der Name »Tempel zur Befriedung der Fernen Gebiete« weist auf die im Jahr zuvor abgeschlossene Unterwerfung des Dsungaren-Reiches im Westen der Provinz Xinjiang hin. Nicht ohne Grund ist daher der An Yuan Miao einem lamaistischen Tempel im Ili-Gebiet nachgebaut, der bei Kuldja zu finden ist. Bedeutende Steintafelinschriften in Chinesisch, Mongolisch, Mandschurisch und Tibetisch weisen auf die Ereignisse im letzten Jahrzehnt des 18. Jahrhunderts in diesem Tempel hin.

Archäologie Archäologische Forschungen waren im kaiserlichen China kaum möglich, da der Ahnenkult die Öffnung von Gräbern kategorisch verhinderte. Lediglich das Sammeln von Bronzen, Inschriften und Artefakten sowie deren Beschreibung und zeitliche Einordnung konnte privates historiographisches Interesse befriedigen. Am Kaiserhof diente das Sammeln und Bewahren von Kunstwerken sogar zur Legitimation des Machtanspruchs, da der »Himmelssohn« dadurch seine Wertschätzung der Tradition sinnfällig dokumentieren konnte. Erst nach dem Sturz der Qing-Dynastie konnten erstmals westliche Wissenschaftler – gemeinsam mit chinesischen Kollegen – erste Grabungen durchführen. So entdeckte Johan Gunnar Andersson bereits 1921 in Henan die Yangshao-Kultur. Andersson hatte 1920 schon in Zhoukoudian die fossilen Zähne des Sinanthropos Pekinensis geborgen, sodass bei einer späteren Grabung auch der vollständige Schädelknochen des Peking-Menschen gefunden werden konnte. Inzwischen waren chinesische Geisteswissenschaftler, die im Ausland studiert hatten, nach China zurückgekehrt und bauten nun in ihrer Heimat die Archäologie als einen wichtigen Teil der Geschichtswissenschaft konsequent auf. Als Vater der modernen chinesischen Archäologie gilt Li Ji, der das Archäologische Institut der Academia Sinica aufbaute und auch deren Leiter wurde. Li Ji war es auch, der zwischen

1928 und 1937 die shangzeitliche Großgrabung bei Anyang durchführte. In dieser Zeit wurde auch bei Longshan in Shandong die nach diesem Fundort benannte Longshan-Kultur entdeckt, 1935 stieß man in der Inneren Mongolei auf die neolithische Hongshan-Kultur. Durch die Kriegshandlungen zwischen 1937 und 1945 und durch die turbulenten Jahre 1945–1949 wurde die archäologische Forschung in China praktisch gänzlich unterbrochen. Nach der Gründung der VR China erwachte das historische und archäologische Interesse neu, man begann an die Institutionen der Vorkriegszeit – wenn auch unter marxistischen Vorzeichen – anzuknüpfen und sie neu zu beleben. Beachtliche Grabungskampagnen begannen in mehreren Provinzen. Man öffnete eines der Ming-Gräber bei Peking, man kümmerte sich um die Grotten von Dunhuang, man entdeckte mehr als 2000 Gräber aus der Sui- und Tang-Zeit in Shaanxi und lokalisierte in verschiedenen Regionen neue Kulturen, die man stets nach ihren Fundorten benannte, wie etwa die in Dawenkou (Shandong) entdeckte Dawenkou-Kultur, die zwischen 4300–2500 v. Chr. existierte. Seitdem gar in der Mitte der Siebziger Jahre des 20. Jahrhunderts der Sensationsfund bei Xian gemacht wurde und die unterirdische Armee des Ersten Kaisers ans Tageslicht kam, avancierte China bis zum Jahr 2000 geradezu zum archäologischen Traumland, aus dem fast in jedem Monat ein neuer Fund gemeldet wurde. Inzwischen werden in China selbst Archäologen ausgebildet, die Zusammenarbeit mit ausländischen Institutionen aller Art ist seit Verkündung der Öffnungspolitik leicht geworden, seit etwa 1980 erscheinen drei archäologische Zeitschriften, und eine Reihe von Fachzeitschriften in den Provinzen publizieren Artikel über archäologische Themen. Das Archäologische Jahrbuch (Kaoguxue nianjian) fasst jährlich die wichtigsten Ereignisse und Erkenntnisse zusammen. Angesichts der überwältigenden Fülle von bereits begonnenen Grabungen und vor allem potentieller Fundorte in den meisten chinesischen Provinzen ist die Zahl der chinesischen Archäologen noch zu gering. Da aber die Ergebnisse der Archäologie politisch hervorragend instrumentalisiert werden können, u. a. durch Ausstellungen im Ausland, kann mit einer deutlichen Verbesserung dieser Situation in mittelfristiger Sicht gerechnet werden.

Archiv der Autonomen Region Tibet Nach der Niederschlagung des Aufstandes der Tibeter gegen die chinesischen Truppen im Jahre 1959 wurde in Lhasa auf Anordnung der KPCh das »Archiv der Autonomen Region Tibet« gegründet, in das alle historisch relevanten Dokumente zur Geschichte Tibets aus den Klöstern, Tempeln und Adelssitzen des Landes verbracht wurden. Das sehr umfangreiche Archiv verwaltet somit fast das gesamte Schriftmaterial, das über die Geschichte Tibets genauen Aufschluss geben kann. Mit zeitweiliger Hilfe von Tibetologen der Universität Bonn werden seit der Öffnungspolitik die Dokumente gelesen, registriert, z. T. digital erfasst und in bestimmten Fällen auch ins Chinesische übersetzt. Die wichtigsten Bestände religiöser tibetischer Schriften werden dagegen im Potala-Palast und im Norbulingka-Palast verwahrt.

Archive Gemessen an der jahrtausendealten Schriftkultur Chinas nimmt es wunder, dass bis zur Ming-Zeit wenig Archivgut im Reich der Mitte überliefert wurde und kaum private Archive oder solche von Gilden, Firmen und anderen nichtstaatlichen Instituten bestanden. Die Gründe für diese beklagenswerte Tatsache sind mehrfacher Natur. So haben Brände, Überschwemmungen, Bürgerkriege, Aufstände und Kriege bis hin zur Kulturrevolution unendlich viel Archivgut vernichtet. Gleichzeitig muss festgehalten werden, dass die Geschichtsschreibung meist im Dienste der jeweils herrschenden Dynastie stand und die Archive der vorhergehenden Dynastie nach selektiver Auswertung oftmals zerstört wurden. Die Funktionalisierung geschichtlicher Aufzeichnungen kann spätestens seit der Zeit des Ersten Kaisers bis hin zur zeitgenössischen Deutung der Geschichte aus marxistischer Sicht nachgewiesen werden. Reichhaltiger werden die Bestände an Archivalien erst seit der Ming-Zeit. Bedeutende Dokumente enthält in dieser Hinsicht das Archiv der Familie des Konfuzius in Qufu, und dann vor allem das Chinesische Historische Archiv Nr. 1 in Peking, das Archiv des Palastmuseums in Taipeh, das Chinesische Historische Archiv Nr. 2 in Nanking und die vielen Archive auf Provinzebene, deren Bestände jedoch meist nur bis zum Beginn der Qing-Zeit zurückreichen. Von einem Archivwesen modernen Zuschnitts, das der Forschung und der Öffentlichkeit überhaupt zugänglich ist, kann erst seit 1925 gesprochen werden, als der Kaiserpalast als Museum geöffnet wurde und man sich Gedanken über die Archivalien machen musste, die aus dem Kaiserreich nun der Republik ebenfalls zur Verfügung standen. Ein Archivgesetz nach westlichen Vorbildern gibt es seit 1988, es sieht vor, Archivalien nach 30 Jahren der Öffentlichkeit zugänglich zu machen. In der Praxis jedoch greifen noch viele Ausnahmeregelungen. Inzwischen gibt es auch schon Archivführer, die über die Bestände staatlicher, regionaler und lokaler Archive Auskunft geben sowie die drei Zeitschriften, die über die Bestande und die Organisation der Archive in der VR China berichten. Es sind dies die Periodica Zhongguo Dangan, Lishi Dangan und Minguo Dangan.

Astronomie In China waren astronomische Beobachtungen ausschließlich staatlichen Beamten vorbehalten, die den Kalender zu erstellen und dem Herrscher alle günstigen und ungünstigen »Vorzeichen« zu melden hatten, damit politische Entscheidungen richtig getroffen werden konnten. Notizen über Sonnen- und Mondfinsternisse sind auf Orakelinschriften bereits aus dem 14. Jahrhundert v. Chr. erhalten. Bereits um 1300 v. Chr. wird eine Nova-Erscheinung aufgezeichnet. Kometenbeobachtungen werden getreulich gemeldet und das Auftreten von Sonnenflecken zeitlich genau angezeigt. Da im Auftrag des Herrschers die Position des Astronomen, der zugleich auch Astrologe war, politisch als hoch bedeutsam erachtet wurde, bestand am Kaiserhof sogar bis zum Sturz der letzten Dynastie im Jahr 1911 ein eigenes Kaiserliches Büro für Astronomie mit einem beachtlichen Beamtenstab.

Atsia Der indische Weise Atsia (958–1054) gilt als Retter und Erneuerer des tibetischen Buddhismus, denn einige Generationen vor ihm war die Lehre des Erleuchteten von König Langdarma fast ganz ausgelöscht worden. Nur im tibetischen Westen, in dem Kleinstaat Guge, hatte sich Buddhas Lehre noch halten können. Das tibetische Großreich war im 10. Jahrhundert ebenfalls in eine Reihe von kleineren und größeren Herrschaftsgebieten zerfallen. Als der Mönch Atisa aus Indien in Guge eintraf, konnte er von hier aus die langsame Renaissance des Buddhismus in ganz Tibet einleiten. Atisa vertrat die Schulrichtung des Kadampa, die strenge Ordensdisziplin vorschrieb. Das Kadampa-Zentrum wurde das Kloster Reting, das seit 1057 die gesamte Erneuerungsbewegung nach Kräften förderte.

Aufbau der KPCh Oberstes Führungsgremium der KPCh ist nach wie vor das Politbüro mit seinem Ständigen Ausschuss, getragen vom Zentralkomitee mit seinem Sekretariat, geführt vom Generalsekretär, gegliedert in die verschiedenen ZK-Abteilungen. Eigenständig in ihrer Wirksamkeit, jedoch personell mit Mitgliedern aus dem Politbüro und dem ZK-Sekretariat besetzt, ist die Zentrale Militärkommission. Unterhalb dieser obersten Parteiorgane arbeiten die Provinzparteikomitees, die Stadtparteikomitees und ihnen gleichrangig die Bezirksparteikomitees, dann folgen die Kreisparteikomitees, die Gemeindeparteikomitees und die Dorfparteikomitees. Dieser Aufbau löste die mehr oder weniger chaotischen Revolutionskomitees und Kampfgruppen aus der Zeit der Kulturrevolution endgültig ab.

Auslandschinesen Unter dem Begriff »Auslandschinesen« (Huaqiao) versteht man im engeren Sinne chinesische Staatsangehörige, die vorübergehend im Ausland leben. Für alle anderen Chinesen, die inzwischen ausländische Staatsbürger sind, wird meist der Begriff »Überseechinesen«, verwendet (haiwai oder huaren), für Nachkommen von Chinesen, die im Ausland geboren sind, kommt meist der Name huayi in Betracht. Aus der Sicht Pekings werden die Einwohner von Taiwan (22 Millionen) nicht als Auslandschinesen betrachtet, da die VR China Anspruch auf Taiwan erhebt. Somit können die in allen fünf Kontinenten inzwischen lebenden »Überseechinesen« auf rund 25 Millionen geschätzt werden. Von den rund 40 Millionen Auslandschinesen in aller Welt haben die meisten zwischen 1870 und 1938 das Land verlassen. Allein im Jahre 1927, auf dem Höhepunkt der Auswanderungswelle, kamen 360 000 nach Singapur. An sich verlässt ein Chinese sein Land für immer nur sehr ungern, aber Hungersnöte, Überschwemmungen, Ausbeutung und Bürgerkriege zwangen zum Massenexodus. Vor allem aus den Provinzen der Ostküste gingen viele nach Südostasien, nach Nanyang, in die »Länder des Südlichen Ozeans«. Die Kulis schufteten auf den Gummiplantagen in Malaya, in den Goldminen auf den Philippinen und beim Eisenbahnbau in den USA. Selbst auf den Tabakpflanzungen Mexikos waren Chinesen zu finden. Wer konnte und sich etwas erspart hatte, kehrte nach Ablauf seines Zehnjahresvertrages wieder in die Heimat zurück, viele aber blieben für immer in der Fremde. Eiserner Durchhaltewille, Fleiß, Genügsamkeit und gegenseitige Hilfestellung halfen den Chinesen allüberall, sich nach einer oder zwei Generationen hochzuarbeiten und oftmals sogar eine führende Stellung im Wirtschaftsleben ihrer neuen Heimat zu erringen. Dies führte zu Neid, zu Streit und vielfach zu schrecklichen Auseinandersetzungen, ja bestialischen Massakern unter den Chinesen, so in Indonesien, wo im Jahr 1965 generell alle Chinesen beschuldigt wurden, einen kommunistischen Umsturzversuch geplant zu haben. 300 000 unschuldige Menschen wurden auf grausame Weisen umgebracht. 200 000 Chinesen verließen das Land, wenn sie es schafften, an die Küste und auf ein Schiff zu kommen. 1969 kam es in Kuala Lumpur zu Massakern unter der chinesischen Bevölkerung und unter den Millionen Toten, die Pol Pot in Kambodscha auf dem Gewissen hat, waren viele Chinesen. Nun gibt es jedoch auch Länder, in denen sich die Chinesen sehr stark angepasst haben und sich wohlfühlen, so z. B. in Thailand. Aus der Sicht eines Chinesen vom Festland gibt es zwei Gruppen von Chinesen außerhalb: die eigentlichen Auslandschinesen, die huaqiao (»die auf einer Reise sind«) und die tongbao, die als Landsleute angesehen werden, z. B. alle Einwohner Taiwans. Nach der Gründung der VR China kamen etwa 500 000 Chinesen aus dem Ausland zurück. Diese Heimkehrer wurden jedoch von der bald danach einsetzenden ideologischen Reglementierung und der Kulturrevolution erschreckt, sodass viele wieder das Land verließen, soweit sie es konnten. Nach Verkündung der Öffnungspolitik änderte sich die Lage erneut. Die Auslandschinesen investieren nun mehr auf dem Festland und dirigieren ihre Joint Ventures aus der Ferne. In den südostasiatischen Ländern hat sich nach 1978 die Lage gegenüber den Chinesen ebenfalls entspannt, zumal sie für das Wirtschaftsleben praktisch unverzichtbar sind. Von der Gesamtbevölkerung Südostasiens machen sie zwar nur sechs Prozent aus, aber ihr Einfluss in der Wirtschaft und oft auch in der Politik ist unverhältnismäßig hoch, in Singapur stellen sie die Regierung. Das Zusammengehörigkeitsgefühl der Chinesen in aller Welt ist ungebrochen, das gemeinsame kulturelle Erbe verbindet sie über alle Landesgrenzen hinweg wie eine große Familie.

Auslandsstudenten Die waffentechnische Überlegenheit der westlichen Kolonialmächte führte in China zu einem Schock vor allem unter den Intellektuellen, die seit der Mitte des 19. Jahrhunderts die Ohnmacht des Reiches der Mitte drastisch vor Augen geführt bekamen. Jahrtausendelang hatte sich China schließlich als einmalig und unüberwindbar empfunden, hatte mindestens alle fremden Eroberer wieder vertreiben oder aufsaugen können. Die Überlegungen vieler politisch denkender Patrioten ging nun dahin, das Beispiel Japans nachzuahmen und sich die Kenntnisse der westlichen Länder anzueignen, um mit ihrer Hilfe dann den halbkolonialen Status wieder überwinden zu können. Da in Japan eine Reihe von Universitäten nach westlichem Muster errichtet worden waren, zog es viele junge Männer dorthin, sodass bereits fünf Jahre vor dem Sturz der Qing-Dynastie schon 10 000 Studenten aus China dort eingeschrieben waren. Das nächste Ziel waren die USA, wo zwischen 1850 und 1950 rund 19 000 Chinesen studierten. Frankreich öffnete die Tore während des Ersten Weltkrieges wegen des industriellen Arbeitskräftemangels für 150 000 chinesische Arbeiter, von denen ein Fünftel als Werkstudenten fungierte und westliche Fertigungstechniken kennen lernte. Andere europäische Länder spielten eine weniger bedeutende Rolle, aus ihnen verpflichtete China jedoch Fachkräfte als Berater, so etwa Chiang Kai-shek, der Offiziere aus dem deutschen Generalstab unter Vertrag nahm. Die chinesischen Kommunisten gingen naturgemäß vor allem in die Sowjetunion zum Studium, wo eigene Ausbildungsstätten für sie eingerichtet wurden. Diese Wanderungsbewegung brach abrupt beim Ausbruch des Zweiten Weltkrieges ab. Nach der Gründung der Volksrepublik China studierte eine große Zahl chinesischer Studenten in der UdSSR und in osteuropäischen kommunistischen Ländern – bis der Bruch in der Zeit Chruschtschows dieser Zusammenarbeit ein jähes Ende setzte. Erst nach dem Ende der Mao-Ära und dem Beginn der Öffnungspolitik unter Deng Xiaoping konnten chinesische Studenten in relativ großer Zahl – allerdings gelenkt von der chinesischen Regierung – sich wieder in westlichen Universitäten einschreiben oder ein Werkstudium in größeren Firmen aufnehmen.

Ayuwang-Tempel Der in einem

Vorort der Stadt Ningbo sich befindende Ayuwang-Tempel ist einer der bekanntesten buddhistischen Tempel Chinas, da nach alter Überlieferung in der Stupa-Halle dieses Heiligtums ein Stück Schädelknochen von Buddha aufbewahrt wird. Die heutigen Gebäude stammen aus der Qing-Dynastie.

B

Ba Ba war im Altertum die Bezeichnung für ein eigenständiges Herrschaftsgebiet im Süden der heutigen Provinz Sichuan, in dem nichtchinesische Stämme siedelten. Ba wurde im 4. Jh. v. Chr. vom Staat Qin erobert und annektiert.

Baijiao-Tempel Im Süden der Provinz Fujian liegt am Uferstreifen des Jinlong-Flusses die alte Stadt Haicheng im Kreis Longhai. Die heute kleine Stadt Haicheng war einst einer der vier großen Handelshäfen der südchinesischen Küste neben Fuzhou, Xiamen und Quanzhou, bekannt auch als Mondhafen (Yue) und sehr beliebt bei den Seeleuten. In dieser Stadt befindet sich seit der Südlichen Song-Dynastie (1127–1279) einer der bemerkenswertesten Tempel Chinas, der nicht einem Gott oder Ahnherrn, nicht einem Philosophen oder Kriegsherrn, sondern einem Arzt geweiht ist. Nicht weit von diesem Tempel befindet sich das kleine Dorf Baijiao, in dem zur Zeit der Song-Dynastie der Arzt Wu Ben gelebt hat, der als Freund der Armen, als hervorragender Diagnostiker vor allem aber als Retter der Kaiserin-Witwe, der Mutter des Kaisers Renzong, die an Brustkrebs erkrankt war, bekannt geworden ist. Hundert Jahre später ordnete dann Kaiser Gaozong die Errichtung eines großen Tempels zu Ehren von Wu Ben an, dessen ärztliche Kunst und an Wunder grenzende Heilungen inzwischen weithin in China bekannt geworden waren. Der Baijiao-Tempel kann geradezu als Paradebeispiel chinesischen Geschichtsbewusstseins und chinesischer Dankbarkeit gelten – und die dem Tempel angeschlossene Apotheke weist gleichzeitig auch auf den Pragmatismus hin, der letztlich stets mit dem Wesen des Chinesentums verbunden ist.

Bai-Nationalität Die Bai zählen mit rund 1,2 Millionen Angehörigen zu den mittelgroßen nationalen Minderheiten in China, von denen mehr als

80 Prozent im Autonomen Bezirk der Bai-Nationalität Dali in der Provinz Yunnan leben. Die restlichen 20 Prozent verteilen sich auf die Provinzen Sichuan und Guizhou. Die Bai-Sprache gehört zum Yi-Sprachzweig der tibeto-birmanischen Sprachgruppe der sino-tibetischen Sprachfamilie. Die meisten Bai beherrschen jedoch die Han-Sprache, zumal die Verbindung zu den von Han-Chinesen bewohnten Gebieten stets gegeben war und vor allem seit der Yuan-Dynastie die Bai-Länder in das Kaiserreich einbezogen worden sind. Die Bai sind Buddhisten und haben bedeutende Klosterbauten in chinesischem Stil hinterlassen, wovon beispielsweise die berühmten drei Pagoden im Congshen-Tempel in Dali beredtes Zeugnis ablegen. Zur Gesamtkultur Chinas haben die Bai in Literatur und Musik, in der Baukunst, Malerei, in Medizin und Geschichtswissenschaft bedeutende Beiträge geleistet. Politisch ist eine gewisse Abhängigkeit der Bai vom chinesischen Kaiserreich seit der Westlichen Han-Dynastie nachweisbar, denn zahlreiche Han-Chinesen wurden während dieser Dynastie schon in das Bai-Gebiet umgesiedelt. Die lokalen Gesellschaftsstrukturen blieben allerdings bis in die jüngste Zeit noch erhalten, sodass die Bezeichnung Vasallenstaat am zutreffendsten sein dürfte. So spricht man etwa vom Nanzhao-Regime der Bai in der Tang-Zeit, vom »Reich Dali« in der Song-Periode, sodass erst seit dem Einmarsch der Mongolen 1253 von einer engen Anbindung an das Kaiserreich gesprochen werden kann. Seit der Yuan-Zeit bestehen im Bai-Bereich Bezirksverwaltungen innerhalb der Provinz Yunnan. Die meisten Bai sind Bauern, die in ihrem meist sehr fruchtbaren Gebiet zweimal im Jahr ernten können. Angebaut werden Reis, Weizen, Mais, Baumwolle, Raps, Zuckerrohr und Tabak. Die Bergwälder liefern Edelhölzer und Heilpflanzen. Am Erhai-See wird weißer Marmor mit verschiedenfarbiger Äderung gebrochen.

Baiyun-Klöster Der Berg Baiyun (Weiße Wolke) am Mittellauf des Gelben Flusses in der Provinz Shaanxi hat zwei der bedeutendsten Daoistenklöster den Namen gegeben. Das erste und größere der beiden Klöster ist der südlich der Stadt Jiaxian gelegene Baiyun-Tempel in Shaanxi mit einer Baufläche von 8,3 Quadratkilometern. Die ursprünglichen Bauten stammen aus der Song-Dynastie, die heutigen Anlagen jedoch wurden im 33. Regierungsjahr (1603) des Ming-

Kaisers Wanli errichtet. Die herrliche Lage des Klosters auf dem mit Zypressen bestandenen Baiyun-Berg machen den Tempel zu einer der größten daoistischen Pilgerstätten Chinas. Beim Tempelmarkt an diesem heiligen Ort kommen seit dem Beginn der Öffnungspolitik wieder wie früher unter freiem Himmel die beliebten Stücke der tausendjährigen Qinqiang-Oper zur Aufführung, einer Lokaloper, die bis in die Zeit der Tang-Dynastie zurückreicht. Der zweite Tempel dieses Namens liegt in der Hauptstadt Peking selbst, der seit März 1984 wieder allen Pilgern offen steht. Die berühmte Wallfahrtsstätte liegt am westlichen Ende des Changan-Boulevards und umfasst vierzehn größere und kleinere Hallen, zwei Pavillons und neben dem äußeren Eingangstor auch einen beachtlichen Ehrenbogen und Mittelturm. Das Kloster hat mehrfach seinen Namen gewechselt. Ursprünglich gebaut in der Tang-Dynastie, wurde es 739 unter dem Namen Tianchang eingeweiht und 1203 in »Taiji-Palast« umbenannt, der dann aber während der Kämpfe zwischen den Jin und den Mongolen völlig zerstört wurde. Durch besondere Glücksumstände konnte jedoch der daoistische Mönch Qiu Chuji das Vertrauen von Dschingis Khan gewinnen, der ihn dann zum Abt des wiederaufgebauten Klosters bestellte und zum Großmeister des Daoismus ernannte. Dieser Qiu Chuji (1148–1227) kann daher als Neubegründer des Klosters gelten, das zu seiner Zeit dann Changchun-Palast genannt wurde, denn der zweite Name dieses erfolgreichen Mönchs war Changchun Zi. Am Ende des 14. Jahrhunderts wurde das Kloster erneut verwüstet, war jedoch inzwischen längst die Hochburg der daoistischen Longmen-Schule geworden, sodass alsbald ein Neuaufbau begonnen wurde, der dann den neuen und bis heute gebräuchlichen Namen Baiyun-Tempel erhielt. Das gesamte Areal umfasst einen Komplex von etwa einem Hektar mit sechs Haupthallen und entsprechenden Nebenhallen nebst dem 1887 angelegten Yunji-Garten. Die drei Schätze des Klosters sind eine kostbare Steinfigur, die den Gründer Laozi darstellt, ein großer ethischer Text, der in die Wände einer der Hallen eingemeißelt wurde und vor allem die 5485 Bände umfassende Sammlung daoistischer Schriften aus der Ming-Zeit. Vom 1. bis 7. Tag des 6. Monats nach dem Mondkalender findet jedes Jahr das große Fest statt, das als »Zeit des Sonnens der Heiligen

Schriften« gefeiert wird. An diesen Tagen werden in der Tat die Schriften aus dem Kloster gelüftet, gesonnt und auf diese Weise den Pilgern präsentiert.

Baktrien Das heutige Usbekistan und Nord-Afghanistan war im Altertum als Baktrien bekannt. Von Alexander dem Großen erobert und zur westlichsten Provinz seines Reiches ernannt, fiel das damals blühende Land nach seinem Tod an die im syrischen Antiochia residierende Seleukiden-Dynastie. Um 250 v. Chr. machte sich die Provinz Bactria unter griechischen Herrschern unabhängig und bildete das Hellenobaktrische Königreich. Die Eroberer verschmolzen dann mit Einheimischen und Indern bereits unter Demetrios I. zu einem Volk, das mehrheitlich buddhistisch war. Im 1. Jahrhundert v. Chr. fegte die Invasion der Kushan das hellenobaktrische Reich hinweg. Chinesische Gesandte aus Changan kamen während der Han-Zeit ins Kushan-Reich und brachten von dort die Weinrebe, die Walnuss, den Hanf und den Knotenbambus mit nach China. Eine Annäherung zwischen dem Reiche der Kushan und China fand jedoch nicht statt. Im 13. Jahrhundert machte die mongolische Eroberung Baktrien zu einer trostlosen Wüstenlandschaft.

Bambusbücher Unter »Bambusbücher« versteht man zwar allgemein nur die auf Bambustäfelchen geschriebenen und zu einem Buch zusammengefassten Texte. In der chinesischen Geschichtsschreibung ist diese Bezeichnung jedoch der Name für die im Jahre 281 n. Chr. aufgefundene Chronik, die alle Herrscher seit dem legendären Huangdi verzeichnet und mit dem Jahr 299 v. Chr. endet. Nach dieser Chronologie soll die Xia-Dynastie 403 Jahre gedauert und 12 Herrscher gezählt haben, die Shang-Dynastie dagegen 508 Jahre mit 30 Herrschern. Zwar stimmen auch in den Bambusbüchern verschiedene Herrscherdaten mit den anderen damals schon bekannten Geschichtswerken überein, doch auch dieses Werk beweist, dass gesicherte Angaben erst seit 841 v. Chr. möglich geworden sind.

Ban Chao Der chinesische Feldherr Ban Chao (32–102 n. Chr.) war der berühmteste General der Östlichen Han-Dynastie, der in seinen 71 Lebensjahren 30 Jahre lang große Armeen führte und die Königreiche des Tarim-Beckens unterwarf. Durch die Eroberung der Stammesgebiete und Stadtstaaten Ostturkestans verschaffte er China seine damals größte Ausdehnung. Ban Chao war wegen seiner Kühnheit ebenso bekannt wie für seinen Sinn für Verwaltung und sein Verständnis für die Unterworfenen. Nach seinem Tode führte sein Sohn Ban Yong die Expansion im Westen weiter und konnte die gewonnenen Gebiete für China behaupten.

Ban Gu Der Bruder des berühmten Feldherrn Ban Chao war der als kaiserlicher Historiograph hochangesehene Ban Gu (32–92 n. Chr.), der die Geschichte der West-Han-Zeit (206 v.–8 n. Chr.) weiterführte und vollendete, die sein Vater bereits begonnen hatte. Dieses Werk ist unter dem Titel »Hanshu« eine der wichtigsten Quellen zur chinesischen Geschichte in den ersten beiden vorchristlichen Jahrhunderten.

Banner Die militärische Organisation der Mandschuren waren seit 1601 die sog. Banner, d. h. Armeeeinheiten, die von einem Generalgouverneur geführt wurden. Ursprünglich gab es vier Banner, die ausschließlich aus mandschurischen Kontingenten zusammengesetzt waren. Nach der Gründung der Qing-Dynastie bildete man noch weitere vier Banner, in denen unter mandschurischem Befehl auch mongolische und chinesische Truppen dienten. Die Verwaltung des gewaltigen chinesischen Reiches machte es notwendig, dass die Banner sich neben dem militärischen Dienst auch um politische und wirtschaftliche Angelegenheiten zu kümmern hatten. Zur Unterscheidung nannte man die mandschurischen Truppen die Inneren Banner und die angeworbenen Truppen der Verbündeten oder aus der Gruppe der Unterworfenen die Äußeren Banner. In der Qing-Dynastie, als die Mandschuren ihre Herrschaft auch auf die gesamte Mongolei ausdehnen konnten, teilten sie diese riesigen Steppengebiete in Banner ein und fassten jeweils mehrere Banner zu einer Liga zusammen. Ein Banner entsprach einem Kreis, eine Liga einem Bezirk (Distrikt), beides Gebietskörperschaften mit sehr weit ausgedehnten Flächen. Es wurde darauf geachtet, dass in einem Banner nach Möglichkeit blutsverwandte Sippen zusammengefasst waren, was die Administration durch Peking wesentlich erleichterte. In der zu China gehörenden Inneren Mongolei sind noch heute die Bezeichnungen Banner und Liga allgemein gebräuchlich.
Von jeder mandschurischen Familie hatte stets der älteste Sohn sich den Bannern einzureihen und erhielt eine strenge militärische Ausbildung. Die

Ausübung anderer Berufe war den Banner-Soldaten verboten, auch durften sie keinen Handel treiben. Gestattet wurde ihnen allerdings eine landwirtschaftliche Tätigkeit, da sie dann als Wehrbauern angesehen werden konnten. Ein Drittel des gesamten Bannerheeres war in der Mandschurei selbst stationiert, das die Mandschuren als ihr geheiligtes Vaterland bis zum Jahr 1803 sogar für chinesische Einwanderer gesperrt hielten. Erst die russischen Vorstöße erzwangen dann die Öffnung für chinesische Händler und Siedler, um der zaristischen Expansionspolitik besser begegnen zu können. Die wichtigsten Bastionen der Banner mussten nach der Festigung der Mandschu-Herrschaft allerdings im eroberten China selbst stationiert werden, zumal auch die Hauptstadt von Shenyang nach Peking verlegt worden war. Zu Beginn der Qing-Dynastie beherrschten letztlich etwa 10 000 Banner-Soldaten die Gesamtmasse der chinesischen Bevölkerung. Dies hatte zwangsweise eine ständig sich beschleunigende Sinisierung der Mandschuren zufolge, sodass beim Sturz der Dynastie (1911) nur wenige von ihnen überhaupt noch die mandschurische Sprache beherrschten.

Banpo Größte Fundstätte der Yangshao-Kultur. Banpo war ein kleines Dorf, das heute in der östlichen Vorstadt von Xian liegt. Auf einer Fläche von 50 000 qm wurden hier die Überreste einer Siedlungsstätte aus der Zeit von 5000–4000 v. Chr. gefunden, aus denen sehr genau die Lebens- und Arbeitsbedingungen der dort einst wohnenden Menschen erschlossen werden können. Die neolithische Ansiedlung umfasste Wohnanlagen verschiedener Größe, geschützt durch einen Wassergraben. Außerhalb des eingefriedeten Bereichs lag ein Friedhof und verschiedene Brennöfen. Die schwarze oder rote Keramik ist mit Fischmotiven verziert.

Banshan-Kultur Die Banshan-Kultur (2800–2500 v. Chr.) stellt den westlichen, in Gansu vorfindlichen Zweig der Yangshao-Kultur dar und ist bekannt für ihre Urnen mit spiralförmigen Mustern in Schwarz, Rot und Purpur. Benannt ist diese Kultur nach dem Ort Banshan im Tal des Tao-Flusses südlich von Lanzhou.

Baoan Die kleine nationale Minderheit der Baoan zählt nur rund 10 000 Angehörige und wohnt hauptsächlich im Autonomen Kreis Jishishan in der Provinz Gansu. Die Sprache der Baoan gehört zur mongolischen Sprachgruppe der altaischen Sprachfamilie und ist mit den Sprachen der Tu und der Dongxiang verwandt. Eine eigene Schrift existiert nicht. Auf Grund der Errichtung von Schulen im Baoan-Gebiet gebrauchen die Angehörigen dieser Minderheit jedoch weitgehend schon das Chinesische als Verkehrssprache. Die Baoan bekennen sich zum Islam. Lebensgrundlagen sind Ackerbau und Viehzucht.

Baoding Die Stadt Baoding, etwa 150 Kilometer südwestlich von Peking in der Mitte der Provinz Hebei gelegen, kann auf eine Geschichte von über 2300 Jahren zurückblicken. Der Name Baoding ist aus den chinesischen Zeichen für »verteidigen« und »stabilisieren« zusammengesetzt und weist daher auf die Rolle der Stadt als Garnisonsstadt hin, denn es fiel ihr die Rolle zu, im Ernstfall die Hauptstadt Peking zu verteidigen. Noch im Jahre 1870 wurden eine Reihe von Kasernen in Baoding von der Qing-Dynastie erbaut. Der ehemalige Sitz des Generalgouverneurs von Zhili war ebenfalls Baoding. Zhili war der frühere Name der heutigen Provinz Hebei. Berühmtheit erlangte die Stadt allerdings als Sitz einer bedeutenden Universität, die von 1733–1908 im Lotosblumenteich-Park ihren Sitz hatte und aus der zahlreiche Gelehrte hervorgingen. Viele Kandidaten für die kaiserlichen Prüfungen kamen stets aus Baoding. Das Erbe dieser landesweit bekannten Ausbildungsstätte haben gewissermaßen die acht Hochschulen angetreten, die heute in Baoding existieren. Am bekanntesten von ihnen ist die Landwirtschaftliche Hochschule mit über 20 Fakultäten, die seit 1902 bedeutende Beiträge für die Entwicklung landwirtschaftlicher Produktionsmethoden geleistet hat.

Baoguo-Tempel Der Baoguo-Tempel (der Tempel zur Verteidigung des Landes) liegt am Fuße des Ma'an-Berges 15 Kilometer von Ningbo entfernt in der Provinz Zhejiang, er trug einst den Namen Lingshan-Tempel und soll ursprünglich schon in der Östlichen Han-Dynastie erbaut worden sein. Nach seiner Zerstörung wurde er im Jahre 880 wiederaufgebaut und erhielt in dieser Zeit auch seinen neuen zutiefst patriotischen Namen. Die heute noch existierenden Bauten sind die frühesten Holzkonstruktionen im Jangtsetal und stammen aus dem Jahr 1013. Mehrfach renoviert und erweitert in der Herrschaftsperiode des Qing-Kaisers Kangxi (1662–1722) präsentieren sich die ehrwürdigen Hallen in noch sehr gutem Zustand. Vor allem die Haupthalle kann als Paradebeispiel chinesischer Baukunst gelten, da dieser Holzbau ohne jeglichen Nagel ausgeführt wurde und ausschließlich durch kunstvolle Verzapfungen und Verfugungen gehalten und getragen wird.

Baoji Die alte Kulturstadt Baoji knapp eine Autobahnstunde westlich von Xian, war die erste größere Station an der Seidenstraße zwischen der Hauptstadt Xian und der bereits in Gansu gelegenen Stadt Tianshui. Die günstige Lage am Nordufer des Wei-Flusses machte Baoji früh schon zu einer prosperierenden Handelsstadt und das nicht weit entfernt liegende Famen-Kloster ließ die Stadt zu einem viel besuchten Pilgerziel aufsteigen. In diesem Kloster wurde ein Fingerknochen Buddhas aufbewahrt, der in den Fundamenten des 47 Meter hohen Pagodenturms im Jahre 1987 mit 2400 tangzeitlichen Kleinodien wiederaufgefunden wurde. Der im Bannkreis der Stadt ebenfalls vorfindliche Tempel für den legendären Kaiser Yan Di ist ein weiterer, früher viel besuchter Ort in dieser drittwichtigsten Industriestadt der Provinz Shaanxi.

Baoshan Die Stadt Baoshan, in der Provinz Yunnan zwischen den Flüssen Lancang Jiang und Nu Jiang gelegen, war einst eine wichtige Station an der südlichen Seidenstraße, die von Chengdu in Sichuan kam und über Burma nach Indien führte. Bereits in der Westlichen Han-Dynastie (206 v.–25 n. Chr.) tauschten chinesische Händler aus dem Landesinneren in Baoshan Seide und Brokate gegen Gold, Silber, Perlen, Jadeit, Bernstein und seltene Tiere ein. Nach Baoshan brachten ausländische Kaufleute sogar Korallen und viele Arten von Edelsteinen. Baoshan wurde ein großer Umschlagplatz für Waren aller Art. Tee und andere chinesische Spezialitäten. Aus einer Reihe von Provinzen wurden gegen Rhinozeroshorn und Elfenbein aus Indien, Achat und Perlen getauscht. An diesem Handel beteiligten sich auch rege die in Südwestchina lebenden nationalen Minderheiten wie die Lisu und Dai. In Burma führte diese südwestliche Seidenstraße am Irrawaddy entlang über Manipur in Indien bis nach Afghanistan. Chinesische Juwelenhändler ließen sich vielfach schon in alten Zeiten in Burma nieder, wie auch burmesische Kaufleute in Baoshan Lagerhäuser unterhielten. Seit dem Beginn der Öffnungspolitik blüht im gesamten Gebiet von Baoshan wieder der Handel über die Staatsgrenzen hinweg. Vor allem in den Landkreisen, die unmittelbar an Burma angrenzen, sind Märkte entstanden, auf denen bereits die Währungen beider Länder gültig sind.

Baoye-Straße Eine der strategisch wichtigsten Straßen im antiken China war die 240 Kilometer lange Baoye-Straße von Shaanxi nach Sichuan durch das Qinling-Gebirge, das durch steile Felswände, tiefe Schluchten und reißende Flüsse kaum passierbar war. Heere von Arbeitern jedoch bauten bereits in der Zhou-Dynastie diese Straße zu einem sogar mit Kriegswagen befahrbaren Höhenweg aus. Die Straße nahm ihren Anfang im Flusstal des Jeshui im Südwesten des Kreises Meixian und endete im Tal des Baoshui-Flusses im Nordwesten der heutigen Stadt Hanzhong. Berühmt ist der Kriegszug von König Wu aus dem Staate Zhou, der über diese Straße mit 4000 Kampfwagen bereits im 11. Jahrhundert v. Chr. den Staat Shang angriff. Im 4. Jahrhundert v. Chr. schickte dann der Qin-König Hui seine Armee auf dieser Straße durch das Qinling-Gebirge, um den Shu-Staat zu vernichten und ihn als Gouvernement seinem Herrschaftsgebiet einzuverleiben. Die wichtigste Rolle spielte die Baoye-Straße jedoch bei der Einigung des Reiches durch Qin Shihuang, als dieser am Ende der Periode der Streitenden Reiche (475–221 v. Chr.) seine Truppen auf diesem Heerweg nach Sichuan schickte und dann ostwärts zum Angriff auf das Chu-Reich ausholte. Nach dem Sieg über Chu gründete der Qin-Herrscher die erste zentralregierte Dynastie Chinas und damit das Kaiserreich. Für die Förderung und Festigung der Einheit des Landes blieb die Baoye-Straße auch in der Han-, Sui- und Tang-Zeit von großer Bedeutung.

Bao Zheng Das Geschichtsbewusstsein des chinesischen Volkes wurde in allen Jahrhunderten durch Mausoleen, Ahnentempel, Gedächtnis-Tempel und vor allem durch unzählige Berichte und Legenden über verdienstvolle Persönlichkeiten wachgehalten. So gilt beispielsweise Bao Zheng (999–1062) als Inbegriff eines unbestechlichen Beamten, als Vorbild in der Amtsführung, der durch Unparteilichkeit, Gerechtigkeit und Wohlwollen zugleich sich Achtung und Verehrung über Jahrhunderte errungen hat. Es ging schon zu seinen Lebzeiten das Gerücht, dass dem Richter Bao Zheng sogar die Unterwelt ihre Pforten dann öffne, wenn er einige dunkle Mordfälle aufklären wolle. Der Gedächtnis-Tempel für diesen integren Kämpfer gegen jegliche Art von Korruption befindet sich in Hefei, in der Provinz Anhui im dortigen Baohe-Park.

Barbaren der vier Himmelsrichtungen In ältesten Quellen aus der Zhou-Zeit ist immer wieder von den »Barbaren der vier Himmelsrichtungen« die Rede, den Ti im Norden, den J im Osten, den Jung im Westen und den Man im Süden. Diese heute völlig verschwundenen Bezeichnungen werfen jedoch ein recht klares Licht auf die nichtchinesischen Völkerschaften, die um das Kerngebiet der chinesischen Kultur einst siedelten und erst in einem langen Prozess in das chinesische Reich einbezogen wurden. Unter den Ti im Norden wurden stets alle kriegerischen Steppenvölker verstanden, die nach Süden drängten, vor allem Mongolen, Turkvölker und Tungusen. Die Jung im Westen waren eindeutig die Tibeter und die ebenfalls dort siedelnden Turkstämme. Die Man im Süden stellten bereits damals für die Chinesen die zahlreichen Bergvölker des Südens und Südostens dar, die zum Teil noch heute unter dem Sammelnamen Man die Gebiete in den Grenzregionen zu Vietnam und den anderen Nachbarstaaten bis Birma bewohnen. Dass jedoch auch im Osten Fremdvölker – unter dem Namen J – gesessen haben sollen, klingt auf den ersten Anschein fast unglaubwürdig, wird jedoch durch neuere Forschungen bestätigt. Diese Ost-Barbaren saßen am Huai-Fluss und in verschiedenen Teilen der Provinz Shandong und wurden erst in geschichtlicher Zeit unterworfen. Noch im Jahre 515 v. Chr. finden sich in den Quellen die Huai-J als das stärkste Volk der Ost-Barbaren.

Ba-Territorium Vom 5. Jahrhundert v. Chr. bis zur Östlichen-Han-Dynastie im 2. Jh. n. Chr. blühte am mittleren Jangtse die Kultur des frohsinnigen Volkes der Ba, die für ihre Tänze und Gesänge berühmt waren. Zuerst wurde der Herrschaftsbereich der Ba von den Han-Chinesen beeinflusst dann schließlich in ihr Reich einverleibt.

Beamtenprüfungen China als größter und dauerhafter Beamtenstaat der Erde kannte schon vor Beginn der christlichen Zeitrechnung ein Prüfungssystem, das in den verschiedenen Dynastien mehrfach modifiziert wurde, aber in der Grundstruktur bis 1911 erhalten blieb. Theoretisch hatte jeder Chinese die Möglichkeit, an den Beamtenprüfungen teilzunehmen und nach Bestehen in die höchsten

Staatsämter aufzurücken. Praktisch jedoch musste ein begabter junger Mann durch das Elternhaus, die Verwandtschaft oder das Dorf so viel finanziellen Rückhalt besitzen, damit er die langen Jahre des Studiums hinter sich bringen konnte, denn es gab keine allgemeine Schulpflicht. Hauslehrer und Privatschulen bereiteten auf die Prüfungen vor. Damit nicht bestimmte Regionen bevorteilt oder benachteiligt wurden, sorgten Quoten für eine landesweite Streuung der Beamtenanwärter. Beamtenstellen waren nicht vererbbar und es war verboten, Beamte in ihren Heimatprovinzen einzusetzen. Der Kauf von Beamtenstellungen kam zwar vor, gehörte jedoch zu den zeitlich begrenzten Zerfallserscheinungen. Prüfungsstoff waren die konfuzianischen Klassiker. Die Bewerber hatten nach festgelegten Regeln Aufsätze in Prosa oder Versen zu Themen des konfuzianischen Kanons auszuarbeiten. Noch im 19. Jahrhundert war das chinesische Prüfungssystem dreistufig. Die erste Stufe führte zu dem Titel eines Xiucai (oder Shengyuan genannt), er berechtigte zu niedrigeren Beamtenstellungen. Der Bewerber hatte in der Kreishauptstadt ein Vorexamen zu bestehen, ein weiteres in der Hauptstadt der Präfektur und das Hauptexamen vor einer Prüfungskommission in der Provinzhauptstadt. Zu dieser Prüfung der ersten Stufe traten durchschnittlich zwei Millionen Kandidaten an, von denen dann ein bis zwei Prozent die Prüfung bestanden. Diese Xiucai-Prüfungen fanden zweimal in drei Jahren statt. Die beiden nächsten Prüfungen wurden nur alle drei Jahre abgehalten. Die zweite Stufe führte zu dem Titel eines Juren. Die Vorprüfung dazu wurde in der Hauptstadt der Präfektur abgelegt und die Hauptprüfung in der Provinzhauptstadt, jedoch vor einer aus Peking entsandten Prüfungskommission. Zu den Juren-Prüfungen traten etwa 100 000 junge Männer an, aber es bestanden in der Regel auch nur ein bis zwei Prozent. Der glückliche Examenskandidat konnte dann als Juren eine mittlere Beamtenstelle antreten. Die schwierigste Prüfung führte zum Titel eines Jinshi, nur 8000 Bewerber etwa wagten alle drei Jahre die Teilnahme. Von diesen Prüflingen bestanden dann in der Regel etwa vier Prozent. Die Vorprüfung zum Jinshi wurde bereits durch Beamte des Ritenministeriums abgenommen, die Hauptprüfung fand unter Vorsitz des Kaisers statt. Diese Hauptprüfung war ein Palastexamen. Alle Prüfungen jedoch fanden unter strengster Aufsicht statt. Die Kandidaten wurden bereits auf Provinzebene für mehrere Tage in Zellen eingeschlossen, die nur vier Quadratmeter groß waren. Die Zensuren der Prüfungskommission erfolgten stets ohne Kenntnis der Namen der Prüflinge. Das Bestehen der Jinshi-Prüfung berechtigte zu den höchsten Staatsstellungen und war für die Familie des Prüflings gleichfalls eine hohe Ehre. Kehrte ein neu ernannter Jinshi in sein Heimatdorf zurück, so wurde ein großes Fest veranstaltet. Zweck des Prüfungssystems war es vor allem, qualifizierte und loyale Beamte aus einem großen Reservoir auswählen zu können. Das Beamtensystem hat trotz vielfacher Auswüchse (Amtsüberschreitung, Willkür, Korruption) eindeutig zur Kontinuität des Gesamtstaates China wesentlich beigetragen und das kulturelle Erbe von Generation zu Generation ohne wesentliche Schädigung weitergegeben. Der Beamte war stets der verlängerte Arm der kaiserlichen Macht, aber er hatte – mindestens in der Idealvorstellung – stets auch ein Vorbild konfuzianischer Tugenden zu sein.

Beamter Der Beamte (Guan oder Li) besaß im alten China nach dem Kaiser und der kaiserlichen Familie die höchste Stellung im Staat. Sowohl in der konfuzianischen, stark ethisch bestimmten Lehre als auch in der vor allem autoritär geprägten legistischen Doktrin ist das Beamtentum für einen wohlgeordneten Staat unverzichtbar. Das lange Studium, das jeder Bewerber hinter sich bringen musste, bevor er sich zu einer dieser drei Staatsprüfungen melden konnte, führte im Allgemeinen dazu, dass die staatlichen Funktionsträger im Regelfall auch als Gelehrte (Shi oder Boshi) gelten konnten und die Literaten Chinas entweder Beamtenstellungen innehatten oder aber eine der Staatsprüfungen abgelegt hatten. Die Beamten waren eindeutig die Träger der Kultur und sorgten für das Kontinuum der einzigartigen Schrift des Reiches der Mitte. Allein die Mönche in den daoistischen, vor allem aber in den buddhistischen Klöstern des Landes können als Bewahrer des kulturellen Erbes – allerdings nur partiell – angesehen werden.

Befestigungsanlagen Seit dem 3. Jahrtausend v. Chr. sind in China Befestigungen von Siedlungen durch Erdwälle nachweisbar. Diese oft beachtlich langen und hohen Mauern wurden erst sehr spät im Mittelalter aus Stein oder Ziegeln errichtet, sie bestanden lange Zeit aus gestampftem Löß, waren jedoch sehr widerstandsfähig gegen alle Witterungseinflüsse. Die Städte sicherten sich durch quadratische oder rechteckige Wälle, die Staaten errichteten in gleicher Weise gegeneinander Grenzwälle. Aus den im Norden gegen die Steppenvölker von den einzelnen Teilreichen errichteten Lößwällen erwuchs in der Zeit des ersten Kaiserreiches dann die Große Mauer durch Verbindung und Erweiterung der Teilabschnitte. Vielfach hob man vor den Wällen der Städte noch einen Graben aus. Bei der Belagerung von Städten wurden oftmals mit großer Mühe Wälle und Mauern untertunnelt, mit Sturmleitern erklettert und mit Rammböcken durchstoßen. Gewaltige Ausmaße nahmen seit der Ming-Dynastie die Stadtmauern von Nanking und Peking an. Die berühmte Stadtmauer von Xian aus dem 14. Jahrhundert wurde aufwendig restauriert und umschließt wieder vollständig den alten Stadtkern in einer Länge von 12 Kilometern.

Beihai Die Küstenstadt Beihai am Golf von Tonking mit rund 200 000 Einwohnern ist heute einer der größten Fischereihäfen der Welt, war aber in der Zeit der Han-Dynastie der erste Handelshafen des alten China, von dem aus die Flotten des Mittelreiches schon vor über 2000 Jahren den Handel mit Südostasien betrieben.

Beijing Die neben den eigentlichen Stadtbezirken noch fünf Landkreise umfassende Hauptstadt der VR China hat auf einer Gesamtfläche von 16 800 Quadratkilometern rund 14 Millionen Einwohner und ist regierungsunmittelbar. Das der Stadtverwaltung unterstellte Gebiet hat eine Nord-Süd-Ausdehnung von 180 Kilometern und eine West-Ost-Ausdehnung von 170 Kilometern und umfasst sowohl das Tieflandgebiet, in dem die Stadt selbst liegt, als auch bis zu 2303 Meter hohe Berge, wo die Große Mauer verläuft. Mit 64 Fachhochschulen, Hochschulen und Universitäten und dem Sitz der Chinesischen Akademie der Wissenschaften steht die Stadt an der Spitze des gesamten Landes. Gemessen an der Wirtschaftsentwicklung von Shanghai ist Peking trotz vieler Betriebe aber doch eine Stadt der Politik, der Verwaltung und der Schulen geblieben, vor allem aber eine Stadt der Kultur. In ihrer mehr als dreitausendjährigen Geschichte hatte Peking eine Reihe ganz verschiedener Namen und war Residenz recht unterschiedlicher Eroberer und Dynastien. In der Zhou-Zeit hieß die Stadt Youzhou und Ji, dann Yan oder Yanping, in der Han-Dynastie Jixian. Die Khitan, die sie eroberten, nannten sie in dem von ihnen gegründeten Liao-Reich Nanjing (Südliche Hauptstadt), die Jin-Herrscher dann aber Zhongdu. Khubilai Khan nannte sie Dadu (mongolisch Khanbalik), erst die Ming-Herrscher gaben ihr den Namen Beijing (Nördliche Hauptstadt). Dies sollte andeuten, dass sie ihre Südliche Hauptstadt (Nanjing) endgültig aufgegeben und sich weiter nördlich – wohl aus strategischen Gründen – ihre Residenz auserwählt hatten. Als die Guomindang 1928 dann Nanjing, später Chongqing zu ihrer Hauptstadt machten, wurde die Stadt Beiping genannt (Nördlicher Friede). Erst 1949 wurde der Name Beijing wieder eingeführt und die Stadt zur Hauptstadt der VR China erklärt.

Beiting Als militärisches, kulturelles, wirtschaftliches und religiöses Zentrum an der Seidenstraße bestand 182 km nördlich von Ürumqi (Urumtschi) die im 14. Jahrhundert aufgegebene Stadt Beiting, wohl schon als Verkehrsknotenpunkt in der Han-Dynastie. Die Stadt schützte sich durch eine Außen- und eine Innenmauer. Das über 1 qkm ausgedehnte Gebiet der einstigen Altstadt wartete bei Ausgrabungen mit unzähligen archäologischen Funden, vor allem aus der Zeit der Tang-Dynastie auf. 700 Meter entfernt vom alten Stadtkern liegen die Ruinen des zwischen dem 10. und 13. Jh. angelegten Xida-Tempels, der einst ein wichtiges Heiligtum des Königreiches Gaochang war. Beiting galt als zweite Hauptstadt dieses Königreiches.

Benglong-Nationalität Zu den kleinen nationalen Minderheiten gehört das nur knapp 15 000 Angehörige zählende Gebirgsvolk der Benglong, das zerstreut in mehreren Kreisen der Provinz Yunnan lebt. Die Benglong-Sprache gehört zur Mon-Khmer Sprachgruppe der austroasiatischen Sprachfamilie. Als Anhänger des Hinayana-Buddhismus bestanden in den Dörfern der Benglong stets kleinere Klöster, deren Mönche sich der Dai-Sprache bedienen konnten, da eine Schrift für die Benglong auch bisher nicht entwickelt wurde. Die Besonderheit in diesen Dörfern ist die Aufsplitterung in verschiedene Sekten, von denen die einen strikt vegetarisch zu leben verpflichtet sind, während anderen durchaus das Schlachten von Haustieren erlaubt ist.

Bergbau Schriftliche Aufzeichnungen über den Bergbau in

China im 2. Jahrtausend v. Chr. existieren nicht, jedoch lässt sich aus dem Vorkommen der Bronzegefäße aus der Shang-Dynastie (16.–11. Jh. v. Chr.) mit ziemlicher Sicherheit auf ein gut entwickeltes Bergbauwesen schließen. Der Abbau von Kupfer und Zinn erforderte einen entsprechenden Grad der Organisiertheit, der dann im 1. Jahrtausend v. Chr. beim Abbau von Eisen im Tagebau weiterentwickelt wurde. Zur Zeit der Streitenden Reiche (480–221 v. Chr.) gab es bereits Schachtanlagen von 50 Metern Tiefe, wie eine wiederentdeckte Kupfergrube in der Provinz Hubei zeigt. Von den Schächten zweigten Strecken ab, die zu den Abbaustellen führten. Man schlug das Erz mit Bronze- und Eisenwerkzeugen aus dem Gestein und brachte es in Rohr- und Bambuskörben zu Tage. Die Eisengewinnung unterstand wegen ihrer waffentechnischen Relevanz genauso wie die Eisenverarbeitung bereits in der Zeit um 100 v. Chr. staatlicher Kontrolle.

Bevölkerungsentwicklung Dank der aus steuerlichen Gründen seit dem 2. Jh. v. Chr. immer wieder durchgeführten Volkszählungen kann die Bevölkerungsentwicklung in China in den wichtigsten Dynastien ziemlich genau angegeben werden: Im Jahre 2 n. Chr. betrug die Bevölkerung Chinas 59 590 000 Einwohner. Im Jahre 755 war diese Zahl auf 52 910 000 zurückgegangen und sank auf Grund der vielen Turbulenzen im Reiche auf 33 300 000 im Jahr 1080. Der Zensus in der Ming-Dynastie ergab 1578 fast 61 Millionen und schnellte auf 143 410 000 hoch in der Qing-Dynastie, als Kaiser Qianlong 1741 wieder eine Volkszählung anberaumte. Ein Jahrhundert später, im Jahr 1840, waren es bereits 412 Millionen, und nach dem Sturz der Qing-Dynastie (1912) war ein leichter Rückgang auf 405 810 000 zu verzeichnen. Bei der Gründung der Volksrepublik zählte China 541 670 000 Einwohner, dann setzte die Bevölkerungsexplosion ein, die 1982 genau 1 031 882 511 Einwohner zählte und 1999 schon 1 260 750 000 chinesische Staatsbürger registrierte – trotz der Familienplanung.

Bewegung des 4. Mai (1919) Obwohl China durch seinen Eintritt in den Ersten Weltkrieg auf Seiten der Alliierten Sitz und Stimme am Verhandlungstisch der Siegermächte errungen hatte, wurde es beim Versailler Vertrag in einer Weise behandelt, die seine nationale Würde auf das Schwerste verletzte. Im Jahre

1914 hatten japanische Truppen die deutschen Gebiete in Shandong (Tsingtau) erobert, die nun nach chinesischer Auffassung von den Japanern hätten geräumt und China zurückgegeben werden müssen. Dies verweigerten die Siegermächte und sprachen das Gebiet Japan zu. Obwohl nun die projapanische Regierung in Peking diese Regelung zu akzeptieren bereit war, gingen dennoch am 4. Mai 1919 über 3000 Studenten aus Beijing auf die Straße und demonstrierten in einer Protestkundgebung vor dem Tor des Himmlischen Friedens gegen diese Festlegung von Versailles. Die studentischen Proteste ergriffen nicht nur die Intellektuellen in der Stadt, sondern waren der Beginn einer landesweiten Welle des Aufbegehrens, die zuerst zu Massenverhaftungen, dann aber zu einem Kurswechsel der Regierung führte, gipfelnd in der Anweisung an die chinesische Delegation in Paris, die Unterschrift unter den Versailler Vertrag zu verweigern. Diese »Bewegung des 4. Mai« geriet jedoch im weiteren Sinne zu einer geistig-kulturellen Erneuerungsbewegung, die einen weitgehenden Bruch mit der Tradition anstrebte und die Modernisierung Chinas zum Ziele hatte. Die Bewegung war antiimperialistisch, sozialreformerisch und führte im kulturellen Bereich dazu, dass zum ersten Mal die Umgangssprache als eigentliches literarisches Medium anerkannt und die klassische Schriftsprache als überholt und gespreizt zurückgedrängt wurde. Die Übernahme von westlichem Gedankengut in großem Maßstab war bei dieser Erneuerungsbewegung unumgänglich, sodass auch alsbald marxistisch-leninistische Gedanken in China Eingang fanden, die 1921 bereits zur Gründung der KPCh führten. Die Emanzipation der Frau und die Öffnung des Bildungswesens für die Kinder aller Bürger, der Kampf gegen Aberglaube und verkrustete Traditionen waren die weiteren Ziele dieser Bewegung.

Bezeklik Rund 10 Kilometer nördlich der Ruinenstadt Gaochang in der Provinz Sinkiang finden sich in einer Schlucht des Murtuq-Tales die »Tausend-Buddha-Höhlen« von Bezeklik (Qian Fo Dong), die seit dem 5. Jh. n. Chr. entstanden und berühmte Wandmalereien enthielten. Viele dieser Wandbilder wurden von islamischen Fanatikern zerkratzt, andere von westlichen Archäologen vor dem Ersten Weltkrieg außer Landes gebracht. Die ersten 60 noch heute existierenden Höhlen liegen rund 80 Meter über dem Fluss und wurden aus der Lößwand herausgearbeitet. Neben rein uigurischen und chinesischen Stilen finden sich indisch-kuchäische, auch findet man Inschriften in Sanskrit und in der Brahmi-Schrift.

Bing Di Letzter Kaiser der Südlichen Song-Dynastie, geboren 1272 als Sohn von Kaiser Duzong und nach dem Tod seines Bruders Duanzong 1279 zum Kaiser ausgerufen, aber im gleichen Jahr ertrunken. Der Tod dieses Kindkaisers beendete gleichzeitig die ruhmreiche Geschichte der gesamten Song-Dynastie. In einer letzten und verzweifelten Seeschlacht zwischen der mongolischen und der chinesischen Flotte sollen in dem dreiwöchigen Kampfgeschehen von den rund 1000 chinesischen Dschunken etwa 800 versenkt oder geentert worden sein. 100 000 Krieger fanden bei diesem fürchterlichen Gemetzel den Tod. Bing Di, der Kindkaiser, so heißt es, soll vom Kapitän des Flaggschiffs auf den Rücken genommen worden sein – und angesichts der Niederlage hätte der verzweifelte Kapitän mit dem Kind den Freitod durch einen Sprung ins Meer gesucht.

Bing Ling Si-Grotten Westlich von Lanzhou in der Provinz Gansu befindet sich an den 60 Meter hohen Sandsteinwänden der Liu Jia-Schlucht am Ufer des Huanghe-Speichersees eine Schatzkammer buddhistischer Kunst, die erst 1952 wiederentdeckt wurde. Im Reich der Westlichen Qin, das von 385–431 in dieser Gegend bestand und von nichtchinesischen, jedoch buddhistischen Königen regiert wurde, begannen Mönche mit den Arbeiten am Bau des Tempels der Tausend Buddhas (Bing Ling Si). Die Nachfolger dieses Reiches, die Nördlichen Wei, führten vom Jahre 513 an diese Arbeiten weiter, und so hielt man es auch in der Tang-, Song, Yuan- und Ming-Dynastie. In 183 Nischen und Höhlen wurden 694 Statuen aus dem Felsen gehauen, es finden sich aber auch 900 Quadratmeter Wandmalereien und 82 aus Lehm geformte Figuren. Hauptattraktion ist die tangzeitliche Steinskulptur eines 27 Meter hohen Buddha an der Felswand. Bing Ling Si ist ein Paradebeispiel dafür, wie selbst in der Neuzeit ein Weltkulturschatz völlig in Vergessenheit geraten konnte und erst durch Zufall wiederentdeckt wurde.

Blang-Nationalität Mit rund 60 000 Angehörigen ist die nationale Minderheit der Blang eines der kleinen Völker in der VR China. Die Blang wohnen in Berggebieten der Provinz

Yunnan und siedeln in Höhenlagen von 1500–2000 Metern. Ähnlich wie ihre Nachbarn, die Hani, Lahu und Wa, bauen sie sehr viel Zuckerrohr und Baumwolle an. Das Land der Blang ist die Heimat des berühmten Pu'er-Tees, der auch im Ausland sehr geschätzt ist. Die Blang-Sprache gehört zur Mon-Khmer-Sprachgruppe der austroasiatischen Sprachfamilie. Eine Schrift ist bisher für die kleine Völkerschaft nicht entwickelt worden. Die Blang stammen von den Puren ab, die früher in den Stromgebieten des Lancangjiang und des Nujiang lebten. Ein Teil von ihnen verschmolz mit den Han und wurde völlig sinisiert, die restlichen Puren entwickelten sich zur heutigen Blang-Nationalität. Neben einem ausgedehnten Geister- und Gespensterglauben ist der Hinayana-Buddhismus bei den Blang seit langer Zeit schon verbreitet.

Bohai-Königreich In der Provinz Heilongjiang bestand von 762–991 das Königreich Bohai, das in diesen 229 Jahren von 15 Königen regiert wurde. Dem Kaiserreich der Tang-Dynastie tributpflichtig, übernahmen die Bewohner dieses Reiches viele kulturelle Errungenschaften der Chinesen und gebrauchten vielfach auch schon die chinesische Schrift. Gegründet von dem mandschurischen Stamm der Moxie, bauten die Könige von Bohai ihre Hauptstadt auf einer Schwemmlandebene am Fluss Mudan im heutigen Kreis Ningan. Die dort liegende Kleinstadt Bohai erinnert heute noch an die einst glanzvolle Vergangenheit. Die Hauptstadt Shangjing lag damals vor den Toren des heutigen Städtchens Bohai. Die Archäologen konnten durch Ausgrabungen im Ruinenfeld von Shangjing feststellen, dass die Stadt damals rechteckig angelegt war und aus einer Außen- und einer Innenstadt bestand. Allein die Innenstadt hatte einen Umfang von 4,5 Kilometern und die Residenz des Königs war ein mächtiges Bauwerk mit einem Radius von 2,5 Kilometern. 962 brannten die Kitan Shangjing nieder und eroberten im Jahre 991 das Reich Bohai. Diese Eroberung war für die Kitan der Beginn ihrer siegreichen Feldzüge nach Süden, die dann zur Gründung der Liao-Dynastie führten.

Bon-Religion Die in Tibet vor dem Eindringen des Buddhismus einheimische Bon-Religion wurde bis in jüngster Zeit als primitive Religion der Magie und Geisterbeschwörung dargestellt, auf Grund neuer Forschungen wurde jedoch der Bon vom 14. Dalai-Lama und der tibetischen Geistlichkeit als

»fünfte Schule« des Buddhismus anerkannt. Nach neusten Erkenntnissen gab es in frühester Zeit in Tibet in der Tat einen »alten Bon« mit animistischen und schamanistischen Praktiken, mit Heilritualen und der Beschwörung von Göttern und Geistern. Aus dem westlichen Königreich Schangschung im Umkreis des heiligen Berges Kailash drangen jedoch dann die Vorstellungen vom ewigen Kreislauf des Lebens und der Wiedergeburt in Tibet ein, da im 7. Jh. n. Chr. dieses unabhängige Reich von Tibet unter Srongtsen Gampo annektiert worden war. Es entwickelte sich aus dem alten Bon nunmehr der sog. Swastika-Bon, der einen spirituellen Erleuchtungsweg zur Befreiung aus dem Kreislauf der Geburten suchte. Symbol des Kreislaufes war das Hakenkreuz (Swastika). Diese Form der alten Stammesreligion wird bereits als »Bon der Frucht« bezeichnet. Als Begründer dieser Tradition wird der Weise Tönpa Schenrab Miwo genannt, der lange vor dem Erscheinen Buddhas in Tibet gelebt haben soll. Schließlich wurde postuliert, dass Buddha selbst in einem seiner Vorleben ein Schüler von Tönpa Schenrab Miwo gewesen sein soll. Damit wurde es möglich, aus der Sicht des Bon den Buddhismus sogar als Teil ihrer eigenen Religion zu verstehen. Dies konnte auch deshalb geschehen, da der Swastika-Bon unter strenger Ächtung von Blutopfern eine Lehre des Mitgefühls entwickelte und das Gesetz von Ursache und Wirkung im Kreislauf der Wiedergeburten zur Anwendung brachte. Erst als dann ab dem 8. Jh. n. Chr. die monastische Form des späteren Buddhismus nach indischen Vorbildern in Tibet etabliert wurde, kam es zur Abgrenzung, ja sogar zur Verfolgung des Bon durch die Buddhisten. Als Reaktion auf diese buddhistische Offensive entwickelte sich nun in Tibet ebenfalls eine monastische Bon-Tradition, vornehmlich in Osttibet, die als »neuer Bon« bis zur Gegenwart existiert und auch als »linksdrehender Buddhismus« bezeichnet wird.

Bouyei-Nationalität Mit 2,2 Millionen Angehörigen gehört die nationale Minderheit der Bouyei zu den größeren Nationalitäten in China. Zum Kaiserreich gehören die Bouyei schon seit gut zweitausend Jahren, konnten jedoch während dieser Zeit ihre völkische Identität und ihre Sprache bewahren. Die Bouyei-Sprache gehört zu dem Zhuang-Dai-Sprachzweig der Zhuang-Dong-Sprachgruppe im Rahmen der sinotibetischen

Sprachfamilie. Nach 1952 wurde für die Bouyei eine eigene Schrift auf der Grundlage der lateinischen Buchstaben geschaffen. Die Heimat dieses Volkes ist die Yunnan-Guizhou-Hochebene, wo sie in mehreren Autonomen Bezirken und Kreisen in der Provinz Guizhou leben. Die Gegend ist vom Sommermonsun beeinflusst und daher subtropisch. Wasserreis, Weizen, Mais, Tabak, Zuckerrohr, Tee sowie neuerdings sogar Kaffee und Kakao werden angebaut. In den dichten Wäldern leben noch Tiger, Leoparden und Bären. Die Bouyei gelten als kreativ, sangesfreudig und als Meister in Batikarbeiten. Da reiche Bodenschätze der Erschließung harren, gilt die Region als äußerst entwicklungsfähig.

Boxeraufstand Der Niedergang der chinesischen Macht unter den Mandschu gegen Ende des 19. Jahrhunderts und die zunehmende Einflussnahme der Europäer auf die politische und wirtschaftliche Lage des Landes sowie die fortschreitende Missionierung durch christliche Konfessionen unter den ärmeren Volksschichten, rief eine heftige Reaktion nationalistisch gesinnter Kräfte hervor, die sich vornehmlich in dem Geheimbund Yi He Quan organisierte. Die Mitglieder dieses Bundes, die sich »Verfechter von Recht und Frieden« nannten, übten sich in Kampfsportarten, die dem Boxsport ähnlich waren und wurden von den Europäern daher als »Boxer« bezeichnet. Die Bewegung sah in der Mandschu-Herrschaft und in dem Vordringen der Europäer die beiden Hauptübel des nationalen Niedergangs und bekämpfte beide. Die Boxer begannen im Jahr 1899 mit einem Volksaufstand, der sich von Shandong aus auf viele Teile Nordchinas ausbreitete. Ausländische Handelsniederlassungen wurden geplündert, Missionsstationen zerstört, Missionare getötet und vor allem getaufte Chinesen massenhaft massakriert. Die für das Christentum gewonnenen Chinesen hatten von den Europäern wirtschaftliche Vorteile errungen und dadurch den Neid der hauptsächlich daoistisch ausgerichteten Boxer erregt. Der Aufstand griff nun schnell auf andere Provinzen über, da sich große Volksmassen den Boxern anschlossen und der Kampf um die Stadt Tientsin und um die Hauptstadt Peking selbst nun entbrannte. Die Qing-Regierung unter der Kaiserin-Witwe Cixi hatte zuerst pflichtgemäß Truppen gegen die Aufständischen eingesetzt, da die Boxer ja auch ihren

Sturz als Ziel vor Augen hatten. Cixi änderte aber alsbald ihre Politik und schwenkte auf die Seite der Boxer zuerst geheim, dann sogar offen ein und erklärte den ausländischen Mächten den Krieg. Diese Wende in der Politik des Qing-Hofes galt der Rettung ihrer eigenen Herrschaft, vor allem in dem Glauben an einen Sieg der Boxer. Die ausländischen Mächte beantworteten diese Kriegserklärung durch China mit dem Einmarsch einer alliierten Armee im August 1900. Inzwischen hatten die Boxer das Gesandtschaftsviertel in Peking eingeschlossen und versuchten es zu stürmen. Gemeinsam hatten England, Frankreich, Russland, Japan, die USA, Italien, Deutschland und Österreich mehrere tausend Soldaten zu einer Invasionsarmee zusammengestellt und landeten an der chinesischen Küste des Bohai-Meeres. Bei ihrem Marsch nach Peking kam es zu schweren Gefechten mit den nunmehr vereinigten Truppen der Qing-Regierung und der Boxer. Die Brutalität auf beiden Seiten war beispiellos. Als die Stadt Tientsin von den siegreich eingedrungenen Boxern wieder geräumt werden musste und ein Sieg der ausländischen Alliierten sich abzeichnete, floh der Qing-Hof aus Peking nach Xian und streckte bereits heimlich Fühler zu den Europäern zwecks einer Kapitulation unter günstigen Bedingungen aus. Am 14. August besetzten die alliierten Truppen Peking, befreiten das Personal im Gesandtschaftsviertel und plünderten die Stadt. Die europäischen Truppen hielten ein grausames Strafgericht über die besiegten Boxer und zwangen im September 1901 China das sog. »Internationale Protokoll von 1901« auf, das eine hohe Entschädigungssumme an die Europäer festlegte und als Garantie für die Zahlung die Kontrolle über die Seezölle und Salzsteuern Chinas den Alliierten übereignete. Weiterhin konnten an verschiedenen Punkten in Nordchina ausländische Truppen stationiert werden und alle antialliierten Aktivitäten wurden bei Todesstrafe verboten. Gleichzeitig erkannten jedoch die Siegermächte die chinesische Regierung unter Cixi erneut an und verlängerten damit deren Herrschaft. Russland sicherte sich den Hauptanteil an dieser Siegesbeute auf eigene Faust, in dem es faktisch die nordöstliche Mandschurei ganz unter seine Kontrolle brachte. Nach dem gescheiterten Boxeraufstand waren der Qing-Dynastie nur noch zehn Jahre bis zum endgültigen Sturz beschieden, zu diesem Ende hat er jedoch wesentlich beigetragen.

Bronzeschrift Bronzeschrift nennt man die an den Wandungen von chinesischen Bronzegefäßen angebrachten Schriftzeichen, die durch den Guss selbst als Reliefzeichen gestaltet wurden. Chinas Bronzezeit begann mit den Stadtkulturen des 17. Jahrhunderts v. Chr. und dauerte rund 1500 Jahre lang, verglichen mit anderen Hochkulturen demnach länger als anderswo. Reiche Kupfer-, Zinn- und Bleiminen waren die Grundlage für die zahlreichen Geräte, Gefäße, Waffen, den Schmuck und die vielen Sakralgegenstände, die aus dieser Zeit erhalten sind. Bronzekessel galten als Herrschaftssymbole, man verwandte sie bei feierlichen Kulthandlungen. Bereits zur Zeit der Östlichen Zhou-Dynastie (770–221) wurden Gesetzestexte und Dekrete in die Wände der Bronzegefäße eingegossen. Belehrungsurkunden und fürstliche Ehekontrakte wurden gleichfalls in Bronzeschrift (jinwen) auf Bronzekesseln gefunden. Diese Bronze-Inschriften geben sogar dann und wann den Namen des Besitzers oder Auftraggebers wieder und sind daher zu den wichtigsten Quellen der chinesischen Geschichte zu zählen.

Brunnenfeld-System Nach chinesischer Tradition soll im Altertum ein System zur gerechten Einteilung von Grund und Boden bestanden haben, das man Brunnenfeld-System (Jiangtian) nannte. Im Buch Mengzi (3. Jh. v. Chr.) ist es wie folgt beschrieben: Eine quadratische Fläche von 900 Mu (1 Mu = etwa 600 qm) wird in 9 gleiche Stücke von je 100 Mu aufgeteilt, wodurch acht Außenfelder und ein Feld in der Mitte entsteht. Die acht Außenfelder bewirtschaftet privat jeweils eine Familie zum eigenen Bedarf, das Zentralfeld bewirtschaften alle acht Familien gemeinsam und bestreiten mit den von dort eingebrachten Ernteerträgen die an den Staat zu entrichtende Steuer. Wieweit das Brunnenfeld-System in den einzelnen Dynastien angewandt wurde, ist nicht geklärt, manche Forscher halten es für eine reine Utopie, die nur als erstrebenswertes Ziel gegolten habe.

Buddhismus Der in Nordindien von Siddharta Gautama begründete Buddhismus kam im 1. Jahrhundert n. Chr. über die Seidenstraße nach China und gelangte dort im Laufe der Jahrhunderte zu großer Entfaltung. Diese Fremdreligion konnte sich in China jedoch nur halten und entwickeln, weil sie viele chinesische Züge annahm und sich geschickt an die Sitten und Gebräuche des Landes anpasste. Die Richtung des Mahayana-Buddhismus mit ihren vielen Gottheiten ähnelte dem Daoismus, und die hohen ethischen Grundsätze in der Lehre des Erleuchteten erinnerten an viele Gebote des Konfuzianismus. In den großartigen Grotten zu Yungang, Longmen, Dunhuang, Dazu, Bingling und anderen blühte eine buddhistische Kunst gleichermaßen in Bildhauerei und Malerei und in den herrlichen Klosterbauten und Pagoden ergab sich eine wundersame architektonische Synthese zwischen indischen und chinesischen Stilelementen. Allerdings hatte der Buddhismus auch dreimal eine Verfolgung zu erdulden, die schlimmste im 9. Jahrhundert – dies weniger aus religiösen Gründen als vielmehr aus politischen Motiven, denn die allmählich reich gewordenen Klöster waren von Steuerlasten befreit und ihre Mönche waren von jeglichem Militärdienst und von Fronarbeiten ausgenommen. Bei jeder Verfolgungswelle wurden viele tausende von Mönchen zwangsweise in den Laienstand zurückversetzt und ihre Klöster geschlossen oder gar zerstört. Nach jeder Verfolgung aber erholte sich der Buddhismus wieder. Da im 7. Jahrhundert die als »Diamant-Fahrzeug« bekannte Richtung des Buddhismus aus Indien über Nepal nach Tibet vorgedrungen war und sich dort zum Lamaismus entwickelte, konnte in der Yuan-Dynastie während des Mongolischen Großreiches auch diese Richtung mindestens in West- und Nordchina ebenfalls zu einer gewissen Blüte gelangen. In den Werken beider Richtungen (Mahayana und Lamaismus) äußerte sich im Laufe der Jahrhunderte eine Kulturreligion, die mit ihren zeitlosen Schöpfungen einen bedeutenden Beitrag zur Weltkultur überhaupt liefern konnte. Die verschiedenen Richtungen, Schulen und Sekten, die beide Hauptzweige des Buddhismus hervorgebracht haben, wetteiferten zwar miteinander, entwickelten sich aber meist friedlich unter dem Schutz des Staates, der aus Gründen der Staatsräson oftmals fördernd, dann und wann auch lenkend eingriff. Nach einer kurzen Unterbrechung und einer mehrjährigen Verfemung und Verfolgung in der Kulturrevolution (1966–1976) genießen die rund 100 Millionen Buddhisten in China wieder Religionsfreiheit und die Klöster werden, wenn noch vorhanden, wieder restauriert.

Buddhistenverfolgungen In

den ersten Jahrhunderten seiner Verbreitung in China war der Buddhismus eine geduldete Gastreligion, die sich geschickt dem heimischen Daoismus anpasste und bestimmte Elemente von ihm übernahm – und umgekehrt. Diese einträchtige Koexistenz änderte sich jedoch, als die buddhistischen Klöster immer zahlreicher und deren Äbte immer mächtiger wurden. Die Daoisten taten sich mit den Konfuzianern zusammen und konnten vom Kaiser Wu aus der Nördlichen Wei-Dynastie einen Befehl erwirken, der 446 die Zerstörung buddhistischer Klöster vorsah. Die Begründung der staatstragenden Konfuzianer lautete, dass die Klöster meist keine Steuer entrichteten und damit den Staat schädigten. Gleichzeitig würden die Mönche durch ihre Freistellung vom Militärdienst und von staatlich angeordneter Fronarbeit den Staat schwächen. Der Befehl scheint im 5. Jahrhundert nicht überall strikt ausgeführt worden zu sein. Der Buddhismus überlebte, und bereits 517 ging nun der Begründer der Liang-Dynastie – auch mit dem Namen Wu – als fanatischer Buddhist gegen die Daoisten vor. 574 jedoch verbot ein Kaiser der Nördlichen Zhou-Dynastie sowohl den Bau von buddhistischen als auch daoistischen Tempeln und ließ dann mit Gewalt auch die bestehenden Klöster teilweise zerstören. Der massivste aller Angriffe auf den Buddhismus erfolgte allerdings im Jahre 845 während der Tang-Dynastie. Nach einer fast zweihundertjährigen glanzvollen Herrschaft der Tang-Kaiser hatten sich die Zeiten zum Schlechteren gewendet, Unzufriedenheit und Armut breiteten sich aus, Bauernrevolten drohten. In dieser misslichen Situation gab Kaiser Wu Zong (840–846) den Buddhisten die Schuld an der Misere und befahl die Zerstörung der Klöster dieser »Fremdreligion«. Der Angriff richtete sich jedoch weniger gegen die Glaubensinhalte als vielmehr gegen den sprichwörtlichen Reichtum der Klöster. Mehr als eine Viertelmillion Mönche mussten ihr Gewand ablegen und ins weltliche Leben zurückkehren, viele von ihnen – auch Nonnen – fielen dieser Verfolgung zum Opfer. Große Gebiete fruchtbaren Klosterlandes wurden vom Staat konfisziert, alle Privilegien aufgehoben und über viertausend Klöster zerstört. Der Buddhismus überlebte zwar diesen Aderlass, aber er konnte danach seine einstige Größe nie mehr erlangen. Im 20. Jahrhundert muss die Zerstörung von tausenden tibetischer

Klöster und die Beschädigung vieler chinesischer Buddhistentempel während der Kulturrevolution 1966–1976 als moderne Buddhistenverfolgung gewertet werden. Erst mit der Öffnungspolitik und der Verkündung der (relativen) Religionsfreiheit 1978 konnte sich auch der Buddhismus wieder freier entfalten. Die noch vorhandenen Klöster konnten wieder geöffnet und die beschädigten Sakralbauten wieder notdürftig oder auch komplett instandgesetzt werden. Die Ordination von Mönchen ist wieder erlaubt, der Eintritt ins Noviziat wieder gestattet. Voraussetzung dieses geduldeten Neubeginns ist die absolute Loyalität gegenüber Staat und Partei.

Buddhistische Könige Unter der Bezeichnung »Buddhistische Könige« werden in Tibet jene drei Herrscher verstanden, die vom Ende des 7. bis zum Anfang des 9. Jahrhunderts ein mächtiges tibetisches Imperium regierten und zugleich den Buddhismus einführten und förderten. Der erste dieser »Heiligen Könige« war der mächtige Songtsen Gampo, der seine Residenz in Lhasa aufschlug, ihm folgten dann Trisong Detsen und Repachen, der 836 ermordet wurde. Die Privilegierung des buddhistischen Klerus im Lande hatte Repachen viele Feinde eingebracht, sodass sein Bruder und Nachfolger Langdarma bereits wieder eine Buddhistenverfolgung einleitete. Erst im 10. Jahrhundert erstarkte dann der Buddhismus neu in Tibet.

Bücherverbrennung Zur Festigung der absoluten Macht des Ersten Kaisers von China sollten alle Bücher im Jahre 213 v. Chr. verbrannt werden, die möglicherweise gegenüber dem neuen Regime der Qin-Dynastie auch nur im Entferntesten Elemente der Kritik enthalten könnten. Auf Rat des Kanzlers Li Si erging ein kaiserlicher Befehl, der die Ablieferung aller Bücher literarischen, philosophischen und historischen Inhalts binnen eines Monats zur Pflicht machte. Bei Zuwiderhandlung drohten härteste Strafen. Ausgenommen waren nur amtliche Dokumente, Wahrsagebücher und landwirtschaftliche Werke sowie Schriften im Besitz staatlicher Behörden. Diese rigorose und weltgeschichtliche Konfiskation des größten Teils aller Schriften des alten China wurde gnadenlos überwacht und endete in einer beispiellosen Verbrennung gewaltiger Bücherschätze. Dieser Verlust kann im weltgeschichtlichen Maßstab nur mit dem Brand der großen Bibliothek von

Alexandria im römischen Bürgerkrieg verglichen werden. Mit dieser Maßnahme steht auch die Hinrichtung von 400 konfuzianischen Gelehrten durch Begraben bei lebendigem Leibe in sinngemäßem Zusammenhang, wenn sie auch zu anderer Zeit und aus anderem Anlass geschah. Mit beiden Exekutionen (gegen das Wort und den Geist) sollte jegliche Opposition für immer ausgelöscht werden.

Butön Butön (1312–1364) lebte im Kloster Zhalu bei Schigatse und gilt als einer der bedeutendsten buddhistischen Gelehrten Tibets. Der tibetisch-buddhistische Kanon in seiner noch heute gültigen Form stammt von Butön.

C

Cangzhou Die Großstadt Cangzhou befindet sich südlich von Tianjin am Kaiserkanal zwischen dem Haihe und dem Gelben Fluss und kann auf eine ständige Besiedelung seit der Jungsteinzeit zurückblicken. Noch vor der Gründung der Han-Dynastie ist Cangzhou schon als städtisches Gemeinwesen fassbar. Aus der Tang-Dynastie stammt der heute noch erhaltene Tianning-Tempel mit herrlichen Buddhafiguren. Aus der Nördlichen Song-Dynastie blieb die 50 Meter hohe Wenbi-Pagode erhalten, von der aus man die ganze Stadt überblicken kann. Cangzhou galt einst als Stadt der Gelehrten, denn von den 300 Kandidaten, die im Jahr 1109 die höchste kaiserliche Prüfung bestanden, kamen 53 aus Cangzhou. In der Zeit am Ende der Kulturrevolution haben es die Stadtväter verstanden, viele Wissenschaftler aus ganz China mit günstigen Angeboten in ihre Stadt zu locken, sodass Cangzhou heute zu den wirtschaftlich dynamischsten Städten des Landes zählt.

Cao Cao Im Auftrag des Han-Kaisers schlug Cao Cao (135–220 n. Chr.) als General den Aufstand der »Gelben Turbane« nieder, wurde Gouverneur von Shandong und ließ sich zum Protektor des Kaiserreiches ausrufen. Bald schwang er sich danach zum wirklichen politischen Oberhaupt des Kaiserreiches auf, starb jedoch überraschend in jenen Tagen, als er den Kaiser selbst entthronen wollte. Cao Cao war bekannt für seine Grausamkeit. Als sein Sohn Cao Pei sich dann selbst zum Herrscher einer eigenen Dynastie aufschwang, gelang ihm zwar die Gründung der Wei-Dynastie (220–268), aber im Süden des Reiches gründeten seine Rivalen die Königreiche Shu und Wu und führten damit das Ende der Han-Dynastie herbei. Die Zeit der »Drei Reiche« hatte begonnen (220–280 n. Chr.).

Caotang-Tempel Der Caotang-Tempel liegt heute inmitten von Reisfeldern südlich der Kreisstadt Huxian, südwestlich von Xian in der Provinz Shaanxi. Im 5. Jahrhundert n. Chr. war dieser Tempel der Aufenthaltsort des berühmten Mönches Kumarajiva, der für die Verbreitung des Buddhismus in China einen der bedeutendsten Beiträge geleistet hat. Kumarajiva wurde 344 in Qiu Ci, dem heutigen Kuqa in Sinkiang geboren und kam 401 nach Changan. Im Kloster Caotang nahm er mit seinen Anhängern dann Wohnung und übersetzte mit ihnen 74 buddhistische Werke ins Chinesische. In einem Pavillon westlich des Tempels befindet sich der zwei Meter hohe Sarira-Stupa mit der Asche von Kumarajiva.

Cathay Alte Bezeichnung für China, abgeleitet von Khitan, dem Namen jenes Stammes aus der Mandschurei, der in Nordostchina die Liao-Dynastie gründete. 946 n. Chr. gründeten die Khitan die Liao-Dynastie und dehnten ihre Macht von der Mandschurei bis weit nach Nordchina hinein aus. Da die Song-Dynastie sogar an die Khitan einen gewaltigen Friedenstribut in Form von Stoffballen (Seide) und Silberunzen zahlen musste, galt das Reich der Khitan sogar als mächtigstes in Fernost vor den Chinesen selbst. Man nannte ihr Reich etwas verballhornt zur Zeit Marco Polos »Cathay« – und diese Bezeichnung setzte sich dann in Westasien und Europa neben der Bezeichnung China für das Reich der Mitte bis zur Gegenwart in verschiedenen Ländern durch.

Changan Die Stadt Changan hat zwar ihren Namen in der Abfolge der Dynastien stets behalten, aber ihre Lage mehrfach verändert. Als Hauptstadt der Westlichen-Han-Dynastie lag sie südlich des Wei-Flusses, da die Kaiser der 206 v. Chr. gegründeten Dynastie ihre Hauptstadt nicht auf den Ruinen der Qin Residenz Xianyang aufbauen wollten, denn diese lag am Nordufer des Wei-Flusses. Die Tang-Dynastie nannte Jahrhunderte später dann ihre Hauptstadt im Tal des Wei auch wieder Changan, aber sie lag südlich von der einstigen Han-Metropole und war deckungsgleich mit der Sui-Hauptstadt Daxing, die von den Tang kurzerhand übernommen und umbenannt worden war. In der Tang-Zeit wurde Changan zur Weltmetropole ausgebaut. Obwohl aus dieser Zeit nur noch die Große und die Kleine Wildganspagode erhalten sind, wissen wir aus Beschreibungen und erhaltenen Plänen genauestens

Bescheid über die Anlage, Struktur, Größe und den Glanz dieser Idealstadt Fernostasiens, nach deren Grundriss die japanische Kaiserstadt Kyoto maßstabgetreu schon im 8. Jh. n. Chr. nachgebaut wurde. Möglicherweise hat es auf diesem Planeten außer Theben in Altägypten, Athen, Rom und später Bagdad keine schönere Stadt je gegeben, die nicht durch ihre landschaftliche Lage sondern durch die Pracht ihrer Bauten und der Fülle des kulturellen Lebens jeden Besucher hinreißen musste. Die Dimensionen der Stadt waren gewaltig, denn die Stadtmauern umschlossen ein bebautes Gebiet von fast 80 Quadratkilometern und waren weit umfangreicher als die Fläche der heutigen Millionenstadt Xian. Schachbrettartig angelegt, fast quadratisch im Grundriss, bot Changan mehr als einer Million Einwohnern Schutz und angenehme Behausung in 110 ummauerten Vierteln. Mehrere Wasserläufe durchzogen die Metropole und eine über fünf Kilometer lange und 147 Meter breite Allee durchschnitt die Stadt als Hauptachse. Zwei riesige Marktplätze boten den Händlern aus nah und fern die Möglichkeit, den meist gut gestellten Einwohnern ihre Waren anzubieten. Reine Wohnviertel wechselten sich ab mit Handwerkervierteln, das Beili-Vergnügungsviertel war eine regelrechte Stadt der Kurtisanen – aber alles wurde überstrahlt von mehreren hundert Klöstern buddhistischer und daoistischer Richtung, vor allem aber von den kaiserlichen Palästen. Ganz im Norden lag der Palast der Strahlenden Helligkeit, in dem der Kaiser mit seiner Familie wohnte. Noch weitläufiger war die sog. Palaststadt mit dem »Palast des Äußerst Absoluten«, ebenfalls reine Wohn- und Repräsentationsbauten, dann erst schloss sich der Regierungs- und Verwaltungsbezirk an. Ganz im Osten lag der »Palast der Erhabenen Segnungen«. Die Stadt war weltoffen und besaß auch mehrere Tempel fremdländischer Religionen, so der Nestorianer und der persischen Feueranbeter. Für die Studenten stand eine kaiserliche Universität und für die in die Stadt strömenden Gesandten, Gelehrten, Aristokraten und reichen Kaufleute standen genügend private Residenzen zur Verfügung. Die vielen sich auf Wanderschaft befindenden Mönche kamen in den zahlreichen Klöstern für einige Nächte stets kostenlos unter. Die Hofhaltung war an Pracht und Luxus unübertroffen. Am Kaiserpalast sollen 3000 hauptamtlich besoldete

Musiker tätig gewesen sein. Der Platz für das Polospiel, auf dem sich der Kaiser um Mitternacht mit Prinzen und Ministern des Öfteren einzufinden beliebte, war von brennenden Riesenkerzen taghell erleuchtet wie ein modernes Stadion im Flutlicht. Man hat wohl ganz zurecht die Tang-Dynastie das Goldene Zeitalter Chinas genannt. Changan in der Tang-Zeit wird das Juwel des Reiches der Mitte mindestens in der ersten Hälfte dieser Dynastie genannt werden dürfen.

Changchun Die in der Songliao-Ebene im Nordosten Chinas gelegene Hauptstadt der Provinz Jilin, die heute 7 Millionen Einwohner zählende Autometropole Changchun, ist eine der jungen Städte Chinas, denn sie wurde erst im Jahr 1800 auf Befehl des Qing-Kaisers Jiaqing östlich des Yitong-Flusses errichtet. Im ganzen 19. Jahrhundert blieb Changchun eine Landhandelsstadt und ein Sammelzentrum für Bohnen und Getreide. 1931 begann die Eroberung der Mandschurei durch die Japaner, die bereits im März 1932 Changchun zur Hauptstadt ihres Marionettenstaats Mandschukuo machten und den letzten Herrscher Chinas, Aisin-Gioro Pu Yi, zum Kaiser des von ihnen eroberten Gebiets einsetzten. Changchun wurde dann in Xinjing umbenannt. Am 18. Oktober 1948 rückten die Kommunisten in die Stadt ein und begannen mit dem industriellen Aufbau. Changchun, das wieder seinen ursprünglichen Namen erhielt, wurde zur Wiege der chinesischen Automobilindustrie. Der erste in China produzierte PKW lief in Changchun vom Band. Gleichzeitig wurden Fabriken für den Bau von Traktoren und Transportern, aber auch für Eisenbahn- und U-Bahn-Wagen aufgebaut. Das erste Filmstudio Chinas wurde in Changchun ins Leben gerufen und man begann mit der Entwicklung von Forschungsinstituten und Hochschulen, die auf den Gebieten Chemie, Optik und Physik sowie Geologie inzwischen Bahnbrechendes geleistet haben. Changchun wuchs zu einer Wissenschaftsstadt mit 30 Hochschulen und über 100 Instituten heran.

Changsha Changsha, die Hauptstadt der Provinz Hunan, 70 Kilometer südlich des Dongting-Sees, liegt auf beiden Seiten des Xiang-Flusses in einer der Reiskammern Chinas und war stets ein reicher Handelsplatz und ist heute eine Industriestadt mit zwei Millionen Einwohnern. Die bis in die Zeit der Frühlings- und Herbstperiode (770–476 v. Chr.) zurückreichende Geschichte der Stadt war von einer beachtenswerten kulturellen Prägung, die während der Song-Dynastie durch verschiedene Gelehrtenschulen dokumentiert ist. So entwickelte sich die Yue Lu-Akademie am Osthang des Yuelu-Berges zu einer der größten Akademien der Song-Zeit überhaupt, sie wurde 976 errichtet. 1904 musste unter dem Druck der Westmächte Changsha dem ausländischen Handel geöffnet werden und wurde 1918 an die Bahnlinie Kanton-Wuhan angeschlossen. Im Chinesisch-Japanischen Krieg (1937–1945) wurde Changsha schwer zerstört und erstand als wichtiges Industriezentrum neu nach 1949.

Changshu Die historische Kulturstadt Changshu befindet sich in der Ostebene der Provinz Jiangsu zwischen dem Jangtse im Norden und der Stadt Suzhou im Süden. Bereits in der Shang-Dynastie bestand in diesem fruchtbaren und ertragreichen Gebiet eine Niederlassung, die sich später zu einer Handelsstadt entwickelte. Viele bekannte Persönlichkeiten der chinesischen Geschichte stammen aus Changshu. Yan Yan, ein Schüler des Konfuzius kam aus dieser Stadt, auch Zeng Huai, der Kanzler der Südlichen Song-Dynastie, desgleichen Huang Gongwang, der berühmte Maler der Yuan-Dynastie und viele andere. Mit dem Bau des Hafens von Changshu am Jangtse, festiggestellt 1996, hat die Stadt nun auch Anschluss an die internationale Schifffahrt erhalten und kann auf diese Weise neue Entwicklungsstrategien verfolgen.

Chaozhou Die historische Stadt Chaozhou in der Provinz Guangdong liegt nördlich von Shantou am Hanjiang im östlichen Teil der Provinz in einer schönen Landschaft, geschützt von den natürlichen Mauern des Goldberges und des Kalebassenberges. Die Lage am Hanjiang, der bei Shantou ins Südchinesische Meer mündet, machte Chaozhou zur Hafenstadt, von der aus bereits in der Yuan-Zeit Seeschiffe zu vielen südasiatischen Ländern ausliefen. So ist es auch zu erklären, dass sehr viele Auslandschinesen als ihre Heimat Chaozhou angeben. Die Künste haben jedoch seit alters eine bedeutende Förderung erfahren. Die vielen Stein- und Holzschnitzereien im Kaiyuan-Tempel sind ein gutes Zeugnis dafür. Diese ehrwürdige Hofanlage wurde im Jahre 738 in der Regierungszeit des Kaisers Kai Yuan erbaut. In all den folgenden Jahrhunderten blühte das Kunsthandwerk in der Stadt. Porzellane, Stickereien,

Gold- und Silberschmiedearbeiten, Wandschirme und Laternen werden auch heute in über 80 Länder dieser Erde exportiert. In neuester Zeit stieg Chaozhou allerdings auch zu einer Industriestadt mit pharmazeutischen Werken, Metallwarenfabriken und Elektronik-Unternehmen auf.

Chen-Dynastie Der letzten der sog. »Südlichen Dynastien«, der Chen-Dynastie (557–589), waren nur 32 Jahre Dauer beschieden. Die schnelle Aufeinanderfolge von zum Teil jugendlichen, meist nur kurz regierenden Kaisern beschleunigte den Niedergang. Noch war China geteilt. Der Süden galt als das eigentliche China mit all den Werten und Traditionen der glorreichen Vergangenheit. Der Norden jedoch, vielfach regiert von fremdländischen Stämmen, die über eine zahlreiche chinesische Bevölkerung herrschten, war inzwischen ziemlich sinisiert worden, war buddhistisch wie der Süden und hatte inzwischen jedoch auch viele konfuzianische Grundsätze in den Alltag und in die Regierungspraxis übernommen. Dieser ursprünglich vielfach in sich aufgespaltene Norden war von den Nördlichen Zhou geeinigt worden und ein tatkräftiger General, Yang Jian, hatte in dieser Dynastie den Thron im Jahre 581 usurpiert. Er rief als Kaiser Wendi (581–604) die Sui-Dynastie aus – noch während im Süden das Kaiserreich unter der Chen-Dynastie existierte. Im Jahre 589 jedoch überrannte der Sui-Kaiser mit seinen Truppen die Stellungen des Südens und einigte damit wiederum China von der Gobi bis zum Südchinesischen Meer. Das Ende der Chen-Dynastie wurde durch einen geschickten Propagandatrick des späteren Siegers eingeleitet, denn der kluge und entschlossene Herausforderer Yang Jian, der spätere Sui-Kaiser Wendi, ließ im Feindesland 30 000 handgeschriebene Kopien eines Memorandums verbreiten, in dem er die sittlichen Verfehlungen des letzten Chen-Herrschers aufzeigte und dabei feststellte, dass auf Grund seiner Laster dieser Kaiser das »Mandat des Himmels« verwirkt habe. Der Sturz der Dynastie musste aus diesem Grund den Untertanen als gottgewollt und zwingend notwendig erscheinen.

Chengde Die 250 Kilometer nordöstlich von Peking gelegene Stadt Chengde (350 000 Einwohner) war bis zum Ende der Qing-Dynastie unter dem Namen Jehol weltbekannt, denn nördlich der Stadt liegt der einstige Sommersitz der Kaiser, in herrlicher Lage von Bergen umgeben und von einer 10 Kilometer langen Mauer umschlossen. Wenn die Hitze im Hochsommer in Peking unerträglich war, zog der gesamte Hofstaat für einige Monate nach Jehol in dieses »Bergschloss«, das allerdings 110 Gebäude im Süden, ein Seen- und Pavillongebiet im Osten und ein weites Parkgelände im Norden und Westen umschloss. Die gesamte Anlage stellt einen Höhepunkt chinesischer Gartenkunst, Landschaftsgestaltung und Architektur dar, die mit ihrer künstlichen Seenlandschaft ein Abbild von ganz China darstellen sollte. In der Nähe dieser Sommerresidenz, die im 18. Jahrhundert errichtet wurde, erbaute man gleichzeitig nördlich und östlich des umschlossenen Bezirks in den Bergen elf unterschiedlich große Tempel, von denen heute noch acht erhalten sind. Diese sog. »Äußeren Tempel« sind teilweise in chinesischem und in tibetischem Stil gebaut, sie sollten ein Zeichen der Verbundenheit des mandschurischen Kaisers auf dem chinesischen Thron mit den ihm anvertrauten lamaistischen Gläubigen in Tibet und der Mongolen im Vielvölkerstaat darstellen. Die immer wieder aufflackernden Aufstände an den Grenzen des Reiches ließen es ratsam erscheinen, religiöse Toleranz auch zu politischen Zwecken zu nutzen und als Schutzherr aller Richtungen des Buddhismus zu erscheinen. Das beste Beispiel dieser entgegenkommenden Patronage ist der so genannte Kleine Potala, der jedoch das größte Gebäude in diesem gesamten Ensemble darstellt, denn er bedeckt eine Fläche von 20 ha und wurde 1767 aus Anlass des 60. Geburtstages von Kaiser Qianlong begonnen und 1771 vollendet. Dieser majestätisch-strenge Tempel ist in der Tat dem Potala von Lhasa nachempfunden und diente hohen tibetischen Mönchen als Aufenthaltsort, wenn sie dem Kaiser in seiner Bergresidenz ihre Aufwartung machten. Wie alle anderen Tempel in Chengde wurde auch der Kleine Potala in der Kulturrevolution arg beschädigt, aber seit 1978 wird allenthalben restauriert und einige von ihnen sind ihrer ursprünglichen Zweckbestimmung zurückgegeben, andere dienen heute als Museum. Ein weiteres weltbekanntes Bauwerk in diesem Rosenkranz der Klöster ist auch der Puning Si mit seiner fünfgeschossigen Haupthalle in einem chinesisch-tibetischen Mischstil. In dem 36 Meter hohen Bau nimmt eine 21 Meter hohe Figur der 1000-armigen Guanyin aus vergoldetem Holz fast die gesamte Höhe des Innenraumes ein. Der Puning Si wurde 1754 errichtet, symbolisiert den Weltenberg Sumeru, ist teilweise dem Samye-Kloster in Tibet nachempfunden und ist in der buddhistischen Welt als »Tempel des Universalen Friedens« bekannt. Die Sommerresidenz insgesamt und alle acht Äußeren Tempel wurden inzwischen von der UNESCO als Weltkulturerbe anerkannt und in die Liste aufgenommen.

Chengdi Kaiser der Westlichen Han-Dynastie von 33–7 v. Chr., kam als Sohn Yuandis neunzehnjährig auf den Thron und überließ die Regierungsgeschäfte weitgehend seiner Mutter, der Kaiserin Wang, und deren Clan. Die ganz ihrer Verwandtschaft verhaftete de facto-Regentin machte gleich vier ihrer Clanleute zu Reichsmarschällen. Trotz seiner 26 jährigen Regierungszeit hat aus diesem Grunde Chengdi persönlich keinerlei Spuren in der Geschichte hinterlassen. Nach seinem Tod im Jahre 7 v. Chr. setzte der Familienclan des Kaisers dann einen Halbneffen von Chengdi auf den Thron.

Chengdu Chengdu, die Hauptstadt der Provinz Sichuan, umfasst auf Grund der ausgedehnten Eingemeindungen eine Gesamtfläche von 128 390 Quadratkilometern als Verwaltungsgebiet, wovon auf das eigentliche Stadtgebiet jedoch nur 1382 Quadratkilometer entfallen. Die Gesamtbevölkerung beträgt 10 Millionen, die eigentliche Stadtbevölkerung von Chengdu über 4 Millionen. Zu dem riesigen Verwaltungsgebiet gehören acht Landkreise und vier weitere Städte. In Chengdu selbst befinden sich drei angesehene Universitäten und mehrere wichtige Hochschulen, darunter die Westchinesische Medizinhochschule. Chengdu liegt inmitten einer fruchtbaren Ebene und war bereits in der Zhou-Dynastie für seine Seidenfabrikation bekannt. Vor der Eroberung durch die Truppen der Qin-Dynastie war die Stadt Metropole des Königreiches Shu. Bei der Einnahme der Stadt wurde diese zerstört, aber der Reichseiniger würdigte ihre Bedeutung dadurch, dass er sie neu nach den Plänen seiner eigenen Kaiserstadt Xianyang wieder aufbauen ließ. Diese Vorzugsbehandlung widerfuhr Chengdu noch einmal viel später in der Ming-Dynastie, als die Herrscher in der Stadt sogar einen Kaiserpalast wie in Peking errichten ließen, der die Bedeutung auch der gesamten Provinz deutlich machen sollte. In der Östlichen Han-Dynastie (25–220 n. Chr.) hieß die Stadt Jin Cheng (Brokatstadt), denn aus ihren Seidenwebereien gingen die erlesensten Brokatstoffe Chinas hervor. Aus der Zeit der Drei Reiche (220–265) ist der würdige Schrein des Grafen Wu erhalten, der als Premier des Königreiches Wu unter dem in vielen Romanen und Opern verherrlichten Herrscher Liu Bei diente. Daoismus, Buddhismus und Islam hatten bedeutende Stützpunkte in der Stadt. Man zeigt heute noch den Manjushri-Tempel aus dem 6. Jh. n. Chr., in dem der Bodhisattva Wenshu verehrt wird – und der große Daoistentempel aus der Tang-Dynastie mit seinem Satteldach aus blauen Ziegeln legt davon Zeugnis ab, dass die Daoisten Chengdu stets auch als ihre Hochburg im Westen angesehen haben. Eine Moschee aus der Ming-Zeit ist ebenfalls noch erhalten. 1368 wurde Chengdu dann beim Beginn der Ming-Dynastie zur Hauptstadt der Provinz Sichuan erhoben. Mit den neuen Reformideen der bürgerlichen Revolution nach 1911 wurde auch Chengdu vor allem durch seine Intellektuellen bekannt gemacht, die 1927 die Sichuan-Universität gründeten. Nach 1949 begann dann der Aufstieg zur bevölkerungsstarken Industrie- und Schulstadt, in der 12 Hochschulen angesiedelt sind.

Cheng Han Kurzlebige Dynastie in einem Teil Nordchinas, im Jahre 304 von dem Steppenvolk der Di gegründet und von den östlichen Jin 347 erobert. In der chinesischen Geschichtsschreibung gilt dieser Herrschaftsbereich als der erste der sog. Sechzehn Staaten, die im vierten und zu Beginn des fünften Jahrhunderts in Nordchina zu finden waren.

Chenghua Chenghua (1465–1487), der achte Kaiser der Ming-Dynastie, war der älteste Sohn von Kaiser Zhengtong und der Kaiserin Zhou. Als sein Vater von den Mongolen gefangengenommen wurde, war er gerade 20 Monate alt; so stand er während seiner ganzen Jugend unter Vormundschaft und später unter dem Kuratell seiner Favoritin Wan und dem intriganten Eunuchen Liang Fang. Als sein Vater zurückkehrte und von seinem eigenen Bruder erneut gefangengesetzt wurde, kam auch er mit in das Palastgefängnis. Nach seiner Ernennung zum Kaiser standen ihm allerdings fähige Minister und tatkräftige Feldherrn zur Seite, sodass sowohl die Mongolen als auch die Mandschuren an den Grenzen abgewehrt werden konnten. In seine Regierungszeit fällt auch die Wiederherstellung der Großen Mauer auf einer Länge von 5000 Kilometern. Der Kaiser selbst war ein gebildeter Mann, ein namhafter Kalligraph und vor allem ein Kenner und Liebhaber von Porzellan, der auf höchste Qualität bei den kaiserlichen Brennöfen achtete. In der ganzen Welt gelten daher Porzellane mit der Chenghua-Marke als die erlesensten der Ming-Dynastie. Begraben wurde er unter dem Tempelnamen Xianzong im Mausoleum Maoling bei den berühmten Ming-Gräbern. Nachfolger wurde der dritte Sohn des Verstorbenen, der spätere Kaiser Hongzhi (1488–1505).

Cheng Tang Der Name des Begründers und ersten Herrschers der Shang-Dynastie (16. 11. Jh. v. Chr.) lautet nach legendärer Überlieferung und in den Orakelinschriften Cheng Tang, er soll die vorhergehende Xia-Dynastie gestürzt haben.

Chengzong Chengzong (1294–1307), zweiter Kaiser der Yuan-Dynastie mit dem mongolischen Namen Temur Oljeitu, Enkel von Khubilai Khan, setzte die Politik seines Großvaters fort, indem er die unterworfenen Chinesen für seine Herrschaft zu gewinnen suchte, aber er schloss im Gegensatz zu seinem großen Ahn und Vorbild endlich Frieden mit Japan. Unter seiner Herrschaft allerdings trat eine sehr hohe Inflation infolge ungehemmter Herausgabe von Papiergeld ein, sodass schließlich keine Banknoten im Alltag mehr akzeptiert wurden. Die Bürokratie überwucherte bald alle Bereiche, Korruption griff um sich, sodass zu Beginn des 14. Jahrhunderts die mongolische Herrschaft bereits leicht zu wanken begann. Chengzongs Nachfolger wurde Kaiser Wuzong (1308–1311) mit dem mongolischen Namen Khaishan.

Chen Sheng Der erste namentlich genannte Führer des großen Volksaufstandes gegen die allseits verhasste Qin-Dynastie ist Chen Sheng, der einen Trupp meuternder Soldaten mit einer großen Gruppe unzufriedener Bauern zu einer Aufständischenarmee vereinte. Chen Sheng unterlag zwar den Regierungstruppen und wurde von seinem eigenen Wagenlenker ermordet, aber er hatte das endgültige Signal zu der allgemeinen Erhebung gegeben. Aristokraten übernahmen danach die Führung der Aufständischen und stürzten 207 v. Chr. den letzten Herrscher der Qin-Dynastie.

Chen Yi Chen Yi (1901–1972) war neben Mao Zedong und Zhou Enlai einer der führenden Repräsentanten der Volksrepublik China, der von 1954–1968 Stellvertretender Ministerpräsident und dann lange

Jahre Außenminister war. Der unweit von Chengdu in der Provinz Sichuan geborene Chen war von 1919–1922 Werkstudent in Frankreich und studierte danach an der Franko-Chinesischen Universität in Peking. Früh stieß er schon zu den Kommunisten und besuchte die berühmte Whampoa-Militärakademie. Nach dem Bruch der Guomindang mit der KPCh schlug sich Chen Yi zu Mao Zedong in die Guerillabasis von Jiangxi durch und machte als Truppenführer dann den Langen Marsch mit, wo er sich mit seiner Heerestruppe hervorragend bewährte. Im Chinesisch-Japanischen Krieg führte Chen Yi verschiedene Armeeeinheiten und im Bürgerkrieg 1947–1949 die »Ostchinesische Befreiungsarmee« mit rund 200 000 Mann. Die vielen Positionen, die Chen Yi nach Gründung der VR China einnahm, verdankte Chen unzweifelhaft seinen militärischen Verdiensten als Marschall, jedoch auch seiner Freundschaft mit Zhou Enlai, mit dem er fünfzig Auslandsreisen unternahm. Chen Yi war einer der wenigen, denen nach seinem Ableben (1972) ein Staatsbegräbnis erster Klasse gewährt wurde.

Chiang Ching-kuo Chiang Ching-kuo (1909–1988), der Sohn Chiang Kai-sheks aus erster Ehe, wurde wie sein Vater in Qikou in der Provinz Zhejiang geboren und von seiner Großmutter väterlicherseits buddhistisch erzogen. Nach mehrjährigem Privatunterricht und dem Besuch verschiedener Schulen in seiner Heimatprovinz, schickte ihn schließlich sein Vater auf eine Schule für Kinder von Guomindang-Beamten in Peking. Bereits mit 16 Jahren wurde er Student an der Sun Yat-sen-Universität in Moskau, die eigens für chinesische Studenten eingerichtet worden war. Da sein Vater in China 1927 die Einheitsfront mit der KPCh zerbrochen hatte, wurde ihm die Rückkehr nach China verwehrt, jedoch das Studium an dem bekannten Militär- und Politinstitut in Leningrad gestattet, aber nur für kurze Zeit. Zuerst in ein Dorf verbannt, wurde der aufmüpfige Chiang schließlich zu Zwangsarbeit in eine Goldmine im sibirischen Alta geschickt. Aus ungeklärter Ursache wurde er jedoch im Oktober 1933 stellvertretender Direktor einer Schwermaschinenfabrik in Swerdlowsk im Ural und heiratete dort 1935 seine russische Frau Faina. In dieser Zeit setzte Stalin nach wie vor auf Chiang Kai-shek und nicht auf Mao Zedong, da er in Chiang angesichts der drohenden Invasion Japans ein festeres chinesisches Bollwerk gegen die Intentionen Tokyos vermutete. So konnte Chiang Ching-kuo 1937 nach zwölfjähriger unfreiwilliger Abwesenheit wieder nach China zurückkehren. 1938 wurde er Distriktvorsteher in der Provinz Jiangxi und machte sich dort als sozial denkender Verwaltungsbeamter bald einen Namen. Von seinem Vater 1943 dann nach Chongqing zur Nationalregierung geholt, bekleidete er mehrere Posten in der Guomindang, und verhandelte 1945 im Auftrag seines Vaters in Moskau mit Stalin und Molotow über die künftige Zusammenarbeit mit China, blieb am Ende jedoch erfolglos. Nach seiner Rückkehr bekleidete Chiang Ching-kuo wieder mehrere Posten in der Provinz und erhielt am Ende des verlorenen Bürgerkrieges von seinem Vater den wichtigen Auftrag, den Goldschatz der chinesischen Zentralbank nach Taiwan zu schaffen. Als dies gelungen war, setzte er sich mit seinem Vater im Dezember 1949 nach Taiwan ab. Der eigentliche Aufstieg von Chiang Ching-kuo begann dann 1950, als er nicht nur zum Chef der Geheimpolizei ernannt, sondern auch vom Nationalkongress der Guomindang zum Mitglied des ZK sowie seines Ständigen Komitees gewählt wurde. Bei Auslandsreisen traf Chiang Ching-kuo in den USA sowohl mit Präsident Eisenhower als auch später mit Kennedy zusammen. Von 1965–1969 war er Verteidigungsminister und dann Stellvertretender Ministerpräsident. Bei einem 1970 in New York auf ihn verübten Attentat blieb er unverletzt. 1972 – als sein Vater schon krank war – wurde er Ministerpräsident und 1975, nach dem Tode des Vaters, Vorsitzender der Guomindang. 1978 zum Staatspräsidenten gewählt, musste er bald darauf den Abbruch der diplomatischen Beziehungen durch die USA und deren Annäherung an Rot-China hinnehmen. Der rasante Aufschwung der Wirtschaft Taiwans ging jedoch auch unter Chiang Ching-kuos Präsidentschaft weiter. Chang Ching-Kuo starb am 13. 1. 1988.

Chiang Kai-shek Der Nachfolger Sun Yat-sens, der Gegenspieler von Mao Zedong und Unterlegene im Bürgerkrieg und spätere Präsident der Republik China auf Taiwan, wurde 1887 in Qikou, Provinz Zhejiang, geboren und starb am 5. April 1975 in Taipeh auf Taiwan. Chiang entstammte einer Bauernfamilie, die auch Salzhandel betrieb und zuletzt aus geschäftlichen Gründen in Not geraten war. Der ehrgeizige junge Mann ging als Neunzehnjähriger auf die kaiserliche Militärschule in Baoding bei Peking und erhielt nach einem Jahr ein Stipendium zum Studium an der Shimbu Gakko-Militärschule in Tokyo. Dort trat er bereits 1908 in die Tongmenhui ein, eine Vorläuferpartei der Guomindang, die unter den chinesischen Studenten in Japan bereits viele Anhänger hatte. Nach dem Sturz der Qing-Dynastie kehrte Chiang mit anderen chinesischen Offiziersschülern sofort nach China zurück und wurde vom Militärgouverneur von Shanghai mit der Führung eines Regiments der republikanischen Truppen betraut. Mit Sun Yat-sen war Chiang bereits 1910 zum ersten Mal zusammengetroffen. In dem nun beginnenden Kampf um die Macht zwischen Yuan Shikai und Sun Yat-sen galt Chiang als Anhänger von Sun und ging nach dessen Entmachtung sicherheitshalber bis 1914 wieder nach Japan. Der Tod von Yuan Shikai wendete dann das Blatt und so konnte Chiang 1918 wieder in China ein Kommando übernehmen, diesmal über eine Kolonne der Guangdong-Armee. 1921 bildete Sun Yat-sen in Kanton eine Gegenregierung zu der Regierung in Peking, die von den Warlords dominiert wurde. In dieser Zeit stand Chiang treu zu Sun Yat-sen und begleitete diesen auch bei seiner Flucht auf ein britisches Schiff, nachdem 1922 ein Mordanschlag auf Sun gescheitert war. In den sechs Wochen Aufenthalt auf diesem Schiff scheint das enge Vertrauensverhältnis zwischen den beiden Männern entstanden zu sein, das später die Nachfolge Chiangs in der Guomindang von Sun Yat-sen sichern sollte. 1923 ernannte Sun den ehrgeizigen und intelligenten Chiang zum Stabschef seines Hauptquartiers in Kanton und schickte ihn an der Spitze einer Studienkommission für drei Monate nach Moskau, wo er Waffen kaufen und sich über organisatorische Fragen bezüglich der Parteiarbeit informieren sollte. 1924 wurde er in den Militärrat der Guomindang gewählt und zum Leiter der neu gegründeten Whampoa-Militärakademie bestellt. Chiang Kai-shek bildete in dieser Akademie rund 2000 Offiziere in drei Lehrgängen aus und war gleichzeitig am Sturz des Warlords Chen Jionming beteiligt, der in Kanton als Widersacher Sun Yatsens aufgetreten war. Im März 1925 starb Sun Yat-sen und im August des gleichen Jahres wurde sein engster Vertrauter Liao Zhongkai ermordet. Nun stieß Chiang Kai-shek mit Wang

Jingwei alsbald in die Führungsspitze der Guomindang vor und wurde 1926 Oberbefehlshaber der Nationalen Revolutionsarmee beim Beginn des Nord-Feldzugs gegen die »warlords«, die Militärmachthaber, die den Norden Chinas unter sich aufgeteilt hatten. Die Erfolge der Revolutionsarmee in den Provinzen Hunan, Jiangxi, Hubei, Fujian, Zhejiang und Jiangsu stärkten die Stellung Chiangs. Im April 1927 brach Chiang Kai-shek das organisatorische Bündnis mit den Kommunisten und ließ in Shanghai Tausende von Kommunisten verhaften und hinrichten. Die Begründung für diesen grausamen Schritt war seine Behauptung, die Kommunisten wollten die Guomindang unterwandern und einen rein kommunistischen Staat in China errichten. Nach der gelungenen Ausschaltung der Kommunisten errichtete Chiang eine Nationalregierung in Nanking unter der Flagge der Guomindang, obwohl einen Monat vorher eine ähnliche Regierung von Guomindang-Politikern in Wuhan ins Leben gerufen worden war.

Im Dezember 1930 heiratete Chiang Kai-shek die Schwester von Sun Yat-sens Frau. Die beiden Schwestern entstammten der schwerreichen Familie Soong, beide waren protestantische Christen, sodass sich Chiang 1930 ebenfalls taufen ließ. Diese Heirat machte Chiang auch im materiellen Sinne zu einem der mächtigsten Männer Chinas. 1928 wurde der Nordfeldzug unter seinem Kommando weitergeführt und Peking erobert. Nach dem siegreichen Abschluss dieses Feldzuges zur Einigung Chinas wurde von der Guomindang die Nationalregierung in Nanking unter dem Vorsitz von Chiang Kai-shek als alleinige politische Repräsentanz der Republik China anerkannt.

Die Gesamteinigung Chinas wurde allerdings durch zwei wesentliche Entwicklungen empfindlich gestört. In der Mandschurei und in der Provinz Shandong hatten sich inzwischen die Japaner festgesetzt und in den südchinesischen Berggebieten hatten die Kommunisten verschiedene Basen errichtet und quasi einen Staat im Staat geschaffen. Mao Zedong hatte dort bereits frühzeitig Ernteaufstände von Kleinbauern gegen Großgrundbesitzer und örtliche Behörden entfacht. Chiang Kai-shek schätzte merkwürdigerweise die kommunistische Gefahr höher ein als die japanische und begann daher unverzüglich mit »Vernichtungsfeldzügen« gegen die Kommunisten. Bei diesen militärischen Operationen versicherte sich Chiang Kai-shek der beratenden Hilfe der deutschen Reichswehr. Unter Generaloberst von Seeckt kamen eine Reihe deutscher Militärberater ins Land, die als Ausbilder und Instrukteure tätig wurden. Ein Zwischenfall bei Xian wendete im Dezember 1936 plötzlich das Blatt. Bei einer Inspektionsreise Chiangs nach Nordchina wurde er von eigenen Offizieren festgesetzt, um ihn zu zwingen, den Kampf gegen die Kommunisten einzustellen und stattdessen mit aller Macht und mit vereinten Kräften die Japaner zu bekämpfen. Bei der Beilegung dieses Zwischenfalls war auch Zhou Enlai anwesend, der mit Chiang die »Einheitsfront« gegen Japan dann begründen konnte. Nach dem Ausbruch des Chinesisch-Japanischen Krieges 1937 und dem schnellen Vormarsch der japanischen Truppen, verlegte Chiang Kai-shek den Sitz der Nationalregierung von Nanking nach Tschungking (Chongqing) am Jangtse im Landesinneren. Neben der Sowjetunion wurden nunmehr auch die USA ein wichtiger Waffenlieferant für China, vor allem nach dem Kriegseintritt Washingtons im Dezember 1941. Der Zwist zwischen der Guomindang und den Kommunisten schwelte jedoch trotz der beschworenen Einheitsfront weiter. Vor dem Zugriff der Guomindang hatten sich etwa 100 000 Kommunisten durch den berühmten Langen Marsch aus den Bergen Südchinas unter entsetzlichen Verlusten in die Lößhöhlen Nordchinas retten können und waren dort nun relativ sicher. 1941 jedoch ließ Chiang Kai-shek in Zentralchina einen wesentlichen Teil der kommunistischen »Neuen 4. Armee« durch nationalchinesische Truppen vernichten und brach damit das Bündnis abermals. Die durch Japan in ganz Ostasien schwer in Bedrängnis geratenen Amerikaner und Engländer setzten nun 1941 Chiang Kai-shek als Oberkommandierenden der gesamten Kriegszone China – Indochina – Thailand ein und gewährten China einen beträchtlichen Kredit. Als der Zweite Weltkrieg 1945 endete, gehörte China zu den vier Siegermächten neben den USA, Großbritannien und der UdSSR; bereits im Frühjahr 1945 war China als Ständiges Mitglied in den Sicherheitsrat der Vereinten Nationen aufgenommen worden. Vergeblich bemühten sich nun die Amerikaner, die beiden Erzfeinde Chiang und Mao an einen Tisch zu bekommen und zu einer Koalition zu überreden. Die Guomindang errichtete 1946 wieder ihren Regierungssitz in Nanking, berief eine Nationalversammlung ein, wählte Chiang Kai-shek zum Staatspräsidenten und Zhang Qun zum Ministerpräsidenten, wobei jedoch Chiang mit weit gehenden Vollmachten ausgestattet wurde. In dem nun beginnenden Bürgerkrieg unterlagen die Guomindang-Truppen kläglich aufgrund ihrer mangelnden Kampfmoral, Korruption und Zügellosigkeit. Die ausgezeichnete Propaganda, die von den Kommunisten im ganzen Lande betrieben wurde, verhalf Mao Zedong ebenso zu seinem Sieg wie die Disziplin seiner eigenen Soldaten. Im Januar 1949 trat Chiang Kai-shek als Staatschef zurück und ernannte seinen Sohn Chiang Ching-kuo zum Generalstabschef. Als sich die Niederlage abzeichnete, setzte er sich im Dezember 1949 mit Teilen seiner Guomindang-Armee nach Taiwan ab. Mit den fliehenden Soldaten und Parteianhängern kamen deren Familien und Verwandte auch auf die Insel, soweit sie sich an die Küste des Ostchinesischen Meeres hatten noch durchschlagen können. Die Insel Taiwan (Formosa), die seit dem 19. Jahrhundert bis 1945 japanische Kolonie war, empfand die Ankunft der Flüchtlinge als eine Katastrophe. Aufstände der Einheimischen wurden brutal niedergeschlagen. Chiang Kai-shek wurde wieder Präsident, diesmal der Republik China auf Taiwan, das nunmehr den Alleinvertretungsanspruch für ganz China erhob. Geschützt durch die in der Straße von Formosa operierende 7. US-Flotte, entwickelte sich Taiwan in der Folgezeit zur »Schweiz des Fernen Ostens«, nachdem ein umfangreiches Militär- und Wirtschaftshilfeprogramm der USA dem Inselstaat auf die Beine geholfen hatte. Bereits 1955 setzte eine Entwicklung ein, die in den siebziger Jahren die Insel zur zweitgrößten Industrienation Asiens nach Japan machte. Was Chiang Kai-shek auf dem Festland einst versäumte, schien er nun auf der Insel nachzuholen. Auf dem Gebiet der Sozialpolitik hatte der Generalissimus wohl ebenfalls aus seinen Fehlern von ehedem gelernt und die richtigen Weichen gestellt. Den Alleinvertretungsanspruch der Guomindang für Gesamtchina konnte Chiang Kai-shek nicht aufrecht erhalten, da bereits 1970 die USA ihre Chinapolitik ziemlich veränderten.

Chifeng Chifeng ist das Paradebeispiel einer Stadt des modernen China, die durch Erweiterung, Eingemeindung und Zusammenlegung eine riesige Fläche einnimmt und deren Bevölkerungszahl durch diese Expansion auf eine fast unvorstellbare Größe gestiegen ist. So hat Chifeng in der Inneren Mongolei heute eine Fläche von der Größe Österreichs und eine Einwohnerzahl fast von der Größe Norwegens. Chifeng liegt in der größten Steppe der Inneren Mongolei und umfasst mit seinen neun Bannern (Kreisen) eine Fläche von 90 000 Quadratkilometern und eine Bevölkerungszahl von 4,3 Millionen Menschen. In dieser an sich mongolischen Stadt leben heute bereits weit mehr Han-Chinesen als Mongolen, aber man findet auch viele Hui und Koreaner. Mongolisch heißt die Stadt Ulanhad, ist archäologisch bekannt geworden als Ursprungsort der jungsteinzeitlichen Hongshan-Kultur und in der Textilwelt durch ihre handgewebten Teppiche aus reiner Schafwolle. Dschingis Khan schlug in einem der Banner von Chifeng eine seiner großen Schlachten. Landwirtschaftlich ist Chifeng ein Zentrum der Rinder- und Schafzucht, und aus einer Getreideart namens Honggaoliang wird ein Branntwein hergestellt, der zu den besten Spirituosen Chinas gezählt wird.

China und die Sowjetunion

Der chinesisch-sowjetische Freundschaftsvertrag, geschlossen von Mao in Moskau mit Stalin 1949 nach seinem Sieg über Chiang Kai-shek, hatte für China den unschätzbaren Vorteil, sowjetische Hilfe beim Aufbau einer eigenen Schwerindustrie neben umfangreichen Warenlieferungen zu erhalten. Eine große Gruppe von Sowjetspezialisten half der neugegründeten VR China auch beim Aufbau der Infrastruktur. Ende 1950 aber verfolgten die Sowjets bereits eine Doktrin der friedlichen Koexistenz gegenüber den USA, während sich die chinesisch-amerikanischen Beziehungen extrem feindlich gestalteten. Der »Große Sprung nach vorn«, den Mao befahl und der kläglich endete, war in den Augen der Sowjets eine glatte Fehlentscheidung und mit ihnen nicht abgesprochen. In Moskau war man auch verärgert, weil Mao den Sowjets nicht erlaubte, Radaranlagen an der Ostküste Chinas zu installieren. Im Gegenzug konnte Peking von Moskau beim Aufbau einer chinesischen Atommacht keine Hilfe erwarten. Unter Chruschtschow eskalierte der Konflikt von Monat zu Monat, da die Chinesen seine Entstalinisierungsrede von Grund auf missbilligten. Die UdSSR zog im Juni 1960 dann alle Entwicklungshelfer aus China zurück und stoppte alle Hilfslieferungen, nachdem die Chinesen die KPdSU als revisionistische Partei gebrandmarkt hatten. In Maos Augen waren die sowjetischen Führer zu einer revisionistischen Clique verkommen, die bereits eine komplette kapitalistische Restauration betreibe. Die sowjetische Invasion in die damalige CSSR 1969 fand die strikte Ablehnung der Chinesen, vor allem aber der offene Aufmarsch großer sowjetischer Truppenverbände an der Nordgrenze Chinas und an der Grenze zur sowjetisch ausgerichteten Mongolischen Volksrepublik. Die von der Sowjetunion unterstützte vietnamesische Intervention in Kambodscha und die Besetzung Afghanistans durch Sowjettruppen auf der einen Seite und die Wiederannäherung der VR China an die USA machten den endgültigen Bruch überdeutlich. China bereitete sich in jenen Jahren sogar ernsthaft auf einen befürchteten sowjetischen Atomangriff vor. Der Tod Maos 1978 und die danach folgende Reformpolitik in China entspannten dann die Lage. Der Rückzug der Sowjettruppen aus Afghanistan signalisierte den Chinesen auch das Ende der Bedrohung durch die Sowjetmacht. In der Ära Gorbatschow wurde der Handel in stärkerem Umfang wieder aufgenommen und bei einem chinesisch-sowjetischem Gipfeltreffen im Mai 1989 wurden erfolgreiche Gespräche zur Normalisierung der Beziehungen eingeleitet. Der völlige Zerfall der Sowjetunion 1991 schuf dann auch für China eine völlig neue Lage, die chinesischen Grenzen berühren seither Russland und mehrere inzwischen völlig selbständige zentralasiatische Staaten, die einstens Sowjetrepubliken gewesen waren.

Chinesenzopf Im Jahre 1644 eroberten die Mandschuren China und beherrschten es 267 Jahre lang. Bereits im Jahre 1645 erließen sie ein Gesetz, das jeden Chinesen bei Todesstrafe verpflichtete, einen Zopf zu tragen. Dies sollte alle Chinesen auf einen Blick vom Herrenvolk der Mandschuren unterscheidbar machen. Allmählich gewöhnten sich die Chinesen an den Zopf, er war zur gewöhnlichen Haartracht geworden. Als im 19. Jahrhundert dann gegen die mandschurische Fremdherrschaft agitiert wurde, gehörte zu den Forderungen der Revolutionäre auch die Parole »Der Zopf muss ab!« Nach dem Sieg der Revolution 1911 wurden die Zöpfe abgeschnitten, sie galten nunmehr als Zeichen der Rückständigkeit.

Chinesische Palisade Die Große Mauer endete am Bohai-Meer in Shanhaiguan. Nördlich und nordöstlich von ihr saßen ursprünglich nur die Steppenvölker und die tungusischen Stämme. Im Laufe der Geschichte aber dehnte China seine Siedlungsgebiete auch jenseits der Großen Mauer aus, vor allem wanderten viele Bauernfamilien in die fruchtbaren Gebiete des Liao-Flusses in der südmandschurischen Provinz Liaoning aus. Die Kaiser in der Ming-Dynastie sahen sich daher gezwungen, diese chinesischen Siedler gegen die Übergriffe von Seiten der Mandschuren zu schützen und bauten daher eine hölzerne Palisade, die in Shanhaiguan begann, nach Nordosten bis zur Stadt Kayuan geführt wurde, sich dann in einer weiten Schleife nach Süden wandte und am Unterlauf des chinesisch-koreanischen Grenzflusses Yalu endete. Damit war die gesamte Halbinsel Liaoding mit noch größerem Hinterland zu chinesischem Reichsgebiet geworden. Als nun die Mandschuren 1644 China eroberten, ließen sie die Palisade bestehen, jedoch mit einem gegenteiligen Zweck. Nunmehr sollten die Chinesen daran gehindert werden, weiter nach Norden in das mandschurische Ursprungsland als Siedler vorzudringen. Obwohl unter der Qing-Dynastie nun China vom Amur bis nach Hongkong geeint war, wollten sie ihr eigentliches Heimatland nur ihren eigenen Stämmen vorbehalten. Man veränderte die Streckenführung im Osten nur leicht und nannte den Schutzwall von diesem Zeitpunkt (1644) bis zur Mitte des 19. Jahrhunderts dann Mandschurische Palisade. Als nun aber die zaristischen Truppen immer weiter in die Mandschurei vorstießen, hob man das Kolonisierungsverbot auf und rief zunehmend sogar chinesische Siedler ins Land, die ein natürliches Bollwerk gegen die russische Infiltration bilden sollten.

Chinesische Revolutionäre Liga Im Jahre 1905 gründete Dr. Sun Yatsen (1866–1925) in Tokyo die Chinesische Revolutionäre Liga, die erste chinesische Partei nach eindeutig westlichem Muster. 1911 wurde er nach der demokratischen Revolution zum provisorischen Präsidenten der Chinesischen Republik ausgerufen, trat aber dieses Amt an den Militärmachthaber Yuan Shikai ab, der Nordchina beherrschte. Als Yuan Shikai die Republikaner und damit auch die Anhänger Sun Yatsens zu verfolgen begann, gründete dieser 1912 die Nationale Volkspartei (Guomindang), die legitime Nachfolgerin der Chinesischen Revolutionären Liga.

Chinesische Schrift Die chinesische Schrift ist von allen alten Schriften der Welt die einzige, die bis heute lebendig geblieben ist, zwar vielfachem Wandel unterworfen, aber nach wie vor im Gebrauch. Das Alter dieser Schrift kann mit etwa 4000 Jahren angegeben werden, denn aus der Shang-Dynastie (1600–1077) sind bereits Orakelknochen mit vielen Inschriften erhalten, die vermuten lassen, dass die Anfänge der Schriftentwicklung bereits in der legendären Xia-Dynastie (2100–1600 v. Chr.) liegen dürften. Die chinesische Schrift begann als Bilderschrift und entwickelte sich dann zur Zeichenschrift, denn nur bei wenigen Zeichen schimmert noch das ursprüngliche Bild durch. Diese »Charaktere«, wie man die Zeichen auch nennt, bestehen aus einer unterschiedlichen Zahl von Strichen, die in einer bestimmten Reihenfolge geschrieben werden. Es gibt Charaktere, die nur aus wenigen Strichen bestehen, und wieder andere, die bis zu einigen Dutzend Striche aufweisen. Die auch für chinesische Kinder nicht leicht zu erlernende Schrift wurde daher schon des Öfteren reformiert, d. h. man reduzierte immer wieder die nicht unbedingt notwendigen Striche bei den einzelnen Zeichen und »magerte« sie auf ein Mindestmaß ab. Bei der unter Mao Zedong durchgeführten Schriftreform wurden beispielsweise von den 20 Strichen eines bestimmten Zeichens sogar bis zu 12 Striche entfernt, sodass dieses Zeichen heute nur noch 8 Striche aufweist. Die erste Schriftreform unter dem Ersten Kaiser von China im 3. Jh. v. Chr. diente allerdings einem anderen Zweck. Damals galt es, aus den unterschiedlichen Schriftarten der verschiedenen Landschaften eine einheitliche Schrift zu schaffen und diese auch durchzusetzen. Dies ist damals auch vollkommen gelungen, da die nachfolgende Han-Dynastie (206 v.–220 n. Chr.) diese reformierte Schrift vollinhaltlich übernahm. Insgesamt sind im Laufe der Geschichte zwischen 50 000 und 60 000 Schriftzeichen entstanden, von denen die meisten längst nicht mehr in Gebrauch sind und nur noch von Spezialisten unter den Gelehrten entziffert werden können. In der Gegenwart sind rund 8000 Zeichen ständig in Gebrauch. Im Alltag werden zur schriftlichen Verständigung etwa 3000 Zeichen benötigt. Rund 1000 dieser Symbole muss man beherrschen um wenigstens einfache

Zeitungstexte lesen zu können. Jedes Schriftzeichen steht für ein Wort, ist jedoch »stumm« und hat mit den Vokalen und Konsonanten eines Alphabets nicht das Geringste zu tun. Da die Aussprache jedes Schriftzeichens jedoch in Hochchinesisch (= Peking-Dialekt) erfolgen soll und starke Dialektfärbungen bei der Intonation verpönt sind, lernen heute die chinesischen Schüler im ganzen Land auch noch als Hilfsmittel die lateinische Umschrift, das Hanyu Pinyin. Ein ganz eigenes Gebiet ist die Kenntnis der verschiedenen Schrifttypen. Die Schreibweise eines Orakelpriesters auf dem Knochen vom Schulterblatt eines Rindes, das um 1500 v. Chr. geschrieben wurde, sieht anders aus als die eines Kanzleischreibers der Han-Dynastie um 200 n. Chr. Bereits damals aber gab es schon eine Siegelschrift von etwa 3000 Schriftzeichen, die für ganz besondere Zwecke verwendet wurde. In der Kalligraphie auch unserer Tage werden Schriftformen aus ästhetischen Gründen vielfach stilistisch verfremdet, sodass dem Betrachter sich die eigentliche Form des Zeichens oft erst nach genauem Studium offenbart. Geschrieben wurde früher von oben nach unten in senkrechten Reihen, später von oben rechts nach links unten in horizontaler Schreibweise, heute von links nach rechts. Da ein Alphabet nicht existiert, muss es jedoch Merkmale geben, die das Auffinden eines Wortes in einem Lexikon oder einem Telefonbuch ermöglichen. Diese Merkmale sind die sog. Radikale, die als ordnende Elemente erkennbar sind. Die heutige Schrift baut auf 214 Radikalen auf, mit deren Hilfe sich die Schriftzeichen bestimmten Themen zuordnen lassen. Nach wie vor bleibt die chinesische Schrift zwar eine bewundernswerte Kulturleistung eines Volkes, gleichzeitig aber eine schwer zu erlernende »Lektion«. Im internationalen Flug- und Schiffsverkehr sowie in der globalen Kommunikation hat sich auch für Chinesen vielfach das Englische durchgesetzt. Bei vielen der 55 nationalen Minderheiten in China sind allerdings schon längere Zeit die lateinischen Buchstaben eingeführt, sodass die Sprachen dieser Völker viel leichter erlernbar sind. Für Ausländer allgemein erhebt sich jedoch angesichts der Umschrift in ihre eigenen Sprachen die Frage, welche Methode man am besten anzuwenden habe. International wurde in der Literatur als Lautumschrift das phonetische Transskriptionssystem Wade-

Giles verwendet, seit dem 1.1.1979 allerdings verfügte die VR China für ihren Geltungsbereich die sog. Pinyin-Umschrift, die sich jedoch global erst langsam durchzusetzen beginnt.

Chinesische Sowjetrepublik Nach dem Bruch der von Chiang Kai-shek geführten Guomindang mit der KPCh zog sich Mao Zedong mit seinen Anhängern in die Bergwelt der Provinz Jiangxi zurück und errichtete dort eine Guerillabasis, die auch als Jiangxi-Sowjet bekannt wurde. In den Jahren 1927–1931 konnte Mao Zedong nach sowjetischem Muster ein Gebiet von etwa 100 000 Hektar Land unter seine Kontrolle bringen, in dem rund 2 Millionen Menschen lebten. In dieser als »Räterepublik« aufgebauten Machtbasis war Mao Zedong der Vorsitzende des Obersten Rates, der die zwangsweise Umverteilung des verfügbaren Bauernlandes vorsah, das bisher im Besitz von Großbauern und Grundherren war. Bei dieser Landreform wurden von den Kommunisten mehrere zehntausend Grundbesitzer hingerichtet. Das Land wurde an die besitzlosen Landarbeiter und bisherigen Kleinpächter verteilt, die durch Massenkampagnen und Propaganda aufgehetzt, diese Maßnahmen billigten. Gleichzeitig errichteten fern von dieser Guerillabasis in Jiangxi die Funktionäre der KPCh auch an anderen Orten kleinere Zentren dort, wo sich landlose Massen für diese Zielsetzungen gewinnen ließen. Dies führte dazu, dass Mao Zedong am 7. November 1931 die »Chinesische Sowjetrepublik« ausrufen konnte, die eine Zusammenfassung all dieser Stützpunkte sein sollte und damit einen echten revolutionären Staat innerhalb der Republik China vorstellte. Der Jiangxi-Sowjet bildete darin den Kern des Ganzen, in dem die Parteiführung auch ihren Sitz hatte. Diese Provokation beantwortete Chiang Kai-shek mit einem Generalangriff seiner Guomindang-Truppen, die nunmehr nach Jiangxi vorstießen. Die Chinesische Sowjetrepublik zerbrach endgültig 1934, als Mao den Aufbruch zum Langen Marsch befehlen musste, der die Verbände in verschiedenen Marschkolonnen nach Norden in die Lößgebiete bei Yanan bringen sollte. Von den 100 000 Anhängern, mit denen er aufbrach, erreichten lediglich etwa 10 000 Soldaten die in den Bergen der Provinz Shaanxi liegende Guerillabasis.

Chinesische Sprache Die chinesische Sprache ist eine Silbensprache, der ein Lautstamm von 400 Silben zur Verfügung steht. Da dies bei der Vielzahl der bereits im Alltag benutzten Wörter zu wenig ist, wird jede Silbe in vier verschiedenen Intonationen ausgesprochen und somit der Lautstamm auf 1600 erhöht. Der erste Ton ist ein hoher, gleichmäßig flach gesprochener Ton, der zweite ist ansteigend, der dritte fallend und der vierte zuerst fallend und dann ansteigend. Da jedoch auch 1600 verschieden gesprochene Silben noch zu wenig sind, haben gleichlautende Silben nochmals verschiedene Bedeutungen, so hat die Silbe li beispielsweise bis zu 100 verschiedene Bedeutungen. Die chinesischen Wörter kennen kein Geschlecht, keinen Plural, keine Deklination oder Konjugation, dies alles wird durch die Satzstellung und durch Hilfssilben bzw. Hilfswörter ausgedrückt. In dem riesigen Land haben sich im Laufe der Jahrtausende eine Unzahl von Dialekten herausgebildet, sodass man sich letztlich auf einen Dialekt einigen musste. So wurde im Jahr 1955 der Pekinger Dialekt zur chinesischen Hochsprache erhoben und ist seither Amts- und Unterrichtssprache. Diese Hochchinesische Sprache wird im Ausland meist Mandarin genannt, der Chinese nennt sie Putonghua (»allgemeine Sprache«). Die Dialekte bestehen jedoch lokal und regional weiter. Vom Amur bis zur Insel Hainan, vom Tianshan bis zum Gelben Meer werden insgesamt acht Hauptdialekte gesprochen, die in hunderte von Unterdialekten zerfallen. Da bereits von einem Tal zum anderen die Dialekte verschieden sein können, sprechen einige Sinologen tatsächlich von tausenden von Dialekten. Bei Meinungsverschiedenheiten helfen dann jedoch stets die stummen Schriftzeichen aus, denn jedes Schriftzeichen ist in seiner Bedeutung genau festgelegt. Ganz anders verhält es sich mit den Sprachen der nationalen Minderheiten, die ganz anderen Sprachgruppen und Sprachfamilien entstammen und von der sinotibetischen Sprachfamilie über die altaische, austroasiatische und austronesische bis zur indoeuropäischen Sprachfamilie reichen. Waren die meisten Menschen in der Kaiserzeit auf ihren Dialekt festgelegt und überdies noch Analphabeten, so versteht heute auf Grund der fast überall durchgesetzten Schulpflicht mindestens die jüngere und mittlere Generation das Hochchinesische.

Chinesisches Volk Selbst wenn man von einem wohl ursprünglich im Gebiet des Gelben Flusses beheimateten physischen Ur-Typus des Chinesen ausgeht, haben sich im Laufe der Geschichte doch so viele Vermischungen mit anderen Völkern ergeben, dass inzwischen die so homogen wirkende Han-Nationalität als Mixtur von vielerlei Rassetypen bezeichnet werden kann. In kriegerischen Zeiten und in friedlichen Perioden haben mongolische, türkische, tatarische, tibetische, tungusische und selbst malayische Völker zur Bildung des heute existierenden Han-Volkes beigetragen. Die große Klammer war stets das recht einheitliche Kultursystem, zu dem dann die großen, im ganzen Reich verbreiteten Religionen und schließlich der rigide Zentralstaat prägend und einigend hinzukamen.

Chinesisch-Französischer Krieg Vietnam galt als einer der ältesten Tributstaaten Chinas, dessen südliche Provinzen jedoch Frankreich in den Jahren nach dem Opiumkrieg an sich reißen konnte (1862–1872). 1874 nötigte Frankreich dem Herrscher von Vietnam ein Bündnis auf, das den Bruch des Vasallenverhältnisses gegenüber China bedeutete. Dem weiteren Vordringen der Franzosen stellte sich dann die Qing-Dynastie im Chinesisch-Französischen Krieg 1883–85 entgegen, in dessen Verlauf jedoch eine chinesische Flotte völlig vernichtet, die Verteidigungsanlagen von Fuzhou 1884 schwer beschädigt und die Truppen in Tongking geschlagen wurden. Im Vertrag von Tianjin (1885) erkannte dann China gezwungenermaßen das ausschließliche Protektorat Frankreichs über Vietnam an.

Chinesisch-indischer Konflikt Der Zusammenprall der Interessen Chinas, Russlands und Großbritanniens drängte zu einer Klärung noch vor dem Ausbruch des Ersten Weltkriegs, sodass auf der Konferenz von Simla 1914 zwischen den drei Großmächten auf dem Kamm des Himalaja eine Grenzlinie zwischen dem von Großbritannien beherrschten Indien im Süden und dem im Norden liegenden, seit 1917 unabhängigen Tibet gezogen wurde. Diese Linie wird bis heute nach dem damaligen britischen Chefdelegierten »McMahon-Linie« genannt. Diese Linie erkannte zwar Russland, nicht aber China an, das auch die Souveränität Tibets ablehnte. Die Auseinandersetzung um diese Grenzlinie wurde nach dem Einmarsch chinesischer Truppen in Tibet 1950 und der Flucht des Dalai-Lama nach Indien 1959 erneut virulent. Die Chinesen bauten auf einem von Indien beanspruchten Gebiet eine ganzjährig befahrbare Straße und griffen am 20. Oktober 1962 überraschend mit starken Truppenverbänden die im Himalayagebiet stationierten indischen Verbände an. Der nur einen Monat dauernde Krieg im Hochgebirge endete mit einer katastrophalen indischen Niederlage. Nehrus Politik, auf Kooperationsbasis ein Übereinkommen mit China zu erzielen, war gescheitert. Zwar haben sich in den folgenden Jahren die Beziehungen zwischen beiden Staaten wieder verbessert, sodass an der Waffenstillstandslinie Ruhe eingekehrt ist, aber die VR China kontrolliert nach wie vor ein von Indien beanspruchtes Gebiet im westlichen Himalaya. Die Folgewirkungen der Niederlage Indiens im Jahre 1962 waren beachtlich. Indien verstärkte seine Beziehungen zur damaligen Sowjetunion und stellte sich auf die Seite Vietnams, als dieses von der VR China 1979 angegriffen wurde. China dagegen intensivierte seine Beziehungen zum Erzrivalen Indiens, d. h. zu Pakistan. Die bisherigen Bemühungen beider Seiten um eine Normalisierung der Lage erbrachten zwar 1996 die Vereinbarung vertrauensbildender Maßnahmen, konnten jedoch eine endgültige Klärung der Grenzfragen nicht erleichtern. Seitdem die Indische Republik in die Reihe der Atommächte aufgestiegen ist, wird von vielen Beobachtern die Chance für weitere indische Zugeständnisse im Himalaya für geringer erachtet als vor den Atomtests im Mai 1998.

Chinesisch-japanische Kriege Die in der Tang-Dynastie noch sehr guten Beziehungen zwischen den beiden Kaiserreichen Fernostasiens wurden bald danach getrübt durch die verheerenden Einfälle japanischer Piraten in die chinesischen Küstengebiete, die nur mit Mühe – und oft ohne Erfolg – abgewehrt werden konnten. Der in der Yuan-Zeit versuchte Überfall auf Japan, den der Mongolenkhan Khubilai befohlen hatte, endete zwar mit einer Niederlage der Angreifer, aber verstärkte die Animositäten Japans gegen China, da die mongolischen Kriegsschiffe hauptsächlich mit chinesischen Seesoldaten die Invasion vorbereiteten. Die japanischen Aktivitäten richteten sich in den folgenden Jahrhunderten hauptsächlich gegen Korea, das 1592 von einer japanischen Invasionsarmee weitgehend verwüstet wurde und zu der bis heute anhaltenden Abkühlung der Beziehungen zwischen den beiden Völkern führte. China trat als Ziel japanischer Ambitionen erst

1894 offen zutage, als wegen der beiderseitigen Interessen in Korea der erste chinesisch-japanische Krieg ausbrach, der mit einer Niederlage Chinas endete. Japan besetzte Korea, die Halbinsel Liaodong und Weihaiwei und zwang China im Vertrag von Schimonoseki 1895 zur Herausgabe von Taiwan. Zum Sieg Japans hatte entscheidend die inzwischen erfolgte Öffnung Japans und die dadurch mögliche Aufrüstung mit Hilfe amerikanischer und europäischer Kriegsausrüstungen beigetragen. Im Ersten Weltkrieg traten zwar Japan und China in den Krieg gegen Deutschland und Österreich-Ungarn ein, aber Japan war es, das die deutsche »Kolonie« Tsingtau mit Truppen besetzte und noch mehrere Jahre nach 1918 festhielt. 1931 hatte Japan mit einer großen Invasionsarmee die Mandschurei besetzt und war von dort aus mehrfach auch auf chinesisches Gebiet vorgedrungen. Zum Krieg zwischen Japan und China kam es jedoch erst durch einen von Japan provozierten Zwischenfall 1937, in dessen Verlauf japanische Truppen innerhalb eines Jahres ganz Nordchina besetzten und in der damaligen Regierungshauptstadt Nanking ein entsetzliches Blutbad anrichteten, dem rund 300 000 Menschen zum Opfer fielen. Die Japaner eroberten praktisch die gesamte Küstenregion, stießen bis ins mittlere Jangtsetal vor und zwangen Chiang Kai-shek zur Verlegung seiner Regierung nach Chongqing (Tschungking). Da nun dieser chinesisch-japanische Krieg in den 1939 begonnenen Zweiten Weltkrieg einmündete, wurde China der Verbündete der Alliierten und erklärte 1941 dann Japan, Deutschland und Italien den Krieg. Obwohl China nunmehr von alliierten Waffenlieferungen profitieren konnte, blieb den chinesischen Truppen ein entscheidender Sieg gegen die japanischen Besatzungstruppen versagt. Erst die Kapitulation Japans brachte 1945 die Wende. Der alliierte Sieg befreite China von den japanischen Truppen, sicherte die Rückkehr Taiwans und ermöglichte Chiang Kai-shek den Einzug in den Weltsicherheitsrat der Vereinten Nationen. Die Republik China gehörte nun neben Amerika, Russland, Großbritannien und Frankreich zu den fünf großen Siegermächten des Zweiten Weltkriegs.

Chongdi Chongdi (144–145), Kaiser der Östlichen Han-Dynastie, war der Sohn von Kaiser Shundi und seiner Nebenfrau Yu, der nur fünf Monate als Kindkaiser den Thron innehatte und im Alter von zwei Jahren starb, ersetzt dann durch den acht Jahre alten Urenkel von Zhangdi. Die Ernennung von Kindkaisern führte zwar biologisch die Dynastie fort, brachte jedoch stets eine Schwächung des Reiches mit sich, da die Regierung in den Händen der Verwandten, der Eunuchen und der Generäle meist einer klaren Linie entbehrte und die Macht oft auch umstritten war.

Chongqing Mit der Erhebung der Stadt Chongqing am 18. Juni 1997 zur regierungsunmittelbaren Stadt neben Peking, Shanghai und Tientsin wurde der Stadtverwaltung ein Gebiet von der Größe Österreichs unterstellt und 27 Kreise sowie 4 Städte auf diese Weise zu einer Einheit zusammengeschlossen, die 31 Millionen Einwohner aufweist. Damit ist theoretisch Chongqing die größte Stadt Chinas, in der eigentlichen Stadt selbst leben jedoch nur 15 Millionen. Das gewaltige Hinterland wurde wie die Stadt selbst aus der Provinz Sichuan ausgegliedert, die jedoch mit 85 Millionen Einwohnern immer noch die zweitgrößte Provinz der Bevölkerungszahl nach darstellt. Chongqing liegt am Zusammenfluss des Jia Ling mit dem Changjiang (Jangtse) und ist der wichtigste Industrie- und Handelsknotenpunkt in Südwestchina. Bedeutende Hafenanlagen und Werften liegen am Fluss, auf dem ständig Schiffe nach Wuhan und Shanghai abgehen oder von dort kommen. Die bereits 3000 Jahre alte Stadt war zwischen 1938–1945 Sitz der Guomindang-Regierung unter Chiang Kai-shek und wurde daher sehr stark von den Japanern bombardiert. Der wirtschaftliche Aufstieg begann dann nach dem Zweiten Weltkrieg. Heute ist die rege Stadt mit über 2000 Betrieben der Schwer- und Leichtindustrie dabei, eine Art Shanghai Südwestchinas zu werden. Eine berühmte Akademie der Schönen Künste, eine Universität und verschiedene Hochschulen und technische Institute sorgen für den Nachwuchs und sind Zentren des kulturellen Lebens in der Stadt. Chongqing ist eine Stadt ohne Fahrräder, denn die Stadt ist an Hügel und Hänge gebaut und weist unzählige steile Treppen auf.

Chongzhen Chongzhen (1628–1644), der letzte Kaiser der Ming-Dynastie, war ein jüngerer Bruder des verstorbenen Kaisers Tianqi, aber im Gegensatz zu diesem ein an sich fähiger Herrscher. Die Partie war aber für die Ming-Dynastie bereits endgültig verloren. Die Misswirtschaft und

Korruption, der Werteverfall im Innern und die äußere Bedrohung waren zu groß geworden. Allüberall erhoben sich die Bauern in Hungeraufständen, große Scharen von Banditen zogen durchs Land und eigene Generäle meuterten mit ihren Truppen, weil der Sold ausblieb. Der Rebellengeneral Li Zicheng eroberte am 24. April 1644 Peking, deren Garnison kaum Widerstand leistete. Angesichts der Niederlage erhängte sich der Kaiser und befahl der Kaiserin und seinen Konkubinen den Selbstmord. Da ein anderer chinesischer General sich aus Neid auf den erfolgreichen Eroberer Pekings mit den Mandschus verbündete, konnten diese am 6. Juni 1644 die Hauptstadt besetzen und den zwölfjährigen Sohn ihres 1643 verstorbenen Herrschers Abahai zum chinesischen Kaiser ausrufen. Für ihre Dynastie wählten sie den Namen Qing (»die Reine«) und ihrem Kaiser gaben sie den Namen Shunzhi (1644–1661). Damit hatte die letzte Dynastie in der Geschichte Chinas begonnen, sie sollte 267 Jahre bis 1911 dauern.

Chotscho Die in der Turfan-Oase gelegene Ruinenstätte Chotscho galt im Altertum als Hauptstadt der Uiguren. Erste Forschungen in Chotscho wurden vor dem Ersten Weltkrieg von der Kgl. Preußischen Turfan-Expedition aufgenommen.

Christentum Das Christentum erreichte das Reich der Mitte seit etwa 1400 Jahren in fünf Wellen ganz unterschiedlicher Art. Die erste Welle kam aus Ostrom über die in Ostturkestan lebenden Uiguren und war nestorianisch. Diese von der Staatskirche als Ketzer gebrandmarkten Anhänger des Theologen Nestorius mussten aus dem byzantinischen Reich fliehen und wandten sich nach Zentralasien. Dort missionierten sie mit beträchtlichem Erfolg und konnten bei den Uiguren erheblichen Zulauf verbuchen. Die Schrift, derer sie sich bedienten, war die aramäische, eine semitische Buchstabenschrift, die von den Uiguren übernommen wurde und später zur Grundlage der mongolischen und mandschurischen Schrift geworden ist. Im Jahre 638 wurde in Chinas damaliger Hauptstadt die erste christliche Kirche erbaut und mehrere nestorianische Gemeinden konnten in dieser frühen Phase der Tang-Dynastie nachgewiesen werden. Der Nestorianismus aber hat die Stürme der folgenden Jahrhunderte nicht überlebt. Durch die Vermittlung der Schrift aber an die beiden Eroberervölker der Mongolen und Mandschuren haben sich die Nestorianer einen festen Platz in der Kulturgeschichte des Fernen Ostens gesichert. Die zweite Welle war von noch kürzerer Dauer. Da der Vatikan bestrebt war, die Mongolen für ein Bündnis gegen den Islam zu gewinnen, reisten Franziskanermönche im 14. Jahrhundert auf der Seidenstraße nach China zum Großkhan in Peking, wo sie sogar ein Erzbistum errichten konnten aber mit ihrer diplomatischen Mission scheiterten. Da im Jahre 1368 aber bereits die Mongolendynastie gestürzt wurde, erloschen auch alle christlichen Aktivitäten zu Beginn der Ming-Dynastie. Die dritte Welle konnte sich im 16. Jahrhundert im Gefolge portugiesischer Seefahrer ausbreiten, als Jesuiten aus Spanien und Italien ins Reich der Mitte kamen, um erste Missionsstationen zu errichten. Die hochgebildeten Ordensbrüder konnten sich in Peking durchaus hohe Achtung als Kartographen, Astronomen, Mathematiker und Übersetzer erwerben, durchschlagende Missionserfolge aber blieben ihnen versagt. Die Jesuiten passten sich den chinesischen Lebensgewohnheiten an und waren bestrebt, die christliche Lehre mit den zeitlosen Prinzipien des Konfuzianismus zu verbinden, gerieten darüber jedoch in Streit mit anderen katholischen Orden, die im sog. Ritenstreit die Unvereinbarkeit der katholischen Dogmen mit dem Konfuzianismus behaupteten. Der Papst entschied zuletzt gegen die Jesuiten, sodass diese Phase der Glaubensverkündung in der Mitte des 18. Jahrhunderts endete und die Jesuiten sich aus China zurückzogen. Die vierte Welle war die russisch-orthodoxe, die sich im Gefolge der zaristischen Expansion in der Mandschurei ausbreiten konnte. Die auf Weisung des Patriarchen von Moskau vor allem für die russischen Soldaten, Kaufleute und Verwaltungsbeamten zuständigen Popen konnten eine Reihe von Kirchen im nördlichen Teil der Mandschurei errichten, die bei den Chinesen selbst gestarteten Bekehrungsversuche blieben jedoch meist erfolglos. Heute sind die Angehörigen der russischen nationalen Minderheit in der VR China nach wie vor russisch-orthodox. Die fünfte Welle schließlich war die erfolgreichste, aber auch die problematischste, die mit dem Boxeraufstand im Jahre 1900 untrennbar verbunden ist. Als nach dem für England siegreichen Opiumkrieg an vielen Punkten an der Küste Chinas Freihäfen und Konzessionsgebiete eingerichtet wurden, nicht nur für Engländer, sondern bald auch für andere europäische Handelsnationen, kamen auch Missionare ins Land. Im Schutze ihrer Signaturmächte und mit Privilegien ausgestattet, errichtete die katholische Kirche Pfarreien, Bistümer und Erzbistümer, gründete Schulen, Waisenhäuser und Krankenhäuser, ja sogar Hochschulen und Universitäten und viele ihrer Missionare drangen ins Innere des Landes vor. Die anglikanische Kirche, die reformierte und lutherische bauten gleichfalls weit verzweigte Missionsstationen auf, und aus Amerika kamen eine Reihe von christlichen Sekten, die nun in China Fuß fassen konnten. Da nun die bekehrten und getauften Chinesen eine Reihe bestimmter Privilegien genossen, erregten diese Vorzüge den Neid der Nichtbekehrten und sie wurden als Handlanger der oft mit rüden Methoden arbeitenden europäischen Mächte in China angesehen. Im Boxeraufstand des Jahres 1900, der sich gegen alles Fremdländische wandte, wurden Tausende von chinesischen Christen von den Boxern massakriert. Die von den Europäern und Amerikanern geforderte Sicherheitsgarantie für freie Missionstätigkeit wurde von der chinesischen Regierung nach der Niederschlagung des Aufstandes akzeptiert und auch durchgesetzt, sodass trotz des Sturzes der Dynastie 1911 eine weitgehende Freiheit der Glaubensverbreitung für alle christlichen Konfessionen bis 1949 zu verzeichnen war. Bald nach der Gründung der VR China waren alle ausländischen Missionare ausgewiesen worden. Die katholischen Christen mussten mit Rom brechen, konnten sich jedoch in der »Patriotischen Vereinigung der chinesischen Katholiken« registrieren lassen und in dieser von Rom gelösten Kirche erneut Gottesdienste abhalten. Die papsttreue katholische Untergrundkirche soll 28 Millionen Gläubige umfassen, die patriotische, romferne katholische Kirche dagegen etwa 12 Millionen. 60 Millionen Chinesen gehören anderen christlichen Glaubensgemeinschaften an, die von zahlreichen Sekten aus Amerika und von vielen protestantischen Denominationen bis zur russisch-orthodoxen Kirche reichen.

Christliche und chinesische Zeitrechnung Eine einheitliche gesicherte Chronologie durch die ganze Geschichte ist erst seit dem Jahre 841 v. Chr. für China möglich, da die Jahresangaben für die Zeiten davor in der chinesischen Geschichtsschreibung nicht einheitlich sind. Allerdings lassen sich durch zwei Daten auch ziemlich genau die davor liegenden Ereignisse in China in die christliche Zeitrechnung umrechnen. Zum einen kennt man das von den Chinesen selbst festgelegte Datum ihrer Herrscherreihe mit dem legendären Urkaiser Huangdi, von dem aus sie alle Jahre bis zur Gegenwart stets zu zählen pflegten, es ist dies das Jahr 2697 v. Chr. Zum anderen kennt man in der chinesischen und in der europäischen Astronomie exakt die Jahre mehrerer Sonnenfinsternisse, sodass eine Umrechnung leicht möglich wurde. Vor allem ist es die Sonnenfinsternis, die nach Berechnungen der abendländischen Astronomen nach dem julianischen Kalender am 6. September 775 v. Chr. stattgefunden hat und die auch exakt von chinesischen Astronomen beobachtet und beschrieben wurde. Damit war ein unverrückbarer Fixpunkt für den Kalendervergleich zwischen beiden Kulturkreisen gegeben und die Umrechnung der Jahresdaten für alle Herrscherjahre und Ereignisse möglich geworden – allerdings erst nach 841 v. Chr. Bis zum Jahre 841 v. Chr. sind auch in den chinesischen Chroniken nur die Namen der Herrscher ohne Angabe ihrer Lebens- oder Regierungszeit verzeichnet, ab diesem Zeitpunkt jedoch zeigen die Tabellen jedes einzelne Jahr mit einem Zeichen des Sechziger-Zyklus an, sowohl von den Zhou-Herrschern als auch von den dreizehn großen Lehensfürsten.

Chu Im Rahmen der Zhou-Dynastie war der Staat Chu bereits im 1. Jahrtausend v. Chr. einer der südlichsten, der vom Huai-Fluss bis zu den Gebieten südlich des Jangtse reichte. Gegenüber der Zentralgewalt bestand nur ein lockeres Vasallenverhältnis, das sich von einer Territorialherrschaft allmählich zu einem völlig souveränen Staatswesen entwickelte. Im Jahre 233 v. Chr. wurde das Heer von Chu durch die Truppen von Qin völlig vernichtet und das gesamte Gebiet dem Staate Qin einverleibt.

Chu Der Staat Chu (907–951), im Nordostteil von Guangxi und Hunan gelegen, war einer der »Zehn Staaten«, die nach dem Fall der Tang-Dynastie im Süden Chinas entstanden waren. Chu wurde bereits 951 von der Südlichen Tang-Dynastie erobert.

Chunqiu Chunqiu (»Frühling und Herbst«) nennt man in China jene Geschichtsepoche, die von 722–481 v. Chr. reicht. Der Name geht zurück auf ein historisches Werk mit dem Namen »Frühlings- und Herbstannalen«, das über die Ereignisse im Staate Lu in diesem Zeitraum berichtet.

Cishan-Peiligang-Kultur Noch vor der Yangshao-Kultur blühte in der Zeit von 6500–5000 v. Chr. die Cishan-Peiligang-Kultur mit ihren runden Schüsseln und Schalen auf drei Beinen. Benannt wurde sie nach dem Ort Cishan in Hebei und der Fundstelle Peiligang in Xinsheng, Provinz Henan.

Cixi Die Kaiserinwitwe Cixi (1835–1908) gilt als eine der verhängnisvollsten Gestalten der chinesischen modernen Geschichte und an erster Stelle mitverantwortlich für den Niedergang und Sturz der Qing-Dynastie. Geboren im Jahr 1835 als Tochter eines mandschurischen Militärbeamten des Clans Yehonala, kam Cixi mit 17 Jahren in den Harem von Kaiser Xianfeng (1851–1861) als Konkubine. 1855 gebar sie dem Herrscher als Kaiserliche Nebenfrau Zweiten Grades einen Sohn. Da die Kaiserin selbst kinderlos war, stieg sie nach dem Tod des Kaisers 1861 in der höfischen Dynastie zur Kaiserinwitwe des Westens (Cixi) auf, während die kinderlose Kaiserin nur zur Kaiserinwitwe des Ostens (Cian) erklärt wurde. Intrigant und skrupellos erklärte Cixi nun im Komplott mit Prinz Gong ihren eigenen Sohn zum Kaiser und übernahm gemeinsam mit der Kaiserin die Regentschaft. Den Machenschaften Cixis war die Kaiserin in keiner Weise gewachsen, da diese die Mitglieder des Regentschaftsrates gegeneinander ausspielte und auf diese Weise die volle Regierungsgewalt in ihre Hände bekam. Nach dem frühen Tod ihres Sohnes, des Kaisers Tongzhi, 1875, proklamierte sie ihren vierjährigen Neffen zum Kaiser und adoptierte ihn gleichzeitig als Sohn. Der neue Kindkaiser wurde unter dem Namen Guangxu inthronisiert. Damit war Cixi letztlich wiederum unumschränkte Herrscherin Chinas. Cixi war ungebildet, reformfeindlich, dem Luxusleben verfallen, grausam und jähzornig; sie ließ wegen kleinster Verfehlungen Beamte und Eunuchen hinrichten. Als nun der Kaiser volljährig wurde und den Ideen der Reformbewegung zuneigte, setzte sie mit Hilfe des Generals Yuan Shikai den Kaiser gefangen und übernahm nach diesem Staatsstreich die unumschränkte Macht. Kaiser Guangxu wurde 19 Jahre seines Lebens von Cixi in Hausarrest gehalten, sie aber unterzeichnete alle Dekrete in seinem Namen, obwohl sie ihn nie konsultierte. Selbst als sie während des Boxeraufstandes 1900–1901 die Aufständischen unterstützte, überlebte sie politisch die Strafgerichte, die von den Alliierten anberaumt wurden. Sie schob alle Schuld ihren Höflingen zu, von denen sie viele verbannen und den wichtigsten Würdenträger hinrichten ließ. Zwei Tage vor ihrem Tod bestimmte sie noch den Sohn eines Kaiserbruders zum neuen Herrscher Chinas, den damals gerade dreijährigen Aisin Gioro Puji. Einen Tag vor ihrem Tod starb der arrestierte Kaiser, vermutlich durch Gift. Cixi selbst verschied am 15. Nov. 1908 und wurde mit kaiserlichem Pomp in den Östlichen Qinggräbern bestattet. Zum Prinzregenten hatte sie den Vater des Kindkaisers, Prinz Chun II. bestimmt. Der Dynastie waren nur noch drei Jahre nach dem Tod von Cixi beschieden. Mit dem Sturz der Mandschu-Herrschaft endete jedoch nicht nur eine Dynastie, es ging die über 2000 Jahre dauernde Geschichte des Kaiserreiches China selbst zu Ende.

D

Dafosi Die Grotten des Großen Buddha (Dafosi), westlich von den Longmen-Grotten, in der Provinz Shaanxi mit 107 Höhlen, 254 Nischen und 1498 Figuren, entstanden unter Kaiser Taizong im 7. Jahrhundert als Klosteranlage an der Seidenstraße. Die etwa 20 Meter hohe Buddha-Statue in der Hauptgrotte wies schwere Schäden auf, konnte jedoch von deutschen Technikern und Archäologen nach Einführung der Öffnungspolitik mit modernsten Methoden wieder stabilisiert werden.

Dahuren Die Dahuren (Tahur, Dahor, Daur) sind eine nationale Minderheit in den Provinzen Heilongjiang und Innere Mongolei mit rund 100 000 Seelen, die zur mongolischen Sprachgruppe der altaischen Sprachfamilie gehören. Man nimmt an, dass die Dahuren die Nachkommen der Khitan (Qidan) aus der Liao-Zeit sind, die im 10. Jahrhundert in Nordostchina das Liao-Reich gründeten. Ursprünglich saßen die Dahuren am oberen Heilongjiang, wurden jedoch durch die russischen Invasionen im 17. Jahrhundert hauptsächlich in die heutigen Siedlungsgebiete am westlichen Ufer des Nenjiang abgedrängt. Die meisten Dahuren hängen dem Schamanismus an, ein kleiner Teil bekennt sich zum Lamaismus. In der Qing-Dynastie unterstanden die Dahuren dem sog. Acht-Banner-System und wurden auch in die Armee der mandschurischen Qing-Herrschaft eingezogen. Auf diese Weise kamen sie in nähere Berührung mit Mandschuren und Han-Chinesen, was einen weitgehenden wirtschaftlichen und kulturellen Austausch begünstigte. In der Zeit der japanischen Besatzung standen die Dahuren auf der Seite Chinas, konnten sich jedoch erst 1945 wieder freier entfalten. Nach wie vor wird Jagd, Fischfang und Holzfällerei in den meist bewaldeten Bergregionen der dahurischen Siedlungsgebiete betrieben, aber die Dahuren sind längst auch schon zu einer intensiven Viehzucht und einem recht ertragreichen Ackerbau übergegangen. Die Kunstfertigkeit der Dahuren ist ebenso bekannt wie ihre Gastfreundschaft. Ein gut ausgebautes Schulwesen hat inzwischen dazu geführt, dass die Dahuren vielfach die chinesische Schrift und Sprache übernahmen und eine Reihe von Studenten dahurischer Nationalität auf den Universitäten von Hohhot (Innere Mongolei) und Peking zu finden sind. In der Inneren Mongolei wurde bereits 1958 das Autonome Dahuren-Banner Morin Dawa gegründet, in dem sich auch bereits eine rege Elektroindustrie angesiedelt hat.

Dai Miao von Taian Am Fuße des heiligen Berges Taishan in der Provinz Shandong erhebt sich in der Stadt Taian einer der prächtigsten Tempel Chinas, der Dai Miao, wie dieser Tempel des Berggottes genannt wird. Hier fanden in alter Zeit die Zeremonien des Erdopfers statt. Erbaut bereits in der Qin-Dynastie (221–207 v. Chr.), jedoch in jeder der folgenden Dynastien weiter ausgestaltet, umfasst der heutige Tempelkomplex 96 439 qm. Die Tiankuang-Halle (Halle des Himmelssegens) ist das Hauptgebäude des Tempels. Dieser erhabene Bau in traditionellem chinesischen Stil zählt mit der Halle der Höchsten Harmonie im Kaiserpalast und mit der Dachengdian (Halle der Großen Errungenschaften) in Qufu zu den drei bekanntesten antiken Hallen in China. Die darin befindliche Wandmalerei ist in der Song-Dynastie entstanden und stellt die Inspektionsreise des Berggottes in die Menschenwelt dar. Mit seinen unzähligen Figuren, Fabeltieren und Landschaften gehört dieses Riesenfresko zu den größten Wandgemälden Asiens, denn es ist 62 Meter lang und 3,3 Meter hoch. Die Roten Garden hatten in der Kulturrevolution auch in dieser Halle gewütet, aber inzwischen ist von den Zerstörungen nichts mehr zu sehen und der Dai Miao erstrahlt mit seinen vielen Bauten, Stelen und Skulpturen wieder in altem Glanz.

Dai-Nationalität Die nationale Minderheit der Dai lebt in der Provinz Yunnan, hat rund 850 000 Angehörige und gilt als eine der am besten entwickelten Nationalitäten im chinesischen Südwesten. Die Dai-Sprache gehört zu dem Zhuang-Dai-Sprachzweig der Dong-Sprachgruppe in der sinotibetischen Sprachfamilie. Die Dai haben ihre eigene Lautschrift, in der auch Zeitungen und Bücher erscheinen.

Der lokale Rundfunk sendet in Chinesisch und in Dai. In dem subtropischen Gebiet gedeihen Früchte wie Mango, Ananas, Bananen, Kokosnüsse – und der fruchtbare Boden bringt reichliche Ernten an Reis, Zuckerrohr, Kaffee, Sisal und anderen Industriepflanzen. Das Dai-Gebiet ist auch jenes in China, in dem noch frei lebende Elefanten und Nashörner vorkommen. In den Wäldern werden wertvolle Heilpflanzen gesammelt. Die Dai standen seit der Han-Dynastie mit dem chinesischen Kaiserreich in meist recht freundschaftlicher Beziehung. In der Zeit der Östlichen Han-Dynastie wurde dem Stammeshäuptling der Dai sogar der Titel »Großgouverneur der Han-Dynastie« verliehen. Dies begründete ein lockeres Vasallenverhältnis. In der Yuan-Dynastie wurde dann das gesamte Dai-Gebiet in die Verwaltungsstrukturen des Reiches einbezogen, wobei jedoch meist lokale Würdenträger mit Weisungsbefugnissen ausgestattet wurden. Erst in der Qing-Dynastie wurden dann die örtlichen Autoritäten durch Beamte ersetzt, die von der Zentralregierung entsandt wurden. Die Dai sind durchweg Buddhisten, die auch in ländlichen Gebieten viele Tempel gebaut haben. Ähnlich wie in Thailand bei ihren entfernten Verwandten gingen früher alle jungen Männer eine Zeitlang ins Kloster, um ungestört ein geistliches Leben führen zu können. Diese Praxis hatte sich im Hinayana-Buddhismus seit längerer Zeit schon durchgesetzt – und dieser Richtung hängen die Dai durchweg an. Das einst recht abgelegene Dai-Gebiet ist heute verkehrsmäßig gut zu erreichen und hat sich landwirtschaftlich und durch den Aufbau von kleineren Industriebetrieben sehr gut entwickelt.

Dalai-Lama Das politische und religiöse Oberhaupt aller Tibeter ist nach lamaistischer Auffassung der Dalai-Lama aus der buddhistischen Schulrichtung Gelugpa. Ursprünglich im Potala in Lhasa residierend, lebt der Dalai-Lama seit seiner Flucht 1959 in Indien. Als Emanation des Bodhisattva Avalokiteshvara geltend, wird er von den Gläubigen ehrfürchtig »Juwel der Weisheit« genannt. In der festgelegten Existenzlinie trat der Dalai-Lama bisher in 14 Wiedergeburten auf:

1. Dalai-Lama: Gendün Drub (1391–1475)
2. Dalai-Lama: Gendün Gyatsho (1475–1542)
3. Dalai-Lama: Sönam Gyatsho (1542–1588)
4. Dalai-Lama: Yöntan Gyatsho (1589–1617)

5. Dalai-Lama: Ngawang Losang Gyatsho (1617–1682)
6. Dalai-Lama: Tsangyang Gyatsho (1683–1706)
7. Dalai-Lama: Losang Kälsang Gyatsho (1708–1757)
8. Dalai-Lama: Jampäl Gyatsho (1758–1804)
9. Dalai-Lama: Lungtog Gyatsho (1806–1815)
10. Dalai-Lama: Tshültrim Gyatsho (1816–1837)
11. Dalai-Lama: Khädrub Gyatsho (1838–1856)
12. Dalai-Lama: Tinlä Gyatsho (1856–1875)
13. Dalai-Lama: Thubtän Gyatsho (1876–1933)
14. Dalai-Lama: Tendzin Gyatsho (geb. 1935)

Dali Die etwa 400 000 Einwohner zählende Stadt Dali in der Provinz Yunnan lag einst an der Südlichen Seidenstraße, die nach Burma führte, und war bei den Karawanen als Rast- und Stapelplatz beliebt. Die Stadt liegt reizvoll auf knapp 2000 Meter Höhe und wird von den Gipfeln der Hengduan-Gebirgskette überragt, die bis auf über 4000 Meter ansteigen. Bewohnt wurde das Gebiet ausschließlich von nichtchinesischen Völkern, vor allem von den Dai, Bai, Yi und Naxi. Seit 109 v. Chr. versuchten die chinesischen Kaiser zwar immer wieder, die Stadt und das Gebiet unter ihre Kontrolle zu bringen, aber dieses Vorhaben wurde oftmals von lokalen Machthabern vereitelt. So entstand das eigenständige Reich Nanzhao (738–902), dessen Einflussbereich bis nach Nordvietnam, Burma und Assam reichte. In dieser Zeit entstanden die drei hohen, leuchtend weißen Pagoden des Chongshen-Tempels, die bis heute ein Wahrzeichen von Dali sind. Die quadratische Hauptpagode mit 65 Meter Höhe überragt die beiden Schwesterpagoden in der Nachbarschaft, die jedoch ebenfalls 42 Meter hoch aufragen. Das Nanzhao-Reich war von den Dai gegründet worden, sie mussten ihr Reich jedoch an die Naxi abtreten, die dann Stadt und Umland den Namen Dali gaben. Das Reich Dali bestand dann bis zur Mongolenzeit, denn der Großkhan gliederte Dali 1253 seinem Imperium ein. Bereits aber 1288 konnte das Volk der Naxi sich aus der mongolischen Botmäßigkeit befreien und das Königreich Mu gründen. Die Dai wanderten daraufhin nach Süden aus und die Bai nahmen dann allmählich die gesamte Region in ihren Besitz und siedelten in der Gegend um den Er Hai-See. So kam es, dass heute noch Dali die Hauptstadt des Autonomen Bezirks der Bai-Minderheit in Yünnan ist und diese

Nationalität auch kulturell mit 1,1 Millionen Angehörigen tonangebend ist.

Dalian Dalian, an der Südspitze der Liaodong-Halbinsel gelegen, war früher im Westen unter dem Namen Dairen bekannt, wird aber auch als Lüda (Lüta) bezeichnet, weil die Stadt mit Lüshun, dem früheren Port Arthur, zu einer Verwaltungseinheit zusammengeschlossen wurde. Dalian allein zählt etwa 1,7 Millionen Einwohner, der Großraum Lüda jedoch über 3,5 Millionen. Die an der Dalian-Bucht gelegene Stadt ist heute der zweitgrößte Hafen Chinas mit 35 Tiefwasser-Ankerplätzen, einem Containerkai, einem Erdöl- und Erzhafen, Großwerften und vielen Industrieanlagen, darunter auch eine Fabrik für Lokomotivenbau. Dalian ist Sitz der chinesischen Hochseefischereiflotte mit über 100 Schiffen, die auf allen Weltmeeren operieren. Der Hafen ist im Gegensatz zu Wladiwostok eisfrei und wurde daher seit 1896 durch Russland planmäßig ausgebaut, nach 1905 von Japan erweitert und war bis 1945 Sitz der japanischen Kolonialmacht auf der Halbinsel. Nach dem Zweiten Weltkrieg wurde die Stadt von der UdSSR und der VR China gemeinsam verwaltet und wurde dann 1955 wieder ganz eingegliedert. Seit dem Zusammenschluss mit dem 60 km entfernten Lüshun zum Großraum Lüda verfügt die aufstrebende Stadt über eine 1900 km lange Küstenlinie, an der entlang sich 30 Buchten verteilen.

Damaoshan-Tempel Der Damaoshan-Berg ist ein Ausläufer des Nördlichen Hengshan-Berges im Westen des Kreises Quyang in der Provinz Shanxi. Ungefähr 70 Kilometer von der Kreisstadt entfernt liegt der Damaoshan-Tempel, der als großer Bergtempel anzusprechen ist und eine Fläche von 3 Hektar einnimmt. Die Haupthalle ist die größte noch bestehende Holzkonstruktion aus der Yuan-Dynastie (1279–1368). Der Tempel darf nicht verwechselt werden mit dem Nördlichen Hengshan-Tempel selbst, der auf dem höchsten Gipfel dieses heiligen Berges steht und aus der Ming-Zeit stammt. Hunderte von Steinstufen führen von seinem Eintrittstor hinauf zur Haupthalle.

Damenglong Damenglong liegt etwa 50 Kilometer südlich von Jinhong nahe der Grenze zu Burma im Autonomen Bezirk Xishuangbanna der Dai-Nationalität in der Provinz Yunnan. Für jeden Buddhisten der Welt ist Damenglong ein ehrwürdiger Ort, denn die dort stehende »Weiße Pagode des Fliegenden Drachen« zählt zu den bedeutendsten Bauwerken des Buddhismus in Südchina. Der Stil dieser 1204 errichteten Pagode ist rein südostasiatisch. Auf einem mächtigen Sockel erhebt sich ein 16 Meter hoher Stupa, umgeben von acht kleineren, aber immerhin noch 9 Meter hohen Stupas. Eine fromme Legende besagt, dass in der Pagode die Fuß-Reliquien von Buddha beerdigt seien.

Daming-Palast Im Jahr 634 baute der Tang-Kaiser Taizong am Stadtrand von Xian für seinen Vater den Daming-Palast als Sommerresidenz. Kaiser Gaozhong baute dann diesen Palast zum größten und herrlichsten unter den drei Palästen der Tang-Hauptstadt aus, der mit über 40 Hallen, Pavillons, Türmen und Toren einen wohl großartigen Anblick geboten haben dürfte. Im Jahr 663 nahm die Kaiserfamilie insgesamt Wohnung im Daming-Palast, der dann in den darauffolgenden 230 Jahren die eigentliche Residenz des Reiches war. Die Haupthalle erhob sich auf einer 15 Meter hohen Terrasse, von der aus die ganze Stadt, damals Changan genannt, überblickt werden konnte. Diese Haupthalle wurde von unten durch drei 78 Meter lange Treppen erreicht. Die Kaiser erließen in ihr Edikte und hielten dort mit den Großen ihres Reiches wichtige Versammlungen ab. Wie die anderen Prachtbauten aus der Tang-Zeit ist auch der Daming-Palast völlig zerstört worden.

Dang der Vollkommene Der Ehrenname des Gründers der Shang-Dynastie war »Dang der Vollkommene«, der von 1766–1753 nach traditioneller chinesischer Überlieferung regiert haben soll. Er vernichtete die vorhergehende (legendäre) Xia-Dynastie und ließ sich von den Großvasallen zum Herrscher ausrufen. Die Kalenderreform wird ihm zugeschrieben.

Daodejing Das am meisten übersetzte chinesische Werk ist das Daodejing (Buch vom Weg und der Tugend), ein philosophisches Werk in 81 Abschnitten mit nur 5000 Schriftzeichen. Nach chinesischer Tradition wird stets Laozi (552–475 v. Chr.) als Autor angegeben. Teile des Werkes könnten aus der Sicht der neueren Forschung jedoch älter sein. Die Abfassung und Endredaktion gehen möglicherweise auch auf mehrere Autoren zurück. Das knappe und »dunkle« Werk beschreibt das Wesen des Dao als Urprinzip des Seienden und sein Wirken in der Natur. Das Dao durchdringt alle Dinge, wirkt ständig und meist unmerklich. Der Mensch sollte sich in einem der Natur entsprechenden Leben diesem Wirken anvertrauen und sich gewaltsamer Eingriffe enthalten.

Daoguang Daoguang (1821–1850), sechster Kaiser der Qing-Dynastie, war der zweite Sohn des Kaisers Jiajing und kam mit 39 Jahren auf den Thron, ein persönlich untadeliger Herrscher, aber mutlos und politisch schwach und nicht imstande, die vielen Gefahren, die dem Staat entstanden waren, abzuwenden. Die Vorgänger hatten ihm leere Staatskassen hinterlassen, sodass er auch nicht die Mittel hatte, den Bedrohungen an den Grenzen entgegenzutreten. 1807 standen die Tibeter beim Kokonor auf, 1820 erhoben sich die Moslems in Ostturkestan und erschütterten die chinesische Präsenz in diesem Gebiet. Die große Demütigung aber wartete 1840–1842 auf den hilflosen Monarchen, als die Briten im Ersten Opiumkrieg ihm den Vertrag von Nanking aufzwangen und er Gebiete an den Küsten für sie öffnen musste, die dann nicht mehr der Rechtsprechung Chinas unterlagen. Mit diesem Vertrag war es den Engländern freigestellt, Opium nach Chinas Küsten zu exportieren und sich dort auch niederzulassen. China hatte den ständigen Abfluss von Silber verhindern wollen, da sich England von den Süchtigen mit Silber bezahlen ließ. Der unglückliche Kaiser erhob daraufhin von den Küstenbewohnern höhere Steuern und kürzte die Bezüge der Staatsbeamten, um die Staatsfinanzen aufzubessern. Dies alles jedoch schürte im Lande eine gegen die Mandschus allgemein gerichtete Stimmung. Als Daoguang 1850 starb, wurde er unter dem Tempelnamen Xuanzong bei den Westlichen Qing-Gräbern im Mausoleum Muling beigesetzt. Nachfolger wurde sein vierter Sohn, der als Kaiser Xianfeng (1851–1861) dann mit dem gesamten Qing-Regime Zielscheibe des verheerenden Taiping-Aufstandes wurde. Der Nährboden des Volksdaoismus waren unzweifelhaft jene Elemente der Volksreligion, die weder der strenge Konfuzianismus noch der vielfach als Fremdreligion empfundene Buddhismus auszudrücken verstanden: die Bannung böser Geister (Exorzismus), das Streben nach irdischer Unsterblichkeit, zumindest die Suche nach dem »Kraut des langen Lebens«, die Organisation lokaler Tempelfeste durch ortsansässige daoistische Mönche ohne Eingriffe konfuzianischer Tugendwächter oder des buddhistischen Klerus. Bei ihren Zeremonien räumten die Daoisten Frauen vielfach einen gleichberechtigten Platz ein und eine Anzahl von weiblichen Gottheiten bevölkerte alsbald das daoistische Pantheon. Recht bald schon hatte man die Stifter dieser Religion, vor allem Laozi, zu Göttern erhoben und ihnen eine Unzahl von Himmelsherren und Himmelsbeamten zur Seite gestellt. Die Gunst der Kaiser, in der sich die Daoisten immer wieder sonnen durften, war äußerst schwankend. So befahl beispielsweise Khubilai Khan (1260–1294) alle daoistischen Bücher mit Ausnahme des Daodejing selbst zu verbrennen. Das Misstrauen des Hofes war mehrfach auch darin begründet, dass verschiedentlich in der Geschichte in Kreisen der Daoisten messianische Vorstellungen kursierten und Bauernaufstände entfachten, so etwa schon in der Han-Dynastie der Aufstand der Gelben Turbane. In der Qing-Dynastie, in der orthodoxe Kunfuzianer den Ton angaben, kam es in vielen Städten zur Beschlagnahmung von daoistischen Tempeln, aber ein eigentliches Verbot dieser Religion wurde dann erst in den chaotischen Zeiten der Kulturrevolution 1966–1976 durchgesetzt. Seit der neu garantierten Religionsfreiheit erholt sich diese autochthone Volksreligion wieder langsam, und eine Reihe von Klöstern sind bereits wieder renoviert und von Mönchen belebt.

Daoismus Der Daoismus als Philosophie und als volkstümliche Religion tragen zwar beide den gleichen Namen, haben praktisch jedoch nichts mehr miteinander zu tun. Der gemeinsame Name geht auf den Buchtitel »Daodejing« zurück, den der Philosoph Laozi im vierten Jahrhundert v. Chr. seinem schmalen Werk gegeben hat. In diesem »Buch vom Weg und der Tugend« handelt es sich ausschließlich um das Dao, jenes kosmische Prinzip des Werdens und Vergehens, das in allem wirkt, das alles erzeugt und erhält und das rational nicht zu erklären ist. In knapper aphoristischer Form empfiehlt Laozi dem Menschen, sich diesem Geschehen einzuordnen und nicht aktiv etwa einzugreifen oder sich ihm entgegenzustemmen. Durch »Nichthandeln« und stilles Betrachten der Natur findet der Mensch, der selbst ein Teil des Dao ist, seine Erfüllung in der Welt. Laozi soll von etwa 480–390 in Luoyang als Bibliothekar gewirkt haben. Um 350 v. Chr. etwa führte der Philosoph Zhuangzi diese Gedanken weiter und daher gelten Laozi und Zhuangzi als die beiden Begründer des philosophischen Daoismus. Seit der Han-

Dynastie jedoch entwickelte sich aus dieser etwas mystischen Lehre allmählich eine Volksreligion mit okkultistischen Gedankengängen, Zauber- und Dämonenglauben und nahm Anleihen beim Buddhismus (Mönchtum und Klöster) und beim Schamanismus (Geisterbeschwörungen). In dieser Ausrichtung gelangte der Daoismus sogar zu der Auffassung, man könne durch das »Kraut des ewigen Lebens« oder ein geheimnisvolles Elixier sogar körperliche Unsterblichkeit erlangen. Es entstand eine kirchenähnliche Organisation mit einem »Himmelsmeister« an der Spitze, dessen Amt dann erblich wurde. Von den vielen recht unterschiedlichen Sekten und Schulrichtungen macht vor allem die Quangzhen-Sekte von sich reden, die durch bestimmte Meditationstechniken mindestens ein langes Leben für jedes ihrer Mitglieder sichern will. Gleichzeitig entstand ein daoistisches Pantheon mit unzähligen Gottheiten. Der Himmel der Daoisten ist hierarchisch abgestuft wie die Beamtenschaft am Kaiserhof auf Erden, es gibt Ministerien, Gerichtshöfe mit vielen Sekretären und Wächtern, Diener und Boten in großer Zahl. Ähnlich wie im Buddhismus eine Trias existiert (Buddha der Vergangenheit, Gegenwart und Zukunft) so existiert auch eine daoistische Trinität, die Drei Reinen, drei höchste Gottheiten, von denen ihr Gründer Laozi der dritte ist. Durch die Vergöttlichung des Philosophen aus Luoyang folgten die Daoisten der Praxis des Mahayana-Buddhismus, die ihren Gründer aus Indien ebenfalls zur Gottheit erhoben. Daneben entfaltete sich in aller Stille der rein philosophische Daoismus als eine Art Naturphilosophie mit stark mystischem Einschlag, deren 1444–1447 gedruckter Kanon immerhin damals schon etwa 1500 Werke erfasste. Der Nährboden des Volksdaoismus waren unzweifelhaft jene Elemente der Volksreligion, die weder der strenge Konfuzianismus noch der vielfach als Fremdreligion empfundene Buddhismus auszudrücken verstand; die Bannung böser Geister (Exorzismus), das Streben nach irdischer Unsterblichkeit, zumindest die Suche nach dem »Kraut des langen Lebens«, die Organisation lokaler Tempelfeste durch ortsansässige daoistische Mönche ohne Eingriffe konfuzianischer Tugendwächter oder des buddhistischen Klerus. Bei ihren Zeremonien räumten die Daoisten Frauen vielfach einen gleichberechtigten Platz ein und eine Anzahl von weiblichen Gottheiten bevölkerte alsbald das daoistische Pantheon. Recht bald schon hatte man die Stifter dieser Religion, vor allem Laozi, zu Göttern erhoben und ihnen eine Unzahl von Himmelsherren und Himmelsbeamten zur Seite gestellt. Die Gunst der Kaiser, in der sich die Daoisten immer wieder sonnen durften, war äußerst schwankend. So befahl beispielsweise Khubilai Khan (1260–1294) alle daoistischen Bücher mit Ausnahme des Daodejing selbst zu verbrennen. Das Misstrauen des Hofes war mehrfach auch darin begründet, dass verschiedentlich in der Geschichte in Kreisen der Daoisten messianische Vorstellungen kursierten und Bauernaufstände entfachten, so etwa schon in der Han-Dynastie der Aufstand der Gelben Turbane. In der Qing-Dynastie, in der orthodoxe Kunfuzianer den Ton angaben, kam es in vielen Städten zur Beschlagnahmung von daoistischen Tempeln, aber ein eigentliches Verbot dieser Religion wurde dann erst in den chaotischen Zeiten der Kulturrevolution 1966–1976 durchgesetzt. Seit der neu garantierten Religionsfreiheit erholt sich diese autochthone Volksreligion wieder langsam, und eine Reihe von Klöstern sind bereits wieder renoviert und von Mönchen belebt.

Datong Die Millionenstadt Datong in Nordshanxi ist ein wichtiger Eisenbahnknotenpunkt der westöstlichen und der nordsüdlichen Linie, etwa acht Zugstunden von Peking entfernt. Die Stadt blickt auf eine große Geschichte zurück, denn sie liegt an einem strategisch wichtigen Punkt zwischen zwei Abschnitten der großen Mauer südlich der Mongolei und war daher stets Garnisonsstadt. Dem nördlichen, eigentlichen Mauerzug folgte früher ein zweiter paralleler Abschnitt, der heute nur noch in Teilen erhalten ist. Der Name der Stadt während der Han-Dynastie war Ping cheng. Im Jahre 386 errichtete das nichtchinesische Volk der Toba hier die nördliche Wei-Dynastie und machte Datong zu seiner Hauptstadt; es blieb Zentrum politischer Macht, kulturellen Glanzes und religiöser Andacht bis zum Jahre 494. Der Buddhismus war die vorherrschende Religion. Die Grotten von Yungang, 16 Kilometer westlich der Stadt gelegen, sind noch heute ein beredtes Zeugnis dieser Glanzperiode. Nach der Verlegung der Hauptstadt 494 nach Luoyang durch die Herrscher der Nördlichen Wei-Dynastie sank die Bedeutung Datongs merklich ab, sie blieb zwar eine bekannte Grenzstadt im

Norden, kam aber erst wieder zur Bedeutung, als im 10. Jahrhundert die Liao China überschwemmten und 960 Datong einnahmen. Die Liao machten sie zu einer ihrer wichtigsten Städte und gaben ihr den heutigen Namen. Datong heißt »Große Harmonie«. Unter den Jin-Tataren (Gold-Tataren), die von 1115 bis 1234 Nordchina beherrschten, blieb es weiterhin stellvertretende Hauptstadt. In der Ming-Dynastie war Datong eine wichtige Festung südlich der Großen Mauer. General Xu Da (1332–1385) befestigte Datong mit einer großen Mauer, die bis heute erhalten ist und einen Umfang von rund 6 Kilometern hat. Datong liegt in einer langgestreckten ziemlich fruchtbaren Hochebene in einer Höhe von rund 1000 Metern. Große Kohlevorkommen führten zu einem beachtlichen industriellen Aufschwung. Neben Kohleminen, Keramik- und Teppichmanufakturen ist Datong vor allem wegen seiner Dampflokomotivenfabrik heute bekannt, der einzigen, die in der ganzen Welt noch existiert. In der Stadt selbst ist der Neun-Drachen-Schrein aus der frühen Ming-Dynastie sehenswert, ein Meisterwerk der mythologischen Kunstrichtung. Man sieht neun große, sich windende Drachen gleichsam aus dem Wasser steigen. Die großartige Arbeit ist aus vielfarbigen glasierten Ziegeln gefertigt. Im Westen der Stadt stehen eng beieinander zwei berühmte Klöster, die beide »Hua-yan-Kloster« genannt werden. – Man unterscheidet sie aber durch den Zusatz: das Obere und das Untere Kloster. Das »Obere Kloster« wurde unter den Liao erbaut, später zerstört und unter den Tataren wieder errichtet, es birgt einen der größten noch in China erhaltenen buddhistischen Tempel: den »Großen Tempel des mächtigen Schatzes«. Im Innern dieses Tempels überrascht die Reichhaltigkeit an Fresken, Skulpturen und Deckenverzierungen. Fünf große Buddha-Statuen stehen in der Mitte des Tempels, sie stammen aus der Zeit von 1426–1465. Erhalten sind auch noch zwei buddhistische Pfeiler vor dem Tempel aus der Liao-Zeit (1077). Eingefügt in die Mauern des Klosters finden sich auch vier Stelen mit Inschriften des Sung-Philosophen Zhu-Xi (1130–1200). Der Haupttempel ist mit drei gewaltigen Toren ausgestattet. Das Kloster hat zehn Tempel und Galerien und umfasst eine beachtliche Grundfläche. 1446 wurde hier eine große Sutra-Bibliothek eingerichtet und eine Zermonienschule blühte hier ebenfalls.

Das »Untere Kloster« stammt ebenfalls aus der Liao-Zeit, aber die bis heute erhaltenen Bauten stammen aus späteren Zeiten. Das älteste Bauwerk ist die Kloster-Bibliothek (1038), sie stellt ein zauberhaftes Meisterwerk mit vielen Fresken und Skulpturen dar. Entlang der Mauern finden sich dreißig kleine Gebäude, die die Sutras beherbergten. Das dritte Kloster der Stadt ist als »Südliches Kloster« bekannt. Der chinesische Name ist jedoch eigentlich Shan-hua-si. Erbaut in der Tang-Dynastie, wurde es am Ende der Liao-Herrschaft vollkommen zerstört, aber zur Zeit der Tataren wieder aufgebaut (1128–1143). In der Süd-West-Ecke der Stadt befindet sich der Konfuzius-Tempel, der aus dem Jahre 1398 stammt.

Dawenkou-Kultur Der Ort Dawenkou in Shandong bezeichnet durch die dortselbst gemachten Ausgrabungen die frühe Phase der Longshan-Kultur und wird auf 4300–2400 v. Chr. datiert. Die Dawenkou-Keramik ist durch sorgfältig ausgearbeitete Formen bekannt geworden.

Daxi-Kultur Die nach dem Ort Daxi im Kreis Wushan, Provinz Sichuan, benannte Kultur (4500–2500 v. Chr.) wird durch bemalte Keramik charakterisiert, die Bandverzierungen aufweist.

Dayuan Dayuan ist die alte chinesische Bezeichnung für das Ferganatal im äußersten Osten der heutigen Republik Usbekistan. In der Zeit der Westlichen Han-Dynastie (206 v. Chr.–220 n. Chr.) brachte der chinesische Gesandte Zhang Qian (gest. 114 v. Chr.) die Kunde von den dort gezüchteten Pferden mit an den Kaiserhof, sodass die Chinesen in der Folgezeit ständig bemüht waren, Handelsbeziehungen mit den Herrschern von Dayuan zu unterhalten, um die schnellen und ausgezeichneten Pferde von dort zu erhalten. Gegen die wendigen Steppenpferde der Hunnen waren die eigenen schweren Pferde der Chinesen zu langsam. Mit den Pferden von Dayuan aber konnten sie die Verfolgung der räuberischen Nomaden aufnehmen. Die Ausstattung der chinesischen Kavallerie mit den Fergana-Pferden verbesserte in der Westlichen Han-Dynastie die Schlagkraft des Kaiserreiches beträchtlich.

Dazu Im Hochland von Sichuan, rund 150 Kilometer nordwestlich von Chongqing, liegt die Kreisstadt Dazu, die auch international in der Kulturgeschichte zu unverhofftem Ansehen kam, weil an 40 Plätzen des Kreises Dazu etwa 50 000 Skulpturen unmittelbar als Reliefs aus den Felsen gehauen wurden. Die beiden Besonderheiten dieser südwestchinesischen Schatzkammern sind darin begründet, dass die meisten Figuren noch die ursprüngliche Farbgebung bewahrt haben und dass diese immense Arbeit nicht wie bei Yungang und Longmen vom 4.–9. Jahrhundert ausgeführt wurde, sondern von der späten Tang-Zeit bis zum Ende der Südlichen Song-Dynastie gedauert hat. Der Grund für diese viel spätere Arbeitsaufnahme ist darin zu sehen, dass während der Buddhistenverfolgungen im Norden viele Flüchtlinge in der halbautonomen Region Shu Aufnahme gefunden hatten und im Glauben an die buddhistische Lehre das Leben des Erleuchteten in großartigen Szenen nun reliefartig darstellten. Die weite Entfernung von den Zentren der buddhistischen Kunst im Norden und das Erstarken des Daoismus in dieser Zeit werden es mit sich gebracht haben, dass bei diesen Erzählungen in Stein auch daoistische Motive und Gestalten Aufnahme gefunden haben. Vor allem an zwei Stellen konzentrieren sich die Bilderfolgen in geradezu einmaliger Dichte. Nur zwei Kilometer nordwestlich der Kreisstadt erhebt sich der Nordberg (Beishan), aus dessen Felswand 264 Nischen mit Figuren in einer Länge von 500 Metern und einer Höhe von 7 Metern herausgearbeitet wurden. In zweihundertjähriger Schaffenszeit entstand hier das Pantheon des Buddhismus in Stein, gipfelnd in den Paradiesbildern mit einer Fülle von Bodhisattvas, die um eine zentrale Buddhafigur angeordnet sind. Etwa 15 Kilometer nordöstlich von Dazu findet sich der zweite Tresor dieser Art am Schatzkammerberg (Baoding Shan), an dessen 30 Meter hohen Wänden rund 10 000 Skulpturen auf den Besucher warten. Hier befindet sich die 30 Meter lange Figur des Liegenden Buddha, der ins Nirwana eingeht – und hier ist in einer eigenen Grotte die tausendarmige Mutter der Barmherzigkeit dargestellt, deren Bildnis mit den unzähligen Armen allein eine Felsenfläche von 88 Quadratmetern einnimmt. Eine dritte Großdarstellung zeigt das »Rad der Lehre«, in dessen Mitte Buddha selbst als Überwinder aller irdischen Anfechtungen thront.

Dege Dege, 3200 Meter über dem Meeresspiegel am Oberlauf des Jinsha-Flusses in West-Sichuan gelegen, gilt als Schatzkammer der tibetischen Kultur. In Dege wurde bereits im Jahre 1792 eine Druckerei für buddhistische Schriften gegründet, die nach wie vor arbeitet und in ihrem riesigen Archiv 220 000 Druckplatten aus Birkenholz verwahrt. Neben den religiösen Schriften, die aus der Druckerei von Dege hervorgingen, haben namhafte tibetische Gelehrte jedoch auch viele Bücher über Kultur und Kunst, Geschichte, Astronomie und Kalenderwesen herausgebracht. Das Papier wird in der Gegend selbst aus Wurzeln und Rinden eines heimischen Baumes hergestellt und ist gegen Mottenfraß unempfindlich. Für die Druckfarben werden Perlen und Achat zerrieben sowie Gold- und Silberpulver benutzt. Die Druckerei blieb während der Kulturrevolution unangetastet.

Dehua Die Stadt Dehua, mitten im Bergland von Süd-Fujian gelegen, ist neben Jingdezhen in Jiangxi die bekannteste Porzellanstadt Chinas überhaupt. Bereits in der Song-Zeit (960–1279) wurden aus dieser Stadt große Mengen von Porzellanwaren ins Ausland verkauft. Von den Hafenstädten an der Formosastraße wurden auch in der Ming- und Qing-Dynastie die begehrten Dehua-Porzellane verschifft, die heute in den Museen aller fünf Kontinente gesammelt werden. Die Erzeugnisse der Brennöfen von heute werden von mehr als 100 Exportfirmen vermarktet und sichern der Stadt einen der besten Plätze in der Wirtschaft der Provinz Fujian.

Deng Xiaoping Deng Xiaoping (1904–1997) ist wohl derjenige chinesische Politiker, der zu seinen Lebzeiten die Richtung des Landes nach dem Tode Maos am nachhaltigsten bestimmt hat. Die Öffnung und Modernisierung des Landes sind hauptsächlich sein Verdienst. Geboren 1904 in Guangan in der Provinz Sichuan als Sohn eines Landbesitzers, konnte ihm seine Familie den Besuch einer modernen Mittelschule und von 1920–1926 ein Werkstudium in Frankreich ermöglichen. Inzwischen in die KPCh eingetreten, kehrte er über Moskau nach China zurück und arbeitete zuerst in der Shanghaier Zentrale der Partei. Nach dem Bruch Chiang Kai-sheks mit den Kommunisten wirkte er als Politkommissar bei einer Guerillaeinheit in der Provinz Jiangxi. Den Langen Marsch machte er 1934/35 in der Kolonne mit, die von Mao Zedong geführt wurde. Mit wechselnden Aufgaben in der neuen Parteibasis in Yanan betraut, wurde er nach Bildung der Einheitsfront zwischen Guomindang und KPCh als Politkommissar der 129. Feldarmee eingesetzt. Diese politische Führungsaufgabe behielt Deng bis 1952 bei. In diesem

Jahr wurde er in die Zentrale versetzt und wurde auf Betreiben von Zhou Enlai zum Stellvertretenden Ministerpräsidenten berufen. Ein Jahr später wurde ihm für zwölf Monate das Finanzministerium anvertraut, dann wurde er Mitglied des Politbüros und 1954 sogar in den engsten Führungskreis, in das Ständige Komitee des Politbüros, aufgenommen. Bei allen wichtigen Parteikonferenzen wurde er nun in den kommenden Jahren der Hauptredner und trug bei der ideologischen Auseinandersetzung mit der KPdSU wesentlich zum Bruch mit Moskau bei. Im Oktober 1966 wurde er als eines der ersten prominenten Opfer der Kulturrevolution entmachtet und sein ältester Sohn von den Roten Garden so sehr misshandelt, dass er fortan querschnittsgelähmt war. Erst im Jahre 1973 konnte Zhou Enlai bei Mao seine Rehabilitierung durchführen und dafür sorgen, dass er wieder in seine Ämter eingesetzt wurde. Bereits im April 1974 hielt dann Deng Xiaoping vor der UNO in New York eine Rede und leitete im Mai 1975 eine Regierungsdelegation nach Frankreich. Nach dem Tode von Zhou Enlai im Januar 1976 gelang es der Ehefrau von Mao, Deng Xiaoping erneut zu entmachten, da sie ihn als wichtigsten innerparteilichen Gegner einschätzte, der ihren Machtansprüchen entgegenstand. Als jedoch Hua Guofeng am 6. Oktober des gleichen Jahres schon die Viererbande verhaften ließ, konnte auch Deng sein Comeback wieder vorbereiten. In einem internen Machtkampf schaltete nun Deng Hua Guofeng im Dezember 1978 aus und ließ zwei Männer seines Vertrauens in die wichtigsten Parteiämter wählen. Hu Yaobang wurde mit seiner Hilfe zum Generalsekretär der Partei gewählt und Zhao Ziyang zum Ministerpräsidenten berufen. Damit hatte Deng endgültig gesiegt. Er selbst verzichtete auf die beiden höchsten Positionen der Partei und begnügte sich mit dem Posten des Vorsitzenden der Militärkommission im ZK der KPCh, der jedoch letztlich den entscheidenden Schalthebel der Macht im »Ernstfall« darstellte. Nach dieser Neuordnung der Führung des großen Landes konnte Deng zügig an die von ihm geplanten Reformen gehen. Die von ihm geleiteten Regierungsdelegationen in die wichtigsten asiatischen Nachbarländer gipfelten dann in seiner Reise in die USA 1979 – drei Jahre nach dem Tode Maos. Die Befreiung der Landwirtschaft von fast allen planwirtschaftlichen Zwängen, die Privatisierung maroder

Staatsbetriebe, die Öffnung des Landes nach außen, die Rückkehr von Hongkong und Macau unter günstigen Sonderbedingungen – dies alles konnte nur auf Grund der Reformentscheidungen Dengs gelingen. Ohne seinen ausdrücklichen Befehl wäre allerdings die Niederschlagung der Studentenrevolte im Mai 1989 gleichfalls nicht möglich gewesen. Die wichtigsten Entscheidungen Dengs waren der Auf- und Ausbau der Sozialistischen Marktwirtschaft, die zwar ein Sozialismus chinesischer Prägung sein soll aber viele Züge des modernen Kapitalismus inklusive der Verflechtung mit der Weltwirtschaft in sich aufzunehmen bereit ist. Deng Xiaoping starb im Jahre 1997, jenem Jahr, in dem auch Hongkong nach China zurückkehrte.

Di Nichtchinesisches Nomadenvolk, das in der Mitte des 1. Jahrtausends v. Chr. in den heutigen Provinzen Shanxi, Shaanxi und Hebei lebte und das erst nach langen Kämpfen mit verschiedenen chinesischen Staaten aufgerieben und assimiliert werden konnte. Die Kämpfe dauerten jedoch bis in die Zeit der Streitenden Reiche (481–221 v. Chr.). Teile des Di-Volkes schlossen sich den Hunnen an.

Di Die Bezeichnung Di wurde ursprünglich nur als genereller Name für Gottheiten gebraucht, wurde aber in der Qin-Dynastie zum Kaisertitel. Der höchste Titel für Menschen war vorher Wang (König), der dann später so viel bedeutete wie »Fürst«.

Dialekte In der chinesischen Sprachgeschichte haben sich aus den vielen Lokal- und Regionaldialekten acht bei einer großen Anzahl von Sprechern durchgesetzt, die aber so stark voneinander abweichen, dass sie nur von den Angehörigen der eigenen Dialektgruppe verstanden werden – außer Hochchinesisch, das nichts anderes ist als der Norddialekt (putonghua), der oft Mandarin genannt wird, weil er am Kaiserhof selbst gesprochen wurde. Man erhob den Norddialekt zur offiziellen Amts- und Schulsprache in China, weshalb etwa 75 Prozent aller Chinesen inzwischen diesen Dialekt als lingua franca beherrschen. Der zweite wichtige Dialekt ist das in Shanghai gesprochene Wu, das auch im Südosten von Jiangsu und fast in ganz Zhejiang zu hören ist. Die dritte Mundart ist Xiang, verbreitet in Hunan. In der Provinz Jiangxi spricht man Gan, auch im Südosten von Hubei. Der Hakka-Dialekt, auch Kejia genannt, ist in Teilen von Guangdong, Guangxi, Fujian und Jiangxi verbreitet. Im Süden

Chinas gibt es ferner die beiden Min-Dialekte: Südliches Min in Süd-Fujian, in Teilen von Guangdong und Hainan sowie auf Taiwan, Nördliches Min wiederum spricht man im nördlichen Fujian und in einigen taiwanesischen Regionen. Der letzte Großdialekt ist das Kantonesische, auch Yue genannt, das in der Stadt Kanton, in großen Teilen von Guangdong und in der Autonomen Region Guangxi Zhuang gesprochen wird. Die Überseechinesen in aller Welt sprechen meist Südliches Min oder Kantonesisch, die Dialekte ihrer Heimatregionen.

Dian-Reich Im Südwesten Chinas, in der heutigen Provinz Yunnan, bestand zwischen dem Ende des 4. Jahrhunderts und dem Jahre 109 v. Chr. das Reich Dian, das von einem General der Chou-Dynastie gegründet worden war. Dieser Feldherr hatte sich selbständig gemacht und die Dian-Dynastie gegründet, die wohl wegen ihrer relativen Abgelegenheit in der Bergwelt des Südwestens sogar von den Eroberungszügen der Qin-Dynastie verschont blieb. Das Dian-Reich erlebte zweihundert Jahre eine außergewöhnliche Friedenszeit, bis es dann vom Han-Kaiser Wudi unterworfen wurde. 1955 entdeckten Archäologen in Yunnan ungewöhnlich ausdrucksstarke Bronzekunstwerke aus dem Dian-Reich, die eine kunsthistorische Sensation darstellen. Die mehr als 7000 ausgegrabenen Gegenstände sind zum größten Teil Bronzeobjekte, deren künstlerische Qualität es nahe legt, sie zu den großen Schöpfungen der Weltkultur zu zählen. Es handelt sich dabei um Waffen, Gefäße, Musikinstrumente, Werkzeuge und Schmuck – samt und sonders Objekte von großer Ausdruckskraft, und einem eigenständigen Stil. Zentrum dieser Kultur war das Gebiet, das auch heute die wichtigste Region der Provinz Yunnan darstellt. Der Hauptfundort liegt bei der Stadt Jinning südwestlich des 300 Quadratkilometer großen Dian-Sees.

Dinghuzhen Die 80 000 Einwohner zählende Stadt Dinghuzhen westlich des Tai Sees im Kreis Yixing der Provinz Jiangsu ist eine der berühmten Keramik- und Porzellanstädte Chinas und kann gewissermaßen als jüngere Schwester des berühmten Jingdezhen in der Provinz Jiangxi gelten. Die Herstellung von Keramik lässt sich in dieser Gegend bis in die Jungsteinzeit zurückverfolgen. Heute ist mehr als die Hälfte der Bewohner in Dinghuzhen in der Keramik- und Porzellanproduktion beschäftigt. An der sieben Kilometer langen

Hauptstraße reiht sich Geschäft an Geschäft, die alle ihre Erzeugnisse anbieten. Bereits im 17. Jahrhundert gelangte jedoch schon die berühmte Zisha-Keramik aus dieser Stadt nach Europa, heute gehen Bestellungen aus aller Herren Länder in dieser Stadt des »weißen Goldes« ein.

Dinosaurier-Museum Seit 1986 besitzt China in Zigong, Provinz Sichuan, ein Dinosaurier-Museum mit den Fosslilien acht verschiedener Spezies von mehr als 100 Dinosauriern, alle mehr als 160 Millionen Jahre alt. Die ersten Funde wurde 1972 gemacht, groß angelegte Grabungen folgten dann 1979 und in den Folgejahren. In der Ausstellungshalle sind die vollständigen Skelette von sechs Exemplaren zu sehen, daneben versteinerte Fußabdrücke von drei-, vier- und sechszehigen Tieren sowohl von Fleisch- als auch von Pflanzenfressern. Der kleinste Dinosaurier im Museum ist 1,4 Meter lang, der schwerste von ihnen wog einst 40 Tonnen, war 20 Meter lang und 10 Meter hoch. Zigong liegt im Sichuan-Becken, in dem vor mehr als 190 Millionen Jahren ideale Lebensbedingungen für Dinosaurier bestanden haben.

Dong Lin Si Das Kloster des Ostwaldes (Dong Lin Si) liegt am Fuß des Lu Shan, jenes 250 Quadratkilometer umfassenden Gebirgszuges, der seit Jahrhunderten als eine der landschaftlich reizvollsten Regionen Chinas gilt. Der Lu Shan liegt in der Provinz Jiangxi und steigt bis zu 1474 Meter an. Das Kloster wurde bereits in der Östlichen Jin-Dynastie im Jahr 381 gegründet. Die Besonderheit des Ostwaldklosters liegt darin, dass der Gründer, Abt Huiyuan (334–417), für die Entwicklung des chinesischen Buddhismus eine wichtige Rolle spielte, indem er die »Schule des Reinen Landes« ins Leben rief. Das Kloster blieb mit seinen vielen Gebäuden relativ gut erhalten, vor allem die aus der Qing-Zeit stammende Haupthalle mit der Figur von Sakyamuni und den Bodhisattvas zu seiner Seite.

Dong-Nationalität Mit rund 1,5 Millionen Angehörigen gehört die Dong-Nationalität zu den größeren Minderheiten in China. Verschiedene Kreise in den Provinzen Guizhou, Hunan und Guangxi sind die angestammte Heimat der Dong, die in dem gemäßigten Klima vor allem Landwirtschaft betreiben. Man nennt die Dong-Gebiete auch »Meer der Spitztannen«, weil auf den Berghängen vornehmlich Spießtannen wachsen. Kiefern, Tungölbäume, Lackbäume und Ölkamelien finden sich jedoch ebenso in großer Anzahl. Die Dong-Sprache gehört zum Dong-Shui-Sprachzweig der Zhuang-Dong Sprachgruppe in der sinotibetischen Sprachfamilie. Im Jahr 1958 wurde eine eigene Schrift der Dong auf der Grundlage der lateinischen Buchstaben entwickelt. Bekannt sind die Dong für ihre mehrstöckigen Häuser und ihre hohen, viereckigen Trommeltürme sowie für ihre Bambusbrücken. Bei den Dong verbindet sich ein archaischer Götter- und Geisterglaube mit einem ausgedehnten Ahnenkult. Durch den Bau von Kraftwerken konnten viele kleine und mittlere Betriebe inzwischen eröffnet werden und die meisten Dong-Dörfer sind inzwischen an die Stromversorgung angeschlossen worden.

Dongxiang Die nationale Minderheit der Dongxiang mit rund 300 000 Angehörigen lebt vornehmlich in der Provinz Gansu, in kleineren Gruppen jedoch auch im Uigurischen Autonomen Gebiet Xinjiang (Singkiang) und im Autonomen Gebiet der Hui-Nationalität Ningxia. Die Dongxiang sind Mohammedaner, ihre Sprache ist dem Mongolischen verwandt und gehört zu den mongolischen Gruppen der altaischen Sprachfamilie. Die Dongxiang sind Nachkommen mongolischer Grenzsoldaten, deren Wehrdienst mit der Urbarmachung des Landes gekoppelt war. Lebensgrundlage ist die Landwirtschaft. Die meisten Dongxiang sind zweisprachig und bedienen sich vielfach des Chinesischen.

Dong Yue Miao Als größter Daoistentempel Nordchinas galt bis 1949 der Dong Yue Miao in der Pekinger Chao Wai Da Jie, der mit 376 Räumen auch als Großkloster gelten konnte. Nachdem er fast ein halbes Jahrhundert als Polizeibüro gedient hatte, wurde er 1999 nach sorgfältiger Restaurierung wiedereröffnet. Erbaut in der Yuan-Dynastie 1319 und mehrfach erweitert, richteten die japanischen Okkupanten im Zweiten Weltkrieg in dem Tempel eine Kaserne ein. Viele von den zahlreichen Kunstschätzen des Tempels gingen damals verloren, erhalten geblieben sind erfreulicherweise die vielen Darstellungen von daoistischen Gottheiten sowie die Verbildlichungen der daoistischen Höllenrichter und Höllenstrafen.

Dong Zhongshu Konfuzianischer Gelehrter (176–104 v. Chr.), auf dessen Vorschlag die erste Staatsuniversität zur Ausbildung von Beamtennachwuchs im Jahre 140 v. Chr. gegründet wurde.

Dorgon Der vierzehnte Sohn von Nurhaci aus dem Stamme

der Jürchen (Dschurdschen), die später die Qing-Dynastie gründeten und den Sammelnamen Mandschuren annahmen, war Prinz Dorgon (1612–1650), der mit seinen Truppen 1638 in China einfiel und die wichtigsten Provinzen des Reiches eroberte. Obwohl der neunte Sohn von Abohai dann 1644 zum Kaiser von China ausgerufen wurde, herrschte Dorgon in Peking bis 1650 als allmächtiger Regent.

Drache Uraltes Symbol für Gedeihen und Wohlergehen, für Macht und Glück. Sinnbild des Kaisers und des chinesischen Staates, vielfach auf Flaggen, bis 1911 auch auf Briefmarken dargestellt. In China millionenfach in der Kunst als Motiv verwandt, auch in ganz Fernost als Emblem positiver Kräfte bekannt.

Drei Dynastien Der in China feststehende Ausdruck »Drei Dynastien« bezieht sich in der traditionellen Geschichtsschreibung stets auf die ersten drei, auf die halblegendäre Xia-Dynastie (1. Hälfte des 2. Jahrtausends v. Chr.), auf die Shang-Dynastie (16.–11. Jh. v. Chr.) und auf die Zhou-Dynastie (11. Jh.–256 v. Chr.).

Drei Eiserne Die soziale Sicherheit der Arbeiter und Angestellten im Staate Mao Zedongs gründete sich bis zur Zeit der Sozialistischen Marktwirtschaft auf die sog. Drei Eisernen: a) Eiserner Lohn, dessen Höhe sich nicht an der erbrachten Leistung, sondern an der Dauer der Betriebszugehörigkeit orientiert, b) Eiserne Reisschüssel, d. h. voller Lohn auch dann, wenn der Betrieb defizitär ist, c) Eiserner Sessel, d. h. in der Regel ist der Arbeitsplatz unkündbar.

Drei Erhabene Die drei Erhabenen (san huang) sind mythische Gestalten, die in der chinesischen Tradition stets in einer Dreierreihe genannt werden und als die ältesten Herrscher und Kulturbringer angesehen werden. Allerdings sind einzelne dieser Heroen im Laufe der Jahrhunderte mehrfach ausgewechselt worden. Folgende Reihen kommen vor: Fuxi, Nu Gua, Shennong – oder Fuxi, Shennong und Zhurong – oder Fuxi, Shennong und Huangdi. Die Dreiergruppierung ist aus der chinesischen Zahlenmystik erklärbar.

Dreigestirn des Altertums Aus der Reihe der fünf bzw. sechs Urkaiser der Chinesen, beginnend mit Huangdi, ragt als glänzendes Dreigestirn des hohen Altertums in der Gründungssage des chinesischen Staates hervor: der große Yao, der bereits das Beamtentum einführt, der unermüdliche Shun, der bereits die Flüsse reguliert und Besichtigungsreisen in sein Reich unternimmt und schließlich der kluge Yu, der für die Residenz des Himmelssohnes bereits ein kaiserliches Eigengebiet bestimmt, um das sich die Gebiete der Lehensfürsten gruppieren. In der Abfolge dieser drei kaiserlichen Kulturheroen ist bereits ein klarer Fortschritt im Ausbau kultureller und administrativer Einrichtungen erkennbar, aber auch schon eindeutig eine Stärkung der Zentralgewalt abzulesen.

Drei Mächte Der chinesische Begriff «Drei Mächte« (san cai) meint stets die drei Begriffe Himmel, Erde und Mensch und meint damit das Verflochtensein dieser drei Wesenheiten.

Drei Reiche Die glanzvolle Han-Dynastie nahm im Jahre 220 n. Chr. ein unrühmliches Ende, als Kaiser Lin Xi wegen Verrat, Aufstanden und Intrigen zur Abdankung gezwungen wurde. China zerfiel in drei sich bekämpfende Reiche. Im Norden etablierte sich das Reich Wei mit den beiden Hauptstätten Luoyang und Chang'an und seinem ersten Kaiser Wei Wendi (220–226), im Südosten entstand das Reich Shu, auch Shu Han genannt, mit der Hauptstadt Chengdu. In diesem Reich konnte sich der in der Literatur so gefeierte Kriegsheld Liu Bei zum Herrscher machen und als Shu Han Xuande den Thron besteigen. Im Südosten reichte der Staat Wu bis weit hinunter ins heutige Vietnam, die Hauptstadt jedoch lag oben beim heutigen Nanking und trug den Namen Jiankang. Bereits im Jahre 264 annektierte Wei jedoch schon den Staat Shu und im Jahre 280 auch den flächengroßen Staat Wu. Damit war – für kurze Zeit – das Reich wieder geeint. Der damals einflussreichste Clan riss die Macht an sich und rief eine neue Dynastie aus, die in die Geschichte als Westliche Jin-Dynastie (275–317) eingehen sollte.

Drei-Schluchten-Projekt Nach dem Bau der Großen Mauer und dem Ausheben des Kaiserkanals stellt das sog. Drei-Schluchten-Projekt am Jangtse sicherlich das größte Bauvorhaben mindestens in der Neuzeit – in China dar. Der Jangtse-Fluss soll im Bereich der Drei Schluchten aufgestaut werden, damit die Hochwassergefahr beseitigt, die Verbesserung der Schifffahrt ermöglicht, die Bewässerung trockener Landstriche garantiert und eine jährliche Stromproduktion von 85 Milliarden Kilowattstunden erreicht werden kann. Durch einen 185 Meter hohen und 2000 Meter breiten Damm werden die Wasser des riesigen Stromes zu einem See von 600 Kilometern Länge aufgestaut. Viele hundert Dörfer, Weiler und Städte werden in den Wassern verschwinden und weit mehr als eine Million Menschen werden umgesiedelt. Das umstrittene Projekt soll bis zum Jahr 2010 fertiggestellt sein. Der 6300 Kilometer lange Jangtse (Changjiang) durchbricht zwischen Fengjie und Yiehang das Wushan-Gebirge und hat auf diese Weise im Laufe der Jahrtausende das großartige Naturwunder der »Drei Schluchten« geschaffen, die Qutang-Schlucht im Westen, die Wuxia-Schlucht in der Mitte und die Xiling-Schlucht im Osten, auf einer Strecke von insgesamt 193 Kilometern. Nach Fertigstellung des Dammes im Juni 2003 werden auf einer Länge von 600 Kilometern die Wasser westlich davon ansteigen und alles überschwemmen, was 135 Meter über dem Meeresspiegel liegt. Im Jahre 2009 sollen Seeschiffe bis zu 10 000 Tonnen die Stadt Chongqing (Tschungking) im Innersten Südwestchina ohne Mühe erreichen können, denn sie werden einen tiefen Stausee befahren und jene 600 Kilometer ohne Gefahren hinter sich bringen können, die auf der Strecke von Shanghai bis Chongqing mit ihren 2500 Kilometern stets als die gefährlichsten galten. In diesem Bereich liegen die berühmten Drei Schluchten, die von allen Schiffskapitänen zu allen Zeiten gefürchtet waren. Fährt man von Chongqing flussabwärts, so hat man zuerst die acht Kilometer lange Qutang-Schlucht vor sich, sie ist die aufregendste von allen dreien, denn links und rechts geht es an 1000 Meter hohen Steinwänden vorbei. Die 46 Kilometer lange Wu-Schlucht gilt dagegen als die schönste, denn man fährt in dieser »Hexenschlucht« zwischen 12 markanten Berggipfeln hindurch. Im Osten schließt sich dann noch die 76 Kilometer lange Xiling-Schlucht an, die als Tor zur Hölle galt, bis man 1950 und danach die übelsten Felsvorsprünge im Flussbett wegsprengte. Diese grandioseste Flusslandschaft der Erde wird nunmehr für immer in den Fluten des Stausees versinken, denn der größte Staudamm der Welt hält seit 2003 die lehmigen Wasser zurück: ein 2335 Meter langer und 185 Meter hoher Damm wird den Fluten den Weg nach Osten versperren. Zuerst sollen die Wassermassen nur auf 135 Meter ansteigen, dann wird der Damm aber ab 2009 seine endgültige Höhe erreichen. Endgültig versinken im Wasser 13 Großstädte, 140 kleinere Städte, 1352

Dörfer, 657 Fabriken und 1200 historische Städte. Einzelne Städte sind halbbetroffen wie Wanxian. 200 000 Bewohner von 400 000 in dieser Stadt müssen umziehen. Insgesamt werden 1,3 Millionen Menschen ihre bisherige Bleibe verlieren, müssen in höher gelegene Retortenstädte umgesiedelt werden oder müssen in anderen Landesteilen unterkommen. Vor allem die Bauern verlieren ihr Ackerland, alle bisherigen Dorfgemeinschaften werden ausgelöscht. Die Warnungen wegen eines späteren Dammbruchs verstummen zwar ebenso wenig wie die Klagen über die ökologischen Schäden, aber die Regierung weist unermüdlich auf die Vorteile des Superdammes hin. Die verheerenden Überschwemmungen der Vergangenheit werden sich nicht wiederholen, und die Turbinen im Drei-Schluchten-Damm werden so viel Strom liefern wie 26 Kohlekraftwerke zusammen. Etwa 40 Kilometer östlich des Drei-Schluchten-Dammes erhebt sich bei der Stadt Yichang dann nochmals ein Damm mit einer Länge von 2561 Metern, der den Strom vollkommen sperrt. Vor dem ankommenden Schiff erhebt sich eine Staumauer von 70 Metern über Grund, fertig gestellt bereits 1986; es ist dies der Gezhouba-Staudamm, gewissermaßen der Vorgänger des Drei-Schluchten-Projekts. Er diente schon damals als Wasserregulierungs-Großwerk mit drei Schleusen für Schiffe bis zu 10 000 Tonnen, die den Höhenunterschied binnen 15 Minuten überwinden konnten. Die 21 Turbinen von Gezhouba erzeugen mehr als 2700 Megawatt. Für einen Ausbau zum »Riesendamm« war Gezhouba jedoch nicht geeignet, dies war allein dem Drei-Schluchten-Projekt vorbehalten.

Drei-Selbst-Bewegung Die nach 1978 wieder gewährte Religionsfreiheit in China ist gekoppelt an eine klare Abwehr aller fremdländischen Einflüsse auf chinesische Gläubige gleich welcher Religion oder Konfession. Weisungen ausländischer kirchlicher Autoritäten an chinesische Kirchengemeinden sind strikt untersagt. Der Aufbau von Kirchen in China mit ausschließlich chinesischer Identität wird vor allem durch die sog. »Drei-Selbst-Bewegung« gewährleistet, die an drei Prinzipien unbeirrbar festhält: Selbstverwaltung, Selbstunterhaltung und Selbstverbreitung. In der Praxis bedeutet dies, dass jegliche ausländische Einflussnahme organisatorischer, finanzieller und missionarischer Art untersagt ist.

Dreizehn Klassiker Sammlung der kanonischen Schriften des Konfuzianismus, wozu die ursprünglichen Fünf Klassiker, die sog. Vier Bücher und noch vier weitere Schriften gehören.

Drepung Das Kloster Drepung (Zhebang si), acht Kilometer westlich von Lhasa gelegen, war bis zum Bau des Potala Sitz des Dalai-Lama und entwickelte sich im Laufe der Jahrhunderte zum reichsten Kloster Tibets, das in seiner Glanzzeit bis zu 7000 Mönche beherbergte. Erbaut 1416 von einem Schüler des berühmten Tsongkhapa, war Drepung stets ein Pfeiler des theokratischen Staates gemeinsam mit Ganden und Sera. Drepung hatte zwar unter den Roten Garden in der Kulturrevolution stark zu leiden und war praktisch entvölkert. Inzwischen leben in Drepung wieder etwa 300 Mönche. Da diese Klosterstadt ihre Kunstschätze jedoch weitgehend erhalten konnte, ist sie heute wieder Ziel zahlloser Pilger. Der wohl größte Schatz Drepungs ist die Ausgabe des mit goldener Tinte geschriebenen Kanjur, der 108 Bände umfassenden Lehre Buddhas in der Tara-Kapelle. 1577 wurde dem damaligen Abt des Klosters, dem gelehrten Sonam Gyatso, von dem Mongolenherrscher Altan Khan der Titel »Dalai-Lama« verliehen. Im Gedenken an seine Vorgänger übertrug jedoch Sonam Gyatso posthum diesen Titel auf die beiden vor ihm lebenden Äbte und nannte diese den 1. und 2. Dalai-Lama. Der 5. Dalai-Lama, Losang Gyatso, wurde dann vom Qing-Kaiser als geistliches und weltliches Oberhaupt Tibets bestätigt.

Dritte Reichsteilung Zwischen den beiden Dynastien Tang und Song hatte China unter einer dritten Reichsteilung zu leiden, die etwas mehr als ein halbes Jahrhundert von 907–960 andauerte. Im Nordosten drangen die Khitan ins Reich ein und gründeten die Liao-Dynastie, gleichzeitig jedoch entstanden im Norden noch fünf andere Staaten, die unter dem Namen »Fünf Dynastien« bekannt sind. Im Süden des Reiches entfalteten sich dagegen die »Zehn Königreiche«, deren letzte Bastionen von den Song-Kaisern erst 979 endgültig beseitigt werden konnten.

Drung-Nationalität Mit knapp 5000 Angehörigen ist die nationale Minderheit der Drung zu den kleinsten Nationalitäten in der VR China zu rechnen. Die Heimat der Drung ist das Talgebiet des Drungjiang im Nordwesten der Provinz Yunnan. Am östlichen Ufer dieses Flusses erhebt sich das Gaoling-Gebirge mit einer Höhe von über 5000 Metern und am westlichen Ufer zieht sich das Dandamlika-Gebirge hin, das auch etwa 4000 Meter über dem Meeresspiegel liegt. Da der Sommermonsun aus dem Indischen Ozean viel Niederschläge bringt, sind die Gebirge mit dichten Urwäldern bedeckt. Im Talgebiet ernten die Drung Reis, Mais, Kartoffeln und Bohnen. Die Drung-Gebiete gehören schon seit alters zu China. In der Tang- und Song-Dynastie wurden sie von den Regimen Nanshao und Dali verwaltet, die ihrerseits Vasallen des Kaiserreiches waren, in den Dynastien Yuan, Ming und Qing war die Herrschaft über die Drung den Stammeshäuptlingen der Naxi übertragen worden. Die Drung-Sprache gehört zur tibeto-birmanischen Sprachgruppe der sinotibetischen Sprachfamilie. Eine eigene Schrift existiert nicht. Die Religion ist der Animismus. In dem 150 Kilometer langen Tal, in dem die Drung leben, kann in dem schluchtenreichen Gelände der Verkehr nur über Bergpfade und Hängebrücken abgewickelt werden.

Dschingis Khan Dschingis Khan (1167–1227), Begründer des mongolischen Weltreichs, wurde als Sohn eines kleinen Stammesfürsten, der unter der Oberhoheit der türkischen Keräit stand, am Onon geboren. Bereits in jungen Jahren setzte er sich an die Spitze seines Stammes und konnte bald auch die Herrschaft über andere mongolische und türkische Stämme erringen. Gegen 1203 schüttelte er die Dominanz der türkischen Keräit ab und wurde zum Herrscher der gesamten Mongolei. Obwohl sein eigentlicher Name Temudschin war, erhielt er 1206 dann den Titel Dschingis Khan, d. h. Oberster Fürst. In rascher Folge unterwarf er bis 1211 die Uiguren, Tanguten und Karluken und brachte 1215 Peking und Teile Nordchinas in seine Gewalt. 1219 fiel Korea an die Mongolen. Dschingis Khan wandte sich dann nach Westen und brachte das Reich der Choresmier in Persien zum Einsturz und ließ seine Heere bis in die südliche Ukraine vorstoßen. Da Dschingis Khan selbst unerwartet bereits 1227 starb, setzten erst seine Nachfolger die Eroberung Chinas fort. 1234 stürzten sie das Reich der Jin, das damals noch weite Teile Nordchinas beherrschte, und setzten dann zum Sturm auf die Südliche Song-Dynastie an. Die Eroberung von Gesamtchina vollendete dann 1279 der Enkel von Dschingis Khan, Khubilai Khan, der die Yuan-Dynastie (1279–1368) begründete. Dschingis Khan ist an einem unbekannten Ort in der heutigen Inneren Mongolei begraben. So wenigstens sagt es die Legende und berichten die Wächter eines Gedenk-Mausoleums, das in der Mongolensteppe errichtet wurde. Die Suche nach der wirklichen Begräbnisstätte blieb bisher erfolglos.

Dschingis-Khan-Mausoleum Das Grab des 1227 während eines Feldzugs in Ningxia gestorbenen Dschingis Khan wurde nie gefunden. Nach mongolischer Sitte wurde sein Leichnam in die Steppe gebracht und an einem unbekannten Ort begraben. Man errichtete dem Mongolenherrscher jedoch als symbolisches Grab ein kaiserliches Mausoleum auf dem Altay, das später jedoch auf die Ordos-Hochebene verlegt wurde. Der Schein-Sarkophag wurde in der Folgezeit noch mehrfach verlegt, bis 1954 befand er sich nachweislich im Kloster Kumbum in der Provinz Qinghai. Mit Rücksicht auf die Mongolen ließ die Regierung der Volksrepublik China den Sarkophag in den Banner Ejin Horo auf der Ordos-Hochebene im Westen der Inneren Mongolei transportieren und errichtete über ihm ein eindrucksvolles Mausoleum. Dieses große Gebäude ist im traditionellen mongolischen Stil gehalten und gliedert sich in drei jurtenförmige Bauten, die durch lange Korridore miteinander verbunden sind. Gedeckt sind die prächtigen Dächer mit gelben und blauen Ziegeln. In der Haupthalle ist eine riesige Figur des Dschingis Khan zu sehen und an den Wänden finden sich Darstellungen aus seinem Leben.

Dsungarenreich Die Dsungarei ist eine innerasiatische Landschaft im Nordwesten der heutigen Provinz Sinkiang und stellt eine tektonische Senke zwischen dem Mongolischen Altai und dem östlichen Tienshan dar, geht im Osten in die Gobi über und wird im Westen vom Dsungarischen Bergland begrenzt. Vorherrschend sind Sandwüsten und Salzsteppen, im Süden zieht sich eine Oasenreihe am Gebirgsrand entlang, wozu auch die Städte Urumtschi und Kuldscha gehören. Die Dsungarei war in der Geschichte ein viel umkämpftes Durchgangsland, von dem aus mehrfach Hunnen und Uiguren zu Kriegszügen aufbrachen. Nach dieser Landschaft benannte man im 17. und 18. Jahrhundert ein Volk, das aus der Vereinigung westmongolischer Nomadenstämme entstanden war und als kriegerische Dsungaren ein großes Reich in Innerasien begründet haben. Unter ihrem Führer

Galdan-Khan eroberten sie 1678/79 ganz, Ostturkestan und 1690 auch die westliche Mongolei. Erst sechs Jahre später konnten chinesische Truppen sie wieder aus der Westmongolei vertreiben. Das Vordringen der Dsungaren nach Ostturkestan war aber vor allem der Grund für ein siebzig Jahre währendes Ringen zwischen China und dem Dsungarenreich, das in zahlreichen Schlachten äußerst erbittert ausgefochten wurde, zumal die Dsungaren zwischen 1717 und 1720 auch ganz Tibet ihrem Herrschaftsbereich einverleibt hatten. Das Vordringen der Dsungaren nach Tibet wurde durch die Übernahme des Buddhismus durch die mongolischen Führungsschichten sehr erleichtert. Das Stammgebiet der Dsungaren war das Gebiet am Ili-Fluss. Erst 1754 konnte China auch dieses Gebiet wieder unter seine Kontrolle bringen. Der chinesische General Zhaohui, der die Strafexpedition anführte, ging so grausam gegen die Dsungaren vor, dass sie als geschlossenes Volk unter einer einheitlichen Führung nicht überlebten. Die Hauptmasse der früher von den Dsungaren unterworfenen Einwohner dieses Steppen- und Oasengebiets bestand ohnehin aus muslimischen Uiguren und Kasachen, Kirgisen und turkstämmigen Nomaden allgemein, sodass die Chinesen ihre Militärverwaltung nunmehr auf muslimische Untertanen einzustellen hatten. Unvergessen in Zentralasien ist auch der Auszug einer großen Schar von Westmongolen zwischen 1618 und 1632 aus der Dsungarei an die untere Wolga. Um den russischen Auflagen zu entgehen, wanderte ein großer Teil auf Einladung des chinesischen Kaisers wieder in ihre alte Heimat zurück. Dieser Exodus von 300 000 Kalmücken, wie man sie in Russland genannt hatte, geriet zur Katastrophe: Kaum ein Drittel der Heimkehrenden kamen an. Man siedelte sie wieder in der Dsungarei an, ein Teil von ihnen blieb bis heute der nomadischen Lebensweise treu.

Duanzong Duanzong (1276–1278), vorletzter Kaiser der Südlichen Song-Dynastie, war der Sohn des Kaisers Duzong und dessen Konkubine Yang. Mit seinem Bruder Bing Di war der siebenjährige Knabe vor dem Einmarsch der Mongolen in Hangzhou nach Südchina in Sicherheit gebracht worden, woselbst er dann von ebenfalls Geflüchteten zum Kaiser ausgerufen wurde. Als die Mongolen jedoch bis nach Kanton durchstießen versuchten kaisertreue Seeleute mit einem Boot die beiden Kaisersöhne zu retten, gerieten aber in einen Hurrikan und das Boot sank. Der Kindkaiser Duanzong wurde zwar an Land gerettet, starb jedoch kurz danach. Daraufhin riefen die Kaisertreuen den sechsjährigen Bing Di (1279) zum Herrscher aus – er war der letzte der Südlichen Song-Dynastie, seine Herrschaft und sein Leben endeten tragisch.

Dunhuang Im äußersten Nordwesten der Provinz Gansu liegt auf 1100 Metern Höhe die Wüstenstadt Dunhuang (100 000 Einwohner), die früher als Karawanenstützpunkt an der Seidenstraße so wichtig war, weil sich hier der Reisende zu entscheiden hatte, ob er bei seinem Zug nach Westen die Nordroute oder die Südroute wählen sollte, die am Rande der Todeswüste Takla Makan ihn bis nach Kaschgar bringen konnte. In Dunhuang trafen sich Kaufleute, Mönche, Gelehrte und Künstler, denn nur 25 Kilometer südöstlich der Stadt liegen die weltberühmten Mogao-Höhlen, die inzwischen von der UNESCO als Weltkulturerbe anerkannt wurden. In einer langen Felsenklippe, die einst über 1000 Höhlen umfasste, sind heute noch 492 erhalten und bieten das größte Bilderbuch buddhistischer Kunst, das auf Erden zu finden ist. In der Zeit von 336 n. Chr. bis zum 12. Jh. wurden in diesen Höhlen auf 4500 Quadratmetern Wandfläche Malereien angebracht, die das gesamte Leben Buddhas und alle Visionen buddhistischer Glaubenswelten in hervorragend erhaltenen Farben schildern und auch vom Leben an der Seidenstraße in vielen Szenen erzählen. Daneben finden sich mehr als 2000 bemalte Stein- und Holzfiguren in dieser ursprünglich zu etlichen Klöstern gehörenden Riesenschatzkammer Chinas. Viele Höhlen dürften Votivkapellen gewesen sein, gestiftet von Kaufleuten, die vor Antritt der stets gefahrvollen Reise damit für eine glückliche Wiederkehr sorgen wollten oder nach Rückkehr ihren Dank auf diese Weise bezeugen wollten. In den Farbsymphonien dieser Fresken kann die Ablösung des indischen Vorbildes durch chinesische Stilelemente genauestens studiert werden. Die Tausend-Buddha-Grotten, wie man die Mogao-Höhlen auch nennt, liegen am Rande einer kleinen Oase und boten lange Jahrhunderte auch gelehrten Mönchen Schutz und Möglichkeiten zu Meditation und Studium. In den kriegerischen Wirren des 12. Jahrhunderts schienen die Höhlen verlassen worden zu sein, denn in dieser Zeit brechen die Malereien ab.

Erst um 1900 entdeckte ein fremder Mönch die von Sand teilweise zugewehten Höhlen wieder und fand darin auch eine kostbare Bibliothek, für die sich jedoch damals die chinesischen Behörden nicht interessierten. Erst als Forscher, Archäologen und Kunsthistoriker aus England, Frankreich, Russland und Japan, auch aus Deutschland auf die Funde aufmerksam geworden waren und Teile der Bibliothek schon ins Ausland verbracht hatten, wurde auch der chinesische Staat endlich aufmerksam und konnte einen beachtlichen Bestand noch nach Peking verbringen. In der Zeit der Warlords, der Bürgerkriege und des Zweiten Weltkriegs geriet Dunhuang wieder in Vergessenheit, erst nach 1949 setzte dann echte Konservierungsarbeit und Forschung ein, sodass heute dieser einmalige Schatz buddhistischer Kunst nicht nur gepflegt und erforscht sondern auch der Weltöffentlichkeit zugänglich gemacht werden kann.

Duzong Duzong (1265–1274) war der letzte wirklich regierende Kaiser der Südlichen Song-Dynastie, der, physisch schwach und politisch unerfahren, die Regierungsgeschäfte seinen Ministern überließ. Während seiner Regierungszeit rüsteten die Mongolen zum Großangriff auf das Song-Reich und nahmen bereits die strategisch wichtige Stadt Xianyang ein, die bisher den Chinesen weiter nördlich noch verblieben war. Nach dem plötzlichen Tod von Duzong im Jahre 1274 waren der einst so stolzen Dynastie nur noch fünf Jahre Dauer vergönnt, in denen drei Kindkaiser den Thron innehatten, der in Wirklichkeit schon verloren war.

Dynastischer Zyklus Geschichtsphilosophische Theorie, nach der eine Dynastie keimt, wächst, blüht, Früchte trägt und wieder verwelkt. Nach dieser Auffassung ist der Niedergang und der Sturz einer Dynastie geradezu naturgesetzlich vorprogrammiert. Diese Lehre entwickelte sich in China nach dem Fall der Han-Dynastie. Mit der Wirklichkeit stimmt diese Theorie jedoch nicht überein, da eine Reihe chinesischer Dynastien nicht auf Grund innerer Schwäche allein sondern durch feindliche Invasion zu Fall kamen.

E

Einigung und Teilung des Reichs 221 v. Chr. Erste Reichseinigung (Qin-Dynastie), 221 n. Chr. Erste Reichsteilung (Drei Reiche), 265 n. Chr. Zweite Reichseinigung (Jin-Dynastie), 419 n. Chr. Zweite Reichsteilung (Süd und Nord), 589 n. Chr. Dritte Reichseinigung (Sui-Dynastie), 907 n. Chr. Dritte Reichsteilung (Fünf Dynastien), 960 n. Chr. Vierte Reichseinigung (Song-Dynastie).

Eisen Eisen ist in China seit dem 6. Jh. v. Chr. bekannt, fand jedoch erst seit dem 4. Jh. v. Chr. allgemeine Verwendung. Die Landwirtschaft nahm durch den Einsatz eiserner Pflugscharen, Hacken, Spaten und Äxten einen gewaltigen Aufschwung und das Handwerk profitierte durch die Verwendung von Meißeln und Eisenhämmern. In der Qin-Dynastie (221–207 v. Chr.) wurde eine staatliche Aufsicht über die Eisenverarbeitung ausgeübt und ab dem Jahre 119 v. Chr. kontrollierte und lenkte der Staat unter Kaiser Wudi in der Han-Dynastie die gesamte Eisenproduktion durch Errichtung eines Staatsmonopols.

Eisenpagode Die eiserne Pagode (Tie Ta) von Kaifeng ist das Wahrzeichen der Stadt und ist mit ihren 54,6 Metern Höhe weithin sichtbar. Gebaut in der Nördlichen Song-Dynastie im Jahre 1049 verdankt sie ihren Namen den Eisenglasur-Ziegeln in rostbrauner Farbe, die über und über mit Figuren verziert sind. Bei der Wiederherstellung dieses Ziegelturms wurden Ersatzmaterialien abgelehnt. Das neu erwachte Geschichtsbewusstsein der Chinesen bewirkte, dass die Reliefs in Pflaster-Hohlform kopiert und Nachbildungen der Tang-Ziegel gebrannt wurden. Die Pagode selbst ist ganz im Tang-Stil gebaut und stellt das einzige weithin sichtbare Monument einer ehemaligen großen Klosteranlage dar.

Emeishan Rund 160 Kilometer südwestlich von Chengdu erhebt sich der 3099 Meter hohe Emeishan, einer der vier heiligen Berge der chinesischen Buddhisten, der Pu Xian (Samantabhadra) geweiht ist, dem früheren Schüler Buddhas, der nun als Bodhisattva allen Hilfesuchenden tröstend entgegenkommt. Auf diesem weitläufigen, von herrlichen Wäldern bedeckten Bergmassiv waren ursprünglich etwa 200 Klöster anzutreffen, größere und kleinere Konvente, vielfach architektonische Wunderwerke, einfühlsam in die Umwelt eingefügt, oftmals kleine Schatzkammern, voll von Figuren, Fresken Altären, Manuskripten, Musikinstrumenten und Ritualgefäßen. Rund 20 Klöster sind nur noch erhalten. Als Beispiel dafür, welche Schätze in der Kulturrevolution vernichtet wurden, soll jene Bronzepagode dienen, die im Baoguo-Kloster erhalten blieb; sie entstand in der Ming-Zeit und zeigt auf sechs Meter Höhe 4700 Figuren zur Geschichte Buddhas, alle von Künstlerhand geformt und an einem Stück an den Wänden gegossen.

Epos von König Gesar Das längste Epos der Welt ist das tibetische Epos von König Gesar, das mit 20 Millionen Zeilen und 100 Millionen Schriftzeichen weit länger ist als Ilias und Odyssee, Mahabharata und Ramayana. Jahrhundertelang nur mündlich von Sängern tradiert, wurde es erst nach der Kulturrevolution vollständig aufgezeichnet. Das Epos geht zurück auf den legendären Helden Gesar, der um das Jahr 1000 n. Chr. im Axu-Grasland des Kreises Derge in der Präfektur Garze, Provinz Sichuan, geboren sein soll. Das Epos ist bei den Tibetern und Mongolen ebenso verbreitet wie bei den nationalen Minderheiten der Tu, Naxi und Yugur. Alle Jahrhunderte haben an dem riesigen Erzählwerk mitgewoben, und es wurde in tagelangen Rezitationen von Generation zu Generation weitergereicht. Götterwelt und Menschenwelt gehen in diesem Epos ineinander über. Da aber der Alltag der Tibeter in den vergangenen Jahrhunderten, ihre Sitten, Gebräuche und Anschauungen genauestens geschildert werden, ist »König Gesar« eine unverzichtbare Quelle für die tibetische Geistes- und Sozialgeschichte. Bereits 1790 veranlasste der Stammesfürst Ling Cong den Bau eines Tempels für König Gesar an dessen vermeintlichem Geburtsplatz im Grasland von Axu. Gesar ist der wichtigste Heros des alten Tibet, der in seinem Leben unzählige Heldentaten vollbringt und Feinde und Dämonen das Fürchten lehrt. In der Halle des Tempels, der ihm geweiht ist, steht seine riesige Statue, hoch zu Pferd. Der Tempel wurde in den letzten Jahren völlig neu aufgebaut.

Erdaltar Ursprünglich ein Heiligtum in jeder Dorfgemeinde des alten China, auf dem zur Zeit der Aussaat und der Ernte der Erdgottheit Opfer dargebracht wurden, später mit dem Himmelsaltar und dem Ahnentempel des Herrscherhauses eines der drei Staatsheiligtümer, bei denen in feierlichen Zeremonien vom Kaiser persönlich den Gottheiten Speise- und Trankopfer dargebracht wurden. Der Kult bestand seit der Zhou-Zeit im 1. Jahrtausend v. Chr. bis 1911.

Er Shi Der Sohn des Reichsgründers Qin Shihuangdi wurde im Jahre 230 v. Chr als Prinz Hu Hai am Hofe in legalistischem Sinne erzogen, war aber ursprünglich nicht für die Thronfolge vorgesehen. Die Intrige eines einflussreichen Großkanzlers trieb jedoch den eigentlichen Thronfolger nach dem Tode des Kaisers zum Selbstmord, sodass Hu Hai als Kaiser Er Shi 210 v. Chr. den Thron besteigen konnte. Der damals Zwanzigjährige stand ganz unter dem Einfluss eines skrupellosen Eunuchen und war selbst unentschlossen und willensschwach. Als erste Amtshandlung ließ er auf Anraten des Eunuchen alle ihm gefährlich erscheinenden Rivalen in der Verwaltung und im Offizierskorps hinrichten und auch eigene Familienmitglieder töten. Die Regierungsgeschäfte überließ er weitgehend diesem Eunuchen und zog sich selbst zu einem ausschweifenden Leben in die Paläste zurück. Da dieser Eunuche namens Zhao Gao nunmehr die Steuern drastisch erhöhte und im Namen des Kaisers wie ein Großkanzler die strengen Strafgesetze noch einmal verschärfen ließ, kam es zu Aufständen im Reich. Im Jahre 208 meuterte ein armer Bauer, der von seinen Feldern weg zu Frondiensten zwangsverpflichtet wurde, und versammelte schließlich einen großen Haufen Unzufriedener und Entrechteter um sich. Dies gab das Signal zu einer allgemeinen Rebellion. Er Shi selbst wurde von seinem üblen Berater von diesen Schreckensmeldungen abgeschirmt und fühlte sich sicher. Als er endlich den Ernst der Lage erkannte und sich dann gegen den Eunuchen stellte, besetzte dieser mit seiner Leibwache den Palast und zwang den Kaiser zum Selbstmord. Die Installierung eines kaiserlichen Neffen als Herrscher von Qin durch den Eunuchen Zhao Gao endete in einer Katastrophe. Noch im gleichen Jahr,

207 v. Chr., eroberte ein aufständischer General die Hauptstadt und zündete sie an. Der eben gekrönte Herrscher wurde mit allen Angehörigen der Qin-Familie geköpft. So endete die im Jahre 221 so glanzvoll begründete Qin-Dynastie nach nur 14 Jahren in einem Chaos. Der Weg für eine neue Dynastie war frei, sie sollte den Namen Han erhalten und eine neue Ära eröffnen.

Eunuchen Eunuchen sind in China als Haremswächter seit dem 7. Jh. v. Chr. nachgewiesen. Ihr enger Kontakt zu den Herrschern sicherte ihnen bald Einflussmöglichkeiten nicht nur auf die private Lebensgestaltung von Königen und Kaisern sondern auch auf die Politik. In vielen Dynastien bekleideten sie bis 1911 oft hohe Posten, wurden als Kontrolleure und Emissäre eingesetzt und spielten oft sogar bei der Berufung der Herrscher selbst eine bedeutende Rolle. Ursprünglich kastrierte Gefangene und Sträflinge, dann jedoch vielfach Kinder aus einfachen Familie, die ihren Söhnen durch diese Operation die Möglichkeit einer Karriere eröffnen wollten. Obwohl es einzelne Beispiele höchst positiven Verhaltens und großartiger Leistungen von Eunuchen in der chinesischen Geschichte gibt, fällt das Urteil über das Eunuchentum am chinesischen Kaiserhof generell verheerend aus. Machtbesessenheit, Gewinnstreben, Egoismus, Hinterlist, Korruptheit und Intrigantentum sind die Eigenschaften, die ihnen am ehesten nachgesagt werden. Durch rücksichtsloses Ausnutzen ihrer privilegierten Stellung bei Hofe, so heißt es bei den chinesischen Historikern, rächten sie sich wegen ihres traurigen Loses bei jeder sich bietenden Gelegenheit. Die Östliche Han-Dynastie zerbrach zwar nicht allein, aber durchaus auch wegen des Eunuchenwesens, das sich metastasenartig in allen Staatsbehörden ausgebreitet hatte. Viele Eunuchen waren sehr reich und es war ihnen gestattet, Adoptivsöhne zu beerben, die selbst keine Eunuchen waren.

Ewenken Die Ewenken (auch Solonen oder Kamunikan) gehören zu den kleineren Nationalitäten innerhalb der VR China und zählen rund 20 000 Sprecher. Ihr Schicksal spiegelt einen Teil der bewegten Geschichte des nördlichen und nordöstlichen Grenzgebietes des Reiches der Mitte wider, denn sie saßen einst am Nordostrand des Baikal-Sees und leben heute weit davon entfernt in sieben Bannern der Inneren Mongolei und im Kreis Nehe der Provinz Heilongjiang. Nach der Eroberung Chinas durch die Mandschuren hatten diese die Gebiete um den Baikal-See in ihr Herrschaftsgebiet einbezogen und siedelten die Ewenken in ihre heutigen Wohngebiete um. Ziel dieser Deportation war es, Soldaten gegen die zaristischen Invasionen bei der Grenzverteidigung der Steppe Hulun Buir zu bekommen. Es galt auch, die Gebiete am Großen Hinggan-Gebirge ausreichend zu sichern. Nach dem Sieg der Mandschuren 1644 in China waren die Ewenken zu Grenzsoldaten der Qing-Dynastie geworden. Sprachlich gehören die Ewenken zum tungusischen Zweig der mandschurisch-tungusischen Sprachgruppe innerhalb der altaischen Sprachfamilie. Neben den drei Dialekten der Ewenken-Sprache wird in den Viehzuchtgebieten überwiegend Mongolisch und in den Berggebieten hauptsächlich Chinesisch gesprochen. Da keine Ewenkenschrift existiert, wird seit der Errichtung von Schulen im Siedlungsgebiet dieser Minderheit die chinesische Schrift gelehrt. Die Ewenken waren ursprünglich Jäger, Fischer und Rentierzüchter, lebten als Hirtennomaden in Jurten und betrieben auch Schaf- und Pferdezucht. Inzwischen sind sie teilweise zum Ackerbau übergegangen, vor allem haben sie sich der Viehwirtschaft zugewandt und verkaufen ihre Rinder bereits auch auf dem Weltmarkt. Ewenken-Rinder sind in ganz Südostasien gefragt. Das Autonome Banner der Ewenken-Nationalität ist jedoch nach wie vor ein wichtiger Lieferant von Wildlederarten. Die Geschichte des Länderbogens vom Baikal-See bis zu den Küsten des Japanischen Meeres spiegelt sich auch in der Religionszugehörigkeit der Ewenken. Ursprünglich hing das kleine Volk dem Schamanismus an, lernte durch die Mongolen den Lamaismus kennen, wurde durch die christlichen Missionare der Russen teilweise sogar zur Orthodoxie bekehrt und durchschritt in den Mao-Jahren die Indoktrination des Marxismus-Leninismus.

Exogamie Die in China vorhandene Abneigung, einen Ehepartner zu wählen, der denselben Familiennamen trägt, geht auf die Zeit der Chou-Periode zurück, als auf strikte Exogamie gepocht wurde, d. h. als kein Clanangehöriger ein Mädchen aus seinem Clan zur Haupt- oder Nebenfrau machen durfte. Da im Laufe der Zeit die einzelnen Clane (Adelsgemeinschaften) und die aus ihnen hervorgehenden Sippen Namen von Ortschaften oder bestimmten Amtstiteln annahmen, war bald an den

Namen die Clanzugehörigkeit ablesbar. Damit waren auch weit voneinander wohnende Clanangehörige leicht erkennbar, denn die ursprünglich lokal gebundenen Clane und Sippen waren in späterer Zeit durchaus räumlich weit zerstreut anzutreffen. Der Clan selbst war ursprünglich eine religiöse Gemeinschaft, die ihre Herkunft von einem gemeinsamen Ahnherrn ableitete – alle Angehörigen eines solchen Clans galten demnach als verwandt.

Exterritorialität Exterritorialität bedeutet allgemein und weltweit die teilweise oder vollständige Immunität des diplomatischen Personals auf dem Boden ausländischer Staaten. Im Falle von China wurde jedoch unter diesem Begriff die Unanwendbarkeit der Rechtsordnung des Gastlandes auf sämtliche Staatsangehörige ausländischer Mächte verstanden. Die ersten vertraglichen Festlegungen dieser Art finden sich im britisch-chinesischen Vertrag von Nanking (1842), die letzte Anwendung dieser Sonderrechte erfolgte 1942, erst im Januar 1943 wurde die Exterritorialität britischer und amerikanischer Staatsbürger vollständig aufgehoben. Die Begründung dieser von den ausländischen Mächten erzwungenen Rechtspraxis lag in dem Hinweis auf den »barbarischen« Strafvollzug des chinesischen Gerichtswesens. China jedoch hat bis zur Annullierung der Exterritorialität nie aufgehört, auf die Aufhebung zu drängen, da ein solches Verfahren für einen souveränen Staat unannehmbar sei, zumal Chinesen im Ausland solche Vorzugsrechte verweigert würden. Aus einer Position der Stärke heraus dehnten die ausländischen Mächte ihre rechtliche Sonderstellung jedoch weiterhin aus. So waren beispielsweise die Konsulargerichte der Ausländer auch in den Fällen zuständig, wenn Chinesen gegen Ausländer klagten. Die bevorzugte Behandlung einheimischer Christen gegenüber chinesischen Nichtchristen kam ebenfalls dadurch zum Ausdruck, dass Missionare die Behandlung von Rechtsfällen für ihre Schützlinge vor den Konsulargerichten erzwingen konnten. Andererseits konnten von Chinesen für viel Geld Pässe kleinerer europäischer Staaten erworben werden, sodass sie als Ausländer dem chinesischen Justizwesen entzogen waren. Als erster ausländischer Staat verzichtete Deutschland 1921 vollständig auf die Exterritorialität seiner Staatsbürger auf chinesischem Boden. Mit dem Fall des Zarenreiches verloren 1917 alle russischen Staatsbürger ihre rechtliche Sonderstellung, aber erst das Kriegsbündnis der Republik China mit den USA und Großbritannien führte dann 1943 zur endgültigen Aufhebung auch für die Bürger dieser beiden Staaten, soweit sie sich auf chinesischem Boden befanden.

Ezhou Die am Jangtse unweit der Provinzhauptstadt Wuhan in der Provinz Hubei liegende Stadt Ezhou war in der Periode der Drei Reiche (220–280 n. Chr.) die Hauptstadt des Staates Wu. Im Ostteil der Stadt ist heute noch die Ruine des Observatoriums von Sun Qian, dem König des Staates Wu, zu sehen. Der berühmte General des Staates Wu, der heldenhafte Zhou Yu, hielt einst auf dem nahe gelegenen Yanglan-See ein Flottenmanöver ab. Nach dem Untergang des Staates Wu wurde es ruhig in Ezhou, jedoch sind aus den verschiedenen Dynastien 97 unter Denkmalschutz stehende Sehenswürdigkeiten erhalten, darunter auch der aus dem 4. Jahrhundert stammende buddhistische Lingquan-Tempel. Auf einer Insel des nahen, 300 Quadratkilometer großen Liangzi-Sees fanden die Archöologen 48 Ruinen von Brennöfen aus dem 10. Jahrhundert. Die Gegend von Ezhou ist reich an Bodenschätzen, es finden sich ausgedehnte Kupfererz- und Eisenerzvorkommen, auch Gold, Silber, Mangan und Kobalt werden gefördert, sodass in Ezhou die Schmelzhütte Hanyeping bereits am Ende der Kaiserzeit eingerichtet werden konnte. Das gesamte Gebiet um Ezhou gilt daher als die Wiege der modernen chinesischen Bergbau- und Hüttenindustrie. Heute ist Ezhou wegen des gesundheitsfördernden Yuanji-Boxens bekannt, das aus der Yuan-Zeit stammt.

F

Fahai-Tempel Der buddhistische Fahai-Tempel, 20 Kilometer westlich von Peking am südlichen Fuß des Cuiwei-Berges gelegen, birgt einige der künstlerisch wertvollsten Wandmalereien Chinas, die den besten Fresken der europäischen Renaissance gleichzuachten sind. Ursprünglich hieß die Anlage Longquan-Tempel, wurde aber 1439–1443 renoviert und dann Fahai-Tempel genannt. Im letzten Jahr dieser Renovierung wurden die Wände der Daxiong Halle (Mahavira Halle) von 15 führenden Hofmalern auf 236,7 Quadratmetern ausgemalt. Vier andere Hallen sowie der Glocken- und Trommelturm fielen dem Zahn der Zeit und die in den Hallen aufgestellten Statuen den Roten Garden während der Kulturrevolution zum Opfer. Einem Wunder kommt es gleich, dass die Daxiong-Halle mit den Wandmalereien unversehrt alle Stürme der Zeit überstanden hat. Dargestellt sind auf diesen Wandbildern insgesamt 70 himmlische Wesen: Buddha selbst in verschiedenen Erscheinungsformen, Bodhisattvas, Schutzgötter, Apsaras und Adoranten, die zur Verehrung vor dem Erleuchteten erscheinen.

Famen-Kloster Das Famen-Kloster, errichtet in der östlichen Han-Dynastie, zählt zu den wichtigsten buddhistischen Klöstern Chinas, es liegt in der Stadt Famen im Kreis Fufeng, der selbst wiederum der Stadtverwaltung von Baoji im Südwesten der Provinz Shaanxi untersteht. 1987 wurden bei der Rekonstruktion einer Pagode des Klosters über 2000 wertvolle historische Gegenstände in einer unterirdischen Kammer entdeckt, worunter sich auch ein Fingerknochen von Buddha befand. Diese hochverehrte Reliquie wurde im Februar 2002 in einer »Aktion des guten Willens« vom Festland nach Taiwan gebracht, woselbst in vier Tagen allein über 300 000 Buddhisten zusammenströmten, um ihrer Verehrung Ausdruck zu verleihen. Die Reliquie wurde inzwischen von der UNESCO als neuntes Weltwunder anerkannt und in ihre Topliste aufgenommen.

Familiennamen Die Silbenknappheit der chinesischen Sprache führte im Laufe der Geschichte dazu, dass sich 87 Prozent der 1,3 Milliarden Chinesen etwa 100 Familiennamen teilen, dies sind die Laobaixing, die »hundert alten Namen«. Etwa 100 Millionen Chinesen heißen Li, dann folgen die Wang und die Zhang mit mindestens je 60 Millionen. 16 weitere Familiennamen werden von mehr als einem Prozent der Chinesen getragen, also von mindestens 13 bis 20 Millionen, dies sind vor allem die Liu, Lin, Chen, Guo, Gao, Huang, He, Ma, Qian, Xu, Yang, Wu, Zhao, Sun und Zhou sowie Zhu. Insgesamt gibt es jedoch ohnehin nur etwa 400 Familiennamen in China, während die Vornamen unübersehbar sind. Bei Vornamen ist der Phantasie keine Grenze gesetzt, früher konnte man Mädchen mit dem Vornamen Duftwolke und Lotosblüte und Knaben mit dem Namen Starker Büffel und Tigerzahn antreffen, später hörte man Namen wie Neues China zur Mao-Zeit und neuerdings Reicher Drache seit Verkündung der Öffnungspolitik.

Faxian Der chinesische buddhistische Mönch Faxian brach im Alter von 60 Jahren in Changan im Jahre 399 auf und besuchte auf seiner langen Reise Kutscha, Khotan, Kaschgar, die Gebiete in Kaschmir, Afghanistan, das Indus-Tal, den Ganges bis zum Golf von Bengalen. Dann schiffte er sich nach Ceylon ein und kam bis zur Ostküste Sumatras. Auf der Rückreise wurde sein Schiff bis auf die Höhe von Shandong abgetrieben, aber er landete unversehrt 412 in Kanton. Zusammen mit dem indischen Mönch Buddhabhadra schrieb er in Nanking einen großen Bericht über seine ausgedehnten Reise, die ihn in über dreißig Reiche geführt hatte. Dieser »Bericht des Faxian« (Faxian zhuan) ist der einzige vollständig erhaltene Bericht über Reisen in jener Epoche und ein Geschichtsdokument von unschätzbarem Wert.

Fayuan-Tempel Einer der historisch bedeutsamsten Tempel in Peking ist der Fayuan-si, der heute das buddhistische Kolleg beherbergt. Ursprünglich erbaute der Tang-Kaiser Taizong nach einem verlustreichen Feldzug nach Korea an dieser Stelle einen Gedächtnistempel für die in der Schlacht gefallenen Soldaten. Im 12. Jahrhundert wurde Huizong, der unglückliche Song-Kaiser, in diesem Tempel eingekerkert, als er beim Fall von Kaifeng von den Jin-Truppen gefangen genommen wurde. In der Yuan-Dynastie wurde der Tempel benutzt, um mongolische Amtsanwärter zu examinieren. In der Ming-Zeit wurde er zweimal restauriert und im 17. Jahrhundert wurden in seinen Höfen weithin bekannte Feste abgehalten. Im Jahre 1734 besorgte Kaiser Yongzheng eine gründliche Renovierung und gab dem Tempel, der mehrfach schon seine Bezeichnung gewechselt hatte, seinen jetzigen Namen: Fayuan si (Tempel vom Ursprung des Gesetzes). In der ersten Hälfte des 20. Jahrhunderts diente der Tempel sogar militärischen Zwecken und wurde dann nach 1949 als buddhistisches Kolleg eingerichtet. Die Studenten durchlaufen Kurse von vier oder fünf Jahren Dauer und werden in Pali, Japanisch und Englisch unterrichtet. In der Schatzkammer des Kollegs liegen kostbare Original-Manuskripte aus Dunhuang in tibetanischer, mongolischer und burmesischer Sprache und Schrift, erlesene Buddha-Statuen und Malereien sowie seltene Ming-Drucke. Auf abenteuerliche Weise gelangte als Reliquie ein Teil der Schädelschale des berühmten Mönchs Xuanzang um 1950 in den Tempel. Der gelehrte Pilger Xuanzang starb in Xian und wurde im Kloster Xingjiao begraben. Bei einer Rebellion im 9. Jahrhundert wurde das Grab zerbrochen und die Reliquien aufgeteilt. Der Schädelteil, der nach Nanking gebracht wurde, kam in das dortige Baoen-Kloster, wurde nochmals geteilt und ein Fragment des Schädels nach Peking gesandt.

Felszeichnungen Bronzezeitliche Felszeichnungen und Steinreliefs wurden zwischen 1975 und 1985 in den Yinshan-Bergen der Inneren Mongolei gefunden, vor allem auch im Banner Keshiketeng an der Grenze zwischen der Provinz Liaoning und dem großen Steppengebiet. Dargestellt sind vornehmlich Jagdszenen, aber auch einige Menschenopfer. Die über 10 000 bisher entdeckten Felszeichnungen wurden mit Steinwerkzeugen angefertigt und stellen für die Geschichte und Volkskunde der jüngeren Steinzeit und Bronzezeit unschätzbare Zeugnisse dar.

Fengyang-Mausoleum Zhu Yuanzhang, der spätere Kaiser Taizu und Gründer der Ming-Dynastie, stammte aus Fengyang in Anhui, wo seine Eltern in einer großen Notzeit an Hunger gestorben waren. Bald nach seiner Thronbesteigung ließ er aus kindlicher Pietät in

Fengyang seinen Eltern ein grandioses Mausoleum errichten, vor dem noch heute 32 Paare von steinernen Wächtern zu sehen sind, die – zwei Meter hoch – durch die realistische Darstellung und hervorragende Bildhauerarbeit Bewunderung hervorrufen.

Feng Yuxiang Feng Yuxiang (1882–1948) war eine der schillerndsten Figuren der modernen chinesischen Geschichte, der neben Zhang Zuolin und Wu Peifu als einer der drei großen Warlords in Nordchina nach dem Sturz der Qing-Dynastie gelten konnte, sich dann aber mit seinen 30 Divisionen, die er befehligte, auf die Seite der Guomindang stellte und von der nunmehr siegreichen Partei zum Kriegsminister der Republik China und zum Stellvertretenden Vorsitzenden des Gesetzgebungs-Yuan gewählt wurde. Trotz des heftigen Streits mit Chiang Kai-shek und der Gründung einer Gegenregierung in Peking betraute ihn nach seinem militärischen Scheitern die Nationalregierung nochmals mit dem Amt des Innenministers und er war nach Ausbruch des Chinesisch-Japanischen Krieges Mitglied des Obersten Nationalen Verteidigungsrates. Feng Yuxing war auch bekannt als »christlicher General«, da er sich hatte taufen lassen und auch 1924 eine praktizierende Christin geheiratet hatte. Feng ging in seinem Amtsbereich streng gegen Drogenhändler und Prostitution vor, errichtete Entziehungsanstalten, gründete Waisenhäuser und brachte die Bettler von der Straße. Fengs Kampf gegen die Korruption in der Guomindang trug ihm jedoch nicht nur Beifall ein. Eine erneute Auseinandersetzung mit Chiang Kai-shek führte zum Bruch mit der Guomindang und zum Verlust aller Ämter. Anfang 1948 gründete Feng in Hongkong eine Gegenpartei zur Guomindang, die aber keine Zukunft hatte, da Feng nach einem USA-Aufenthalt an Bord eines russischen Dampfers bei einem Brand ums Leben kam.

Festkalender Der alte lunisolare Kalender des chinesischen Reiches mit seinen 354 Tagen wurde zwar offiziell bereits 1912 vom westlichen Kalender mit 365 Tagen abgelöst, aber die Feste in China werden dennoch nach wie vor nach dem traditionellen chinesischen Kalender gefeiert; nur der Nationalfeiertag (Guoqingjie) am 1. Oktober wird zur Erinnerung an den 1. 10. 1949 (Staatsgründung) – genau am 1. Oktober jeden Jahres – gefeiert. Die anderen Feste lassen sich nach dem europäischen (Gregorianischen) Kalender schwer fixieren, da in China nach zwei oder drei Jahren stets ein Schaltmonat eingeschoben wird, um die Differenz des Mondkalenders zum Sonnenkalender auszugleichen. Die dadurch entstehenden Datumssprünge lassen einen Vergleich ohne langwierige Berechnung nicht zu. Das Neujahrsfest beispielsweise kann aus diesen Gründen zwischen dem 21. Januar und dem 19. Februar des »europäischen« Jahres liegen. Das Laternenfest (Yuanxiaojie) beendet die Neujahrsfeiern und liegt stets am 15. Tag des ersten Mondmonats im Jahr, weil jeder Monat mit Neumond beginnt und seinen Mittelpunkt bei Vollmond hat. Das Totenfest (Qingmingjie) ist für Europäer äußerst schwer zu berechnen, da es im 3. Mondmonat liegt, aber jedes Jahr an einem anderen Tag, der sich nach dem Stand der Sonne richtet. Das Drachenbootfest (Duanwujie) liegt dagegen wieder fest, es wird stets am 5. Tag des 5. Mondmonats gefeiert, ähnlich verhält es sich mit dem Mondfest (Zhongqiujie), das am 15. Tag des 8. Mondmonats begangen wird.

Fogong-Tempel In der nordwestlichen Vorstadt von Yingxian, Provinz Shanxi, befindet sich der Fogang-Tempel mit der ältesten buddhistischen Holzpagode Chinas, die auch unter dem Namen Jingxian Mu Ta oder auch Sakyamuni Pagode bekannt ist. Gebaut wurde der imposante Turm im Jahre 1056 während der Liao-Dynastie und diente den Khitan in ihrem Kampf gegen die Song-Dynastie auch als Aussichtsturm, von dem aus sie sogar die Kämpfe um Yingxian leiteten. Das Bauwerk steht mitten in der Hauptachse des Fogong Tempels zwischen dem Eingang und der Haupthalle und ist mit seiner außergewöhnlichen Höhe von 67 Metern weithin sichtbar. Die Pagode hat sechs Dächer und fünf Stockwerke und verjüngt sich leicht nach oben, ist achteckig und steht auf einem Sockel von 30 Metern im Durchmesser. Der Fogong Tempel mit seiner Sakya-Pagode, wie sie im Volksmund genannt wurde, war seit der Liao-Zeit stets ein Zentrum buddhistischer Studien und Glaubensverbreitung.

Foguang si Das Kloster des Lichtes von Buddha (Foguang si) kann als eines der wichtigsten Klöster des Wutai Shan angesprochen werden, des heiligen Berges der Buddhisten in der Provinz Shanxi. Das Kloster, eines der reichsten und mächtigsten in dieser Region, spielte neben seiner religiösen auch eine wichtige weltliche Rolle in verschiedenen Dynastien, da es ein Zentrum des mongolischen Buddhismus war und mit Spenden überhäuft wurde. Das gewaltige Areal steht im Südwesten der fünf Gipfel, die den Wutai Shan bilden, und wird auf zwei Ebenen von einem Ensemble von Hallen, Höfen, Toren und Pagoden gebildet. Erbaut unter den Nördlichen Wei zwischen 471–499, niedergebrannt in der Buddhisten-Verfolgung des Jahres 845, wenige Jahre später wieder aufgebaut, erweitert und verfeinert in späterer Zeit, hat es die Turbulenzen der Zeiten leidlich überstanden und kann heute als eines der ehrwürdigsten Monumente des nordchinesischen Buddhismus gelten.

Foshan Die Stadt Foshan, in der Mitte des Perlflussdeltas, Provinz Guangdong, gelegen, ist bereits in der Tang-Zeit nachweisbar und galt im alten China als einer der vier bekannten Marktflecken des Reiches, denn es blühten in ihr sowohl die Porzellanherstellung als auch die Seidenweberei. Da sie auch bald für ihre vorzüglichen Metallarbeiten bekannt wurde, konnte sie sich zu einer bedeutenden Handelsstadt entwickeln. Die Stadt selbst hat zwar nur 250 000 Einwohner, aber man unterstellte ihr einen großen Verwaltungsbereich ländlicher Gebiete, sodass sie heute eine Fläche von 3813 Quadratkilometer und eine Gesamtbevölkerung von 3 Millionen Menschen umfasst. Die große Attraktion der Stadt ist der Ahnentempel (Foshan Zumiao), der aus der Zeit der Nördlichen Song-Dynastie stammt. Auf einer Fläche von 3 Hektar findet man zwei Tempelhallen, einen Glocken- und Trommelturm, ein Schmucktor, eine Theaterbühne und einen weiteren Turm. In der Haupthalle steht die 2,5 Tonnen schwere Bronzefigur des Gottes Zhenwu, der als Beherrscher der Fluten den Überschwemmungen wehren sollte. Viel bewundert ist stets der reiche Dachschmuck des Zumiao mit seinen rund 2000 Figuren auf dem Dachfirst und den Architraven. Das gesamte Ensemble dieser kunstvollen Holz- und Keramikarbeiten zeigt die üppige Pracht des lokalen südlichen Baustils.

Fremdherrschaften Im Laufe der mehrtausendjährigen Geschichte Chinas war das Reich der Mitte vielfach Ziel feindlicher Eindringlinge, vor allem räuberischer Nomadenvölker aus dem Norden, die sogar mehrfach in China nicht nur siedelten sondern auch eigene Reiche gründeten. Sie alle wurden wieder vertrieben, meistenteils aber sinisiert und ihr Gebiet fiel wieder an das Reich zurück. Aus heutiger chinesischer Sicht gab es letztlich nur zwei eigentliche Fremdherrschaften, die der Mongolen und die der Mandschuren. Beide Fremdvölker gründeten Dynastien, die im ersten Fall 89 Jahre, im zweiten Fall sogar 267 Jahre Dauer hatten. Beide Dynastien aber konnten sich in dem großen Land nur deshalb so lange halten, weil sie beide sich dem Naturell, vor allem der Kultur der Chinesen öffneten, die Mongolen widerstrebend, die Mandschuren auch nicht vollständig. Beide Völker leben heute als nationale Minderheiten in China; die Mongolen in der Inneren Mongolei übertreffen an Zahl die Bewohner der Republik Mongolei, und die Mandschuren sprechen heute fast ausschließlich Chinesisch und sind in der Mandschurei schon längst in der Minderheit.

Friedensvertrag mit Japan Am 23. Oktober 1978 reiste Deng Xiaoping zur Ratifizierung des chinesisch-japanischen Friedensvertrages nach Japan. Dieser Schritt war diktiert von dem Willen, die Modernisierung des Landes schnellstens voranzutreiben und die Öffnung Chinas nach allen Seiten zu dokumentieren. Vorausgegangen war im Februar 1978 die Unterzeichnung eines chinesisch-japanischen Abkommens über ein Handelsvolumen von 20 Milliarden Dollar für den Zeitraum 1978–1985. Dieses Abkommen wurde dann bis 1990 verlängert und auf 80 Milliarden Dollar aufgestockt. Damit war dem Import für japanische Erzeugnisse die Tür weit geöffnet. Unberührt davon blieb die Kritik Chinas an der japanischen Weigerung sich zu der Schuld an den Massakern im Zweiten Weltkrieg durch japanische Soldaten auf chinesischem Boden zu bekennen.

Frieden von Portsmouth Im Frieden von Portsmouth (bei Boston), der 1905 den Russisch-Japanischen Krieg beendet, verpflichtet sich das unterlegene Zarenreich, die Mandschurei zu räumen und muss den 1898 am Gelben Meer erworbenen Hafen Port Arthur und einen Teil Sachalins an Japan abtreten. Ohne Berücksichtigung chinesischer Rechte grenzten in den folgenden Jahren Russland und Japan ihre Interessensphären in der Mandschurei ab. Diese Interessenkollision in der Mandschurei hatte 1904–1905 auch zum Russisch-Japanischen Krieg geführt und war – mindestens als Landkrieg – auf chinesischem Boden ausgetragen worden.

Frieden von Schimonoseki Im Streit um Einflusssphären

in Korea kommt es 1894 zum Krieg zwischen China und Japan. Nach dem Sieg der japanischen Flotte kommt es am 16.4.1895 zum Frieden von Schimonoseki, der China schwere Lasten auferlegt:
1. An Japan ist eine hohe Kriegsentschädigung zu zahlen.
2. China erkennt die Unabhängigkeit Koreas an.
3. China tritt Taiwan, die Pescadores-Inseln und die Halbinsel Liaodong mit Port Arthur an Japan ab.
4. China öffnet vier Hafenstädte für den japanischen Handel.
5. China erlaubt japanische Industrieansiedlungen in China.
6. China erlaubt japanischen Schiffen die freie Fahrt auf chinesischen Flüssen.
1898 muss allerdings dann auf ausländischen Druck die Halbinsel Liaodong mit Port Arthur gegen Entschädigung zuerst an China zurückgegeben, dann an Russland abgetreten werden.

Fronarbeiter In der Han-Dynastie war jeder männliche Gemeine (Nichtadlige) im Alter zwischen 20 und 30 Jahren zu einem Monat Arbeitsdienst pro Jahr verpflichtet. Mit diesen Fronarbeitern wurden alle öffentlichen Bauvorhaben durchgeführt und der gewaltige Getreidetransport bewältigt. Zu diesen Arbeiten kamen Sträflinge hinzu, Kriegsgefangene, Mittellose, Rebellen und mitverurteilte Verwandte von Sträflingen. Facharbeiter leisteten ihren monatlichen Frondienst pro Jahr in den kaiserlichen Werkstätten und Manufakturen ab.

Frühere Shu-Dynastie Die Frühere Shu-Dynastie (907–925) war einer jener kurzlebigen »Zehn Staaten«, die nach dem Fall der Tang-Dynastie neben den »Fünf Dynastien« auf dem Boden des Reiches entstanden waren. Diese Dynastie beherrschte den Südostteil von Gansu, den Südteil von Shaanxi und den Westteil von Hebei. In einem Eroberungskrieg wurde die Dynastie jedoch schon 925 von der Späteren Tang-Dynastie (923–936) annektiert.

Früheres Liang In China gibt es sechs Herrschaftsperioden, die den Dynastienamen Liang tragen. Neben der im Süden residierenden Liang-Dynastie (502–589) werden im 4. Jahrhundert fünf weitere Dynastien gezählt, die als Früheres Liang-Reich, Späteres Liang, Nördliches, Südliches und Westliches bekannt geworden sind. Alle diese Reiche gehören zu den sog. »Sechzehn Staaten«, in die Nordchina damals aufgeteilt war, allerdings nicht parallel sondern sukzessive. Das Frühere Liang-Reich war eines von den dreien, die von Chinesen selbst beherrscht wurden. Das von Zhang Mao im Jahre 320 begründete Reich fiel im Jahre 370 jedoch bereits dem früheren Qin-Reich zum Opfer, dessen Herren die fremdstämmigen Di waren. Das Frühere Liang gilt als fünfter Staat in der Reihe der nördlichen »Sechzehn Staaten«.

Früheres Qin Die kurzlebige, von dem Fremdvolk der Di im Jahre 351 n. Chr. begründete Frühere Qin-Dynastie fiel bereits im Jahre 394 an das Turkvolk der Xianbei.

Früheres Yan In den Steppengebieten nördlich von China waren neben den Mongolen seit alters Turkvölker beheimatet, deren führender Stamm, die Xianbei, im Jahre 337 in Nordchina selbst das Reich der Früheren Yan gründeten. Dieser Turkstaat wurde dann von den Früheren Qin im Jahre 370 übernommen, ist jedoch dadurch gekennzeichnet, dass sich zur Zeit dieser Herrschaft eine weitgehende Sinisierung dieses Turkvolkes bereits anbahnte. Später sollte dann dieses Volk unter dem Namen Nördliche Wei ganz Nordchina entscheidend prägen. Das Reich der Früheren Yan fiel jedoch im Jahre 370 erst einmal an die Frühere Qin-Dynastie, die von dem Steppenvolk der Di dominiert wurde. Den Staat der Früheren Yan reihen die chinesischen Historiker als vierten in die Reihe der »Sechzehn Staaten« ein.

Früheres Zhao Reich In Nordchina gründeten die Xiongnu (Hunnen) im Jahre 304 einen Staat, den sie etwas großsprecherisch Han nannten, der jedoch in die Geschichte als das Frühere Zhao Reich eingegangen ist, weil bereits 329 das Volk der Jie die Hunnen in der Herrschaft ablöste und das Spätere Zhao Reich gründete. Neben dem Hunnenstaat bestand im Norden noch der vom Di-Volk beherrschte Staat Cheng Han und im Süden das eigentliche chinesische Kaiserreich, die Westliche Jin-Dynastie. In der Geschichtsschreibung ist diese Herrschaft der Früheren Zhao stets als zweiter der »Sechzehn Staaten« verzeichnet.

Frühlings- und Herbstperiode Die Frühlings- und Herbstperiode (771–481 v. Chr.) ist ein Geschichtsabschnitt innerhalb der Östlichen Zhou-Dynastie (771–221 v. Chr.), die durch eine äußerst schwache Zentralgewalt und durch erstarkte Lehensherrschaften gekennzeichnet ist. Der Name ist abgeleitet von dem Titel einer Chronik des Lehensstaates Lu, die die Ereignisse dieser Zeit beschreibt. Bereits zu Beginn dieser Periode nahm die Macht der Zhou-

Herrscher immer mehr ab, sodass dem Königtum kaum mehr als rein protokollarische Bedeutung zukam. Man kann die 290 Jahre der Frühlings- und Herbstperiode in neun Phasen unterteilen:

1. Der Lehensstaat Zheng schiebt sich in den Vordergrund und sein Herzog Zhuang trifft als Hegemon die Entscheidungen für den Gesamtstaat im Namen des Königs.
2. Die Führungsrolle im Staat fällt in der ersten Hälfte des 7. Jahrhunderts dem Staat Qi zu, der das Reich erfolgreich gegen nichtchinesische Stämme im Norden verteidigt. Herzog Huan von Qi zwingt die anderen Lehensstaaten zu einer Allianz und greift jene Lehensherrschaften an, die sich dem Bündnis entziehen wollen.
3. Die Lehensstaaten Qi, Song und Chu streiten um die Hegemonie.
4. Der im Süden der heutigen Provinz Shanxi gelegene Staat Jin erringt die Hegemonie, nachdem Herzog Wen von Jin die Truppen des rivalisierenden Staates Chu geschlagen hatte.
5. Im wiedererstarkten Staate Chu kann sich König Zhuang selbst als Hegemon behaupten, allerdings nur um den Preis der Eroberung seines nördlichen Nachbarstaates Zheng.
6. Der Lehensstaat Jin erlangt wieder die Hegemonie im frühen 6. Jahrhundert. Herzog Diao geht in die chinesische Geschichte als idealer Herrscher ein, der bei seiner Regierung im Staate Jin Macht und Milde, Mut und Mäßigung bestens in Einklang zu bringen wusste.
7. Nach immer neuen Kriegen zwischen Jin und Chu kommt es schließlich zu einer Doppelmonarchie und einem friedlichen Ausgleich beider Lehensstaaten, dies jedoch auf Kosten der tributpflichtigen kleineren Staaten.
8. Im späten 6. Jahrhundert wurde im Staate Zhang der alle überragende Staatsmann Zi Chan bekannt, der als Kanzler die Strafgesetze auf bronzene Dreifüße gravieren ließ und unter dessen Federführung alle Ländereien zwecks gerechter Besteuerung vermessen wurden.
9. Die Frühlings- und Herbstperiode endete mit grausamen Kämpfen letztlich aller gegen alle und mit dem Aufstieg zweier neuer Staaten. Im südöstlichen Teil des einstigen Zhou-Reiches hatte sich das Königreich Wu am Unterlauf des Jangtse emporgearbeitet und im nördlichen Teil der heutigen Provinz Zhejiang war der Staat Yue sehr mächtig geworden. Die Zhou-Dynastie

bestand zwar noch nominell, aber die einzelnen Staaten waren politisch inzwischen völlig souverän. In der nachfolgenden Periode der »Streitenden Reiche« (480–221 v. Chr.) standen sich dann sieben Staaten waffenstarrend gegenüber. Die berühmteste Persönlichkeit der Frühlings- und Herbstperiode ist kein geringerer als Konfuzius selbst, denn die Periode endete genau zwei Jahre vor dem Tod des großen Philosophen.

Fünf Adelsränge In der Zhou-Dynastie vergab der Herrscher an seine Getreuen und Gefolgsleute fünf Titel in Abstufungen, die in etwa den europäischen Adelsrängen entsprachen. Die Übersetzung ist nicht wörtlich zu verstehen, entspricht jedoch jeweils den auch in Europa bekannten Stufen: Gong (Herzog), Hou (Fürst), Bo (Markgraf), Zi (Graf) und Nan (Baron). Zi und Nan jedoch entsprachen in ihrer Stellung nicht immer den in Europa bekannten Grafen und Freiherrn, sie waren in China von minderer Bedeutung.

Fünf Barbaren Als im 4. und 5. Jahrhundert n. Chr. aus den nördlichen Steppen und den westlichen Hochländern räuberische Nomadenstämme nach China einfielen, unterschieden die späteren chinesischen Historiker unter diesen ethnisch oft schwer zuzuordnenden Invasoren hauptsächlich zwischen fünf Barbarenvölkern. Dies waren – allen voran – die Hunnen (Xiongnu), die in Shanxi die Dynastie der Früheren Zhao zwischen 304–329 begründeten. Ihnen folgten die Jie, deren Herrschaft in Hebei von 319–351 als Spätere Zhao-Zeit in die Geschichte einging. Die gefürchteten Xianbei bildeten die dritte wichtige Gruppe, sie herrschten in Hebei als Frühere Yan (349–370), auf gleichem Territorium dann als Spätere Yan (384–409), als Westliche Qin in Gansu (385–431) und dortselbst auch als Südliche Liang (397–414) und schließlich auch in Shandong als Südliche Yan (400–410). Die Qiang stellen die vierte Gruppe der Fünf Barbaren dar, sie begründeten in Shaanxi das Reich der Späteren Qin, das von 384–417 währte. Den fünften Platz in der Barbarenliste nehmen die Di ein, die drei Dynastien errichten konnten: in Sichuan die Cheng Han-Dynastie (304–347), in Shaanxi die Frühere Qin (351–394) und in Gansu die Spätere Liang-Dynastie (386–401). Diese meist sehr kurzlebigen Dynastien wurden fast stets wieder selbst von benachbarten Barbarenstaaten abgelöst, sinisierten sich jedoch zusehends und ihre Bevölkerungen gingen später im wiedervereinigten Reich der Mitte auf. Mochten ihre Herrscher sich selbst auch Kaiser genannt haben, keiner von ihnen ist in die offizielle Kaiserliste der Chinesen aufgenommen worden.

Fünf Dynastien Nach dem Sturz der Tang-Dynastie zerfiel das Reich in einzelne Teile. Im Norden lösten sich in rascher Folge fünf Dynastien ab, während im Süden zehn Königreiche gleichzeitig nebeneinander bestanden. Diese Zeit von 907–960 war eine Zeit des Chaos, in der auch dreimal ein Türke den Kaiserthron besteigen konnte: Spätere Liang-Dynastie (907–923), Spätere Tang-Dynastie (923–935, türkisch), Spätere Jin-Dynastie (936–947, türkisch), Spätere Han-Dynastie (947–951, türkisch), Spätere Zhou-Dynastie (951–960). Erst die Nördliche Song-Dynastie beendete dann 960 diese turbulente Zeit, die als »dunkle Periode« in die Geschichte einging.

Fünf Hegemonen Zur Zeit der Frühlings- und Herbstannalen waren die Herrscher der Zhou-Dynastie so schwach geworden, dass sie in der Zeit von 770–481 die Sicherheit des Staates nicht mehr gewährleisten konnten. Die Territorialfürsten einigten sich daher in Militärbündnissen auf einen Führer, dem sie in Notzeiten die Befehlsgewalt anvertrauten. Ganz im Sinne der chinesischen Zahlenmystik wird stets von fünf aufeinander folgenden Hegemonen (Führern) innerhalb dieser Zeit gesprochen, obwohl es wohl mehr als fünf gewesen sein mögen und auch die Namen nicht vollständig sind. Im Allgemeinen wird von folgenden Hegemonen gesprochen:
1. Huangong von Qi (685–643 v. Chr.)
2. Wengong von Jin (636–628 v. Chr.)
3. Zhuangwang von Chu (606–591 v. Chr.)
4. König Helü von Wu (515–496 v. Chr.)
5. König Gou Jian von Yue (gest. 465 v. Chr.)

Fünf Kaiser Mythische Kaiserreihe des chinesischen Altertums. Es treten unterschiedliche Namen auf, stets aber sind es – gemäß der Zahlenmystik – fünf Kaiser (Wu di). Die meistgenannten Namen in dieser Gruppe sind Fuxi, Shennong, Huangdi, Jao und Shun.

Fujian Die an der Formosastraße gelegene Provinz Fujian ist zu neun Zehntel gebirgig und hat eine buchtenreiche Küste, der zahlreiche Inseln vorgelagert sind. Auf einer Gesamtfläche von 121 400 Quadratkilometern umfasst die Provinz 60 Kreise und 23 Städte, darunter die Hauptstadt Fuzhou. Die Einwohnerzahl beträgt 35 Millionen. In dem subtropischen Klima gedeihen Tee, Tabak, Zuckerrohr, Bananen und Litschi vorzüglich, Hauptfrucht ist allerdings der Reis. Industriell kann sich Fujian auf vielfältige Bodenschätze stützen wie Erz, Kupfer, Blei, Mangan und Kohle. Bedeutend ist auch die Fischereiwirtschaft an der insel- und buchtenreichen Küste. Wichtigster Fluss ist der Min-Jiang, der die Provinz in einen südlichen und einen nördlichen Teil zerschneidet und ihr auch den Kurznamen Min eingebracht hat. Auf Grund der zerklüfteten Berglandschaften galt die Provinz lange als relativ isoliert, bekannt daher auch als »Provinz der hundert Dialekte«. Von Fuzhou und den anderen Hafenstädten der Provinz aus gingen in den letzten beiden Jahrhunderten die Auswandererschiffe nach Südostasien und selbst nach Amerika ab, die rund 200 Millionen Chinesen in ihre neue Heimat beförderten. Die starke Bindung dieser Auslandschinesen an ihre alte Heimat brachte es mit sich, dass heute durch Investitionen aus dem benachbarten Raum Südostasiens die Fortschritte in der Industrie und im Handel beachtlich hoch sind und der Lebensstandard in den Küstenstädten das höchste Niveau in China überhaupt erreicht hat. Die Einrichtung mehrerer Sonderwirtschaftszonen in diesem Gebiet trug zu dieser Entwicklung wesentlich bei. Die höchsten Zuwachsraten auf allen Gebieten erzielen die Städte Fuzhou, Xiamen, Quanzhou und Putian, deren Außenhandelsbeziehungen auf Grund besonderer Vorrechte flexibel gestaltet werden können.

Fuqing-Kloster Einen atemberaubenden Anblick bietet das im Taihang-Gebirge in der Provinz Hebei gelegene Felsenkloster Fuqing, das bereits in der Sui-Dynastie begonnen wurde, aber in den folgenden Dynastien viele Erweiterungen erfahren hat. Das Kloster liegt im Kreis Jingjing, etwa 70 Kilometer von der Provinzhauptstadt Shijiazhuang entfernt. Die Hallen erheben sich in schwindelerregender Höhe auf Felsvorsprüngen, die Haupthalle ist gar wie eine Brücke über einer tiefen Schlucht gelegen und trägt ihren Namen »Brückenturmhalle« völlig zu Recht, sie ist 15 Meter lang und 9 Meter breit. Der Legende nach verdankt das Kloster seine Gründung und seinen Aufstieg der Prinzessin Nanyang, der Tochter des Sui-Kaisers Yangdi, die sich als Nonne in diese abgelegene Bergwelt zurückgezogen haben soll.

Fuxi und Nuwa Nach altchinesischer Überlieferung sind Fuxi und Nuwa das erste Menschenpaar, von dem die menschliche Rasse insgesamt abstammt, vor allem aber die Chinesen selbst. Fuxi und Nuwa stammen beide vom Drachen ab, haben einen menschlichen Oberkörper und einen schlangenartigen Unterleib. Der Drache kann von keinem Wesen auf dieser Welt besiegt werden – und so wurde er zum Emblem für ganz China und zum speziellen Zeichen des Kaisers, dem Himmelssohn auf dem Drachenthron. Als Geburtsort von Fuxi gilt die Stadt Tianshui in der Provinz Gansu, woselbst seiner in einem ehrwürdigen Tempel jährlich mit Opfern gedacht wird. Der Legende nach hat Fuxi den Menschen die ersten wichtigen Wege zur Bewältigung des Lebens beigebracht, das Entfachen von Feuer, den Fischfang, das Netze knüpfen, das Kochen von Essen und vieles mehr. Fuxi soll es auch gewesen sein, der den Menschen die acht Diagramme hinterließ, die Symbole für Erde, Wasser, Feuer, Berge, Donner, Wind und Sumpfland. Die Diagramme sind demnach Sinnbilder von Naturphänomenen, die durch richtige Deutung helfen können, mit Katastrophen fertig zu werden, die Naturgesetze zu verstehen und das Leben zu meistern. Wer sie richtig in Beziehung zu setzen und zu deuten versteht, ist ein Meister des Lebens.

Fuyan-Kloster Das im Hengshan-Massiv in der Provinz Hunan gelegene Kloster Fuyan wurde im Jahre 567 gegründet und entwickelte sich später zu einem Zentrum des buddhistischen Nantai-Zweiges. Die Nantai-Sekte verbreitete sich dann auch in Japan, erhielt dort große Zulauf und erlangte unter dem Namen Sodosyu große Bedeutung. Das auf dem Hengshan liegende Kloster wurde zu Beginn des 20. Jahrhunderts nach seinem Niedergang wieder neu aufgebaut und erhielt von dem japanischen Mönch Bai Gyo Lei eine große Bücherspende in Form von 700 Sutra-Bänden. Seither ist das Fuyan-Kloster ein beliebtes Pilgerziel japanischer Buddhisten, die dann meist auch das in der Nähe gelegene Fangguang-Kloster besuchen, das noch älteren Ursprungs ist und aus dem Jahr 503 stammt.

Fuzhou Die historisch bedeutsame Stadt Fuzhou, heute Hauptstadt der Provinz Fujian, liegt im Mündungsdelta des Min-Flusses, der sich östlich davon ins Ostmeer ergießt. Bereits im 2. Jh. v. Chr. war die Stadt Hauptstadt des Königreiches Yue, im 10. Jahrhundert dann Hauptstadt des selbständigen Staates Min (909–946). Noch heute lautet die Kurzbezeichnung für die ganze Provinz »Min«. Seit der Song-Dynastie entwickelte sich Fuzhou zu einem wichtigen Außenhandelshafen, von dem aus bis nach Indien und Indonesien ein reger Schiffsverkehr und Warenhandel abgewickelt wurde. Im 19. Jahrhundert gehörte dann Fuzhou zu den sog. »offenen Häfen«, deren Öffnung die Europäer, allen voran England, allerdings erzwungen hatten. Von Fuzhou aus zogen viele Chinesen in die Ferne, sodass zahlreiche Auslandschinesen noch Verwandte in der Provinz Fujian haben. Vor allem im 17. Jahrhundert wanderten viele Leute aus Fuzhou nach Taiwan aus, sodass bis heute in Taiwan der alte Dialekt aus dem Süden Fujians gesprochen wird (minnan). Fuzhou wird auch »Stadt der Banyanbäume« genannt, da diese Schatten spendenden Schirmbäume seit dem 11. Jh. dort bekannt und beliebt sind. Die Schwarze Pagode aus dem Jahre 941 auf dem Wu-Berg ist heute noch von Banyanbäumen umgeben. Auf dem Gushan, dem Trommelberg, steht das Yongquan-Kloster (Springquellen-Kloster), das in seinen 25 Hallen mehr als 30 000 buddhistische Schriften und 10 000 Holzdruckstöcke für Sutren aufbewahrt. Der bei der Weißen Pagode gelegene Wansui-Tempel aus der Tang-Dynastie beherbergt ebenfalls eine Bibliothek. In der von Hügeln geprägten Stadt und ihrer Umgebung haben sich weitere Heiligtümer aus alter Zeit erhalten, so der Hua Lin-Tempel am Südhang des Ping-Shan aus der Zeit der Tang-Dynastie und die große buddhistische Tempelanlage des Erhabenen Glücks (Chong Fu Si) am Fuß des 8 Kilometer nördlich der Stadt gelegenen Nord-Berges. 20 Kilometer entfernt liegt auf dem Gipfel des Beifong Shan das Lin Yang-Kloster aus dem Jahre 931 und 21 Kilometer südöstlich der Stadt krönt die 31 Meter hohe Luo Xing Pagode den Luoxing-Berg, die in der Song-Periode erbaut aber in der Ming-Zeit zwischen 1621–1627 gründlich restauriert worden ist.

G

Ganden Von den 3800 Klöstern Tibets hat der Sturm der Kulturrevolution nur 13 übrig gelassen, alle anderen wurden von den Roten Garden zerstört, vor allem das Großkloster Ganden, in dem 1958 noch 7500 Mönche lebten, die alle in Arbeitslager verbracht wurden. Die Klosterstadt Ganden liegt etwas mehr als 60 Kilometer von Lhasa entfernt in einem abgelegenen Tal des Kyitschu-Flusses. Der Abt von Ganden stand stets an dritter Stelle in der tibetischen Hierarchie nach dem Dalai-Lama und dem Pantschen-Lama. Dieser Abt galt jedoch nicht als eine Reinkarnation, sondern wurde von den Mönchen gewählt. Bei der Wahl kamen nur die gelehrtesten Mönche als Bewerber in Frage. Die »Geshe-Prüfung«, gewissermaßen das »Doktorat« des tibetischen Buddhismus, wurde vom 14. Dalai-Lama noch vor seiner Flucht vor den gelehrten Mönchen in Ganden abgelegt. Bis zu seiner Zerstörung war Ganden eines der drei großen Staatsklöster Tibets. Seit 1980 ist der Wiederaufbau von Ganden wieder voll im Gange, und über 500 Mönche leben wieder in dem 4300 Meter hoch gelegenen Kloster.

Gangpori Einer der vier heiligen Berge Zentraltibets in der Nähe von Tsetang. Hier stieg nach dem Glauben der Lamaisten der Bodhisattva Avalokiteshvara in Gestalt eines Affen vom Himmel nach Tibet herab und zeugte mit einer Dämonin die ersten Tibeter.

Gansu Die lang gezogene, fast 1350 Kilometer lange Provinz Gansu ähnelt einer Hantel, deren Handgriff durch den Hexi-Korridor gebildet wird und deren südliches »Gewicht« in die Lößgebiete, deren nördliches aber weit in die Wüstengebiete hineinreicht. Gansu zieht sich von den Grenzen Sichuans und Shaanxis bis zur Grenze von Sinkiang und der Mongolei in einer Diagonale zwischen Ningxia und Qinghai durch einen stets umkämpften relativ dünn besiedelten Raum. Das erst 1666 zur Provinz erklärte Gansu gehörte früher zu Shaanxi und umfasst heute auf einer Fläche von 454 300 Quadratkilometer 76 Kreise und 14 Städte und hat insgesamt 26 Millionen Einwohner. Provinzhauptstadt ist Lanzhou am Gelben Fluss. In Gansu leben zwar 40 nationale Minderheiten aber die Bevölkerung besteht dennoch zu 92 Prozent aus Han-Chinesen, die hauptsächlich zwischen 1953 und 1980 aus vielen anderen Landesteilen zugewandert sind. Gansu war stets die große Brücke zwischen dem Reich der Mitte und Zentralasien und war daher in vielen Perioden der Geschichte umkämpft. Von der Han-Dynastie bis zum Ende der Tang-Dynastie gehörte Gansu zu China, dann herrschten dort Türken, Tufan-Leute, Huihu, Tanguten und Mongolen. Erst in der Ming-Dynastie wurde es wieder chinesischer Verwaltung unterstellt. Nach dem Zerfall der Qing-Dynastie übernahmen die mohammedanischen Hui die Herrschaft, erst im September 1949 wurde es wieder eine chinesische Provinz. Zur Hälfte ist Gansu Berg- und Hügelland, das vielfach mit Löß bedeckt und von den Bauern terrassiert wurde. Da die Provinz den Einflüssen des zentralasiatischen Kontinentalklimas unterliegt, ist das Land trocken, von Dürren heimgesucht und gehört daher zu den ärmsten Provinzen Chinas. Reiche Bodenschätze harren allerdings der Erschließung. Die Hauptstadt Lanzhou, früher Karawanentreffpunkt, ist heute bereits ein wichtiger Standort der Petrochemie. In Gansu endete einst die Große Mauer, das Fort Jiayuguan war der Endpunkt. Bei der westlichen Oase Gansus, in Dunhuang, gabelten sich einst die Karawanenwege der Seidenstraße nach Westen. Der Karawanenführer musste sich in Dunhuang entscheiden, ob er die Südroute am Rande der Todeswüste Takla Makan wählen wollte oder die Nordroute. Beide Wege waren möglich, beide trafen sich wieder in Kaschgar. Unweit der Stadt Dunhuang liegen die Mogao Grotten mit dem größten buddhistischen Bilderreigen auf dieser Erde. In fast 500 Grotten haben begnadete Maler, wohl meist Mönche, in siebenhundert Jahren farbstarke Fresken über das Leben Buddhas, der Bodhisattvas, aber auch über das Leben an der Seidenstraße hinterlassen. Im Südosten von Gansu liegen auch die weit ausgedehnten Lößterrassen in der halbtrockenen Zone, auf denen vorwiegend Weizen, Mais, Hirse,

Baumwolle und Leinsamen angebaut werden. Diese riesige Terrassenlandschaft, die seit Jahrhunderten durch Menschen geschaffen wurde und nur mit unendlichem Fleiß instand gehalten werden kann, stellt eine der größten Leistungen des chinesischen Menschenschlages dar, gleichberechtigt neben dem Bau der Großen Mauer und des Kaiserkanals. Durch ein ausgeklügeltes System von Zisternen, Bewässerungskanälen und neuerdings elektrischen Pumpen wird dafür gesorgt, dass selbst bei Dürrezeiten noch ausreichend Wasser für die Felder bereitgehalten wird. Da in Gansu über 60 verschiedene Arten von Bodenschätzen gefunden werden, ist die Industrie in rasantem Aufschwung begriffen.

Ganzhou Die größte Stadt im Süden Jiangxis, am Ganjiang gelegen, ist Ganzhou, bekannt als »Stadt der Song-Dynastie«, in der sie ihre Blütezeit erlebte und aus der eine Reihe von Bauten und Denkmäler bis heute erhalten blieben. Erbaut wurde die Stadt jedoch schon zur Zeit der Westlichen Han-Dynastie (206 v.–23 n. Chr.). Der Grundriss der Stadt hat die Form eines Dreiecks, und alle drei Seiten sind von Wasser umgeben. Eine fünf Meter hohe und 6,5 Meter dicke Mauer schützte die Stadt zusätzlich, sie soll in der Song-Zeit 3,6 Kilometer lang gewesen sein. Dort wo der westliche und der östliche Teil der Stadtmauer einst zusammentrafen steht heute noch der imposante, 28,5 Meter hohe Bajing-Turm, der mit seinen drei Stockwerken während der Regierungszeit des Song-Kaisers Jiayu (1056–1063) errichtet wurde. 42 Meter hoch ist die ebenfalls aus dieser Zeit erhaltene Ziegelpagode Ciyun, die mit ihren acht Stockwerken das Wahrzeichen der Stadt darstellt. Außerhalb der Stadt finden sich in den Tongtian-Felsen Grotten mit 358 Figuren und 128 Inschriften, die aus der Tang- und Song-Zeit stammen. Da über den Ganjiang-Fluss alle Häfen des Jangtse für Schiffe aus Ganzhou erreichbar sind, steht der Entwicklung der Stadt nichts im Wege. Man fand bedeutende Vorkommen von Wolfram in der Umgebung und andere seltene Bodenschätze, sodass sich die Stadt zu einem wichtigen Standort der Hüttenindustrie entwickeln konnte.

Gaochang Gaochang ist eine der großen Ruinenstädte auf chinesischem Boden, gelegen in der Provinz Sinkiang (Xinjiang), in der die meisten verlassenen Städte liegen. Gaochang befindet sich 40 Kilometer südöstlich von Turfan, östlich von Astana. Die Stadt wurde in der Han-Dynastie gegründet und kam 327 n. Chr. unter die Oberhoheit der Frühen Liang Dynastie, die in Gaochang eine Präfektur errichtete. In der Nördlichen Liang-Dynastie war es dann der Bruder des Königs, der sich selbständig machte und das Königreich Gaochang gründete. Auch nach dem Fall der Nördlichen Liang 439 n. Chr. bestand das Königreich Gaochang unter mehreren Königen weiter und wurde erst 640 Teil der Tang-Dynastie. Anschließend fiel Gaochang unter die Souveränität der Westlichen Liao und der Mongolen und wurde schließlich in der Zeit der frühen Ming-Dynastie aufgegeben. Warum diese Stadt von ihren Bewohnern für immer verlassen wurde, ist nicht bekannt, möglicherweise war es der Wassermangel in dieser glühend heißen Zone. Gaochang ist auf Lößboden gebaut und wies in den Zeiten ihres Glanzes eine Fläche von etwa zwei Quadratkilometern auf. Eingeteilt war sie in drei Sektoren, einen äußeren, einen inneren und einen königlichen Bezirk, ähnlich wie die Tang-Hauptstadt von Changan. Noch heute kann man beim Durchschreiten der beachtlichen Ruinen die einstige Bedeutung erahnen, von der die Überreste zweier Tempel, starker Mauern, eines mächtigen Forts und die Fundamente von Werkstätten, Brennöfen und Handwerkerwohnungen künden.

Gaodi Gaodi ist der zweite, auch in der Geschichte gebräuchliche Titel für Gaozu, den Gründer der Han-Dynastie (202–294 v. Chr.).

Gaoshan-Nationalität Die zusammenfassende Bezeichnung für alle Minderheiten auf Taiwan lautet seit 1945 »Gaoshan-Nationalität«. Diese 345 000 Ureinwohner malayo-polynesischer Herkunft sind selbst wieder in 20 ethnische Gruppen aufgespalten und sprechen eine indonesische Sprache (mit vielen Dialektvarianten), die der austronesischen Sprachfamilie angehört. Die Gaoshan sind seit vorgeschichtlicher Zeit auf der Insel Taiwan und den vorgelagerten Inseln nachgewiesen und leben seit vielen Jahrhunderten schon mit jenen Han-Chinesen zusammen, die im Lauf der verschiedenen Dynastien bis ins 20. Jahrhundert nach Taiwan kamen. Die Gaoshan erlebten jedoch seit dem 16. Jahrhundert sukzessive japanische, spanische, niederländische und wieder japanische Invasionen und Besatzungsmächte. Die schwierige Phase der Koexistenz mit den 1949 vom Festland gekommenen

Chinesen gehört der Vergangenheit an, die Gaoshan sind inzwischen voll integrierte Bürger der Republik China (Taiwan). Da die VR China die Insel Taiwan weiterhin nicht als eigenen Staat sondern nur als abtrünnige Provinz betrachtet, gehört die Gaoshan-Nationalität logischerweise als 56. Minderheit zum Vielvölkerstaat China.

Gaozong Gaozong (1127–1162), erster Kaiser der Südlichen Song-Dynastie, der 9. Sohn von Kaiser Huizong, konnte durch Flucht der Gefangennahme durch die Jin entgehen und als legitimer Spross der Kaiserfamilie im Süden des Landes die Südliche Song-Dynastie (1127–1279) begründen. Die zuerst ausersehene Hauptstadt Nanking wurde aus Sicherheitsgründen aufgegeben und nach Hangzhou verlegt. Diese Herrschaft im Süden war jedoch nach wie vor gefährdet, der junge Kaiser konnte nur unter schmählichen Bedingungen mit den Jin einen Friedensvertrag aushandeln und musste sich zur Zahlung eines jährlichen Tributs von 250 000 Rollen Seide und 250 000 Unzen Silber bereit finden. Durch diesen Vertrag von 1141 wurde die erneute Teilung Chinas festgeschrieben. Als 1161 dann die Jin wieder in das Sung-Reich einfielen, konnten sie jedoch erfolgreich zurückgeschlagen werden. Gaozong war ein Freund der Künste und gab daher der Südlichen Song-Dynastie die entsprechenden kulturellen Impulse. 1163 dankte er zugunsten seines Adoptivsohnes ab, der jedoch auch ein direkter Nachkomme des Dynastiegründers war und der als Kaiser Xiaozong (1163–1190) eine überaus glückliche Hand in Regierungsgeschäften bewies.

Gaozu Gaozu (auch Gaodi) ist der Kaisername des Begründers der Han-Dynastie Liu Bang (247–195 v. Chr.), der von 206 v. Chr. an zwar schon regierte, aber erst 202 v. Chr. endgültig über seine Gegner triumphierte. Liu Bang (auch Liu Ji) wurde als Sohn eines Kleinbauern im heutigen Peixian, Provinz Jiangsu geboren, arbeitete sich zu einem Posten als lokal zuständiger Polizeiführer empor und schloss sich der Aufständischenarmee des Xiang Yu gegen die Qin-Dynastie in Zentralchina an. Die Zusammenarbeit beider Männer dauerte nicht lange. Beide wollten zwar die abgewirtschaftete Dynastie der Qin beseitigen, hatten aber verschieden Zielrichtungen. Liu Bang wollte den Zentralstaat beibehalten, Xiang Yu wollte den alten Feudalstaat mit Territorialherrschaften unter seiner Führung wieder errichten. Die Beseitigung der alten Dynastie gelang 206 v. Chr. und Liu Bang rief sich als König von Han aus, nunmehr aber bekämpft von seinem einstigen Mitstreiter Xiang Yu. Erst 202 v. Chr. konnte sich Liu Bang endgültig behaupten und konnte als Kaiser Gaozu (auch Gaodi) unangefochten den Thron behaupten. Der neue Kaiser setzte auf Stabilität, behielt die Zentralstruktur des Reiches bei, entlastete aber die Bauern von drückenden Abgaben und Dienstleistungen. Durch maßvolle Politik festigte er den Zusammenhalt der Provinzen und setzte seine Brüder und Söhne als Territorial-Präfekten zur Sicherung seiner Herrschaft ein. Nach einer militärischen Niederlage gegen die Hunnen betrieb er diesen nördlichen Feinden gegenüber eine Beschwichtigungspolitik, indem er eine Prinzessin aus seinem Hause dem Hunnenfürsten zur Frau gab und an dieses turkstämmige Reitervolk jährliche Tribute zahlte. Gaozu lockerte die strengen Strafbestimmungen der vorhergehenden Dynastie und hob alle Dekrete zur Bücherverbrennung von Qinshihuangdi auf. Der Konfuzianismus erlebte unter Gaozu eine Widergeburt, sodass moralische Grundsätze in die Staatsdoktrin aufgenommen werden konnten. Damit legte Gaozu das Fundament für alle kommenden Jahrhunderte, in denen dann die Hauptforderungen des großen Weisen aus Qufu zu obersten Prinzipien im öffentlichen und privaten Dasein erhoben wurden. Obwohl Gaozu, durch und durch ein Praktiker, die theokratischen Planspiele der Intellektuellen gering schätzte, war er klug genug, gut ausgebildete Literaten wieder in höhere Beamtenposten zu berufen und das staatliche Prüfungssystem sogar weiter auszubauen. Gaozu legte den Grundstein für eine Dynastie, die rund vierhundert Jahre dauern sollte. Der Name seiner Dynastie wurde später zum Namen für die Sprache aller Chinesen. Gaozu wurde bei einem Scharmützel mit den nördlichen Steppenvölkern im Jahre 195 v. Chr. von einem verirrten Pfeil tödlich getroffen. Wie so oft in der chinesischen Geschichte versuchte nun der Clan Lu, aus dem die Kaiserin stammte, die Macht an sich zu reißen. Auf Betreiben ihrer Verwandten ließ Kaiserin Lu Hou vier Söhne von Gaozus Nebenfrauen heimlich ermorden und schaltete ihren ältesten Sohn durch Intrigen weitgehend von der Herrschaft aus, obwohl er offiziell sieben Jahre lang als Kaiser inthronisiert war. Dieser machtlose Kaiser Huidi starb im Jahre 188 ohne Erben. Kaiserin Lu Hou setzte daraufhin zwei kleine Söhne von Huidis Konkubinen als Kindkaiser auf den Thron, um weiterhin als Reichsverweserin mit Hilfe ihres Clans regieren zu können. Als die Kaiserin 180 v. Chr. starb, griff der Lu-Clan nach der Macht, jedoch kamen die drei übrigen Söhne von Gaozu den Usurpatoren zuvor, retteten die Han-Dynastie und setzten ihren Halbbruder Wendi noch im gleichen Jahr als Kaiser ein, denn Wendi hatte keine machtgierigen Verwandten, die erneut die Dynastie hätten gefährden können.

Geburtsort von Laozi Nach historischen Aufzeichnungen wurde der Philosoph Laozi (Laotse) in der Gemeinde Taiqinggong im Kreis Luyi, Provinz Henan, geboren. Das Geburtsjahr ist nicht bekannt, liegt nach traditioneller Auffassung jedoch im 6. Jahrhundert v. Chr. Bereits in der Östlichen Han-Dynastie wurde in Taiqinggong ein Ahnentempel für den Philosophen errichtet, der dann in der Tang-Zeit zu einem riesigen Komplex ausgebaut und Taiqing-Palast benannt wurde. Die gesamte Anlage wurde jedoch durch Kriegswirren am Ende der Tang-Dynastie zerstört, nur die Taiji-Tempelhalle und über zehn Gedenkstelen aus verschiedenen Dynastien blieben bis heute erhalten. Gleichzeitig hat die Laojun-Plattform die Stürme der Zeit überstanden, die nordöstlich der Kreisstadt Luyi liegt. Dieses acht Meter hohe Stufenbauwerk mit einer 33 Stufen zählenden Ehrentreppe wurde am Anfang der Tang-Dynastie errichtet. Nach dem Glauben der Daoisten ist von dieser Plattform Laozi zum Himmel aufgefahren und zum Unsterblichen geworden. Im Jahre 1994 wurde in Zusammenarbeit mit der Stadt Wending in der Provinz Shandong auf dem Shengjing-Berg eine Laozi-Gedenkhalle errichtet, da in diesem Gebiet eine Reihe von Felsinschriften aus dem Werk von Laozi sich erhalten haben und weil dieses Gebiet als die Geburtsstätte des Quanzhen-Daoismus gilt. Diese Schulrichtung stellte die Naturbetrachtung und die Gesundheit in den Mittelpunkt ihrer Lehre und bevorzugte dichte Waldgebiete und abgelegene Täler als Stätten ihres Aufenthalts. Diese in der Kunyu-Bergkette gelegene Laozi-Gedenkhalle soll dann ein würdiges Pendant zur Taiji-Tempelhalle in Taiqinggong darstellen.

Gelber Fluss Die Geschichte Nordchinas kann ohne Berücksichtigung des Gelben Flusses nicht geschrieben werden, denn der große Strom änderte zu historischer Zeit sechsmal den Lauf (602 v. Chr., 11. v. Chr., 1048, 1128, 1363 und zuletzt 1855). Die späteren Mündungen an der Küste lagen dann oftmals 500 Kilometer auseinander. Jedes Mal brachte eine solche Laufänderung Tod und Verderben über die Bewohner, für die einen Überschwemmung, Obdachlosigkeit und Hunger, für die anderen Trockenheit und Ernteausfall und ebenfalls Hunger. Die Laufänderung wurde jedoch verschiedentlich auch durch die Menschen selbst herbeigeführt. Im Jahre 1128 zerstörte die Song-Dynastie die Deiche vorsätzlich, um die Jin-Armeen am Vorrücken zu hindern – und so verlagerte der Fluss sein Bett als Folgewirkung. Ohne dass eine Laufänderung erfolgte, brachte der Deichdurchstich von 1642 großes Verderben über viele Menschen, als bei der Belagerung von Kaifeng die Stadt unter Wasser gesetzt wurde. Im Jahr 1938 öffneten die Guomindang-Truppen die Deiche des Gelben Flusses, um die Japaner aufzuhalten. Am weiteren Kriegsverlauf änderte diese Verzweiflungstat nichts, brachte aber vielen Tausenden den Tod. Der Masseneinsatz von Menschen beim Deichbau ist im Gebiet seines Unterlaufes unerlässlich, da durch die mitgeschwemmten Lößmengen der Fluss stets mit höheren Deichen umgeben werden musste und über weite Strecken hin fünf Meter höher liegt als die Ebene. Hier fließt der Huanghe wie in einer Riesenröhre dahin. Der Huang He ist nach dem Jangtse der zweitgrößte Strom Chinas mit einer Länge von 4875 km und einem Einzugsbereich von 745 000 Quadratkilometern. Der Fluss entspringt im nordtibetischen Siedlungsgebiet, durchbricht das Kunlun-Gebirge, nimmt südlich der Wüste Gobi die ersten Lößmassen in sich auf, windet sich wie ein Drache in gewaltigen Schleifen durch mehrere Provinzen und erhöht bei diesem Lauf durch die Anschwemmungen ständig das Flussbett.

Gelbe Turbane Der gewaltige Aufstand der »Gelben Turbane« im Jahre 184 n. Chr. kann als erstes Fanal für den Niedergang und späteren Untergang der Östlichen Han-Dynastie (25–220 n. Chr.) gewertet werden. Dieser erste große gut organisierte und vorbereitete Bauernaufstand im nördlichen und zentralen China hatte verschiedene Ursachen. Überschwemmungen am Unterlauf des Gelben Flusses, Hungersnöte, Korruption und blutsaugerische Steuereinnehmer, Epidemien, Misswirtschaft am Hofe, wo Eunuchen und die Familien der Kaiserinnen vor allem die meist schwachen Herrscher dominierten – all dies führte zur Verarmung der Bauern, sodass sich zuerst Banden bildeten, die plünderten und die allgemeine Ordnung gefährdeten. Schließlich aber fand sich in einem gewissen Zhang Jiao ein glänzender Agitator und Organisator, der alsbald eine Streitmacht aus den umherziehenden Bauernhorden bildete und den Sturz der Dynastie anstrebte. Von daoistischen Ideen inspiriert, ernannte er sich selbst zum »General Himmelsmeister« und seine beiden Brüder zum »General Erdmeister« und zum »General Menschenmeister«. Die bereits in einem Jahr auf 360 000 Mann angewachsene Streitmacht wurde von Zhang Jiao selbst befehligt und brachte die kaiserlichen Truppen schwer in Bedrängnis. In Anlehnung an den mythischen und als gerecht angesehenen Gelben Kaiser nannten sich die Aufständischen die »Gelben Turbane« und trugen zum Teil auch solche Kopfbedeckungen. In den ersten Jahren errangen die »Gelben Turbane« an verschiedenen Fronten viele Siege und eroberten weite Gebiete, aber als Zhang Jiao durch Krankheit starb und seine beiden Brüder auf dem Schlachtfeld fielen, waren die Kolonnen führerlos und wurden von den taktisch gut ausgebildeten Regierungstruppen besiegt. Mehr als hunderttausend der Aufständischen sollen auf den Schlachtfeldern gefallen sein. Selbst als sich um 188 abzeichnete, dass die Dynastie als solche außer Gefahr war, hielten noch zwanzig Jahre lang versprengte Reste der »Gelben Turbane« in abgelegenen Gebieten aus, und im Süden gründete sogar ein daoistischer Sektierer einen kleinen unabhängigen Staat. Das Ende der Han-Dynastie kündigte sich an, die kaiserliche Regierung hatte nur noch eine nominelle Existenz. Die Macht selbst lag in den Händen der Heerführer, die mit der Niederschlagung des Aufstandes betraut worden waren.

Geldwesen Bereits in der frühen Zhou-Dynastie im 16. Jahrhundert v. Chr. waren Muschelschalen als Zahlungsmittel im Umlauf, aber auch Tierknochen, Steine und vor allem Jade fanden Verwendung. Selbst als der Bronzeguss bereits bekannt war, bildete man aus Zinn und legierter Bronze noch Muschelschalen für den Geldverkehr nach, erst im 5. Jh. v. Chr. kam dann Metallgeld allgemein in Umlauf. In den verschiedenen Herrschaftsgebieten zur Zeit der Streitenden Reiche (481–221 v. Chr.) gab es unterschiedliche Währungen, die sich in vier Formen präsentierten: dies konnte nach wie vor Metallgeld in Form von Kaurimuscheln sein oder aber in Form von Eisenspaten oder in Messerform, am Ende schließlich runde Münzen mit einem runden Loch in der Mitte, das später durch eine viereckige Öffnung ersetzt wurde. Der erste Kaiser der Qin-Dynastie (221–207 v. Chr.) führte dann eine einheitliche Reichswährung ein, die damals geprägte Kupfermünze trug den Namen »Banliang«. Unter Kaiser Wudi in der Han-Dynastie wurden im Jahre 118 v. Chr. dann Münzen mit dem Namen »Wuzhu« herausgegeben, die selbst auch als Tribute in bestimmten Mengen an die Hunnen gezahlt wurden (Geld gegen Sicherheit). Die Wuzhu-Münzen blieben bis zum Ende der Sui-Dynastie im Umlauf. Kaiser Gaozu gab dann im Jahr 621 zu Beginn der Tang-Dynastie eine neue Münze mit dem Namen »Kaiyuan Tongbao« heraus, die bis zum Ende der Qing-Dynastie diesen Namen behielt. Man zog die Münzen zu je 1000 Stück auf lange Schnüre auf und berechnete danach den Staatshaushalt, so betrugen etwa im Jahr 755 die Ausgaben für die Streitkräfte allein 15 Millionen Schnüre zu je 1000 Kupfermünzen. Aus Mangel an Kupfer prägten nach dem Zerfall der Tang-Dynastie die zehn Königreiche im Süden Chinas auch Münzen aus Eisen und Blei. Der steigende Bedarf an Münzen durch die florierende Wirtschaft des Landes führte einerseits zur Prägung der höherwertigen Silbermünzen andererseits zum verstärkten Ausbau der Bergwerke, die Kupfer und Eisen zutage fördern konnten. Nach der erneuten Reichseinigung in der Song-Dynastie nahm die Geldwirtschaft einen gewaltigen Aufschwung. Im Jahr 1073 beispielsweise wurden allein 6 Millionen Schnüre zu je 1000 Münzen neu in den Umlauf gebracht. Papiergeld wurde auch schon im Song-Reich gedruckt, war allerdings nur für eine bestimmte Zeit und für einen begrenzten Raum gültig, während das gemünzte Kupfergeld der Song in ganz Ostasien als Zahlungsmittel angenommen wurde und bis nach Japan und rund um den Indischen Ozean in den Küstenstädten verbreitet war. In der Ming-Zeit, in der auf Grund des wirtschaftlichen Aufschwungs der Geldbedarf stieg, wollte der Kaiserhof den Umlauf des Papiergeldes beschleunigen, scheiterte aber damit. Man bezahlte die Beamten mit Papiergeld, man kaufte sogar Papiergeld wieder (gegen Münzen) zurück, um dessen Stabilität zu beweisen, es half nichts, der »Kurs« des Papiergeldes sank stets bald nach Ausgabe der Scheine um ein Beträchtliches. Das Silbergeld machte letztlich das Rennen. Ein Silberbarren (Tael) war die Einheit, auf die nun vieles bezogen wurde; im Jahre 1453 entsprach beispielsweise 1 Tael 36 Gramm Silber oder 240 Liter Getreide. Hauptexporteur für Silber war Japan, später kaufte man den Spaniern auf den Philippinen viel Silber ab, die das begehrte Edelmetall aus ihren Bergwerken in Mittel- und Südamerika bezogen. Das Opium, das die Engländer im 19. Jahrhundert nach China verkauften, ließen diese sich mit Silbergeld bezahlen. Der chinesische Staat fürchtete daher nicht nur die Probleme, die große Massen von Süchtigen bereiten, er war auch in Sorge wegen des Abflusses von großen Mengen an Silbergeld. Als China im Opiumkrieg unterlegen war und die Einfuhr der Droge zugelassen werden musste, bezog China aus Japan und den USA Silber gegen hochwertige Produkte aller Art, um es anschließend wieder an die Engländer »via Opiumraucher« loszuwerden. Ein Bankwesen und eine moderne Geldwirtschaft nach europäischen Maßstäben wurde in China erst Ende des 19. Jahrhunderts und verstärkt nach dem Sturz der Mandschu-Dynastie 1911 eingerichtet.

Gelo-Nationalität Zu den kleineren Nationalitäten in China zählt die Minderheit der Gelo, die verstreut in mehr als 20 Kreisen im Westen der Provinz Guizhou lebt. Kleine Gruppen der Gelo sind auch in Yunnan und in Guangxi zu finden. Die Gelo-Sprache gehört zur sinotibetischen Sprachfamilie, ist jedoch in so unterschiedliche Dialekte aufgesplittert, dass sich viele Gelo nicht mehr miteinander verständigen können. Aus diesem Grunde bedienen sich viele Gelo des Chinesischen und verwenden auch die chinesischen Schriftzeichen, da eine eigene Gelo-Schrift nicht existiert. Lebensgrundlage der Gelo ist die Landwirtschaft, angebaut werden Mais, Wasserreis, Weizen und Süßkartoffeln. Bemerkenswert ist die seit alters schon bestehende Gleichberechtigung von Mann und Frau bei den Gelo, ein Wesenszug, der sie grundlegend von allen Nachbarvölkern unterscheidet.

Gendun Drup Gendun Drup (1391–1475) ist der rückwirkend zum Ersten Dalai-Lama ernannte Neffe und Schüler des großen Reformators Tsongkhapa. Gendun Drup ist auch Gründer des Klosters Taschilhunpo.

General Stilwell Im Juni 1942 sperren die Japaner die Burmastraße, durch die allein amerikanische Waffenhilfe China noch erreichen konnte. Auf Grund der Schwäche Chinas in militärischer Hinsicht bittet Roosevelt, alle chinesischen Truppen unter die Führung des amerikanischen Generals Stilwell zu stellen. Nach diesem Führungswechsel gelingt es 1944, die Straße nach Burma zu räumen, die fortan »Stilwell Road« genannt wird.

Gentry Unter dem englischen Begriff »gentry« versteht man jene soziale Klasse in China, die in der Kaiserzeit alle mit Grundbesitz ausgestatteten Staatsbeamten umfasste. Diese Schicht glich zwar äußerlich dem Kleinadel der europäischen Feudalstaaten, war aber nicht erblich. Voraussetzung für eine Beamtenkarriere war im alten China stets ein Staatsexamen, dessen Bestehen vor allem literarische Kenntnisse erforderte. War der Examinierte dann in den Staatsdienst aufgenommen, so war seine Stellung mit allerlei Privilegien verbunden. Das offizielle Gehalt der Lokalbeamten war zwar gering, aber die Position war mit Steuerbefreiung und anderen Privilegien verbunden. Allerdings galt es als ungeschriebene Regel, dass ein eben ernannter Beamter sich auf die Versorgung von drei nachfolgenden Generationen seiner Familie einzustellen hatte. Was als Korruption nach europäischen Maßstäben im Alltag eines Beamtenlebens angesprochen werden könnte, war vielfach ein Teil jenes allgemein akzeptierten Versorgungssystems. Nur allzu deutliche Auswüchse stießen auf Missbilligung. Wollte ein Angehöriger der Gentry nun für seine Großfamilie dieses System fortgeführt wissen, so musste er in jedem Fall einem aufgeweckten Knaben seines Clans eine klassische Bildung angedeihen lassen, damit dieser nach langen Jahren fleißigen Lernens die Beamtenprüfung bestehen und damit wieder eine Staatsstellung erringen konnte. Diese ständige neue Auslese sicherte China für gut zwei Jahrtausende ein erstaunliches kulturelles Kontinuum und verhinderte die Bildung eines Erbadels, der eine stete Gefahr für die Kaiserdynastien bedeutet hätte.

Geschichtsmuseen Von den vielen inzwischen eröffneten Museen in China sind die meisten für den Historiker ebenso bedeutsam wie für jene Besucher, die sich den speziell gepflegten Themenbereichen zuwenden wollen, für die die meisten Exponate gesammelt wurden. Vier Museen in China aber ragen eindeutig in dieser Hinsicht hervor: das Museum für chinesische Geschichte am Tiananmen-Platz in Peking und das 1991 errichtete Geschichtsmuseum der Provinz Shaanxi in Xian. Das bereits 1961 eingeweihte Museum in Peking, kombiniert mit dem Museum für die Chinesische Revolution, wird an Modernität und Zweckmäßigkeit weit übertroffen von dem Museum in Xian, das auf einer Fläche von 7 Hektar mit seinen 370 000 Exponaten die gesamte chinesische Geschichte von den Uranfängen bis zur Gegenwart vorbildlich veranschaulicht. In Taipeh auf Taiwan sind das Nationale Geschichtsmuseum und das Nationale Palastmuseum ebenfalls unverzichtbare Schatzkammern und Archive für den Historiker.

Geschichtsschreibung Das Geschichtsbewusstsein der Chinesen, nur noch vergleichbar mit dem der Europäer insgesamt, hat dazu geführt, dass die chinesische Geschichtsschreibung in ihrer Kontinuität und Fülle neben der von Europa als die zweite große Historiographietradition der Welt zu betrachten ist. Der Beginn geschichtlichen Denkens in China hat ähnliche Vorstufen wie das in Mesopotamien und Ägypten, es setzt ein mit dem Mythos, dem Orakelwesen, dem Kalendermachen und religiösen Zeremonien, die in zeitlichen Abständen stattfanden und einen ersten Begriff von Zeitabläufen herausbildeten. Da die in ihrer chronologischen Fixierung sich widersprechenden Berichte über die legendären Urkaiser sowie über die Xia- und Shang-Dynastie erst in der neuesten Zeit mit Hilfe der Archäologie, ja sogar der Astronomie einer kritischen Sichtung unterzogen werden konnten, ist eine durchgängige exakte und chronologisch unanfechtbare Datierung für die chinesische Geschichte erst ab 841 v. Chr. möglich. Die Herausbildung eines näher fassbaren Geschichtsverständnisses kann in der Zeit der Gründung der Zhou-Dynastie beobachtet werden, da der Dynastiewechsel moralisch begründet wurde und eine kritische Beschreibung der vorangegangenen Dynastie mit ihren Verfehlungen und Lastern damit unumgänglich geworden war. Diese moralisierende Geschichtsbetrachtung wirkt letztlich in China bis in die Gegenwart nach, sei es aus konfuzianischer Sicht bis zum Sturz der Qing-Dynastie oder aus kommunistischer Sicht bei der Verurteilung von feudalistischen oder kapitalistischen Zeiten vor der »Befreiung«. Die gewaltige Masse der Schriften und Dokumente lässt es jedoch dennoch zu, ein ziemlich lückenloses, vorurteilsfreies Bild über den Ablauf der letzten 3000 Jahre chinesischer Geschichte zu erhalten. Einen ersten großen Höhepunkt narrativer Geschichtsschreibung stellt zweifellos das Werk von Sima Qian dar, der als Historiker am Kaiserhof der Han-Dynastie wirkte und eine Universalgeschichte bis zu seiner unmittelbaren Gegenwart verfasste. Dieses vorbildliche Werk, das hohe literarische Qualitäten aufweist, wurde beispielgebend für die meisten späteren Dynastiegeschichten, Kaiserchroniken, Tabellen, Sachabhandlungen, Lokalmonographien, Biographien und Fürstengeschichten. Die Einrichtung eines staatlichen »Geschichtsamtes« im Jahre 629 nach Errichtung der Tang-Dynastie dürfte in der Welt einmalig sein, denn diese Institution hat sich bis zum Sturz der letzten Dynastie unter verschiedenen Namen und nach kurzen Unterbrechungen bei Herrscherwechseln gehalten und für eine lückenlose Aufzeichnung der historischen Ereignisse gesorgt. So umfasste beispielsweise die umfangreiche Reichschronik des Sima Guang aus dem Jahr 1084 einen Zeitraum von 1362 Jahren, beginnend mit dem Jahre 403 v. Chr. und endend 959 n. Chr. Der Titel des Werkes von Sima Guang lautet »Durchgängiger Spiegel zur Hilfe der Regierung« und belegt damit die funktionelle Aufgabe der Geschichtsschreibung am Kaiserhof, denn die Chinesen waren mehr als alle anderen Völker darauf erpicht, »aus der Geschichte zu lernen«. Kann man die bisherigen historiographischen Werke wegen ihres hohen literarischen Anspruchs auch als »Meistererzählungen« ansehen, so steht die erste vollständig erhaltene geographisch-historische Beschreibung des Gesamtreiches aus den Jahren 1456–1461 als monumentales Geschichtswerk vor uns, das dann in den Jahren 1743, 1784 und 1842 auch in der Qing Dynastie seine Nachfolger gefunden hat. Neben dieser auf exakte Beschreibung des Geschichtsablaufs bedachten Historiographie treten jedoch in China – wie auch in Europa – eine Fülle von historischen Essays, von Monographien, Biographien und Geschichtsromanen, die das gesamte Bild einer Epoche erst abzurunden und mit dem Kolorit der Zeit darzustellen in der Lage sind. Als Begründer einer philologisch-textkritischen Gelehrsamkeit gilt Gu Yanwu mit seinem Werk »Aufzeichnungen über die tägliche Wissensaneignung«, das 1670 erschien und 1695 in einer neuen Auflage überarbeitet wurde. Wenn auch die Mandschu-Herrscher darauf bedacht waren, ihre Dynastie in den Geschichtswerken nur positiv dargestellt zu sehen, konnten sie dennoch diese positivistischen Ansätze kritischer Historiographie nicht mehr unterdrücken. Mit dem Fall des letzten Kaiserreiches wurde dann unter dem Einfluss europäischer und amerikanischer Methoden die chinesische Geschichtswissenschaft auf international gebräuchlichen Fundamenten weiter ausgebaut, nachdem schon 1902 in dem Essay »Neue Geschichtswissenschaft« die Kritik an der dynastisch gebundenen Darstellung historischer Ereignisse unmissverständlich dargestellt worden war.

Geschichtswissenschaft In der chinesischen Geschichtswissenschaft war vor dem Einbruch europäischen Denkens die Auffassung vorherrschend, dass China gleichsam die universelle Zivilisation der Welt verkörpere und eine absolute kulturelle Führungsstellung gegenüber anderen Weltgegenden und »Barbarenvölkern« habe. Seit dem Kennenlernen der Welt mit ihren vielfältigen Kulturen in Vergangenheit und Gegenwart haben die chinesischen Historiker nunmehr die Aufgabe zu bewältigen, die chinesische Geschichte als eine unter vielen, wenn auch als große und bedeutende, in den internationalen Zusammenhang einzuordnen. Bei der Frage nach dem Sinn und den Gesetzmäßigkeiten der Geschichte stand in der Vergangenheit die Theorie vom Kreislauf der Dynastien im Vordergrund (Samen, Blüte, Frucht und Sterben einer Dynastie mit nachfolgendem Neuanfang nach gleichem Muster) bei gleichzeitiger Durchdringung von barbarischen Nachbarvölkern mit chinesischer Kultur zur Sicherung der eigenen Existenz und zum Segen für eben diese Völker. Diese Theorie wurde dann bereits in den dreißiger Jahren des 20. Jahrhunderts abgelöst durch sozialdarwinistische und nationalistische Geschichtsdeutungen, die aus dem Westen kamen, und dann vor allem von der marxistisch-leninistischen Geschichtsdeutung. Seit dem Ende der Mao-Zeit hat bereits eine vorsichtige Neubesinnung begonnen, die zunehmend ideologische Vorbelastungen ablehnt und den historischen Materialismus in Frage stellt. Führend bei dieser Umorientierung sind naturgemäß weniger die Historiker des Festlandes als vielmehr ihre Kollegen in Taiwan, die am Institut für Geschichte und Philologie arbeiten und die 1949 mit Hilfe der Guomindang auf die Insel flüchteten.

Gesetzgebungs-Yuan Nach der endgültigen Niederlage der Warlords und der Einnahme Pekings im Juni 1928 durch Chiang Kai-shek, wurde in Nanking im Oktober 1928 eine Nationalregierung gegründet, die nach den Plänen von Sun Yat-sen für längere Zeit aus erzieherischen Gründen eine »Vormundschaftsregierung« sein sollte. Die Partei der Guomindang beherrschte nunmehr über ihren Politrat die gesamte Nationalregierung, die nach der Fünf-Gewalten-Theorie von Sun Yat-sen in fünf Organe gegliedert wurde. Neben dem Gesetzgebungs-Yuan standen der Exekutiv-Yuan und der Rechts-Yuan. Diese drei »Gewalten« wurden jedoch ergänzt durch einen Prüfungs-Yuan und einen Kontroll-Yuan.

Goldenes Quadrat In Shaanxi lagen einst in einem Flächenquadrat von rund 40 Kilometern je Seite die Hauptstädte von fünf Dynastien, während die ebenfalls dort liegende heutige Provinzhauptstadt Xian nur ein Viertel dieses Quadrats ausfüllt. In der Zhou-Dynastie wurde im Westen dieser Fläche am Feng-Fluss zuerst die Hauptstadt Fengjing angelegt, die man aus strategischen Gründen dann später weiter nach Osten verlagerte und ihr den Namen Haojing gab. In der Qin-Dynastie baute dann der Erste Kaiser Qin Shihuangdi am Nordufer des Wei-Flusses seine prunkvolle Hauptstadt Xianyang mit Palästen, Wandelhallen, Galerien und vielerlei Gebäudekomplexen. Die Krönung seiner architektonischen Träume war für den Gründer der ersten Kaiserdynastie jedoch der E-Pang-Palast, an dessen Bau mehrere hunderttausend Arbeiter beteiligt gewesen sein sollen. Vier Jahre nach dem Tod von Qin Shihuangdi brach der Rebellengeneral Xiang Yu in die Hauptstadt ein und machte sie dem Erdboden gleich. Vom E-Pang-Palast blieb kein Stein auf dem anderen. Die nach den Jahren des Aufstandes gegründete Han-Dynastie errichtete ihre Metropole Changan dann nicht mehr auf dem Boden des verwüsteten Xianyang, sondern einige Kilometer südlich von der Trümmerstätte in der Ebene. Die neue Hauptstadt schmiegte sich in das Knie eines kurzen Seitenflusses des Wei und war von diesem im Westen und vom Wei selbst im Norden umflossen. Die im Laufe der Generationen wieder prachtvoll ausgebaute Stadt wurde dann beim Ende der Westlichen Han-Dynastie (206 v.–9 n. Chr.) von den sich streitenden Parteien im Bürgerkrieg (23–25 n. Chr.) völlig zerstört, sodass die neuen Herrscher der Östlichen Han ihre Residenz endgültig nach Luoyang verlegten. Die Sui-Dynastie (581–618 n. Chr.) dokumentierte später ihren politischen Willen mit der Gründung einer neuen großen Hauptstadt in eben jenem »Goldenen Quadrat«, nannte sie jedoch Daxing und legte sie gut zehn Kilometer südöstlich des hanzeitlichen Changan mit vielen Prachtbauten an. Die unmittelbar darauf folgende Tang-Dynastie (618–907 n. Chr.) beließ es zwar bei dieser Hauptstadt, nannte sie jedoch wieder um und gab ihr den ehrwürdigen Namen Changan aus dem Han-Zeitalter zurück. So kam es, dass in China zwei Weltstädte von damals und archäologisch wichtige Zentren von heute in unmittelbarer Nachbarschaft den Namen Changan tragen. In der Ming-Zeit hieß dann die Stadt schon Xian und lag innerhalb der Fläche des tangzeitlichen Changan, während die heutige Provinzhauptstadt Xian mit ihren Außenbezirken an allen Seiten darüber hinausgeht. Das Goldene Quadrat stellt in der Geschichte der Menschheit ein einmaliges Ensemble archäologischer Plätze dar, von dem aus einst weltpolitische Entwicklungen in die Wege geleitet und Kulturgüter geschaffen wurden, die Weltgeltung beanspruchen können.

Gongdi Gongdi (617–618), letzter Kaiser der Sui-Dynastie. Mit sieben Jahren als Enkel des ermordeten Kaisers Yangdi auf den Thron gehoben und 618 selbst auch getötet.

Gongxian-Gräberfeld Im Kreis Gongxian am Mittellauf des Gelben Flusses in der Provinz Henan liegt die größte Grabanlage aus der Song-Zeit, die aus einem Zeitraum von 160 Jahren die Gräber von sieben Kaisern, 20 Kaiserinnen und Konkubinen sowie ihrer Verwandten und auch von hohen Ministern enthält. Die Anlage ist 20 mal 15 Kilometer groß und von Bergen umgeben. Die Grabstätten weisen alle die gleiche Struktur auf: eine große Plattform wird von einer Mauer quadratisch eingeschlossen und an jeder der vier Ecken steht ein Turm. Unter dieser Plattform liegt stets die Grabkammer. Gut erhalten sind viele der damals aufgestellten Steinfiguren: Wächter mit Pferden und Elefanten, Schafe, Fabeltiere, Beamte und hohe Offiziere.

Gongxian-Höhlen Im Kreis Gongxian, Provinz Henan, liegen am Mittelauf des Gelben Flusses steil aufragende Felswände an den Ufern, in die bereits im Jahre 517 fromme Buddhisten viele Höhlen schlugen, von denen heute nur noch fünf erhalten sind. In diesen fünf Grotten befinden sich 256 Nischen, ausgestattet mit 7759 Figuren: Buddha und seine Lebensgeschichte, Bodhisattvas, Feen, Tiere – aber auch Mönche und Nonnen selbst sind dargestellt, allesamt Höhepunkte der Bildhauerkunst in der Nördlichen Wei-Dynastie.

Gongzong Gongzong (1275), Kaiser der Südlichen Song-Dynastie, war bei seiner Inthronisierung erst vier Jahre alt. Er war der Sohn des 1274 gestorbenen Kaisers Duzong und stand unter der Vormundschaft seiner Großmutter, der Kaiserinwitwe, die als Regentin fungierte. Die tatsächliche Macht lag in den Händen der Minister. Als die Mongolen jedoch gegen die chinesische Hauptstadt vorrückten, wurde Gongzong abgesetzt und mitsamt dem Hofstaat in mongolische Gefangenschaft abgeführt. Die Mongolen gaben ihm einen Ehrentitel und steckten ihn in ein tibetisches Kloster, wo der Knabe zum Mönch erzogen wurde. Erst im Jahre 1323 soll er durch erzwungenen Selbstmord sein Leben beendet haben. Vor seiner Gefangennahme waren zwei Brüder von ihm, auch noch Kinder, nach Fujian in Sicherheit gebracht worden. Von den ebenfalls in Südchina eingetroffenen Flüchtlingen wurden diese beiden Kinder noch zu Kaisern erhoben – eine Verzweiflungstat vor dem Ende der Dynastie.

Gou Jian Gest. 465 v. Chr. König des Staates Yue und Hegemon im Rahmen der Zhou-Dynastie. Diese herausgehobene Stellung konnte er beanspruchen, nachdem er nach langen Kämpfen den Staat Wu unterworfen hatte.

Grab des Kaisers Hongwu Der Gründer der Ming-Dynastie, Kaiser Hongwu (1368–1398) ist als einziger Herrscher dieser Dynastie in Nanking begraben. Dieses Grab in der ersten Hauptstadt nach dem Sieg über die Mongolen ist eines der größten Kaisergräber Chinas, wurde jedoch von den Taiping-Rebellen in der Mitte des 19. Jh. schwer zerstört. Erhalten sind der 800 Meter lange, von Steinfiguren gesäumte Seelenweg zum Grab, das Große Rote Tor und der Grabhügel selbst.

Grab von Fu Xi Im östlichen Teil der Henan-Ebene erhebt sich nördlich der Stadt Huaiyang beim Cai-Fluss ein Grabhügel, von dem gesagt wird, dass hier die Ruhestätte von Fu Xi sei, jenem mystischen

Kaiser des alten China, der den Menschen eine Fülle von Kulturtechniken gelehrt habe, so etwa Jagd- und Fischerei, Netze machen, Haustiere züchten und ähnliche Fertigkeiten. Fu Xi habe auch die Ehegesetze verkündet, den Kalender und die Leier erfunden und habe die acht Trigramme, die uralten Weisheitssymbole Chinas von dem Panzer einer Schildkröte abgeleitet. Um den Tumulus wurde inzwischen ein öffentlicher Park angelegt. Aus den letzten beiden Dynastien sind mehrere Gebäude erhalten, die den Hügel umgeben.

Grab von Taizong Das Grab von Taizong, dem 7. Ming-Kaiser (1450–1457) liegt in den Duftbergen westlich von Peking als ganz bescheidene Anlage und gibt Zeugnis von einem einmaligen Vorgang in der chinesischen Geschichte. Als der sechste Ming-Kaiser, Yingzong, bei einem Kriegszug von den Mongolen im Jahr 1450 gefangen genommen wurde, bestieg sein Bruder (als Kaiser Taizong) den Thron. Als nun jedoch Yingzong unerwartet freigelassen wurde und zurückkehrte (1457), war die Staatskrise da. Als dann aber der »Zwischenkaiser« in diesem Jahr starb, bestieg Yingzong wieder den Thron und ließ seinen Bruder lediglich in einem recht einfachen Grab bestatten, während er mit seinen Nachfolgern seine Ruhestätte bei den feudal angelegten Ming-Gräbern fand.

Gräber des Staates Guo Im Jahre 1956 stieß man bei Beishangling nördlich von Sanmenxia am Huanghe in der Provinz Henan auf über 200 Gräber des Staates Guo, eines Fürstentums aus der Zeit der Frühlings- und Herbstannalen (770–476 v. Chr.). Dieses Fürstentum gehörte zu jenen vielen kleineren Staaten, die sich vor der Zeit der Streitenden Reiche in der Zhou-Dynastie noch halten konnten. Die historische Bedeutung der Funde liegt darin, dass man aus der Art der Grabbeigaben (Pferdegespanne, Waffen, Schmuck) auf die soziale Stellung und den Lebenszuschnitt wohlhabender Adliger eines Kleinstaates in den Jahrhunderten vor Konfuzius schließen kann.

Gräber der Qi-Herrscher Im Kreis Linzi, 25 km nordöstlich der Stadt Zibo in der Provinz Shandong liegen die freigelegten 20 Schachtgräber der Herrscher von Qi, jenes Staates, der sich in der Zeit der Frühlings- und Herbstperiode (770–476 v. Chr.) über die ganze Halbinsel Shandong ausdehnte. In diesem Gräberfeld befand sich auch ein Pferdegrab von 210 Metern Länge und 50 Metern Breite, in dem man 600 Pferde bestattet hatte – eine Grabbeigabe, die auf eine überragende Bedeutung des Fürsten schließen lässt, der hier für das Leben im Jenseits mit einer solch riesigen Pferdeschar ausgestattet wurde.

Gräberfeld von Xianyang In der näheren und weiteren Umgebung von Xianyang, 30 km nordwestlich der Provinzhauptstadt Xian, fanden 72 Kaiser ihre letzte Ruhestätte. Gleichfalls wurden in diesem Gebiet über 800 Gräber für kaiserliche Familienmitglieder, Minister und hohe Generäle angelegt. Von den Kaisergräbern sind neun aus der Westlichen Han-Dynastie, die sich in Wulingyuan, 20 km östlich von Xianyang befinden. Die bekanntesten davon sind Changling (Kaiser Liu Bang), Yangling (Kaiser Liu Qi), Maoling (Kaiser Liu Che), Anling (Kaiser Liu Ying), Pingling (Kaiser Liu Fu). Die 1965 aufgefundenen, hanzeitlichen Terrakottakrieger und -pferde wurden nahe des Changling-Grabes entdeckt und die rund 40 000 Tonfiguren aus gleicher Zeit kamen 1990 in der Umgebung des Yangling-Grabes zum Vorschein. Die kaiserlichen Tang-Gräber liegen im Norden und Nordwesten von Xianyang. Auf dem Jiuzong-Berg liegt das Zhaoling-Grab für den Tang-Kaiser Li Shimin, dessen Gesamtfläche 20 000 Hektar umfasst. In seiner Umgebung hat man 167 Gräber für Prinzen, Prinzessinnen, Generäle und Minister identifiziert. Das bekannte Qianling-Grab des Kaisers Li Zhi und der Kaiserin Wu Zetian liegt allerdings auf dem Liangshan-Berg im Nordwesten der Stadt und weist noch 61 lebensgroße Steinstatuen von Häuptlingen auf, die einst in den Grenzgebieten nationalen Minderheiten vorstanden. Ihre Anwesenheit als Grabwächter gibt sie als Vasallen des Tang-Reiches zu erkennen. Die Namen und die Herkunft dieser Regionalfürsten sind auf ihrem Rücken eingemeißelt, ihre Köpfe allerdings sind vor langer Zeit abgeschlagen worden. Geöffnet sind bisher zwei bedeutende Nebengräber, die zwischen dem Zhao Ling und dem Qian Ling in der hügeligen Landschaft liegen, einmal das Grab des Prinzen Zhanghuai und südlich davon das Grab der Prinzessin Yongtai.

Greater China Der in den Neunziger Jahren des 20. Jahrhunderts geborene Begriff »Greater China« entsprang der Beobachtung, dass Chinesen untereinander auch grenzüberschreitend sehr leicht geschäftliche Kontakte knüpfen und zum gegenseitigen Vorteil Handel in Gang bringen können. Man versteht daher unter »Greater China« die Gesamtheit der Chinesen in der VR China, in Taiwan und vor allem in Singapur und in anderen südostasiatischen Staaten, die größere chinesische Bevölkerungsanteile besitzen. Im weiteren Sinne sind jedoch alle Überseechinesen gemeint, die sich in die Handelsusancen von Greater China einfügen können

Grenzverlauf Die Grenzen Chinas haben sich im Laufe der Geschichte vielfach verändert, sodass das Reich der Mitte wie eine Amöbe ihre Fühler und Füße in die verschiedensten Richtungen ausstreckte oder wieder einzog. Der Kernraum blieb vielfach trotz zahlreicher Invasionen erhalten, da die Kulturgemeinschaft der Chinesen sich als stärkerer Magnet erwies als alle politischen Teilungen, ja selbst stärker als jene von außen kommenden Herrscher, die wie die Mongolen oder Mandschuren China als Ganzes sogar über mehrere Jahrhunderte regieren konnten. Überblickt man die dreitausend Jahre schriftlich klar dokumentierter Geschichte des Reiches, so zeigt sich eindeutig, dass die bedrohten Grenzen meist ausschließlich im Norden lagen, zeitweise auch im Nordosten und im Nordwesten. Von Süden drohte praktisch keine Gefahr und die Meere im Osten waren offen, sieht man einmal von den zahlreichen Überfällen japanischer Seeräuber an den Küsten ab. Die größte Ausdehnung des chinesischen Reiches erfolgte paradoxerweise erst unter der fremdländischen Mandschurendynastie im 18. Jahrhundert. Damals war nicht nur die Äußere Mongolei auch Bestandteil Chinas, sondern die Nachbarländer Korea, Annam, Birma, Bhutan, Sikkim, Nepal und Ladakh waren allesamt als Tributstaaten an das Kaiserreich gebunden. Die Gebiete der Turkvölker in Sinkiang und die Territorien im Südwesten, wo viele kleinere Ethnien beheimatet sind, waren entweder unterworfen oder durch ein raffiniertes System der Anbindung botmäßig gemacht. Dieses System umfasste die Vergabe hoher Titel an eingeborene Fürsten, die Heirat chinesischer Prinzessinnen mit grenznahen, bisher feindlichen Stammesfürsten, ja selbst die Religion wurde als Bindemittel benutzt wie sich im Falle des Lamaismus zeigte, der zur Pazifizierung der Mongolen und Tibeter von Peking erfolgreich eingesetzt wurde. Die einmal gewonnenen Außengrenzen wurden dann meist in der Frontlinie durch militärische Garnisonen und die Große Mauer gesichert, im Hinterland durch die Ansiedlung von Wehrbauern abgepuffert. Regionale Aufstände konnten zwar zeitweilig wieder Grenzfestlegungen rückgängig machen, bis zum Ende des 18. Jahrhunderts jedoch bildete China einen gewaltigen, in sich mehr oder weniger gefestigten Block. Erst das Vorrücken der Europäer im 19. Jahrhundert und dann die Invasionen der Japaner im 20. Jahrhundert veränderten die Lage dramatisch. An den Küsten und selbst auch im Inland musste China an die Ausländer entweder Gebiete direkt abtreten oder Konzessionen dulden, musste Territorien zwangsweise verpachten oder als freie Häfen für den Außenhandel öffnen. Die Äußere Mongolei und die Mandschurei gingen vollständig verloren. Die VR China konnte die Mandschurei nach der Niederlage Japans 1945 wieder zurückgewinnen, während die Äußere Mongolei sich endgültig verselbständigte. Nach dem Zerfall der Sowjetunion 1991 stellte sich der Grenzverlauf der VR China wie folgt dar: die gesamte Länge der Landgrenzen beläuft sich auf 22 113 Kilometer, die Küstenlinie des Festlandes auf 18 000 Kilometer. Die längste Landgrenze trennt China von der Mongolei mit 4673 Kilometer, die kürzeste mit Afghanistan mit 76 Kilometer. Die Grenze zu Russland ist 3645 Kilometer lang, die zu Indien 3380 Kilometer. Dann folgen mit recht unterschiedlichen Längen die Grenzen zu Myanmar, Kasachstan, Nordkorea, Vietnam, Nepal, Kirgistan, Pakistan, Tadschikistan, Bhutan, Laos. Von diesen Grenzen zu insgesamt 14 Staaten stehen endgültige Grenzfestlegungen mit Indien noch aus, da China im Himalaya ein Territorium von 360 000 Quadratkilometern seit dem Grenzkrieg 1962 nach wie vor besetzt hält.

Große Mauer Das größte von Menschenhand ausgeführte Bauwerk auf diesem Planeten ist zweifellos die Große Mauer, von der es heißt: »Der Lindwurm taucht im Osten seinen Kopf ins Wasser und steckt im Westen seinen Schwanz in den Sand.« Dieses geflügelte Wort will besagen, dass in Shanhaiguan am Bohai-Meer diese riesige Verteidigungsanlage beginnt und im fernen Westen, in den Wüstengebieten der Provinz Gansu endet. Chinesisch heißt dieser Grenzwall »Wan Li Chang Cheng«, d. h. »10 000 Li lange Mauer«. Ein Li entspricht 644 Meter, demnach wäre nach europäischen Maßen die Mauer 6440 km lang. Dies ist allerdings die Angabe aus der Qin- und Han-Zeit, in anderen Perioden hatte die Mauer eine andere Ausdehnung – und die Luftlinie war stets kürzer als die exakte Mauerführung, denn sie hat Kurven, Schleifen und Seitenlinien. Wer die Länge der Mauer in Li oder Kilometern angibt, muss also stets die Zeit nennen, in der die Abmessung gegolten hat. Zu bemerken ist ferner, dass zu verschiedenen Zeiten noch viele Parallelmauern weiter südlich gebaut wurden, um die möglicherweise eingedrungenen Feinde in eine Falle zu locken und in Kesselschlachten vernichten zu können. Fasst man alle jemals gebauten Mauerabschnitte zusammen, so könnte man mit dem hierzu verwendeten Baumaterial einen dreifachen Ring um den Äquator legen, der einen Meter hoch und einen Meter breit wäre. Das Baumaterial waren Natursteine, Ziegel, Kies, Sand, Lehm, Holz und Füllmaterial jeglicher Art. Die Mauer ist – je nach Geländebeschaffenheit – 8 bis 11 Meter hoch, an der Basis 8 Meter und oben 7 Meter breit. Auf dem sehr gut gepflasterten Mauerweg konnten entweder drei Reiter nebeneinander oder fünf gerüstete Soldaten in einer Formation nebeneinander vorrücken. Die Mauer war vom Beginn bis zum Ende mit 25 000 Wachttürmen ausgerüstet, die für Mannschaftsunterkünfte und als Waffenkammern dienten. Vor der Mauer standen in freiem Feld zusätzlich 15 000 Signaltürme, die mit Beobachtern besetzt waren. Näherten sich feindliche Truppen, so wurden von diesen Türmen aus Signale gegeben, in der Nacht konnten durch Feuersignale Truppen zur Verstärkung herangerufen werden, während des Tages wurden Rauchsignale gegeben. Oben an der Mauerkrone waren Schießscharten und Brustwehre angebracht. Auf der Innenseite führten Treppen nach oben. Die Mauer durchschneidet im Norden Chinas Wiesen, Weiden, Acker, Wälder, schlängelt sich über hohe Gebirgszüge hinweg, verläuft in Windungen durch Ödland und Steppe und endet in der Wüste. Im Laufe vieler Generationen waren Millionen von Zwangsarbeitern, von Gefangenen und Straffälligen an der Mauer als Arbeitssklaven eingesetzt und Hunderttausende dürften an den Strapazen, durch Hunger und Krankheit und durch die Brutalität der Aufseher zugrunde gegangen sein. Zwar konnte die Mauer den Einfall der Mongolen im 13. Jahrhundert nicht verhindern, aber in vielen Generationen hielt die Mauer nachweislich die räuberischen Steppenvölker von ihren Beutezügen ab. Der

Grenzwall war ständig durch eine staunenswerte Anzahl von Wachsoldaten besetzt. In Friedenszeiten fanden bei den Tunneltoren durchaus auch große Märkte unter entsprechender Aufsicht statt, bei denen ein reger Warenaustausch zwischen den sesshaften Chinesen und den nomadisierenden Stämmen jenseits der Mauer ablief. Die ersten Mauern wurden nachweislich bereits im 7. Jahrhundert v. Chr. gegen die beutegierigen Reitervölker der Hunnen, Türken, Tungusen und Mongolen errichtet. Allerdings bauten die chinesischen Fürsten und Kleinkönige vor der Einigung des Reiches auch Mauern innerhalb der heutigen Provinzen gegeneinander, um sich vor einer »feindlichen Übernahme« schützen zu können. Qin Shi Huang Di, der erste chinesische Kaiser war es dann, der diese innerchinesischen Mauern in seinem geeinten Reich niederreißen ließ und die im Norden bestehenden Wälle zu einem mächtigen Gesamtbollwerk verband. Die nachfolgende Han-Dynastie hat die Mauer dann weiter befestigt und erhöht. Jede Dynastie verfolgte allerdings ihre eigene verteidigungspolitische Strategie. In der Tang-Dynastie beispielsweise wurde die Kavallerie favorisiert und die Mauer trat etwas in den Hintergrund, während die Ming-Dynastie wieder geradezu gezwungen war, sich nach dem Sturz der Yuan-Herrschaft vor den Rachegelüsten der Mongolen zu schützen. In der Zeit der Qing-Dynastie allerdings war die Mauer wegen der technischen Weiterentwicklung der Artillerie obsolet geworden, man zog die Wachmannschaften ab, die Mauer begann zu zerfallen. In den Wüsten- und Steppengebieten hatten ohnehin die scharfen Winde die aus Stampferde gebaute Mauer bis zu einem kleinen Erdwall abgeschliffen. An vielen Stellen nutzten die Anwohner nun die Mauer als Steinbruch. Erst in neuester Zeit haben die Behörden ein striktes Verbot gegen den weiteren Abbruch erlassen. An drei Stellen ist die Mauer heute für den internationalen Tourismus geöffnet und sie gilt nun mit Recht als ein einmaliges nationales Denkmal.

Großer Nordwesten Im Jahre 1864 besetzten die russischen Truppen den sog. Großen Nordwesten Chinas, der ihnen nach dem Vertrag von Chugushak zugesprochen worden war. Diese Gebiete gehören heute zu den Republiken Kasachstan und Tadschikistan, sie waren seit alters chinesisch gewesen, denn die chinesische

Westgrenze bildete einst der Balkasch-See. Die zunehmende Schwäche der Qing-Dynastie gestattete es Russland, mit Großbritannien 1896 in einem Geheimabkommen die Pamir-Hochebene in Einflusssphären aufzuteilen. Hierbei fiel Russland ein großes Gebiet zu, das heute ebenfalls zur Republik Tadschikistan gehört.

Großer Sprung nach vorn Das Schlagwort vom »Großen Sprung nach vorn«, von Mao im Jahre 1958 ausgegeben, bildete das mittlere der »Drei Roten Banner«, die als Hauptprogramme von der KPCh verwirklicht werden sollten:

1. Generallinie für den sozialistischen Aufbau
2. Großer Sprung nach vorn
3. Volkskommunebewegung

In einem gewaltigen Kraftakt sollte der Fünfjahresplan in nur zwei Jahren verwirklicht und in drei Jahren sollten England und in fünf Jahren sogar die USA wirtschaftlich eingeholt werden. Diese naiven Pläne waren zum Scheitern verurteilt. Unter dem strengen Kommando der kommunistischen Kader wurde die Industrie zur Übererfüllung der Pläne angetrieben und die gesamte Landbevölkerung zu Masseneinsätzen verpflichtet. Bei der Verwirklichung von Großprojekten ohne Maschinen wurden Millionen von Bauern aufgeboten. Überall mussten Kleinsthochöfen errichtet werden, die Roheisen produzieren sollten. Die Hochöfen stellten unbrauchbares Material her und die Produktionszahlen in der Industrie und Landwirtschaft sanken rapide, da gleichzeitig die Bauern ihr gesamtes Land in die neu gegründeten Volkskommunen einzubringen hatten, die nunmehr nach den Weisungen überregionaler Planbüros zu arbeiten hatten. Was erreicht wurde, war jedoch nicht die Freisetzung neuer Energien sondern der Widerstand der Landbevölkerung gegen die Kollektivierung und gegen das Reglement von oben, das allein ideologisch und nicht sachgerecht gesteuert war. Als das Land ins Chaos driftete, wurde 1961 die gesamte Aktion abgebrochen. Geblieben waren die Volkskommunen, die jedoch erst 1978 aufgelöst wurden, da auch sie ein völliger Missgriff waren. In den zwanzig Jahren ihres Bestehens haben sie – von wenigen Ausnahmen abgesehen – nie den erhofften Erfolg gebracht.

Guangdong Die dichtbevölkerte Südprovinz Guangdong mit 87 Millionen Einwohnern umfasst auf einer Fläche von 178 000 Quadratkilometern insgesamt 79 Landkreise und 54 Städte. Hauptstadt ist

Guangzhou (Kanton) mit knapp 7 Millionen Einwohnern. Der über 3000 Kilometer langen Küstenlinie sind zahlreiche kleinere und größere Inseln vorgelagert und die Leizhou-Halbinsel springt am Westende der Provinz tief nach Süden fast bis zur Inselprovinz Hainan vor und teilt das Südchinesische Meer vom Golf von Tongking. Der heute noch gebräuchliche Kurzname Yue für die ganze Provinz erinnert daran, dass im Altertum das Volk der Yue in diesem Gebiet siedelte, das einst aus Thai- und Mon-Khmer-Gruppen sich gebildet hatte. Bereits im Zeitalter der Reichseinigung wurde das Gebiet zwar schon chinesischer Verwaltung unterstellt, aber es entwickelte sich ein eigener für den Nordchinesen recht schwer verständlicher Dialekt, das Kantonesische, das in Erinnerung an frühe Zeiten auch Yue-Dialekt genannt wird. In dem zu zwei Drittel hügeligen und bergigen Gebiet sind noch etwas mehr als 40 Prozent in der Landwirtschaft und Fischerei beschäftigt, jedoch spielen die Textilindustrie, die Papiererzeugung, die Keramikproduktion und der Schiffbau eine immer größere Rolle. Bodenschätze sind reichlich vorhanden, sodass für den wirtschaftlichen Aufschwung gute Grundlagen gegeben sind. Der entscheidende Motor für die weitere Entwicklung ist Kanton selbst, das bereits 1757 vom Kaiserhof zum alleinigen Hafen Chinas für den Handel mit Ausländern deklariert worden war. Nach dem Ersten Opiumkrieg erzwangen die Engländer dann die zwangsweise Öffnung auch weiterer Häfen an der Guangdong-Küste, was eine beträchtliche Ausweitung des Handels mit sich brachte. Viele Auswanderer, die vor allem in Thailand als erfolgreiche Kaufleute im Laufe der letzten vier Generationen zu Wohlstand gekommen sind, kehren verstärkt seit Verkündung der Öffnungspolitik in ihre Ursprungsprovinz Guangdong als Investoren zurück. Mit der am Perlfluss gelegenen Provinzhauptstadt und den beiden im Süden gelegenen Sonderwirtschaftszonen Hongkong und Macau besitzt die Küstenlandschaft von Guangdong drei mit der Weltwirtschaft eng verbundene Hafenstädte, die zur Entwicklung der Region große Beiträge zu leisten imstande sind. Die Provinzhauptstadt liegt am nördlichen Rand des Perlflussdeltas. Dieser Fluss trägt auf seinem 2100 Kilometer langen Lauf an sich den Namen Westfluss, nimmt aber beim Eintritt in das Delta den Nordfluss und den Ostfluss auf, sodass seine Wassermenge dann achtmal so groß ist wie die des Gelben Flusses. Eine von Dämmen durchzogene Flusslandschaft präsentiert sich als breites Delta, wegen seiner Fruchtbarkeit als »Heimat von Reis und Fisch« bekannt. Guangdong hat subtropisches und ganz im Süden sogar tropisches Klima, es gedeihen alle Früchte und Getreidearten, die in diesen beiden Klimazonen vorkommen. Die reich gegliederte Küstenlinie und die 700 ihr vorgelagerten Inseln im Südchinesischen Meer bergen reiche Fischgründe. Abgesehen vom Delta und den Ebenen in Küstennähe ist Guangdong jedoch eine Provinz der Hügel und Berge, deren höchste Erhebungen im nördlichen Nanling-Gebirge bis zu 1500 Meter erreichen.

Guanghua-Tempel Einer der größten buddhistischen Tempel der Provinz Fujian liegt drei Kilometer südlich der Stadt Putian am Fuß des Phönix-Berges. Die Stadt liegt am Mulan-Fluss nicht weit von der Xinghua-Bucht entfernt, die zum Ostmeer gehört. In dem Tempel, der in den achtziger Jahren des 20. Jahrhunderts bestens renoviert wurde, lebten einst über tausend Mönche. Der für die Region als Kulturzentrum dienende Guanghua-Tempel stammt aus dem Jahre 558, aus der Zeit, in der China in die Nördlichen und Südlichen Dynastien zerrissen war.

Guangsheng-Tempel Der Guangsheng-Tempel im Kreis Hongdong, Provinz Shanxi, der im Jahre 147 n. Chr. in der Östlichen Han-Dynastie errichtet wurde, ist vor allem wegen seiner Feihong-Pagode (Feihong = Fliegender Regenbogen) in Nordchina allgemein bekannt, da dieses 47 Meter hohe Bauwerk die älteste noch erhaltene Pagode aus farbig glasierten Ziegeln ist. Ein Erdbeben im Jahre 1303 zerstörte zwar Kloster und Pagode, aber durch einen umsichtigen Wiederaufbau in der Yuan-Dynastie und entsprechende Renovierungen in den Dynastien Ming und Qing entstanden die Sakralbauten wieder in alter Schönheit. Das Kloster selbst besteht aus dem Oberen, dem Unteren und dem Drachen-Tempel. Die Pagode wurde 1527 nach zwölfjähriger Bauzeit mit ihren zwölf Stockwerken ebenfalls wieder errichtet. Der achteckige Bau mit seinen gelben, grünen und blauen Ziegeln erglänzt unter blauem Himmel wie ein Regenbogen, daher der Name.

Guang Wudi Guang Wudi (25–57 n. Chr.) war der erste Kaiser der Östlichen Han-Dynastie, der aus den Wirren des Bürgerkrieges nach dem Tod von Wang Mang als Sieger hervorgegangen war. Guang Wudi war der Sohn eines reichen Großgrundbesitzers, der sich noch zehn Jahre nach seiner Thronbesteigung militärisch gegen elf Rivalen erwehren musste, die ihm die Macht wieder entreißen wollten. Nach seinem endgültigen Triumph ging er behutsam an den Wiederaufbau des inzwischen arg zerstörten Landes, verlegte jedoch die Hauptstadt von Chang'an (im Bürgerkrieg zerstört) in das östlich gelegene Luoyang. Guang Wudi stellte die Zentralgewalt wieder her und ernannte seine Söhne zu lokalen Königen und Prinzen, behielt jedoch die letzte Kontrolle über alle wichtigen Entscheidungen. Durch die Errichtung des Staatsmonopols für Eisen, Salz und Alkohol stärkte er die Staatsfinanzen und errichtete 100 staatliche Lehrinstitute zur Heranbildung fähiger Beamter. Nach seinem Tod im Jahre 57 n. Chr. folgte ihm sein ältester Sohn als Kaiser Mingdi in unangefochtener Thronfolge nach.

Guangxi Das am Golf von Tongking im Südwesten gelegene Autonome Gebiet Guangxi der Zhuang-Nationalität erhielt diesen Namen im Jahr 1958 in Anbetracht der größten Minderheit, die in China lebt; vorher war es stets als Provinz Guangxi bekannt gewesen. Die Zhuang machen heute 15 Millionen der insgesamt 45 Millionen Bewohner des Gebietes aus, 28 Millionen sind Han-Chinesen, 1,5 Millionen gehören zu den Yao, der Rest verteilt sich auf andere nationale Minderheiten. Insgesamt umfasst das Gebiet auf einer Fläche von 236 700 Quadratkilometer 81 Landkreise und 19 Städte. Die Hauptstadt ist Nanning, die wichtigsten Industriestädte sind Liuzhou und Wuzhou. Mit dem Nachbarstaat Vietnam teilt Guangxi eine 1020 Kilometer lange Grenze. Im Süden liegt der Golf von Tongking, dessen Hafenstadt Beihai als Fischereizentrum recht bedeutend ist. Im Südosten grenzt das Gebiet an Guangdong, im Nordosten an Hunan, im Norden an Guizhou und im Nordwesten an Yunnan. Guangxi ist zu zwei Dritteln hügelig und bergig, häufige Dürren und Überschwemmungen machen zusätzlich das Gebiet zu einem Territorium, das zu den ärmeren Landschaften Chinas zählt. Die Überschwemmungen werden vornehmlich durch die immer wiederkehrenden Taifune an der Küste des Golfes von Tongking verursacht. Bereits zur Zeit der Reichseinigung unter dem Ersten Kaiser (221–206 v. Chr.) wurde Guangxi als Militärstützpunkt eingerichtet und blieb bis zur Gegenwart stets eine wichtige Garnisonsstadt. Die Provinz ist auch durch das Dorf Djintiän bei der Stadt Guiping bekannt geworden, denn von dort ging die Taiping-Rebellion aus, die sich zwischen 1850–1864 zum schrecklichsten aller Bürgerkriege ausweitete und 20 Millionen Menschen das Leben kostete.

Guangxiao-Tempel Die historische Bedeutung des Guangxiao-Tempels von Kanton (Guangzhou) gründet sich auf zwei bedeutsame Fakten. Zum Ersten ist diese klösterliche Anlage die älteste und berühmteste der gesamten Provinz Guangdong mit Bauten aus verschiedenen Dynastien und zum Zweiten lebte und lehrte in diesem Tempel der indische Mönch Huineng (638–713), der als wichtigster Vertreter des Chan(Zen)-Buddhismus gilt und der diese Schulrichtung zum sog. Südlichen Zweig ausbaute, der dann in Japan geradezu einen Siegeslauf antrat. Ursprünglich stand auf dem heutigen Tempelgelände ein Palast, in dem zu Zeiten der Westlichen Han-Dynastie König Zhao Jiande residierte, der Herrscher des Kleinstaates Nanyue. In der Zeit der Drei Reiche amtierte in dem Palast ein hoher Beamter des Reiches Wu. Nach dem Tod dieses Präfekten wurde der Palast in einen Tempel umgewandelt und erhielt den Namen Fa Xing Si. Erst im Jahre 1151 erhielt der Tempel dann seinen heutigen Namen. In den Jahrhunderten davor jedoch war der Tempel in ganz Südchina und in Japan längst bekannt geworden. Im Jahre 397 war der indische Mönch Dharmayasa nach Kanton gekommen und hatte in dieser geschäftigen Handelsstadt den Buddhismus gepredigt. Da ein reger Schiffsverkehr bereits zu damaliger Zeit zwischen vielen indischen Häfen und Kanton bestand, folgten in jeder Generation weitere Mönche aus Indien als Missionare nach, so auch im Jahr 676 Huineng, der dann als Sechster Patriarch des Chan-Buddhismus in die Geschichte einging, weil er für die Festigung und Verbreitung dieser Schulrichtung den bedeutendsten Beitrag geleistet hatte. Die heutigen Bauten des Tempels stammen meist aus den Dynastien, in denen der Buddhismus sich ungestört entfalten konnte, vor allem aus der ersten Phase der Tang-Dynastie und aus den Zeiten der Song-Dynastie. Spektakulär sind die über sieben Meter hohen Eisenpagoden, die zwischen 963 und 967 gegossen wurden; sie stammen aus der Zeit der Fünf

Dynastien und sind damit die bedeutendsten Eisengüsse, die aus der Vor-Song-Epoche erhalten sind.

Guangxu Guangxu (1875–1908), der vorletzte Kaiser der Qing-Dynastie, der als Vierjähriger von seiner Tante auf den Thron gesetzt wurde und als ihr Gefangener mit 37 Jahren genau einen Tag vor ihrem eigenen Ableben starb. Das Leben dieses schwachen mandschurischen Prinzensohnes war eine Tragödie. Für die Thronfolge aus Machtkalkül von seiner Tante geschickt ausgewählt, konnte diese bis zu seiner Volljährigkeit als Regentin »hinter dem Vorhang« ungehindert herrschen, indem sie die Minister gegeneinander ausspielte und ihre Rivalen und Rivalinnen durch Mord brutal ausschaltete. Als der noch jugendliche Kaiser dann Volljährigkeit erreicht hatte und sich mit einer Gruppe von Reformern umgab, setzte der »alte Buddha«, wie die intrigante Cixi im Volk genannt wurde, den Kaiser durch eine Blitzaktion unter Vorwänden im Sommerpalast gefangen und gab alle Gesetze künftig in seinem Namen heraus. Cixi wagte nicht, den Kaiser abzusetzen oder zu beseitigen, nach außen wurde eine langanhaltende Krankheit des »Himmelssohnes« vorgeschützt, im Innern verfolgte sie gnadenlos alle seine Freunde, die Reformer. 1895 hatte Japan China besiegt und im Frieden von Schimonoseki die Abtrennung wichtiger Territorien (Taiwan und mandschurische Gebiete) von China erreicht. In unglaublicher politischer Blindheit verharrend, lehnte die »Kaiserin-Tante« jegliche Modernisierung ab. Als 1898 alle Reformversuche unterbunden wurden, flohen rund 15 000 Chinesen nach Japan, darunter auch Dr. Sun Yat-sen. In gleicher Verblendung ließ sich die »allmächtige« Cixi dazu hinreißen, die Boxer im Jahre 1900 zuerst heimlich, dann mehr oder weniger sichtbar, gegen die Europäer zu unterstützen. Als bei diesem brutalen Aufstand dann Peking von den Europäern schließlich eingenommen wurde, war Cixi nach Norden geflohen und hatte dafür gesorgt, dass der Kaiser – verkleidet als Bauer – nach Xian gebracht wurde, stets jedoch als Gefangener. Als dessen schöne Konkubine ihn bestürmte zu bleiben und sich zu widersetzen, ließ Cixi das Mädchen in einem Brunnen des Palastes ertränken. Nach der Katastrophe kehrte Cixi 1902 in den Palast zurück und wollte nun endlich Reformen auf den Weg bringen, aber es war zu spät. 1905 wurde zwar das veraltete Prüfungssystem abgeschafft, aber die Fixierung auf absoluten Gehorsam gegenüber dem Kaiserhaus erwies sich als zu großer Hemmschuh für eine plötzliche demokratische Modernisierung und die bisherige Ablehnung vieler technischer Neuerungen als so erschwerend, dass das Ruder in kurzer Zeit nicht herumzureißen war. Cixi starb dann plötzlich am 15. November 1908 an einem Schlaganfall – sie hatte als Thronerben vorher noch ihren dreijährigen Großneffen Puyi als Kaiser Xuanzong (1909–1911) ausersehen, der die Qing-Dynastie dann endgültig beschließen sollte. Merkwürdigerweise wurde zugleich gemeldet, dass der Kaiser selbst, einen Tag vor Cixis Tod, ebenfalls gestorben sei. Kaiser Guangxu wurde im Mausoleum Chongling bei den Westlichen Qing-Gräbern in der Provinz Hebei begraben, Cixi dagegen wurde mit vielen kostbaren Beigaben in einem Mausoleum der Östlichen Gräber beigesetzt.

Guangzhou (Kanton) Mit den Bewohnern der vier eingemeindeten Landkreise erreicht die Einwohnerzahl der Stadt Guangzhou (Kanton) sieben Millionen und macht damit die Hauptstadt der Provinz Guangdong zum wichtigsten Zentrum auf dem Festland im südlichen China. Im Perlflussdelta gelegen, gehört Guangzhou zu den wichtigsten Hafenstädten des Landes. Bereits die Qin-Dynastie stieß mit Truppen bis in dieses Gebiet vor, und die Han-Dynastie sorgte für die Ansiedlung zahlreicher Chinesen in diesem Delta, in dem sich drei Flüsse vereinigen. In allen folgenden Dynastien wuchs die Stadt ständig, da von hier aus der Handel mit vielen südostasiatischen und arabischen Ländern abgewickelt wurde. Nach dem Ersten Opiumkrieg erzwang England die Öffnung des Hafens Kanton. Ausländische Konzessionen bestanden in der Stadt bis zur japanischen Besetzung im Jahre 1938, die erst mit der Kapitulation Japans 1945 endete. Nach dem kurzen nationalchinesischen Zwischenspiel 1945–1949 ging die VR China langsam daran, Kanton als Messestadt wieder aufzubauen. Nach Verkündung der Öffnungspolitik erhielt die Stadt dann bald die Genehmigung zur Einrichtung von neun Entwicklungszonen, in denen heimische und ausländische Firmen ohne gravierende Auflagen Joint-Venture-Unternehmen aufbauen können.

Guan-Wald Die praktisch bis zum Ende des Kaiserreiches bekannte Vergöttlichung bestimmter historischer Persönlichkeiten ist vielfach am Beispiel des Guan Yu erläutert worden. In der Zeit der Drei Reiche (220–280 n. Chr.) war der bekannteste General des Reiches Shu unzweifelhaft Guan Yu, der sich durch große Tapferkeit, Kampfgeschick und unverbrüchliche Treue auszeichnete. In einem Krieg gegen das Reich Wu geriet er in Gefangenschaft. Da er sich dem Herrscher von Wu nicht unterwerfen wollte, wurde er hingerichtet. Mit der Absicht, einen Krieg zwischen Wei und Shu zu entfachen, ließen Boten aus Wu dem Herrscher von Wei den Kopf von Guan Yu überreichen. Cao Cao, der Monarch des Reiches Wei, widerstand jedoch dieser Versuchung und ließ den Kopf von Guan Yu wie den eines Fürsten bestatten. Der Begräbnisplatz liegt in der südlichen Vorstadt von Luoyang und wird Guan-Wald genannt, da um das Grab herum 1000 Zypressen angelegt und an diesem Ort ein Ahnentempel für den Helden errichtet wurde. Die ehrwürdige Gedenkstätte, die während der letzten beiden Dynastien immer wieder erweitert wurde, diente als Vorbild für unzählige Ahnentempel in ganz China, die dem bald nach seinem Tod vergöttlichten Guan Yu erbaut wurden. Guan Yu avancierte zum Kriegsgott und wurde vor dem Beginn einer Schlacht in früheren Jahrhunderten stets um Beistand gebeten. Da er als literaturliebend galt, wurde er zusätzlich auch noch als Gott der Literatur verehrt. Die Darstellung von Guan Yu in der bildenden Kunst zeigt ihn jedoch vornehmlich als Gott des Krieges, den man auch anrief, wenn man von Kriegen verschont bleiben wollte.

Guanxian-Damm Eine der Meisterleistungen chinesischer Wasserbaukunst ist der heute noch intakte Guanxian-Damm in der Provinz Sichuan, der aus dem Jahr 250 v. Chr. stammt und die Wasser des Flusses Min so umleitet, dass bis zur Gegenwart rund 350 Dörfer mit diesem Wasser aus den Bergen versorgt werden können. Der dort zu findende fruchtbare Boden im Sichuan-Becken ermöglicht pro Jahr drei Ernten an Reis, Raps, Zuckerrohr und Tabak. Das Stauwerk am Min-Fluss wurde von dem Gelehrten Li Bing nördlich der Stadt Chengdu angelegt und von seinem Sohn weitergeführt. Beide, Vater und Sohn, wurden nach ihrem Tod mit dem Titel »wang« (König) ausgezeichnet und es wurde ihnen über dem Ming-Fluss der »Tempel der Zwei Könige« gebaut, in dem bis heute ihr Andenken wachgehalten wird.

Guanzhong Guanzhong, die Landschaft »zwischen den Pässen«, ist das eigentliche Herz- und Kernland der chinesischen Kultur und des chinesischen Staates. Diese Landschaft breitet sich im Tal des Wei-Flusses etwa 300 Kilometer von Ost nach West aus und hat eine Breite von 40–60 Kilometern. Im Norden erhebt sich eine Bergkette und grenzt das Tal ab, im Süden steigt die Qinling-Range auf über 3700 Meter in ihren höchsten Gipfeln an. Vielfach sich windend, fließt der Weihe genau dort in den Gelben Fluss am östlichen Ende des langen Tals, wo der Strom, von Norden kommend, das große Knie macht und dann nach Osten fließt. In diesem Tal legten bereits neolithische Siedler ihr Dorf in Banpo an, das zwischen 1954 und 1957 ausgegraben wurde; hier hatte die Zhou-Dynastie ihre beiden wichtigen Hauptstädte, Fengjing und Haojing, beide in der westlichen Umgebung des heutigen Xian. In diesem überaus fruchtbaren Tal befand sich Xianyang, die Residenz des Ersten Kaisers, hier wurde Changan erbaut, die Weltmetropole, die sowohl der Han- als auch der Tang-Dynastie als Hauptstadt diente – und das heutige Xian ist ebenfalls dort zu finden. Die kurzlebige Sui-Dynastie regierte von 581–618 in dieser Bannmeile der Macht, und selbst als Luoyang, Kaifeng, Hangzhou und Peking zu Hauptstädten aufgestiegen waren, galt oftmals den glanzvollen Kaiserstädten im Wei-Tal die heimliche Sehnsucht der Chinesen. In der Bergkette, die nördlich das Tal begrenzt, liegen die Mausoleen der Tang-Kaiser und am Fuße ihrer westlichen Ausläufer das berühmte Famen-Kloster. Einer der heiligen Berge Chinas, der Huashan, erhebt sich 120 Kilometer östlich von Xian als mächtiges Massiv zu einer Höhe von 2200 Metern. Gemessen an der einst auf diesem Fleck der Erde in mehreren Jahrtausenden immer wieder konzentrierten Macht, kann sich wohl kaum ein anderer Ort auf diesem Planeten mit dem Wei-Tal, dem Land »zwischen den Pässen« ernsthaft messen.

Guanzhou Die alte Hafenstadt Guanzhou in der Provinz Fujian hatte im Jahre 2000 mit den eingemeindeten Kreisen im Umland bereits eine Einwohnerzahl von 6,5 Millionen zu verzeichnen und ist weiterhin in ständigem Wachstum begriffen. Gleichzeitig war Guanzhou in der Vergangenheit eine jener chinesischen Städte, aus denen ein ständiger Strom von Auswanderern in alle Kontinente, vornehmlich aber nach

Südostasien seinen Ausgang nahm. Die Zahl der Auslandschinesen aus Guanzhou beträgt 6,24 Millionen, zusätzlich gibt es auf Taiwan 9 Millionen Menschen, die Guanzhou als ihre ursprüngliche Heimat angeben, was 44 Prozent der Gesamtbevölkerung von Taiwan entspricht. Bereits in der Tang-Zeit galt die Stadt als Ausgangspunkt der »Seidenstraße am Meer« und sie entwickelte sich in der Yuan- und Ming-Dynastie zu einem der größten Häfen an der Ostküste, der mit mehr als 100 Häfen in Asien Handelsbeziehungen unterhielt. In diesen Perioden strömten jedoch auch viele ausländische Kaufleute in die Stadt, sodass neben Daoisten und Buddhisten bald auch viele Moslems in Guanzhou zu finden waren.

Guanzi Guanzi (»Meister Guan«) ist der Titel eines chinesischen Buches, das die Methoden der wirtschaftlichen Stärkung des Staates und die Mittel zur Erhöhung der Staatseinkünfte beschreibt. Das Guanzi wird Guan Zhong (gest. 645 v. Chr.) zugeschrieben, stammt jedoch erst aus der Zeit der Westlichen Han-Dynastie, in seinen ältesten Teilen wohl aus dem 3. Jh. v. Chr. Die Ausführungen über die Wohlfahrt des Volkes machen dieses Buch zu einer der ersten volkswirtschaftlichen Abhandlungen aus chinesischer Sicht.

Gucheng Die im Nordosten der Provinz Hubei gelegene Stadt Gucheng, am Südufer des Hanshui, wird in China allgemein die »Getreidestadt« genannt – eine Bezeichnung aus mythischer Zeit, weil in ihrem Umkreis Yan Di, einer der großen legendären Kaiser Chinas, zum ersten Mal habe Korn anbauen lassen. Diese Überlieferung lässt auf den frühen Ursprung dieser Stadt schließen. Aus der Frühlings- und Herbstperiode (770–476 v. Chr.) ist aus Gucheng Wu Zizu bekannt, ein berühmter General des damaligen Staates Wu – und in der Neuzeit gingen aus der Stadt Revolutionäre hervor wie Yang Hongyi, einer der Wegbereiter der Republik von 1911. Der herrlich gelegene Chengensi-Tempel aus der Sui-Dynastie ist in der Stadt ebenso erhalten wie die daoistischen Klöster Indian, Taihe, Zixiao, Wulong, Yuzhen, Yuxu, Fuzhen und Yuanhe. Diese Klöster stammen aus den Dynastien Tang, Song, Yuan und Ming und weisen auf die weite Verbreitung des Daoismus im Gebiet des Hanshui hin.

Guge Vom 9. Jahrhundert n. Chr. bis zum Jahre 1635 bestand im Westen Tibets auf einer Fläche von 720 000 Quadratkilometern einst ein eigenes tibetisches Königreich, das den Namen Guge führte und in seiner 700 Jahre währenden Herrschaft insgesamt 28 Könige zählte. Die ehemalige Hauptstadt dieses Königreiches – heute eine traurige Ruinenstätte – findet sich auf einem Hügel im Kreis Zanda auf dem Ngari-Hochland. Auf der 300 Meter hohen Hügelkette sind noch die Mauern der Königspaläste, der Häuser und Höhlenwohnungen der Schutzbauten und der Tempel klar zu erkennen. Die Gründung dieses Königreiches geht auf eine Spaltung der Tubo-Monarchie zurück, die 633 von Tsongtsan Gampo durch Einigung der tibetischen Stämme errichtet worden war. Tubo war damals die Bezeichnung für das Land Tibet und für die herrschende Dynastie. Als im 9. Jahrhundert ein Nachfolgestreit innerhalb der königlichen Familie ausbrach, errichtete einer der Prinzen westlich im Ngari-Hochland ein eigenes kleines Reich. Dieser Prinz Jidenimagun teilte dann sein Land in seinem Alter unter seinen drei Söhnen auf. Der dritte Sohn erhielt das Land, das dann als Königreich Guge seine Selbständigkeit gegenüber Lhasa behaupten konnte. Zerstört wurde das Königreich 1635 durch bürgerkriegsähnliche Wirren und verschwand von der Landkarte.

Guiyang Guiyang, die Hauptstadt der Provinz Guizhou, hat eineinhalb Millionen Einwohner und liegt mitten in der Provinz am Nanming-Fluss, einem Nebenfluss des Wujiang. Das Gebiet ist seit alters von vielen nichtchinesischen Völkerschaften bewohnt und konnte sich lange Zeit halbautonom oder gar reichsunabhängig halten. Für den chinesischen Beamtenstaat war es nicht leicht, die Stämme der Miao, Yi, Dong, Hui, Zhuang, Yao und Buyi in den zentralen Verwaltungsstaat einzugliedern. Die Stadt Guiyang hieß in der Ming-Dynastie Zhu und wurde damals befestigt. Erst in der Qing-Dynastie wurde dann die Region zur Provinz erhoben und Zhu die Hauptstadt. Den heutigen Namen Guiyang erhielt die Stadt erst 1913.

Guiyuan-Kloster Das Guiyuan-Kloster in Wuhan am Fuß des Guishan-Berges gelegen, umfasst mit seinen 28 Hallen und Türmen, seinen Korridoren und Nebengebäuden eine Fläche von über zwei Hektar und ist wegen seiner Schätze und seiner Architektur in ganz China bekannt. In der Lohan-Halle können die 500 Statuen der Jünger Buddhas bestaunt werden, in der Haupthalle befindet sich eine zwei Tonnen schwere Buddha-Statue aus milchweißer Jade, ein Geschenk an das Kloster von einem buddhistischen Meister aus Burma, das 1935 nach Wuhan transportiert wurde. Das kostbarste Juwel ist jedoch die vollständige Faltausgabe der »Drachen-Sutren« in Sanskrit, die 7250 Bände umfassen und in einem hochragenden Turm verwahrt werden.

Guizhou Die Provinz Guizhou (Kueitschau) mit einer Fläche von 176 000 Quadratkilometern und 37 Millionen Einwohnern liegt in Südwestchina auf dem etwa 1000 Meter hohen Guizhou-Plateau und besteht zu vier Fünftel ausschließlich aus Bergland. Im Westen steigen die Berge bis zu 2000 Metern an, im Osten beträgt die durchschnittliche Höhe etwa 600 Meter. In dem feuchten subtropischen Monsunklima können im Jahr zwei Ernten eingebracht werden. Angebaut werden vor allem Reis, Weizen, Mais, Raps, Erdnüsse und Tee. Kartoffeln gedeihen in Guizhou ebenfalls sehr gut. In der Stadt Maotai wird der in ganz China bekannte gleichnamige Schnaps gebrannt. 50 Arten von Bodenschätzen sind die Basis für eine wachsende, vielseitige Industrie, deren Hauptbasis die 1,5 Millionen zählende Provinzhauptstadt Guiyang ist, die mitten im Lande liegt. Die Nachbarprovinzen von Guizhou sind im Westen Yunnan, im Norden Sichuan, im Süden Guangxi und im Osten Hunan. Fast der gesamte nördliche Teil wird vom Wu-Fluss durchströmt, der im äußersten Westen der Provinz entspringt und nach Osten fließt. Guizhou ist eine Provinz mit vielen nationalen Minderheiten, die zusammengefasst über 7 Millionen ausmachen, jedoch vielfach ihre eigenen Autonomen Kreise bewohnen. Die größte Nationalität in Guizhou sind die Miao, dann folgen die Yi, Dong, Bouyei, Gelo, Zhuang, Yao, Shui und Mulao. In das chinesische Kaiserreich wurde das Gebiet erst sukzessive einbezogen und war während der Periode der Drei Reiche beim Königreich Shu-Nan, gehörte aber spätestens seit der Song-Dynastie bereits unter dem heutigen Namen zum Reich der Mitte.

Guomindang Die Guomindang (Kuomintang) wurde als chinesische Partei 1912 von dem Arzt Dr. Sun Yat-sen gegründet, ging praktisch jedoch aus der von ihm schon 1907 geschaffenen »Schwurbrüderschaft« hervor. Das Ziel dieser Partei war eine Demokratie nach westlichem Muster, jedoch auf nationaler Basis und mit starken sozialistischen Ideen. Nach der Revolution 1911 setzte sich in der neuen chinesischen Republik erst einmal der Militärmachthaber Yuan Shikai durch, der auch Präsident der Republik wurde. Nach dem plötzlichen Tod Yuan Shikais 1916 konnte Dr. Sun Yat-sen dann in Kanton eine Gegenregierung bilden, während sich im Norden des Landes neue Kriegsherren tummelten und ihre Interessensphären verteidigten. Sun Yat-sen versuchte nun mit Hilfe der Sowjetunion und der chinesischen Kommunisten die Guomindang zu einer starken »Nationalen Volkspartei« auszubauen, um von dieser Basis aus den Kampf gegen die Nördlichen »Warlords« aufnehmen zu können. Der Tod Sun Yat-sens 1925 verzögerte diese Pläne, bis sein Schwager Chiang Kai-shek die Führung der Partei übernehmen und als ausgebildeter Offizier den Feldzug eröffnen konnte. Nach seinen ersten Siegen 1927 brach Chiang Kai-shek mit den Kommunisten, deren Einfluss er zurückdrängen und deren befürchteter Machtübernahme er zuvorkommen wollte. Nach dem vollständigen Sieg im Norden errichtete Chiang Kai-shek die Hauptstadt des nunmehr geeinten China in Nanking und besetzte die Ministerien mit Guomindang-Vertrauten. Der 1937 erfolgte Überfall Japans auf China zwang Chiang Kai-shek zur Flucht nach Chongqing und zu einer erneuten Zusammenarbeit mit den Kommunisten, die drei Jahre vorher sich durch den Langen Marsch in den Norden eine sichere Rückzugsbasis hatten sichern können. Da nun die Guomindang-Regierung die Verbündete der Alliierten im Zweiten Weltkrieg wurde, profitierten die Kommunisten durch deren Waffenlieferungen an die Republik China. Obwohl Chiang Kai-shek als einer der Sieger des Zweiten Weltkrieges gelten konnte und die Republik China einen Sitz im Weltsicherheitsrat der UNO erhielt, konnten die inzwischen wieder erstarkten Kommunisten den Bürgerkrieg gegen die Guomindang-Armee eröffnen. Nach harten zweijährigen Kämpfen musste Chiang Kai-shek mit dem Rest der Flotte und seinen Anhängern nach Taiwan fliehen. Dort wurde er zum Präsidenten der Republik China (Nationalchina) gewählt und bis zu seinem Tod stets im Amt bestätigt. Die Guomindang konnte in Taiwan bis zum Jahr 2000 ihre führende Stellung und ihre parlamentarische Mehrheit stets behaupten, seither ist ihre Geschlossenheit und Dominanz innerhalb der Nationalversammlung bedroht.

Chiang Kai-shek erhielt ein prunkvolles Begräbnis in Taipeh, während der Gründer der Guomindang, Sun Yat-sen, in einem weitläufig angelegten Mausoleum in Nanking seine letzte Ruhestätte gefunden hat.

Guo Muruo Guo Muruo (1892–1978) war einer der einflussreichsten und politisch erfolgreichsten Schriftsteller des modernen China, der durch seine Anpassungsfähigkeit als einer der wenigen bekannten Intellektuellen die Kulturrevolution völlig unbeschadet überstehen konnte. Guo Muruo hieß eigentlich Guo Kaizhen und wurde im Kreis Leshan in der Provinz Sichuan geboren und entstammte einer sehr wohlhabenden Kaufmanns- und Grundbesitzerfamilie. In seiner Heimat erhielt er eine gediegene klassische Ausbildung und studierte dann von 1914–1921 in Japan an der Kaiserlichen Kyushu-Universität Medizin. Dieses Studium schloss Guo Muruo mit Examen ab, hat aber nie als Arzt praktiziert. Während seiner Studienzeit heiratete er die japanische Krankenschwester Sato Kamiko, die ihm fünf Kinder gebar. Die Ehe bestand jedoch nur bis 1937. Nach 1940 heiratete Guo dann die Chinesin Yu Liqun, die ihm ebenfalls vier Kinder schenkte. Bereits in Japan wandte sich Guo neben seinem Medizinstudium intensiv der Literatur zu, übersetzte Gedichte des indischen Dichters Rabindranath Tagore, erlernte die deutsche und englische Sprache und konnte nach seiner Rückkehr nach China 1921 den Gedichtband »Göttinnen« veröffentlichen, der ihn mit einem Schlag in der literarischen Welt bekannt machte. Neben einer Reihe eigener Gedichtsammlungen, Erzählungen, Dramen, Untersuchungen und einem Briefroman, legte Guo Muruo eine Reihe von Übersetzungen aus dem Deutschen vor, insbesondere von Goethe (Faust), Schiller (Wallenstein), Heine, Storm, Nietzsche, Klopstock und Gerhart Hauptmann. 1925 trat er der Guomindang bei, die ihn während des Nord-Feldzugs zum Politoffizier einer ihrer Armeen bestellte. Nach dem Bruch zwischen den beiden Parteien Guomindang und KPCh ging Guo Muruo 1928 erneut nach Japan, wo er zehn Jahre blieb und sich seinen Werken sowie wissenschaftlichen Studien widmete. Bei Ausbruch des Chinesisch-Japanischen Krieges kehrte Guo allerdings unverzüglich in seine Heimat zurück und stellte sich der Nationalregierung zur Verfügung, wo er in der

Propaganda-Abteilung beschäftigt wurde. Nach der Kapitulation Japans bemühte er sich vergeblich um eine Wiederannäherung der beiden verfeindeten Parteien. In dem nun beginnenden Bürgerkrieg schlug er sich auf die Seite der Kommunisten und wurde nach Ausrufung der Volksrepublik China sofort zum Vorsitzenden des Kultur- und Erziehungsrates ernannt und zum Stellvertretenden Ministerpräsidenten gewählt. Aus der Fülle der Ämter, die ihm in der Folgezeit übertragen wurden, seien hier nur seine Ernennung zum Präsidenten der Akademie der Wissenschaften genannt sowie seine Präsidentschaft der neu gegründeten Wissenschaftlich-Technischen Universität zu Peking. 1969 wurde er zudem noch Mitglied des Zentralkomitees der KPCh. An ein breiteres literarisches Schaffen war seit Übernahme dieser öffentlichen Ämter nun nicht mehr zu denken, zumal Guo Muruo bis 1964 allein 40 Delegationen ins Ausland leitete. Immerhin umfasst sein nachgelassenes Gesamtwerk ohne die Übersetzungen 38 Bände. Guo Muruo, der am 12. Juni 1978 starb, vereinte in sich die klassische Bildung des alten China, vermittelte kulturelle Werte des Auslandes durch seine Übersetzungen und schuf bleibende Werke, die als Dokumente eines literarischen Umbruchs nach dem Sturz des Kaiserreichs gelten können.

Guoqing-Kloster Weithin bekannt in ganz Ostasien, vor allem aber in Japan, ist das Kloster Guoqing Si auf dem Tiantai Shan, »dem Berg der Himmlischen Terrassen« in der Provinz Zhejiang. Von diesem Kloster aus verbreitete sich die berühmte Tiantai-Sekte des Mahayana-Buddhismus, die in Japan als Tendai-Sekte einen großen Siegeszug antrat und bereits seit dem Jahr 805 in dem Kloster Enrakuji bei Kyoto ihr Zentrum hat. Der durch seine landschaftliche Schönheit bekannte Tiantai Shan zog bereits im 4. Jahrhundert sowohl daoistische Eremiten als auch buddhistische Mönche an, darunter auch den gelehrten und von Kaiser Xuandi in der Sui-Dynastie geförderten Gründer der Tiantai-Schule Zhiyi (538–597). Zhiyi erklärte, dass in allen Wesen eine Buddha-Natur enthalten sei und dem Menschen es durchaus gegeben sei, in seinem Leben durch Meditation und vor allem dem Studium der Lotos Sutra die ihm innewohnenden Buddha-Eigenschaften zur Entfaltung zu bringen. Da diese Lehre vor allem auf die gehobenen Schichten in der chinesischen Gesellschaft einen großen Einfluss ausübte, wurde das auf dem Tiantai-Berg um 600 gegründete Guoqing-Kloster dann bald ein Zentrum buddhistischer Gelehrsamkeit. Seit dem Jahre 598 erhebt sich in der Nähe des Klosters eine neunstöckige, sechseckige Ziegelpagode mit einer Höhe von 59 Metern als ältestes Zeugnis aus der Gründerzeit. Die heutigen Gebäude stammen aus dem 18. Jahrhundert und sind gut erhalten. Beeindruckend sind vor allem die Maitreya-Halle, die Halle der Guanyin, die Halle des Blumenregens und die Halle der kostbaren Bilder, in der eine große Buddha-Figur aus vergoldeter Bronze zu finden ist. Die engen Beziehungen des Klosters zu Japan seit dem 8. Jahrhundert haben bewirkt, dass seit der Öffnung Chinas in den achtziger Jahren des 20. Jahrhunderts ein ständiger Strom von japanischen Mönchen und Pilgern auf dem Tiantai-Berg zu verzeichnen ist. Kleinere Klöster auf dem ausgedehnten Bergmassiv sind ebenfalls Ziele von Wallfahrern wie etwa das Gaoming-Kloster, das Zhenjue-Kloster und das im 9. Jahrhundert gegründete Huading-Kloster, das durch eine gelungene Restauration im Jahre 1928 nach alten Plänen wieder erstanden ist.

Guo-Reich Das Guo-Reich (1015–655 v. Chr.) galt als ein bedeutender Lehnsstaat der Zhou-Dynastie. Der erste König dieses in der Provinz Henan gelegenen Reiches war ein jüngerer Bruder des Herrschers Wenwang der Zhou-Dynastie und die militanten Guo-Aristokraten waren geschätzte Vasallen von Wenwang. Im Jahre 1957 entdeckte man mehrere Gräber von Guo-Fürsten in Shangcunling bei der Stadt Sanmenxia, aus denen rund 5000 Grabbeigaben geborgen werden konnten. Neben vielen Bronzegefäßen, Jadefiguren, Lackarbeiten, Eisenwaren und Goldschmuck kam auch ein bronzenes Glockenspiel zutage, das einzige, das aus der späten Zhou-Dynastie vollständig erhalten geblieben ist.

Gushri Khan Mongolischer Herrscher (1582–1655), der den Fünften Dalai-Lama im Jahre 1642 als oberste Autorität und politischen Regenten in Tibet einsetzte.

Gyantse Gyantse (Jiangzi) in Südtibet zählt heute mit seinen über 20 000 Einwohnern zu den wohlhabendsten Städten südlich des Bhramaputra. Einst war Gyantse der wichtigste Knotenpunkt der Handelswege nach Sikkim, ins Gangestal und nach Kaschmir. Am Rand der Stadt, gegenüber der einstigen Festung, liegt das Kloster Palkhor, umgeben von einer riesigen Mauer, das im 15. Jahrhundert gebaut wurde. Die »Palkhor-Gompa«, wie das Kloster genannt wird, ist mit zwei Tempeln ausgestattet. Das Dach der Haupthalle von einem der beiden Tempel wird von 48 Säulen getragen. Die in dieser Halle aufgestellten Figuren aus dem buddhistischen Pantheon zählen zu den ältesten des Landes. Als das englische Expeditionskorps unter Colonel Younghusband 1904 Gyantse eroberte und die armselig ausgerüstete tibetische Armee schlug, nahmen die englischen Soldaten eine Reihe von Kostbarkeiten aus dem Kloster als Beute mit. Trotz allem aber haben noch viele Kunstgegenstände und Bücher im Palkhor die Stürme der Zeiten unversehrt überstanden. Das »Wunder von Gyantse« jedoch stellt der Kumbum dar, die große achteckige Pagode, die auf einer dreistufigen Basis vier pyramidenförmige Etagen trägt und als sechsstöckiges Gebäude eine zentrale Versammlungshalle und einen Gebetssaal enthält. Darüber hinaus findet sich in jedem Stockwerk eine geschlossene Runde von Andachtsräumen mit Buddhabildnissen, alles in allem insgesamt 73. Dieser Riesentschörten wird von mehreren Kunsthistorikern als das bedeutendste Denkmal tibetischer Kunst angesehen und ist auch unter dem Namen »Stupa der 100 000 Bilder« bekannt geworden. Gegründet wurde das Kloster Palkhor Choide 1424 von der Kagyasekte und schon fünf Jahre später errichtete Phagpa Rintschen die achteckige Pagode mit einer Gesamthöhe von 32,5 Metern, in der sich zusammengenommen 27 529 Bildnisse noch heute befinden.

H

Hainan Die seit 1988 selbständige Provinz Hainan ist »Chinas Hawaii«, eine Tropeninsel im Südchinesischen Meer, die auch als Sonderwirtschaftszone besondere ökonomische Privilegien genießt. Die 34 000 Quadratkilometer große Insel mit etwa 9 Millionen Einwohner ist etwas kleiner als Taiwan und liegt nur 48 km von der Küste Guangdongs entfernt, jedoch bereits auf der Höhe von Nordvietnam und der Nordinsel der Philippinen. Die Provinzhauptstadt ist Haikou. Das als Touristenattraktion bekannte Inselparadies bietet alles, was die Tropen zu liefern imstande sind: es gibt Kokos- und Ölpalmen, Bananenhaine, Pfefferplantagen, es wachsen Zuckerrohr, Ananas, Kaffee, Kakao, Sisal, Gummibäume und vielerlei Gewürze und andere Tropenfrüchte. Die Insel ist hügelig und gebirgig und weist viele terrassenartige Flächen auf. Das Zentralmassiv ist der Wuzhi-Shan mit einer Höhe von 1879 Metern, dessen Hänge ganz von dichtem Regenwald bedeckt sind. An den Küsten wird viel Fischfang und Perlenzucht betrieben. Ursprünglich wohnten auf Hainan nur die Völkerschaften der Miao und Li, die heute noch etwa 13 Prozent der Bevölkerung auf der Insel ausmachen. Bereits seit der Han-Dynastie setzte jedoch die chinesische Einwanderung ein und es war die Insel in der Tang- und Song-Zeit als Verbannungsort für unliebsame Beamte allgemein bekannt. Eine Reihe berühmter Literaten haben die Insel bei ihrem unfreiwilligen Aufenthalt durch ihre Gedichte berühmt gemacht, und der später rehabilitierte Su Shi wurde 1617 sogar durch einen Memorialtempel geehrt. Bis 1988 gehörte Hainan als Verwaltungsbezirk zur Provinz Guangdong und wurde dann hauptsächlich aus wirtschaftlichen Gründen zur eigenen Provinz erhoben, da auch die reichen Bodenschätze und die stark angewachsene Bevölkerung der Insel ein starkes Eigengewicht verliehen. Die beiden nationalen Minderheiten Li und Miao genießen mit den ebenfalls auf der Insel anzutreffenden Hui eine gewisse kulturelle Selbständigkeit im »Autonomen Bezirk der Li- und Miao-Nationalität«.

Hakka Die Hakka im Osten der Provinz Guangdong sind nicht etwa eine eigene Nationalität sondern sind samt und sonders Han-Chinesen, die jedoch einen eigenen Dialekt sprechen, der vom Hochchinesischen sehr verschieden ist. Die rund 4 Millionen Hakka stammen aus den Ebenen um den Mittellauf des Huanghe, von wo aus sie – durch Hungersnöte gezwungen – vor langer Zeit auswanderten und in den bergigen Gegenden Guangdongs Zuflucht suchten. Die Ankömmlinge wurden von den Einheimischen »Hakka« genannt, was so viel wie »Gäste« oder »Gastfamilien« bedeutet. Heute bewohnen diese einstigen Flüchtlinge die Stadt Meizhou und die 7 Kreise Meixian, Fengshun, Dapu, Xingning, Wuhua, Pingyuan und Jiaoling, samt und sonders karge Landschaften mit wenig Ackerland. Aus diesem Grunde kam es im 19. und 20. Jahrhundert wiederum zu einer Auswanderungswelle. Diesmal emigrierten viele Hakka aus Guangdong in alle Welt, man findet sie heute in allen fünf Kontinenten, ihre Zahl beträgt insgesamt rund 900 000 Menschen. Im Hakka-Gebiet der Provinz Guangdong gibt es kein Dorf, das von der Auswanderung verschont geblieben wäre. In den Kreisen Meixian, Dapu und Fengshun haben 70 Prozent aller Einwohner Verwandte im Ausland. Eine Besonderheit der Hakka besteht in der Bauweise ihrer Wohnungen. Bei ihrer Ankunft im Süden vor langer Zeit trafen sie auf ein weit verbreitetes Banditentum. Um den räuberischen Horden trotzen zu können, bauten sie vielfach bis zu 20 Meter hohe Rundhäuser, die in ihren vielen Wohnungen mit 4 bis 6 Etagen mehreren Großfamilien Unterkunft und Schutz bieten konnten. Oft sind diese wehrhaften, außen aus Stein und innen aus Holz gebauten Häuser so gewaltig in ihren Ausmaßen, dass sie pro Etage jeweils 77 Zimmer enthalten und ein solches Sippengehöft bis zu 400 Haushalte mit insgesamt 1800 Personen aufnehmen kann. Zum Zwecke der Verteidigung wurden in den Berggebieten von Fujian sogar mehrfach benachbarte Rundhäuser miteinander verbunden und zu regelrechten Wehrdörfern ausgebaut, die heute als kleine architektonische Wunder gelten. Der Hakka-Dialekt kann aus linguistischer Sicht als eine nordchinesische Mundart gelten, die sich ziemlich rein im Süden des Reiches seit der Zeit der Auswanderung im 13. Jahrhundert erhalten konnte.

Hami Hami, das »Osttor Xinjiangs«, liegt an der Bahnlinie Lanzhou-Ürümqi am Südfuß des schneebedeckten Tianshan-Gebirges im Osten des Uigurischen Autonomen Gebiets Xinjiang. Die Geschichte der Stadt geht bis in die Zeit der Han-Dynastie zurück, denn das Kaiserreich brauchte in dieser Gegend eine Garnisonsstadt zum Schutz der Karawanenwege. Den heutigen Namen erhielt die Stadt jedoch in der Yuan-Zeit (1279–1368), als die Mongolen hier eine Militärgarnison namens Hamili unterhielten. Während der Regierungsperiode des Qing-Kaisers Kangxi (1662–1723) wurde die Stadt von den mongolischen Dsungaren (Junggar) erobert und konnte erst 1696 wieder befreit werden. Die Qing-Regierung ernannte dann klugerweise einen örtlichen Häuptling zum Hami-König, der zur Vasallität verpflichtet war. Hami wurde in ganz China durch seine süßen Melonen bekannt, auch durch seine Trauben, Datteln und seine langfaserige Baumwolle. Berühmt ist Hami auch als Viehzuchtbasis für Kasachen-Schafe, Barhol-Pferde und Micheng-Kamele. In der neueren Zeit wurden bei Hami zahlreiche Bodenschätze gefunden, die Hami zu einem Zentrum vor allem der Erdölverarbeitung gemacht haben. Neben Kupfer, Nickel, Eisen und Kohle werden aber auch große Mengen an Gold abgebaut.

Han Der Staat Han (453–230 v. Chr.) entstand gemeinsam mit den Staaten Wei und Zhao durch die Aufteilung des Staates Jin. Ursprünglich nur in der Mitte der heutigen Provinz Henan gelegen, vergrößerte er sein Gebiet beträchtlich durch die Annexion kleinerer Nachbarstaaten und konnte sich erfolgreich gegen Qin und Chu behaupten. Erst im Jahre 230 v. Chr. unterlag Han den Angriffen des Staates Qin und wurde in dessen Territorium als Präfektur Yingchuan eingegliedert.

Hancheng Die alte Kulturstadt Hancheng im Osten der Provinz Shaanxi am Mittellauf des Gelben Flusses, ist als Heimatstadt des berühmten Historikers und Literaten Sima Qian bekannt, dessen Grab etwa zehn Kilometer außerhalb der Altstadt noch heute erhalten ist. Sima Qian (145–95 v. Chr.) verfasste die 520 000 Schriftzeichen umfassende »Chronik«, die einen Zeitraum von etwa 3000 Jahren bis zu seiner unmittelbaren Gegenwart beschreibt. Der Ahnentempel Sima Qians ist ebenfalls erhalten und steht auf dem Hang eines Lößhügels. Hancheng hat 350 000 Einwohner und zeigt als historische Schätze den Tempel des Stadtgottes, einen Konfuzius-Tempel und eine Pagode aus der Jin-Dynastie (1115–1234).

Han-Chinesen Im Gegensatz zu den 55 nationalen Minderheiten, die in China wohnen und deren Mitglieder alle chinesischen Staatsbürger sind, nennt man zusammenfassend die eigentlichen Chinesen das Han-Volk. Ein Han spricht chinesisch und wurzelt in der chinesischen Kulturtradition. Der Name geht zurück auf die Han-Dynastie (206–220 n. Chr.), die Nachfolgerin der kurzlebigen Qin-Herrschaft des Ersten Kaisers. Der Gründer der Han-Dynastie, Liu-Bang, hatte gemeinsam mit einem Rebellengeneral namens Xiang Yu gegen die Truppen der zerfallenen Qin-Dynastie gekämpft. Bei der Aufteilung des Qin-Reiches benachteiligte jedoch der aus Adelskreisen stammende Xiang Yu seinen Bundesgenossen, den Bauernsohn Liu Bei, und speiste ihn mit einem kleinen Lehenskönigreich am oberen Han-Fluss ab. Diese Benachteiligung führte zu dem nachfolgenden Kampf Liu Beis gegen Xiang Yu und dessen schließlicher Niederlage. Liu Bei übertrug jedoch den Namen seines kleinen Herrschaftsbereiches am Oberlauf des Han-Flusses dann auf sein gesamtes Imperium. Die Bewohner dieses mächtigen Reiches, das über 400 Jahre Bestand hatte, waren nun die »Han« geworden. Wenn ein Angehöriger eines fremden Volkes sich ganz chinesischer Lebensart anschloss, und chinesisch sprach, galt er hinfort als »Han«. Weit mehr als rassische Merkmale galten kulturelle Prägung und sprachliches Vermögen als Kennzeichen der Zugehörigkeit zum Han-Volk. In der VR China werden gegenwärtig rund 92 Prozent der Bevölkerung zu den Han gerechnet, 8 Prozent verteilen sich auf die anderen 55 Nationalitäten.

Handan Stadt im südlichen Hebei an der Bahnlinie Peking-Wuhan, 400 000 Einwohner, ehemalige Hauptstadt der Herzöge von Zhao in der Zeit der »Streitenden Reiche« (475–221 v. Chr.). Die Stadt an den Ausläufern des Han-Gebirges war zu dieser Zeit politisch, wirtschaftlich und kulturell ein führendes Zentrum in Nordchina. Zerstört bei den Kämpfen am Ende der Qin-Dynastie

207 v. Chr., konnte Handan seine frühere Bedeutung nicht wiedererlangen. Die Ruinen aus der Zeit des Zhao-Staates sind mit den Überresten der Herzogsresidenz durchaus noch beeindruckend. Die buddhistischen Grotten am Xigu Shan westlich von Handan aus der Zeit der Nördlichen Qi-Dynastie haben mit ihren 3000 Skulpturen, die bis zur Ming-Dynastie in rund 1000 Jahren für diese Wallfahrtsstätte geschaffen wurden, vor allem während der japanischen Besatzungszeit schwer gelitten.

Han-Dynastie Die Han-Dynastie (206 v.–220 n. Chr.), die in ihrer über vierhundertjährigen Geschichte mit dem zeitgleichen Imperium Romanum in seiner mittleren Periode verglichen werden kann, hat durch ihre vielfach prägenden Festlegungen einen tiefen Einfluss auf alle späteren Dynastien ausgeübt. Die wichtigste Entscheidung war wohl die endgültige Anerkennung des Konfuzianismus als gültige Staatsdoktrin. Die Han-Dynastie ging aus dem Chaos am Ende der Qin-Dynastie hervor und sie endete in einer ähnlichen Katastrophe selbstverschuldet im 3. Jahrhundert n. Chr. Bei aller Stabilität im Ganzen nach außen war sie von inneren Konflikten niemals frei und hatte sich vor allem auch gegen die aus dem Norden angreifenden Steppenvölker zu wehren, von denen die Xiongnu (Hunnen) die gefährlichsten darstellten. Unter Kaiser Wudi (141–87 v. Chr.) erweiterten die siegreichen chinesischen Heere das Reich bis nach Korea im Norden und Vietnam nach Süden. Im Westen wurde der Gansu-Korridor erobert und der Weg nach Ostturkestan damit geöffnet. Diese gleich nach drei Seiten aktiv geführte Außenpolitik erschöpfte jedoch das Land zusehends und führte zu einer lange anhaltenden Schwächung. Eunuchenwirtschaft, Palastintrigen und unfähige Herrscher führten schließlich zu allgemeinem Aufruhr und zur Machtergreifung eines Usurpators (Wang Mang), der die erste Phase der Han-Dynastie im Jahre 23 n. Chr. mit seinem Tod beendete. Nach einem zweijährigen Bürgerkrieg konnte ein ferner Nachfahre eines Han-Kaisers die Macht erringen und die unterbrochene Kaiserreihe fortsetzen. Da in der ersten Phase die Hauptstadt Chang'an – im Westen gelegen – stets als Residenz der Kaiser gedient hatte, und der neue Herrscher nunmehr in das weiter östlich gelegene Luoyang umzog und diese altehrwürdige Stadt am Flusse Luo zu seiner Residenz erkor, nannte man später die erste Phase (206 v.–23 n. Chr.) die Westliche oder Frühere Han-Dynastie und die zweite Phase (25–220 n. Chr.) die Spätere oder Östliche Han-Dynastie. Die Leistungen auf dem Gebiete der Kunst, Literatur, Geschichtsschreibung und Philosophie in beiden Phasen sind beträchtlich und haben dem Denken und kulturellen Wirken der nachfolgenden Jahrhunderte vielfach als Vorbild gedient. In der zweiten Phase, d. h. in der Östlichen Han-Dynastie, wurde durch die Erfolge des Feldherrn Ban Chao (32–102 n. Chr.) in Ostturkestan sogar die größte Ausdehnung des Reiches während der gesamten Han-Dynastie erreicht, aber die inneren Widersprüche zwischen Zentralgewalt und den mächtigen Lokalherrschern, die immer wieder einsetzenden Naturkatastrophen und auch die Eunuchen- und Verwandtenherrschaft am Kaiserhof führten schließlich zum Zerfall der Dynastie im Jahre 220 n. Chr. Vorausgegangen war ein erbitterter Bürgerkrieg, ausgelöst durch den Aufstand der »Gelben Turbane«. In die Zeit der Östlichen Han-Dynastie fällt auch das erste Eindringen buddhistischer Lehren aus Indien und das Erstarken der daoistischen Lehre in ganz China.

Han Fei Philosoph und Staatslehrer (gest. 233 v. Chr.), bedeutendster Vertreter des Legismus, der für die größtmögliche Stärkung der Stellung des Herrschers im Staat eintrat und durch ein System extrem strenger Strafen die Einhaltung der Gesetze zu erzwingen empfahl. Han Fei stammte aus dem Herrscherhaus des Staates Han und starb durch erzwungenen Selbstmord im Gefängnis des Staates Qin. Die ihm zugeschriebene Schrift wurde unter dem Titel »Hanfeizi« bekannt.

Hanghui Die chinesischen Handwerkerorganisationen der Kaiserzeit, in der Regel »hanghui« oder auch »gonguo« genannt, waren einst den deutschen Zünften des Mittelalters und der Neuzeit sehr ähnlich, konnten aber ihre Wurzeln bereits auf Zusammenschlüsse in der Han-Dynastie (206 v.–220 n. Chr.) zurückführen. Diese Vereinigungen bestimmten die Arbeitsbedingungen der Meister und Gesellen, den Lohn und die Arbeitszeit, kontrollierten die Verkaufspreise, regelten die Lehrlingsausbildung, schlichteten Streitfälle, unterhielten kulturelle Einrichtungen und soziale Dienste und sorgten für die religiösen Opferungen für den Schutzpatron der Organisation. Für die Obrigkeit, für Kunden und

Konkurrenten war leicht erkennbar, ob der Handwerker Mitglied einer »hanghui« war, denn deren Statuten hingen, auf rotes Papier geschrieben, in dessen Werkstatt aus. Wer ein Handwerk erlernt hatte und regelmäßig Beitrag zu zahlen bereit war, konnte Mitglied werden. Der Beitritt war jedoch demjenigen verwehrt, der seine Lehre abgebrochen hatte. An der Spitze der Organisation in jeder Stadt stand ein Leiter oder ein Leitungsgremium. Nur wer sich durch ein gewisses Alter, wirtschaftlichen Erfolg und untadligen Charakter qualifiziert hatte, konnte an die Spitze einer hanghui berufen werden. Bereits in der Tang-Dynastie führten diese Vorsitzenden die Verhandlungen mit den Behörden und leiteten die Mitgliederversammlungen. Die Leiter wurden vielfach durch Beigeordnete unterstützt, die dann als Schriftwart, Finanzobmann oder Sekretäre tätig waren. In recht großen Vereinigungen gab es mancherorts sogar bezahlte Sekretäre.

Han-Grabbeigaben Die Han-Dynastie (206 v.–220 n. Chr.) bescherte China, gemessen an den Jahrhunderten davor, Friede und Wohlstand. Die daoistische Suche nach Unsterblichkeit und die konfuzianische Pietät waren der Antrieb in den über vierhundert Jahren der Han-Zeit für einen geradezu luxuriösen Grabkult, den sich höhere Beamte, reiche Kaufleute und Großgrundbesitzer nun leisteten. Das Kaiserhaus mit Prinzessinnen und Prinzen, Verwandten und Konkubinen gab das Beispiel für die Zeremonien und das Vorbild für die Grabanlagen. Man ließ nun keine lebensgroßen Krieger aus Terrakotta mehr in den Brennöfen brennen, man begnügte sich mit Miniatur-Figuren, die aber durchaus eine Höhe von 60 Zentimetern erreichen konnten. Dafür war die Zahl der unterirdischen Heere ungleich größer und die Stärke der Truppenteile ungleich umfangreicher. In den kaiserlichen Gräbern des späten 2. Jahrhunderts v. Chr. fand man Armeen, die bis zu 4000 Tonsoldaten umfassten, und im Grab von Kaiser Jingdi waren über 40 000 Tonfiguren aufgestellt, Infanteristen und Reiter auf ihren Pferden. Das Areal, in dem diese Grabbeigaben aufgestellt waren, ist dreimal so groß wie das der berühmten Terrakotta-Armee des Ersten Kaisers. Man gab den Toten alles ins Grab mit, was sie auch im Leben täglich brauchten und woran sie sich erfreuten: Lebensmittel und Getränke in verschwenderischer Fülle, Waffen und Werkzeuge, Maße und

Gewichte, selbst Wagen, zwei- und vierräderig. Es entstanden richtige unterirdische Paläste, in denen der Tote wie in einem Haus – so glaubte man – magisch weiterleben konnte. Die Anlage von Mausoleen und kostbaren Gräbern wurde für die Wohlhabenden zum Statussymbol und zur Prestigefrage. Die tönernen Krieger sollten den Kaiser im Jenseits bewachen und die Diener aus rötlichbraunem Ton die Reichen in der »anderen Welt« bedienen. Der Tod verlor bei solch einer Aussicht viel von seinem Schrecken.

Hangzhou Hangzhou (Hangtschau), Provinzhauptstadt von Zhejiang, am Qiantang Jiang und am Westsee gelegen, gilt als eine der schönsten Städte Chinas und zählt rund 1,4 Millionen Einwohner. Die bereits im Neolithikum besiedelte Landschaft an einer tief ins Land einschneidenden Bucht des Ostchinesischen Meeres gewann größere Bedeutung im 6. Jh. n. Chr. als Endpunkt des Großen Kanals im Süden. Die nun schnell heranwachsende Stadt war Umschlagplatz für Seide, Töpferwaren, Papier und Reis und wurde bald durch seine Werften landesweit bekannt. Im 12. Jahrhundert schlug dann die große Stunde von Hangzhou, als die Song-Herrscher vor den heranrückenden Jin aus Kaifeng flohen und das sichere Hangzhou 1125 zu ihrer neuen Hauptstadt der »Südlichen Song-Dynastie« erhoben. Die Stadt lag in einem fruchtbaren Reisanbaugebiet und war Zentrum der Seidenspinnerei. In jener Zeit hatte Hangzhou mit über 1,5 Millionen Einwohnern mehr an Stadtbevölkerung als heute. Dies blieb auch so, als die Mongolen das Land regierten und in Peking ihre Residenz aufschlugen. Marco Polo, der 1280 die Stadt besuchte, rühmte sie als eine der vornehmsten der Welt. Marco Polo spricht von Quinsai, er meinte Xingzai, wie die Stadt damals hieß. Die feine Lebensart, die sich seit der Song-Zeit in der Stadt eingebürgert hatte, blieb bis zur Mitte des 19. Jh. erhalten, dann jedoch kam die größte Katastrophe. Die Taiping-Rebellen eroberten die Stadt, zerstörten sie vollständig und töteten in einem Blutrausch 90 Prozent der Bevölkerung. Nach dem Generationen dauernden Wiederaufbau gab es erneute Opfer und Verwüstungen im Zweiten Weltkrieg durch die Japaner und später durch die Roten Garden in der Kulturrevolution. Der Neuaufstieg nach 1978 schuf eine Stadt, die niemand die Wunden der Vergangenheit mehr ahnen lässt. Der von vielen

Dichtern besungene und von vielen Malern verewigte Westsee mit seinen Pavillons, Inseln und Pagoden, Hallen und Schreinen erweckt im Betrachter das Bild des alten China. Westlich vom See findet man eine der zehn berühmtesten buddhistischen Sakralanlagen Chinas, das Tempelkloster Lingyin Si mit seiner 33,6 Meter hohen Haupthalle, vor der zwei Steinpagoden aus dem 10. Jahrhundert stehen. Dieses Kloster war einst eine Klosterstadt mit mehr als 3000 Mönchen und 270 Hallen, die alle den Zerstörungen der Taiping-Rebellen zum Opfer fielen. Die einst so gefeierten Künste der Stadt stehen wieder voll in Blüte, es werden feinste Seiden und Brokate, erlesenes Porzellan und außergewöhnliche Papiere in Hangzhou produziert. Die Industrie nahm einen ungeheuren Aufschwung, neben 18 großen Seidenspinnereien findet man Betriebe der Eisen- und Stahlerzeugung, des Maschinenbaus, der Ölindustrie, Chemie und Elektronik.

Hani-Nationalität Die Hani (nicht zu verwechseln mit den Han-Chinesen) stellen eine der mittelgroßen nationalen Minderheiten in der VR China dar. Die rund 1,1 Million Angehörige umfassende Völkerschaft wohnt ausschließlich im subtropischen Süden der Provinz Yunnan, in einem Gebiet, in dem Reis, Mais, Baumwolle, Erdnüsse und Tee angebaut werden. In den abgelegenen Bergwäldern des Hani-Gebiets verschiedener Landkreise kommen heute noch Tiger, Leoparden, Bären, Affen und seltene Fasanenarten vor. Die Hani-Sprache gehört zum Yi-Sprachzweig der tibeto-birmanischen Sprachgruppe, die selbst wiederum ein Zweig der sinotibetischen Sprachfamilie ist. Die Hani besaßen bis 1957 keine eigene Schrift, dann aber wurde auf der Grundlage des lateinischen Alphabets eine eigene Hani-Schrift geschaffen. Die Hani sind durchweg Polytheisten, die vor allem viele Schutzgötter verehren. Die stark ausgeprägte Ahnenverehrung hat dazu geführt, dass viele Familien genaue Stammbäume bis auf 55 Generationen zurück vorlegen können. In der Geschichte dieses Volkes war die mongolische Eroberung das wohl einschneidendste Ereignis. Die Yuan-Dynastie bezog das Hani-Gebiet in ihr Herrschaftssystem ein, und die nachfolgenden Dynastien errichteten örtliche Verwaltungsstellen, wobei die lokalen Würdenträger jedoch meist ihre bevorzugte Stellung beibehalten konnten. Eine tief greifende Um- und Neuverteilung von Grund und Boden fand dann erst 1952 und 1978 statt.

Hanshan-Tempel Der etwa 5 Kilometer westlich von Suzhou in der Provinz Jiangsu gelegene Hanshan-Tempel erhielt seinen Namen von einem berühmten Mönch namens Hanshan (Kalter Berg), der in der Tang-Dynastie Abt dieses Klosters gewesen war. Die Anlage selbst war bereits in den Jahren 502–512 gebaut worden und hatte damals den Namen Sariputra Tempel erhalten. Zu Ehren von Hanshan wurde das Kloster dann umbenannt. Die angenehme Lage bei der Stadt Suzhou mag dazu beigetragen haben, dass dieses Kloster von vielen Poeten bereits zur Zeit der Tang-Dynastie besucht wurde, von denen viele begeisterte Gedichte über ihre Eindrücke und Erlebnisse beim Verweilen in der weitläufigen Anlage hinterlassen haben. So ist dieses Kloster geradezu ein Archiv der Dichtkunst geworden, da viele Stelen und Tafeln mit diesen Texten in den Hallen des Hanshan-Tempels zu sehen sind. Die berühmte Diamant-Sutra wurde an die Wand einer Halle im Kloster während der Song-Dynastie gemeißelt, und 500 kleine Holzfiguren der Jünger Buddhas sind ebenso noch zu sehen wie die von Hanshan und einigen anderen Mönchen. In den Taiping-Kriegen (1860) wurde der Tempel zerstört, 1905 aber wieder aufgebaut, sodass die heutigen Hallen eine der letzten Bauleistungen in Ostchina vor dem Fall der Qing-Dynastie darstellen. Die Bibliothek des Klosters für klassische Schriften blieb erhalten.

Haojing Hauptstadt der Westlichen Zhou-Dynastie (11.Jh.–771 v.Chr.), die im Tal des Wei-Flusses in der Provinz Shaanxi gelegen haben muss und die 771 bei einer Invasion von Steppennomaden völlig zerstört wurde. Man vermutet die Lage von Haojing im Südwesten des heutigen Xian.

Harbin Harbin, die Hauptstadt der Provinz Heilongjiang, zählt 2,7 Millionen Einwohner und liegt am Mittellauf des Sungari (Songhua Jiang) inmitten einer fruchtbaren Ebene. Harbin ist eine der jüngsten Großstädte Chinas, deren Gründung erst 1896 erfolgte, als die Russen an der Stelle des einstigen Fischerdorfes eine Brücke über den Sungari schlugen, denn sie sollte die Verbindung zwischen Sibirien und der Mandschurei mit der Eisenbahn sicherstellen. Von hier aus wurde dann eine Trasse nach Wladiwostok und eine nach Peking weitergeführt. So entstand ein großer Verkehrsknotenpunkt und eine bedeutende Handelsstadt. 1917 suchten Hunderttausende von russischen Flüchtlingen Zuflucht in Harbin. Das russische Element dominierte und wegen der zahlreichen Zwiebeltürme der orthodoxen Kirchen erhielt die Stadt den Beinamen »Moskau des Ostens«, obwohl bis 1932 die Stadt von Peking aus verwaltet wurde. 1932–1945 besetzten die Japaner die Stadt, dann kamen die Sowjettruppen und begannen mit der Demontage der Industrieanlagen. Als 1946 die chinesischen Kommunisten das Land eroberten, kehrten fast alle russischen Einwohner auf Grund eines Amnestieversprechens in ihre Heimat zurück. Nach 1949 erfolgte der Wiederaufbau der Industrieanlagen, und seither ist Harbin die große Metropole für die nordöstlichen Regionen Chinas.

Hebei Die Provinz Hebei grenzt im Osten an den Bohai-Golf und schließt die beiden regierungsunmittelbaren Städte Peking und Tientsin als Enklaven ein. Die Provinz selbst hat 68 Millionen Einwohner und umfasst 138 Kreise sowie 34 Städte. Ihr früherer Name war Zhili, ihr bis heute gebräuchlicher Kurzname lautet Ji. Der Sinanthropus pekinensis (Pekingmensch) lebte vor einer halben Million Jahre auf dem Boden des heutigen Hebei, und zwei der wichtigsten neolithischen Kulturen (Cishan- und Yangshao-Kultur) entdeckte man bei Ausgrabungen ebenfalls in der Hebei-Region. In geschichtlicher Zeit lagen im heutigen Hebei noch vor der Reichseinigung die beiden Herzogtümer Yan und Zhao. Mit dem Aufstieg Pekings zur Hauptstadt und auf Grund der grenznahen Lage gewann auch die Provinz an Bedeutung. Die Hauptstadt ist Shijiazhuang mit einer Einwohnerzahl von 1,5 Millionen. Die reichen Bodenschätze der Provinz (Kohle, Eisenerze, Erdöl, Erdgas, Kalkstein) ermöglichten den Aufbau einer weit verzweigten Industrie, der Landwirtschaft sind wegen des Wassermangels gewisse Grenzen gesetzt. Rund 60 Prozent des Ackerlandes müssen bereits künstlich bewässert werden. Diese intensiv genutzten Flächen liefern jedoch jährlich etwa 10 Prozent von Chinas Baumwolle und Weizen. Zur Hälfte ist Hebei ein Berg- und Hügelland, im Norden zieht sich die Große Mauer über die Bergwelten der Provinz und im Westen erreichen die Bergzüge meist Höhen von über 1000 Metern, der höchste Gipfel sogar 2870 Meter. Im Osten und im Süden breitet sich die Nordchinesische Tiefebene und die Küstenebene aus. In ihr liegt die Stadt Tangshan, die am 28. Juli 1976 vom größten Erdbeben des 20. Jahrhunderts fast völlig zerstört wurde. Mehr als 600 000 Menschen fanden dabei den Tod. Heute ist die Stadt wieder völlig aufgebaut. Das gemäßigte Kontinentalklima ermöglicht in Hebei eine intensive Landwirtschaft. Angebaut werden vornehmlich Weizen, Sojabohnen, Baumwolle, Kartoffeln, Erdnüsse, Mais, Hanf und sehr viel Obst.

Hedi Kaiser der Östlichen Han-Dynastie (88–106 n. Chr.). Hedi, der Sohn von Kaiser Zhangdi und seiner dritten Nebenfrau, wurde mit neun Jahren auf den Thron gesetzt. Dies ermöglichte zwar die Fortführung der Dynastie in nominellem Sinne, lieferte aber die Politik den Generälen, Beamten und kaiserlichen Verwandten aus, die oft entgegengesetzte Interessen vertraten. In der Zeit von 92–100 n. Chr. brachen schwere Naturkatastrophen über das Land herein. Heuschrecken und gewaltige Überschwemmungen brachten Not und Tod, sodass die Regierung mit Steuererlass und anderen Erleichterungen zu helfen versuchte. Beim Tode des erst 27-jährigen Kaisers wurde nach alter Tradition sein drei Monate altes Söhnlein als Kaiser Shangdi auf den Thron gehoben, das jedoch noch nicht einjährig verstarb, gefolgt dann von Hedis Neffen Andi.

Hefei Von einem einst unbedeutenden Marktflecken konnte sich Hefei (Hofei) seit 1949 zur Hauptstadt der Provinz Anhui aufschwingen und ist seither mit weit über 500 000 Einwohnern ein bedeutendes Industriezentrum und ein wichtiger Handelsumschlagplatz. Im Jahr 280 n. Chr. besiegten die Truppen des Reiches Wei bei Hefei das Heer des Königreiches Wu. Beim Osttor der Stadt steht das »Kloster der klaren Unterweisung«, das auf das 6. Jahrhundert zurückgeht und in der Qing-Zeit völlig restauriert wurde. In ganz China ist aus Hefei der furchtlose und unbestechliche Beamte Bao Zheng bekannt. Bao amtierte in der Zeit der Nördlichen Song-Dynastie (960–1127). Ein Ehrenschrein vor dem Stadttor erinnert an seine Treue und Loyalität.

Heilige Berge Neun Heilige Berge werden seit alters in China verehrt und von Pilgern besucht, fünf von den Daoisten, vier von den Buddhisten. Jedes dieser Gebirgsmassive war einst voll von Klöstern und weist teilweise auch heute noch wertvolle Kulturstätten auf. Die Äbte verschiedener Klöster dieser Wallfahrtsstätten gewannen in einigen Jahrhunderten bedeutenden politischen Einfluss, nicht nur regional sondern auch am Kaiserhof selbst. Die fünf Berge der Daoisten deuten die fünf geheiligten Himmelsrichtungen an, und da die Mitte in China als Himmelsrichtung gilt, liegt auch der in der Provinz Henan sich befindende Songshan als der Berg der Mitte. Im Osten thront der majestätische Taishan, den viele Kaiser besucht und dort dem Gott dieses Berges geopfert haben. In der Provinz Shaanxi findet sich der malerische Huashan, der Westberg, und im Norden und Süden befindet sich jeweils ein heiliges Gebirge mit den Namen Hengshan. In Shanxi ist der nördliche und in Hunan der südliche Hengshan zu finden. Von diesen fünf heiligen Bergen hat jeder seine eigene Gottheit, deren Verehrung meist in mythische Zeiten zurückreicht und später dann nur von den Daoisten übernommen wurde. Die Buddhisten dagegen ordneten jedem ihrer vier heiligen Berge einen der wichtigsten Bodhisattvas zu: auf dem Wutaishan wird Manjushri verehrt, auf dem Putoushan Guanyin, auf dem Jiuhuashan Ksitigarbha und auf dem Emeishan Samantabhadra. Die Buddhisten mit ihrem ausgesprochenen Sinn für großartige und malerische Landschaften wählten sich diese Orte mit Bedacht aus. Der in Shanxi liegende Wutaishan (Fünf-Finger-Berg) ist ein gewaltiger Gebirgsstock, auf dessen Höhenlagen bereits das Edelweiß blüht. Das Inselgebirge Putuoshan im Ostchinesischen Meer gilt gar als ein irdisches Paradies, der weitläufige Emeishan im Westen bietet einmalige Ausblicke auf die Bergwelten Sichuans und der Jiuhuashan in Anhui bietet mit seinen Gipfeln, Bächen, Steinhöhlen, Wasserfällen und seltenen Bäumen eine traumhafte Landschaft für jeden Besucher. Ganz außerhalb von diesen neun Pilgerbergen im alten China steht in Westtibet der wohl heiligste aller Berge, der berühmte Kailas, der gleich vier Religionen als Göttersitz gilt: den tibetischen Bönpos, den Hindus, den Buddhisten und den Dschainas. Die Magie dieses Berges ist ungebrochen. 1948 versenkte man im nahen Manasarovarsee einen Teil von der Asche Gandhis.

Heilongjiang Die Provinz Heilongjiang ist die nördlichste der drei mandschurischen Provinzen in Nordost-China, zugleich die kälteste des ganzen Landes. In dieser nördlichsten aller Provinzen finden sich 66 Kreise, 31 Städte und die größten Wälder Chinas. Heilongjiang heißt Schwarzdrachenfluss, womit der Amur gemeint ist, der die nördliche Grenze zu Russland bildet, während im Osten der Ussuri (Wusuli) die Provinz gegenüber dem russischen Gebiet abschließt. Im Süden liegt die Provinz Jilin und im Westen die Innere Mongolei. Heilongjiang hat eine Fläche von 469 000 Quadratkilometern und gehört damit zu den flächengroßen Provinzen des Landes. Die Einwohnerzahl beläuft sich auf 37 Millionen, in denen jene 1,5 Millionen eingeschlossen sind, die sich auf die nationalen Minderheiten der Mandschuren, Mongolen, Hui, Koreaner, Dahuren und Hezhe verteilen. Die Provinz weist lange Gebirgszüge und weite Ebenen auf. Südlich des Amur zieht sich von Nordwest nach Südost der Kleine Hinggan hin, während der Große Hinggan sich in Nordsüdrichtung entlang zur Grenze an der Inneren Mongolei erstreckt. Diese beiden Gebirgszüge und auch das südöstliche Bergland sind so wälderreich, dass Heilongjiang das größte Waldgebiet Chinas darstellt, das den weitaus größten Teil des Holzbedarfs für das gesamte Land deckt. Die beiden größten, von Süden kommenden Flüsse münden in den Amur, im Mittelteil der Provinz ist dies der Songhua (Sungari) und im Ostteil der Ussuri (Wusuli), der auch die Grenze zu dem großen russischen Küstengebiet zwischen Wladiwostok und Chabarowsk bildet. Die großen Ebenen liegen im Norden und weisen überall fruchtbare Schwarzerde auf. Obwohl die frostfreie Periode im Jahr nur 120 Tage dauert, ist der warme und regenreiche Sommer für die Landwirtschaft doch so günstig, dass diese Gegend als »Große Nördliche Kornkammer« Chinas inzwischen angesprochen werden kann. Die vielen Millionen der zugewanderten Han-Chinesen bauen hier Mais, Weizen, Hirse, Zuckerrüben, Flachs, Sojabohnen und Sonnenblumen mit großem Erfolg an. Unter den vielen Bodenschätzen sind Erdöl, Kohle und Gold die wichtigsten. Das auch international bekannte Ölfeld von Daqing hat sich als Motor einer beachtlichen Erdölindustrie erwiesen. Die Reserven der Provinz an Erdöl von mehr als 2,5 Milliarden Tonnen sind die größten Chinas überhaupt. Die Provinzhauptstadt Harbin mit drei Millionen Einwohnern hat einen bedeutenden Binnenhafen am Songhua und gilt wegen ihrer vielen orthodoxen Kirchen als »Moskau des Ostens«, denn die Stadt war nach 1917 der Zufluchtsort für Hunderttausende von russischen Flüchtlingen. Von 1932–1945 war Harbin von den Japanern besetzt, danach von den Sowjettruppen, die sich erst nach der Demontage der Industrieanlagen wieder zurückzogen. Nach 1949 setzte dann der Wiederaufbau in der Stadt und in der ganzen Provinz ein. Über die Transsibirische Eisenbahn ist Harbin über die Äußere Mongolei und Irkutsk mit Moskau und durch die Südlinie der chinesischen Staatsbahn mit Peking verbunden. Als Heimat tungusischer Völkerschaften kam dieses nordmandschurische Land erst unter den Mongolen mit China in nähere Verbindung und wurde dann seit der Ming-Dynastie näher an das Reich der Mitte gebunden. Diese eher lose Verbindung wurde dann verstärkt durch die Mandschurenherrschaft in Peking, aber eine Besiedlung durch die Han-Chinesen fand erst im 19. und 20. Jahrhundert statt, wobei das Ringen um Einflusssphären am Amur zwischen Russland, Japan und China praktisch bis zum Ende des Zweiten Weltkrieges andauerte und dann am Ende zugunsten Chinas entschieden wurde.

Helanshan-Felszeichnungen Im Autonomen Gebiet Ningxia der Hui-Nationalität spannt sich das Helan-Gebirge über 200 km von Nordost nach Südwest und schützt das Tal des Gelben Flusses als natürliche Barriere im Norden gegen die Innere Mongolei. In diesem Gebirge finden sich in über 20 Tälern unzählige Felszeichnungen, deren Alter noch nicht erforscht ist, die aber auch großgeweihige Hirsche zeigen, die in der Jungsteinzeit bereits ausgestorben waren. Neben Pferden, Ziegen, Kamelen, Hunden, Vögeln, Fischen und vielen Jagd- und Kampfszenen sieht man Jäger und Tänzer, Gesichter mit Kopf- und Ohrenschmuck, abstrakte Figuren, aber auch dazwischen Schriftzeichen aus der Xixia-Dynastie (11./12. Jh.). Im Ningxia-Museum in Yinchuan werden über 10 000 Steinabreibungen dieser Felszeichnungen aufbewahrt.

Hemudu-Kultur Die neolithische Hemudu-Kultur, die sich ab dem 5. Jahrtausend an der Küste des Ostchinesischen Meeres in der heutigen Provinz Zhejiang entfaltete, zeigt durch die in den siebziger Jahren des 20. Jahrhunderts gemachten Funde bei Yuyao, etwa 50 km westlich von Ningbo, dass damals bereits Ackergeräte aus Knochen, die Lackherstellung und der Nassanbau von Reis bekannt waren.

Henan Die Provinz Henan (Honan) umfasst 112 Kreise und 38 Städte und ist mit 93

Millionen Einwohnern die bevölkerungsreichste Provinz Chinas auf einer Fläche von 167 000 Quadratkilometern. Henan gilt seit alters als »Wiege der chinesischen Zivilisation«, denn hier entfalteten sich in neolithischer Zeit die Yangshao- und die Longshan-Kultur und hier lag das Zentrum vieler nachfolgender Dynastien. Die Provinz liegt am Mittellauf des Gelben Flusses und hat einen beträchtlichen Anteil an der Nordchinesischen Ebene, während sich im Westen ein Gebirgsland hinzieht, das im Durchschnitt Höhen von 1000–2000 Metern erreicht. Im Norden grenzt Henan an die Provinz Shanxi, im Süden an Hubei im Westen an Shaanxi und im Osten an Anhui und Shandong. Henan bedeutet südlich des Flusses, womit der Gelbe Fluss gemeint ist, der in der Geschichte oftmals der Provinz bei Hochwasser verheerende Überschwemmungen bereitet hat. Henan ist jedoch Chinas wichtigstes Weizenland, aber auch Baumwolle, Erdnüsse, Tabak und Ölpflanzen gedeihen bei dem ausgesprochenen Kontinentalklima vorzüglich. Viele Bewässerungskanäle durchziehen das Land. In den Bergen Westhenans werden Kohle und Eisen gefördert, Erdöl und Erdgas konnten erbohrt werden, und so konnte sich in der Provinzhauptstadt Zhengzhou eine bedeutende Industrie entfalten, die vor allem durch ihre Textilbetriebe international bekannt wurde. Zhengzhou hat zwei Millionen Einwohner und gilt auch als einer der wichtigsten Eisenbahnknotenpunkte Chinas, denn in dieser Stadt kreuzen sich die Fernlinien Peking-Kanton und Xian-Shanghai. Historisch bedeutsam war Zhengzhou jedoch weit weniger als die beiden Städte Luoyang und Kaifeng, die mehrfach Hauptstädte von Dynastien waren. Sogar die ganz im Norden der Provinz gelegene Stadt Anyang kann sich rühmen, Metropole der Shang-Dynastie vom 16.–11. Jahrhundert v. Chr. gewesen zu sein. Der Stolz der Provinz ist zweifellos die Millionenstadt Luoyang, am Luo-Fluss gelegen, die bereits in der Östlichen Zhou-Dynastie als Hauptstadt diente, dann in der Östlichen Han-Dynastie wieder Zentrum des Reiches war, während der Periode der Drei Reiche als die Residenz des Königreiches Wei (220–280 n. Chr.) glänzte, dann von dem Jin-Reich ebenfalls als Mittelpunkt auserkoren wurde. Danach war es noch die Hauptstadt der Nördlichen Wei-Dynastie (386–524 n. Chr.). Diese glanzvolle Vergangenheit kann heute noch ahnungsvoll an den wunderbaren Skulpturen der Longmen-Grotten unweit der Stadt abgelesen werden, während der Tempel des Weißen Pferdes von den vielen einst in der Stadt bestehenden buddhistischen Tempeln kündet. In der Bedeutung kaum weniger zurück steht die Stadt Kaifeng, die heute etwa 500 000 Einwohner zählt und trotz der vielen Zerstörungen noch ahnen lässt, welcher Glanz hier einst entfaltet wurde, als sie Hauptstadt während der Periode der Streitenden Reiche war, in den Fünf Dynastien (907–960) als Metropole galt und vor allem in der Nördlichen Song-Dynastie (960–1127) die Kaiser hier prunkvoll Hof hielten. In Henan liegt auch der Songshan, der mittlere der fünf heiligen Berge Chinas, an dem das berühmte Kungfu-Kloster Shaolin liegt, das durch viele Fernsehfilme inzwischen weltweit bekannt wurde.

Hengshan Der Hengshan, einer der fünf heiligen Berge des alten China, liegt gut 100 Kilometer südlich von Changsha in der Provinz Hunan westlich der kleinen Stadt Hengshan, weist insgesamt 72 Gipfel auf und erreicht eine Höhe von 1290 Metern. Vielfach auch bekannt unter dem Namen Nan yue (Südberg), war er seit alters auch das Pilgerziel von Kaisern, die dem Gott des Berges hier ihre Opfer darbrachten. Seit der Sui-Zeit ist er bevölkert von taoistischen und auch buddhistischen Mönchen, die in dem weitläufigen Gebiet ihre Einsiedeleien und Klöster bauten. Das Zhusheng-Kloster, gegründet in der Tang-Dynastie, wurde im 17. Jahrhundert sogar wie ein Palast ausgebaut, sodass Kaiser Kangxi auf seiner Südreise mit seinem Gefolge in ihm Wohnung nehmen konnte. Die Halle der Klassiker in diesem Kloster birgt aus Stein die gesamte Reihe der 500 Luohan. Nicht weit entfernt vom Zhusheng-Kloster, ebenfalls in der Nähe des Dorfes Nanyue-zhen, liegt der aus der Tang-Zeit stammende »Tempel des Großen Südlichen Gipfels«, der mehrfach zerstört und wieder aufgebaut, sich heute in dem 1882 geschaffenen Baukörper präsentiert. Aus Bronze sind in diesem Tempel eine Glocke aus dem Jahr 1324 und eine große Buddhastatue aus der Ming-Zeit erhalten. Der gewaltige bronzene Weihrauchbrenner stammt aus 1633. Von den anderen bedeutenden Tempeln auf dem Hengshan ist der 503 gegründete des Fangguang-Klosters und der des Fuyan-Klosters aus dem Jahre 568 zu nennen, dessen heutige Bauten allerdings aus der Qing-Dynastie stammen. Um den Berg ranken sich eine Reihe von Sagen, die über die historische Bedeutung des Gebiets Aufschluss geben. Der legendäre Kaiser Shun soll bereits in grauer Vorzeit im Tempel des Hengshan die Fürsten des Landes um sich versammelt haben. Kaiser Yu aus der Xia-Dynastie soll vom Hengshan aus das Land überblickt und Pläne zur Wasserregulierung ausgearbeitet haben. Diese Überlieferungen zeugen von der Bedeutung der Provinz Hunan schon zur Zeit des späten Neolithikums und von der Notwendigkeit zur Be- und Entwässerung des Gebiets schon zu Beginn der frühen Dynastien.

He Qubing Chinesischer General (gest. 117 v. Chr.), der in der Westlichen Han-Dynastie unter Kaiser Wudi (141–87 v. Chr.) auf mehreren Feldzügen gegen die Hunnen große Siege errang. Vom Kaiser hoch geehrt, wurde He Qubing in einem großen Grab bei Xian bestattet, das durch eine davor stehende Steinskulptur berühmt wurde. Das Standbild stellt ein Pferd dar, unter dem ein Hunne liegt.

Herrscher-Reihe der Urzeit Die literarische Überlieferung der Chinesen entwickelte eine genau fixierte Urgeschichte des Landes und spricht klar von einem Urkaiser Huangdi, der im 3. Jahrtausend v. Chr. gelebt habe und nach dem man die nachfolgende Herrscher-Reihe beginnen lässt. Den legendären Beginn der festen Zeitrechnung legte man auf das Jahr 2697 v. Chr. fest. Auf den großen Kulturheroen Huangdi, der bereits einen zivilisierten Staat begründet haben soll, folgten nach der chinesischen Geschichtsschreibung fünf weitere Urkaiser, nach anderen Quellen jedoch sechs, die das Werk ihres großen Vorfahren fortsetzten. Durchgesetzt hat sich dann die Fünferreihe, wohl wegen ihrer Entsprechung mit der Lehre der fünf Elemente, die in beständigem Kreislauf einander ablösen.

Hexi-Korridor Der 1200 Kilometer lange Hexi-Korridor ist der große Durchgangsweg in der Provinz Gansu, der von Zentralchina nach Ostturkestan, ins heutige Sinkiang, führt. »Hexi« bedeutete »westlich des Flusses«, gemeint ist der Gelbe Fluss, der sich von Lanzhou aus nach Norden wendet und den langen Karawanenweg der Seidenstraße im Westen liegen lässt. Der Korridor wird im Norden begrenzt von der Wüste Gobi und im Süden von dem hohen und schneereichen Qilian-Gebirge. Um diese bedeutende Handelsstraße nach Zentralasien – und weiter nach Europa – zu sichern, richteten die chinesischen Kaiser vier Präfekturen ein. Die erste dieser Präfekturen, immerhin fast 300 Kilometer westlich von Lanzhou gelegen, war Wuwei, eingerichtet von Kaiser Wudi im Jahre 111 v. Chr. Die nächste, gut 200 Kilometer nordwestlich davon, war Zhangye, dann folgte Jiuquan, nicht weit entfernt vom Endpunkt der Großen Mauer, wo der festungsartig ausgebaute Pass Jiayuguan allen Karawanen anzeigte, dass es nun gefährlicher werden könnte. Aber im fernen Nordwesten waren immerhin in der Präfektur Dunhuang nochmals chinesische Truppen stationiert, die auch die durch keine Mauer geschützten Streckenabschnitte zwischen Jiuquan und ihrem Oasenstützpunkt selbst zu kontrollieren hatten. Von Jiuquan bis Dunhuang sind es allerdings 400 Kilometer. In Dunhuang lagen in der Zeit der Han-Dynastie um 100 v. Chr. der Yumen-Pass und der Yang-Pass, einst zwei wichtige Pässe an der Seidenstraße. In Dunhuang hatten sich die Karawanen zu entscheiden, ob sie die südliche Route nach Kaschgar einschlagen wollten, um die Todeswüste Takla-Makan am Fuße des Kuenlun-Gebirges im Süden zu umgehen oder ob sie die Nordroute nehmen wollten, die nördlich dieser gefürchteten Wüste am Fuß des Tianshan nach Kaschgar führte.

Hezhe Die Hezhe (auch Nanai, Nabei, Naniao) bilden die kleinste der nationalen Minderheiten in China, deren Gesamtzahl etwa 2000 beträgt. Ihre Siedlungsgebiete liegen an den Ufern des Amur, des Sanhua und des Usuri in der Provinz Heilongjiang. Fischfang und Jagd sind seit alters die Haupterwerbszweige. Die Sprache der Hezhe gehört dem mandschurischen Zweig der mandschurisch-tungusischen Sprachen der altaischen Sprachfamilie an. Da die Hezhe keine eigene Schrift besitzen, übernahmen sie allmählich vielfach mit der Han-Sprache (als Zweitsprache) auch die Han-Schrift. Durch die bereits 1960 eingeführte Schulpflicht ist inzwischen das Analphabetentum zurückgedrängt, denn zur Zeit der japanischen Besatzung war für die Hezhe keine Ausbildungsmöglichkeit gegeben.

Hideyoshi Toyotomi Der japanische Feldherr und Shogun Hideyoshi Toyotomi plante im Jahre 1592 einen Angriff auf China und landete mit 150 000 bestens ausgebildeten Soldaten an der Südküste Koreas, das er als Brückenpfeiler zu nutzen gedachte. In relativ kurzer Zeit besetzten die Japaner große Teile der Halbinsel. 1593 führte daher der Ming-General Li Rusong eine starke Armee nach Korea und schlug gemeinsam mit den Koreanern die Invasoren in Mittelkorea zurück, ohne sie jedoch vertreiben zu können. Erst der Seesieg des koreanischen Admirals Yi Sunsin, der mit seinen Schildkröten-Schiffen an die 500 japanische Schiffe versenkte, bewegte die Japaner zu einem Scheinabzug. Als jedoch Hideyoshi 1597 mit einer neuen Armee von 140 000 Mann wiederkehrte, entbrannte der Kampf erneut. Die vereinigten Armeen der Koreaner und Chinesen konnten die Japaner zwar bis nach Pusan zurücktreiben, aber erst der plötzliche Tod Hideyoshis veranlasste dann 1598 den schnellen Abzug der Invasionstruppen.

Himmelstempel Im Südosten von Peking liegt die größte Sakralanlage des Kaiserreiches, der in einem 270 Hektar großen Park gelegene Himmelstempel (Tian Tan). Die gesamte Anlage besteht aus einer Reihe von Bauten, die von zwei Mauern umschlossen werden, einer 6,5 Kilometer langen äußeren und einer 4 Kilometer langen inneren Mauer. Das spektakuläre Wahrzeichen Pekings ist die weithin sichtbare »Halle des Gebets um gute Ernten«, auch genannt »Halle des Ernteopfers«, die von 1406–1420 erbaut wurde. In dieser Halle sprach jedes Jahr der Kaiser die traditionellen Gebete für den Erntesegen. Die 38 Meter hohe Halle mit einem Durchmesser von 30 Metern wird von einem dreifach gestaffelten, mit blau glasierten Ziegeln gedeckten Kegeldach gekrönt. Auf dem Himmelsaltar aus weißem Marmor, auch genannt »Runder Berg«, vollzog der Kaiser alljährlich die wichtigsten Zeremonien des Staatskults, denn dieser Altar war das Symbol zwischen dem Himmel und dem Kaiser, denn nur er allein konnte und durfte diese Zeremonien vollziehen. Beide Heiligtümer – Himmelsaltar und Halle des Ernteopfers – sind durch einen 450 Meter langen gepflasterten Weg miteinander verbunden, die sog. »Brücke der Roten Stufen«. Die anderen Gebäude in diesem Ensemble hatten alle ebenfalls eine bestimmte Aufgabe, so der Palast der Enthaltsamkeit, in dem der Kaiser sich fastend auf die Kulthandlung vorbereitete. Im »Kaiserlichen Himmelsgewölbe«, einer kleinen 1530 errichteten Rotunde, bewahrte man die Ehrentafeln der Himmelsgötter und der kaiserlichen Ahnen auf, und in diesem stillen Raum pflegte der Kaiser vor den Zeremonien auch zu meditieren. 1890 wurde die Halle des Ernteopfers durch Blitzeinschlag zerstört, aber bald danach wieder aufgebaut. Nach 1949 wurde die Gesamtanlage gründlich renoviert, und 1998 nahm die UNESCO den Himmelstempel in die Liste des Weltkulturerbes auf.

Historisches Museum von Shaanxi In der südlichen Vorstadt von Xian liegt das Historische Museum von Shaanxi, dessen 370 000 wertvolle Exponate für das Studium der Geschichte dieser Provinz praktisch unverzichtbar sind. In diesem, in traditioneller Bauweise errichteten Museum, finden sich auch 40 Wandmalereien aus den bisher geöffneten Tang-Gräbern.

Hofhäuser Die über acht Jahrhunderte kaum veränderte Wohnanlage der Chinesen war das Hofhaus, das im 12. Jahrhundert entstand und erst im 20. Jahrhundert von mehrstöckigen Wohnhäusern und modernen Wohnblocks sukzessive abgelöst wurde. In vielen Städten, auch in Peking, finden sich jedoch an den zahlreichen Gassen, den Hutongs, noch die Eingänge zu vielen Hofhäusern. Da die meisten dieser Wohnanlagen aus der Qing-Dynastie stammen, in der eine strenge soziale Rangordnung bestand, konnte man die Stellung des Hausbesitzers stets an der Art seines Hauses erkennen. Je höher der Rang, desto mehr Räume und Hofgärten im Haus. Die Wohnung eines Prinzen beispielsweise erkannte man sofort an dem großen roten Tor, das den Haupteingang bildete. Ein typisches Hofhaus besteht jedoch nicht etwa aus einem Gebäude sondern aus mehreren rechteckig angeordneten ebenerdigen Häusern. Das nördliche Haus mit drei bis fünf Räumen ist stets dem Familienoberhaupt und seiner Frau vorbehalten und dient als Schlaf- und Wohnzimmer. Das westliche und das östliche Haus mit je zwei oder drei Räumen standen den anderen Familienmitgliedern zur Verfügung. Das südliche Haus diente meist als Empfangs- oder als Arbeitszimmer. Der Überlieferung nach symbolisiert die südöstliche Richtung das Glück, deshalb liegt der Haupteingang stets an der südöstlichen Ecke. Die Toilette oder auch ein Lagerraum liegen immer im Südwesten, da diese Richtung mit Unglück in Verbindung gebracht wird. Um Sonnenlicht in die Wohnung zu lassen, liegt in der Mitte der rechteckigen Gesamtanlage der freie Hof, weiträumig und oft mit Blumen bepflanzt. Die Häuser der Reichen hatten sogar oft zwei oder sogar drei Hofgärten mit Fischteichen und Blumenbeeten. Alle Wohnhäuser waren einst mit Malereien, lackierten Türen, verzierten Traufen und Stützsäulen versehen, allerdings gab es in ihnen statt einer Toilette mit Wasserspülung nur den großen Nachttopf.

Hohot Hohot (Huehot, auch Huhehaote), die Hauptstadt der Autonomen Region Innere Mongolei, liegt auf dem mongolischen Hochplateau auf etwa 1000 Metern Höhe und zählt 1,3 Millionen Einwohner. Die noch relativ neue Stadt wurde erst im 16. Jahrhundert von dem Mongolenfürsten Altan-Khan gegründet und bis zur Qing-Dynastie von Mongolen beherrscht. Erst der mandschurische Qing-Kaiser Kangxi (1661–1722) richtete dann endgültig eine Garnison für die kaiserlichen Truppen in Hohot ein. Kaiser Qianlong ließ dann den großen, auch noch von Altan Khan gestifteten Lamatempel Da Zhao zum kaiserlichen Heiligtum erheben und seine Haupthalle mit gelben Ziegeln decken. Der Da Zhao ist ein gutes Beispiel für den reizvollen chinesisch-tibetischen Mischstil, in dem auch die beiden anderen Tempelanlagen Hohots gebaut sind, der in der Altstadt liegende Xilitu Zhao und der im Nordwesten sich befindende Wusutu Zhao.

Hongkong Die ehemalige britische Kronkolonie wurde am 1. Juli 1997 feierlich von Großbritannien an die VR China zurückgegeben und ist seither eine Sonderverwaltungsregion mit einer demokratisch-parlamentarischen Regierungsform und eigener Exekutive gemäß der von Deng Xiaoping ausgegebenen Devise »Ein Land – zwei Systeme«. Hongkong heißt »Duftender Hafen«, gemeint ist jedoch ein Gebiet mit einer Fläche von 1068 Quadratkilometern, bestehend aus der Insel Hongkong, 235 weiteren Inseln, der Halbinsel Kowloon und den New Territories. Die dramatische Erfolgsgeschichte Hongkongs – ursprünglich ein kleines Fischernest – beginnt erst mit dem Jahre 1842, als die Engländer nach dem von ihnen gewonnenen Opiumkrieg das chinesische Kaiserreich im Vertrag von Nanking zwangen, ihnen diese Insel abzutreten. 1860 musste China auch die Halbinsel Kowloon bis zur heutigen Boundary-Street abtreten, und im Jahr 1898 pachtete London die sog. New Territories auf 99 Jahre, ein Gebiet, das im nördlichen Hinterland von Kowloon allein 945 Quadratkilometer umfasst. Die Bedeutung Hongkongs als Ausfuhrhafen von Tee und Einfuhrhafen für Opium wurde bereits im 19. Jahrhundert erweitert, als von diesem Platz aus bedeutende

Auswandererströme nach Südostasien und Amerika abgingen. Bald wurde Hongkong ein wichtiger Werften-Standort und viele Reedereien siedelten sich an. Im Jahre 1995 waren 1500 Schiffe auf den Weltmeeren für Hongkonger Reeder unterwegs, zumal die Container-Anlagen als die drittgrößten der Welt gelten. Die im 20. Jahrhundert hinzugetretene Textilindustrie und die 47 000 Betriebe für Leicht- und Konsumgüter machen mit den Firmen für Elektro- und Elektronik Hongkong zu einem hochmodernen Industriestandort mit insgesamt 5,5 Millionen Einwohnern. Als drittgrößtes Finanzzentrum der Welt, einer hochmodernen und kaum staatlichen Beschränkungen unterliegenden Handels- und Dienstleistungsbasis weist Hongkong zwar nur 0,1 Prozent der Weltbevölkerung auf, kann jedoch ein Prozent des gesamten Welthandels auf sich vereinen. Im Zweiten Weltkrieg mussten die englischen Truppen Weihnachten 1941 vor den von der Landseite vorrückenden Japanern kapitulieren, die von den damaligen 1,6 Millionen Einwohnern Hongkongs über eine Million vertrieben. Nach der japanischen Niederlage 1945 kehrten die Engländer zurück. Nach 1949 strömten vom Festland gewaltige Flüchtlingsströme nach Hongkong, die den wirtschaftlichen Aufstieg der Kronkolonie mitbegründeten. Im Korea- und Vietnamkrieg war Hongkong eine wichtige Flottenbasis für die Alliierten. Inzwischen fliegen auch 30 internationale Luftfahrtlinien Hongkong an. Seit der »Rückkehr« 1997 ist Hongkong mit dem aufstrebenden Shanghai in eine sehr lebhafte Konkurrenz getreten. 1998 wurde der 73 Jahre alte Flughafen Kai Tak, am Rand der dicht bevölkerten Innenstadt durch den 35 Kilometer außerhalb liegenden Air Port Chek Lap Kok abgelöst, der vor allem die Anbindung Hongkongs an das Mutterland und an die Weltwirtschaft wesentlich erleichtern soll.

Hongshan-Kultur Die Hongshan-Kultur (3800–2700 v. Chr.) benannt nach einem Ort in Chifeng, Provinz Liaoning, breitete sich über zwei weitere chinesische Provinzen aus (Innere Mongolei und Xinjiang) und ist durch ihre verfeinerten Jade-Arbeiten bekannt geworden. Man konnte von dieser Kultur sowohl Wohnanlagen als auch Gräber freilegen.

Hongwu Hongwu (1368–1398), der erste Kaiser der Ming-Dynastie, war der Sohn eines Gelegenheitsarbeiters, dessen Familie während einer

Hungersnot fast vollständig ausgelöscht wurde; er selbst, Zhu Yuanzhang, überlebte und fand Zuflucht in einem Kloster, wo er lesen und schreiben lernte. Als die Aufstände der Roten Turbane losbrachen, die sich gegen die Mongolenherrschaft richteten, schloss sich der damals 25-jährige Mönch den Rebellen an. Auf Grund seiner organisatorischen Fähigkeiten bekleidete er bei den Aufständischen bald eine führende Stellung und konnte mit den von ihm geführten Truppen 1359 bereits Nanking erobern. Als er 1368 große Gebiete Südchinas kontrollierte und das Heer der Aufständischen Peking eroberte und die Mongolen aus der Hauptstadt vertrieb, ließ er sich zum Kaiser einer neuen Dynastie ausrufen. Er wählte den Kaisertitel Hongwu und nannte seine Dynastie Ming (»die Prächtige«). Die Truppen des neuen Kaisers verfolgten die Mongolen bis in ihre nördliche Sommerresidenz Shangdu, eroberten 1371 Sichuan und bis 1387 auch Yunnan und Gansu. Damit war der Widerstand der Mongolen endgültig gebrochen und China war wieder vereinigt. Die Erleichterung über die Befreiung vom fremden Joch erzeugte im ganzen Land eine Atmosphäre des neuen Aufbruchs und erleichterte die Wiederherstellung von Ruhe und Ordnung wesentlich. Hongwu war bemüht, die Traditionen der Dynastien Tang und Song wieder zu beleben, seine 31 Regierungsjahre waren ausschließlich der Restauration gewidmet. Mit geradezu genialem Organisationstalent leitete er gleich mehrere wichtige Reformen zugleich ein. Landlose Bauern wurden auf Neuland angesiedelt, eine große Aufforstungsaktion gestartet, die staatlichen Prüfungen wieder eingeführt, die Große Mauer wieder instandgesetzt und die Verwaltung des Staates völlig neu geordnet. Hongwu hatte 36 Söhne und 16 Töchter. Die Söhne setzte er alle in den Provinzen als verantwortliche Präfekten ein, verbot ihnen aber, jemals wieder in die Hauptstadt zu kommen. Damit wollte er möglichen Konspirationen im Hinblick auf seine Nachfolge vorbeugen. Die Tatkraft und Umsicht, die der erste Ming-Kaiser an den Tag legte, wurde allerdings verdunkelt durch seine Grausamkeit, die er bei der Verfolgung und Bestrafung echter oder auch nur vermeintlicher Verschwörer zeigte. Als er 1398 starb, wurden 38 Konkubinen mit ihm in seinem Mausoleum Xiaoling in Nanking begraben.

Hongxi Hongxi (1425), der vierte Kaiser der Ming-Dynastie regierte nur ein Jahr und starb 47-jährig noch im Jahr der Thronbesteigung. Hongxi war schwer krank, völlig unmilitärisch, aber sehr human und durchaus ein fähiger Administrator. Der Kaiser hinterließ 10 Söhne und 7 Töchter. Die Kaiserin selbst lebte bis 1442 und erwies sich in der Folgezeit als fähige Regentin und ausgleichende Persönlichkeit bei Hofe. Hongxi erhielt bei seiner Beisetzung den Tempelnamen Renzong und ruht im Mausoleum Xianling innerhalb der Ming-Gräber nördlich von Peking. Nach der damals noch praktizierten barbarischen Sitte wurden 10 seiner Konkubinen mit ihm begraben. Nachfolger wurde der älteste seiner 10 Söhne, Kaiser Xuande (1426–1435).

Hong Xinquan Hong Xinquan (1813–1864), Initiator und Führer der Taiping-Rebellion stammte aus einer Bauernfamilie in der Provinz Guangdong und besuchte eine protestantische Missionsschule. Unter dem Eindruck der christlichen Lehre gründete Hong Xinquan die »Geheimgesellschaft zur Verehrung Gottes« und entwickelte Pläne zur Gründung eines gerechten »Himmlischen Reiches des Großen Friedens« (Taiping). Hong Xinquan verband mit christlichen Wahnideen (Gesandter Gottes) durchaus vernünftige Forderungen nach Abschaffung der Kinderehe, des Konkubinats und der ungerechten Verteilung von Grund und Boden und auch die Ablehnung fast aller konfuzianischer Traditionen. Vor allem forderte er die längst überfällige Gleichberechtigung der Frau. Da seine Forderung nach Landverteilung vor allem bei den großen Massen der armen Pachtbauern begeistert aufgenommen wurde, konnte Hong Xinquan bald mit einer großen Rebellenarmee große Teile Südchinas besetzen. Mit den ständig neu ihm zuströmenden Massen konnte er 1853 Nanking einnehmen und zur Himmlischen Hauptstadt (Tianjing) erklären. Auf diesem Zug nach Norden verwüsteten die Rebellen unzählige Dörfer und Städte und gründeten auf Weisung von Hong Xinquan Produktionsstätten, die den später von Mao propagierten Volkskommunen fast aufs Haar glichen. Ein 14-jähriger Kampf zwischen den Taiping und der kaiserlichen Armee begann, der 20 Millionen Menschen das Leben gekostet haben soll. Erst 1864 konnte die Regierung in Peking – mit Hilfe britischer Truppen – den Aufstand niederschlagen und die Taiping vernichten. Der blutige Untergang des Taiping-Reiches wurde allerdings auch durch brutale Machtkämpfe innerhalb der Taiping-Führung mitverursacht. Im Juni 1864 starb Hong Xiuquan an einer Krankheit und bereits am 19. Juli des gleichen Jahres wurde Nanking von den Kaiserlichen erobert und die Taiping-Herrschaft beendet. Der 14-jährige Bürgerkrieg war zwar beendet, aber das Land war verwüstet und viele Landstriche entvölkert. Da aber die Europäer einen entscheidenden Anteil an der Niederschlagung des Aufstandes hatten, wurde China erpressbar und den »Weißen Teufeln aus Übersee« mussten neue Konzessionen eingeräumt werden. Somit wurde dieses Ereignis gewissermaßen schon eine Vorstufe zum endgültigen Niedergang des Kaiserreiches. Hong Xinquan wurde ein Jahrhundert später von Mao und seinen Gefolgsleuten wegen seiner sozialreformerischen Ideen und seiner quasi-kommunistischen Bodenreform mehrfach auch als Vorläufer herausgestellt.

Hongyacun Hongyacun ist das Heimatdorf des 14. Dalai-Lama, der 1935 in einer ärmlichen Bauernfamilie unter dem Namen Lamu Dongzhu geboren und 1938 als Reinkarnation des 13. Dalai-Lama »erkannt« wurde. Hongyacun liegt in einem waldreichen Gebiet der Provinz Qinghai und zwar im Osten, wo zwar schon das raue Gebirgsklima vorherrscht, jedoch noch Landwirtschaft betrieben werden kann. Der im Dorfe stehende Tempel Xiazong diente dem Dalai-Lama vor seiner Übersiedlung nach Lhasa als Aufenthaltsort. Der Tempel wurde 1986 restauriert und steht seither unter Denkmalsschutz.

Hongzhi Hongzhi (1488–1505), der neunte Kaiser der Ming-Dynastie, war der dritte Sohn des Kaisers Chenghua und ging als einziger Herrscher in die chinesische Geschichte ein, der ausschließlich monogam ohne Nebenfrauen und Konkubinen lebte. Er verbannte vom Hofe auch alle korrupten Eunuchen und degradierte über 3000 Beamte, die sich unter seinen Vorgängern hohe Positionen durch Kauf oder Bestechung angeeignet hatten. Er ging als der »ideale Konfuzianer« in die Geschichte ein und wurde unter dem Tempelnamen Xiaozong im Mausoleum Tailing bei den Ming-Gräbern bestattet. Nachfolger wurde sein ältester Sohn, der als Kaiser Zhengde (1505–1521) den Thron bestieg.

Horinger-Fund An den nördlichen Ufern des Hunhe-Flusses im Kreis Horinger, im zentralsüdlichen Teil der Inneren Mongolei, machten 1966 Bauern beim Anlegen von Terrassenfeldern einen Sensationsfund: ein Grab mit 100 Quadratmeter Wandbildern in hellen Farben, die alle recht gut erhalten sind. Bei der endgültigen Freilegung 1972/73 durch Archäologen kam zutage, dass es sich um das Grab eines hohen Armeeoffiziers handelte, der von der Zentralregierung am Ende der Östlichen Han-Dynastie (25–220 n. Chr.) in dieses Gebiet entsandt worden war. Die Bilder tragen 250 Inschriften und gehören zu den größten ausgegrabenen Schätzen Chinas im 20. Jahrhundert. Die Wandmalereien des Horinger-Fundus sind aber auch für den Historiker von großer Bedeutung, denn sie zeigen unmittelbar die Lebenswirklichkeit zur Zeit der Han-Dynastie.

Hotan Die heutige Oasenstadt Hotan (Khotan, Chotan, auch Iltschi) liegt in der volkreichen Oase gleichen Namens am Fuße der Kunlun-Gebirgskette südlich der Todeswüste Takla Makan in Xinjiang. Bewässert wird die Oase durch den Chotandarja (Hotan-he). Aus chinesischen Quellen der Han-Dynastie geht hervor, dass Hotan zu damaliger Zeit die Hauptstadt eines mächtigen Königreiches im Tarimbecken war und den Namen Yutian trug. Für viele Jahrhunderte war Hotan ein wichtiger Karawanen-Handelsstützpunkt auf der Route von Dunhuang nach Kaschgar, die im Süden die Takla Makan einst umging. Bekannt wurde Hotan in ganz China vor allem durch den Abbau von Jade (Nephrit), der seit dem 18. Jahrhundert in der Umgebung der Stadt in großem Umfang betrieben wird.

Houji Houji (auch Qi) war Landwirtschaftsminister unter dem mythischen Kaiser Shun und gilt als Förderer des Ackerbaus und der Viehzucht. Die Herrscher der Zhou-Dynastie (1028–221 v. Chr.) führten ihre Abstammung auf Houji zurück.

Houma Die Stadt Houma liegt an der Bahnstrecke Taiyuan-Xian an der Stelle, an der der Fen-Fluss diese Linie kreuzt und westwärts in Richtung des Gelben Flusses zieht. Die Gegend um Houma gilt als eine jener Regionen, in der Menschen aller Zeitalter gewohnt haben. Seit 1956 werden in dieser Region eine Fülle von Funden verzeichnet, sodass man auch annimmt, dass Houma die Hauptstadt des Fürstentums Jin in der Chunqiu-Periode (770–481 v. Chr.) gewesen sein könnte. Aus dieser frühen Zeit stieß man auf ein Grab, in dem vier Sklaven mit ihrem Herrn begraben worden waren. Hunderte von Bronzegefäßen wurden entdeckt. In den Gräbern der Han, Tang, Song, Jin und Yuan fand man Beigaben, und in einer Jin-Grabkammer aus dem Jahr 1210 fand man Bas-Reliefs, die minutiös das Innere eines Hauses aus dieser Zeit abbilden.

Huacheng-Kloster Der älteste und bedeutendste Sakralbau auf dem Jiuhuashan in der Provinz Anhui, einem der vier heiligen Berge des Buddhismus, ist das Huacheng-Kloster, dessen Uranfänge bis in die Östliche Jin-Periode (317–420) zurückreichen, als der Mönch Bei du sich hier eine Strohhütte errichtete. An diesem auserwählten Platz wurde dann in der Tang-Dynastie das Huacheng-Kloster errichtet, das dem Bodhisattva Ksitigarbha geweiht ist, dessen chinesischer Name Dizang ist. Die 16 Meter hohe Pagode des Klosters erhielt daher den Namen Dizang-Pagode. In der Ming-Zeit wurde das Kloster generalrenoviert. Als im Jahr 1857 die drei vorderen Hallen abbrannten, ging man unverzüglich an den Wiederaufbau, sodass die meisten Gebäude aus der Zeit von 1857–1908 stammen. Das einzige Bauwerk aus der Ming-Zeit ist die Bibliothek, in der wertvolle buddhistische Schriften und kaiserliche Dekrete aufbewahrt werden. Der heilige Berg Jiuhuashan zählte in seiner Blütezeit 300 Klöster und Tempel, in denen insgesamt etwa 5000 Mönche lebten. Von all diesen Sakralbauten sind 78 erhalten geblieben. Neben dem Huacheng-Kloster sind vor allem das Baisuigong-Kloster, das Qiyuan-Kloster, das Ganlu-Kloster und das Dongyanchanlin-Kloster zu nennen. Von diesen vier Heiligtümern gilt das prächtige Qiyuan-Kloster als das am vollständigsten und am besten erhaltene Kloster der Chan-Sekte (Zen) in China.

Hua Guofeng Der Nachfolger von Mao Zedong als Vorsitzender der KP Chinas, Hua Guofeng, war auch Nachfolger von Zhou Enlai als Regierungschef, jedoch nur in der kurzen Zeit von 1977 bis zu seiner Entmachtung 1981. Geboren im Jahre 1921 in Maos Heimatprovinz Hunan, ist über seine Herkunft und Jugend nichts oder nur Widersprüchliches bekannt. Den steilen Aufstieg in die oberste Parteihierarchie begann Hua jedenfalls in dem Landkreis, in dem Maos Geburtsort Shaoshan liegt. 1959 wurde er auf Empfehlung Maos zum Parteisekretär der Provinz Hunan gewählt, 1970 wurde er Mitglied des Politbüros. Bereits 1975 erfolgte die Ernennung zum Stellvertretenden Ministerpräsidenten und zum Minister für Öffentliche Sicherheit. Dies war das Sprungbrett zur eigentlichen Macht, die ihm Mao Zedong noch vor seinem Tod 1976 geradezu demonstrativ zuspielte. Nach seiner Ernennung zum Regierungschef und Parteivorsitzenden ließ er bereits im Oktober 1976 die »Viererbande« verhaften und vor Gericht stellen. Da aber Hua Guofeng in der Kulturrevolution eine nicht unmaßgebliche Rolle im Revolutionskomitee von Hunan gespielt hatte, konnte der inzwischen wieder in die Parteiführung aufgenommene Deng Xiaoping ihn 1981 als Parteivorsitzenden stürzen und ihn ein Jahr später aus allen Führungspositionen endgültig verdrängen.

Huaian Die Stadt Huaian in der Provinz Jiangsu liegt in der Ebene zwischen dem Gelben Fluss und dem Huaihe und ist Sitz des Kreises Huaian. Die geschichtliche Bedeutung der Stadt liegt in mehreren, zeitlich weit auseinander liegenden Tatsachen begründet. Die in der Zeit von 5400–4400 v. Chr. blühende Xingliang-Kultur erhielt ihren Namen von dem Gebiet Xingliang, das im Kreis Huaian liegt. Die Steinäxte, die in dieser Gegend ausgegraben wurden, legen ein beredtes Zeugnis ab von den frühen Kulturentwicklungen am Unterlauf des Gelben Flusses. Eine kontinuierliche Besiedlung dieses Gebietes ist durch weitere Ausgrabungen nachgewiesen. Aus Gräbern der Han-Dynastie wurde kunstvoll verzierte Keramik geborgen, die imposante Wentong-Pagode aus dem Jahr 708 und der massive Zhenhuai-Turm aus der Nördlichen Song-Dynastie (960–1127) sind bis heute gut erhalten. Huaian hatte stets eine wichtige ökonomische und militärische Bedeutung, da der Kaiserkanal im Westen der Stadt vorbeifloss und der Schiffsverkehr die wirtschaftliche Entwicklung förderte und zugleich auch gesichert werden musste. Aus der Stadt gingen im Laufe der Geschichte mehrere bedeutende Persönlichkeiten hervor. Der Literat Mei Zheng lebte in der Westlichen Han-Dynastie in der Stadt, in der Ming-Dynastie kam der Verfasser des Romans »Pilgerfahrt nach dem Westen«, der berühmte Wu Chengen, zu landesweiten Ehren. Der Roman ist bis heute fast jedem Kind in China – wenigstens in einer Kurzfassung – bekannt. Der im Opiumkrieg gefallene Admiral Guang Tianpei stammte ebenfalls aus Huaian – und schließlich wurde Zhou Enlai 1989 in Huaian geboren, dessen Geburtshaus heute Museum ist.

Huandi Huandi (146–168) Kaiser der Östlichen Han-Dynastie, ein Urenkel von Kaiser Zhangdi, kam mit vierzehn Jahren auf den Thron. Der Name Huandi und der seines Nachfolgers Lingdi stehen in der chinesischen Geschichte für die Regierungszeiten der sog. »schlechten Kaiser«. Als Huandi vierzehnjährig den Thron bestieg, war er völlig in der Hand seiner korrupten Verwandten, die den Herausforderungen der Zeit nicht gewachsen waren. Ein verheerendes Erdbeben im Jahre 151, eine schreckliche Heuschreckenplage zwei Jahre danach mit folgender Hungersnot im ganzen Land, ließen die Dynastie ebenso wanken wie die unfähige Administration der Eunuchen, denen Huandi am Hofe praktisch die Regierung überließ. Als Huandi im Jahre 168 starb, hinterließ er keinen Erben. Ein anderer Ururenkel von Zhangdi wurde neuer Kaiser, es war Lingdi, unter dem die eigentliche Katastrophe begann.

Huang Binhong Huang Binhong (1864–1955) ist neben Qi Baishi als der bedeutendste Maler Chinas in der ersten Hälfte des 20. Jahrhunderts zu nennen, der auch durch eine ausgedehnte Lehrtätigkeit die zeitgenössischen Maler Chinas tief beeinflusst hat. Geboren 1864 im Kreis Jinhua, Provinz Zheijiang, erhielt er als Sohn eines wohlhabenden Kaufmanns eine klassische chinesische Erziehung und konnte sich bei bekannten Malern in Yangzhou ein solides Rüstzeug für die Eröffnung einer eigenen Malschule in Anhui und später in Shanghai aneignen. Auf ausgedehnten Reisen fertigte er zahllose Skizzen von Landschaften in Anhui und Guizhou an, die er im Atelier dann für große Gemälde als Vorlagen nutzte und dabei zu einer neuen Synthese zwischen dem Stil der alten Meister und modernem Realismus fand. Von 1937–1948 lehrte er an der Kunstakademie in Peking, danach bis zu seinem Tode in Hangzhou. Die Technik der klassischen Malerei Chinas hat Huang Binhong nie aufgegeben, aber er gab seinen Bildern stets eine bemerkenswerte Plastizität. Nach der Gründung der Volksrepublik China wurde er mit vielen Ehrenämtern überhäuft und wurde in den Vorstand des Künstlerverbandes aufgenommen. Huang Binhong, der auch als Lyriker hervortrat, vermachte seine umfangreiche Bildersammlung dem Staat. Als er am 25. März 1955 starb, kamen auch Zehntausende seiner Skizzen in die Sammlung, die er laut Testament der Öffentlichkeit zugänglich machte.

Huang Di Huang Di, der Gelbe Kaiser, ist für die Chinesen ihr unmittelbarer Stammvater am Beginn der Zivilisation im Gebiet des Gelben Flusses und der Lößhochebene, zugleich gilt er ihnen als Kulturheros, von dem sie viele Künste und praktische Fertigkeiten erhalten haben wollen wie die Schrift, die Medizin, Wagenbau, Schiffbau, Tierzucht, Ackerbau, die Astronomie und die Aufstellung eines Kalenders, gleichzeitig auch die Musik. Die Frau von Huang Di, die Kaiserin Leizu, habe dagegen die Frauen die Aufzucht von Seidenraupen und das Weben feinster Brokatstoffe gelehrt. Wie immer auch die zahlreichen Legenden um Huang Di lauten mögen, sie alle deuten auf eine mächtige Persönlichkeit hin, die etwa um 3000 v. Chr. am Mittellauf des Huanghe gelebt und über beträchtliche Teile Nordchinas geherrscht haben könnte. Diese Theorie wird unterstrichen durch die Existenz eines Mausoleums im Kreis Huangling in der Provinz Shaanxi, von dem man sagt, dass es das Grab des Gelben Kaisers enthalte. Das Mausoleum liegt am östlichen Fuße des Berges Qiao, 200 Kilometer von Xian entfernt am südlichen Rand des Yanan-Gebiets, das wie eine grüne Insel in der weiten Lößhochebene liegt. Das Grab gilt als Wiege der chinesischen Nation und wird seit alters als solches verehrt und bis heute instand gehalten. Unten am Berg befindet sich der neu renovierte Xuanyuan-Tempel, in dessen geheiligtem Bezirk 14 uralte Zypressen stehen. In der Haupthalle des Tempels befindet sich eine Tafel mit der Inschrift »Der früheste Ahn der chinesischen Nation«. Der Überlieferung nach wurde dieser Tempel bereits in der Han-Dynastie errichtet; von ihm aus führt ein Weg durch einen Zypressenhain zum Gipfel des Qiaoshan, an dessen Ende man das Grab des Gelben Kaisers erreicht. Das Grab ist 3,6 Meter hoch und hat einen Umfang von 48 Metern. Eine hohe Terrasse, ein Pavillon und eine Steintafel aus dem Jahre 1776 schmücken die ehrwürdige Stätte. Da nun Huang Di eindeutig nur in Nordchina als Herrscher bekannt war, hat die Legende schon recht früh eine gesamtchinesische Verbindung dadurch geschaffen, dass sie von einem südlichen Blutsverwandten des Gelben Kaisers berichtete. Dieser verwandte Kaiser Yan Di, so die Legende, sei der Führer des südchinesischen Stammesbundes (südlich des Jangtse) gewesen. Beide große

Stammesbünde hätten sich später zu einer Nation, der gesamtchinesischen, vereinigt. Auf diese Weise könnten alle Chinesen in den beiden Kulturheroen ihre eigentlichen nationalen Ahnherren erblicken.

Huanggang Die Stadt Huanggang in Ost-Hubei am nördlichen Ufer des Jangtse, Kreuzungspunkt der Bahnlinie Beijing-Kowloon, verfügt heute über eine Fläche von 14 000 Quadratkilometern und zählt mit den der Stadt unterstehenden Landkreisen über 7 Millionen Einwohner. Sechs dieser Kreise liegen am großen Fluss, sodass die Stadt über 15 Häfen mit Ankerplätzen für 3000–5000 BRT-Schiffe verfügt. In alter Zeit schon war Huanggang bekannt als »Stadt der klugen Leute«, denn in den kaiserlichen Annalen stehen allein über 1000 Prominente verzeichnet, die aus ihr hervorgegangen sind, wie z. B. der Erfinder der Drucktechnik mit beweglichen Lettern, Bi Sheng, der um 1051 hier nachgewiesen ist und der Lyriker und Politiker Su Shi (1037–1101). Bekannt war Huanggang auch als eines der wichtigen Zentren der buddhistischen Chan-Sekte (Zen), zu dem auch das noch heute viel besuchte Wuzu-Kloster im Kreis Huangmei gehört.

Huanghe-Laufänderung Der Gelbe Fluss wechselte im Laufe der Geschichte mehrfach seinen Lauf zum Meer. Durch die ungeheure Masse der mitgeführten Sinkstoffe türmte er immer wieder gewaltige Dämme und Barrieren auf, die ihn zu einem Richtungswechsel zwangen. Die letzte große Bettverlegung fand in den Jahren 1851–1853 statt, als er seinen bisherigen Lauf vom Drachentor nach Südosten zum Gelben Meer nicht mehr fortsetzte, sondern nach Nordosten strömte, um in das Bohai-Meer (Golf von Petschili) zu gelangen. Kam er bis 1851 in der Provinz Jiangsu zu seiner Mündung, so umfließt er seither die Bergwelt von Shandong im Norden und endet nun seinen Lauf weit nordöstlich von der Stadt Tsinan. Jede Laufänderung brachte für unzählige Menschen Tod, Verderben, Hunger und Obdachlosigkeit.

Huangong Huangong (685–643 v. Chr.) war als Herzog der erste Hegemon in der Zhou-Zeit und baute mit seinem klugen Kanzler Guan Zhong seinen Staat Qi zum mächtigsten Staat in Nordchina aus. Gegen das im Süden aufstrebende Chu führte er einen erfolgreichen Feldzug und schloss mit kleineren Staaten Bündnisverträge zu deren Schutz vor Angreifern ab. Dadurch errang er sich das Vertrauen in weiten Teilen des Landes und stieg zum ersten Hegemon auf. Da die Zhou-Herrscher nur noch nominell die Macht innehatten und das Reich in selbständige Staaten aufgespalten war, musste bei Gefahr von außen ein Führer vorhanden sein, der durch Zustimmung aller dann die Befehlsgewalt übernehmen konnte. Die Zeit der »Fünf Hegemone« begann mit Huangong.

Huangshicheng Das Kaiserliche Archiv der Ming- und der Qing-Dynastie in Peking, östlich des Tiananmen-Platzes, besteht aus einer Haupthalle, zwei Nebenhallen und einem Pavillon für Steintafeln. Erbaut 1534 während er Ming-Dynastie, enthält das Archiv in 150 mit Bronze beschlagenen Holztruhen das gesamte Archivmaterial der beiden Kaiserdynastien: Chroniken der kaiserlichen Tätigkeit, Erlasse, Familiendokumente und wichtige Werke zur Dynastiengeschichte selbst. Die Akten aus der Qing-Dynastie sind außer in Chinesisch auch in Mandschurisch und Mongolisch abgefasst. Das Archiv ist ein beeindruckendes Zeugnis für das chinesische Geschichtsbewusstsein und auch für die Tatsache, dass die Qing-Dynastie um lückenlose Kontinuität nach ihrer Eroberung Chinas 1644 bemüht war. Zweimal seit 1956 renoviert und seit 1981 der Öffentlichkeit zugänglich, stellt das Huanshicheng eine unschätzbare Quellensammlung zur Geschichte der beiden letzten Dynastien dar.

Huangze-Tempel In der Stadt Guangyuan im nordöstlichen Sichuan, wo nördlich davon die beiden Provinzen Gansu und Shaanxi sich treffen, liegt der berühmte Ahnentempel der Tang-Kaiserin Wu Zetian (624–705), der in vorbildlicher Weise wieder instandgesetzt wurde. In reinem Tang-Stil präsentieren sich die hohen Statuen von Buddha und seinen Jüngern. Die tangzeitliche Anlage des Klosters umfasst als Hauptbau die Wu Zetian-Halle, Türme, Pavillons, die Residenz der Kaiserin und sechs hervorragend erhaltene Grotten, in deren 50 Nischen insgesamt 1203 Steinfiguren aus der Nördlichen Wei-Dynastie, der Sui-Dynastie und der Tang-Zeit den Besucher überraschen.

Huang Zongxi Huang Zongxi (1610–1695) war einer der hervorragendsten politischen Denker und Historiker in der Umbruchzeit von der Ming- zur Qing-Dynastie und gilt als Hauptkritiker der Mandschurenherrschaft. In seiner Jugend kämpfte er gegen die Invasoren, wurde dann verfolgt und tauchte unter. Lange Jahrzehnte lebte er dann zurückgezogen in seiner Heimat in der Provinz Zhejiang und schrieb viele Werke historischen und zeitkritischen Inhalts.

Huaqing-Quellen Im Kreis Lintong, Provinz Shaanxi, 26 Kilometer östlich von Xian, entspringen am Fuß des 1256 Meter hohen Lishan die Huaqing-Thermalquellen, deren Mineralwasser eine konstante Temperatur von 43 Grad Celsius aufweist. Der Ort hat historische Berühmtheit erlangt, weil seit dem 8. Jahrhundert v. Chr. bereits die chinesischen Herrscher bei diesen Quellen Heilung suchten. In der Tang-Dynastie wurde dann durch Kaiser Xuanzong ein Teich angelegt, Hallen, Terrassen und Pavillons gebaut und Huaqing zu einem kaiserlichen Luxusbad vor allem für seine schöne Konkubine Yang ausgestaltet. Im Jahr 1936 ereignete sich in Huaqing der sog. »Xian-Zwischenfall«, bei dem Chiang Kai-shek von zwei Generälen seiner eigenen Nordarmee gefangen genommen wurde. Die beiden Offiziere wollten ihn zwingen, den Kampf gegen die Kommunisten einzustellen und mit ihnen gemeinsam gegen die ins Land eingedrungenen Japaner vorzugehen. Durch Vermittlung von Zhou Enlai wurde Chiang Kai-shek freigelassen und 1937 tatsächlich eine Kriegskoalition gegen Japan geschlossen. Da die Bausubstanz und die Grundstrukturen der Badeanlagen aus kaiserlicher Zeit erhalten geblieben waren, wurde das gesamte Areal im letzten Drittel des 20. Jahrhunderts hervorragend saniert und zu einem »mondänen Volksbad« ausgebaut.

Huashan Der westlichste der fünf taoistischen Berge Chinas, der Huashan, liegt am Schnittpunkt der drei Provinzen Shaanxi, Henan und Shanxi und ist den Chinesen seit alters heilig. Mit seinen hoch aufragenden Gipfeln beherrscht er die Ebene zwischen Xian und Luoyang und wird seit vielen Jahrhunderten von Pilgern besucht. Neben dem größten Tempelkloster des Huashan in der Ortschaft Huayin finden sich auf dem Bergmassiv selbst eine Fülle von Schmucktoren, Pavillons, Pagoden und Ehrenpforten, Treppen und Stelen, die von der Bedeutung des Huashan als Wallfahrtszentrum künden.

Huashanya-Felsmalereien In der Autonomen Region Guangxi Zhuang findet sich am östlichen Ufer des Mingjiang, einem Nebenfluss des Zuojiang, eine vierzig Meter hohe, pyramidenförmige Felsenklippe, die 125 Meter breit ist und seit alters Huashanya

(Klippe des blumigen Berges) genannt wird. An dieser Felswand, die unmittelbar an einer Flussbiegung liegt, finden sich etwa 1300 mysteriöse Figuren von 30 Zentimeter bis zu 5 Meter Höhe, alle klar erkennbar in rötlicher und schwarzer Farbe. Die Klippe liegt rund 25 Kilometer von der Kreisstadt Ningming entfernt und ist daher mit der Bahn von Nanning aus relativ gut erreichbar, da Ningming Bahnstation ist. Die Figuren stellen Menschen in erregter Bewegung dar. Viele scheinen zu tanzen, zu springen, einige reiten auf Tieren, mehrere zücken Messer, halten Schilde oder tragen verschiedenartige Gegenstände. Die Bedeutung dieser gewaltigen Darstellung ist ebenso unbekannt wie ihre Entstehungszeit. Die Vermutungen umspannen den Zeitraum von der Frühlings- und Herbstperiode (770–476 v. Chr.) bis zum Ende der Westlichen Han-Dynastie (206 v.–24 n. Chr.). Gesichert scheint zu sein, dass sie von den Vorfahren der heutigen Zhuang-Nationalität geschaffen wurden und wohl die älteste Kunstäußerung dieses Volkes darstellen. Die gesamte Freskenwand mit ihrer überwältigenden Bilderfülle gemahnt an viele prähistorische Darstellungen, wie man sie aus anderen Kulturkreisen kennt. Eine der vielen Theorien über ihre Bedeutung sieht in der Bilderwand eine orgiastische Siegesfeier eines Zhuang-Stammes. Mit welchen Hilfsmitteln die Bilder überhaupt an die senkrecht abfallende Wand über dem Fluss einstens angebracht werden konnten, ist ebenfalls ungeklärt. Entweder müssen mit unendlicher Mühe Bambusgerüste an der Wand selbst aufgebaut worden sein – oder aber quer laufende Plattformen in verschiedenen Höhen, verankert in den Felswänden, gaben den primitiven Freskomalern den entsprechenden Halt für ihre ungewöhnliche Arbeit.

Huayuankou Der Name des Dorfes Huayuankou ist zugleich ein Synonym für eine der größten chinesischen Katastrophen des Jahres 1938 im Krieg gegen Japan. Das kleine Dorf liegt südlich von Zhengzhou, der Hauptstadt der Provinz Henan am Gelben Fluss. Als die japanischen Invasoren bereits Kaifeng erobert hatten und auf Zhengzhou vorrückten, sprengten die Guomindang-Truppen einen Teil des Schutzdammes von Huayuankou und führten auf diese Weise eine Überschwemmung des Gelben Flusses herbei. Die Fluten sollten den japanischen Vormarsch stoppen. 54 000 Quadratkilometer Land wurden überflutet und 890 000

Menschen ertranken. Die Japaner wurden durch diese Maßnahme allerdings nicht aufgehalten.

Hubei Die Provinz Hubei mit 186 000 Quadratkilometern Fläche und 59 Millionen Einwohnern umfasst 67 Kreise und 36 Städte, sie zählt zu den mittelgroßen Provinzen Chinas und liegt am Mittellauf des Jangtse nördlich des Dongting-Sees. Dieser Lage wegen trägt die Provinz auch ihren Namen (Nördlich des Sees). Die Provinz ist im Westen, Norden und Osten von teilweise recht hohen Bergen umgeben und öffnet sich im Süden zur Flussebene von Jangtse und Han. Beim Zusammenfluss des Han in den Jangtse liegt die Provinzhauptstadt Wuhan mit über 4 Millionen Einwohnern. In dem warmen Monsunklima dieser subtropischen Provinz gedeihen vorzüglich Wasserreis, Mais, Sojabohnen und auch Weizen und Baumwolle sowie Obst. Die Provinz zählt zu den wasserreichsten Chinas, denn über tausend größere und kleinere Flüsse durchziehen das Land und vieltausende von kleinen Seen und Teichen beherbergen die größten Fischbrutzuchten von ganz Asien. Die Stadt Wuhan gilt als der größte Verkehrsknotenpunkt Chinas, denn von hier aus wird das Binnenschifffahrtssystem der Provinz mit 10 700 km Flussstrecken gesteuert und hier führt der Süd-Nord-Verkehr über die gewaltige Jangtse-Brücke. Gleichzeitig werden in den Eisen- und Stahlhütten Wuhans viele der Erze verhüttet, die aus den Bergwerken der Provinz selbst stammen. Der Jangtse durchschneidet vor Wuhan das Wushan-Gebirge und bildet die drei berühmten Schluchten, die bald dem großen Stausee werden weichen müssen. In den Berggebieten Hubeis sind auch Teile der beiden nationalen Minderheiten, die Tujia und die Miao beheimatet, die Provinz als solche gehörte jedoch schon früh zu den Siedlungsgebieten der Han-Chinesen. Das 400 km lange Wudang-Gebirge im äußersten Nordwesten der Provinz gehört zu den heiligen Bergen des Daoismus und ist durch seine Naturschönheiten, aber auch durch seine vielen, teilweise noch heute erhaltenen Klöster berühmt.

Hui Die Hui-Nationalität zählt zu den größten Minderheiten Chinas und umfasst rund 7,5 Millionen Menschen. Das Hauptsiedlungsgebiet ist das »Autonome Gebiet der Hui-Nationalität Ningxia«, aber verglichen mit anderen Minderheiten sind die Hui am weitesten über das ganze Land verteilt, wenn auch die Provinzen im Norden, Nordwesten und Südwesten einen vergleichsweise höheren Anteil für sich reklamieren können als etwa der Osten. Die Hui sind Mohammedaner, und der Islam war es ausschließlich, der zur Bildung dieser Nationalität geführt hat. In der Zeit der Tang-Dynastie, als China weltoffen war, strömten nach der Mitte des 7. Jahrhunderts viele Kaufleute nach China und ließen sich dort nieder, darunter waren zahlreiche islamische Araber und Perser, die man als »fremde Gäste« bezeichnete. Die Toleranz des Kaiserhofes gestattete ihnen den Bau von Moscheen und die Einhaltung ihrer Gebräuche. Viele dieser Mohammedaner heirateten Chinesinnen. Die Kinder und Kindeskinder sprachen bald Chinesisch, hielten jedoch auf Grund der Gebote ihrer Eltern am Islam fest. Eine weitere, viel größere Einwanderungswelle von Muslimen erfolgte in der Zeit, als China mongolisch beherrscht war. In der Yuan-Dynastie (1279–1368) genossen Ausländer gegenüber den Einheimischen weit größere Rechte, ihre Einwanderung war aus politischen Gründen erwünscht. Islamische Uiguren, Perser, Araber und die bereits im Lande lebenden Nachkommen der längst schon ansässigen »fremden Gäste« wurden als Soldaten, Offiziere, Verwaltungsbeamte und Kaufleute im ganzen Lande von den mongolischen Herrschern eingesetzt. Man nannte diese privilegierten Fremden Huihui und kürzte diesen Namen später auf Hui ab. Nach dem Sturz der Mongolendynastie verloren diese Muslime zwar ihre Vorzugsstellung, hielten jedoch auf Grund ihrer Religion landesweit eng zusammen, wurden Bauern, Handwerker, reisende Händler, passten sich den Gegebenheiten rasch an und bedienten sich der chinesischen Sprache. Die Uiguren allerdings, die mehr oder weniger nur in Ostturkestan siedeln, behielten ihre eigene Sprache bei. Allmählich begriff man alle Hui in China als eine eigene Nationalität. Obwohl ihr Aussehen und ihre Sprache sie als Chinesen ausweisen könnten, sind ihre Bräuche und ihr Lebenszuschnitt doch so sehr durch den Islam geprägt, dass sie als fremdartig empfunden werden. Nur da und dort verrät eine vorder- oder mittelasiatische Physiognomie noch etwas von ihrer Herkunft. Da sie samt und sonders in allen Generationen nur Chinesinnen heiraten konnten, war rein biologisch eine weitgehende Sinisierung unvermeidlich. Heute erkennt man jeden Hui sofort an seinem weißen oder schwarzen Stirnband oder Käppi. In den hauptsächlich von Hui bewohnten Gebieten zeugen über 1500 Moscheen ohnehin von ihrer religiösen Ausrichtung. Nach der Gründung der VR China wurde in ihrem Hauptsiedlungsgebiet zwischen Gansu und der Inneren Mongolei für die Hui ein eigenes Autonomes Gebiet eingerichtet, das den Namen Ningxia Hui trägt. Der Fleiß und die allgemein anerkannten intellektuellen Fähigkeiten der Hui haben dazu geführt, dass heute Angehörige dieser Nationalität allüberall in China als Fachkräfte tätig sind. Ein hervorragend ausgebautes Schulwesen und eine eigene Universität in Yinchuan stellen für die weitere Entwicklung ein solides Fundament dar.

Huidi Zweiter Kaiser der Han-Dynastie, ältester Sohn von Kaiser Gaozu, geboren 210 v. Chr. als Prinz Liu Ying, inthronisiert 195 v. Chr., jedoch weitgehend von der Macht fern gehalten von seiner eigenen Mutter, die dem Lu-Clan entstammte, der nach alleiniger Macht strebte.

Huiningfu Huiningfu, am linken Ufer des Ashi-Flusses in Heilongjiang, zwei Kilometer einst entfernt von der heutigen Stadt Acheng gelegen, war nach der Gründung der Jin-Dynastie, 1115, durch die Nüzhen (Jurchen) die Hauptstadt des Jin-Reiches bis 1153. Man nannte die Stadt später die »Obere Hauptstadt«, weil König Hailing (1149–1161) die Residenz dann nach Yanjing (heute Peking) verlegte. Dies war durch die Eroberungen möglich geworden, die der König im Süden der Mandschurei und in Hebei gemacht hatte. In der Umgebung von Acheng wurden 1988 Ausgrabungen gemacht, bei denen aus Gräbern der königlichen Familie wertvolle Gegenstände ans Licht kamen, darunter eine Reihe von Seiden- und Brokatgewändern.

Huizong Huizong (1101–1125), vorletzter Kaiser der Nördlichen Song-Dynastie. Der hochgebildete Herrscher, selbst genialer Maler, Kalligraph und leidenschaftlicher Sammler, konnte den Niedergang seines Reiches nicht aufhalten, zumal er auch noch politisch einen gravierenden Fehler machte. Er paktierte mit den Jin (Jurchen), um das Liao-Reich gemeinsam mit ihnen zerschlagen zu können. Als das Lao-Reich der Khitan vernichtet war, griffen die eben noch verbündeten Jin China an, sodass Huizong mit dem Hofstaat nach Süden fliehen musste. Er dankte zugunsten seines Sohnes 1125 ab, wurde aber ein Jahr später mit diesem von den Jin gefangen genommen und starb 1135 mit 53 Jahren als Staatsgefangener der Jin. Der mit ihm und 3000 kaiserlichen Angehörigen und hohen Beamten ebenfalls gefangene letzte Kaiser Qinzong verbrachte die letzten 29 Jahre seines Lebens ebenfalls als Gefangener und starb 1156.

Hunan Mit einer Fläche von 211 700 Quadratkilometern und einer Einwohnerzahl von 65 Millionen gehört die Provinz Hunan zu den dicht bevölkerten Provinzen Chinas. Die Hauptstadt ist Changsha. Von der Provinzregierung werden weitere 28 Städte und 88 Kreise beaufsichtigt. Der Kurzname Xiang, den die Provinz seit alters führt, geht auf den Fluss Xiang Jiang zurück, der, vom Süden kommend, die Region durchfließt und in den nördlich gelegenen Dongting-See mündet. Der Name Hunan bedeutet »Südlich des Sees«. Dieser zweitgrößte Süßwassersee hat für ganz Zentralchina seit alters eine wichtige Bedeutung, denn er nimmt bei Hochwasser 40 Prozent der Fluten des Jangtse auf und kann sie danach mühelos über viele Wasserläufe wieder in den großen Strom abgeben. Die Provinz ist im Süden, Osten und Westen von Gebirgen umschlossen und öffnet sich im Norden zu einer dem See zugewandten weiten Ebene an der Grenze zur Provinz Hubei. Hier ist das Land äußerst fruchtbar, denn der Anbau von Wasserreis wird hier seit alters betrieben, zumal 5300 Flüsse und Kanäle die Provinz durchziehen; sie münden alle in den Dongting-See. Hunan gilt als »Heimat der Buntmetalle«, die vielfach in der Provinz selbst verarbeitet werden. Die Zweimillionenstadt Changsha war und ist nach wie vor Motor der Industrialisierung. Im Zweiten Weltkrieg wurde Changsha schwer zerstört. In dieser Provinz liegt auch das Geburtshaus von Mao Zedong, 130 km südlich von Changsha. Zur Mao Zeit besuchten Millionen dieses politische Wallfahrszentrum, heute ist es ein mehr oder weniger idyllisches Bauernmuseum in einer fruchtbaren Gegend mit vielen Reisfeldern und Lotosteichen. In der Provinz leben sechs nationale Minderheiten, die Tujia, Yao, Miao, Hui, Zhuang und Dong, denen Autonome Bezirke und Kreise eingerichtet wurden, in denen sie eine gewissen kulturelle Selbständigkeit genießen. Bis zur Reichseinigung gehörte die heutige Provinz Hunan zum Königreich Chu. Von diesem Zeitpunkt an wanderten viele Chinesen aus dem Norden in die hauptsächlich von nichtchinesischen Völkern bewohnten Territorien ein. Dieser Zuzug setzte sich verstärkt in der Tang-Dynastie fort, als im 9. Jahrhundert Kriegswirren den Norden des Reiches erschütterten.

Hundert Schulen Sammelbezeichnung für die in der Zeit der »Streitenden Reiche« (480–221 v. Chr.) miteinander wetteifernden philosophischen Schulen, wie etwa des Daoismus, Konfuzianismus, Legismus, Mohismus, der Yin-Yang-Lehre usw. Die Zahl Hundert ist nicht wörtlich zu nehmen, sie soll vielmehr die Vielzahl der Richtungen nur andeuten. Die meisten von ihnen sind später untergegangen oder haben sich entscheidend verändert.

Hundert Tage Die Bezeichnung »Hundert Tage« ist in der Geschichtsschreibung die allgemein gebräuchliche Formel für die Zeit von Juni bis September 1898, in der von einigen weitsichtigen Mandarinen gegen den Willen der Kaiserinwitwe Cixi, aber mit Unterstützung des Kaisers Guangxu, Reformgesetze erlassen wurden, um nach dem Vorbild Japans eine Reihe von europäischen Techniken einführen und moderne Verfahrensweisen anwenden zu können. Dem Reformer Kang You und seinen Schülern gelang es, die Zustimmung des Kaisers für mehrere zukunftsweisende Gesetze zu bekommen, aber die Kaiserin Cixi konnte das Ganze hintertreiben, in einer staatsstreichartigen Blitzaktion den Kaiser gefangen setzen und alle Reformgesetze widerrufen. Der Kaiser wurde in einem abgeschirmten Palast der Verbotenen Stadt gefangen gehalten und verblieb dort bis zu seinem Tod 1908. Kang You konnte fliehen, aber mehrere seiner Gefolgsleute wurden hingerichtet. Die so Erfolg versprechende Aktion hatte nach einhundert Tagen bereits ihr Ende gefunden.

Hunnen Nomadisierendes Steppenvolk von bisher noch ungeklärter Herkunft und sprachlicher Zugehörigkeit, beheimatet ursprünglich zwischen Ulan Bator und dem Issykkul. Von den Chinesen Xiongnu genannt, aber auch mit den Yuezhi, den Wusun und den Tuyühun in Verbindung gebracht, bedrohten sie gut ein Jahrtausend lang (5. Jh. v.–6. Jh. n. Chr.) immer wieder China. Als Hephtaliten (Weiße Hunnen, Osthunnen) eroberten sie Baktrien, Teile des Iran und Nordindiens im 1. Jh. n. Chr., und kamen im Rahmen der Völkerwanderung als West-Hunnen auch nach Europa, wo sie unter Attila bis nach Frankreich vorstießen.

Hunnengräber In der Inneren Mongolei wurden in den Bannern Jungar und Handjin in den sechziger Jahren des 20. Jahrhunderts mehrere Gräber der Hunnen (Hsiungnu) freigelegt, in denen eine Reihe von kostbaren Grabbeigaben gefunden wurden. Fast ausnahmslos handelt es sich dabei um Schmuck oder auch um Zierrate für Pferde und Wagen. Grundsätzlich überwiegen Tierdarstellungen (Tiger, Pferde, Rinder, Schafe, Vögel). In den Stilformen sind Einflüsse der zentralasiatischen Steppenvölker ebenso erkennbar wie chinesische Ornamentik. Die Hunnen, die zwar als räuberische Nomaden in mehreren Generationen die sesshaften Chinesen auf ihren Beutezügen heimsuchten, trieben in Friedenszeiten auch oft mit ihnen einen schwunghaften Handel, sodass ein technischer und künstlerischer Austausch leicht möglich war.

Hu Yaobang Der ehemalige Generalsekretär der Kommunistischen Partei Chinas Hu Yaobang (1915–1989) war das Idol der studentischen Jugend im Jahre 1989, weil er eine weitgehende Liberalisierung gefordert und eine sukzessive Demokratisierung in Aussicht gestellt hatte. Als er bereits als Generalsekretär abberufen war, vertrat er gegenüber den konservativen Parteikadern immer noch seine liberalen Positionen. Hu starb im Frühjahr 1989 und wurde nunmehr erst mit seinen Ideen zum Auslöser der Studentendemonstrationen. Hu Yaobang war Teilnehmer am Langen Marsch und teilte als Schützling Deng Xiaopings dessen Aufstieg, Fall und Wiederaufstieg. Mit Deng und Zhao Ziyang gehörte er im Jahre 1976 zu den wichtigsten Parteiführern Chinas.

I

Innere Mongolei Die 2500 Kilometer lange und etwa 400 Kilometer breite Innere Mongolei erreicht mit einer Fläche von 1 183 000 Quadratkilometern eine Ausdehnung, die im europäischen Vergleich der Größe von Spanien, Frankreich, Benelux und Dänemark entspricht. Die offizielle Bezeichnung lautet »Autonomes Gebiet Innere Mongolei« (Nei Menggu Zizhiqu) mit einer Bevölkerung von 24 Millionen. In diesem gewaltigen Gebiet liegen 84 Kreise und 20 Städte, Hauptstadt ist Hohhot. Die Mongolen selbst stellen nur noch 15 Prozent der Bevölkerung, und viele von ihnen sprechen längst Chinesisch. Bis zum Ende der Ming-Dynastie lag die gesamte Mongolei außerhalb der chinesischen Jurisdiktionsgewalt. In der Yuan-Dynastie waren die Mongolen bis 1368 sogar die Herren von ganz China. Erst mit der Machtübernahme der Mandschus kam die heutige Innere Mongolei als neues Gebiete zu China. Nach dem Ende der Qing-Dynastie teilten die Pekinger Machthaber das Gebiet in vier Provinzen ein: Jehol (= Rehe), Suiyuan, Chahar und Ningxia. Die Innere Mongolei hat von allen Provinzen die längste Grenze gegenüber ausländischen Staaten; fasst man die Grenzlinien zu Russland und der Republik Mongolei zusammen, so ergibt sich eine Länge von 4200 Kilometern. Hoch oben im Norden stößt diese Grenze an den Amur, wird im Osten von den drei mandschurischen Provinzen und von Hebei begleitet und hat als südliche Nachbarn die Provinzen Shanxi, Ningxia und Gansu. Größtenteils stellt die Innere Mongolei ein Hochplateau von etwa 1000 Meter Höhe dar, das von West nach Ost vom Jin-Gebirge und von Nord nach Süd vom Holan-Gebirge durchzogen wird. Neben den Wüsten, Halbwüsten und Steppen mit ihren nahrhaften Graswiesen findet sich an der großen Krümmung des Gelben

Flusses jedoch auch ein Alluvialgebiet, das eine wichtige Kornkammer darstellt. Im Norden dagegen liefern ausgedehnte Laub- und Nadelwälder am Großen Hsingan große Mengen an Nutzhölzern. Naturgemäß stellt die Viehzucht (Rinder, Pferde, Kamele, Schafe) einen Haupterwerbszweig in diesem großen Weidegebiet dar. Durch die extrem kalten Winter in den Steppengebieten fallen jedoch immer wieder riesige Schafherden der Kälte zum Opfer. Die Industrie ist in diesem Gebiet noch wenig entwickelt, ist jedoch auf Grund der vorkommenden Bodenschätze ausbaufähig. Die 180 Salzseen der Provinz mit ihren Salz- und Salpetervorräten, die seltenen Erden, die gefunden werden, locken vor allem in Baotou, der wichtigsten Industriestadt (1,5 Millionen Einwohner) immer wieder Investoren an. Provinzhauptstadt ist Hohhot, die ebenfalls eine Million Einwohner zählt und als Mittelpunkt einer vielseitigen Industrie gilt, die auf Kohle, Eisenerz, Chrom, Kupfer, Mangan, Zink, Silber und Gold fußt. Die Innere Mongolei war bis zu den Zeiten von Dschingis Khan stets ein Teil der gesamtmongolischen Stammesgebiete, in denen Mongolen selbst und andere zentralasiatische Hirtennomaden lebten. Seit Khubilai Khan jedoch war die Mongolei ein Teil des mongolischen Imperiums, das von Peking aus regiert wurde, und so verhielt es sich wieder während der Mandschuren-Herrschaft von 1644–1911. Im Jahre 1912 erklärte sich dann die Äußere Mongolei mit russischer Unterstützung für unabhängig, während die Innere Mongolei zwischen 1937–1945 unter japanische Kontrolle geriet. Nach dem Zweiten Weltkrieg fiel die Innere Mongolei wieder an China, das dann in dem relativ dünn besiedelten Land viele Han-Chinesen ansiedelte, vor allem auch zu Sowjetzeiten aus strategischen Gründen gegenüber der damaligen UdSSR.

Innere und äußere Mauer

Im Jahr 1440 begann die Ming-Dynastie unter dem Druck der Bedrohung durch die Mongolen mit dem Bau einer inneren Verteidigungslinie, z. T. weit südlich von der im Norden verlaufenden sog. Äußeren Mauer. Die neue Befestigung begann unweit des Gelben Flusses im Norden der Provinz Shanxi und erstreckte sich bis in die Berggebiete nördlich von Peking. Diese innere Verteidigungslinie der Großen Mauer zieht sich südlich von Datong bis an den Fuß der Hengshan-Berge, führt dann über diese und auch über die Wutai-Berge bis in die Provinz Hebei. An der Inneren Mauer in der heutigen Provinz Shanxi findet sich auch der »Pass der Jungen Frauen« (Niangziguan), der seinen Namen einer streitbaren Prinzessin verdankt, die an dieser Stelle zu Beginn des 7. Jahrhunderts eine Garnison weiblicher Wachsoldaten befehligte.

Islam in China Die Existenz von Muslimen im Machtbereich Chinas ist seit der Tang-Dynastie nachgewiesen, als arabische und persische Kaufleute die Seeroute über Indien und die Malakkastraße nach China gefunden hatten. In Kanton und etwas später in den Hafenstädten an der Küste von Fujian ließen sich mohammedanische Händler nieder, heirateten auch chinesische Frauen und konnten unter der toleranten Herrschaft der Tang ungestört ihrem Glauben nachgehen. Hielten sich die Anhänger Mohammeds an die Gesetze ihres Gastlandes, so konnten sie bis zum Ende der Song-Dynastie durchaus auch Moscheen bauen und ihre vorgeschriebenen Gebete vollziehen. Es handelte sich dabei meist ohnehin um kleinere Gruppen, die in eigenen Stadtteilen lebten und nicht aufzufallen trachteten, denn die staatliche Duldung ihres einträglichen Handels hing schließlich ganz und gar von ihrem Wohlverhalten ab. In der Yuan-Dynastie allerdings wandelte sich die Lage grundlegend. In ihrem latenten Misstrauen gegen die von ihnen unterworfenen Chinesen beschäftigten die Mongolen eine sehr große Anzahl von Ausländern in China, z. T. in hohen Ämtern, und ermöglichten auf diese Weise vielen Mohammedanern sich in China niederzulassen. Der Handel an der Seidenstraße lag bald auch in den Händen von Kaufleuten, die muslimischen Völkern angehörten, und die Ansiedlung ganzer Volksstämme im Südwesten und Nordwesten Chinas förderte die Ausbreitung der Lehre Mohammeds in weitgehendem Maße. Nach der Vertreibung der Mongolen durch die Ming war es mit der Bevorzugung der Muslime in China vorbei, sie galten als Kollaborateure und verloren ihre Stellungen. Dies förderte naturnotwendigerweise einen verstärkten Zusammenhalt der Mohammedaner untereinander, stiftete eine trotzige Identität und führte zu klaren Abgrenzungen. Um in China – in einer konfuzianischen, daoistischen und buddhistischen Umwelt – bestehen zu können, war es für die in den Städten und Dörfern mit den Chinesen lebenden Muslime unbedingt notwendig fließend Chinesisch zu sprechen, chinesische Namen anzunehmen und nach Möglichkeit sich auch wie ein Chinese zu betragen. Dies führte dazu, dass im Alltag allmählich die Mohammedaner nicht auf Anhieb erkannt werden können – es sei denn, sie lebten in geschlossenen, rein islamischen Siedlungen. Dies ist der Fall vielfach in Sinkiang, in Yunnan, aber auch teilweise in Gansu und in Shaanxi, vor allem aber in Ningxia. Das Erstarken fundamentalistischer Strömungen in Indien, Persien und in ganz Zentralasien, die Ausbreitung des eifernden Ordens von Naqshbandi Sufi und ähnlicher Strömungen führte im 19. Jahrhundert dazu, dass vielerorts in den westlichen und nördlichen Provinzen eine separatistische Welle aufkam, die schließlich in blutigen Aufständen gipfelte. In Yunnan führten drei islamische Geistliche die Panther-Rebellion an, gründeten einen Staat mit der Hauptstadt Dali 1858, der erst nach 15 Jahren durch den Qing-General Cen Yuying zurückerobert werden konnte. In Gansu und Shaanxi stießen in den Jahren 1862–1875 erbitterte Glaubenseiferer auf orthodoxe Konfuzianer, denn ein messianischer Prediger hatte dort einen unabhängigen Moslem-Staat errichten wollen. Dabei muss festgehalten werden, dass die Qing-Dynastie niemals versuchte, den Mohammedanern etwa ihren Glauben zu nehmen oder ihnen eine andere Glaubenslehre aufzuzwingen, es ging lediglich um die Abwehr separatistischer Bestrebungen. Im chinesischen Sprachgebrauch werden die Muslime landläufig als Tunganen bezeichnet, meist jedoch als Hui, die eine große Gruppe in Ningxia bilden, ähnlich wie die restlos islamischen Uiguren in Sinkiang. In der Volksrepublik China wurde daher die islamische Glaubensgruppe sogar als nationale Minderheit eingestuft, obwohl es reine Chinesen sind, die nur an ihrem weißen Kopftuch als Muslime zu erkennen sind. Man hat ihnen daher das Gebiet Ningxia als Autonomes Gebiet der Hui-Nationalität eingerichtet. Trotz aller Bemühungen auf beiden Seiten bleiben letztlich jedoch die Gegensätze unüberbrückbar. Der Koran und die Beschlüsse des Politbüros in Peking sind eine Quadratur des Kreises. In der Kulturrevolution prallten die beiden Gegensätze hart aufeinander, viele Moscheen wurden zerstört und zahlreiche Muslime kamen dabei ums Leben. Seit der neuen Politik Deng Xiaopings ist äußerlich zwar Friede eingekehrt und viele Moscheen wurden wieder renoviert oder gar neu gebaut – aber der Konflikt schwelt weiter. Die Einheit von Leben und Glauben, die letztlich den Islam durchdringt und keine »anderen Götter« duldet, wird von der KPCh nach wie vor als latente Bedrohung aufgefasst. Die Forderungen eines atheistischen Staates dagegen, der jegliche Religion als »Opium für das Volk« kennzeichnet, ist dagegen für den strenggläubigen Moslem ein stetes Ärgernis. Seit 1978 versucht daher Peking, durch weitgehendes Gewährenlassen im kultischen Bereich die Gefahr für den Staat auf ein Minimum zu reduzieren, schlägt jedoch bei Subversion und separatistischen Aktionen sofort und hart zu.

J

Japanische Invasion Die japanische Invasion (1931–1945), oft auch als Zweiter Chinesisch-Japanischer Krieg bezeichnet, begann ohne Kriegserklärung schon 1931, als Japan die Mandschurei besetzte und ein Jahr später dann den Staat Manzhouguo (Mandschukuo) ausrief, als dessen Marionettenkaiser sie 1934 Aisin Giorro Puyi, den einstigen Kindkaiser von China, ausriefen. Von dieser nördlichen Basis aus trug Japan nunmehr die weitere Eroberung Chinas vor und errichtete auf Grund der bedeutenden Bodenschätze in der Provinz Liaoning eine leistungsfähige Rüstungsindustrie. Als es im Juli 1937 zu einem Feuergefecht zwischen japanischen und chinesischen Truppen kam, wurde dieses Datum später als Beginn des eigentlichen Krieges angesehen, obwohl die offizielle Kriegserklärung erst im Dezember 1941 nach dem japanischen Angriff auf Pearl Harbour erfolgte. Der schnelle Vormarsch der waffentechnisch weit überlegenen japanischen Verbände zwang die Nationalregierung zur Flucht von Nanking nach Chongqing (Tschungking) und ermöglichte Japan die Einnahme weiter Teile Nord-, Ost- und Zentralchinas. Die Versorgung der nationalchinesischen Truppen über die Burmastraße mit wichtigen Kriegsgütern wurde zeitweilig ebenfalls durch den japanischen Vorstoß und die Eroberung Burmas selbst unterbrochen, zumal mit Hilfe Thailands auch Malaysia von den Japanern erobert worden war. Noch 1944 gelang den Japanern die Einnahme weiter Teile Süd- und Südwestchinas. Erst die Kapitulation Japans am 14. August 1941 brachte die Wende. Fünf Tage vor Kriegsende hatte auch noch die Sowjetunion Japan den Krieg erklärt und die Mandschurei besetzt. Bei der Entwaffnung der dort stationierten japanischen Verbände gelangten große Waffenbestände in die Hände der chinesischen

Kommunisten, die von 1937 an ohnehin eine Einheitsfront gegen den Aggressor mit der Guomindang gebildet hatten. Mao Zedong, der zu Beginn des gemeinsamen Abwehrkampfes nur über 20 000 Mann verfügte, konnte bis zum Ende der Kampfhandlungen rund 900 000 Soldaten rekrutieren und damit eine Truppe aufstellen, die er von 1947 an zum Endkampf gegen Chiang Kaishek einsetzen konnte. Es gilt als erwiesen, dass der Aufstieg der KPCh zur führenden Macht 1949 in China ohne diese Möglichkeit zur Rekrutierung gegen den äußeren Feind nicht hätte erfolgen können.

Jesuiten Die Eröffnung des Seeweges nach China durch portugiesische Seefahrer machte es europäischen Kaufleuten möglich, seit 1557 eine Niederlassung auf der Halbinsel Macau zu errichten. Der in Spanien gegründete Jesuitenorden sah darin eine Chance, die christliche Lehre auch ins Reich der Mitte zu tragen und schickte seine fähigsten Missionare nach China. Die in den »weltlichen« Wissenschaften sehr gut ausgebildeten Patres schafften es daher, als Kartographen, Mathematiker, Astronomen und Übersetzer in relativ kurzer Zeit Achtung bei den höheren chinesischen Beamten zu erringen. Der Leiter der Jesuitenmission in Peking, Matteo Ricci, und seine hochgebildeten Glaubensbrüder erkannten sehr wohl, dass angesichts der hoch stehenden chinesischen Kultur das Christentum nur dann eine Chance haben könne, wenn bestimmte Grundwerte chinesischer Tradition von ihnen anerkennt werden. Die religiöse Toleranz des chinesischen Kaiserhauses gestattete es den Jesuiten, bei Hofe bestimmte wichtige Beamtenstellungen zu besetzen und auch zu missionieren, aber die Bekehrungen hielten sich in Grenzen. Im späten 17. und zu Beginn des 18. Jahrhunderts gelangten die Jesuiten in China auf den Höhepunkt ihrer Wirksamkeit. Noch stand kein imperialistischer Staat Europas hinter ihnen, ihre wissenschaftliche Qualifikation allein war es, die ihnen bei Hofe eine recht hohe Wertschätzung zuteil werden ließ. Kaiser Qianlong (1736–1795) beauftragte die Jesuiten sogar, für ihn einen ausgedehnten Sommerpalast im Nordwesten von Peking in europäischem Stil anzulegen. Drei Jesuiten waren es dann vor allem, die eine wunderbare Parkanlage mit vielen Reminiszenzen an Versailles und Trianon schufen, mit französischen Gärten, Treppen, Pavillons und kleinen Schlössern, zumal keine Kosten gescheut wurden.

Der Italiener Giuseppe Castiglione, der Deutsche Ignatius Sickelpart und der Florentiner Bonaventura Moggi schufen ein auch vom Kaiser bestauntes Wunderwerk. Die Ironie der Geschichte wollte es dann, dass bei dem Rachefeldzug der anglofranzösischen Truppen gerade dieser herrliche Palastbezirk mutwillig im Jahre 1860 geplündert, zerstört und abgefackelt wurde. Der heute viel besuchte Sommerpalast in Peking ist eine spätere, rein chinesische Anlage. Die Jesuiten im 18. Jahrhundert passten sich den Sitten und Gebräuchen der Chinesen an und versuchten, den Ahnenkult und die konfuzianische Lebensphilosophie mit den christlichen Lehren zu verbinden. Diese Tendenz stieß auf Widerspruch bei den anderen christlichen Orden, die den Jesuiten ihren Erfolg neideten. Es kam zum »Ritenstreit«, in den zuletzt auch der Vatikan eingeschaltet wurde. Der Papst nahm schließlich gegen die Jesuiten Stellung und betonte die Unversöhnlichkeit der katholischen Lehre mit dem Konfuzianismus. Mit diesem Verdikt aus Rom war den Jesuiten das Fundament ihres Wirkens erschüttert, wenn nicht entzogen. Am Ende des 18. Jahrhunderts gaben sie ihre Missionstätigkeit auf und verließen China.

Jiajing (Ming-Dynastie)
Jiajing (1522–1567), der elfte Kaiser der Ming-Dynastie, war von Kaiser Zhengde adoptiert worden, stammte aber von einem jüngeren Sohn Chenghuas ab. Er gelangte früh auf den Thron und war in der chinesischen Kaisergeschichte der einzige »Himmelssohn«, der ein gläubiger Daoist war und sich mit einer Meute von Wahrsagern, Zauberpriestern und Geisterbeschwörern umgab. Jiajing gab Unsummen für daoistische Zeremonien aus und vernachlässigte darüber die Regierungsgeschäfte. Nach einem schrecklichen Erdbeben mit anschließendem Hochwasser des Gelben Flusses starben 830 000 Menschen im Jahre 1556. Die Mongolen, die sich unter Altan Khan (1507–1582) militärisch wieder vereinigt hatten, verheerten Nordchina, während japanische Piraten die Ostküste heimsuchten und sogar bis Nanking vordrangen. Bei seiner Bestattung im Yongling-Mausoleum der Ming-Gräber erhielt Jiajing den Tempelnamen Shizong. Nachfolger wurde sein Sohn Longqing (1567–1572).

Jiajing (Qing-Dynastie)
Jiajing (1796–1820), der fünfte Kaiser der Qing-Dynastie, war der Sohn von Qianlong und der zur Kaiserin erhobenen Lieblingskonkubine Xiao

Xi. Mit 36 Jahren auf den Thron berufen, beendete er sofort die Misswirtschaft des Höflings Heshan, der unter Ausnutzung des kaiserlichen Vertrauens die Staatsfinanzen praktisch ruiniert hatte. Der an sich intelligente und verantwortungsvolle Kaiser hatte zeitlebens Aufstände zu bekämpfen, entging mehrfach glimpflich Attentatsversuchen und musste hilflos miterleben, wie eine riesige Flutwelle des Gelben Flusses weite Landstriche verwüstete. An den Grenzen jedoch blieb es noch verhältnismäßig ruhig, aber die Piraten an den Küsten und die staatsfeindlichen Geheimgesellschaften waren eine ständige Bedrohung. Jiajing starb an einem Hitzschlag 1820 und wurde unter dem Tempelnamen Renzong im Mausoleum Changling bei den Westlichen Qing-Gräbern beigesetzt. Nachfolger wurde sein zweiter Sohn, der als Kaiser Daoguang (1821–1850) auf den Thron kam.

Jiangling Die Stadt Jiangling am Nordufer des Jangtse in der Provinz Hubei gelegen, konnte sich durch ihre günstige Lage als Hafenstadt am Fluss früh schon zu einem wichtigen Verkehrsknotenpunkt und zur größten Stadt am Mittellauf des großen Stromes entwickeln. Postrouten führten von Jiangling aus bis nach Luoyang und Changan, und die Stadt wetteiferte mit Chengdu, Nanking und Kanton um die wirtschaftliche Vorrangstellung. Die Lackwaren, Seidenstoffe und Brokate der Stadt waren nicht nur am Kaiserhof begehrt, sondern fanden selbst in Japan und Südostasien einen guten Absatz. Jiangling ist jedoch auch als eine der wichtigen Kulturstädte Chinas bekannt geworden. Hier bestanden mehrere Schulen und Akademien, hier schuf der erste große Dichter Chinas, Qu Yuan, seine Werke, und hier war ein Zentrum für daoistische Studien. In der Stadt unterhielten die Daoisten die Klöster Yuanmiao, Taihui und das aus der Tang-Dynastie stammende Kaiyuan-Kloster. Noch gut erhalten ist bis heute die alte, im 3. Jahrhundert errichtete und später renovierte Stadtmauer mit einer Länge von 9,3 Kilometern und einer Höhe von 9 Metern. Im Jahre 689 v. Chr. gründete der Herrscher des Chu-Reiches in der Nähe des heutigen Jiangling die Hauptstadt Ying für seinen Herrschaftsbereich. Diese Stadt Ying (auch Jinan genannt), war dann 411 Jahre lang die Kapitale des Chu-Reiches und diente 20 Herrschern als Residenz. Im Jahr 278 v. Chr. eroberte dann das Qin-Reich die Stadt und zerstörte sie. Die 15 km langen Mauerreste dieser dem Erdboden gleichgemachten Stadt sind nördlich von Jiangling noch heute zu sehen. Auf dem Berg Baling westlich von Jiangling wurden inzwischen 340 antike Gräber aus der Chu-Zeit und aus der Han-Dynastie entdeckt, in der dann der Aufstieg der heutigen Stadt bereits im 1. Jahrhundert v. Chr. begann.

Jiangnan Im Jahre 1667 wurde durch kaiserliches Dekret die große Provinz Jiangnan aufgehoben und in die beiden Provinzen Anhui und Jiangsu aufgeteilt. Die Binnenprovinz Anhui erhielt auf diese Weise gemeinsame Grenzen mit dem im Nordosten von ihr gelegenen Jiangsu, mit Shandong im Norden, Henan im Nordwesten, Hubei im Südwesten, Zhejiang im Südosten und Jiangxi im Süden. Jiangsu dagegen hatte nun eine lange Küstenlinie am Gelben Meer, war im Süden Grenznachbar von Shanghai und Zhejiang, im Osten von Anhui und im Norden von Shandong.

Jiang Qing Jiang Qing (1913–1991), die vierte Ehefrau Mao Zedongs, gilt als Hauptschuldige der Kulturrevolution und wurde 1980 zum Tode verurteilt, später zu lebenslanger Haft begnadigt. In Zucheng, Provinz Shandong, 1913 unter dem Namen Li Yunhe als Tochter eines Stellmachers geboren, besuchte sie als Heranwachsende eine Schauspielschule in Taian. Nach mehreren Affären mit dem Leiter dieser Schule und einem Schauspieler heiratete sie den Filmkritiker Tang Na und spielte in untergeordneten Rollen in verschiedenen Filmen in Shanghai mit. In dieser Zeit hatte sie den Namen Jiang Qing angenommen, war in die KPCh eingetreten und hatte sich nach einer Affäre mit einem Filmdirektor scheiden lassen. Mit einem Bekannten ging sie 1938 nach Janan, wo inzwischen Mao Zedong nach dem Langen Marsch eine neue Guerillabasis und ein Führungszentrum der KPCh errichtet hatte. Maos damalige dritte Frau, He Zizhen, war 1937 zur Erholung in die UdSSR geschickt worden. Mao verband sich in kurzer Zeit nach ihrer Ankunft mit Jiang Qing und setzte schließlich die Scheidung von He Zizhen und die Heirat mit seiner neuen Geliebten durch. Die Führung der KPCh stimmte dieser Verbindung jedoch nur unter der Bedingung zu, dass sich Jiang Qing selbst jeglicher politischen Betätigung enthalten sollte. Da jedoch Mao seine Ehefrau zu seiner persönlichen Sekretärin machte, konnte auf diese Weise Jiang Qing in alle

Vorgänge der Partei bald einen vollständigen Einblick gewinnen. In den folgenden achtundzwanzig Jahren hielt sich Jiang Qing auf der offenen politischen Bühne zwar zurück, konnte aber durch ihren umfassenden Überblick über alle Parteistrukturen und Personalakten ihre Kenntnis der innerparteilichen Vorgänge für ihren kommenden Aufstieg bestens nutzen. Ihre Stunde schlug im November 1965, als die Kulturrevolution begann und sie als Einpeitscherin der Roten Garden auftrat – mit völliger Billigung ihres Mannes. In dem nun beginnenden zehnjährigen Chaos entpuppte sie sich als hasserfüllte Fanatikerin, die nach allgemeinem Urteil mitschuldig wurde am Tode von Hunderttausenden und an der Vernichtung unersetzlicher Kulturgüter. Dieses nie da gewesene Chaos verschaffte jedoch Mao Zedong wieder die unumschränkte Macht in Partei und Staat. Wer bei Mao nunmehr etwas erreichen wollte, konnte seine Frau bis zu seinem Tode am 9.9.1976 nicht mehr übergehen. Einen Monat danach schon wendete sich das Blatt in China grundlegend. Jiang Qing wurde als Mitglied der Viererbande verhaftet und in einem Prozess in allen Anklagepunkten für schuldig befunden. Obwohl sie sich stereotyp auf Mao berief, wurde sie zuerst zum Tode verurteilt, danach jedoch zu lebenslanger Haft begnadigt. Jiang Qing beging im Gefängnis 1991 Selbstmord.

Jiangsu Die Provinz Jiangsu gilt als die wasserreichste Provinz Chinas, denn fast 17 Prozent der Fläche bestehen aus Süßwasserseen und Teichen, dazu kommen 2100 Flüsse und Kanäle. Mit 75 Millionen Einwohnern auf einer Fläche von 102 600 Quadratkilometern ist Jiangsu gleichzeitig die Provinz mit der größten Bevölkerungsdichte. Die hoch entwickelte Landwirtschaft und viele ländliche Unternehmen, der hohe Bildungsstand der Bevölkerung, das leistungsfähige Schulwesen und nicht zuletzt die Nähe zu Shanghai machen Jiangsu ferner zu einer sehr wohlhabenden Region, die 64 Kreise und 44 Städte umfasst. Provinzhauptstadt ist Nanking, gefolgt von den drei weiteren Millionenstädten Wuxi, Suzhou und Xuzhou. Seit Jahrhunderten gilt Jiangsu als Heimat von Reis und Fisch, aber auch als Land der klugen Köpfe. Das mit 4,5 Millionen zu den großen Städten Chinas zählende Nanking war zwischen dem 8. Jh. v. Chr. und dem 15. Jh. n. Chr. Hauptstadt von acht Dynastien, war jedoch auch Schauplatz grausiger Massaker, so auch Mitte des 19. Jahrhunderts, als die Taiping-Revolutionäre Nanking zur Hauptstadt ihres »Himmlischen Reiches des Großen Friedens« erkoren und 1937, als die Japaner bei ihrer Invasion in der Stadt mehr als 100 000 Menschen in wenigen Tagen ermordeten. Heutigentages ist Nanking eine sowohl rührige, industriell aufstrebende als auch schöne Stadt, deren Universität vor allem eine Spitzenstellung in ganz China einnimmt. Ein politisches Wallfahrtszentrum für alle Chinesen ist in Nanking das großzügig angelegte Mausoleum für Dr. Sun Yat-sen. Die Provinz selbst ist flächendeckend industrialisiert und ist seit alters durch ihre textilen Spitzenprodukte bekannt; ihre Seidenstoffe, Brokate, Stickereien und Baumwollfabrikate genießen weltweite Anerkennung. Das durchgehend warme Klima ermöglicht reiche Ernten an Wasserreis, Weizen, Mais und Baumwolle, und aus den vielen Teichen kommen neben den Karpfen auch die begehrten Lotoswurzeln. Die Provinz bietet an Rohstoffen vor allem Kohle, Phosphat, Eisen und Tonerde. Die vielen in Jiangsu abgeschlossenen Joint Ventures im industriellen Bereich geben ständig neue Wachstumsimpulse, so etwa in Suzhou, wo ein riesiger Industriepark im Entstehen begriffen ist.

Jiangxi Die 85 Kreise und 21 Städte umfassende Binnenprovinz Jiangxi hat 42 Millionen Einwohner und verfügt über eine Fläche von 166 900 Quadratkilometern. Die Provinz liegt im Südosten Chinas und ist letztlich ein riesiges Becken, da sich im Osten, Westen und Süden Gebirgsketten erheben und selbst im Norden sich an einem Abschnitt das Lushan-Gebirge erhebt. Im Großen und Ganzen fällt diese Beckenlandschaft nach dem Norden hin ab, wo der Poyang-See gelegen ist, der mit seinen über 5000 Quadratkilometern Fläche der größte Süßwassersee Chinas ist und in den praktisch die meisten Flüsse der Provinz münden. Im Norden allerdings berührt die Provinz mit einem Gipfel das südliche Ufer des Jangtse. Provinzhauptstadt ist Nanchang mit über 2,5 Millionen Einwohnern. Die Stadt liegt am Gan-Fluss, der schiffbar ist und praktisch den ganzen Mittelteil der Provinz durchströmt. Die waldreichen Randgebirge sind forstwirtschaftlich sehr ergiebig, der Poyang-See liefert gute Fischfangerträge und in den Flachlandgebieten kann zweimal im Jahr Wasserreis geerntet werden. Daneben gedeihen Zuckerrohr, Raps, Bastfaserpflanzen, Baumwolle, Tee, viele Obstsorten und Ölkamelien. Die Provinz ist reich an Bodenschätzen, vor allem an Wolfram. Weltbekannt ist die in Jiangxi gelegene Porzellanstadt Jingdezhen, von der aus bereits seit der Han-Dynastie hervorragende Keramik an den Kaiserhof geliefert wurde und seit der Tang-Dynastie hochwertiges Porzellan schon über die Seidenstraße ihren Weg in andere Länder fand. Seit der Ming-Dynastie war das blauweiße Porzellan von Jingdezhen dann wohl die begehrteste Exportware Chinas überhaupt und fand in allen Fürstenhäusern Europas begeisterte Aufnahme. Jingdezhen galt als Stadt der kaiserlichen Manufakturen, denn in den Brennöfen dieser Stadt wurden jene einmaligen Gefäße produziert, die im Kaiserpalast selbst Verwendung fanden und als Staatsgeschenke an die Fürstenhöfe vieler Länder gelangten. Auf kleinen Schiffen wurden die vielen Vasen, Schalen und Geschirre von Jingdezhen zum Poyang-See, von dort zum Jangtse und dann in großen Konvois auf dem Kaiserkanal nach Peking befördert. Im Taiping-Aufstand wurde die Stadt (1850 – 1864) völlig zerstört, lag lange verlassen in Ruinen, ist wiederauferstanden und produziert bereits wieder für den Export in alle Welt und für den wachsenden Bedarf im Inland. Viel besucht ist in Jiangxi der Lushan, nur 25 km südlich des Jangtse nordwestlich des Poyang-Sees. Dieses vielgestaltige Gebirge suchten seit mehr als 2000 Jahren Dichter, Maler und auch die Kaiser selbst wegen seiner Schönheit auf, aber auch buddhistische und daoistische Mönche zogen sich in seine abgeschiedenen Täler und Klüfte zur Meditation zurück. In der Geschichte gehörte bis zu den Zeiten der Han-Dynastie die Provinz nicht zum chinesischen Herrschaftsbereich und fiel danach unter die Jurisdiktion südlicher Staaten. Seit der Reichsgründung der Sui ist die Provinz dann ein unzertrennlicher Bestandteil des Reiches geworden und ist ausschließlich von Han-Chinesen bevölkert. In der neuesten Zeit wurde Jiangxi bekannt als einer der wichtigsten Stützpunkte der KPCh, und durch den bewaffneten Aufstand von 1927, mehr noch durch den Langen Marsch von 1934, der von diesem Gebiet aus seinen Anfang nahm. Mao Zedong hatte in Jiangxi bereits 1929 die »Zentrale Sowjetmacht« ausgerufen und in dem schwer zugänglichen Waldgebiet auf dem Dinggang damit einen »Staat im Staat« gegründet.

Jiangxi-Sowjet Name der

1927 von Mao Zedong in der Bergwelt der Provinz Jiangxi errichteten Guerillabasis, die als Zentrum der von ihm 1931 ausgerufenen »Chinesischen Sowjetrepublik« diente und wegen der Angriffe der Guomindang-Armee 1934 geräumt werden musste. Vom Jiangxi-Sowjet aus begann der Lange Marsch.

Jianshui Die historische Kulturstadt Jianshui in der Provinz Yunnan liegt zwischen der Hauptstadt Kunming und der vietnamesischen Grenze und ist heute eine Kreisstadt, die mit sieben Klöstern und acht Tempeln mit einer erstaunlichen Vielfalt von Bauten aus verschiedenen Dynastien aufwartet, darunter mit dem grandiosen Wen-Tempel, der Konfuzius geweiht ist. Die Stadt selbst wurde während der Tang-Dynastie um 810 n. Chr. gegründet und war in Südyunnan stets wegen ihrer Tempelschule berühmt, die seit über 700 Jahren bis in die neueste Zeit existierte. Der Chaoyang-Turm auf dem Dongmen-Tor wird wegen seiner imposanten Größe sogar als das »kleine Tianmen« in Südyunnan bezeichnet.

Jianwen Jianwen (1399–1402), zweiter Kaiser der Ming-Dynastie, Enkel von Hongwu, war bei der Thronbesteigung erst 16 Jahre alt. Unmittelbar danach brach ein erbitterter Bürgerkrieg aus, der vier Jahre dauerte und vieles von dem zerstörte, was seit der Vertreibung der Mongolen aufgebaut worden war. Mehrere Söhne von Hongwu selbst erhoben Anspruch auf den Thron. Yan, der vierte Sohn des Dynastiegründers, marschierte mit seinen Truppen in der Hauptstadt Nanking ein, zündete die Stadt an und usurpierte den Thron. Kaiser Jianwen, sein Neffe, verschwand spurlos. Ein Gerücht besagte, er sei außer Landes geflohen, ein anderes lautete, er habe, als Mönch verkleidet, unbekannt als Einsiedler vielleicht, überlebt. Der Usurpator nannte sich Kaiser Yongle (1403–1424), verlegte jedoch die Hauptstadt nach Peking. In späterer Zeit wurde dem verschwundenen und nie mehr aufgetauchten Kaiser der Tempelname Huidi verliehen.

Jiaohe Die antike Wüstenstadt Jiaohe ist heute die wohl am besten erhaltene Ruinenstätte Chinas, denn ihr Grundriss ist klar zu erkennen, ihre Straßen sind noch begehbar und selbst die Überreste von Altären und Säulen in ihren Tempeln und Klöstern sind noch vorhanden. Die einst ganz aus Lehm gebaute Stadt liegt zehn Kilometer westlich von Turpan in der Autonomen Region der Uiguren in Sinkiang (Xinjiang) und wurde in der Westlichen Han-Dynastie (206 v.–24 n. Chr.) als Karawanenstation und Militärgarnison zum Schutz der »Seidenstraße« erbaut. Die Stadt hieß damals Yarhu, sie war einst von einem Fluss vollkommen umschlossen und ragte als praktisch uneinnehmbare Insel aus dem Wasser, geschützt durch über 20 Meter hohe Klippen. Die Schmelzwasser des Tianshan-Gebirges bildeten damals einen breiten Strom, der sich vor der lanzettförmigen, etwa 1000 Meter langen Insel teilte und sie auf diese Weise umgab. Eine große Übermacht hunnischer Reiter musste damals ergebnislos die Belagerung abbrechen. Wassermangel zwang die Menschen vor etwa 400 Jahren, die Stadt endgültig zu verlassen, die letzten Einwohner lebten in Jiaohe am Ende der Ming-Dynastie. Von dem einstigen Fluss ist nicht das kleinste Rinnsal mehr vorhanden. Das trockene Klima und die relative Abgeschiedenheit der Stadt ist jedoch der Grund für ihren guten Erhaltungszustand, deren Glanzzeit eindeutig in der Zeit der Tang-Dynastie (618–907) gelegen hat.

Jiayuguan Die einstige Seidenstraße verengte sich im Norden des Hexi-Korridors zu einer relativ schmalen Stelle zwischen dem Jiayu-Berg und der Wüste Gobi auf der nördlichen und dem schneebedeckten Qilian-Massiv auf der südlichen Seite. An dieser strategisch so wichtigen Stelle legten die Kaiser der Ming-Dynastie das Westliche Ende der Großen Mauer fest und ließen auf quadratischem Grundriss 1373 eine grandiose Festung erbauen, die sie nach dem nahen Berg Jiayu-Pass (Jiayuguan) benannten. Die Festung ist von 11 Meter hohen Mauern umgeben, hat zwei mächtige Tore, von denen jedes einen dreistöckigen, 17 Meter hohen Pavillon trägt, gedacht als Beobachtungstürme von Wachtposten. Beim Tempel des Kriegsgottes (Guan Di Miao) konnten auf der nahen Freilichtbühne rituelle Spiele zu Ehren dieses Gottes innerhalb der Festung abgehalten werden. Die gleichnamige Stadt Jiayuguan, die auf Grund der in der Nähe vorhandenen Bodenschätze zu einer über 100 000 Einwohner zählenden Industriestadt heranwuchs, verfügt über einen Flughafen inmitten einer weiten, wüstenartigen Landschaft.

Jilin Die Provinz Jilin (Kirin) mit 41 Kreisen und 28 Städten ist im mandschurischen Nordosten Chinas gelegen, bildet den Mittelteil der alten Mandschurei und wird im Norden von der Provinz Heilongjiang, im Westen von der Inneren Mongolei, im Süden von Liaoning und im Osten von Nordkorea begrenzt. Die Nähe zum koreanischen Nachbarn bedingt, dass seit längerer Zeit schon weit über 1,2 Millionen Koreaner als nationale Minderheit in Jilin leben. Von den 27 Millionen Einwohnern Jilins sind etwa 7 Prozent den Minderheiten zuzurechnen, zu denen neben den Koreanern auch die Mandschuren, Mongolen, Hui, Xibo und Dahuren gehören. Mit 187 000 Quadratkilometern Fläche gehört Jilin zwar nicht zu den großen Provinzen Chinas, ist jedoch auf Grund seiner hoch entwickelten Landwirtschaft und seiner bedeutenden Industrie zu den Provinzen mit hohem Lebensstandard zu rechnen. Das Eisenbahnnetz ist das dichteste, das China überhaupt aufweist. Die Provinzhauptstadt Changchun (1,8 Mill. Einwohner) besitzt die größten Autofabriken des Landes und die vielfältigen Bodenschätze werden in zahlreichen Betrieben verarbeitet. Den Namen gab der Provinz die Stadt Jilin, die mitten im Lande liegt und als eine der am schönsten gelegenen Städte Nordchinas gilt. Die vielen bewaldeten Gebirgszüge Jilins haben der Provinz den Namen »Waldmeer« eingebracht, zumal die Holzwirtschaft nach wie vor einen wichtigen Erwerbszweig des Landes darstellt. In den vor allem im Norden gelegenen Tiefebenen werden Reis, Mais, Hirse, Zuckerrohr und Flachs angebaut, die bei dem gemäßigten, kontinental beeinflussten Klima gut gedeihen. An der Grenze zur Inneren Mongolei finden sich Grassteppen, die als Weideland genutzt werden. In den Ursprungssagen mehrerer tungusischer Völker, aber auch der Koreaner, gilt Jilin als Heimat ihrer Vorfahren und trat dann aber erst näher ins Licht der Geschichte, als die Khitan und die Jin von der Mandschurei aus Vorstöße nach Süden unternahmen und sogar Teile Nordchinas eroberten. Jilin war damals jedoch schon ein Teil jener Gebiete, die später die Mandschuren als Ausgangsbasis für ihren Zug nach Süden betrachteten. In der Mongolenzeit und der Ming-Dynastie gehörte das Gebiet zum Herrschaftsbereich des Großkhans und dann der Ming-Kaiser, später war es das mandschurische »Heimatreservat«, das bis zur Mitte des 19. Jahrhunderts sogar allen Han-Chinesen als Siedlungsgebiet verschlossen war. In dem Ringen um Einflusssphären zwischen Russland, Japan und China geriet Jilin in die Auseinandersetzungen dieser drei

Großmächte. So bauten die Russen 1899 die mandschurische Eisenbahn bis zu ihrem damaligen Endpunkt, der heutigen Provinzhauptstadt Changchun, und die Japaner machten diese Stadt zur Hauptstadt ihres Marionettenstaates, des Kaiserreiches Mandschukuo, allerdings damals unter dem Namen Xinjing. Der von ihnen eingesetzte Kaiser Puyi residierte in einem Palast in Changchun von 1933–1945.

Jinan Die Hauptstadt der Provinz Shandong liegt zwischen dem Gelben Fluss und dem großen Gebirgsmassiv Taishan, hat 3 Millionen Einwohner und stellt die größte Handelsmetropole und Industriestadt der Provinz dar. Jinan gilt mit seiner gesamten näheren und weiteren Umgebung als Wiege der chinesischen Kultur. Hier fand man im Dorf Longshan die Zeugnisse erlesener neolithischer Töpferkunst, hier ist auch die Dawenkou-Kultur entstanden und bereits in der Shang-Zeit war das Gebiet für seine ertragreiche Landwirtschaft berühmt. Die Fruchtbarkeit war bedingt durch das Schwemmland des Gelben Flusses, der nördlich an der Stadt vorbeiströmt. Der Fluss brachte im Laufe der Geschichte aber oftmals das Verderben für das ganze Gebiet, vor allem dann, wenn er seinen Lauf änderte. Der große Strom wurde jedoch auch militärisch als »Waffe« genutzt – mit noch größeren Katastrophen im Gefolge. 1642 ließ der letzte Ming-Kaiser bei Kaifeng die Deiche öffnen, um die rebellierende Bauernarmee des Anführers Li Zicheng zu ertränken. Damals kamen 340 000 Menschen ums Leben. 1938 befahl Chiang Kai-shek die Sprengung der Deiche, um die heranrückende japanische Armee zurückzudrängen. 890 000 Menschen fanden dabei den Tod, meist Chinesen selbst. Der eigentliche Aufstieg der Stadt begann in der Qing-Dynastie, als in Jinan vier große Akademien bestanden. Alle drei Jahre wurden in Jinan die Staatsprüfungen für den Beamtendienst abgehalten. Tausende von Prüflingen bevölkerten dann die Stadt und viele Gelehrte wohnten mit ihren Familien in Jinan. Bald galt die ursprüngliche Kaufmannssiedlung als eine der wohlhabendsten Städte Chinas und als bedeutendes Kulturzentrum. 1906 wurde eine Eisenbahnlinie von Tsingtau nach Jinan geführt und die Stadt für den ausländischen Handel geöffnet, sodass auch viele Ausländer in der Stadt Wohnung nahmen. 1912 plünderten meuternde Qing-Truppen die Stadt, 1914 drangen japanische

Truppen in die Stadt ein und zerstörten ganze Stadtteile und die turbulenten Jahre bis 1949 brachten mancherlei Unbill. Nach der Einnahme Jinans durch die Kommunisten wurde die alte Stadtmauer geschleift und das Gemeinwesen konsequent zu einer Industriestadt ausgebaut. Die Deichbauten am Gelben Fluss erhielten höchste Priorität, sodass Überschwemmungen nicht mehr zu befürchten sind. Die Stadt Jinan erhielt ihren Namen vom Fluss Ji, an dessen südlichem Ufer sie in der Zeit der Frühlings- und Herbstperiode (770–476 v. Chr.) zur Zeit ihrer Gründung lag. Nachdem in der Neuzeit der Gelbe Fluss seinen Lauf verändert hatte, liegt Jinan heute zwischen ihm im Norden und dem Berg Taishan im Süden. In der Jungsteinzeit war das Gebiet um Jinan die Heimat der Longshan-Kultur und in der Zeit vor der Reichseinigung gehörte das Gebiet zum Staate Qi. Im großzügig ausgestatteten Provinzmuseum von Jinan kann die Geschichte der Stadt und ihres Umlandes studiert werden und in ihrer Umgebung finden sich bis heute zahlreiche Denkmäler ihrer 2600 Jahre währenden Geschichte.

Jin-Dynastien In Chinas Geschichte gab es vier Dynastien mit dem Namen Jin:

A. Jin im Zhou-Reich – Chinesischer Staat, der sich von 636–453 v. Chr. im Norden Chinas als Territorialherrschaft im Rahmen der Zhou-Dynastie durch Annexion von Nachbarregionen zur Hegemonialmacht aufschwingen konnte. Ursprünglich ein Lehen einer Nebenlinie der Zhou-Könige, hatte Herzog Wengong (636–628) seine Machtbasis im Süden der heutigen Provinz Shanxi so enorm vergrößert, dass sich der Staat Jin als wichtigstes Teilreich des Nordens lange behaupten konnte. Mächtigen Vasallen aber gelang im Jahre 453 die Aufspaltung von Jin in die drei Staaten Zhao, Han und Wei.

B. Westliche Jin-Dynastie (265–316 n. Chr.) – Chinesisches Kaiserreich

C. Östliche Jin-Dynastie (317–420 n. Chr.) – Chinesisches Kaiserreich

D. Jin (Jurchen)

Das Jin-Reich (1115–1234) war eine Gründung tungusischer Stämme aus dem nördlichsten Gebiet der Mandschurei, die auch unter dem Namen Jurchen, Dschurdschen oder Ruzhen-Tataren bekannt wurden. Diese Stämme bedienten sich der Dschurdschen-Sprache, einer alten Form des Mandschurischen. Um 1115 regierte ihr Stammesfürst Aguda nördlich von Harbin, nahm den Kaisertitel an und gab seiner Dynastie den Namen Jin (Gold). 1120 verbündeten sich die Jin mit der Song-Dynastie und vernichteten gemeinsam mit den Chinesen 1125 das Liao-Reich der Khitan. Bereits ein Jahr später brachen sie ihren Vertrag mit den Chinesen, stießen weit nach Süden vor, eroberten die Hauptstadt Kaifeng 1126 und führten den chinesischen Kaiser, den Thronfolger und 3000 Mitglieder der kaiserlichen Familie in Gefangenschaft. Die Jin hatten damit die Nördliche Song-Dynastie (960–1126) zu Fall gebracht. Nunmehr herrschten sie über ein beträchtliches Reich, das von der Nordmandschurei bis zum Huai-Fluss in Zentralchina reichte, im Nordwesten das Westliche Xia-Reich und im Süden die neu errichtete Südliche Song-Dynastie als Nachbarn hatte. 1153 verlegten sie ihre Hauptstadt von Harbin nach Kaifeng, da bereits die Mongolen sie zur Räumung der Mandschurei zwangen. Die Verlegung der Residenz nach Kaifeng brachte keine Erleichterung, da die Mongolen ihre Angriffe fortsetzten. Die Chinesen verbündeten sich nunmehr mit den Mongolen und griffen mit vereinten Streitkräften die Jin an und vernichteten 1234 auf diese Weise das einst so stolze Reich. Dies war ein folgenschwerer Fehler, denn nun fehlte gewissermaßen der Pufferstaat zwischen der Song-Dynastie und dem mongolischen Großreich. Mit dem Selbstmord des Jin-Kaisers im Jahr 1234 verlor der Stamm der Dschurdschen jegliche Hoffnung auf eine nationale Widergeburt, das besiegte Volk, ohnehin schon stark sinisiert, verlor seine Identität und ging in den Chinesen auf.

Jingdezhen Der Welt größte Porzellanstadt, Jingdezhen, liegt im nordöstlichen Teil der Provinz Jiangxi, zählt 600 000 Einwohner und stellt seit rund 2000 Jahren in ununterbrochener Folge Keramik und Porzellan sowohl als Massenware als auch in erlesensten Qualitäten her. Fast alle Blau-Weiß-Porzellane in den Museen, Schlössern und Sammlungen der Welt stammen aus Jingdezhen. Die Voraussetzungen für die Produktion sind an diesem Ort einmalig. Nur etwa 50 Kilometer entfernt liegen jene Hügel, die die beste Tonerde enthalten, die man je gefunden hat. Diese Hügel liegen bei dem Dorf Gaoling, das dieser Erde den internationalen Namen Kaolin gegeben hat. Sehr guter Feldspat für die Glasuren findet sich ebenfalls in der Gegend, früher sogar Kobalt für die Blaufärbung. Da der Ort an einem vom Huang Shan kommenden schiffbaren Fluss liegt, der in den Poyang-See fließt und damit eine Verbindung zum Jangtse hat, sind auch die Transportmöglichkeiten für das Heranschaffen der Rohstoffe und die Beförderung der Fertigprodukte in idealer Weise gegeben. Die große Zeit dieser Stadt schlug in der Nördlichen Song-Dynastie, als der damalige Kaiser in der Zeit seiner Regierungsdevise Jingde (1004–1007) die Töpfer und Brennmeister dadurch auszeichnete, dass er sie quasi zur Produktion für den Hof verpflichtete und damit der Siedlung, die damals Xinping hieß, zu dem Namen Jingdezhen verhalf. Von nun an wurden jedes Jahr von Jingdezhen in langen Konvois viele tausende von hochwertigen Vasen, Terrinen, Tellern, Krügen und Schalen über den Kaiserkanal nach Kaifeng, später nach Hangzhou und dann nach Peking befördert. Die Produktion wurde selbst in der Yuan-Zeit nicht unterbrochen und in der Ming-Dynastie wurde in der Porzellanstadt auch für den Export gearbeitet. Nach der Eroberung des Kaiserthrones durch die Mandschuren verwüsteten Rebellen 1673 die Stadt, aber Kaiser Kangxi sorgte für einen zügigen Wiederaufbau. 1715 hatte Jingdezhen eine Million Einwohner mit 18 000 Töpferfamilien. Tag und Nacht mussten die Öfen brennen. Das Holz musste damals bereits aus 300 Kilometer entfernten Wäldern herangeschafft werden. 1837 arbeiteten nachweislich rund fünfhundert Brennöfen in der Stadt. Bei der Eroberung Jingdezhens durch die Taiping-Rebellen kam es zu argen Massakern, Verwüstungen und Plünderungen im Jahr 1853, sodass sich die Stadt nur langsam wieder erholte. In den Jahren des Bürgerkrieges und des Zweiten Weltkrieges ging die Produktion zwar merklich zurück, aber sie kam nicht zum Erliegen. Heute arbeiten von den 600 000 Einwohnern Jingdezhens die meisten Bewohner wieder direkt oder indirekt in den Porzellanmanufakturen, die in alle Welt exportieren und in ihren speziellen Werkstätten durchaus wieder einmalige Stücke in traditionellem und modernem Stil »aus Erde und Feuer« entstehen lassen. Für den Historiker ist Jingdezhen von höchstem Interesse, da er in dieser Stadt und ihren Museen alle Phasen kunsthandwerklichen Schaffens von Grund auf studieren und die einstens früh einsetzende Arbeitsteilung beim Produktionsprozess Schritt für Schritt nachvollziehen kann.

Jingdi Vierter Kaiser der Westlichen Han-Dynastie (157–141 v. Chr.), der fünfte Sohn des Kaisers Wendi, wie sein Vater ein überzeugter Konfuzianer und maßvoller Herrscher. Geboren im Jahre 188 v. Chr. als Prinz Liu Qi, bestieg er den Thron nach dem Tode seines Vaters im Jahr 157 v. Chr. und regierte 16 Jahre lang das machtvoll erstarkte Reich, in dem er vor allem der Landwirschaft sein Interesse schenkte. Nach den von ihm erlassenen Gesetzen konnte jeder Bürger zwei Monate zu öffentlichen Arbeiten verpflichtet werden, die vor allem auch den Bauern durch Straßen- und Brückenbau zugute kamen. Da zu dieser Zeit allgemeinen Wohlstands die Künste blühten und auch dem Grabkult große Aufmerksamkeit geschenkt wurde, sind aus dieser Ära besonders viele Grabbeigaben entdeckt worden. Im Jahre 1990 legte man 24 Gruben südlich von Jingdis Mausoleum frei, aus denen 40 000 Terrakottafiguren zum Vorschein kamen. Die Figuren sind nur ein Drittel lebensgroß und stellen meist Soldaten dar, ähnlich wie in der berühmten Terrakotta-Armee des Ersten Kaisers. Die Gruben erreichen mit 96 000 Quadratmetern Grundfläche jedoch die fünffache Größe der Standfläche der so berühmten unterirdischen Armee beim Grab Qinshihuangdis. Jingi war jener Kaiser der chinesischen Geschichte, der alle seine 14 Söhne zu Königen machte. Diese Königreiche waren jedoch lediglich Präfekturen, die den Zusammenhalt des Reiches und seine innere Sicherheit zu gewährleisten hatten. Der älteste seiner Söhne, König von Jiaodong, folgte ihm 141. v. Chr. auf den Thron.

Jingjue-Reich In der Zeit zwischen der Han- und der Tang-Dynastie bestand in der heutigen Wüste Taklamakan das Königreich Jingjue, dessen Ruinen man im Bereich Niya 130 Kilometer nördlich der Kreisstadt Mingfeng im Bezirk Hotan (Khotan) findet. Dieser Herrschaftsbereich lag damals am Fluss Niya, der später austrocknete und sicherlich zur Aufgabe der Stadt beitrug, als der Sand allmählich alles bedeckte. Zur Zeit der Besiedelung gab es dort große Plantagen von Obst- und Maulbeerbäumen, Weingärten und Pappelalleen. Die Bewohner betrieben Ackerwirtschaft und hielten Haustiere. Bei Ausgrabungen kamen Überreste von über 70 Behausungen, aber auch die Fundamente einer Schmelzhütte und von Keramikwerkstätten zum Vorschein. Die Bewohner waren Buddhisten und bedienten sich der Kharoschthi-Schrift, die aus

Nordwest-Indien stammt. Mit dieser Schrift sind die 700 hölzernen Täfelchen beschrieben, die bei den ersten Ausgrabungen der englische Archäologe Mark Aurel Stein auffand und die heute im Museum von Neu-Delhi und im British-Museum verwahrt werden. Ferner stieß Stein auf etwa 50 Tafeln in der Han-Schrift. Weitere Forschungen und Ausgrabungen am alten Flusslauf des Niya wurden von chinesischen Wissenschaftlern 1959 und 1988–1994 von einer chinesisch-japanischen Studiengruppe unternommen, deren Ergebnisse den Schluss zulassen, dass im Altertum dichte Wälder im Bereich der heutigen Todeswüste vorhanden waren und reiche Wasserressourcen eine blühende Landwirtschaft ermöglichten.

Jing-Mausoleum Das Grab des Fürsten Jing (576–537 v. Chr.), der den damaligen Teilstaat Qin während der Östlichen Zhou-Dynastie regierte, ist das größte bisher bekannte Mausoleum der vorkaiserlichen Periode in ganz China. Man fand es bei Nanzihui im Kreis Fengxiang in Shaanxi, ganz in der Nähe der einstigen Hauptstadt Yong, die 293 Jahre (677–384 v. Chr.) das Zentrum des Qin-Reiches war. Das Grab erwies sich als 300 Meter lange Anlage mit acht Stockwerken in die Tiefe. Die im unteren Teil befindliche Hauptgrabkammer war mit Zypressenholz ausgekleidet. Man hatte 186 Männer und Frauen mitbeerdigt, ihre Skelette lagen meist um den äußeren Holzsarg. Das Grab war zwar schon mehrere Male in der Geschichte geplündert worden, enthielt aber immerhin noch 3500 weitere Fundgegenstände.

Jingnan Das Königreich Jingnan (924–963) war einer jener »Zehn Staaten«, die zwischen dem Fall der Tang- und der Begründung der Song-Dynastie entstanden waren. Jingnan lag in Hubei und wurde 963 von der Nördlichen Song-Dynastie erobert.

Jing-Nationalität Zu den kleinen Minderheiten in China mit nur etwas über 12 000 Angehörigen gehört das Volk der Jing, das im Autonomen Gebiet der Zhuang-Nationalität Guangxi an der Küste des Golfes von Beibu und auf drei vorgelagerten Inseln lebt. Die völlig eigenständige Jing-Sprache ist noch nicht identifiziert, man weiß jedoch, dass die Jing zu Beginn des 16. Jahrhunderts aus Vietnam zugewandert sind. Haupterwerbszweig ist die Küstenfischerei, neuerdings auch die Hochseefischerei und die Perlenzucht. Nebenerwerbszweige sind die Landwirtschaft und die Salzgewinnung, da der Salzgehalt des Meerwassers im Golf von Beibu über 31 Prozent beträgt. Die einvernehmliche Nachbarschaft mit den Han brachte es mit sich, dass viele Jing inzwischen Chinesisch in Wort und Schrift beherrschen. Im 19. Jahrhundert bildeten die Jing mit den Han ohnehin schon eine Schicksalsgemeinschaft, da sie vereint den Vorstoß der französischen Kolonialtruppe auf die südchinesischen Küstengebiete vereitelten.

Jingpo-Nationalität Die Siedlungsgebiete der nationalen Minderheit der Jingpo liegen in den dicht bewaldeten Bergen im Westen der Provinz Yunnan, vornehmlich am Nu-Fluss und sind mit rund 100 000 Angehörigen zu den kleineren Minderheiten in der VR China zu rechnen. Die Jingpo-Sprache gehört zu der tibeto-birmanischen Sprachgruppe der sinotibetischen Sprachfamilie. Die für die Jingpo entwickelte Schrift basiert auf dem lateinischen Alphabet. In den Wäldern der Jingpo-Region findet man Katuschukbäume, Tungölbäume, Tee- und Kaffeesträucher, gleichzeitig noch Tiger, Leoparden und Riesenschlangen. Die Jingpo-Dörfer liegen im Allgemeinen in Höhenlagen von rund 1500 Metern. In dem milden Klima wird vornehmlich Reis angebaut. Seit der Yuan-Dynastie gehören die Jingpo-Gebiete – wie viele Distrikte der Provinz Yunnan – zum Chinesischen Reich. Die Zentralregierung setzte meist erbliche Adlige der Jingpo als Verwaltungsbeamte ein, sodass die feudalen Strukturen der Jingpo-Gesellschaft bis ins 20. Jahrhundert erhalten blieben. Eine strikte Klasseneinteilung trennte die Adelsschicht vor den einfachen Stammesmitgliedern und von den Sklaven. Alle Überreste der urzeitlichen Verhältnisse sind jedoch inzwischen beseitigt.

Jingtai Jingtai (1450–1457), siebter Kaiser der Ming-Dynastie, war der zweite Sohn von Kaiser Xuande und wurde auf den Thron gehoben als sein älterer Bruder, Kaiser Zhengtong, von den Mongolen bei einem Feldzug gefangen genommen und in die Mongolei verschleppt worden war. Als nun nach sieben Jahren der Gefangene unerwartet und unversehrt zurückkehrte, wurde er von seinem längst inthronisierten Bruder mit seiner Frau ins Gefängnis geworfen. Erst nach sechseinhalb Jahren, als Jingtai krank wurde und starb, gelangte durch eine Palastrevolution Zhengtong wieder auf den Thron, obwohl sein Sohn bereits als Thronfolger benannt worden war. Jingtai wurde unter dem Tempelnamen Jingdi nicht bei den Ming-Gräbern, sondern in den Westlichen Hügeln bei Peking beigesetzt.

Jingzhou Die am Mittellauf des Jangtse gelegene Stadt Jingzhou war einst die Hauptstadt des Staates Chu im 5. Jahrhundert v. Chr. Noch heute zeugen über 800 Mausoleen von dieser glanzvollen Epoche. Mehrfach war das Gebiet um die Stadt im südlichen Teil der Provinz Hubei Schauplatz vieler Kämpfe. Von der großen kulturellen Vergangenheit der Stadt selbst künden die drei großen Tempel Xuanmian, Kaiyuan und Taihui, die aus der Tang-Dynastie stammen. Im Jingzhou-Museum veranschaulichen über 100 000 Ausstellungsgegenstände diese reichhaltige Vergangenheit. Durch Eingemeindungen entstand noch vor dem Jahr 2000 eine Stadt, die 14 000 Quadratkilometer umfasst und über 6 Millionen Einwohner zählt. Die von ihr verwalteten Landkreise und Kleinstädte umfassen eine Uferlänge entlang des Jangtse von 483 Kilometern. Durch die über den Jangtse führende Autobahnbrücke erfuhr die industrielle Entwicklung von Jiangzhou in den letzten Jahren einen enormen Auftrieb. Vorherrschend sind die Papierindustrie, die Baumwollfabriken und die chemische Industrie.

Jinhong Jinhong, die Hauptstadt des Bezirks Xishuangbanna am Ufer des Mekong in der Provinz Yunnan, 50 km von der Grenze zu Burma entfernt, war im 12. Jahrhundert Sitz des Königreiches der Dai, die heute als stärkste nationale Minderheit in diesem Gebiet neben elf anderen Nationalitäten leben.

Jinniushan-Mensch Im Jahre 1984 gelang den chinesischen Anthropologen ein sensationeller Fund im Kreis Yingkou in der Provinz Liaoning. Etwa 8 Kilometer südwestlich der Kreisstadt Yingkou stießen sie am Jinniushan-Berg in einigen Höhlen auf die Überreste eines Hominiden, der in der Spätzeit des Mittel-Pleistozän, also vor etwa 280 000 Jahren lebte. Dem Fundort nach spricht man seither vom Jinniushan-Menschen, der nunmehr das Bindeglied zwischen dem Peking-Menschen und dem Homo sapiens darstellt.

Jino-Nationalität Eine der urtümlichsten Völkerschaften auf chinesischem Boden war lange Zeit die nationale Minderheit der Jino, die zu den kleineren Nationalitäten mit rund 12 000 Angehörigen zählt. Beheimatet sind die Jino in dem mit Urwäldern bestandenen Berggebiet Jinoloke im Kreis Jinghong in Xishuangbanna, Provinz Yunnan. In diesen Urwäldern leben heute noch wilde Elefanten, Wildrinder und Katzenaffen, die von den Jino mit vergifteten Pfeilen noch bis zur Gegenwart gejagt wurden. Erst vor etwa 300 Jahren wurde die matriarchalische Gemeinschaft der Jino durch eine patriarchalische abgelöst, so galt grundsätzlich der Gemeinbesitz an Grund und Boden, die gemeinsame Feldbestellung und die Aufteilung der Jagdbeute zu gleichen Teilen unter der Dorfbevölkerung. Die Jino-Sprache gehört zur tibeto-birmanischen Sprachgruppe der sinotibetischen Sprachfamilie. Eine Schrift existiert nicht. Animismus und Geisterglaube bestimmen den Lebenszuschnitt der Jino, die sich jedoch seit 1954 den politischen und wirtschaftlichen Neuerungen schrittweise anpassen. Stauseen, kleine Wasserkraftwerke, elektrisches Licht in den Dörfern und maschinelle Agrarproduktion haben den Alltag der Jino inzwischen stark verändert.

Jinquan Jinquan, an der alten Seidenstraße als wichtiger Militärstützpunkt unter dem Namen Suzhou bekannt, ist heute als Handelsstadt mit 300 000 Einwohnern im Westen der Provinz Gansu die wichtigste Metropole in diesem dort sehr fruchtbaren Gebiet. In der Han-Dynastie diente die Stadt als Ausgangspunkt für die Feldzüge gegen die Hunnen, in der Östlichen Jin-Dynastie regierten dort Fürsten als regionale Machthaber (316–420) und in der Nördlichen Wei-Dynastie entstanden 15 Kilometer südwestlich der heutigen Stadt bedeutende buddhistische Grotten, die in ihrem Stil an Dunhuang gemahnen und farbstarke Malereien und Skulpturen aufweisen, die allerdings 1865 von den mohammedanischen Hui in ihrer Intoleranz an vielen Stellen arg verwüstet wurden. Einige von ihnen wurden in der Tang-Zeit geschaffen und in der Ming-Periode restauriert.

Jintian Das Dorf Jintian, 24 km nördlich von Guiping am Zijing Shan in der Provinz Guangxi gelegen, war Ausgangspunkt der Taiping-Rebellion, denn hier gründete der Visionär und Prediger Hong Xiuquan (1815–1864) seine erste Kommune, die Ausgangspunkt für sein späteres »Himmlisches Reich« werden sollte. Der sich aus der Taiping-Bewegung entwickelnde Bürgerkrieg kostete zwischen 1850 und 1869 rund 20 Millionen Menschen das Leben.

Jiujiang Die 360 000 Einwohner zählende Stadt Jiujiang liegt im Scheitelpunkt der großen Südschleife des Jangtse zwischen Wuhan und Nanking, musste im Jahr 1862 unter westlichem Druck dem Außenhandel geöffnet werden und galt als wichtiger Umschlagplatz für die landwirtschaftlichen Produkte der Region, aber auch für Porzellan und Tee. Das im Süden der Stadt liegende Kloster der Nächstenliebe (Neng Ren Si), gegründet in der Zeit der Südlichen Dynastien (420–589), wurde in den Dynastien Tang, Ming und Qing jeweils renoviert und erweitert, von den Roten Garden in der Kulturrevolution in den Sechziger Jahres des 20. Jahrhunderts dann schwer demoliert. Das Kloster ist jedoch ein gutes Beispiel für den Aufbauwillen des Staates im Zusammenspiel mit den Buddhisten von Jinjiang und Umgebung, denn die beiden wichtigsten Hallen erstrahlen wieder im alten Glanz.

Jiuquan Die Stadt Jiuquan ist eine der vielen alten Militärbasen an der Seidenstraße, die einst den Gansu-Korridor vor den Einfällen der nördlichen Barbarenvölker schützen sollte. In der Antike war die Stadt unter dem Namen Suzhou bekannt. Als in neuester Zeit in der Nähe bedeutende Bodenschätze entdeckt wurden, wuchs die Stadt sehr rasch zu einer 300 000 Einwohner zählenden Industriestadt heran. Jiuquan liegt südöstlich des Jiayuguan-Passes und der nicht weit entfernten Stadt Jiayuguan, die im Schutz dieser großen Festung im Laufe der Jahrhunderte heranwuchs. Im Westen der Stadt Jiuquan liegen Gräber aus der Östlichen Jin-Dynastie (316–420), die man 1977 entdeckte und freilegte sowie der Berg des Bodhisattva der Weisheit (Wen Shu Shan), an dessen Hängen und Klippen zwischen dem 5. und 10. Jahrhundert sowohl buddhistische als auch daoistiche Grotten in großer Zahl geschaffen wurden, deren Malereien und Skulpturen jedoch fast alle dem fanatischen Wüten muslimischer Eiferer zum Opfer fielen.

Junzi Konfuzius'scher Idealtypus, der die Regeln pflichtgemäßen Verhaltens so sehr verinnerlicht hat, dass er einen festen, selbstlosen Charakter und edle Gesinnung mit höchster Geistes- und Herzensbildung zu vereinen weiß. Junzi ist der »Edle«, der durch Selbstzucht und Willenskraft zu einem Vorbild für andere gelten kann. Ursprünglich bedeutete Junzi »Herrensohn« und bezeichnete einen Angehörigen der herrschenden Adelsklasse. Unter dem Einfluss des Konfuzianismus wandelte sich der Begriff und erhielt diesen neuen Inhalt, denn Konfuzius hatte gelehrt: »Bildung ist jenseits aller Standesunterschiede«.

K

Kagyu Kagyu ist der Name eines wichtigen Ordens im tibetischen Buddhismus, der im 11. Jahrhundert von Marpa, Milarepa, Gampopa und ihren Jüngern gegründet wurde.

Kaifeng Kaifeng, die einstige Hauptstadt der Nördlichen Song-Dynastie, liegt in einer fruchtbaren Ebene im Nordosten der Provinz Henan, nur wenige Kilometer südlich des Gelben Flusses. Gegründet wurde die Stadt schon in der Frühlings- und Herbstperiode (770–476 v. Chr.) und war in der Zeit der Streitenden Reiche Hauptstadt des Staates Wei und konnte seine herausgehobene Stellung auch in der Zeit der Fünf Dynastien (907–960) behaupten. Der Aufstieg begann dann mit der Nördlichen Song-Dynastie (960–1127), als Kaifeng zu einer Metropole von über 1 Million Einwohnern heranwuchs und mit ihrem wirtschaftlichen Reichtum und ihren vielfältigen kulturellen Aktivitäten an die glanzvolle Tang-Zeit heranreichte. Die Katastrophe kam dann im Jahr 1127, als die Jin die Stadt einnahmen und völlig zerstörten. Das Kaiserhaus musste nach Süden fliehen und errichtete in Hangzhou in der heutigen Provinz Zhejiang ihre neue Hauptstadt. Kaifeng war zur Ruinenstätte geworden. Jüdische Händler und andere zugewanderte Einheimische führten dann die wieder aufgebaute Stadt bis zum Ende der Ming-Dynastie zu neuer Blüte. Im Kampf gegen die Mandschuren öffneten in der Mitte des 17. Jahrhunderts die Kaiserlichen die Dämme des Gelben Flusses, wobei 300 000 Menschen den Tod fanden. Im Laufe der Geschichte wurde Kaifeng jedoch siebenmal von verheerenden Überschwemmungen heimgesucht, sodass von den vielen einstigen Kulturschätzen nur wenig erhalten blieb. Das Wahrzeichen Kaifengs, die Eiserne Pagode mit ihrer 56 Meter hohen Spitze blieb beispielsweise erhalten, während das zugehörige Kloster den Überschwemmungen zum Opfer fiel. Den Namen erhielt das Bauwerk von seinen gelbbraun schimmernden Glasurziegeln.

Kaisergräber der Späteren Tang Am Ochsenkopfberg, 20 Kilometer südlich von Nanking, liegen zwei Kaisergräber der Späteren Tang-Dynastie (923–936) mit gut erhaltenen Reliefs und Wandbildern. Die Spätere Tang-Dynastie weist mit nur vier Kaisern eine ebenso kurze Dauer auf wie die vor der Gründung der Song-Dynastie existierenden »späten« Dynastien der Liang, Jin, Han und Zhou.

Kaiserin Lü Gemahlin Liu Bangs, der unter dem Namen Gaozu Begründer der Westlichen Han-Dynastie wurde und von 206–198 v. Chr. herrschte. Nach dem Tod des Kaisers übernahm seine Gemahlin, Kaiserin Lü, die Herrschaft und beseitigte alle in Frage kommenden Thronanwärter einschließlich des eigenen Sohnes.

Kaiserkanal Der Kaiserkanal, auch genannt Großer Kanal oder Peking-Hangzhou-Kanal, ist die längste von Menschen gebaute Wasserstraße mit einer Länge von 1794 Kilometern. Der Kanal führt von Süd nach Nord und verbindet fünf von West nach Ost fließende Flüsse, im Norden den Haihe mit dem Gelben Fluss, diesen dann mit dem Huaihe in der Ebene und mehr im südlichen Bereich dann den Jangtse mit dem Qiantang in Zhejiang. Die ersten Kanalarbeiten in der Provinz Jiangsu lassen sich bereits im 5. Jahrhundert v. Chr. nachweisen. Bereits damals ging es darum, aus den fruchtbaren Gebieten des Südens große Mengen von Reis in angemessener Zeit nach Norden befördern zu können. Das große Kanalprojekt, das alles in den Schatten stellen sollte, wurde jedoch erst im Jahre 605 unter dem Sui-Kaiser Yangdi begonnen, der einen Wasserweg schräg durch Ostchina bis zu seiner neuen Hauptstadt im Innern des Landes bauen und diesen dann auch noch nach Norden weiterführen ließ. Der Kanal sollte 35 Meter breit sein, sodass sich große Lastschiffe auf ihm mühelos begegnen konnten. Dreieinhalb Millionen Zwangsarbeiter, auch Frauen, wurden, zwischen 15 und 50 Jahre alt, für diese Fron ausgehoben. Dieser Sui-Kanal war weit länger als der heute noch bestehende Nord-Süd-Kanal, denn er beschrieb ein riesiges Dreieck, dessen Spitze die Hauptstadt Luoyang bildete. Der südliche Schenkel dieses Dreiecks lief nach Süden. Der Kanal kreuzte das Flusstal des Huai und endete an der Mündung des Jangtse. Damit konnten die Reismengen des Südens nach Nordwest zur Hauptstadt verschifft werden. Dieser südöstliche Streckenabschnitt wurde Tongji-Kanal genannt, er war mehr als 1000 Kilometer lang. Der zweite Dreiecksschenkel lief von Luoyang nach Norden bis in die Gegend des heutigen Peking, dieser ebenfalls über 1000 Kilometer lange Abschnitt war der Yongji-Kanal. Für die Versorgung der Truppen im Norden mit Lebensmitteln und Waffen war dieser Kanal von enormer Wichtigkeit. Der zusätzlich gebaute, 400 km lange Jiangnan-Kanal war eine Fortsetzung des Südabschnitts über den Jangtse hinweg bis zum heutigen Hangzhou. Mit diesen drei Abschnitten war der Sui-Kanal mehr als 2500 Kilometer lang, das größte Wasserbauprojekt der Menschheit. Der Preis war hoch. Zuletzt waren Millionen von Zwangsarbeitern im Einsatz. Man schätzt, dass sich von zehn Arbeitern drei oder vier buchstäblich zu Tode arbeiteten. Da der Kaiser gleichzeitig jedoch den Ausbau seiner Hauptstadt in Angriff nahm und dazu noch einen Feldzug gegen Korea startete, erschöpften diese gigantischen Vorhaben alle Reserven des Landes an Arbeitskräften und Hilfsmitteln, es kam zu Bauernaufständen mit rasch erstarkenden Armeen, die dann blutig niedergeschlagen wurden. Der nahe Untergang der Dynastie kündigte sich an. Als dann die Mongolen im 13. Jahrhundert Peking als Hauptstadt der von ihnen gegründeten Yuan-Dynastie bestimmten, wurde eine unmittelbar von Süd nach Nord verlaufende Arterie notwendig, die auch tatsächlich gebaut wurde und letztlich die heutige Wasserstraße darstellt. Obwohl im 19. und 20. Jahrhundert die Eisenbahn den schnellen Gütertransport übernommen hat, werden auf gut 800 Kilometern auch heute noch riesige Mengen von Massengütern auf dem Kanal befördert; die nicht befahrbaren Strecken sind entweder versandet, verschlammt oder für den Betrieb zu kostspielig für heutige Verhältnisse, da zahlreiche Schleusen gebaut werden müssten. In der Mongolenzeit wurde auch der Seetransport von Süd nach Nord erprobt und zu diesem Zweck sogar die Halbinsel Shandong durchschnitten, damit sich die Schiffe auf diesem Shandong-Kanal den Umweg um die lange, vorspringende Landmasse ersparen konnten. Jahrhundertelang fuhren die Reis-Konvois von Süden nach Norden. Die Verteidigung des Landes gegen die Steppenvölker wäre sicherlich ohne die Große Mauer oftmals nicht möglich gewesen, die Verpflegung jedoch der im Norden stationierten Heere wohl niemals ohne die Transportmöglichkeit auf dem Großen Kanal.

Kaiserpalast Der Kaiserpalast (Gugong) in Peking, genannt die Verbotene Stadt, war für fünf Jahrhunderte die Residenz der Herrscher zweier Dynastien. Die Ming-Kaiser bezogen den Palast 1420 nach seiner Fertigstellung, 1644 zogen die siegreichen Mandschuren in ihn ein, ohne nennenswerte Veränderungen vorzunehmen. Nach dem Ende der Qing-Dynastie durfte der gestürzte Kaiser mit dem gesamten Hofstaat von 1911–1925 noch in der Verbotenen Stadt wohnen, dann wurde der gesamte 72 Hektar große Komplex zum Palastmuseum erklärt. 1987 nahm die UNESCO das gesamte Areal in die Liste des Weltkulturerbes auf. Das Herz des Palastes sind die drei großen Hallen auf der Mittelachse: die »Halle der Höchsten Harmonie« (Taihe Dian), die »Halle der Vollkommenen Harmonie« (Zhonghe Dian) und die »Halle zur Erhaltung der Harmonie« (Baohe Dian). Insgesamt diente der Palast 24 Ming- und Qing-Kaisern in 491 Jahren als Residenz mit einem gewaltigen Hofstaat. Neben den vielen repräsentativen Bauten befanden sich die Wohngemächer des Kaisers und seiner Familie, der Harem und die Behausungen der Eunuchen im Palast, der von einer 10 Meter hohen Mauer und einem 52 Meter breiten Wallgraben umgeben war. Insgesamt befinden sich auf dem Gelände 9999 Räume. Die Zahl sollte die Ewigkeit der Herrschaft symbolisieren, aber auch anzeigen, dass zehntausend Räume eben nur dem Himmelskaiser selbst zustehen, dem »Himmelssohn auf dem Drachenthron« jedoch nur einer weniger. Die höchste Halle im Palast, die »Halle der Höchsten Harmonie« war zur Kaiserzeit das höchste Bauwerk in der Stadt Peking, kein Gebäude durfte die 37,44 Meter hohe Prachthalle überragen. Der Palast ist ein architektonisches »Paradies« und eine Schatzkammer von unschätzbarem Wert, obwohl einen Teil der Kostbarkeiten Chiang Kaishek bei seiner Flucht nach Taiwan mitgenommen hat, wo sie heute – bestens behütet – im dortigen Palastmuseum ruhen. Von den unzähligen Wundern dieses Palastes seien beispielhaft genannt die 200 Tonnen schwere und 16 Meter lange Marmorplatte, die aus einem einzigen Block gehauen und mit Drachenreliefs verziert ist, sie dient als Treppe hinter der »Halle zur Erhaltung der Harmonie«. Von besonderer Bedeutung waren auch die »Halle der Militärischen Tapferkeit« und der »Palast der Himmlischen Reinheit«. Die Besetzung und Plünderung Pekings 1860 durch französische und englische Truppen sowie die Einnahme des Palastes durch die alliierte Invasionsarmee während des Boxeraufstandes 1900 hat der Palast erfreulicherweise ebenso überstanden wie den Kampf um die Verteidigung Pekings beim Einmarsch der Japaner. Der Kaiserpalast stellt daher die bedeutendste Herrscherresidenz auf dieser Erde dar, die an Größe, Bedeutung und künstlerischer Vollendung von keiner anderen Anlage dieser Art übertroffen wird.

Kaisertitel Die Kaiser der verschiedenen chinesischen Dynastien trugen viele Titel. Grundsätzlich galt der Kaiser als Sohn des Himmlischen Herrschers (Shangdi) und galt als Himmelssohn (tianzi) auf dem Drachenthron. Da der Drache als göttlicher Ahne des Kaisers galt, trug der Kaiser die Drachenrobe und seine Thronbesteigung wurde »Drachenflug« genannt. Als höchster Repräsentant des Reiches der Mitte war er ein göttlicher Herrscher (huangdi) und in der Qing-Dynastie galt sogar Kaiser Qianlong als Inkarnation des Bodhisattva Manjushri (Wenshu pusa), was ihn neben dem Dalai-Lama und dem Pantschen Lama zu einem Oberhaupt des Lamaismus erhob und ihn in den Augen der Tibeter und Mongolen mit einer religiösen Aura umgab. Um 1760 erschien Kaiser Qianlong sogar im Zentrum einer lamaistischen Thangka. Jeder Kaiser erhält bei seiner Geburt einen Namen wie jedes seiner Geschwister, in den meisten Fällen ist noch nicht festgelegt, wer von den Söhnen den Thron einmal besteigen wird. Ist der Thron jedoch bestiegen, so darf dieser Name niemals mehr laut ausgesprochen werden. Der Kaiser wählt nun eine Glück bringende Devise, einen Namen gleichsam für seine Regierungsperiode, unter der er auch dann weithin bekannt wird. Diese Devisen (nianhao) sind für die Datierung von geschichtlichen Ereignissen sehr wichtig. Bis zur Ming-Dynastie allerdings wechselten die Kaiser während ihrer Regierungszeit oft mehrmals die Devise, erst danach gilt nur noch ein einziges nianhao für die ganze Dauer der Regierung eines Herrschers. Nach dem Tod des Kaisers wird ihm dann zur Verehrung im kaiserlichen Ahnenschrein ein Tempelname verliehen (miaohao) und sein Mausoleum trägt dann auch einen unverwechselbaren besonderen Namen. Beispiel: Der erste Kaiser der Qing-Dynastie wurde unter dem Namen Fulin geboren. Da er ein Angehöriger der siegreichen mandschurischen Herrschersippe Aisin Gioro war, erhielt er wie alle Qing-Herrscher diesen Beinamen (Aisin Gioro Fulin). Bei seiner Thronbesteigung wählte er als nianhao »Shunzi« (Umsichtige Regierung) und wurde nach seinem Tod mit dem Tempelnamen »Shizu« (Ehrwürdiger Erzeuger) ausgestattet und im Mausoleum Xiaoling begraben.

Kai-Yuan-Kloster Das Kai-Yuan-Kloster in der Stadt Quanzhou (Provinz Fujian), eine Gründung des Jahres 686, erlebte in der Tang-, Song und Yuan-Dynastie einen derart stürmischen Aufstieg als Großkloster von etwa 1000 Mönchen, sodass heute noch nach vielen Drangsalen die Anlage mit ihren auf drei Hektar verteilten Hallen ein Großkloster genannt werden kann, deren Zwillingspagoden mit 44 und 48 Meter Höhe als Wahrzeichen der Stadt gelten.

Kaiyuan-Periode Die Kaiyuan-Periode (713–741) in der Tang-Dynastie ist ein in der chinesischen Geschichte vielfach genannter Zeitabschnitt, da in dieser Zeit Kaiser Xuanzong (713–755) eine der vielseitigsten und kreativsten Kulturepochen zur Entfaltung bringen ließ und sich erlesenster Geschmack in allen Kunstrichtungen manifestierte. Gleichzeitig galten diese Jahre als Zeit vermehrter Klostergründungen.

Kalender Mit der Errichtung der Republik trat 1912 der gregorianische Kalender an die Stelle des bisher gültigen lunisolaren Kalenders, der in China für jedes Jahr vom Astronomischen Amt erstellt worden war. Dieses Amt hatte praktisch die Aufgabe, »das Unvereinbare miteinander zu vereinen«, d. h. das Mondjahr mit dem Sonnenjahr in Einklang zu bringen. Da der Umlauf des Mondes etwas mehr als 29,5 Tage beträgt und das Sonnenjahr etwas weniger als 365,3 Tage hat, standen die Astronomen auch in China vor der Quadratur des Kreises. Bereits in der Shang-Zeit, im 2. Jahrtausend v. Chr., teilte man ein Jahr in 12 Monate ein, aber einige mit 30, andere mit 29 Tagen und fügte dann und wann einen Schaltmonat ein. Da aber die durchschnittliche Länge von 12 Mondmonaten etwa 354 Tage beträgt, ist es etwa 11¾ Tage kürzer als das Sonnenjahr; man musste daher den Kalender immer wieder ändern. Innerhalb eines Zeitraumes von 2000 Jahren wurden nachweislich rund 100 verschiedene Kalender aufgestellt. Im 17. Jahrhundert griff man sogar auf die astronomischen Kenntnisse von Europäern zurück. So wurde der letzte traditionelle Kalender Chinas mit Hilfe des Kölner Jesuiten Johann Adam Schall von Bell berechnet und 1645 verkündet. Der gelehrte Ordensmann war damals am Kaiserhof als Astronom tätig – ebenso wie später Ignatius Kögler, der die Revision des Kalenders von 1645 veranlasste und seine Verkündigung nach seiner Ernennung zum Hofastronomen durchsetzte. Für die Historiographie des gesamten fernen Ostens wurde der traditionelle chinesische Kalender ebenfalls zur Grundlage ihrer Datierungen, denn er wurde von Korea, Vietnam und Japan übernommen. In Japan führte man ihn in der Tang-Zeit ein und machte ihn im Jahr 862 zum gültigen Gesetz, um ihn erst nach 800 Jahren zum ersten Mal zu revidieren. In China selbst hatte man den gleichen Kalender von 822–892, also nur 71 Jahre in Gebrauch und ersetzte ihn dann bereits durch einen neuen. Im offiziellen Dienstgebrauch wird von allen Chinesen heute der gregorianische Kalender sowohl auf dem Festland, auf Taiwan, in Singapur und in allen anderen Gebieten benutzt, aber der alte Kalender, auch Bauernkalender genannt, ist inoffiziell immer noch beliebt. Das wichtigste Fest des Jahres, das Neujahrsfest, wird nach wie vor nach dem lunisolaren Kalender gefeiert.

Kandschur und Tandschur Der Kandschur (»Die Übersetzung des Wortes«) ist jener Teil des tibetisch-buddhistischen Kanons, der nach der Überlieferung alle Reden enthält, die Buddha zugeschrieben werden. Der Tandschur (auch Tendschur) enthält dagegen die indischen Kommentare zu den Reden Buddhas, sein Titel lautet daher »Übersetzung der Kommentare«.

Kangxi Kangxi (1661–1722), der zweite Kaiser der Qing-Dynastie und zugleich der am längsten regierende Herrscher der gesamten chinesischen Geschichte – und einer der Erfolgreichesten zugleich. Kangxi wurde als dritter Sohn von Kaiser Shunzhi 1654 geboren, inthronisiert 1661, stand er bis zu seinem vierzehnten Lebensjahr unter Regentschaft, übernahm aber dann schon in diesem frühen Alter die volle Macht und Verantwortung, stets jedoch umgeben von fähigen Beratern. Bereits 1673 brach eine Revolte aus, angeführt von drei meuternden Generälen, die acht Jahre dauerte und erst nach vielen Kämpfen niedergeschlagen werden konnte. Kangxi beendete die bisherige Politik der Mandschus, die in den Chinesen lediglich ein unterworfenes Volk sehen wollten, er setzte eindeutig auf Versöhnung. Da er selbst von der chinesischen Kultur fasziniert war, förderte er die Künste im ganzen Lande und achtete sorgsam auf die Einhaltung der konfuzianischen Grundsätze. In weit ausgedehnten Inspektionsreisen verschaffte er sich einen Überblick über die Deicharbeiten und Bewasserungssysteme, reduzierte die Steuerbelastung für die Bauern und schuf so die Basis für große wirtschaftliche Fortschritte. An den Grenzen wehrte er durch mehrere militärische Expeditionen die Gefahren ab, die in Zentralasien durch das Erstarken mehrerer Steppenvölker erwuchsen und hielt das russische Zarenreich durch einen günstigen Handelsvertrag davon ab, in der Amur-Region weiter vorzudringen. In seiner persönlichen Lebensführung war er ein Vorbild an Mäßigung, Pflichterfüllung und Gewissenhaftigkeit. Der von ihm ursprünglich ausersehene Thronfolger schlug allerdings aus der Art, sodass nach seinem Tod nicht sein zweiter, sondern sein vierter (von den insgesamt 36) Sohn als Kaiser Yongzheng (1723–1735) den Thron bestieg. Kangxi wurde unter dem Tempelnamen Shengzu im Mausoleum Jingling im Ensemble der Östlichen Gräber bestattet.

Kang Youwei Der politische Berater Kang Youwei (1858–1927) war jener Politiker, der den 1875 auf den Thron gelangten Kaiser Guangxu überzeugte, dass nur eine radikale Modernisierung des Landes den Niedergang Chinas aufhalten könne. Vor allem mit dem Hinweis auf den Weg Japans ließ sich der Kaiser beeindrucken und brachte eine Reihe von Reformgesetzen auf den Weg. Die Mutter des Kaisers, allen Neuerungsbestrebungen abhold, inszenierte mit reformfeindlichen Beamten einen Staatsstreich, setzte den Kaiser gefangen, machte allen Reformen ein Ende und verfolgte die Neuerer. Kang Youwei konnte sich retten und überlebte den Sturz der Dynastie.

Kanton (siehe Guangzhou) Kanton (Guangzhou), Hauptstadt der Provinz Guangdong, ist mit über 5 Millionen Einwohnern nicht nur die größte Metropole Südchinas sondern auch das »Tor Chinas zur Welt« seit dem 8. Jh. n. Chr. und ist heute eine der bedeutendsten Handels- und Industriestädte des Landes überhaupt, von jeher Hafenstadt und seit 1956 auch Messestadt. Ursprünglich wohnten im Mündungsdelta des Perlflusses Thaistämme und Mon-Völker. 214 v. Chr. stießen dann Truppen der Qin-Dynastie in diese Gegend vor und errichteten dort eine Militärbasis. Mit dem Sturz dieser Dynastie konnte sich unter dem Namen Nanyue von 207 v.–181 n. Chr. ein eigener Staat etablieren, der dann aber endgültig in das Han-Imperium einbezogen wurde. Bereits in der Zeit der Östlichen Jin-Dynastie (317–420) konnte in Kanton das noch heute bestehende buddhistische Kloster Guangxiaosi gegründet werden, dem in den Jahren der Liang-Dynastie (502–557) das ebenfalls noch vorhandene »Kloster der Sechs Feigenbäume« folgen konnte. In der weltoffenen Tang-Dynastie schlug die große Stunde der Stadt, denn ausländische Handelsschiffe konnten in großer Zahl nun die Hafenstadt anlaufen. Eine im Jahr 627 gegründete Moschee zeugt heute noch von jenen ersten Kontakten mit den Ländern am Indischen Ozean, am Persergolf und Arabien, denn ein Orakel Mohammeds selbst soll diese Moschee gegründet haben; ihr imposantes, 37 Meter hohes, jedoch aus späterer Zeit stammendes Minarett ist weithin in der Stadt sichtbar. 714 wurde Kanton ganz offiziell für den Handel mit den Regionen Indien, Indonesien, Philippinen und Japan geöffnet. Viele Ausländer gründeten Handelsniederlassungen in der Stadt, denen eigene Stadtviertel als Wohngebiete zugewiesen wurden. Diese multikulturelle Atmosphäre brachte jedoch auch schwerwiegende Probleme mit sich. Als sich im 9. Jahrhundert die wirtschaftliche Situation im Lande verschlechterte, gab man den Ausländern die Schuld, von denen beim Aufstand des Huang Chao in Kanton dann Zehntausende niedergemetzelt wurden. Von diesen Rückschlägen erholte sich die Stadt jedoch bereits wieder in der Song-Dynastie und der Handel nahm erneut einen großen Aufschwung. 1514 landeten die ersten Europäer in Kanton, zuerst die Portugiesen, dann folgten in rascher Folge die Spanier, Holländer, Engländer und Franzosen. Der erste folgenschwere Zusammenstoß des Reiches der Mitte mit einem europäischen Staat erfolgte 1839 in Kanton, als auf Weisung des Kaisers das von den Engländern ins Land gebrachte Opium verboten und viele Ballen davon konfisziert und verbrannt wurden. Der dann von China verlorene 1. Opiumkrieg (1840–1842) war der Auftakt zu den konfliktreichen Beziehungen zwischen China und Großbritannien sowie anderen europäischen Staaten. Auch in Kanton mussten ganze Stadtteile als Konzessionsgebiete an England abgetreten werden. Nicht ohne Grund wurde dann der Taiping-Aufstand von einem Kantonesen angeführt, der zwischen 1850–1864 in einen fürchterlichen Bürgerkrieg ausartete. Der Revolutionsführer Hong Xiuquan hatte seine utopisch-puritanischen Ideen in einer christlichen Missionsschule in Kanton entwickelt. Dr. Sun Yat-sen, der große Revolutionär und erste Präsident der Republik (1912) entfachte seinen ersten, damals fehlgeschlagenen Aufstand ebenfalls in Kanton. Nach dem Sieg der Republik im Süden des Landes errichtete die Guomindang-Regierung in Kanton die berühmte Militärakademie Huangpu, an der sowohl Chiang Kai-shek als auch Zhou Enlai an verantwortlicher Stelle tätig waren. Von Kanton aus flohen dann die letzten noch verbliebenen Guomindang-Truppen mit Chiang Kai-shek auf die Insel Taiwan. Nach 1949 setzte eine starke Industrialisierung der Stadt ein, Kanton wurde alsbald Messestadt, in der sich die Aufkäufer aus aller Welt über die gesamte Warenproduktion Chinas ein genaues Bild machen können. Mit der Einbeziehung Hongkongs und Macaus sowie dem Aufbau der Sonderwirtschaftszone Shenzen in der Nachbarschaft sind Kanton neue Herausforderungen und Chancen zugleich erwachsen.

Kaogongji Titel einer anonymen Schrift über 30 Abteilungen des Handwerks im alten China. Das umfangreiche Werk aus der Zeit der Streitenden Reiche (481–221 v. Chr.) beschreibt alle Handwerkstechniken, die für den Staat von Belang waren wie Waffenherstellung, Hausbau, Festungsbau, Kanalbau, aber auch die Herstellung von allerlei Geräten, von Musikinstrumenten, Bronzegefäßen und Jadearbeiten. In dieser Ausführlichkeit ist die Schrift die älteste Darstellung über eine große Anzahl von handwerklichen Bearbeitungsarten in der Welt überhaupt.

Kaohsiung Die zweitgrößte Stadt Taiwans, Kaohsiung, zählt 1,4 Millionen Einwohner, hat Provinzstatus und verfügt über einen weit ausgedehnten Seehafen und einen internationalen Flughafen. Der Aufstieg der Stadt ist mit dem taiwanischen »Wirtschaftswunder«

zwischen 1955–1985 eng verbunden. Kulturell hat die Stadt ebenfalls vieles zu bieten. Der Drei Phoenixe-Tempel und die Heilige Halle der Kriegs- und Literaturgottheit sind Prachtbauten. Einer der größten Buddhisten-Tempel auf Taiwan überhaupt ist jedoch der Fokuang-Shan-Tempel nördlich von Kaohsiung mit 400 Mönchen und Nonnen, der das wichtigste Zentrum für buddhistische Studien auf Taiwan darstellt.

Karakorum Die heutige Ruinenstadt Karakorum in der Mongolei, am oberen Orchon gelegen, war ursprünglich nur der bevorzugte Lagerplatz Dschingis Khans gewesen, den er dann 1235 zur Hauptstadt des Mongolenreiches erhob. Da sich von dieser recht weit im Norden gelegenen Stelle aus das sich ständig vergrößernde Reich bald nicht mehr regieren ließ, errichtete man Khanate, d. h. riesige Militär- und Verwaltungsgebiete im Westen, denen ein Khan vorstand, meist einer der Söhne, Enkel oder engsten Verwandten des »Weltenherrschers«. Zwischen Wolga und Irtysch lag das Khanat der Goldenen Horde, in Persien das Il-Khanat, in der zentralen Steppe das Chagatai-Khanat – und nach der Eroberung Chinas wurde das Große Khanat durch den Enkel Dschingis Khans, Khubilai, von Karakorum nach Peking verlegt. Der Großkhan sollte nach dem Willen des Begründers eine Suprematie über das mongolische Reich ausüben, konnte dies aber bald nicht mehr durchsetzen, da sich die Khanate recht früh schon verselbständigten.

Karmapa Karmapa ist der Ehrentitel eines inkarnierten Lamas des Kagyu-Ordens in Tibet. Diese Inkarnationslinie ist im Kloster Tsurpu bei Lhasa beheimatet. Gründer von Tsurpu war Dusum Khyenp, der Erste Karmapa (1110–1193). Der 17. Karmapa lebt heute in Indien.

Kasachen Den fast sieben Millionen Kasachen in der seit 1991 selbständigen Republik Kasachstan stehen in China rund eine Million Kasachen als nationale Minderheit gegenüber. Die meisten von ihnen leben im »Kasachischen Autonomen Bezirk Ili« in Sinkiang, ein kleiner Teil von ihnen auch in den Provinzen Qinghai und Gansu. Die kasachische Sprache gehört zu den Turksprachen der altaischen Sprachfamilie, ihre Schrift, ursprünglich auf den arabischen Buchstaben basierend, wird seit 1949 aus lateinischen Buchstaben gebildet. Während der Kriege zwischen den Nachfolgestaaten der Goldenen Horde schlossen sich im 15. Jahrhundert mehrere turksprachige Hirtenstämme mit mongolischem Einschlag zu einer losen Föderation zusammen, die sich in wechselnder Abhängigkeit von China, den Mongolen und später auch den Russen befand. Ursprünglich waren die Kasachen reine Hirtennomaden mit Pferden, Kamelen, Schafen und Kühen, in jüngster Zeit wurden sie mehr und mehr sesshaft und betreiben Ackerbau. Die Kasachen sind Mohammedaner, hängen in abgelegenen Gebieten jedoch noch Resten des Schamanismus und des Feuerkults an. Die sehr krassen Unterschiede von einst zwischen den kasachischen Aristokraten und den land- und besitzlosen Hirten sowie die Diskriminierung der Frauen auf Grund islamischer Gesetze sind seit Durchsetzung der chinesischen Nationalitätenpolitik weitgehend verschwunden.

Kashgar Kashgar (Kaxgar, Kashi), die Oasenstadt am äußersten Südwestrand der Todeswüste Takla Makan in der Provinz Sinkiang, findet ihre Lebensgrundlage in der Landwirtschaft, die durch die Wasser des Kashgar-Flusses ermöglicht wird, der die Schmelzwasser des nahen Pamir bis in diese Gegend leitet. Hauptsächlich von muslimischen Uiguren bewohnt, ist Kashgar heute der größte Marktplatz der Welt, der jeden Sonntag von über 50 000 Bauern und Händlern besucht wird. Bekannt ist die Stadt seit alters durch ihre Teppiche und hervorragende Handwerkskunst, als Handels- und Stapelplatz auch für die Karawanen, die von hier über den Pamir und Karakorum nach Indien und nach Westturkestan zogen. Bereits in der Han-Dynastie stießen chinesische Truppen in dieses Gebiet vor und errichteten Militärstützpunkte, die sie mit Bauern-Soldaten besetzten. Die Stadt trug damals den Namen Shule. Nicht immer konnten jedoch die Chinesen ihre Herrschaft über die Stadt und ihr Umland behaupten, das bis zum 10. Jahrhundert buddhistisch geprägt war und dann restlos zum Islam bekehrt wurde. Die turkstämmigen Uiguren gewannen zeitweilig auch politisch die Oberhand und wechselten sich mit Mongolen und Tibetern in der Herrschaft über dieses strategisch so wichtige Gebiet ab. In der Qing-Dynastie konnte Kaiser Qianlong nach langen Kämpfen wieder die chinesische Flagge über der Stadt aufpflanzen. Zwischen dem Sturz der Mandschuren-Dynastie und dem Einmarsch der chinesischen Kommunisten geriet Kashgar unter russischen Einfluss. Die beiden wichtigsten Bauten in Kaschgar sind die Id-Kah-Moschee und das Grabmal des Abakh Hoja, die relativ gut die Zeiten der Kulturrevolution überstanden haben bzw. inzwischen renoviert worden sind. Die Id-Kah-Moschee stammt aus dem Jahr 1442 und fasst 8000 Gläubige, das Mausoleum des Abakh Hoja birgt den Sarkophag dieses politischen und religiösen Führers der Uiguren in diesem Gebiet, der von 1678–1693 herrschte und für Kashgar weitgehende Selbständigkeit erreichte. Das imposante Grabmal ist ein hervorragendes Beispiel islamischer Architektur auf chinesischem Gebiet, während die Moschee das größte muslimische Bauwerk Chinas überhaupt darstellt.

Katholizismus Eine Verbindung zwischen China und der katholischen Kirche in Rom kam kurioserweise erst im 13. Jahrhundert dadurch zustande, dass Dschingis Khan und Khubilai Khan persönlich durch Boten vom Papst die Entsendung von Priestern erbaten, um das Christentum näher kennen lernen zu können. Im Jahre 1246 erreichte dann der Franziskanermönch Johannes von Pisano Carpini den Hof der Mongolen in den Steppen Asiens, gefolgt von Wilhelm von Rubruck, einem Dominikaner, der 1253 beim Mongolenkhan eintraf. Die erste Kirche in Peking wurde bereits 1294 dann von einem weiteren Franziskaner, Johannes von Monte Corvino (1246–1328) erbaut, der im Jahr 1308 als erster Erzbischof der katholischen Kirche in China amtierte und bereits weit über 6000 gläubige chinesische Christen betreute. Eine Generation später wurde neben Peking ein weiterer Bischofssitz in Quanzhou errichtet. In dieser Zeit jedoch neigte sich die mongolische Herrschaft in China bereits ihrem Ende zu, chinesische Aufstandsbewegungen gegen die Fremdherrschaft griffen um sich, und 1326 wurde der Bischof von Quanzhou ermordet, da die Christen als Gefolgsleute der Mongolen galten. Nach dem Sieg der Ming-Dynastie wurde auch der Erzbischof aus Peking vertrieben, er hatte sich nur mit Mühe bis 1369 überhaupt halten können. Die Isolationspolitik der Ming ließ über 200 Jahre keine katholische Mission zu. Die Lage änderte sich erst, als 1581 der italienische Jesuit Matteo Ricci (1552–1610) China über Macau erreichte und in Peking sogar kaiserliche Gunst genoss. Mit seinen Mitbrüdern jedoch war er weniger als Missionar willkommen als vielmehr seiner wissenschaftlichen Kenntnisse wegen geschätzt. Ähnlich erging es seinem Nachfolger am Kaiserhof Adam Schall von Bell aus Köln, der ähnlich wie Ricci fließend Chinesisch sprach und sich ganz den chinesischen Gepflogenheiten anpasste. Die Jesuiten waren bereit, den katholischen Ritus weitgehend dem chinesischen Kult anzupassen, stießen dabei aber auf die Vorbehalte des Vatikan. In dem nun entstehenden Streit um Verfahrensfragen unterlagen die Jesuiten und hatten ihre Aktivitäten weitgehend einzustellen. Die Jesuiten hatten in der ersten Hälfte des 17. Jahrhunderts immerhin rund 150 000 Chinesen taufen können, sodass ansehnliche Christengemeinden entstanden waren. Als die Qing-Truppen Peking besetzten, gewann Schall auch die Gunst des mandschurischen Herrschers, sodass 1685 bereits der erste chinesische Erzbischof, Luo Wenzao (1617–1691) in Peking konsekriert werden konnte. Das Wohlwollen der chinesischen Behörden gegenüber der katholischen Missionsarbeit stützte sich auch auf die Wertschätzung, die der ebenfalls nach Peking entsandte Jesuit Ferdinand Verbiest bei Kaiser Kangxi genoss. Der Respekt, der den Jesuiten am Kaiserhof entgegengebracht wurde, beruhte jedoch in keiner Weise auf religiösen Überzeugungen sondern einzig und allein auf deren Verbreitung europäischen Wissens in der Hauptstadt; man schätzte sie als Astronomen, Mathematiker, Kanonengießer und Fachkräfte für die Glasproduktion. Da nun auch Franziskaner und Dominikaner nach China gekommen waren, entflammte der Ritenstreit mit den Jesuiten in den Jahren 1693–1705 aufs Neue. Der Vatikan nahm gegen die Jesuiten Stellung, die im Konfuzianismus viele positive Aspekte sahen und sich an chinesische Bräuche anpassten. Dies fassten die Chinesen als Beleidigung ihres Staatskultes auf und entzogen den katholischen Missionaren ihre offizielle Förderung. Russisch-orthodoxe Popen erhielten auf Grund der Bestimmungen des Vertrages von Nertchinsk die Erlaubnis zur Missionierung – und auch die Jesuiten konnten am Hofe als Wissenschaftler arbeiten, jedoch größere Bekehrungserfolge blieben ihnen versagt. In der zweiten Hälfte des 19. Jahrhunderts kehrten dann im Kielwasser der China abgetrotzten Verträge zur Errichtung von Konzessionsgebieten die christlichen Konfessionen in großer Zahl nach China zurück, auch die Katholiken, diesmal jedoch landesweit. Schulen, Krankenhäuser, Waisenhäuser, Hochschulen und Institute wurden gegründet, Bischöfe und Erzbischöfe ernannt und die Ausbildung einheimischer Priester intensiviert. Dieser Aufschwung wurde in den Jahren 1900–1901 durch den Boxeraufstand zwar brutal unterbrochen, jedoch nicht gestoppt. Bereits nach wenigen Jahren erstarkten die katholischen Gemeinden neu und überstanden ohne Mühen den Sturz des Kaiserreiches. Die Zeit von 1911–1949 war eine Blütezeit des Katholizismus in China, die dann jäh mit der Ausrufung der VR China beendet wurde. Da der Papst in Rom für die KP Chinas als fremdes Staatsoberhaupt gilt, mussten die Katholiken sich von Rom lossagen und sich 1957 in der »Vaterländischen Vereinigung chinesischer Katholiken« registrieren lassen. Innerhalb dieser katholisch-chinesischen Staatskirche wurden 1958 insgesamt 92 chinesische Priester zu Bischöfen geweiht. In der Zeit der Kulturrevolution war jegliche Religionsausübung verboten, viele Gläubige wurden verfolgt, zahlreiche Priester und Mönche getötet. Dies betraf jede Religion in China, nicht nur die Christen. Erst 1979 kam die Befreiung, für die Katholiken jedoch mit einer fühlbaren Einschränkung. Die in der Verfassung nunmehr verankerte Religionsfreiheit besagt, dass jeglicher Einfluss aus dem Ausland zu unterbleiben hat und dem Vatikan kein Weisungsrecht gegenüber der katholischen Kirche zugestanden wird. Wer sich von den chinesischen Katholiken den Prinzipien der Drei-Selbst-Bewegung unterwirft (Selbstverwaltung – Selbstunterhaltung – Selbstverbreitung), kann seinem Glauben seither relativ ungestört nachgehen. In den auf diese Weise anerkannten katholischen Bistümern sind rund 12 Millionen Gläubige registriert, während die Schätzung der nicht anerkannten, »romtreuen« Katholiken in den verbotenen Hausgemeinden sich auf etwa 28 Millionen belaufen soll. Die Priester der vom Staat anerkannten katholischen Gemeinden beachten jedoch ebenfalls das Zölibat und werden in mehreren Seminaren in einem fünfjährigen Studiengang auf ihr Amt vorbereitet. Hauptausbildungsstätte ist das Sheshan-Seminar in Shanghai. Die bisherigen Bemühungen des Vatikan zu einer Beilegung des Konflikts blieben bislang ergebnislos. Die katholische Fu-Jen-Universität in Peking wurde 1933 von amerikanischen Benediktinern gegründet und vom Vatikan etwas später der deutsch-niederländischen Missionsgesellschaft SVD (Steyler Missionare) übertragen. Bis 1949 entwickelte sich die Fu-Jen zu einer blühenden Universität mit 2500 Studenten, an derem Collegium Sinicum auch einheimische Priester für ganz China ausgebildet wurden. Nach der Ausrufung der VR China mussten alle ausländischen Missionare zwischen 1949–1953 das Land verlassen, viele erst nach langjähriger Kerkerhaft. 1963 wurde mit dem Bau der neuen Fu-Jen-Universität in Taipeh auf Taiwan begonnen; sie hatte 20 Jahre später bereits wieder die Bedeutung ihrer Vorgängerin in Wissenschaft und Forschung erreicht.

Keelung Keelung ist die wichtigste Hafenstadt Nordtaiwans, gelegen an der Küste zwischen Ostchinesischem Meer und Pazifischem Ozean. Die etwa 30 Kilometer nordöstlich von Taipeh gelegene Stadt hat 370 000 Einwohner und blickt auf eine bewegte Geschichte zurück. 1626 besetzten die Spanier den Hafenort und nannten ihn Santissima Trinidad, dann folgten die Niederländer, die dann von dem Ming-General Cheng Cheng-Kung, genannt Koxinga, 1661 vertrieben wurden. 1867 wurde die Stadt durch ein verheerendes Erdbeben zerstört. Frankreich besetzte dann mit Marinesoldaten den für die Schifffahrt in Fernost so wichtigen Ort im Jahr 1884, aber nach dem Sieg Japans über China 1895 annektierte Japan die ganze Insel Taiwan und ein japanisches Kontingent rückte in Keelung ein und blieb – bis zur Kapitulation Japans 1945.

Kham Die östlichste Provinz von Tibet, die heute teilweise in die westchinesischen Provinzen Sichuan und Yunnan eingegliedert wurde.

Khitan Die Khitan (auch Khitai) waren ein Nomadenstamm aus dem Liao-Tal der Südmandschurei, die 928 bis ans Bohai-Meer vorstießen und um 938 bereits 16 Präfekturen im Umkreis des heutigen Peking besetzen konnten. Hier errichteten sie das Liao-Reich und drangen bis in die Innere Mongolei vor, schließlich bis zum Tienshan. 1004 wurde die Nördliche Song-Dynastie gezwungen, einen für China ungünstigen Friedensvertrag mit den Khitan abzuschließen, da diese bis in die Gebiete am Unterlauf des Gelben Flusses vorgedrungen waren. Um 1100 reichte das Liao-Reich von Nordwest-Korea über die Mandschurei, Nordchina und über das Ordos-Gebiet bis in die Ostmongolei. Die Khitan unterhielten diplomatische Verbindungen sowohl mit Japan als auch mit dem Abbasiden-Reich in Bagdad, sodass der Name ihres Stammes, etwas verballhornt dann zur Bezeichnung Chinas überhaupt bei den Persern und Westtürken wurde (Kitai) und bei den Slaven noch heute so heißt (Kathai). Zu Beginn des 12. Jahrhunderts brach ein anderer tungusischer Stamm aus dem Nordosten der Mandschurei nach Süden auf und machte den Khitan in ihrem Liao-Reich die Macht streitig: die Jin, auch genannt Jurchen, Dschurdschen oder Ruzhen-Tataren. 1125 schloss die Nördliche Song-Dynastie mit den Jin einen Bündnisvertrag und vernichtete gemeinsam mit ihnen das Liao-Reich. Dies war jedoch ein entscheidender Fehler, wie sich herausstellte, denn die Jin wandten sich nunmehr gegen die Chinesen, marschierten nach Süden, nahmen die Hauptstadt Kaifeng ein und führten die Kaiserfamilie mit vielen Gefolgsleuten in die Gefangenschaft. Die Nördliche Song-Dynastie (960–1126) war zu Ende. Ein Kaisersohn, der hatte fliehen können, errichtete dann in Hangzhou die Südliche Song-Dynastie (1127–1279), die nunmehr das Jin-Reich als gefährlichsten Nachbarn hatte.

Kiachta-Vertrag Der 1727 in Kiachata geschlossene Vertrag zwischen den beiden Kaiserreichen China und Russland leitete bereits die Ära der Einflussnahme des Zarenreiches in Fernost ein, denn es wurde in diesem Dokument vertraglich festgelegt, dass den Russen in Peking eine Kirche zugesprochen wird und dass in der chinesischen Hauptstadt eine Gesandtschaft errichtet und eine Handelsniederlassung etabliert werden darf.

Kiautschou (Jiaozhou) Das ehemalige deutsche Pachtgebiet in China, Kiautschou (Jiaozhou) an der Küste der Halbinsel Shandong erhielt seinen Namen nach der Kiautschou-Bucht (Jiaozhou Wan), die dieses zu großen Teilen einschloss. Das Gebiet war 515 qkm groß, hatte 1914 schon 200 000 Einwohner und umfasste neben der eigentlichen Bucht mit ihrem seeschifftiefen Wasser vor allem die Halbinsel Tsingtau (Qingdao) mit der gleichnamigen Stadt und die ihr im Süden gegenüberliegende Halbinsel Haisi. Die Stadt Kiautschou (Jiaozhou, heute Jiao Xia) gehörte nicht dazu. Das Schutzgebiet war 1898 auf 99 Jahre durch das Deutsche Reich von China gepachtet worden, musste 1914 vor den Japanern kapitulieren und wurde 1922 an China zurückgegeben.

Kirgisen Die Kirgisen sind seit 1991 in drei Staaten sesshaft. Der Hauptteil von ihnen lebt in der Republik Kirgisistan (2,5 Millionen), ein kleiner Teil in Tadschikistan (60 000) und 120 000 als nationale Minderheit in der VR China, wo sie hauptsächlich als Viehzüchter im Südwesten von Sinkiang und in einigen Kreisen in Nord-Sinkiang zu finden sind. Die Kirgisen stammen aus dem Gebiet des oberen Jenissej, standen lange unter der Herrschaft der Hunnen, kämpften gegen die Uiguren, wurden dann von den Mongolen aus ihren Siedlungsgebieten vertrieben und wanderten südwärts zu ihren gegenwärtigen Wohnsitzen. Die Sprache der Kirgisen gehört zu den Turksprachen der altaischen Sprachfamilie, ihre Religion ist der sunnitische Islam, den sie erst im 18. Jahrhundert annahmen, während sie vorher Anhänger des Schamanismus und Lamaismus gewesen waren. Die Kirgisen waren jahrhundertelang Hirtennomaden und Jäger, die sesshaft gewordenen Familien betreiben inzwischen Ackerbau. Mit dem berühmten Epos Manas, das 200 000 Verse umfasst, haben die Kirgisen eines der umfangreichsten Werke der Weltliteratur aufzuweisen.

Kizil-Grotten Die Kizil-Grotten in der Autonomen Region der Uiguren Xinjiang liegen 30 Kilometer von Kumtura an einem Steilufer oberhalb des Mujatflusses im Kreis Beicheng, 64 Kilometer von der Kreisstadt gleichen Namens entfernt. Nicht zu verwechseln damit sind die Tausend-Buddha-Höhlen von Kizilgahar und die Tausend-Buddha-Höhlen von Kumtura, die alle in der weiteren Umgebung von Kuqa zu finden sind. Von den einstmals 236 geschaffenen Grotten sind 135 relativ intakt erhalten, sie sind alle von frommen Mönchen zwischen dem 4. und 14. Jahrhundert in einem tausendjährigen Zeitraum geschaffen worden. Die Wandgemälde, die in Kizil erhalten sind, bedecken eine Fläche von 10 000 Quadratmetern. Dargestellt ist vornehmlich das Leben Buddhas, dann die Bodhisattvas, Schutzgottheiten, aber auch Szenen aus dem Alltagsleben kommen vor. Die Hauptmasse der kunsthistorisch äußerst wertvollen und farbenprächtigen Malereien fiel dem Zahn der Zeit und dem mohammedanischen Bildersturm zum Opfer.

Kloster des Grünen Drachen Das Kloster des Grünen Drachen in Xian liegt in der südlichen Vorstadt und ist als wichtiges buddhistisches Zentrum vor allem auch in Japan bekannt, denn in diesem Kloster studierten während der Tang-Dynastie einige der wichtigsten japanischen Mönche wie Kukai, Enko, Ennen, Keen, Ensin und Sokaku, deren Schriften in Fernostasien weithin bis heute bekannt sind. Das Kloster des Grünen Drachen wurde 582 n. Chr. in der Zeit von Kaiser Wendi in der Sui-Dynastie erbaut und war zuerst unter dem Namen Linggan-Kloster bekannt, erhielt aber dann den heutigen Namen in der Ära des Kaisers Ruizong in der Tang-Dynastie. Das Kloster, einst ein Hort buddhistischer Gelehrsamkeit, hat die Zeiten glimpflich überdauert und zieht heute wieder viele Gläubige an.

Königreich Bohai In der heutigen Provinz Heilongjiang existierte von 698–925 das Königreich Bohai als Vasallenstaat der Tang-Dynastie bis zur Eroberung durch die Khitan. Die Bevölkerung dieses Staates bestand hauptsächlich aus Angehörigen des Mohe-Volkes und aus Flüchtlingen aus Korea. Die Hauptstadt war Shangjing (später Longquanfu) in der Nähe der heutigen Stadt Mudanjiang. Die Metropole Shangjing war ein getreues Abbild der Reichshauptstadt Changan, nur in sehr viel kleinerem Maßstab. Die Außenmauern dieser Stadt hatten zehn Tore und fünf breite und schnurgerade verlaufende Straßen, die von Querstraßen durchschnitten wurden, sodass – wie in Changan – quadratische Wohnviertel entstanden. Der Königspalast folgte – in kleinerem Maßstab – ebenfalls dem Vorbild in der Hauptstadt Changan. Bei Ausgrabungen wurden Steinskulpturen und Waffen aus der Zeit des Bohai-Reiches gefunden, das immerhin 127 Jahre existiert hatte.

Königreich Dali In der heutigen Provinz Yunnan bestand von 937–1253 das Königreich Dali, das vom Volk der Duan gegründet wurde und praktisch das 35 Jahre vorher auf dem gleichen Territorium untergegangene Königreich Nanzhao (650–902) weiterführte. Die Hauptstadt war Dali und die Hauptmasse seiner Untertanen gehörte dem Volk der Bai an. Erst die mongolische Invasion setzte dann der Herrschaft von Dali 1253 ein Ende. Bereits zur Zeit der Nanzhao-Herrschaft hatte der Buddhismus in diesem Gebiet Eingang gefunden und vermischte sich mit angestammten schamanistischen Elementen, sodass im Zeitalter der Königsherrschaft von Dali das Land der Lehre des Erleuchteten folgte.

Koguro Mit dem koreanischen Königreich Koguro kam China in der Zeit der Sui-Dynastie in schwere Konflikte. Koguro lag im nördlichen Teil der koreanischen Halbinsel und erstreckte sich bis ins westliche Gebiet der Mandschurei. Von da aus stellte Koguro eine stete Gefahr für China insofern dar, als die Koreaner separatistische Strömungen der dort lebenden, von China unterworfenen »Barbaren« oftmals förderten. Im Jahr 589 griff daher Kaiser Wendi Koguro an, mit wenig Erfolg. Kaiser Yangdi unternahm ebenfalls drei Feldzüge (611–612, 613 und 614), die letztlich verlustreich endeten. Die Koreaner hatten ihre Städte bestens befestigt, die Chinesen dagegen konnten ihre lange Nachschublinie nicht entsprechend bedienen, zumal sie nur von April bis zum Einsetzen des frühen Sommerregens überhaupt sich in Feindesland bewegen konnten. Alle weiteren militärischen Pläne gegen Koguro scheiterten dann ab 614 ohnehin an den Bürgerkriegswirren in China selbst.

Koguryo-Gräber Im Südosten der Provinz Jilin liegt unmittelbar an der Grenze zu Nordkorea die Stadt Jian, in deren Umgebung sich ein gewaltiges Gräberfeld aus der Zeit des einst mächtigen Koguryo-Reiches (37 v.–668 n. Chr.) von Korea befindet. Mehrere tausend Grabhügel türmen sich über den schlichten Kammern mit den sterblichen Überresten frühkoreanischer Adliger. Die Koguryo-Dynastie dehnte damals ihre Macht über weite Teile der Mandschurei aus, ihre zweite Hauptstadt (nach Pyongyang) lag damals bei Jian. Freigelegt sind bisher nur wenige Gräber, darunter das Generals-Grab, eine aufgeschichtete Pyramide aus Quadersteinen, deren Grabkammern mit Wandbildern versehen sind.

Kommunistische Partei Chinas Die Kommunistische Partei Chinas (KPCh) wurde 1921 von 13 Delegierten in Shanghai gegründet, zu denen auch der junge Mao Zedong gehörte. Diese Delegierten vertraten damals nur 50 in ganz China verstreute Mitglieder. In den Jahren 1923–1927 arbeitete sie organisatorisch eng mit der Guomindang von Dr. Sun Yat-sen und Chiang Kai-shek zusammen. Diese Zusammenarbeit wurde jedoch 1927 von Chiang Kai-shek beendet und ging in eine blutige Verfolgung der Kommunisten durch die Guomindang über. In den Bergwelten Südchinas errichteten daraufhin Mao und seine Genossen revolutionäre Zellen, von denen aus sie unter der Landbevölkerung eine sehr erfolgreiche Propaganda betrieben. Ihr Versprechen, im Falle ihres Sieges das Land der Großgrundbesitzer an die landlosen Bauern aufzuteilen, kam vor allem den großen Massen der kleinen Pachtbauern mit ihren hohen Abgaben entgegen. Die Angriffe der Guomindang auch auf diese Basen zwang die Kommunisten dann zur Flucht nach Norden. Auf dem berühmten Langen Marsch 1934/35 von Jiangsi nach Shaanxi (12 000 km) festigte Mao Zedong seine Führerschaft innerhalb der KPCh. Obwohl von den rund 100 000 Mann nur etwa ein Zehntel das Zielgebiet erreichte, konnte die Partei sich dort reorganisieren und nach dem Überfall Japans auf China 1937 eine erneute Zusammenarbeit mit der Guomindang in einem militärischen Zweckbündnis erreichen. Nach dem Sieg über Japan 1945 kam es jedoch zu erneuten Auseinandersetzungen zwischen Chiang Kai-sheks Nationalarmee und der Roten Armee, die in einen zweijährigen Bürgerkrieg 1947–1949 mündeten. Die Flucht Chiang Kai-sheks und seiner Anhänger 1949 nach Taiwan machte den Weg für Mao Zedong frei, der am 1. 10. 1949 in Peking die Volksrepublik China ausrief. Zwischen 1950 und 1960 arbeitete die KPCh mit der KPdSU der Sowjetunion zusammen und China erhielt von Moskau in diesen Jahren auch eine beachtliche Aufbauhilfe, jedoch zeigten sich bald Risse und Differenzen innerhalb der ideologischen Zielsetzungen. Mao Zedong setzte nicht wie die KPdSU auf die Arbeiter als tragende Säule der Revolution sondern auf die Bauern und wollte in einem gewaltigen »Sprung nach vorn« (1954) durch die ständige Mobilisierung der Massen die gesamte Gesellschaft umformen und in wenigen Jahren den »neuen Menschen« schaffen. Das Scheitern dieser Experimente in China bestärkte Moskau in seiner Ablehnung der maoistischen Kampagnen und beendete dann abrupt die Zusammenarbeit. Die ökonomischen Fehlentscheidungen Maos führten 1958 zum Rücktritt Maos vom Amt des Staatspräsidenten, jedoch behielt er den Vorsitz der KPCh. Von dieser Plattform aus entfachte er 1966 die »Große Proletarische Kulturrevolution«, mit der er nochmals die revolutionäre Wende in seinem Sinne durchsetzen wollte. Die bürgerkriegsähnlichen Zustände, die sich aus dieser Massenkampagne entwickelten, führten dann 1970 zu ersten Kurskorrekturen, aber erst der Tod Maos 1976 beendete diese chaotische revolutionäre Phase endgültig. Mit der Verhaftung der Viererbande, der Rückkehr der gemäßigten Reformer an die

Macht, begann 1978 eine Neuorientierung, die zu einer Politik der Öffnung, der Liberalisierung auf vielen Gebieten der Wirtschaft und zu einer ersten Kritik an Maos ideologischer Linie führte. Im 3. Plenum des 11. ZK der KPCh wurde diese pragmatische Linie unter Deng Xiaoping dann durchgesetzt. Auf dem 12. Parteitag der KPCh wird jede Form des Personenkults verboten und es werden erneute Korrekturen an der linken Linie der Partei angebracht. Der führende Funktionär der KPCh war bis zu seinem Tod 1997 Deng Xiaoping, der jedoch aus Furcht vor dem Machtverlust der KPCh am 4. Juni 1989 auf dem Platz des Himmlischen Friedens in Peking die Niederschlagung der Studentendemonstrationen befahl. Außenpolitisch erreichten Deng Xiaoping und seine Nachfolger jedoch bald wieder eine weitgehende Normalisierung und eine verstärkte Investitionstätigkeit ausländischer Firmen in China. Die friedliche Rückkehr Hong-Kongs und Macaus zum Mutterland und den Beitritt Chinas zur WTO konnte die KPCh in der Zeit um die Jahrtausendwende als weiteren Erfolg für sich verbuchen. In der organisatorischen Struktur der Partei hat sich seit Bestehen nicht viel verändert, lediglich dass seit dem 12. Parteitag 1982 das Amt des Parteivorsitzenden abgeschafft wurde und nunmehr die Partei vom Generalsekretär allein geführt wird.

Konfuzianismus Der Konfuzianismus ist im Westen oftmals fälschlicherweise als eine Religion angesehen worden, wohl aus dem Grunde, weil dem Gründer dieser Lehre später Tempel gebaut wurden, in denen er verehrt, jedoch nie angebetet wurde. Konfuzius selbst hat sich zu genuin religiösen Fragen auch nie geäußert, seine Lehre ist rein philosophisch-politisch und ist als Moral- und Sittenlehre sowie als Staatsethik anzusehen. Kern- und Mittelpunkt der konfuzianischen Doktrin ist die Selbstkultivierung und die Selbstvervollkommnung. Protagonist dieser Lehre ist der »Edle«, der durch seine vorbildhafte Haltung echte Menschlichkeit verkörpert. Konfuzius, der latinisierte Name von Kong Qiu (551–479 v. Chr.), stammte aus dem Staate Lu in der heutigen Provinz Shandong, war lange Jahre Wanderlehrer, zeitweilig Berater eines Fürsten, gründete in seiner Heimatstadt Qufu eine Philosophenschule, starb dortselbst und wurde dort auch begraben. Die Lehre des großen Meisters ist ausschließlich durch die Niederschriften seiner Schüler überliefert und hat im Laufe der Jahrhunderte die unterschiedlichsten Interpretationen erfahren. In den ersten Jahrhunderten nach dem Tode des Konfuzius konkurrierte seine Lehre mit zahlreichen anderen philosophischen Schulrichtungen, später auch mit dem Daoismus und Buddhismus, wurde sogar im Reiche des Ersten Kaisers verfolgt, aber unter Kaiser Wu (reg. 140–86 v. Chr.) zur Staatsphilosophie erhoben. Der Eintritt in eine Beamtenlaufbahn war fortan nur dann möglich, wenn der Prüfungskandidat die Grundlehren des Konfuzianismus beherrschte und möglichst wortgetreu mündlich und schriftlich wiederzugeben imstande war. Das »Literaturbeamtentum« wurde bei dieser Ausbildung auf die Tugenden dieser Lehre intensiv eingeschworen: Fleiß, Ordnungsliebe, Sparsamkeit, Disziplin, Treue, Gerechtigkeit, Schicklichkeit, Loyalität, Pietät und kulturelle Bildung. Mit kurzen Unterbrechungen durch Kriege, Wirren und Invasionen hat sich der Konfuzianismus über zwei Jahrtausende hinweg in China behaupten können und strahlte vor allem auf Japan und Korea aus, sodass die wirtschaftlichen Erfolge dieser Länder in der Moderne immer wieder auf die Verinnerlichung konfuzianischer Prinzipien zurückgeführt werden. Im Gegensatz zu dieser positiven Bewertung steht die leidige Tatsache, dass das Kaisertum mit seinem gesamten Herrschaftsapparat den Konfuzianismus sehr gut zur Stabilisierung des eigenen Regimes zu nutzen wusste. Die von Meister Kong geforderte Fürsorgepflicht des Herrschers schlug oft in reines Despotentum um, die Neigung zu tradierten Werten wurde als Hemmschuh gegen fortschrittliche Neuerungen missbraucht, die Vorrangstellung des Mannes wurde als Recht zur Diskriminierung der Frau ausgelegt und die Mahnung zur Sparsamkeit wurde als Begründung für höhere Steuern herangezogen. So nimmt es nicht wunder, dass dieser deformierte Konfuzianismus sowohl von den liberalen Reformern nach 1911 als auch von den Kommunisten unter Mao heftig bekämpft wurde. Wer allerdings die schlichten Worte des großen Weisen über das Zusammenleben der Menschen selbst studiert, wird in diesen Lehr- und Merksätzen nichts entdecken können, was nach einer Begründung von Willkür oder Fortschrittshemmnis aussehen könnte.

Eine Neubewertung des Konfuzianismus hat daher nach dem Tode Maos auch in der VR China längst eingesetzt und der »Lehrer der 10 000 Generationen« nimmt wieder einen ehrenvollen Platz in der Geistesgeschichte Chinas ein.

Konzessionen und Niederlassungen In den Verträgen, die das Kaiserreich China nach dem Ersten und Zweiten Opiumkrieg mit England und dann auch mit anderen europäischen Mächten, Japan und den USA abschließen musste, war die Überlassung von Konzessionen und Niederlassungen vornehmlich in Küstenstädten Ostchinas erzwungen worden. Bei den Konzessionen handelte es sich um bestimmte Gebiete oder Stadtteile, in denen ausschließlich Angehörige ausländischer Mächte wohnen durften und Chinesen kein Residenzrecht besaßen. Eine Niederlassung dagegen hatte zwar auch eine eigene Verwaltung, Polizei und Gerichtsbarkeit, aber in ihr besaßen auch Chinesen Wohnrechte. So zahlte beispielsweise die englische Niederlassung in Shanghai 1933 auf einer Fläche von 22 Quadratkilometern etwa 28 000 ausländische und über eine Million chinesische Bewohner.

Korea Das im Nordosten an die Provinzen Liaoning und Jilin angrenzende Korea hat weit mehr als andere Nachbarländer in der Geschichte chinesische Kulturelemente übernommen und blieb bis ins 20. Jahrhundert hinein im Wesentlichen von China geprägt. Diese Verbindungen verhinderten jedoch nicht, dass zwischen den beiden Staaten große Konflikte entstanden, zumal die Koreaner in ihrer historischen Mythologie stets auf eine Eigenstaatlichkeit seit dem Jahre 2333 v. Chr. pochten. Erst in der Han-Dynastie wurde Korea von chinesischen Truppen erobert, ging aber schon 300 n. Chr. wieder verloren. Da sich in Korea jedoch drei rivalisierende Staaten gebildet hatten, verbündete sich die Tang-Dynastie dreihundert Jahre später mit dem koreanischen Teil-Reich Silla, führte mit chinesischen Truppen die Wiedervereinigung Koreas unter Sillas Herrschaft herbei und gewann dadurch Korea als Tributstaat. Der aus China gekommene Buddhismus, vielerlei Formen der Kunst, die Architektur, das konfuzianische Wertesystem und die chinesische Schrift (für die Gebildeten) prägten das Land nun jahrhundertelang nachhaltig. Noch vor der Eroberung Chinas eroberten die Mandschuren 1636 Korea und hielten es dann ihrerseits in einem Vasallenverhältnis. 1712 wurden die heute noch bestehenden Grenzen festgelegt. 1871 begann dann die Auseinandersetzung zwischen Japan und China, diplomatisch und militärisch, die 1910 mit der Annexion Koreas durch Japan beendet wurde. Bis 1945 blieb das Land von Japan besetzt. Die Teilung von Korea nach dem Zweiten Weltkrieg führte zur Teilung des Landes in eine sowjetische Besatzungszone im Norden und eine amerikanische im Süden. Aus dem sowjetisch besetzten Teil entstand die kommunistisch gelenkte Demokratische Volksrepublik Korea, aus dem amerikanischen Besatzungsgebiet die westlich orientierte Republik Korea (Süd-Korea). Der Angriff des Nordens auf den Süden wurde von der UNO verurteilt und führte zum Korea-Krieg 1950–1953, der mit der erneuten Teilung des Landes am 38. Breitengrad endete. Mao Zedong entsandte zur Unterstützung der kommunistischen Verbände eine starke Freiwilligenarmee, die große Verluste hinnehmen musste. Seitdem hat China seine enge Verbindung zu Nord-Korea zwar beibehalten, die Beziehungen zu Süd-Korea jedoch weitgehend normalisiert. Die wegen der Hungersnot in Nord-Korea nach China strömenden Flüchtlinge bilden jedoch an den Provinzgrenzen von Liaoning und Jilin für Peking seit Jahren ein ernsthaftes Problem.

Koreaner Seit dem Ende des 17. Jahrhunderts lebt eine beachtliche nationale Minderheit in Nordostchina, die Koreaner, die als Flüchtlinge im Reich der Mitte Zuflucht suchten. In mehreren Einwanderungswellen kamen auf Grund wirtschaftlicher Schwierigkeiten in ihrer Heimat im 19. Jahrhundert und wegen der brutalen Besatzungspolitik der Japaner im 20. Jahrhundert viele Koreaner in die Mandschurei, wo sie heute hauptsächlich in der Provinz Jilin, aber auch in Heilongjiang und in Liaoning leben und insgesamt etwa 2 Millionen Angehörige zählen. In diesen Gebieten betreiben sie vornehmlich den Anbau von Wasserreis und Tabak, arbeiten in der Forstwirtschaft und betreiben ausgedehnte Apfelplantagen. Die Koreaner brachten ihre eigene Sprache und Schrift mit nach China, geben ihre eigenen Zeitungen heraus, haben eigene Verlage und Rundfunksender und genießen eine vollkommen eigene kulturelle Selbständigkeit. Da in allen Schulen gleichzeitig Chinesisch unterrichtet wird, sind inzwischen zahlreiche Koreaner auch überregional als Wissenschaftler, Forscher und Techniker tätig. In zwei Gebieten der Provinz Jilin sind für die Koreaner eigene Verwaltungseinheiten errichtet worden, der Koreanische Autonome Bezirk Yanbian mit der

Stadt Yanji und der Koreanische Autonome Kreis Changbai mit der Stadt Changbai selbst. In beiden Regionen leben die Koreaner mit Mandschuren, Hui, Mongolen und Han in gutnachbarschaftlichen Verhältnissen. Seit Jahren werden allerdings neue Flüchtlinge aus Nordkorea wegen der relativen Überbevölkerung am Grenzübertritt gewaltsam gehindert bzw. zurückgeschickt.

KPCh Die Kommunistische Partei Chinas, gegründet am 1. Juli 1921 in Shanghai mit Hilfe der Komintern (Kommunistische Internationale), blickt auf eine stürmische Entwicklung zurück. Seit dem Gründungskongress dieser Partei bis zu ihrem 16. Parteitag im November 2002 hat sich die Zielrichtung der chinesischen Kommunisten so grundlegend gewandelt, dass von den ursprünglichen egalitären Forderungen nur noch Fetzen übrig blieben. »Ein reicher Kommunist ist ein guter Kommunist«, lautet die Parole im Jahre 2002. Die Partei fordert nunmehr Selbständige und Unternehmer auf, als Mitglied einzutreten. Hatte die KPCh 1921 nur 57 Gründungsmitglieder, so war sie 1928 auf 40 000 angewachsen, zählte 1956 zehn Millionen, 1982 vierzig Millionen und 2002 gar 66,3 Millionen Mitglieder. Von 1922 bis 1927 hatte die KPCh auf Weisung Moskaus zuerst eine »Einheitsfront« mit der Guomindang gebildet, die jedoch Chiang Kai-shek aus Furcht vor Unterwanderung abrupt abbrach und zerstörte. Von der Komintern machte sich die KPCh schon 1935 auf der Zunyi-Konferenz während des Langen Marsches frei. Die Bedrohung durch Japan zwang dann die Guomindang zu einer erneuten Zusammenarbeit mit der KPCh, die jedoch brüchig war und trotz aller amerikanischer Vermittlerversuche nach dem Zweiten Weltkrieg bald zerbrach. Bereits am 1. Oktober 1949 konnte die KPCh ihren Sieg durch die Ausrufung der Volksrepublik China durch Mao Zedong triumphal feiern. Die vielen Irrungen und Wirrungen, die seit dieser Zeit die Partei durchlaufen hat, gelten heute als Mahn- und Warnzeichen, die vor erneuten Fehlentwicklungen schützen können, denn der ungeheure Wirtschaftsaufschwung seit 1978 hat China über zwei Jahrzehnte des Wohlstands beschert, wie er bisher in China noch nie zu verzeichnen war.

Kubilai Khan Kubilai Khan, Enkel des Dschingis Khan, Sohn des Tolai und einer nestorianischen Christin, war Großkhan der Mongolen, zugleich Kaiser von China und

Gründer der Yüan-Dynastie. Geboten 1215, in dem Jahr, in dem sein Großvater Peking eroberte, wurde er auf Anweisung seiner klugen Mutter Sorghagtani Beki im Lesen und Schreiben ebenso unterrichtet wie in den militärischen Disziplinen. Alle Zeitgenossen rühmten diese intelligente Frau, die ihrem Sohn riet, in allen religiösen Fragen tolerant zu sein und die erlesene Kultur der Chinesen zu achten und zu erhalten. Im Jahr 1234 hatten die Mongolen zwar die Kontrolle über ganz Nordchina errungen, aber der Süden stand nach wie vor unter dem Schutz der Südlichen Song-Kaiser. Kubilais Bruder Möngke Khan, dem die Herrschaft über China zugefallen war, starb im Jahre 1259 und Kubilai wurde Großkhan der Mongolen und zugleich Herr über China. Bereits 1253 hatte er einen bedeutenden Sieg über die Song-Truppen feiern können, nun ging er daran, den gesamten Süden seinem Herrschaftsbereich einzuverleiben – und im Jahre 1279 war der letzte Widerstand der Song erloschen. Kubilai verlegte die Hauptstadt seines Reiches aus der Steppe nun nach Dadu (heutiges Peking) und begann mit dem großzügigen Aufbau seiner Residenz. Von Beginn an betrieb Kubilai Khan eine Politik der Versöhnung gegenüber den chinesischen Untertanen, stieß damit aber auf den Widerstand des mongolischen Adels und der rauen Steppenkrieger. Die Kluft zwischen Eroberern und Besiegten blieb, durch besondere Gesetze wurde sogar einer Sinisierung der Boden entzogen, sodass am Ende der Yüan-Dynastie letztlich die Unvereinbarkeit der beiden Völker auch zur endgültigen Vertreibung der Mongolen führte. Kubilai Khan selbst jedoch kam den Chinesen weitgehend entgegen. Durch den regen Warenaustausch im Mongolenreich blühte die chinesische Wirtschaft auf, der Große Kanal wurde von zweieinhalb Millionen Arbeitern nunmehr von Hangzhou bis nach Peking geführt, die Religionen hatten Freiheit, und der Buddhismus, speziell der Lamaismus, wurden von Kubilai Khan sogar entscheidend gefördert. Das Problem jedoch waren die Bauern, die sehr schwere Steuerlasten zu tragen hatten, denen man Land wegnehmen und die man zu Fronarbeit verpflichten konnte. Und so nimmt es nicht wunder, dass 1368 die Yüan-Dynastie durch eine Bauernerhebung gestürzt wurde. In der Zeit nach 1280 versuchte Kubilai Khan mit großen Truppenverbänden und einer starken Flotte auch Vietnam, Java und sogar Japan in seinen Herrschaftsbereich einzubeziehen. Diese Unternehmungen scheiterten allesamt, während ein Feldzug nach Burma erfolgreich war. In den letzten Jahren seines Lebens wurde Kubilai Khan krank; von Rheuma geplagt, ließ er sich in einer von vier Elefanten getragenen Sänfte befördern. Depressionen suchten ihn heim und keiner der aus vielen Teilen Asiens herangerufenen Ärzte konnte ihn heilen. 1294 starb der Weltenherrscher, wurde aber nicht in Peking begraben, sondern in der heimatlichen Mongolei in einem unbekannten Grab bestattet. Ein tibetischer Lama hatte Kubilai Khan einst als Inkarnation des Manjusri ausgerufen, des Bodhisattva der Weisheit. Wenn diese Apotheose auch als recht vordergründiger politischer Schachzug angesehen werden kann, eine der bemerkenswertesten Figuren der Weltgeschichte war Kubilai Khan alle Mal.

Kulturrevolution Die große Proletarische Kulturrevolution (1966–1976) war ein Exzess einer Partei gegen das eigene Volk, vor allem gegen eigene Parteimitglieder. Die Kampagne dieser zehn Jahre unterscheidet sich grundlegend von den Flügelkämpfen und Säuberungsaktionen, die man in anderen kommunistischen Parteien zu Genüge kennt, durch die Tatsache, dass Kinder und Jugendliche vom Parteichef (Mao) selbst zum Sturm auf die Kulturgüter dieses Landes angetrieben und gegen missliebige Rivalen eingesetzt wurden. Man schätzt die Zahl der Getöteten bei diesem revolutionären Geschehen auf 10 bis 20 Millionen. Nach dem gescheiterten »Großen Sprung nach vorn« war Mao stark in die innerparteiliche Kritik geraten und hatte das Amt des Staatspräsidenten abgegeben, den Posten des Parteivorsitzenden aber behalten. Die Wirtschaft war nach den verfehlten Kampagnen desolat, die Motivation der Massen durch die erzwungene Kollektivierung gesunken und kein Ziel, das hochtrabend verkündet worden war, erreicht worden. Die Reformer um Deng Xiaoping wollten einen vorsichtigen Kurswechsel einleiten. Da riefen Mao Zedong und die Mao-Fraktion in der KPCh eine Kampagne ins Leben, die alle überlieferten Denkweisen endgültig über Bord werfen und nur noch die Mao-Zedong-Ideen in den Köpfen festsetzen sollten. Ziel war letztlich die Ausschaltung der Reformer und Opponenten, die nicht die Idee der permanenten Revolution Maos übernehmen wollten. Intellektuelle, Lehrer, Wissenschaftler, Manager, Beamte und viele hohe Parteifunktionäre wurden an den Pranger gestellt und angegriffen. Schüler und Studenten bekamen rund vier Jahre schulfrei, um diese »Große Proletarische Kulturrevolution« in die letzten Winkel Chinas zu tragen. Die leicht verführbaren Massen der Jugendlichen zerstörten Schulen, Bibliotheken, Tempel, Klöster, Einrichtungen von Höherverdienenden, ermordeten Schulleiter, Lehrer, Betriebsleiter und viele Parteigenossen, die als Abweichler und feudalistische Elemente gebrandmarkt wurden. Man quälte Tausende von unschuldigen Menschen zu Tode, angefeuert durch Mao, seine Frau und vor allem jene Gruppe, die später als »Viererbande« bekannt wurde. In einer zweiten Phase deportierte man Millionen von Stadtbewohnern aufs Land, wo sie von den Bauern lernen sollten, das Feld zu bestellen. Erst als sich dann die ökonomische Kehrseite dieses Exzesses zu zeigen begann und Maos Politik sich selbst ad absurdum führte, wurden die Schulen und Universitäten wieder geöffnet. Die Roten Garden lösten sich allmählich auf oder wurden durch den Einsatz der Armee sogar an weiteren Untaten gehindert. Am schlimmsten wüteten die jungen Revolutionäre in Tibet, wo sie fast alle Kulturgüter dieses uralten Himalayalandes zerstörten. Das eigentliche Ende kam für diese verbrecherische Aktion jedoch erst mit Maos Tod 1976 und der Verhaftung der Viererbande. Die verfolgten Reformer kehrten aus der Verbannung oder aus den Gefängnissen zurück und leiteten die Neuorientierung der Politik 1978 dann auf breiter Front ein.

Kumbum-Kloster Das Kumbum-Kloster (Taer-Si) ist eines der bedeutendsten tibetischen Klöster der Gelbmützensekte, ja eines der wichtigsten Klöster des Lamaismus in China überhaupt. Gegründet in der Mitte des 16. Jahrhunderts, entwickelte sich Kumbum zu einer Klosterstadt, die in ihrer Blütezeit über 4000 Mönche zählte. Der große Reformator Tsongkhapa soll hier geboren sein. Das Kloster liegt etwa 20 Kilometer südwestlich von Xining auf dem Lotoshügel und breitet sich mit seinen vielen Gebäuden auf einem Areal von über 14 Hektar aus. Von weitem grüßen schon ein 14 Meter hoher Stupa und der Golddachtempel, die starke chinesische Stilelemente aufweisen, während die Große Sutrahalle sich ganz im tibetischen Stil präsentiert. Da Kumbum für die Verbreitung und Festigung des Buddhismus in der Provinz Qinhai äußerst wichtig war, residierten der Dalai-Lama und der Pantschen-Lama des öfteren in diesem Großkloster. Nach den stürmischen Jahren der Kulturrevolution begann sich Kumbum seit 1978 wieder zu erholen und zählt heute über 500 Mönche.

Kumtura Die Tausend-Buddha-Höhlen von Kumtura, 30 Kilometer südwestlich von Kuqa in der Provinz Sinkiang, sind in die senkrecht abstürzenden Hänge am Fluss Mujat gegraben und stellen neben Kizil und Dunhuang die wohl ergiebigsten Höhlentempel dar, die einst entlang der alten Seidenstraße geschaffen wurden. Kumtura ist heute eine der wichtigsten Forschungsstätten der chinesischen Archäologie am Nordrand des Tarim-Beckens.

Kunlun In der chinesischen Volksreligion und in der altchinesischen Sagenwelt ist oftmals die Rede von dem Gebirge Kunlun (= Kuenlun) im fernen Westen, wo die »Königinmutter des Westens« ihren Palast habe, in dessen Gärten die Pfirsiche der Unsterblichkeit zu finden seien und wo auch der legendäre Urkaiser Huangdi seine Residenz habe. Ob dieses mythische Kunlun-Gebirge mit dem tatsächlich existierenden Kunlun-Gebirge an der Grenze zwischen Tibet und Ostturkestan identisch ist, wird bezweifelt, vielmehr könnte der Qiliangshan ursprünglich damit gemeint gewesen sein. Als man dann später große Jadevorkommen im Kunlun entdeckte und die Quelle des Gelben Flusses dort vermutete, könnte der Name auf diese Bergkette übertragen worden sein.

Kunming Kunming, die 1,5 Millionen Einwohner zählende Hauptstadt der Provinz Yunnan, liegt auf knapp 2000 Metern Höhe in einem fruchtbaren Hochland, das von drei Seiten von Bergen umgeben ist. Die Stadt lag einst an der Südlichen Seidenstraße, jenem alten Handelsweg, der bis nach Indien und Burma führte. Das Gebiet ist seit alters von vielen nichtchinesischen Völkerschaften besiedelt, in der Gegenwart leben in und um Kunming 24 nationale Minderheiten. Zwischen dem 4. und dem 1. Jahrhundert v. Chr. blühte in diesem Gebiet bereits das Königreich Dian, das mit seiner hoch entwickelten Bronzetechnik jedoch mehr nach Vietnam als nach China ausgerichtet war. In der Han-Zeit wurden große Teile von Yunnan zwar nominell dem chinesischen Reich angegliedert, konnten sich jedoch kulturell eine weitgehende Autonomie bewahren. Während der Tang-Zeit konnte sich sogar das von China unabhängige Reich Nanzhao behaupten, in dessen Ära auch die Gründung von Kunming fällt. In der Zeit der Song-Dynastie wurde in Yunnan dann das Reich Dali gegründet, das bis zur Mongolenzeit bestand. Die Yuan-Dynastie war durchaus bestrebt, in der Zeit nach den Eroberungsjahren ein einträgliches Verhältnis mit den dort lebenden Völkerschaften zu begründen. Und nur so ist es zu verstehen, dass einer der schönsten noch heute existierenden Tempel aus der Mongolenzeit stammt. Es ist dies das am Yuantong-Berg gelegene Yuan Tong-Kloster, das als herausragende Besonderheit einen Teich in seiner Mitte hat. In diesem Tempel vollzogen in all denn folgenden Jahrhunderten Buddhisten und Taoisten in friedlicher Koexistenz ihre rituellen Handlungen. In das Blickfeld der Weltöffentlichkeit trat Kunming erst 1910, als die Franzosen noch während der Qing-Dynastie eine Eisenbahnlinie von Hanoi bis in die Metropole von Yunnan verlegten. Im Zweiten Weltkrieg war Kunming dann Endstation der Burmastraße, über die von den Alliierten Kriegsmaterial an die Guomindang geliefert wurde. Die durch Dschungelgebiete von Lashio in Burma nach Kunming führende Nachschublinie (1942–1945) wurde dann durch eine Luftbrücke abgelöst. Als Hauptstadt der Provinz Yunnan ist Kunming seit 1949 rasant gewachsen und gilt trotz fortschreitender Industrialisierung immer noch als die große Gartenstadt Chinas.

Kuqa Kuqa (Kuche, Guizi), die 350 000 Einwohner zählende Oasenstadt am Nordrand der Wüste Takla Makan, war von jeher der wichtigste Handelsplatz zwischen Turfan und Kashgar. Ursprünglich war Kuqa die Hauptstadt des selbständigen indoskythischen Königreichs Guizi, dann errichtete die Han-Dynastie ihren ersten Militärstützpunkt an dieser strategisch so wichtigen Stelle. Chinesische Militärgouverneure standen als »Schutzherrn« den örtlichen Vasallenkönigen zur Seite. Früh schon konnte der Buddhismus in dieser zentralasiatischen Region Fuß fassen, sodass in der ersten Hälfte des 7. Jahrhunderts in Kuqa bereits 100 Tempel mit etwa 5000 Mönchen zu finden waren, wie der berühmte Mönch Xuantang in seinem Reisebericht mitteilte. In den Hunderten von Grottentempeln in der Umgebung der Stadt finden sich zahlreiche

Buddhastatuen und Wandmalereien, die den direkten Einfluss der Stilrichtungen von Dunhuang klar erkennen lassen. Von dem einstigen Großkloster Subashi, das in der Tang-Zeit blühte, sind nur noch trostlose Ruinen zu sehen, und die Tausend Buddha-Höhlen von Kizilgahar wurden einst von muslimischen Bilderstürmern schwer beschädigt. Am besten erhalten sind die Höhlentempel von Kumtura, 30 Kilometer südwestlich von Kuqa. Wendet man sich von Kumtura wiederum 30 Kilometer nach Nordwesten, stößt man auf die Höhlen von Kizil, die an einem Steilufer oberhalb des Mujat-Flusses im Kreis Baicheng angelegt wurden. Vom 3.–8. Jahrhundert n. Chr. haben kunstsinnige Mönche auf einer Hangbreite von rund 3 Kilometern einst 236 Höhlen angelegt, von denen mehr als die Hälfte relativ gut erhalten sind.

Kuschan-Reich Das Großreich der Kuschan, das seinen Höhepunkt unter König Kanischka (232–260 n. Chr.) erreichte, hatte mit seinem östlichen Grenznachbarn China mehrfach Kämpfe unterschiedlichen Ausgangs ausgetragen, war jedoch durch die chinesischen militärischen Erfolge so geschwächt, dass 50 Jahre nach König Kanischka I. der Niedergang des Reiches Kuschan einsetzte. Das Großreich mit der Hauptstadt Puruschapura (Peschawar) umfasste in seiner Glanzzeit große Teile Zentralasiens, Persiens, Afghanistans, Nordindiens, Baktriens und Ostturkestans. Die Kuschan sind die Nachkommen der in chinesischen Quellen »Yuezhi« genannten Nomadenstämme, die wohl ursprünglich in der Westmongolei ansässig waren.

L

Lahu-Nationalität Die nationale Minderheit der Lahu gehört mit rund 310 000 Angehörigen zu den kleineren nichtchinesischen Volksgruppen in der VR China und lebt in verschiedenen Kreisen der Provinz Yunnan in der subtropischen Zone. Die Lahu-Sprache gehört zum Yi-Sprachzweig der tibeto-birmanischen Sprachgruppe der sinotibetischen Sprachfamilie. Vor dem Zweiten Weltkrieg hatten westliche Missionare für die Lahu eine Schrift auf der Grundlage des lateinischen Alphabets geschaffen, die dann nach 1957 reformiert wurde und heute in Gebrauch ist. Die Lahu waren lange Jahrhunderte eine in Stämmen organisierte Jägergesellschaft, die sich im 18. Jahrhundert dann dem Ackerbau zuwandten und seither vor allem Reis, Mais, Tee, Tabak und Sisal anbauen. Ursprünglich waren die Lahu Anhänger einer Vielgötterlehre, zu Beginn der Qing-Dynastie wurde dann auch der Mahayana-Buddhismus von einigen Lahu-Stämmen angenommen. Die ursprünglich betriebene Brandrodung wurde inzwischen aufgegeben und eine Reihe von Bergwerken, Zuckerraffinerien und Zementfabriken sind in den Lahu-Gebieten aufgebaut worden.

Lamaistische Sekten Die im Laufe der Ausbreitung des indischen Buddhismus in Tibet auftretenden Schulrichtungen, auch Sekten genannt, haben mehrfach politische Macht erlangt, auch große Konflikte untereinander ausgetragen oder sich mit ausländischen Mächten (Mongolen und Chinesen) verbündet. Als 1073 das Kloster Sakya gegründet wurde, gelang es beispielsweise den Mönchen dieses Klosters von den Mongolen die Repräsentation Tibets im Auftrag des mongolischen Reiches übertragen zu bekommen. Der wichtigste Vertreter der Sekte Sakyapa weilte seit 1251 sogar überwiegend am Hofe des Großkhans Khubilai Khan, sodass vom Kloster Sakya aus Tibet damals verwaltet wurde. Die Gelugpa-Sekte allerdings konnte sich dann als Gelbmützen-Schule in der Ming- und Qing-Dynastie ähnliche Vorteile sichern und von Lhasa aus schließlich die Beherrschung Tibets antreten. Im Wechselspiel politischer Geschehnisse gelang es jedoch auch zeitweilig anderen Sekten weltliche Macht zu erringen, so 1349 einem Zweig der Kagyupa-Sekte. Andere Schulrichtungen, die sich in der Interpretation der Lehre Buddhas oft sehr unterscheiden, sind die Nyingmapa, auch genannt Rotmützen-Schule, und die Zhijepa-Sekte. Streng zölibatär leben die Mönche der Kadampa-Schule, während bei den Nyingmapa-Mönchen durchaus auch die Weitergabe ihrer Lehrtraditionen in leiblicher Erbfolge konstatiert werden kann. Diese Schulrichtung ist ferner für ihre große Vielfalt von Untergruppierungen bekannt geworden.

Landwirtschaft Von der gesamten Fläche Chinas sind nur 12 Prozent landwirtschaftlich nutzbar, weil Wüsten, Steppen, Sümpfe und vor allem Berglandschaften und Hochplateaus jeglichen Anbau unmöglich machen. Von dem nutzbaren Land ist wiederum nur die Hälfte intensiv bebaubar (Tiefebenen, Becken, Flusstäler und Küstenebenen), die andere Hälfte kann nur extensiv als Weideland genutzt werden (Schafe, Ziegen, Kamele, Yaks, Pferde, jedoch kaum Rinder). Nach wie vor leben jedoch 80 Prozent aller Menschen auf dem Lande, von denen etwa drei Viertel in der Landwirtschaft selbst, während die anderen in ländlichen Betrieben und im Dienstleistungssektor tätig sind. In der gesamten chinesischen Geschichte war das Bild ähnlich, nur mit dem Unterschied, dass der Prozentsatz der auf dem Lande arbeitenden Menschen noch höher lag und erst mit der Verstädterung und zunehmenden Arbeitsteilung stetig abnahm. Die in China häufig anzutreffenden Naturkatastrophen (Überschwemmungen, Dürre, Heuschreckenplage und Erdbeben) sowie die oft äußerst drückenden Abgaben brachten es bei der fehlenden Absicherung mit sich, dass immer wieder Hungerrevolten und Bauernaufstände den Staat erschütterten und sogar mehrere Dynastien unmittelbar stürzten. Die steuerliche Belastung der auf dem Lande tätigen Menschen war in den verschiedenen Herrschaftsperioden sehr unterschiedlich. Erhoben wurden Naturalsteuern (Reis, Getreide, Seide), Geldabgaben und Auflagen in Form von Frondiensten. Man kannte Kopfsteuern nach der Anzahl der in einer Großfamilie lebenden Angehörigen und Bodensteuern nach der Größe der zur Verfügung stehenden Flächen. Die Verteilung der landwirtschaftlich bebauten Flächen war jedoch vielfach das Hauptproblem, der Unterschied zwischen Großgrundbesitzern, Pächtern und landlosen bäuerlichen Hilfsarbeitern (Knechten und Mägden) so gravierend, dass immer wieder Agrarreformen durchgeführt werden mussten. Eine generelle Reform war jedoch für das ganze Land äußerst schwierig, da die Bodenbeschaffenheit und Ertragsfähigkeit oft schon in einer Provinz so beträchtlich schwankte, dass eine einheitliche Besteuerung praktisch unmöglich war. Dazu kam die Ausbeutung durch korrupte Beamte und privilegierte Adelsfamilien. Bei der Übernahme der Macht durch die Kommunisten 1949 wurde auch sogleich eine Agrarreform beschlossen und zwischen 1950–1954 mit äußerster Brutalität durchgesetzt. 47 Millionen Hektar Land wurden an 300 Millionen landlose oder landarme Bauern verteilt und die ursprünglichen Besitzer meist hingerichtet. Die Hektargröße allein entschied oftmals über das Todesurteil. Kurz darauf verkündete die KPCh (am 1. 10. 1953) den Übergang zum Sozialismus und schuf die sog. Volkskommune, fasste die privaten Nutzflächen wieder in agrarische Großeinheiten zusammen und zwang die Bauern in ein landwirtschaftliches Kollektivsystem, das privaten Initiativen keinen Raum mehr ließ. Diese Form der landwirtschaftlichen Planwirtschaft nach sowjetischem Muster führte automatisch zu Monokulturen und stetig sinkenden Erträgen bei abnehmender Arbeitsmoral. Die Planungsbürokratie in den Volkskommunen ging jedoch noch weit über das in den sowjetischen Kolchosen gewohnte Maß hinaus. Dazu kamen Naturkatastrophen und veraltete Agrartechniken. In den fünfziger Jahren wüteten Hungersnöte in China in großem Ausmaß und in den sechziger Jahren verschlimmerte die sog. Kulturrevolution die Lage auch auf dem Lande noch zusätzlich. Erst die Öffnungspolitik Deng Xiaopings 1978/79 brachte die Wende. Die Volkskommunen wurden aufgelöst und fast das gesamte landwirtschaftlich nutzbare Land an die Bauern verpachtet. In mehrjährigen Pachtverträgen wurden für die Bauern durchaus erträgliche Abgabenlasten mit flexiblen Klauseln fixiert, sodass überschüssige Erträge auf den freien Märkten angeboten werden konnten. Arbeitszeiten, Arbeitsmethoden, die Arten der Bodennutzung und die Beschäftigung zusätzlicher Arbeitskräfte waren nunmehr freigegeben. Die Agrarerträge stiegen und erreichten in den achtziger Jahren einen nie für möglich gehaltenen Höchststand. Da durch die vielfältigen Freiräume, die auch in der Industrie und im Handel geschaffen wurden, die Verdienste in diesen Bereichen jedoch weit höher stiegen als in der Landwirtschaft, setzte eine Landflucht großen Stils ein, die dadurch noch verstärkt wird, dass durch verbesserte Arbeitsmethoden viele Arbeitskräfte auf dem Lande freigesetzt wurden. Die fruchtbaren Gebiete Ostchinas, woselbst oftmals zwei Ernten im Jahr erzeugt werden, haben ohnehin die vielfach kargen Gebiete des Westens in den Erträgen weit überholt, sodass zu dem Gefälle Stadt-Land auch noch das Gefälle Ost-West getreten ist. Für die Partei- und Staatsführung sind dies einige der wichtigsten Probleme der Gegenwart und Zukunft.

Langer Marsch Nach drei »Vernichtungsfeldzügen« der Guomindang-Truppen wurde es der Führung der KPCh in ihrem Zentrum in den Bergen von Jiangxi bereits 1933 klar, dass diese Position im Süden nicht zu halten war, aber erst im Oktober 1934 gab Mao Zedong den Marschbefehl im Einvernehmen mit dem militärischen Führungskorps. Man wollte in der weit im Norden gelegenen Guerillabasis Yanan in den Lößgebieten der Provinz Shaanxi Zuflucht suchen und dort ein neues Führungszentrum errichten. Unterwegs spaltete sich die lange Kolonne von rund 100 000 Menschen (mit den Soldaten zogen oftmals ihre Frauen mit) in mehrere Abteilungen, die auf verschiedenen Routen zwischen 1935 und 1936 den Stützpunkt Yanan nur zu einem Zehntel erreichten. 90 000 der von Jiangxi Ausgezogenen fielen in den Kämpfen mit den sie verfolgenden Guomindang-Einheiten, starben durch Erschöpfung oder gingen an Hunger zugrunde. Die von Mao selbst geführte Abteilung zog mit der sog. Östlichen Kolonne rund 10 000 Kilometer durch die Provinzen Guangdong, Hunan, Guangxi, Guizhou, Yunnan, Sichuan und Gansu nach Shaanxi und konnte auf diesem Marsch im Januar 1935 bei einer Parteikonferenz in Zunyi den endgültigen Parteivorsitz für Mao sichern. In Yunnan nach unsäglichen Strapazen angekommen, gingen die Überlebenden sofort an den Aufbau eines neuen Führungszentrums, das bis zum großen Bürgerkrieg 1947–1949 dann als Ausgangspunkt der Eroberung von ganz China diente.

Lanzhou Lanzhou, die Hauptstadt der Provinz Gansu mit zwei Millionen Einwohnern, liegt am östlichen Eingang zu dem großen Korridor, der Zentralchina mit Ostturkestan in der alten Zeit verbunden hat. Die Stadt liegt auf 1550 Meter Höhe in einem Löß-Tal, das der Gelbe Fluss auf einer Länge von 30 Kilometer und einer Breite von 5 Kilometer ausgewaschen hat. Mit seinen vielen Raffinerien und Chemiebetrieben ist Lanzhou die Stadt mit der größten Luftverschmutzung in China, denn die Abgase können aus dem schlauchförmigen Kessel nicht gut abziehen. Bereits in der Han-Zeit war Lanzhou als Karawanenplatz an der Seidenstraße bekannt und war damals unter dem Namen Jincheng auch Militärstützpunkt. Im Laufe der Geschichte wurde die Stadt mehrfach von kriegerischen Steppenvölkern erobert und unter schweren Kämpfen auch wieder zurückgewonnen. In der Tang-Zeit hieß die Stadt Wuquancheng (Fünfquellen-Stadt). Die Bedeutung dieses Ortes ist leicht erklärlich: am Gelben Fluss gab es hier eine Furt bei niedrigem Wasserstand, und im Osten lag ein günstiger Gebirgspass. Lanzhou blieb jedoch bis in die neueste Zeit ein reiner Handelsplatz, der 1907 durch eine Eisenbrücke aufgewertet wurde, die eine deutsche Firma über den Gelben Fluss baute. Als dann aber nach 1949 große Ölvorkommen und andere Bodenschätze entdeckt wurden, war der Aufstieg zum wichtigsten Industriestandort des Nordwestens vorgezeichnet. Lanzhou ist heute auch ein großes Kernenergie-Forschungszentrum und bedeutender Eisenbahnknotenpunkt.

Lao She Lao She (1899–1966), der berühmteste Schriftsteller Chinas neben Lu Xun, hat vor allem das Verdienst, die Umgangssprache (baihua) literaturfähig gemacht zu haben, nachdem bis dahin ausschließlich das klassische Chinesisch (wenyan) allein als literaturfähig und unterrichtsfähig gegolten hatte. Daneben weist sein umfangreiches Werk (Dramen, Erzählungen, Romane) ihn als einen der fruchtbarsten Autoren des modernen China aus. Lao She ist ein Pseudonym, unter dem alle seine Werke erschienen. Geboren 1899 in Peking unter dem Namen Shu Qingchun, gehörte er der mandschurischen Minorität an. Als er zwei Jahre alt war, kam sein Vater beim Boxeraufstand als Wächter des Kaiserpalastes ums Leben. Lao She konnte jedoch 1918 sein Studium an einer Pekinger Lehrerbildungsanstalt erfolgreich abschließen und unterrichtete dann an Mittelschulen in seiner Heimat und in Tianjin. Durch Vermittlung eines britischen Professors erhielt er 1924 einen Lehrauftrag für Chinesisch an der Londoner Universität. Während seines Englandaufenthaltes begann sein literarisches Schaffen, sodass er in China bekannt wurde und nach seiner Rückkehr 1929 eine Professur an der Literaturabteilung der Universität in Jinan erhielt. 1931 heiratete er Hu Jieqing, ebenfalls eine Mandschurin, die ihm zwei Töchter und einen Sohn schenkte. Nun erschienen in rascher Folge Aufsehen erregende Werke, von denen der Roman »Rikschakuli« ihn berühmt machte und in den USA als Bestseller gefeiert wurde. Nach Beginn des Chinesisch-Japanischen Krieges floh der Autor mit seiner Familie aus Peking nach Wuhan, dann nach Chongqing und vollendete dort seine Trilogie »Vier Generationen unter einem Dach«. Von 1945–1949 übte er eine Lehrtätigkeit in den USA aus, wo er weiterhin in rascher Folge Erzählungen und Romane erscheinen ließ. Nach China 1949 zurückgekehrt, wurde Lao She von der kommunistischen Regierung mit offenen Armen aufgenommen und sofort zum Mitglied des Kultur- und Erziehungsrates ernannt. 1957 erschien »Das Teehaus«, ein Drama, das in Europa und Amerika ebenso aufgeführt wurde wie in China selbst. Von der KPCh wurde Lao She mit Ehren überhäuft und in vielen Gremien und Verbänden mit dem Vorsitz betraut. Neben seinen Romanen und Erzählungen schrieb Lao She noch 40 Theaterstücke, Operetten und Musicals sowie einige historische und literarische Essays. Im August 1966 wurde Lao She eines der ersten Opfer der Kulturrevolution. Von Rotgardisten geschlagen und schwer verletzt, beging der Autor Selbstmord. Lao Shes Werke sind gekennzeichnet durch Humor, tiefe Menschenkenntnis und leichte Melancholie. Sein Tod ist eine ständige Anklage gegen alle ideologischen Fanatiker.

Laozi Laozi (Lao Tan, Li Erh, Laotzu, Laotse), Begründer des Daoismus und Verfasser des Buches Daodejing, lebte wahrscheinlich zwischen 480 - 390 v. Chr. und soll Beamter am Hofe des Königs von Zhou in Luoyang gewesen sein. Die Daten über Zeit und Ort gelten jedoch als ungesichert, ebenfalls die Autorschaft des Buches »Vom Weg und der Tugend«. Das mystische Werk sieht den Ursprung der Welt im Dao, in der still und überall wirkenden Kraft der Natur, die alles durchdringt und erfüllt. Der Weise tut nach dieser philosophischen Lehre gut daran, sich durch »Wuwei« (Nichthandeln) dieser still wirkenden Natur anzupassen, möglichst im Verborgenen zu leben und in den natürlichen Lauf der Dinge nicht einzugreifen. Das knappe, in dunklen Aphorismen geschriebene Werk »Daodejing« wurde zur Grundschrift des Daoismus, vor allem die daoistischen Einsiedler beriefen sich stets auf ihn. Allerdings hat sich der Daoismus mit seinem Geisterglauben, seiner Dämonenbeschwörung und seinem Götterhimmel völlig unabhängig von dieser Philosophie entwickelt und hat mit Laozi nichts mehr gemein. Die Daoisten verehren jedoch Laozi als eine ihrer höchsten Gottheiten und nennen ihn den »Höchsten Reinen«. Nach Auffassung der Daoisten war Laozi die Inkarnation des Dao, der höchsten Wesenheit selbst.

Leshan Die Stadt Leshan in der Provinz Sichuan liegt am Zusammenfluss des Dadu und des Min im Südwesten des Sichuan Beckens und ist weltbekannt durch die aus dem Fels gehauene, 71 Meter hohe Buddha-Statue, die im Jahr 713 begonnen und erst 90 Jahre später fertig gestellt werden konnte. Die Ohren des Großen Buddha (Dafo) sind sieben Meter, der Nagel seiner großen Zehe allein 1,6 Meter lang. Nach der Zerstörung des Buddha von Bamian in Afghanistan durch die Taliban hat der Leshan-Buddha seinen Anspruch auf den Ruf eines achten Weltwunders weiter bekräftigt. In der Höhe des Kopfes dieser Riesenstatue liegt der Große Buddha-Tempel und auf dem gegenüber liegenden Wuyou-Hügel findet man das berühmte Wulong-Kloster aus der Tang-Dynastie mit seinen 500 Arhats aus Terrakotta, die einst die große Schar der Jünger Buddhas bildeten. Leshan, das bereits zur Zeit der Streitenden Reiche (475–221 v. Chr.) bestand, weist in seinem Umkreis über 1000 Felsengräber auf, die meist in der Östlichen Han-Dynastie angelegt wurden und durch ihre Grabbeigaben den hohen Stand der Steinschnitzerei in dieser Gegend bezeugen. Der wirtschaftliche und kulturelle Höhepunkt von Leshan lag allerdings in der Tang-Dynastie, jedoch auch aus den späteren Dynastien sind noch genügend Zeugnisse baulicher Art erhalten, so der Wanjing-Pavillon und der Dingdong-Brunnen aus der Song-Zeit, der konfuzianische Wenmiao-Tempel aus der Qing-Dynastie und die 2,5 Kilometer langen Abschnitte der Stadtmauer aus der Ming-Periode. Aus Leshan stammten mehrere überragende Persönlichkeiten der chinesischen Geschichte: aus dem 11. Jahrhundert, in der Song-Dynastie, der Dichter Su Xun mit seinen beiden Söhnen Su Shi und Su Zhe, und schließlich wurde im Kreis Shawan über 30 Kilometer östlich von Leshan der berühmte moderne Schriftsteller Guo Moruo (1892–1978) geboren, der seine dort verbrachte Jugendzeit in seinen Dichtungen »Frühes Erwachen« und »Inspirationen einer Dorflandschaft« anschaulich geschildert hat.

Lhasa Lhasa, die tibetische Hauptstadt, geht in ihren Anfängen bis ins 7. Jahrhundert zurück, als an diesem »Ort der Götter« auf dem Potala-Berg eine königliche Residenz entstand und zwei wichtige Heiligtümer gegründet wurden: der Jokhang-Tempel und das Kloster Ramoche. Diese beiden Sakralbauten sind untrennbar mit dem tibetischen König Songtsen Gampo (617–650) verbunden, dessen beide Gemahlinnen für die Verbreitung des Buddhismus in Tibet wesentliche Beiträge geleistet haben sollen. Die aus China ihm angetraute Prinzessin Wen Cheng und die aus Nepal stammende Königstochter Bhrikuti sollen wertvolle sakrale Gegenstände aus ihren Heimatländern mitgebracht haben, zu deren Schutz man diese beiden klösterlichen Anlagen dann errichtet habe. Der Potala-Palast in seiner heutigen Gestalt stammt jedoch erst aus dem 17. Jahrhundert. Begonnen vom 5. Dalai-Lama und in mehreren Bauphasen (Roter und Weißer Palast) von mehreren seiner Nachfolger erweitert, präsentiert sich der Potala mit mehr als 1000 Räumen seit der Flucht des Dalai Lama 1959 als größtes Museum Tibets. Mit seinen 13 Stockwerken erreicht der Palast eine Höhe von 117 Metern und ist mit seinen Hallen, Kapellen, Mausoleen, Zeremonienräumen, Chorten, Wohnräumen, Depots und Amtsstuben eine ganze Palaststadt, in der die Gottkönige etwa 300 Jahre mit einem Gefolge von rund 500 Lamas residierten. Erfreulicherweise ist diese Schatzkammer tibetischer Kultur und Kunst erhalten geblieben und wurde – soweit erforderlich – gegen Ende des 20. Jahrhunderts sorgsam restauriert. Ursprünglich war der Potala als Winterpalast für den Dalai-

Lama vorgesehen, war aber dann Hauptsitz bis 1959, der Sommerpalast dagegen (Norbulingka), im Westen der Stadt gelegen, beherbergt zwar eine Reihe kostbarer Malereien, stammt im Wesentlichen jedoch mit seinen Bauten aus dem 18.–20. Jahrhundert. Der bedeutendste Tempel Lhasas ist der Jokhang (auch Tsuglagkhang), zugleich das wichtigste Heiligtum Tibets, der als Schrein für jene vergoldete Buddhastatue dient, die im 7. Jh. die chinesische Prinzessin Wen Cheng aus Changan mitgebracht haben soll. Der Jokhang mit seinen 24 Hallen, goldenen Dächern und Innenhöfen, ist zugleich das große Wallfahrtszentrum für alle Tibeter, die dort in einem inneren und einem äußeren Umwandlungsring sich niederwerfen und sich dieser symbolischen Reinigung unterziehen. Die gesamte Anlage stammt aus dem 7. Jahrhundert und war bis 1966 eine der größten Schatzkammern tibetischer Kunst. Die Roten Garden zerstörten dann in der Kulturrevolution einen sehr großen Teil des Inventars und machten aus dem Heiligtum ein Kino und entfremdeten alle Räume ihrem ursprünglichen Zweck. Die zwei Hektar große Anlage wurde dann ab 1979 wieder renoviert und bietet mit ihren Malereien und Ornamenten an Balken, Pfeilern und Wänden wieder einen staunenswerten Anblick. Mehrere der einst so berühmten Figuren wurden durch Nachbildungen inzwischen ersetzt. Der wie der Jokhang aus dem 7. Jahrhundert stammende Ramoche-Tempel galt als der zweitwichtigste in Lhasa, wurde aber in der Kulturrevolution zerstört und dann Ende der achtziger Jahre des 20. Jahrhunderts wieder rekonstruiert. Alle seine Statuen und Wandbilder sind neu. Der Ramoche ist jener Tampel, in dem einst die Statue des Buddha Akshobhya stand, die im 7. Jh. die nepalesische Prinzessin ihrem tibetischen Gemahl, König Sangtsen Gampo, als Morgengabe überreicht haben soll.

Lhoba Im umstrittenen, von China beanspruchten und auch seit Jahrzehnten kontrollierten Grenzgebiet an der McMahon-Linie zwischen der VR China und Indien lebt das mit nur 2200 Angehörigen kleine Volk der Lhoba als nationale Minderheit. Die dialektreiche Sprache der Lhoba ist tibetoburmanisch und gehört zur sinotibetischen Sprachfamilie. Anstelle der fehlenden Schrift wurden bis zum Ende des 20. Jahrhunderts noch Knotenschnüre benutzt. Das von hohen Bergen eingeschlossene und von den Flüssen Jaluzangbu und Danbahe durchflossene Gebiet ist subtropisch und liegt südlich des Himalaya-Gebirges. In den teilweise recht entlegenen und unzugänglichen Gebieten herrschte die Brandrodung vor, die seit 1959 verboten ist. Angebaut werden Hirse, Mais und Reis, Buchweizen und Kartoffeln. Die Jagd spielt nach wie vor eine wichtige Rolle.

Liang-Dynastie Die Liang-Dynastie (502–556) ist eine der interessantesten der »Südlichen Dynastien«, endete jedoch nach 54 Jahren ebenfalls im Chaos. Der Gründer dieser Dynastie war der einstige Regent der vorhergehenden Qi Dynastie, dessen tyrannischen Kaiser er gestürzt und selbst den Thron eingenommen hatte. Als Liang Wudi (502–549) bescherte er dem Land eine lange Friedenszeit, in der die Hauptstadt Nanking zu neuem Glanz aufstieg. Der Kaiserhof wurde ein Treffpunkt von Künstlern, Dichtern und Philosophen, und der neue Herrscher nahm persönlich an dieser neuen Entwicklung tätigen Anteil. In der Jugend ein schwärmerischer Daoist, in der mittleren Lebenszeit ein überzeugter Konfuzianer, wurde er zu einem tief gläubigen Buddhisten, der sich oftmals zur Meditation in ein Kloster zurückzog. Die echte Friedensliebe von Liang Wudi jedoch verführte ihn zu dem Glauben, auch die nördlichen Feinde seien dem Frieden zugeneigt; er vernachlässigte das Heer und die Verteidigungsmaßnahmen, sodass die Toba Wei tief nach Süden vordringen und 23 Bezirke erobern konnten. In Opposition zu seinem passiven Vater führte einer seiner Söhne selbst einen Aufstand an und bemächtigte sich mit Hilfe eines Rebellen aus dem Norden der Hauptstadt und des Thrones. Jian Wendi (550) wollte eine aktive und offensive Revanchepolitik gegenüber dem Norden beginnen, starb jedoch nach nur einem Jahr, gefolgt von drei auch nur kurze Zeit regierenden Herrschern: Yu Zhang Wang (551), Yuandi (552–554) und Jingdi (555–556). Die Liang-Dynastie endete mit dem gewaltsamen Tod des erst 16 Jahre alten Kaisers und machte der Chen-Dynastie Platz, der letzten der sog. »Südlichen Dynastien«.

Liang-Gräber Die Gräber der Könige und Adligen der Liang-Dynastie (502–557) liegen in Jiangsu westlich von Nanking, verstreut in einem Bogen des Jangtse. Große doppelte Steinskulpturen standen einst vor den Eingängen der Gräber, riesige stilisierte Löwen, paarweise aufgestellt. Sechs davon sind erhalten geblieben, vier umgestürzt und zerbrochen, zwei recht gut erhalten. Die einem Qilin ähnelnden Steinlöwen sind gut drei Meter lang und erheben ihren Kopf in Mannshöhe. Zwei ebenfalls erhaltene Grabsäulen tragen oben einen runden Steinschirm, dessen Rand in Form von Lotosblütenblättern behauen ist, wie es der buddhistischen Ikonographie entspricht.

Liangzhu-Kultur Der Ort Liangzhu, in der Nähe von Hangzhou in Zhejiang gelegen, gab einer Kultur den Namen, die auch in Jiangsu und im Großraum Shanghai verbreitet war. Die Liangzhu-Kultur (3300–2200 v. Chr.) brachte sorgfältig ausgearbeitete Keramik und erstaunlich kostbare Jadearbeiten hervor.

Liao-Dynastie Die Liao-Dynastie (907–1124) war eine Gründung des Stammes der Khitan (Qidan) aus der Mandschurei, die wohl ursprünglich am Amur gesessen hatten und dann ihre Hauptsiedlungsgebiete in Liaoning fanden. Bei ihren Eroberungszügen nahmen sie Peking ein, machten es zu ihrer Hauptstadt und nannten es Nanjing. Ihr Führer Apochi erklärte sich unter dem Namen Taizu (907–927) zum Kaiser und begründete damit die Liao-Dynastie, deren weiterer Stammbaum wie folgt lautet: Taizong 927–947, Shizong 947–951, Muzong 951–968, Jingzong 968–983, Shengzong 983–1031, Xingzong 1031–1055, Daozong 1055–1101, Tianzuo 1101–1124. Als die Jin (Kin) den Staat der Liao-Dynastie eroberten, zog ein Teil der unterworfenen Bevölkerung nach Westen und gründete weit im Innern Zentralasiens am Ili-Fluss einen neuen Staat, errichtete dort die Westliche Liao-Dynastie (1125–1168), wurde aber bereits 1168 von den Mongolen in ihr großes Reich einbezogen.

Liaoning Liaoning, die südlichste und kleinste der drei mandschurischen Provinzen mit einer Fläche von 146 000 Quadratkilometern und 42 Millionen Einwohnern, ist als das »Ruhrgebiet Chinas« bekannt. Die reichen Bodenschätze der Provinz ermöglichten den Aufbau einer gewaltigen Industriebasis vor allem in dem Städtedreieck Shenyang, Fushun und Anyang, wo sowohl Kohle, Eisenerze und Ölschiefer in riesigen Lagerstätten ausgebeutet werden. Die Provinz grenzt im Norden an Jilin, im Westen an die Innere Mongolei, im Südwesten an Hebei, im Osten an Nordkorea und im Süden selbst stößt die Halbinsel Liaodong wie ein Keil zwischen das Bohai-Meer und das Gelbe Meer vor. An dieser 2800 Kilometer langen, meist stark zerklüfteten Felsenküste finden sich jedoch viele natürliche Häfen und Fischereizentren. An der Spitze dieser Halbinsel liegt auch der drittgrößte chinesische Außenhandelshafen Dalian (früher Lüda), in dessen eisfreiem Hafen Frachter bis zu 40 000 Tonnen andocken können und dessen eigener Ölhafen sogar Tanker bis zu 100 000 BRT aufnehmen kann. Die Landschaften der Provinz umschließen Gebirgsketten, Tafelländer, Hügelgebiete und einen Teil der Nordostchinesischen Tiefebene. Bei dem gemäßigten kontinentalen Monsunklima gedeihen Mais, Reis, Sojabohnen und Obst vorzüglich. Die Hauptstadt der Provinz ist Shenyang, früher Mukden, eine Viermillionenstadt und die größte Industriestadt Nordost-Chinas gleichzeitig. Mukden wurde bereits 1625 von den Mandschuren zu ihrer Hauptstadt erklärt und zum Ausgangspunkt ihrer späteren Eroberung Chinas gemacht. Der Kaiserpalast von Mukden ist eine Nachahmung der kaiserlichen Residenz in Peking, allerdings in kleinem Maßstab, auch die mandschurischen Kaisergräber von Nurhaci und Abahai erinnern an die Ming-Gräber nördlich von Peking. Als die Mandschuren nach ihrem Sieg ihre Hauptstadt nach Peking verlegten, fiel bis zum Zwanzigsten Jahrhundert die Stadt in einen Dornröschenschlaf, der im Jahre 1905 unsanft endete, als Japan nach dem gewonnenen russisch-japanischen Krieg seinen Einfluss auf die Mandschurei ausdehnte. 1933–1945 waren dann die Japaner sogar die ausschließlichen Herren des Landes. Danach folgten eine kurze russische Besatzungszeit, dann die Herrschaft der Guomindang und schließlich 1948 der Einmarsch der Roten Armee. Mukden wurde in Shenyang umbenannt und Hauptstadt der Provinz. Neben den Chinesen als Hauptgruppe leben in den 44 Kreisen und 31 Städten von Liaoning als nationale Minderheiten Mandschuren, Mongolen, Koreaner, Hui und Xibe (Sibo).

Liaoyang Die Stadt Liaoyang in der Provinz Liaoning nordöstlich von Anshan ist durch zwei ganz unterschiedliche Gräberfelder historisch bedeutsam. In der Han-Zeit wurden in dieser Region offenbar sehr wohlhabende Bürger bestattet, denn es finden sich mehrkammrige Gräber, die aus großen Steinplatten gebaut sind und zahlreiche bedeutsame Wandmalereien aufweisen. Die Bilder zeigen den Grabherrn meist bei der Jagd oder anderen Tätigkeiten des Alltags. Der Mandschurenherrscher Nurhaci machte im Jahre 1622 dann Liaoyang zu seiner Hauptstadt und ließ hier Gräber für seine Verwandten anlegen. Die Qing-Hauptstadt mit dem Gräberfeld Nurhacis liegt allerdings etwa 10 Kilometer nördlich der heutigen Stadt Liaoyang.

Li Hongzhang Der »Bismarck Chinas« – so wurde er genannt – war Li Hongzhang (1823–1901), der die Geschicke des Landes bis zu seinem Tod weitgehend bestimmte. Geboren 1823 in Hefei, bestand er die jinshi-Prüfung 1847 und bekleidete danach bald hohe Staatsstellungen während der Taiping-Rebellion. Da er in der Gunst der Kaiserinwitwe Cixi stand, wurde er 1870 zum General-Gouverneur von Zhili (Hebei) ernannt und bestimmte bis 1895 praktisch die Politik des Kaiserreiches, da er zu den meisten Vertragsverhandlungen mit ausländischen Mächten hinzugezogen wurde. Trotz der an sich reformfeindlichen Haltung von Cixi konnte Li Hongzhang eine Reihe von Modernisierungen auf technischem, administrativem, erzieherischem und militärischem Gebiet durchsetzen. Die Niederlage Chinas gegen Japan 1895 konnte er nicht verhindern. Trotz aller Kritik wurde er vom Hof dann ermächtigt, die Friedensverhandlungen mit Japan aufzunehmen und gleichzeitig einen geheimen Pakt mit Russland gegen Japan 1896 abzuschließen. Kurz vor seinem Tod unterzeichnete er noch das Friedensprotokoll nach der Niederschlagung des Boxer-Aufstandes. Den Niedergang Chinas vor Augen, starb Li Hongzhang 1901 erschöpft und frustriert in der klaren Erkenntnis, dass nur viel früher eingeleitete Reformen den Verfall hätten aufhalten können. Das Wirken dieses an sich sehr fähigen und energischen Mannes wurde schon damals immer wieder mit dem deutschen Reichskanzler verglichen.

Liji Zu den fünf kanonischen Werken des Konfuzianismus gehört das Liji (Buch der Sitten), das bei staatlichen Prüfungen grundlegender Lehrstoff war. Das Werk wurde zu den Fünf Klassikern gezählt und hat die chinesische Denkweise entscheidend beeinflusst. Unter »Li« verstand Konfuzius sowohl das Opferritual als auch die hinter allen Zeremonien stehende moralische Haltung. Das Werk beschreibt alle Bräuche und Sitten, alle Normen des Zusammenlebens, das Verhältnis zwischen Herrscher und Untertan, im Grunde die Gesamtheit aller Verhaltensweisen eines moralisch gefestigten Menschen. Die lange behauptete Herausgeberschaft von Konfuzius kann nicht aufrecht erhalten werden, da nachweislich Teile des Werkes erst aus den Zeiten der Han-Dynastie stammen. Alle später verfassten Teile atmen jedoch den Geist des großen Philosophen in allen Einzelheiten. Für die Geschichtswissenschaft ist das Liji deshalb wertvoll, weil es Angaben über das Adelssystemd der Zhou-Dynastie (11. Jh.–256 v. Chr.) und auch über die Territorialeinteilung enthält.

Lijiang Das Königreich von Lijiang im äußersten Nordwesten der Provinz Yunnan war bereits vor der Ming-Dynastie ein völlig eigenständiges Herrschaftsgebiet, in dem ausschließlich das Volk der Naxi die Bevölkerung bildete und auch von Monarchen geführt wurde, die dem prototibetischen Stamm der Naxi angehörten. Obwohl die Ming-Kaiser in Peking das Königreich Lijiang weder als ihre Provinz noch als eigentlichen Vasallenstaat betrachteten, näherten sich die Naxi in der Ming-Zeit doch sehr stark den Chinesen an, unterhielten freundschaftliche Kontakte zum Kaiserhof und übernahmen viele Elemente der chinesischen Kultur. Die Naxi von Lijiang hatten vor allem jene buddhistische Richtung übernommen, die von der Karmapasekte verkörpert wird. Als der Mongolenfürst Gushri Khan 1642 Tibet erobert und die Karmapa-Schulrichtung fast ausgerottet wird, flieht der 10. Karmapa, das Oberhaupt dieser Sekte, nach Lijiang und findet Aufnahme bei der dortigen Herrscherfamilie. Da die Naxi-Monarchie nun ihrerseits ihre Herrschaft auf weite Gebiete des heutigen Yunnan und Sichuan ausdehnen konnte, wurden auch in den neu angeschlossenen Gebieten eine große Zahl von Klöstern der Karmapa-Sekte gebaut, in denen eine große Zahl buddhistischer Schriften gedruckt und viele Kunstwerke geschaffen wurden, die im Stil jedoch sehr stark chinesisch beeinflusst sind. Aus dieser kulturell recht fruchtbaren Epoche verwahrt das Lijiang Dongba Museum in Yunnan rund 12 000 Objekte und pflegt damit das reichhaltige Erbe der Naxi-Kultur dieses einstigen Königreiches. Die nördlich von Dali gelegene Stadt Lijiang wird auch das »fernöstliche Venedig« genannt, da es von Wasser durchströmt auf einem 2600 Meter hohen Plateau liegt und in ihrem Altstadtkern Häuser und Gärten aufweist, die mit ihrem Labyrinth von Gassen und Straßen das beste Beispiel einer komplexen historischen urbanen Anlage bietet, die unterschiedliche Kulturen in sich vereint. Die Stadt ist das Zentrum des ursprünglich aus Nordosttibet stammenden Volkes der Naxi, einer der 55 nationalen Minderheiten in der heutigen VR China. Gegründet 1127 und ausgebaut bis zum Jahre 1279, war die Stadt Aufenthaltsort von Kubilai Khan bei seinem Eroberungsfeldzug in Yunnan. In der Yuan-Zeit wohnten in Lijiang etwa 1000 Familien. Die Altstadt von Lijiang wurde von der UNESCO in die Liste des Weltkulturerbes 1997 aufgenommen.

Li Keran Li Keran (1907–1989) gehört zur ersten Reihe der berühmten Maler des 20. Jahrhunderts in China, dessen Landschaftsmalereien und Bilder mit Wasserbüffeln auch international bekannt wurden. Geboren 1907 in Xuzhou, Provinz Jiangsu, als Sohn eines Fischers, lernte er früh die harte Wirklichkeit des Landlebens kennen, konnte sich aber später doch an den Kunstschulen von Shanghai und Hangzhou zu einem renommierten Maler ausbilden lassen. 1938 erhielt er einen Lehrauftrag am Nationalinstitut für Schöne Künste in Chongqing. Nach dem Zweiten Weltkrieg wurde er Professor an der Kunstakademie in Peking und unternahm von da aus ausgedehnte Reisen nach Südchina. In seinen Bildern wird der Einfluss der europäischen Impressionisten deutlich. Die Kulturrevolution überlebte er und wurde danach Präsident der Akademie für traditionelle Malerei in Peking.

Li Keyong Das Oberhaupt einer türkischen Horde, Li Keyong (852–908 n. Chr.), ist einer jener fremden Truppenführer, die in der chinesischen Geschichte zugunsten des Kaiserreiches eingegriffen haben und dafür mit einem Gouverneursposten belohnt wurden. Als Rebellen die Hauptstadt Changan 879 eingenommen hatten, rief der Hof die türkischen Reitertruppen unter Li Keyong zu Hilfe, die von Shanxi aus angriffen, die Rebellen besiegten und dem geflohenen Kaiser die Rückkehr in die Hauptstadt wieder ermöglichten. In Anerkennung dieser Verdienste wurde das Gouvernement von Li Keyong (Shanxi) dann auch noch um Hebei erweitert.

Li Kuchan Der Maler Li Kuchan (1898–1983), nicht zu verwechseln mit seinem zehn Jahre jüngeren Kollegen Li Keran, gehört zu den großen Meistern der traditionellen chinesischen Tuschmalerei und ist an seinem kräftigen, zupackenden Pinselstrich leicht zu erkennen. Li Kuchan stammte aus einer armen Bauernfamilie im Kreis Gaotang in der Provinz Shandong. 1919 lernte er den berühmten Maler Xu Beihong (1895–1953) kennen, gleichfalls den »Altmeister« Qi Baishi (1864–1957), die ihn beide unterrichteten. Während seines Studiums in Peking arbeitete er abends für seinen Lebensunterhalt als Rikschakuli. Eigentlich war sein Name Li Ying, aber seine Studienkollegen gaben ihm den als Anerkennung gemeinten Spitznamen Kuchan (harte Meditation) – und so nannte er sich selbst dann Li Kuchan. Mit 29 Jahren kam der Durchbruch, er wurde von der Kunstfachschule Hangzhou zum Professor berufen. Als Maler hinterließ er einen großen Schatz an Landschafts-, Vogel- und Blumenbildern, als Kalligraph unverwechselbare Schriftkunstwerke. In einer unermüdlichen Lehrtätigkeit von 60 Jahren hat er zwei Generationen von Malern geprägt und sie mit dem Geist und der Schönheit der traditionellen chinesischen Malerei vertraut gemacht.

Liling Als »Königin des weißen Goldes« gilt unbestritten die Stadt Jingdezhen in der Provinz Jiangxi. Im Ostteil der Nachbarprovinz Hunan jedoch liegt die Stadt Liling, die man als »Prinzessin« im Porzellanbereich ansprechen kann, denn ihre unterglasurbemalten Schöpfungen waren schon in der Tang-Dynastie berühmt. Die Stadt, die heute über 100 000 Einwohner zählt, ist auch dadurch bekannt, dass fast alle Häuser mit farbigen Porzellanziegeln gedeckt sind und Schmuckelemente aus Porzellan an Wänden, Balkonen, Mauern und in Gärten zu finden sind. Wegen fortgesetzter Kriegshandlungen zwischen 1920 und 1948 war die Produktion unterbrochen, seit 1949 entstehen wieder viele Kunstwerke aus Porzellan, aber auch Gebrauchsgeschirr, das in mehr als 80 Länder der Erde geliefert wird.

Li-Nationalität In den malerisch schönen Landschaften der seit 1988 selbständigen Inselprovinz Heinan lebt die mit rund 820 000 Angehörigen relativ große Minderheit der Li seit nachweislich 3000 Jahren. Die Li-Sprache gehört zum Li-Sprachzweig der Zhuang-Dong-Sprachgruppe in der sinotibetischen Sprachfamilie. Da die Li keine eigene Schrift besaßen, wurde 1957 eine eigene Li-Schrift auf der Grundlage der lateinischen Buchstaben entwickelt. In den subtropischen Siedlungsgebieten der Li auf der Insel Hainan wachsen Kokospalmen und Kautschukbäume, Ölpalmen, Bananen, Kaffee- und Kakaobäume und alle Arten von

Südfrüchten. Mais und Süßkartoffeln können ganzjährig angebaut und Reis zweimal im Jahr geerntet werden. An der Küste werden Fischfang und Perlenzucht betrieben und aus dem Meerwasser wird Salz gewonnen. Bereits seit der Han-Dynastie ist die Insel in das Kaiserreich China eingegliedert und viele Han-Chinesen kamen im Lauf der Jahrhunderte auf die Insel um dort zu siedeln. Bereits zur Zeit der Tang-Dynastie waren auf der Insel 22 Kreise eingerichtet und die Zentralgewalt dadurch befestigt worden. Aufstände gegen die von den Behörden eingesetzten Feudalherren waren immer wieder zu verzeichnen, da drückende Steuerlasten und Frondienste das Leben der Li übermäßig erschwerten. Am 10. Februar 1939 griffen japanische Truppen massiv die Insel Hainan an und errichteten bis zur Niederlage 1945 eine Schreckensherrschaft. Im »Selbständigen Bataillon« sammelte sich der Widerstand und konnte bereits vor der Kapitulation Japans große Gebiete der Insel befreien. Zwischen den Truppen Chiang Kai-sheks und der Roten Armee tobte zwischen 1946–1949 dann ein heftiger Kampf, der 1950 mit dem Sieg der Kommunisten endete.

Lin Biao Der einstige Mao-Stellvertreter Lin Biao (1908–1971) und Herausgeber der Mao-Bibel soll im Jahre 1971 ein Attentat auf Mao geplant haben. Als das Komplott entdeckt wurde, floh Lin mit seiner Familie in die UdSSR, stürzte aber mit dem Flugzeug über der mongolischen Wüste ab. Ungeklärt ist die Unfallursache aber auch alle Umstände des behaupteten Mordversuches. Lin Biao wurde als Fabrikantensohn in der Provinz Hubei geboren, trat jedoch schon als ganz junger Mann in die KP ein, machte den Nordfeldzug gegen die Warlords 1926 mit und schloss sich ein Jahr später der Roten Armee an. Lin Biao war Teilnehmer des Langen Marsches und war im Bürgerkrieg einer der wichtigsten Befehlshaber in der Mandschurei sowie bei der Eroberung von Beijing und Tianjin. Als er 1959 von einer zehnjährigen Krankheit genesen war, machte ihn Mao zum Verteidigungsminister und zum Oberbefehlshaber der Volksbefreiungsarmee. Lin Biao war es vornehmlich, der den Personenkult um Mao am intensivsten propagierte und organisierte sowie die Kulturrevolution vorantrieb. Zum Dank ernannte ihn Mao 1969 zu seinem Nachfolger. Als sich aus ungeklärten Gründen dann Mao gegen ihn wandte, suchte Lin sein Heil in der Flucht.

Erst dann aber wurde das Gerücht von seinem Attentatsversuch verbreitet. In der offiziellen Parteigeschichte ist Lin Biao nach wie vor Unperson.

Linfen Die Stadt Linfen, an der Eisenbahnlinie Taiyuan-Xian gelegen, ist Mittelpunkt einer sehr fruchtbaren Ebene und war in den beiden letzten Dynastien Sitz des Gouverneurs, ist jedoch historisch aus zwei anderen Gründe bekannt. Ein alter Mythos besagt nämlich, dass Yao, der vierte der chinesischen Kulturheroen an diesem Ort seine Residenz gehabt habe und im Osten der Linfen-Ebene auch begraben sei. Die Sage verlegt seine Lebenszeit in die Jahre 2550–2140 v. Chr. Innerhalb dieses langen Zeitraums soll er einmal China regiert haben. Im Jahre 1954 wurde dann bei Linfen in dem Ort Dingcun ein Fossilienfund gemacht, der menschliche Zähne aus der Zeit von 300 000–400 000 v. Chr. ans Tageslicht beförderte. Über 2000 Steinwerkzeuge und Fossilien von Nashörnern, Elefanten und Büffeln wurden an gleicher Stelle ebenfalls gefunden. Seither gilt dieser Ort als Lebensraum des Dingcun-Menschen.

Lingdi Lingdi (168–189), Kaiser der Östlichen Han-Dynastie, Ururenkel von Kaiser Zhangdi, kam zwölfjährig auf den Thron, umgeben von machthungrigen Eunuchen und postengierigen Beamten, die sich gegenseitig heimlich bekämpften. Als nun der Regent Dou Xian mit den höheren Beamten einen Plan ausarbeitete, sich der Eunuchen zu entledigen, wurde dieser Plan verraten und die Eunuchen zwangen Dou Xian zum Selbstmord. Es folgte nun eine zwanzigjährige Eunuchenherrschaft, in der alle höheren Beamten getötet wurden und auch ihre Familien schwere Repressalien zu erdulden hatten. Alle wichtigen Positionen bei Hofe wurden mit Eunuchen besetzt. Der Kaiser war ganz in den Händen der Kastrierten, deren Misswirtschaft das Land an den Rand des Ruins brachte. Dürren und Überschwemmungen konnten nicht mehr gelindert oder abgewehrt werden, große Massen von Hungernden und Obdachlosen durchzogen das Land. Im Jahre 184 brach der Aufstand der »Gelben Turbane« aus, denn im Osten hatte der Gelbe Fluss viele Ländereien überflutet. Im Südwesten erhob sich die Sekte der »Fünf-Reisscheffel« und führte zur Ausrufung eines Separatstaates im heutigen Sichuan. Beide Aufstandsbewegungen waren religiös unterfüttert und von daoistischen Schwärmern angeführt. Als Lingdi

189 starb, griff der »Kriegsherr« Dong Zhuo nach der Macht, marschierte mit seinen Truppen in die Hauptstadt Luoyang, zerstörte die herrliche Stadt und richtete ein fürchterliches Massaker unter den Eunuchen an, von denen 2000 getötet wurden. Bei diesem sinnlosen Zerstören ging auch die einzigartige Bibliothek von Luoyang in Flammen auf. Dieser Verlust an einmaligen literarischen Werken, so schreiben chinesische Historiker, sei sogar größer gewesen als bei der Bücherverbrennung unter Qinshihuangdi. Eine Zentralgewalt gab es nicht mehr. Da ermordete der Adoptivsohn eines Eunuchen den Kriegsherrn Dong Zhou, bot jedoch dem acht Jahre alten Sohn von Lingdi seinen Schutz an. Dieser Adoptivsohn namens Cao Cao hatte sich zu einem General aufgeschwungen und kontrollierte den Norden des Landes. Cao Cao verheiratete seine Tochter mit dem Thronerben und gab damit dem Land einen neuen Kaiser, der den Namen Xiandi trug und noch 31 Jahre regierte, allerdings völlig abhängig von Cao Cao. Dies waren die letzten Jahrzehnte der Östlichen Han-Dynastie. Als Cao Cao 220 n. Chr. starb, usurpierte sein eigener Sohn Cao Pi den Thron, konnte sich jedoch nur im Norden und Nordosten behaupten. So bestieg Cao Pi als König Wendi den Thron im Staate Wei, während im Westen der Staat Shu Han und im Süden und Südosten der Staat Wu entstand. China war in das Zeitalter der Drei Königreiche eingetreten. Das Jahr 220 n. Chr. markiert demnach das endgültige Ende der gesamten Han-Dynastie.

Lingguang-Tempel Der bereits in der Tang-Dynastie gegründete Lingguang-Tempel in den Yinna-Bergen, Provinz Guangdong, liegt im Kreis Meixian und gilt in dieser Gegend weit und breit als vornehmstes Kult- und Kulturzentrum, das sich auf einer Fläche von über 2 Hektar ausbreitet und in der Ming-Dynastie erstmals renoviert und nach den Wirren der Kulturrevolution grundlegend restauriert wurde. Neben der großen Buddha-Halle ragen vor allem die Jinggang-Halle, die Arhat-Halle, die Schriftenhalle und der Trommelturm aus den sehr bemerkenswerten Bauten hervor.

Lingyan-Tempel Das Kloster des Göttlichen Felsens (Ling Yan Si) liegt nordwestlich von Taian (Provinz Shandong) in der herrlichen Berglandschaft des Taishan im Kreis Changqing. Bereits in der Nördlichen Wei-Dynastie (386–556 n. Chr.) gegründet, wuchs es in den

Dynastien Tang und Song zu einem Großkloster mit etwa 500 Mönchen heran. Erhalten sind neben den Hallen, Pavillons und Pagoden auch 200 Stupas, die zu Ehren der Äbte errichtet wurden, die einst in der Abfolge der Generationen das Kloster geleitet haben. In der Tausend-Buddha-Halle befinden sich jene 40 aus Ton geformte Lohan-Figuren, die als die besten ihrer Art in Shandong gelten. Bemerkenswert ist auch die neunstöckige Pi-Zhi-Pagode aus der Song-Dynastie, die mit einer Höhe von 55 Metern weithin sichtbar ist.

Lingyin-Tempel Der Lingyin-Tempel in Hangzhou, Zhejiang, liegt westlich des berühmten Westsees und soll aus der Zeit der Östlichen Jin-Dynastie (317–420) stammen, gegründet von dem indischen Mönch Huili. Die Glanzzeit des Lingying-Tempels liegt allerdings in der Zeit der Fünf-Dynastien (907–960), als der Tempel 72 Hallen mit 1300 Räumen, 18 Türmen und mehr als 3000 Mönchen aufwies. Im Juli 1949 stürzt die Halle des Großen Helden ein, verursacht durch Termitenfraß. Als im Sommer 1971 der damalige Ministerpräsident Zhou Enlai die Stadt besuchte, war diese Visite der Anstoß zu einer groß angelegten Renovierungsaktion, eine der umfassendsten, die in China noch in der Kulturrevolution im Hinblick auf ein buddhistisches Kulturerbe in Angriff genommen wurde. Seither erstrahlt der Tempel – ohne Schaden durch die Roten Garden zu erleiden – wieder in vollem Glanz. Hauptattraktion ist die 33,6 Meter hohe Halle des Großen Helden mit seiner 24,8 Meter hohen Sakyamuni-Statue aus Kampferholz, ferner ziehen die Halle der Himmlischen Könige und die Halle des Medizin-Buddha neben den vielen anderen Sehenswürdigkeiten täglich viele Touristen an. Während der religiösen Zeremonien an den Neujahrstagen finden sich meist 70 000 Pilger beim Lingyin-Tempel ein.

Lin Yutang Lin Yutang (1895–1976), einer der modernen chinesischen Schriftsteller von Weltgeltung, war der Sohn eines chinesischen presbyterianischen Geistlichen und wurde in seiner Heimatstadt Zangzhou, Provinz Fujian, von frühester Kindheit an mit größter Sorgfalt sowohl in der klassischen Bildungstradition des alten China als auch in einem englisch sprechenden Haushalt westlichen Zuschnitts erzogen. Diese geistigen Fundamente erweiterte er als Student der St. John's University in Shanghai und erhielt 1917 eine Professur für Englisch an der Qinhua-Universität in Peking. Dort heiratete er Liao Zuifeng, mit der er in den folgenden Jahren ein bewegtes Wanderleben führte und die ihm drei Töchter schenkte. 1919 ging er nach Amerika, studierte an der Harvard-University und erhielt dort den Magistertitel. Ein Jahr arbeitete er dann für den CVJM in Frankreich, ging aber 1921 nach Deutschland, wo er an der Leipziger Universität mit dem Thema »Altchinesische Lautlehre« promovierte. Nach China zurückgekehrt, entfaltete er eine umfangreiche Lehrtätigkeit an der Peking-Universität und an zwei Pädagogischen Hochschulen der Hauptstadt. Zwischen 1927 und 1932 lehrte Lin Yutang an den Universitäten in Xiamen, Suzhou und Shanghai und entwickelte als einer der ersten chinesischen Philologen ein System zur Romanisierung der chinesischen Schriftzeichen. 1935 erschien in den USA das von ihm in englischer Sprache geschriebene Werk »Mein Land und mein Volk«, das ein Welterfolg wurde und das ihm völlige materielle Unabhängigkeit sicherte. Die ansehnliche Reihe seiner weiteren Romane und Essays befestigten seinen Ruhm sowohl im Westen wie auch in China selbst. 1943 kehrte er für ein Jahr nach China zurück und bekleidete eine Dozentur an der Nationaluniversität in Chongqing. Von 1944–1954 lebte er als freier Schriftsteller in New York und wurde 1954 Rektor der neu gegründeten Universität in Singapur. Nach einem halben Jahr jedoch gab er diese ehrenvolle Position wieder auf, da es zwischen ihm und den Behörden des Landes zu Auseinandersetzungen über die Berufung von Professoren gekommen war. Lin Yutang starb am 26. März 1976 in Hongkong.

Linzi Linzi in Shandong ist eine der ältesten Städte Chinas und war von 850–221 v. Chr. die Hauptstadt des Herzogtums Ji. Der Salzhandel und die Erzeugnisse seiner Bronze- und Eisengießereien machten das Herzogtum zu einem der reichsten Vasallenstaaten der Zhou-Dynastie. Im Jahr 221 annektierte dann der erste Kaiser das gesamte Territorium. Die Stadt bestand als bedeutende Siedlung bis in die Mongolenzeit, verlor jedoch nach und nach an Einfluss und Größe und wurde dann aufgegeben. In der Ming-Zeit neu besiedelt und wieder aufgebaut, konnte sie ihre ursprüngliche Ausdehnung nie mehr erreichen.

Li Si Kanzler des Staates Qin und wichtigster Berater des Ersten Kaisers von China. Li Si, dessen Geburtsjahr nicht bekannt ist, stammte aus dem Staat Chu und trat in die Dienste von Qin, wo er nach der Eroberung von ganz China durch Shihuangdi Kanzler des neuen Einheitsstaates wurde. Alle wichtigen Maßnahmen des jungen Kaiserreiches gehen auf ihn zurück: die Vereinheitlichung der Maße und Gewichte, der Schrift und des Geldes, die Abschaffung der Territorialherrschaften, aber auch die Bücherverbrennung und die unmenschlich strengen Strafgesetze. Nach dem Tod des Kaisers fiel er bei den Nachfolgern in Ungnade und wurde auf Betreiben seiner Feinde im Jahr 210 v. Chr. öffentlich hingerichtet.

Lisu-Nationalität Mit fast einer halben Million Angehörigen zählt die Lisu-Nationalität zu den mittelgroßen Minderheiten in China. Die Heimat der Lisu liegt in den Berggebieten im Nordwesten der Provinz Yunnan und in zwei Kreisen der Provinz Sichuan. Die Lisu-Regionen liegen hauptsächlich in den Tälern des Nu-Flusses und des Lancang-Flusses, im Westen begrenzt vom Gaoligong-Gebirge, im Osten von den Biluoxue-Gebirgsketten. Beide Gebirgszüge weisen Höhen von über 4000 Metern auf. In den Bergwäldern findet man Lackbäume und Spießtannen sowie kostbare Heilpflanzen. Die Lisu-Sprache gehört zum Yi-Sprachzweig der tibeto-birmanischen Sprachgruppe der sinotibetischen Sprachfamilie. Früher behalfen sich die Lisu mit Knoten und Einkerbungen, wenn sie eine Nachricht übermitteln wollten, seit 1957 jedoch haben sie eine eigene Schrift, die auf der Grundlage des lateinischen Alphabets entwickelt wurde. Angebaut werden von den Lisu Reis, Mais, Weizen, Buchweizen, Sorghum und Bohnen. Seit 1960 etwa existieren in den Lisu-Gebieten jedoch kleinere Industriebetriebe und Bergwerke. Das früher sehr unzugängliche Gebiet ist heute durch eine befestigte Straße mit dem Landesinneren verbunden. Die Lisu sind Animisten und Polytheisten. In der Vergangenheit herrschte bei den Lisu hauptsächlich eine feudale Lehnsherrenwirtschaft, die letztlich bis 1951 bestand. Bereits in der Qing-Dynastie war das Gebiet in die Verwaltungsstruktur des Kaiserreiches einbezogen worden, sodass viele Han-Chinesen im 19. und beginnenden 20. Jahrhundert in die Lisu-Regionen einwandern konnten.

Literatische Revolution von 1920 Im Laufe der Jahrhunderte hatte sich in China die geschriebene Sprache von der Umgangssprache so weit entfernt, dass letztlich nur die an klassischen Vorbildern geschulten Beamten in diesem ausgefeilten und höchst differenzierten Stil sich schriftlich äußern konnten. Diese oft überladenen und gespreizten Stilformen kamen im Alltag nie zur Anwendung und waren auch für Übersetzungen aus der Literatur des modernen Europa und Amerika völlig ungeeignet. Gegen diese überlebten literarischen Formen rebellierten viele junge Intellektuelle vor allem um das Jahrzehnt nach dem Sturz des Kaiserreiches. Bis zum Jahr 1919 waren in China bereits etwa 400 Zeitungen in der Umgangssprache erschienen, die vor allem politische Themen aufgriffen, soziale Missstände anprangerten und Übersetzungen moderner Autoren aus dem Ausland publizierten. Die patriotische »Bewegung des 4. Mai« wurde vielfach von diesen national gestimmten Intellektuellen getragen, die 1919 gegen die Bestimmungen des Versailler Vertrages protestierten, die China benachteiligten. Die Literarische Revolution von 1920 war von vornherein sozialrevolutionär geprägt, und die 1921 gegründete »Literarische Vereinigung« mit ihren beiden Protagonisten Mao Dun und Lu Xun griff ebenso wie die »Schöpferische Gesellschaft« mit Guo Moruo und Yu Dafu sozialkritische Themen auf. Der Roman »Ricksha-Boy« von Lao She (geb. 1899 in Peking) kann beispielhaft für die literarische Ausdrucksform dieser Bewegung genannt werden, die sich mit neuartigen Stilmitteln den Problemen der Zeit damals stellte.

Liu Bang Liu Bang ist der ursprüngliche Name des Begründers der Han-Dynastie (206 v.–220 n. Chr.), der als Kaiser Gaozu in die Geschichte eingegangen ist. Nach dem Ausbruch der Aufstände gegen die Qin-Dynastie stellte er sich als lokaler Polizeiführer an die Spitze der Massenbewegung. Dies sicherte ihm die Unterstützung der rebellierenden Bauern, auch im Kampf um seinen adligen Gegenspieler Xiang Ji. Obwohl er bereits 206 v. Chr. die neue Kaiserherrschaft begründet hatte, konnte er erst vier Jahre später den Sieg über seinen Rivalen endgültig erringen. Nach der Festigung seiner Regierung übernahm er im Wesentlichen die von der Qin-Dynastie geschaffenen Institutionen und sicherte sich die Zustimmung der Bevölkerung durch einschneidende Verringerung der Abgabenlasten. Nach einer Niederlage gegen die Xiongnu (Hunnen) konnte er durch eine geschickte Beschwichtigungspolitik und den damit verbundenen Tributzahlungen den Frieden sichern.

Liu Shaoqi Liu Shaoqi (1898–1969) verkörperte in seinem Leben am klarsten jenen Typus eines Kommunisten, von dem man sagen konnte »die Revolution frisst ihre Kinder«; er stieg vom kleinen Arbeiterführer zum Staatspräsidenten Chinas auf und starb als »Verräter« im Gefängnis, auch seine Frau wurde viele Jahre eingekerkert. 1898 in Huaminglou, Provinz Hunan, als Sohn reicher Bauern geboren, besuchte er nach den Grundschuljahren in seiner Heimat die Lehrerbildungsanstalt in Changsha und stieß 1920 in Shanghai zur Komintern, die eine Fremdsprachenschule eingerichtet hatte. Von dort wurde er an die »Universität der Arbeiter des Ostens« in Moskau geschickt (1921/22), wo er während seines Aufenthalts der inzwischen gegründeten KP Chinas beitrat. Nach seiner Rückkehr beorderte ihn die Partei in das Kohlerevier von Anyuan in der Provinz Jiangxi, wo er bis 1925 erfolgreich Streiks organisierte. In den Jahren 1925–1927 war er als junger Gewerkschaftsführer in Shanghai, Wuhan und Guangzhou tätig. In den folgenden zwei Jahren war er wieder in Moskau und wurde dann 1931 in China zum Mitglied des Politbüros gewählt. Da die Führung der KPCh in dieser Zeit in die Guerillabasis Mao Zedongs in Jiangxi verlegt wurde, war Liu Shaoqi dort als Mitglied des Zentralen Exekutivrats tätig und trat von da aus den Langen Marsch an, der erst im Herbst 1935 in der nordchinesischen Provinz Shaanxi endete. Bis zum Ausbruch des Chinesisch-Japanischen Krieges leitete er die Personalpolitik der Partei, verfasste Agitationsschriften und lehrte an der Parteischule, die unter dem Namen »Marx-Lenin-Institut« eingerichtet worden war. Innerhalb Chinas vertrat er in den folgenden Jahren Mao Zedong bei dessen Abwesenheit als Parteivorsitzender und international war er als stellvertretender Vorsitzender des Weltbundes der Gewerkschaften tätig. Nach der Gründung der Volksrepublik China ging es für Liu Shaoqi stetig aufwärts, 1954 wurde er Parlamentspräsident und 1959 Staatspräsident Chinas. Diese nach außen hin höchste Position im Staat konnte er jedoch nur erreichen, da nach dem Scheitern des »Großen Sprungs nach vorn« Mao von der Parteiführung zum Rücktritt gezwungen worden war. Die hohe Stellung war für Liu Shaoqi nunmehr mit vielen Staatsbesuchen, die er in viele asiatische Länder und nach Moskau unternahm, verbunden. Zielgerichtet brachte er zuhause den gesamten Parteiapparat unter seine Kontrolle. Der gedemütigte Mao Zedong jedoch hatte sich insgeheim der Unterstützung des Militärs versichert, das Lin Biao unterstand. Mit Hilfe Lin Biaos rief Mao 1966 die »Große Proletarische Kulturrevolution« aus und gewann in den folgenden Jahren in dem entfesselten Chaos die unumschränkte Macht in Staat und Partei zurück. Liu Shaoqi wurde verhaftet und starb am 12. November 1969 im Gefängnis. Die Verfolgung wurde auf seine gesamte Familie ausgedehnt. Im Februar 1980 wurde Liu Shaoqi vom Zentralkomitee der KPCh vollinhaltlich rehabilitiert. Im Jahre 1941 hatte er die Schrift »Über den innerparteilichen Kampf« verfasst, 28 Jahre später war er selbst das prominenteste Opfer eines solchen Kampfes geworden.

Liu-Song-Dynastie Im Jahre 420 hatte General Liu Yu den letzten schwachen Kaiser der Östlichen Jin-Dynastie entthront und als Kaiser Song Wudi (420–422) die Liu Song-Dynastie (420–479) gegründet. Diese Dynastie kann als Paradebeispiel für die Morphologie von vielen Dynastien überhaupt gelten: Aufstieg und kräftiger Beginn unter einem starken und unverbrauchten Herrscher mit kurzer Blütezeit des Landes und dann beginnender Verfall bis zum chaotischen Ende und der Ablösung nach dem gleichen Muster. Kaiser Song Wudi war Holzfäller und Fischer, ging zu den Soldaten und stieg in kurzer Zeit zum General auf. Überzeugt von der Schwäche des alten Kaiserhauses griff er kurzentschlossen selbst nach der Macht und bescherte dem Land nicht nur eine neue Blütezeit sondern auch den absoluten Höhepunkt des gesamten Reiches südlich des Jangtse, indem er die »nördlichen Barbaren« zurückwarf und die eigenen Grenzen absicherte. Von dieser stabilen Lage konnten sogar noch seine beiden Nachfolger Ying Yang Wang (423) und Wendi (424–453) ausgehen und zehren, während die vier letzten Kaiser dieser Dynastie in der Geschichtsschreibung einen denkbar schlechten Ruf genießen, da ihnen Trunkenheit, Charakterlosigkeit und Giftmorde nachgesagt wurden. Die Kaiser Xiao Wudi (454–464), Mingdi (465–472), Cang Wu Wang (473–476) und Shundi (477–479) wurden allesamt vom Volk gehasst, sodass im Jahre 479 Xiao Daocheng, ein Mitglied der mächtigen Xiao-Familie, den letzten, erst

13 Jahre alten Kaiser absetzte und als Kaiser Qi Gaodi die Qi-Dynastie (479–501) gründete.

Liu Xiang und Liu Xin Am Kaiserhof der Han-Dynastie wirkten als Beamte zwei Gelehrte, Vater und Sohn, die als Historiker einen wichtigen Beitrag zur späteren Geschichtsschreibung der Westlichen Han-Dynastie geleistet haben. Liu Xiang (79–8 v. Chr.) kollationierte unter Mithilfe seines Sohnes Liu Xin (gest. 23. n. Chr.) die Bücher der kaiserlichen Bibliothek und sorgte für die kritische Würdigung aller damals vorhandenen Quellenschriften. Liu Xin gilt als erster Bibliograph Chinas, von dem eine erklärende Liste aller Literaturwerke erstellt wurde, die bis auf seine Zeit gekommen waren.

Liuzhou Liuzhou (Liutschau), die rund 600 000 Einwohner zählende Stadt an der großen Schleife des Liu-Flusses in der Autonomen Region Guangxi Zhuang, war bereits zur Zeit der Qin-Dynastie bekannt, als sie zur Präfektur Guilin gehörte. Damals wie heute lebten neben Han-Chinesen vor allem Angehörige der Zhuang und Dong in der Stadt. Der Ahnenschrein des Liu Hou Ci, der in Liuzhou erhalten ist, kann als gutes Beispiel für eine Eigenschaft der Chinesen gelten, die in dieser Weise kaum bei einem anderen Volk der Erde zu finden ist. Der Dichter und Gelehrte Liu Zongyuan (773–819) fiel als Beamter 815 am Tang-Hof in Ungnade und wurde nach Liuzhou verbannt. Dort genoss er bald wegen seiner guten Amtsführung und Gerechtigkeit als Gouverneur einen so guten Ruf, dass die Bevölkerung zwei Jahre nach seinem Tod ihm einen Gedenkschrein errichtete, der in allen späteren Jahrhunderten gepflegt und ausgebaut wurde. Die heutigen Bauten des Liu-Ahnenschreins stammen aus dem frühen 18. Jahrhundert.

Li Zicheng In den letzten beiden Jahrzehnten vor dem Sturz der Ming-Dynastie erschütterten schwere Bauernaufstände das Land, die bereits 1627 nach einer mehrere Jahre währenden Dürre- und Hungerperiode in Shaanxi ausgebrochen waren. Li Zicheng, der aus einer Bauernfamilie in dieser Provinz stammte und vom Postkurier zum Soldaten der Kaiserlichen Armee gewechselt hatte, verließ bald seine Truppe und schloss sich den aufständischen Bauern an. Li Zicheng zeichnete sich bei den Kämpfen bald durch seine Tapferkeit aus und stieg nach dem Tod des Bauernführers Gao Qingxiang nunmehr zu dessen Nachfolger auf. 1643 errichtete Li Zicheng eine Bauernregierung in der Provinz Hubei, eroberte 1644 Xian und proklamierte dort das Große Shun-Regime. Da sich viele Ming-Truppen kampflos ergaben, konnte die siegreiche Bauernarmee im gleichen Jahr auch Peking einnehmen. Der letzte Ming-Kaiser hatte sich auf dem Kohlehügel hinter seinem Palast erhängt, nachdem er die Desertation seiner Truppen erleben musste. Zur gleichen Zeit (1644) hatte der Kommandant der Ming-Garnison an der Großen Mauer den angriffsbereiten Mandschuren die Tore geöffnet. Li Zicheng wurde beim Zusammentreffen mit den mandschurischen Reitern nach Peking zurückgetrieben, wo er sich dann zum Kaiser ausrufen ließ. Der neue Herrscher hatte zwar dem Kommandanten an der Mauer einen Pakt gegen die Mandschuren angeboten, dieser aber hielt die äußeren Feinde für das kleinere Übel gegenüber der Bauernarmee – und so musste sich Li Zicheng mit seinen Truppen nach Hubei zurückziehen. In einem Hinterhalt wurde er dort 1645 getötet. Noch 20 Jahre kämpften seine Bauerntruppen in abgelegeneren Teilen des Reiches weiter, bis sie von den siegreichen Mandschus endgültig vernichtet wurden. Li Zicheng ging als »Bauernkaiser« in die Geschichte ein und gilt wegen seines Mutes und Gerechtigkeitssinnes als Held. In der Kunst wird er dargestellt als Reiter, der auf seinem Pferd einen Pfeil aus seiner Armbrust abschießt, einen bäuerlichen Filzhut auf dem Kopf und bekleidet mit einer Jacke aus schwarzem, dickem Stoff.

Lizong Lizong (1225–1264), Kaiser der Südlichen Song-Dynastie, in dessen vierzigjähriger Regierung dem Land zwar Sicherheit und Wohlstand vergönnt war, der aber den schwerwiegenden Fehler machte, mit den Mongolen gegen die Jin zu paktieren. Zwar gelang es 1234 den vereinten Truppen der Mongolen und Chinesen das Reich der Jin zu vernichten, aber nun standen die Chinesen unmittelbar den Mongolen gegenüber, nun war der Jangtse die Grenze zwischen dem Mongolischen Imperium und dem Reich der Mitte, dessen Kernland längst verloren war. Bis zum Tode Lizongs (1264) konnten sich die Chinesen den Frieden nur mit einem jährlichen Riesentribut an die Mongolen erkaufen. Unter dem Nachfolger, Kaiser Duzong (1264–74), begann sich die Katastrophe bereits abzuzeichnen.

Longhushan Longhushan (Drachen-Tiger-Berg) nennt

sich das daoistische Hauptzentrum der Südlichen Sekte des Daoismus, das 20 Kilometer südlich der Stadt Jingtan in der Provinz Jiangxi gelegen ist. Dieser »Vatikan« des Daoismus war einstmals die Residenz des »himmlischen Lehrers«, bestehend aus 230 Hallen, Pavillons und Türmen, vor allem aber dem großen Shangqing-Tempel, der zur Zeit der Östlichen Han-Dynastie (25–220 n. Chr.) nach dem Muster des damaligen Kaiserpalastes erbaut wurde. Als höchste Autorität erkennen die Südlichen Daoisten den »himmlischen Lehrer« an, für den mit kaiserlicher Förderung in den herrlichen Bergwelten am Luxi-Fluss in Jiangxi geradezu ein hohepriesterlicher Sitz errichtet wurde, der sich in seinen Glanzzeiten sowohl mit dem Konfuzius-Tempel in Qufu als auch mit den größten buddhistischen Klöstern des Reiches messen konnte. Der Name dieser Residenz leitet sich von dem mächtigen Drachen-Tiger-Berg (Longhushan) ab, zu dessen Füßen einst der erste aller »himmlischen Lehrer«, der berühmte Zhang Daoling (34–156 n. Chr.), 36 Jahre seines begnadet langen Lebens verbracht hatte und diesen »irdischen Glücksort« als den schönsten auf Erden gepriesen hatte. In den Kriegswirren sind bis 1950 bereits die meisten Gebäude der 2,4 Hektar großen Anlage zerstört worden. Nach Aufhebung der politischen Restriktionen wurde nach 1978 im »Haus des himmlischen Lehrers« ein Museum eingerichtet, in dem sich auch eine 5 Tonnen schwere Glocke aus Kupfer befindet, die aus der Yuan-Dynastie (1271–1368) stammt. Der »Longhushan«, wie diese Klosterstadt kurzerhand benannt wird, war seit jeher eine Pflegestätte daoistischer Kultur, die vor allem neben dem Studium der Philosophie des Laozi auch Musik, Medizin, Malerei, Kochkunst und Körperkultur umfasst. Seit Verkündung der neu garantierten Religionsfreiheit ist der Longhushan bereits wieder das Ziel vieler daoistischer Pilger aber auch Tausender Touristen, die seine zahlreichen noch vorhandenen Kulturdenkmäler erkunden wollen.

Longqing Longqing (1567–1572), der zwölfte Kaiser der Ming-Dynastie, war politisch noch völlig unerfahren, als er den Thron bestieg, aber fähige Minister korrigierten während seiner kurzen Amtszeit die gravierendsten Fehler seines Vaters, der als gläubiger Daoist die Buddhisten verfolgt hatte. Als Longqing überraschend mit 35 Jahren starb, wurde er bei den Ming-Gräbern im

Mausoleum Zhaoling unter dem Tempelnamen Muzong bestattet. Die Weitsicht seines Ministers Zhang Zhuzheng führte dazu, dass ein Friedensvertrag mit den Mongolen unter Altan Khan geschlossen werden konnte und das Piratenunwesen an den Küsten eingedämmt wurde. Nachfolger von Longqing wurde sein dritter Sohn Wanli (1573–1620).

Longshan-Kultur Die Longshan-Kultur (2600–2000 v. Chr.) ist benannt nach einem Fundort in Shandong. Längere Zeit bezeichnete man damit alle neolithischen Kulturen an der Ostküste Chinas. Neue Ausgrabungen aber haben ergeben, dass diese schon sehr verfeinerte Kultur letztlich bis nach Shaanxi im Westen verbreitet war. Man formte die meist schwarze Keramik bereits auf der Töpferscheibe und kannte mehrere Arten geschliffener Steinwerkzeuge. Nach neuesten Erkenntnissen kann genauer unterschieden werden zwischen der

▷ Henan-Longshan-Kultur (2600–2000 v. Chr.)
▷ Shaanxi-Longshan-Kultur (2300–2000 v. Chr.)
▷ Shandong-Longshan-Kultur (2300–2000 v. Chr.)

Das Hauptverbreitungsgebiet lag demnach am Mittellauf und Unterlauf des Gelben Flusses.

Longshan-Tempel Im Küstenkreis Jinjiang in der Provinz Fujian befindet sich das Städtchen Anhai, das als blühendes Handelszentrum schon seit der Song-Dynastie sich in den Überseehandel eingeschaltet hatte. Im Nordwesten von Anhai liegt der in vielen Ländern Südostasiens bekannte Longshan-Tempel, denn er diente den vielen Auswanderern aus dieser Stadt in ihrer neuen Heimat als Vorbild, sodass heute in Taiwan und in vielen Gebieten der malayischen Welt, vor allem auch in Indonesien, Tempel dieses Namens zu finden sind. Man zählt über 100 Sakralbauten dieses Namens und dieser Herkunft in Asien. Der ursprüngliche Longshan-Tempel selbst in Anhai stammt aus der Östlichen Han-Dynastie (25–220 n. Chr.), erfuhr im Laufe der Jahrhunderte mehrere Umbauten, wurde jedoch nie völlig zerstört.

Longxing-Tempel Der Tempel Longxing (Blühender Drachen-Tempel) liegt in der nordöstlichen Vorstadt von Zhengding in der Provinz Hebei, etwa 14 Kilometer von Shijiazhuang entfernt. Der Tempel nimmt eine Baufläche von 5 Hektar ein und gilt mit seinen zahlreichen Gebäuden als eine der vier Kostbarkeiten der gesamten Provinz. Die Ursprünge der Anlage gehen auf das Jahr 586 in der Sui-Dynastie zurück, die wichtigsten Bauten jedoch stammen aus der Song-Dynastie, vor allem die 22 Meter hohe Bronze-Statue des Bodhisattva Avalokitesvara (Guanyin) im Pavillon des Großen Erbarmens, auch genannt Pavillon des Himmlischen Friedens. Gegossen wurde diese Riesenstatue im Jahre 971 auf Weisung des damaligen Song-Kaisers, der den Tempel besucht hatte.

Losang Gyatso Die weltliche Herrschaft der Dalai-Lamas in Tibet begann mit Losang Gyatso, genannt »Der Große«; er war der Fünfte Dalai-Lama und der Bauherr des Potala (1617–1682).

Loulan Westlich des heute fast völlig ausgetrockneten Sees Lopnor lag zwischen dem 3. Jh. v. Chr. und dem 5. Jh. n. Chr. die alte Handelsstadt Loulan, zugleich Hauptstadt des gleichnamigen Königreiches Loulan. Die Bewohner scheinen indoskythischer Herkunft gewesen zu sein, da sie die aus Nordindien stammende Kharosthi-Schrift benutzten und blonde Haare hatten, wie die bisherigen Ausgrabungen gezeigt haben. Der Lopnor-See hatte damals eine Ausdehnung von mehr als zehntausend Quadratkilometer, seine Ufer waren bewaldet und mehrere Flüsse mündeten in ihn, auch der Konque, in dessen Mündungsdelta Loulan damals lag. Das kleine Königreich geriet früh schon unter die Botmäßigkeit der Hunnen und damit auch in Gegensatz zur Westlichen Han-Dynastie. Im Jahre 108 v. Chr. konnte eine Armee des Han-Kaisers Wudi unter General Zhao Ponu den Hunnen eine schwere Niederlage beibringen und den König von Loulan gefangen nehmen. In der Folgezeit verlegte ein neuer, von China abhängiger König den Sitz des Loulan-Reiches nach Miran und benannte sein Herrschaftsgebiet nunmehr in Shanshan um. Die Stadt Loulan selbst wurde daraufhin zu einer starken chinesischen Garnison und Grenzpräfektur ausgebaut und war bis 376 n. Chr. eine wichtige Station an der Seidenstraße, wo sich die Karawanen mit Trinkwasser und mit Futter für die Kamele und Pferde versorgen konnten. Danach scheint die Stadt wegen einer anhaltenden Klimaverschlechterung von ihren Bewohnern verlassen worden zu sein, denn durch eine lange Trockenperiode verlandeten große Flächen des Lopnor und die Flüsse versickerten bereits in der Wüste. Die von Sand bedeckten Ruinen von Loulan wurden erst im Jahr 1900 von dem schwedischen Asienforscher Sven Hedin wieder entdeckt. Bei den von ihm vorgenommenen Ausgrabungen kamen viele Keramiken, Bronzespiegel, Lackarbeiten, Gewebe und Holztäfelchen mit Kharosthi-Schrift zutage. Bald nach Sven Hedin kam auch der Engländer Aurel Stein nach Loulan und konnte bei zwei Expeditionen ebenfalls hanzeitliche Überreste in dem ausgedehnten Ruinenfeld finden. Vom Beginn des Ersten Weltkrieges an bis in die letzten beiden Jahrzehnte des 20. Jahrhunderts ruhten in Loulan die Forschungen, dann konnten chinesische und japanische Archäologen die Arbeit erneut aufnehmen und im Wesentlichen die Beschreibungen von Hedin und Stein bestätigen.

Lu Chinesischer Staat (11. Jh.–249 v. Chr.) im Westen der heutigen Provinz Shandong, dessen Herrscher ihre Abstammung auf Zhougong zurückführten, dem die Begründer der Zhou-Dynastie das Gebiet als Lohn für seine Verdienste übertrugen. Der nicht allzu große Staat Lu stand stets unter dem Druck seiner mächtigen Nachbarn Jin, Chu und Qi. Bereits im 6. Jh. v. Chr. verlor das Herrscherhaus die Macht de facto an drei Aristokratensippen, obwohl nach außen das Königtum weiterbestand. In Lu wirkte Konfuzius (551–479 v. Chr.) und gab das wichtige Annalenwerk Chunqiu heraus, das die Geschichte von Lu zur Zeit der Frühlings- und Herbstperiode (722–481 v. Chr.) beschreibt. Im Jahre 249 v. Chr. wurde Lu von Chu annektiert und fiel bald darauf wie alle Staaten zur Zeit der Streitenden Reiche an die Qin-Dynastie.

Lü Buwei Chinesischer Kaufmann, Politiker und Kanzler des Staates Qin, in China der Inbegriff gezielter Bestechung aus Karrieresucht. Lü Buwei hatte im Handel viel Geld verdient und verwendete einen großen Teil seines Vermögens dazu, um beim König von Qin zu erreichen, dass der von ihm favorisierte Prinz Chu als Thronfolger anerkannt wurde. Der Plan gelang, und als Prinz Chu König geworden war, machte er Lü Buwei zum Kanzler des Reiches. Eine der Nebenfrauen Lü Buweis gefiel dem König und der Kanzler schenkte sie ihm. Nun scheint aber damals dieses ehemalige Tanzmädchen schon schwanger gewesen zu sein, denn als sie dem König einen Sohn schenkte, den späteren Ersten Kaiser des Reiches, Qinshihuangdi, kam das Gerücht auf, der wirkliche Vater des Herrschers sei Lü Buwei gewesen. Als der Kanzler die Beziehungen zu dieser Frau aufrecht zu halten versuchte, fiel er in Ungnade.

Lüshi chunqiu Titel eines berühmten chinesischen Werkes von enzyklopädischem Charakter aus der Zeit von 250–235 v. Chr. unter der Förderung von Lü Buwei im Staate Qin. Der Titel »Frühling und Herbst des Herrn Lü« klingt zwar sehr nach einer privaten Aufzeichnung, ist in Wirklichkeit aber eine Übersicht über alle wichtigen philosophischen Lehren der damaligen Zeit und enthält Angaben über das chinesische Altertum, deren Originalquellen nicht mehr vorhanden sind.

Lü Zhi Nach dem Tode von Liu Bang, dem ersten Kaiser der Han-Dynastie, hatte seine Gemahlin Lü Zhi 16 Jahre lang die Macht inne, allerdings ohne den Kaisertitel. Darin unterschied sie sich von Wu Zetian, die von 690–705 tatsächlich als Kaiserin herrschte.

Lunheng Titel des philosophischen Hauptwerkes von Wang Chong (27–100 n. Chr.), in dem er eine systematische Darstellung der eigenen Philosophie und der anderen Lehren, vor allem des Konfuzianismus, gibt.

Lunyu Titel eines der grundlegenden Werke des Konfuzianismus, in dem die Aussprüche des Meisters gesammelt wurden. Das Werk ist eine Sammlung letztlich der Gespräche, die Konfuzius mit seinen Schülern geführt hat und die von ihnen in diesem Buch aus der Erinnerung wiedergegeben werden. Die Aufzeichnungen sind knapp und aphoristisch und stellen wohl die konfuzianischen Lehren mehr oder weniger authentisch dar.

Luoyang Die heutige Millionenstadt Luoyang, am Luo-Fluss im Westen der Provinz Henan gelegen, spielte unter den Kaiserstädten Chinas in den vergangenen drei Jahrtausenden eine bedeutende Rolle, denn sie diente immerhin neun Dynastien als politischer und kultureller Mittelpunkt. Die Gegend, in der die Stadt liegt, gehört ohnehin zum Herzland der chinesischen Zivilisation, hier blühten vor 7000 Jahren bereits die Anfänge der Yangshao und der Longshan-Kultur. Die Östliche Zhou-Dynastie errichtete in der Nähe des heutigen Luoyang im Jahr 770 v. Chr. gleich zwei Residenzen, einmal die Königsstadt Wang Cheng als Sitz der Könige und zum Zweiten die Hauptstadt Cheng Zhou als ökonomisches Zentrum. Liu Bei, am Beginn der Han-Dynastie, entschied sich zwar nach einigem Zögern für Changan als Hauptstadt, aber die Östliche Han-Dynastie verlegte dann 25 n. Chr. ihren Sitz nach Luoyang und baute die Stadt zu einer ausnehmend prächtigen Metropole aus. In der dort gegründeten Kaiserlichen Akademie waren 30 000 Studenten registriert und das erste buddhistische Kloster entstand in der Stadt. Dieses 12 Kilometer östlich der heutigen Stadt gelegene »Kloster des Weißen Pferdes« soll eine Gründung des Jahre 64 n. Chr. sein und mehrere Wandmalereien aus Gräbern der Han-Periode veranschaulichen das tägliche Leben in jener Zeit sehr realistisch. In der Zeit der Drei Reiche und in der Zeit nach 494 n. Chr. – als die Nördliche Wei-Dynastie ihren Sitz von Datong nach Luoyang verlegte – begann gerade in dieser Stadt ein beispielloser Aufschwung des Buddhismus. Mehrere hundert Klöster entstanden in und um Luoyang, und die Wei-Dynastie ermöglichte den großzügigen Ausbau der Longmen-Grotten. Selbst als die Sui- und die Tang-Herrscher ihre Hauptstadt dann in Changan aufschlugen, blieb Luoyang die heimliche Hauptstadt des Reiches. Die Longmen-Grotten, eines der großen Steinmetzwunder Chinas, liegen 14 Kilometer südlich der Stadt am Li-Fluss. Die Steilhänge zu beiden Seiten des Flusses boten beim Durchbruch des Wassers durch das Felsgebiet Longmen (Drachentor) später dann ideale Voraussetzungen zur Anlage von Höhlentempeln. In einer 350-jährigen Bauphase wurden ab 494 insgesamt 1352 Höhlen geschaffen und fast 100 000 große und kleine buddhistische Figuren aus Stein gemeißelt. Heute ist nur noch ein Zehntel davon erhalten – und dieses Zehntel allein schon kann Weltgeltung beanspruchen. Allein der 50 Meter breite und 30 Meter tief eingeschnittene Feng Xian Tempel ist ein Wunderwerk der Bildhauerkunst. In dieser Riesen-Nische thront Buddha Vairocana auf einer Lotosblüte, daneben seine beiden Schüler Kasyapa und Ananda. Die Hauptfigur hat eine Höhe von 17,2 Metern, geschaffen wurde sie in der Tang-Dynastie, als die Kaiser in Changan residierten. Luoyang blieb der Ort der großen Kunst aus Stein, der die Zeiten überdauert. Der Stern von Luoyang sank erst in der Zeit der Fünf Dynastien (907–960) mit ihren Machtkämpfen. Die Städte Kaifeng, Hangzhou, Nanking und Peking stiegen zu Hauptstädten auf. Luoyang blieb zwar Metropole der Provinz Henan bis 1949, dann aber wurde Zhengzhou Provinzhauptstadt. Geblieben ist jedoch nicht nur der große Name sondern auch eine liebenswerte Stadt mit einem sehr robusten Überlebenswillen.

Lushan Eine der kulturhistorisch berühmtesten Regionen Chinas ist die Gegend des Lushan, eines Berges von 1474 Metern Höhe, der sich 25 Kilometer südlich des Jangtse nordwestlich des Poyang-See in der Provinz Jiangxi erhebt. Berühmte Maler und Dichter haben die landschaftlichen Reize dieses Berges mit seinen Gipfeln und Wasserfällen in vielen Jahrhunderten verherrlicht, zahlreiche Kaiser und Würdenträger haben ihn besucht. Die Gegend um den Lushan ist bekannt als ein Zentrum des Buddhismus und wies einst mehr als 200 Tempelklöster auf, von denen das Ostwald-Kloster das bekannteste ist. Von diesem Kloster ging der volkstümliche buddhistische Orden Jingtuzong aus, die »Schule des Reinen Landes«, die den Amitabha-Kult in ganz China verbreitete. Zur Song-Zeit existierte im Tal des Wu Lao Feng auch eine der vier großen Bildungsstätten der Dynastie, die eine ausgesprochene Eliteschule für Hochbegabte war.

Lu Xun Der Schriftsteller Lu Xun gilt als der bedeutendste Autor Chinas des 20. Jahrhunderts, der in den zwanziger und dreißiger Jahren die chinesische Intelligenz nachhaltig geprägt hat. Im Jahre 1881 unter dem Namen Zhou Shuren in Shaoxing, Provinz Zhejiang als Spross einer Gelehrtenfamilie geboren, konnte er sich trotz der Verarmung seiner Familie auf privaten und staatlichen Schulen in Nanking eine gediegene Bildung aneignen und ging 1902 nach Japan, um dort Medizin zu studieren. In diesen Schul- und Studienjahren erkannte er als Auslandsstudent sehr bald, dass nur eine vollkommene Modernisierung und eine Änderung des soziopolitischen Lebens in China dem Land allein eine Zukunftsperspektive eröffnen könne. Diese Bewusstseinsänderung, so meinte er, könne am ehesten durch die Literatur erfolgen. Er brach sein Medizinstudium ab und begann zu schreiben. Wichtig erschien ihm, dass die moderne Literatur des Auslandes schnellstens in China bekannt würde, und so widmete er sich intensiv dem Sprachstudium, lernte Deutsch und Japanisch und ließ eine zweibändige »Sammlung ausländischer Erzählungen« bereits unter dem Pseudonym Lu Xun erscheinen. 1909 kehrte er nach China zurück und wurde Dozent für Chemie und Physik an der Lehrerbildungsanstalt in Hangzhou, ein Jahr später an der Mädchenschule seiner Heimatstadt Shaoxing. Nach dem Zusammenbruch der Qing-Dynastie wurde Lu Xun Rektor der Pädagogischen Hochschule in Shaoxing und wurde 1912 bereits Leiter des Amtes für Soziale Erziehung im Bildungsministerium der neu gegründeten republikanischen Regierung in Peking. Inzwischen war seine erste Erzählung »Eingedenk der fernen Vergangenheit« erschienen, der im Laufe der Jahre eine große Anzahl von Aufsätzen, Essays, Romanen, Erzählungen und Gedichten folgte. Lu Xun wollte aufrütteln, China aus jeder Form der Lethargie und Rückständigkeit befreien. Aus diesem Grund förderte er auch den modernen expressionistischen Holzschnitt und machte das Werk von Käthe Kollwitz in seiner Heimat bekannt. Als Lu Xun 55-jährig 1936 an Tuberkulose starb, konnte er neben zahlreichen eigenen Werken auch eine Anzahl von Übersetzungen aus dem Russischen und Deutschen vorweisen, denn er hatte Werke von Gogol, Fadejew, Tschechow, Gorki und Heine ins Chinesische übertragen. Lu Xun war ein engagierter politischer Autor, aber er hat sich nie parteipolitisch gebunden; sein Wahlspruch lautete: »Alle Literatur ist Propaganda, aber nicht alle Propaganda ist Literatur«.

M

Macartney-Mission Mit dem Ziel, China für den Handel mit England zu öffnen, entsandte die englische Krone 1793 den erfahrenen Diplomaten Lord George Macartney (1737–1806) mit fast 100 Begleitern in besonderer Mission an den chinesischen Kaiserhof. Da der damalige Kaiser Qianlong den Sommer 1793 in seiner Bergresidenz Jehol verbrachte, musste Macartney die beschwerliche Reise in die Bergwelten der Provinz Hebei antreten. Die Geschenke, die dem »Himmelssohn auf dem Drachenthron« gebracht werden sollten, mussten mit 90 Wagen, 40 Karren, 200 Pferden und 3000 Trägern zu diesem weit entfernten Palastbezirk transportiert werden, samt und sonders englische Luxuswaren und die letzten technischen Errungenschaften der damaligen Zeit. Die Chinesen, die diese Aufwartung ohnehin als Tributgesandtschaft eines – wenn auch mächtigen – Barbarenkönigs ansahen, waren höchst irritiert, dass der englische Abgesandte nicht den vorgeschriebenen Kotau vor dem thronenden Kaiser vollziehen wollte. Den Herrscher selbst, der als ausgewiesener Kunstkenner, Schriftsteller und Ästhet galt, beeindruckten die ausgebreiteten Schätze in keiner Weise und er ließ sie ungerührt abräumen. Qianlong erklärte, dass China solche Dinge nicht brauche und auch keinen verstärkten Handel anstrebe. Die Mission Macartneys war gescheitert. Unverrichteter Dinge kehrte die Gesandtschaft nach England zurück. War es die Tatsache, dass Macartney mit seiner Gefolgschaft auf einem britischen Kriegsschiff angekommen war und die Furcht, mit einem mächtigen Staat aus Übersee in zu enge Kontakte zu geraten, oder war es die offen zur Schau gestellte Selbstherrlichkeit des Abgesandten von Georg III. – wie immer man es später auch sah – die Mission war ein großer Misserfolg und der Beginn der später sich entfaltenden Streitereien und Auseinandersetzungen zwischen England und China.

Macau Im Dezember 1999 wurde die portugiesische Überseeprovinz Macau wieder an China zurückgegeben. Nur 70 km von Hongkong entfernt, ist die Geschichte dieses portugiesischen Handelsstützpunktes ganz anders verlaufen als die der einstigen britischen Kronkolonie. Bereits 1513 waren die Portugiesen unter Jorge Alvares am westlichen Mündungsbereich des Perlflusses gelandet und fragten die dort siedelnden Fischer nach dem Namen dieses Ortes. »A-Ma-Go«, sagten die Anwohner und meinten damit »an der Bucht der A-Ma«. Dies war die von den Seefahrern und Fischern hochverehrte Göttin, der dort ein Tempel geweiht war. So entstand dann durch europäische Verballhornung der Name Macau. Die Portugiesen ließen sich an diesem Ort nieder und die Chinesen bescheinigten ihnen 1557 zwar das Niederlassungsrecht, behielten sich aber die Oberhoheit vor. Was allen anderen europäischen Nationen bis ins 19. Jahrhundert hinein versagt blieb, das machte die Portugiesen in Macau reich. Mit Genehmigung Chinas konnten sie von dieser kleinen Halbinsel aus das gesamte Warengeschäft zwischen Europa, China und Japan monopolartig abwickeln. Da niemandem erlaubt wurde, an einer anderen Stelle an der chinesischen Küste eine Handelsstation zu errichten, war Macau das Paradies des portugiesischen Handels. Bereits 1565 hatten die Jesuiten in Macau ein Kloster gegründet und schon 1576 einen katholischen Bischof ernannt. Die auserwählte Stellung der Portugiesen rief britische, niederländische und auch asiatische Piraten auf den Plan, die viele Segler im Südchinesischen Meer kaperten. Die Holländer versuchten sogar 1622 mit großer Flotte von Java aus Macau zu stürmen, vergeblich. Mit Hilfe der Chinesen vernichteten die Portugiesen 1810 in einer erbitterten Seeschlacht die Dschunkenflotte des Piraten Cheung Po Tsai. Der Status Macaus war bis 1951 der einer Kolonie, erst 1951 wurde die Halbinsel portugiesische Überseeprovinz. Auf die namengebende Halbinsel entfallen jedoch nur 5,4 Quadratkilometer, da jedoch noch zwei weitere Inseln dazugehören (Taipa mit 3,6 und Coloane mit 6,7 Quadratkilometer) umfasst das gesamte Gebiet 15,7 Quadratkilometer. Die beiden Inseln sind durch eine Brücke und einen Damm mit der Stadt verbunden. Macau ist durch seine Casinos als Mekka des Glücksspiels bekannt. Obwohl Peking zugestanden hat, 50 Jahre lang das gesamte Wirtschaftssystem Macaus nicht anzutasten, dürfte die Glanzzeit der mafiosen Bosse in diesem Milieu doch bald der Vergangenheit angehören. Macau hat um 450 000 Einwohner, von denen nur 3 Prozent Portugiesen sind. Die chinesische Bevölkerung Macaus setzt sich vornehmlich aus Angehörigen der Volksgruppen zusammen, die als Hakka, Kantonesen, Holdo und Tanka in Südchina bekannt sind.

Machang-Kultur Mit diesem Terminus wird jene späte Form der Yangshao-Kultur bezeichnet, die in der zweiten Hälfte des 3. Jahrtausends v. Chr. im Osten von Qinghai blühte und auch in West-Gansu beheimatet war. Die Machang-Kultur geht der Qijia-Kultur voraus und folgt der Banshan-Kultur nach.

Maiji Shan Etwa 45 Kilometer südöstlich der Stadt Tianshui an der alten Seidenstraße liegen die buddhistischen Grotten von Maiji Shan, die in 194 Höhlen und Nischen etwa 7000 Lehmfiguren oder Steinskulpturen und über 1000 Quadratmeter Wandmalereien enthalten. Die Darstellungen zeigen den Erleuchteten, Bodhisattvas und Schutzgottheiten, die in eine senkrecht aufsteigende Felswand auf 20–30 Meter Höhe oder darüber auf 70–80 Meter Höhe gehauen sind. Die größte Steinskulptur in diesem Ensemble ist eine Figur des Maytreya aus der Sui-Dynastie mit einer Höhe von 16 Metern. Die ersten Höhlen wurden bereits in der Zeit der nur regional bedeutsamen Westlichen Qin-Dynastie (395–431) geschaffen, die dann mit großem Eifer in der Zeit der Nördlichen Wei-Dynastie (386–550) weitergeführt wurden. Die meisten Werke an der Felswand stammen zwar aus dieser Zeit, aber die Arbeiten wurden in der Sui-, Tang- und Song Dynastie weitergeführt. 734 unterbrach ein Erdbeben die Tätigkeit der Bildhauer und Maler, aber es beendete sie nicht. Die Maijishan-Grotten sind die einzigen von allen in China, die bis ins 19. Jahrhundert hinein immer wieder Mönche anzogen, die zum Meißel griffen und neue Schöpfungen hervorbrachten, mindestens jedoch ständig verbesserten und erweiterten. Möglicherweise war das Wissen um jenes große buddhistische Zentrum bis zu dieser Zeit nie erloschen, das in der Nördlichen Wei-Dynastie an dieser Stelle sich ausbreitete.

Majia Durch Ausgrabungen in der Provinz Gansu bekannt gewordene neolithische Kultur, die vor allem in der sog. Banshan-Phase (2600–2300 v. Chr.) herrliche hellbeige Gefäße hervorbrachte, bemalt in Braun und Rot, mit Rautengitter, Kreismotiven, Spiralformen, meist mit seitlichen Henkeln in Höhe von 16 bis 42 Zentimetern.

Majiabang-Kultur Nach dem gleichnamigen Fundort in Nord-Zhejiang benannt, ist die Majiabang-Kultur gekennzeichnet durch ihre unbemalte Keramik. Die Bewohner der bisher aufgefundenen Wohnanlagen waren Jäger, Sammler, Fischer und auch schon Bauern. Die zwischen 5000–3500 v. Chr. anzusetzende Kulturstufe wurde auch als ein Seitenzweig der Hemudu-Kultur bezeichnet.

Majiayao-Kultur Die schwarzen und sehr eleganten Keramiken der Majiayao-Kultur (2. Hälfte 4. Jahrtausend v. Chr.) werden zum Feinsten gezählt, was die chinesische neolithische Töpferei überhaupt hervorbrachte. Phantasievoller Liniendekor in vielerlei Variationen herrscht vor. Die Fundstellen liegen in den Provinzen Gansu und Qinghai.

Mandat des Himmels Chinesischer Begriff zur Rechtfertigung der Kaiserherrschaft. Ähnlich wie im mittelalterlichen Europa die Fürsten ihre Herrschaft mit dem Begriff des Gottesgnadentums rechtfertigten, versuchten die Herrscher Chinas bereits seit dem Beginn der Zhou-Dynastie (11. Jh. v. Chr.) ihre Machtausübung mit dem »Mandat des Himmels« zu legitimieren, d. h. es wurde die Herrschaft damit begründet, dass der Himmel selbst einen Auftrag (Mandat) zur Regierung an den Herrscher erteilt habe. Wenn aber die Wohlfahrt des Volkes durch den Inhaber der Macht vernachlässigt wird, entzieht der Himmel ihm das Mandat und überträgt es auf einen anderen, der diesen Verpflichtungen wieder nachkommt. Diese Theorie diente stets dann der Rechtfertigung für den Sturz einer Dynastie und der Machtübernahme durch einen neuen Herrscher.

Mandschukuo Am 1. März 1932 errichtete Japan in der Mandschurei den von ihm völlig abhängigen Marionettenstaat Mandschukuo (Manzhouguo, Manchukuo), machte Changchun zur Hauptstadt und benannte sie um in Xinjing (jap. Shinkyo). Am 1. März 1934 wurde auf Betreiben Tokyos der ehemalige chinesische Kaiser Puyi als neues Staatsoberhaupt eingesetzt und zum Kaiser von Mandschukuo gekrönt. Als Begründung verwies Japan auf die mandschurische

Abstammung des Monarchen, der jedoch nur eine symbolische Macht von Gnaden Japans innehatte. Japan baute nun konsequent nach seinen Vorstellungen und Erfordernissen die Industrie, das Verkehrswesen und die Verwaltung auf und siedelte eine beträchtliche Zahl japanischer Bauern in ihrem quasi-Protektorat an. Mit dem Einmarsch der Sowjettruppen endete nach 14 Jahren Herrschaft die japanische Besatzungszeit.

Mandschurei Die Großlandschaft Mandschurei umfasst heute die drei Provinzen Heilongjiang, Jilin und Liaoning, d. h. die gesamte Region, die zwischen dem Amur und Ussuri, der nordkoreanischen Grenze und den innerchinesischen Grenzen zur Inneren Mongolei und der Provinz Hebei gelegen ist. In der Geschichte dieses riesigen Territoriums ist die Frühzeit in ein nicht mehr zu enthüllendes Dunkel getaucht. Fest steht jedoch, dass in den recht unterschiedlichen Landschaften dieses Gebiets eine Anzahl von Stämmen sesshaft war, die der altaischen Sprachgruppe zuzurechnen sind und sowohl Mongolen, Tungusen, Koreaner, Xibo, Hezhe, Ewenki, Dahuren, Oroqen und die Vorfahren der Mandschuren umfassten, zu denen auch die Khitan (Qidan) und die Nuzhen (auch Jürchen oder Zhushen) gehörten. Die Khitan waren es dann, die im Jahre 916 nach Süden vorstießen und zehn Jahre später das Bohai-Reich eroberten, das sich in der heutigen Provinz Liaoning zur Zeit der Tang-Dynastie gebildet hatte und von ihr unabhängig war. Die Khitan gründeten die Liao-Dynastie und beherrschten bis 1125 auch größere Gebiete Nordchinas. Die Nuzhen jedoch machten ihnen bald ihre Macht streitig, eroberten das Liao-Reich und gründeten ihrerseits die Jin-Dynastie (1125–1234), die noch weiter nach Süden vorstieß und die Song-Kaiser zwang, den Norden des Reiches ganz aufzugeben und ihre Hauptstadt im südlichen Hangzhou einzurichten. Die Mongolen brachten erst das Jin-Reich zum Einsturz und gliederten auch die gesamte Mandschurei in ihr Herrschaftsgebiet ein. Erst im 17. Jahrhundert gelang es auf dem Boden der Mandschurei wieder einer Stammesgruppe unter ihrem Führer Nurhaci, verwandte Stämme zu einer schlagkräftigen Militärmacht zusammenzufassen und nach Süden vorzustoßen. Nurhaci nahm für seinen geeinigten Stammesverband den an sich aus China stammenden Namen Manzhou an. Das Reich der Mandschuren nahm Form an, eroberte 1644 China und gründete dort die Qing-Dynastie. Nach dem Zerfall des Kaiserreiches geriet die Mandschurei noch tiefer in den Streit um Einflusssphären in diesem Land zwischen Russen, Japanern und Chinesen selbst, die schon 1895 nach ihrer Niederlage gegen Japan Korea als Vasallenstaat verloren. Von 1932–1945 hielt Japan die gesamte Mandschurei besetzt und gründete dort den Marionettenstaat Mandschukuo, der zuerst von den Russen erobert, dann von den Nationalchinesen wieder besetzt und schließlich nach der Niederlage der Guomindang-Truppen der 1949 gegründeten VR China zufiel, die dadurch eine ihrer größten industriellen Machtbasen gewann.

Mandschuren Die Mandschuren (Mandschu) sind jene nationale Minderheit, die heute am stärksten sinisiert ist, sodass kaum mehr zwischen Mandschuren und Chinesen unterschieden werden kann, da sie alle sich inzwischen der chinesischen Sprache und Schrift bedienen. Die mandschurische Sprache beherrschen nur noch wenige Menschen in abgelegenen Dörfern, obwohl sie Amtssprache bis 1911 am Kaiserhof war. Die mandschurische Schrift, im 17. Jahrhundert aus der mongolischen Schrift abgeleitet, ist nur noch wenigen Gelehrten geläufig. Das Mandschurische gehört zu der mandschu-tungusischen Sprachgruppe der altaischen Sprachfamilie. Die fast vollkommene Sinisierung der Mandschuren im 20. Jahrhundert ist ein Ergebnis der dramatischen Geschichte dieses Volkes. Ursprünglich saßen die Mandschuren in den Wäldern an Amur und Ussuri, stießen dann im 16. Jahrhundert als Reitervolk bis an den Baikalsee vor, eroberten 1644 Peking, stürzten die Herrschaft der Ming und errichteten die Qing-Dynastie (1644–1911), die eine Versöhnungspolitik betrieb, von den Chinesen jedoch meist als Fremdherrschaft abgelehnt wurde. Die in der Mandschurei zurückgebliebenen, dort sesshaften Leute sprachen nach wie vor Mandschurisch, die in China agierende Herrenschicht erlernte als Zweitsprache Chinesisch. Die mandschurischen Kaiser der Qing-Dynastie verhalfen China im 18. Jahrhundert sogar zu einem glanzvollen Zeitalter, konnten im 19. Jahrhundert den Einbruch fremder Mächte nicht aufhalten. Die eindeutige technische und militärische Unterlegenheit des Qing-Reiches führte 1911 zu ihrem schließlichen Untergang. Bereits in der Mitte des 19.

Jahrhunderts hatte eine gewaltige Einwanderung von Chinesen in die Mandschurei begonnen, die sich im 20. Jahrhundert fortsetzte, sodass heute die Mandschuren in der Mandschurei gegenüber den Chinesen bereits eine Minderheit bilden. Man hat die Gesamtzahl aller Mandschuren und Mandschu-Stämmigen auf 10 Millionen geschätzt. Da sich aber viele Mandschuren längst als Chinesen fühlen und ihre eigene Sprache verlernt haben, sind in vielen Handbüchern und Publikationen Angaben sowohl von nur einer Million bis zu 5 Millionen zu finden – zumal es nach 1911 nicht opportun war, sich als Mandschure zu bekennen, man gehörte ja dem Volk der eben gestürzten Kaiserdynastie an. Die durch ihr Aussehen und ihr Brauchtum eindeutig als Mandschuren identifizierbaren Nachkommen dieses einstigen Herrschervolkes leben heute in ihrer Mehrheit zwar nach wie vor in den drei Provinzen Heilongjiang, Jilin und Liaoning (die ja die Mandschurei bilden), sind aber letztlich über ganz China hin zerstreut, wenn auch die nordchinesischen Provinzen als Wohn- und Siedlungsgebiete bevorzugt zu nennen sind. Ursprünglich hingen die Mandschuren dem Schamanismus an, dann war ein bestimmter Einfluss des Lamaismus und des Mahayana-Buddhismus unverkennbar und wurde dann durch die synkretistische Volksreligion und den allgemein verbreiteten Laizismus und Agnostizismus abgelöst.

Maodun Chinesischer Name des großen Hunnenfürsten (gest. 174 v. Chr.), der China während der Han-Dynastie zu großen Tributlieferungen zwang und dafür Frieden garantierte. Maodun hatte den an der Nordgrenze Chinas lebenden Hunnenstamm der Xiongnu aus der Abhängigkeit der zentralasiatischen Yuezhi befreit und hatte im Gebiet der heutigen Mongolei einen mächtigen Staat errichtet und sich zahlreiche andere Völkerschaften botmäßig gemacht.

Mao Dun Mao Dun (1896–1981), einer der bedeutendsten Schriftsteller des modernen China, war zugleich einer jener wenigen Intellektuellen, der die Kulturrevolution unbeschadet überstand. Geboren in Tongxiang in der Provinz Zhejiang als Spross einer wohlhabenden Familie, erhielt er eine klassische chinesische Ausbildung und besuchte anschließend die Ingenieursschule in Nanking und die Universität in Peking. 1918 nahm er die Stellung eines Redakteurs im renommierten Verlag »The Commercial Press« in Shanghai an und kam auf diese Weise mit vielen Journalisten und Schriftstellern des neuen China zusammen. Nach seinem Eintritt in die KPCh wurde er unter Mao Zedong stellvertretender Direktor der Propagandaabteilung der Guomindang, trat aber rechtzeitig vor dem Angriff Chiang Kai-sheks auf die Kommunisten wieder aus der KPCh aus. Fortan wandte sich Mao Dun eigenen schriftstellerischen Arbeiten zu, die ihn bald berühmt machten. In seiner Trilogie »Verfall« schildert er die Zustände in China während der Zwanziger Jahre seines Jahrhunderts, aber der Weltruhm erreichte ihn erst 1936 mit dem Roman »Shanghai im Zwielicht«. Mit Lu Xun und anderen gründete er die »Liga der linksgerichteten Schriftsteller« und nahm 1939 einen Ruf an die Universität Urumtschi in Sinkiang an, wo er bis 1941 blieb. Von 1941–1945 arbeitete Mao Dun in der Abteilung für Politische Bildung bei der Nationalregierung. Nach Kriegsende ging er nach Shanghai zurück und wich dann nach Hongkong aus, als der Druck der Guomindang auf die »Linken« größer wurde. Kurz nach Einnahme Pekings durch die Rote Armee traf Mao Dun in der nunmehr kommunistischen Stadt ein und wurde von den Parteigängern Maos als einer der ihren aufgenommen und mit vielen Ehrungen, Auszeichnungen und Ämtern fast überhäuft. 15 Jahre lang bekleidete er den Posten des Kulturministers der VR China und unternahm in dieser Position viele Auslandsreisen. In der Zeit der Kulturrevolution blieb er vier Jahre verschwunden, aber seine ausgesprochene Anpassungsfähigkeit sicherte ihm das Überleben. Nach 1979 wurde er Chefredakteur der Zeitschrift »Chinese Literature« und Vizepräsident des Chinesischen PEN-Zentrums. Mao Dun starb 1981, er hinterließ ein Werk von insgesamt 40 Bänden.

Maoismus Internationale Bezeichnung für die chinesische Form des Kommunismus in China in der Ära von Mao Zedong. Der Begriff ist in China so nicht bekannt, man spricht dort von den Mao Zedong-Ideen, die letztlich den aus der Sowjetunion übernommenen Marxismus-Leninismus abwandelten und erweiterten. Die große Abweichung bestand vor allem darin, dass Mao nicht auf die Arbeiter sondern auf die Bauern als die treibenden Kräfte der Revolution setzte, dass er durch die Schaffung der Volkskommunen die Kollektivierung weiter vorantrieb als die Sowjets und in der außenpolitischen Linie sich von jeglicher Einflussnahme Moskaus löste. In der Theorie ist der Maoismus die Gesamtheit der von Mao Zedong verkündeten Ideen, in der Praxis war es der Versuch, durch einen »Großen Sprung nach vorn« und durch ständige Revolutionierung den »neuen Menschen« bereits in etwa einer Generation hervorbringen zu können. In der Praxis ist der Maoismus in fast allen Bereichen völlig gescheitert, sein Verdienst ist es jedoch, die Gleichstellung der Frau, die Familienplanung und die internationale Anerkennung Chinas als Großmacht tatkräftig vorangetrieben zu haben.

Maoling Das Grab des Han-Kaisers Wudi (141–87 v. Chr.), in der weiteren Umgebung von Xian gelegen, kann als Paradebeispiel vieler Kaisergräber der Han-Dynastie gelten; es trägt den Namen Maoling und stellt eine aus Lehmziegeln gebaute Pyramide dar. Die quadratische Unterlage hat eine Seitenlänge von 240 Metern, die Höhe beträgt 46,5 Meter. Wie alle chinesischen Grabpyramiden hat sie keine Spitze, sondern eine Plattform, die ein Rechteck darstellt, dessen Seitenlängen 39,5 mal 35,5 Meter betragen. Eine Gedenkstele vor der Pyramide gibt – wie bei allen Kaisergräbern – den Namen des Herrschers an. Historischen Berichten zufolge verwandte Wudi ein Drittel des gesamten Steueraufkommens seiner Regierungsjahre zum Bau der riesigen Grabanlage, für die er unendliche Schätze an Grabbeigaben schon zu seiner Lebenszeit zusammentragen ließ. Bereits im zweiten Jahr nach seiner Thronbesteigung soll er den Bau der gewaltigen Anlage befohlen haben, die dann zur Fertigstellung viele Jahre in Anspruch nahm. Kaiser Wudi (141–87 v. Chr.) regierte am längsten von allen Han-Kaisern und war einer der gebildetsten Herrscher seiner Zeit. Im Jahr 1961 wurde einen Kilometer nordwestlich seines Grabhügels das Maoling-Museum eingerichtet. In der Nähe dieses Kaisergrabes liegt auch der Tumulus, in dem Huo Qubing begraben ist, einer der erfolgreichsten Generäle unter Wudi. Nach einer siegreichen Schlacht kehrte er mit 80 gefangenen Hunnenfürsten in die Hauptstadt zurück und gewann damals für China große Teile des heutigen Hebei. Der Kaiser ehrte ihn durch die Anlage dieses Grabdenkmals in der Nähe seines eigenen Mausoleums.

Maonan-Nationalität Die nationale Minderheit der Maonan mit rund 40 000 Angehörigen gehört zu den kleinen Minoritäten Chinas und wohnt fast ausschließlich in fünf Kreisen des Autonomen Gebiets der Zhuang-Nationalität Guangxi. In den bergigen Siedlungsgebieten dieses Volkes herrscht mildes Klima, die Niederschläge sind reichlich, sodass Reis, Mais, Hirse, Weizen, Sojabohnen und Süßkartoffeln prächtig gedeihen können. Die von den Maonan gezüchteten Mastrinder sind weithin bekannt. Die Maonan-Sprache gehört zum Dong-Shui-Sprachzweig der Zhuang-Dong-Sprachgruppe in der sinotibetischen Sprachfamilie. Der enge Kontakt der Maonan zu den Han und den Zhuang aber brachte es im Lauf der Jahrhunderte mit sich, dass die meisten Angehörigen dieses Volksstammes entweder Chinesisch können oder die Zhuang-Sprache benutzen. Eine Besonderheit der Maonan ist die Tatsache, dass über 80 Prozent der gesamten Bevölkerung den Familiennamen Tan tragen.

Mao-Schriften Noch nie in der Menschheitsgeschichte ist von einem politischen Führer eine so hohe Zahl von Büchern gedruckt worden wie in den Jahren 1949–1976 von den Schriften aus der Feder Mao Zedongs. Für diesen Exzess eines gigantischen Personenkults mussten die Bäume gewaltiger Wälder gefällt werden, um die Papiermassen bereit zu stellen, die für diese viereinhalb Milliarden Exemplare gebraucht wurden. Allein bis November 1968 war eine Auflage von 740 Millionen allein des »Roten Büchleins« von Mao gedruckt worden. Viele Auflagen folgten in aller Welt, die nicht miteingerechnet sind, denn vor allem »Die Worte des Vorsitzenden Mao Zedong« wurden in zahlreiche Sprachen übersetzt. 600 Millionen Exemplare entfallen auf die »Ausgewählten Werke Mao Zedongs«, 2 Milliarden auf vermischte politische Schriften des Vorsitzenden, 140 Millionen auf seine »Ausgewählten Lesestücke«, rund 100 Millionen auf seine zum großen Teil politischen Gedichte. Diese Zahlenangaben beziehen sich alle auf die von Peking bekannt gegebenen Auflagen bis November 1968. Da bis zum Tode Maos 1976 mindestens über 500 Millionen Exemplare seiner Schriften in Chinesisch, in der Sprache nationaler Minderheiten und in den großen Weltsprachen (aus chinesischen Staatsverlagen) erschienen sind, dürfte die Zahl von 4 Milliarden Exemplaren eher untertrieben sein.

Mao Zedong Mao Zedong (1893–1976), Mitbegründer und von 1935–1976 auch Vorsitzender der KPCh und Gründer der VR China 1949. Geboren als Sohn eines Reisbauern in Shaoshan, Provinz Hunan, kam Mao Zedong nach einigen Schuljahren in der Provinzhauptstadt Changsha nach Peking, trat marxistischen Zirkeln bei und gründete mit Gleichgesinnten 1921 in Shanghai die Kommunistische Partei Chinas. Da nach dem Sturz der Qing-Dynastie 1911 jedoch im Norden die Warlords die Macht errungen hatten und sich im Süden, in Guangdong unter Dr. Sun Yat-sen eine Guomindang-Regierung etablierte, beschlossen die Kommunisten eine enge Zusammenarbeit mit der Guomindang und vertagten die Auseinandersetzung mit den bürgerlichen Kräften auf spätere Zeiten. Nach dem Tod von Dr. Sun Yat-sen rückte der militärisch ausgebildete Chiang Kai-shek in der Guomindang-Parteiführung und als Generalissimus nach und begann den Nordfeldzug gegen die Warlords. Auf diesem siegreichen Feldzug brach Chiang Kai-shek mit den Kommunisten und ordnete eine blutige Verfolgung gegen alle Mitglieder der KPCh an. Mao Zedong und seine Anhänger organisierten daraufhin im südlichen Bergland, vor allem in der Provinz Jiangxi, mehrere revolutionäre Basen, unterstützt vor allem durch die bäuerliche Bevölkerung, die sich von den Kommunisten am ehesten vertreten fühlte. Einem Vernichtungsfeldzug entgingen die Kommunisten dann 1934 durch den berühmten Langen Marsch in die Lößhöhlen des Nordens. Das Eingreifen der Japaner 1937 in China zwang dann Chiang Kai-shek zu einer erneuten Zusammenarbeit mit den Kommunisten, die auf diese Weise zu Verbündeten der Alliierten im Zweiten Weltkrieg wurden. Die Waffenlieferungen Amerikas und Englands an China kamen somit auch den Kommunisten zugute und so konnten sie von 1947–1949 die endgültige Auseinandersetzung mit der Guomindang unter Chiang Kai-shek wagen. Nach der Einnahme Pekings rief dann bereits am 1. Oktober 1949 Mao Zedong die Volksrepublik China aus und wurde als Vorsitzender der Zentralen Volksregierung offiziell Chinas Staatsoberhaupt. Den Parteivorsitz hatte Mao Zedong von 1935 bis zu seinem Tod im Jahr 1976 unangefochten inne. Die unter seiner Regie nunmehr beginnende Kollektivierung der Landwirtschaft, seine ständig wechselnden Kampagnen zur Schaffung des neuen Menschen, seine ideologische Ausrichtung der Massen und die Vergesellschaftung der gesamten privaten Wirtschaft warfen die Agrar-

und Industrieproduktion in einem Maße zurück, dass es einerseits zum Bruch mit Moskau und andererseits zu schweren Auseinandersetzungen in der Führung der KPCh selbst kam. Mao trat 1959 vom Amt des Staatsoberhauptes zurück, behielt jedoch den Vorsitz der Partei. Mao, der in diesem Streit gegen die gemäßigten Reformer praktisch unterlegen war, versuchte dann noch einmal durch Mobilisierung der Jugend in der »Großen Proletarischen Kulturrevolution« das Blatt zu seinen Gunsten zu wenden, scheiterte jedoch abermals und stürzte das Land in ein unvorstellbares Chaos. Bereits 1970 konnte daher der gemäßigt operierende Ministerpräsident Zhou Enlai sowohl außen- als auch innenpolitisch eine leichte Kurskorrektur einleiten. An Stelle des durch eine schwere Parkinsonkrankheit gezeichneten Mao gelang es jedoch seiner dritten Frau Jiang Qing bis zu dessen Tod 1976 mit Hilfe dreier Hochfunktionäre (Viererbande) die revolutionäre Linie generell durchzuhalten und eine Umkehr der desaströsen Innenpolitik zu verhindern. Erst nach der Verhaftung der Viererbande und der Rehabilitation der Reformer (Deng Xiaoping und Hu Yaobang) gelang eine völlige Neuorientierung, die dann in der Verkündung der Öffnungspolitik und der Einführung der Sozialistischen Marktwirtschaft gipfelte. Mao Zedong hat trotz katastrophaler Fehlleistungen in der Innenpolitik jedoch das unzweifelhafte Verdienst, China wieder zu einer international anerkannten Großmachtstellung verholfen zu haben. Das Urteil über Mao Zedong in der Geschichte wird stets schwankend bleiben, denn es steht den von ihm erreichten Zielen ein so hoher Preis gegenüber, der für diese Leistungen und Verbesserungen bezahlt werden musste, dass eine gerechte Bewertung wohl nur aus großer zeitlicher Distanz einmal möglich sein wird. Positiv schlagen zu Buche die Befreiung Chinas aus der Rolle eines gedemütigten Staates mit halbkolonialem Status und der damit verbundene Aufstieg Chinas zur Weltmacht, positiv die Befreiung der Frau aus einer jahrhundertelangen Diskriminierung und die Loslösung der Bauern aus den einstigen Zwängen ausbeuterischer Großgrundbesitzer, positiv auch die Abkehr der Massen von vielfach abstrusem Aberglauben. Negativ zu bewerten ist eindeutig die Summe der ökonomischen und sozialpolitischen Fehlentscheidungen, die Millionen Tote zur Folge hatten (Großer Sprung nach vorn, Hungersnot, Volkskommunen), negativ auch der exzessive Personenkult, die chaotische Kulturrevolution mit ihren folgenschweren Zerstörungen von unersetzbaren Kulturgütern und der sinnlosen Auslöschung von Menschenleben. Der beispiellose wirtschaftliche Aufstieg Chinas nach 1978 ist allerdings bereits jenen Kräften zu verdanken, die Mao und seine Gefolgsleute einstens bekämpft hatten. Geboren wurde Mao Zedong 1893 im Dorf Shaoshan, Kreis Xiangtan, Provinz Hunan, als Sohn eines wohlhabenden Bauern, er starb 1976 in Peking und ruht einbalsamiert in der Mao-Zedong-Gedenkhalle auf dem Tiananmen-Platz. Die neue Ära seit Ausrufung der Volksrepublik China durch Mao Zedong ist durch folgende Ereignisse gekennzeichnet:

▷ 1950 Beistands- und Freundschaftspakt mit der Sowjetunion und Eingreifen in den Koreakrieg.
▷ 1951 Einmarsch in Tibet. In den Folgejahren flächendeckende Liquidierung von Nichtkommunisten.
▷ 1958 Großer Sprung nach vorn. Aufbau von Volkskommunen. In der Folge agrarische Katastrophe und Hungersnot mit über 15 Millionen Toten.
▷ 1959 Rücktritt Maos als Staatsoberhaupt, Abgabe des Amtes an Liu Shaoqi.
▷ 1962 Chinesisch-indischer Krieg. Nach langwierigem ideologischem Streit Bruch mit der Sowjetunion.
▷ 1964 Erste chinesische Atombombe.
▷ 1964–1967 Hauptphase der chaotischen Kulturrevolution. Übernahme der höchsten Regierungsgewalt wieder durch Mao und seine Anhänger. In der Folgezeit völliges Zerwürfnis mit der UdSSR und Wiederannäherung an die USA. Im Innern zugleich Aufstieg der »Viererbande«.
▷ 1970 Ausbruch einer schweren Parkinson-Erkrankung bei Mao und Rückzug aus dem politischen Tagesgeschäft.
▷ 1976 Tod Maos am 9. September. Verhaftung der Viererbande. Todesurteil für Jiang Qing, dann Begnadigung zu lebenslanger Haft, in der sie 1991 starb.
▷ 1978 Aufstieg von Deng Xiaoping und Formulierung der Öffnungspolitik.

Marco Polo Marco Polo (1254–1324), der bedeutendste Reisende des europäischen Mittelalters, reiste mit seinem Vater und seinem Onkel 1271 von seiner Heimatstadt Venedig über Palästina, Persien und Zentralasien an den Hof des mongolischen Großkhans nach China, wo er die Gunst des großen Khubilai Khan gewann und als Diplomat und Verwaltungsbeamter in seinen Dienst genommen wurde. Erst 1292 kehrte er mit seinen Begleitern per Schiff wieder nach Venedig zurück. Der Reisebericht, den er später als Gefangener der Genuesen einem französischen Mitgefangenen diktierte, wurde lange Zeit als Aufschneiderei angezweifelt, erwies sich jedoch als die einzige ausführliche Quelle über China im 13. Jahrhundert aus der Sicht eines Europäers.

Marco-Polo-Brücke Etwa 15 Kilometer vom Platz des Himmlischen Friedens entfernt überspannt im Südwesten Pekings die älteste Steinbogenbrücke dieser Gegend den Yongding-Fluss, der früher Lugou hieß. Die Brücke heißt daher chinesisch nach wie vor Lugou Qiao. Da Marco Polo diese Brücke in seinem Reisebericht ausführlich beschrieben hat, erhielt sie international zu seinen Ehren den Namen Marco-Polo-Brücke. Erbaut in den Jahren 1189–1192 unter dem Jin-Kaiser Wuli (= Shizong), wurde die Brücke mit elf Bögen ausgestattet und weist bei einer Länge von 235 Metern eine Breite von 8 Metern auf. Da sie wegen eines Hochwassers 1698 teilweise neu errichtet werden musste, konnte man das Geländer mit 485 kleinen Säulen ausstatten und auf jede Säule einen Marmorlöwen setzen. Die Brücke wurde in der Neuzeit auf recht unrühmliche Weise bekannt, als am 7. Juli 1937 die Japaner durch einen Schusswechsel mit chinesischen Wachmannschaften einen Zwischenfall auslösten, der den Beginn des chinesisch-japanischen Krieges (1937–1945) markierte.

Massaker von Nanking Vom 13. Dezember 1937 bis zum Januar 1938 veranstalteten die japanischen Invasoren eines der schlimmsten Massaker des 20. Jahrhunderts, dem in wenigen Wochen rund 300 000 Menschen zum Opfer fielen. Nach dem Fall der schönen Stadt mit ihrer rund 6000-jährigen Zivilisationsgeschichte wurde diese in ein »dantisches Inferno der Neuzeit« verwandelt, wie der amerikanische Arzt Robert Wilson es ausdrückte. Mit einer Grausamkeit ohnegleichen wurden wahllos Männer, Frauen und Kinder auf bestialische Weise abgeschlachtet. Innerhalb weniger Tage war auch die Stadt völlig zerstört. Das Foltern und Morden geschah völlig grundlos, die japanische Soldateska stellte alles bisher Gehörte über entmenschte Exzesse in den Schatten, indem sie verwundete chinesische Soldaten in ihren Lazarettbetten mit Benzin übergossen und verbrannten. Nach Einschätzung aller Militärhistoriker ist kaum ein Ereignis im Zweiten Weltkrieg und in allen Kriegen des 20. Jahrhunderts mit den Scheußlichkeiten des Massakers von Nanking zu vergleichen.

Maße und Gewichte Die benutzten Maßeinheiten waren im alten China zeitlich und räumlich sehr verschieden, erst die Reichseinigung unter Qinshihuangdi (247–210 v. Chr.) brachte die Vereinheitlichung. Endgültig durchgesetzt haben sich die vom Ersten Kaiser festgesetzten Maße und Gewichte dann unter der Han-Dynastie, wurden dann aber durch Fremdherrschaften und spätere Dynastien oftmals abgewandelt und erweitert. Das in der Han-Dynastie gültige Längenmaß war Chi (Fuß) mit 23 cm, später erweitert auf 32 cm. 1 Chi enthielt 10 Cun, während 1 Zhang in 10 Chi aufgeteilt wurde. Heute, in der VR China, ist das Längenmaß 1 Cun und beträgt 3,33 cm. 1 Chi misst demnach 33,33 cm und 1 Zhang 3,33 Meter. Früher kannte man für beachtliche Strecken auch das Längenmaß Li, das 576,496 Meter betrug, im Nachbarland Korea aber nur mit 403 Metern berechnet wurde und heute in China auf genau 500 Meter festgelegt ist. 1 Kilometer heißt in China heute 1 Gongli. Das Flächenmaß heißt Mu und ist in der VR China auf 666,66 qm festgelegt, ist demnach so viel wie ein Fünfzehntel Hektar. 1 Qing wird mit 6,66 ha angegeben. Das Hohlmaß (Raummaß) nannte sich früher Sheng, enthielt ursprünglich 0,2 Liter und wurde später auf 1 Liter erweitert. 1 Sheng enthielt 10 He und 10 Sheng waren 1 Dou. Heute ist ein Sheng ebenfalls ein Liter, 10 Liter machen 1 Dou und 100 Liter werden Dan genannt. Die gebräuchliche Gewichtseinheit war im alten China »Jin« (220 g), im 19. Jh. bis auf 600 g erweitert. 1 Jin enthielt 16 Liang, und ein Dan schloss 100 Jin ein. Im Kolonialzeitalter bürgerte sich die Bezeichnung Tael ein, die örtlich verschieden als Gewichtsmaß bekannt wurde. Man nannte 1 Tael auch eine chinesische Unze, die in Shanghai im Jahr 1858 mit 34,246 g angegeben wurde. Heute ist die Gewichtseinheit 1 Liang (50 Gramm). 500 Gramm sind 1 Jiu und 1 Gongjiu ist 1 kg, während 50 kg ein Dan genannt werden. Bei den Münzen bezeichnete man die runde gegossene Bronze- oder Messingmünze mit »Käsch«, abgewandelt von Chien (Chüan oder Tsien), sie enthielt ein viereckiges Loch, durch das eine Schnur gezogen werden konnte. Eine Schnur Kaesch enthielt im Zahlungsverkehr 100 Käsch.

Mausoleen der Han-Dynastie Alle Grabanlagen der Westlichen Han-Dynastie liegen – etwa 35 Kilometer von Xian entfernt – weit verstreut im Hügel- und Bergland nördlich des Wei-Flusses. Alle Aufbauten sind zerstört, viele Gräber ausgeraubt, die Tumuli jedoch weithin sichtbar. Das größte aller Han-Gräber ist das Mao Ling, die Ruhestätte des mächtigsten aller Han-Kaiser, des berühmten Wu Di (140–86 v. Chr.), über die sich der 46 Meter hohe Tumulus wölbt. Im Grab seines Vorgängers, des Kaisers Jingdi (188–141 v. Chr.), fand man 40 000 Tonfiguren, die zwar nicht mehr lebensgroß wie die Soldaten der Terrakotta-Armee jedoch mit 60 Zentimetern Höhe doch auch recht ansehnlich sind. Diese Diener und Wächter für das Jenseits wurden in Serienfabrikation angefertigt. Einige tausend solcher Figuren fand man auch in zwei Nebengräbern, in denen vor allem Kavalleristen und Fußsoldaten zutage kamen.

Mausoleum des Dschingis Khan Etwa 150 Kilometer südlich von Baotou im Banner Ejin Horo wird auf der Ordos Hochebene der Inneren Mongolei das Grab des Mongolenherrschers Dschingis Khan gezeigt. Das Mausoleum besteht aus drei achteckigen Gebäuden, einer Haupt- und zwei Nebenhallen. Nach offizieller Darstellung ruht der Mongolenherrscher mit seinen drei Frauen im hinteren Teil der Haupthalle, sein vierter Sohn und dessen Frau sind in der Osthalle bestattet, während in der Westhalle die Waffen Dschingis Khans ausgestellt sind. In der Haupthalle ist eine fünf Meter hohe Statue des Fürsten aufgestellt und an den Wänden befinden sich Darstellungen aus dem Leben des großen Eroberers. Die drei Gebäude tragen jeweils ein jurtenförmiges Kuppeldach. Ob der Weltenherrscher nun tatsächlich in diesem Mausoleum (aus neuerer Zeit) ruht, ist wissenschaftlich umstritten. Tatsache ist, dass Dschingis Khan im Jahr 1227 bei einem Feldzug gegen die Westlichen Xia eines natürlichen Todes gestorben ist. Seit dieser Zeit bestehen zwei Berichte, die sich widersprechen. Der von den meisten Wissenschaftlern als glaubhaft angesehene Report lautet: Das Grab des Herrschers ist völlig unbekannt, da bewusst alle Spuren damals verwischt wurden. Diese Version wird durch die mongolische Praxis der damaligen Zeit beim Tode von

Fürsten untermauert. Der andere Traditionsstrang besagt, dass sich Dschingis Khan diesen Platz als letzte Ruhestätte selbst ausgesucht habe. Die Grabstätte, die heute 15 Kilometer südöstlich der Ortschaft Atengxilian des Banners Ejin Horo liegt, wurde merkwürdigerweise in der Vergangenheit mehrfach verlegt. Zuletzt befanden sich die Kenotaphe im Kloster Kumbum (Taer Si) bei Xining in der Provinz Qinghai. Erst 1954 wurden dann die heute gezeigten Gebäude in der Inneren Mongolei errichtet und durch ein Schaudorf zu touristischen Zwecken ergänzt. Die Begründung für diese Verlegung liegt in dem Hinweis, dies sei der von Dschingis Khan auserwählte Ort, an dem auch früher ein Mausoleum gestanden habe.

Mausoleum von Qin Shihuangdi Der unterirdische Grabpalast des ersten Kaisers der Qin-Dynastie, Shihuangdi (259–210 v. Chr.), liegt etwa 30 km östlich von Xian und 5 km östlich von Lintong am Fuße des Lishan Berges und am Fluss Huishui in 8,9 Meter Tiefe. Der mit Granatapfelbäumen bestandene Grabhügel ist mit 47 Metern Höhe weithin sichtbar. Das Grab ist noch nicht geöffnet. Die längst unter Denkmalsschutz stehende und zum Weltkulturerbe zählende Anlage wird jedoch seit 1974 von chinesischen Archäologen inzwischen vorsichtig erforscht. Das unterirdische Mausoleum ist jedoch nur ein kleiner Teil der Gesamtfläche der riesigen Grabanlage, die 56,2 Quadratkilometer umfasst. Man hat hier zwischen drei Zonen zu unterscheiden: dem Bereich des Mausoleums selbst, eingefriedet durch die sog. Innere Mauer, einem Wohnbezirk für die Wächter und Mausoleumsbeamten, geschützt durch die sog. Äußere Mauer und einem ehemals wohl parkähnlichen äußeren Areal, das ohne Einfriedung blieb. In diesem äußeren Gelände wurde 1974 die weltbekannte Terrakotta-Armee gefunden, ferner die Reste der einstigen Steinmetzwerkstätten, einige Begleitbestattungen und eine Grube mit Pferden. Das Qin-Mausoleum liegt am nördlichen Fuß des Lishan-Berges in einem häufig überfluteten Tal, das sich an die Löß-Hochebene anschließt. Aus diesem Grund konstruierten die Architekten der Grabanlage ein hocheffektives Entwässerungssystem und verhinderten dadurch das Eindringen von Wasser in die unterirdischen Räume. In diesem Zusammenhang wurden ein 1700 Meter langer Damm und ein breiter und tiefer Kanal entdeckt, ferner Wasserrinnen aus Ton und auch tonverkleidete Brunnen. Die Untersuchungen ergaben, dass in der Vergangenheit zwar zwei Raubgrabungen versucht wurden, aber nicht bis zum Grab selbst vordringen konnten. Nach den bekannten historischen Aufzeichnungen aus dem Beginn der Han-Dynastie liegt der bronzene Sarg des Kaisers tief unter drei Wasserschichten. Die im Sarg und in der Grabkammer befindlichen Schätze harren daher nach wie vor ihrer Entdeckung. Zutage kommen werden dann wohl auch jene Konkubinen des Kaisers, die ihm in den Tod folgen mussten, auch jene Arbeiter, die man lebendig im Grab einschloss, damit sie die Geheimnisse der Anlage niemandem verraten konnten. Aus Aufzeichnungen aus der Zeit der Han-Dynastie geht hervor, dass der Bau der Gesamtanlage 39 Jahre dauerte und dass 700 000 Arbeiter dazu eingesetzt waren.

Mawangdui-Gräber Die drei großen Gräber aus der Westlichen Han-Zeit, die 1973/74 in Wulipai, einer östlichen Vorstadt von Changsha in Hunan, ausgegraben wurden, sind seit langem unter dem Namen Mawangdui-Gräber bekannt gewesen, denn es ragten über 16 Meter hohe Grabhügel in dieser Landschaft hervor. Man hielt sie für die Gräber eines Königs (Wang) namens Ma. Erst bei den Ausgrabungen stellte man einwandfrei fest, dass die drei Gräber die sterblichen Überreste des Markgrafen von Dai, seiner Gemahlin Xin Zhui und von einem ihrer Söhne enthielten. Der Marquis von Dai war zur Zeit der Han-Kaiser Premier des Königreiches von Changsha, das selbst ein Teil der Westlichen Han-Dynastie war. Die gesamte Grabanlage umfasst eine Fläche von 25 Hektar. Die Grabkammern selbst lagen 20 Meter tief unter der Erde, das Hauptgrab weist in seiner rechteckigen Ausdehnung über 50 Meter im Durchmesser auf. Der Sarg des Marquis war von einer Schutzhülle umgeben, die aus über sechs Tonnen Holzkohle und Steinmaterial bestand. Als Grabbeigaben konnte man über 3000 einzelne Gegenstände bergen: Tonfiguren, Musikinstrumente, Holzfiguren, Bambuskörbe, Lackarbeiten und viele Textilien sowie Seidenmalereien, die für das Studium der hanzeitlichen Kulturentwicklung von größter Bedeutung sind. Der weibliche Körper wies eine erstaunliche Elastizität und Unversehrtheit auf. Ein eigenes Museum in Changsha zeigt die meisten Objekte heute seinen Besuchern. Das Grab Nr. 3 ist für die Öffentlichkeit zugänglich gemacht.

Ma Yuan Ma Yuan (14 v.–49 n. Chr.), einer der berühmtesten Generäle der Han-Dynastie, trat unter dem Usurpator Wang Mang in die Armee ein, aber er wandte bald die Waffen gegen ihn, nachdem er sich mit dem Fürsten Liu Xin, dem künftigen Kaiser Guang Wu, verständigt hatte. Der Erbprinz heiratete die Tochter von Ma Yuan. Da in Tonking einheimische Häuptlinge wieder die Macht an sich gerissen hatten, wurde Ma Yuan im Jahr 35 in diese südlichen Grenzgebiete geschickt, um die chinesische Macht wieder zu festigen. Der General erledigte seine Mission sowohl militärisch als auch diplomatisch mit so großem Erfolg, dass er zum »Friedensstifter der Fluten« ernannt wurde.

Medizin in China Die Medizin als wichtiger Teil der alten chinesischen Zivilisation blickt auf eine etwa zweitausendjährige schriftliche Überlieferung zurück. Die Grundlagen der Medizin in China allgemein liegen in der Volksmedizin mit ihren magischen, religiösen und schamanistischen Praktiken der Frühzeit, dann jedoch bald schon in den Erkenntnissen der Naturphilosophie, der Astronomie, der Alchemie und anderer okkulter Wissenschaften. Man sah den Menschen als einen Mikrokosmos im Makrokosmos und führte jegliche Krankheit auf eine Disharmonie im Innern des Menschen zurück, bedingt jedoch durch eine Disharmonie mit der äußeren Umgebung. Bereits 501 v. Chr. erfolgt die erste schriftliche Erwähnung von den »Vier Diagnoseverfahren«: Prüfung der Gesichtsfarbe und Zunge, die Abhorch-Untersuchung, die Anamneseerhebung und die Pulsuntersuchung. 219 n. Chr. hinterlässt Zhang Ji bei seinem Tod seinen »Traktat der Fieberkrankheiten« und in diesem 3. Jahrhundert werden sowohl Anweisungen zur Krankengymnastik und Physiotherapie als auch zur Akupunktur und Moxibustion schriftlich niedergelegt. Das älteste Handbuch der subtropischen und tropischen Botanik schreibt ein unbekannter Naturforscher bereits 304 n. Chr. und Cui Shi hinterlässt 462 n. Chr. ein Handbuch zur Diätetik. Die erste Fachprüfung für die Ausübung des Arztberufes wird 493 n. Chr. abgehalten und in der Sui-Dynastie erscheint das »Zhubing Yuanhou«, ein Handbuch zur systematischen Klassifizierung der Krankheiten. Das Jahrzehnt von 620–630 ist ein wichtiger Zeitabschnitt in der Geschichte der chinesischen Medizin, denn in diesen zehn Jahren werden in der

Hauptstadt Changan und in allen Provinzen medizinische Hochschulen gegründet. Diese verdienstvolle Entscheidung des Kaiserhauses der 618 gegründeten Tang-Dynastie hatte weit reichende Wirkungen, denn schon 655 n.Chr. erscheint ein Handbuch zur Diabetesbehandlung und schon fünf Jahre später wird für alle Medizinschulen ein Handbuch der Pharmazie herausgegeben. Auf Grund der in China damals bereits durchgeführten Volkszählungen ist es möglich, im Jahr 739 ein Gesetz zu erlassen, das die Anpassung der Anzahl der Medizinstudenten an die Bevölkerungsdichte erlaubt. Im 8. Jahrhundert erscheint dann die erste medizinische Volks-Enzyklopädie und auch ein Rezeptbuch für Ärzte. Zu Beginn des 9. Jahrhunderts kam ein Wörterbuch der Mineralien und Medikamente heraus. Auf dem Gebiet der Kinderheilkunde und der Gerichtsmedizin war China in der Welt in jedem Falle führend, denn 1216 erschien das große Pädiatriehandbuch von He Daren und 1242 das erste Handbuch der Gerichtsmedizin. In den Jahren nach der Mongolenzeit erfuhr die Heilkräuterkunde einen enormen Aufschwung, die Zahl der Apotheken wuchs beträchtlich, und in der Pharmazeutik (auf Kräuterbasis) blieb China bis zur Gegenwart führend.

Meizhou-Insel In der Meizhou-Bucht der südöstlichen Provinz Fujian liegt die landschaftlich äußerst reizvolle Meizhou-Insel mit dem 32 Hallen umfassenden Mazu-Tempel mit einer 14 Meter hohen Statue der Meeresgöttin Mazu. Dieser Meeresgöttin, der Schutzpatronin der Seefahrer, sind in 22 Ländern Asiens insgesamt über 1500 Tempel geweiht; das Heiligtum auf dem Meizhou-Berggipfel ist jedoch das allergrößte von ihnen. Mazu hat wirklich gelebt, sie war die Tochter eines Schiffers und verstand sich auf Meteorologie. Mehrere Fischer und Seefahrer soll sie aus Seenot gerettet haben. Geboren im Jahre 960 und früh schon 987 verstorben, wurde sie alsbald von den Küstenbewohnern als Göttin verehrt. Man glaubte, sie sei unmittelbar vom Gipfel des Meizhou-Berges in den Himmel aufgestiegen. Da die Verehrung der »Lebensretterin« sich alsbald über alle südlichen Küstenprovinzen verbreitete, verlieh ihr der Kangxi-Kaiser (1662–1722) den Titel »Himmelskönigin«. Die Statue der Göttin auf der Meizhou-Insel trägt daher die kaiserliche Robe und die Phönixkrone. Seit dieser Zeit wuchs auf dem Berggipfel die Tempelanlage zu einem bedeutenden Pilgerzentrum heran, das in neuster Zeit nach Verkündung der Öffnungspolitik vor allem von Wallfahrern aus Taiwan und von Überseechinesen tatkräftig gefördert wurde.

Mengle guo Mengle guo war der Name eines eigenen Tai-Staates im 13. Jahrhundert auf dem Gebiet des heutigen Autonomen Kreises Xishuangbanna in der Provinz Yunnan. Die Hauptstadt von Mengle guo hieß damals Jinglan, das heutige Jinghong. In diesem Gebiet existierten einst sehr viele buddhistische Tempel, von denen mehrere auch heute noch erhalten sind, so etwa der Menghai-Tempel in der Nähe von Jinghong, der neben der »Halle des Großen Buddha« gleich zwei Bibliotheken und zwei Pagoden aufweist.

Mengzi Mengzi (Meng Ke, Meister Meng, latinisiert Menzius), chinesischer Philosoph (372–289 v. Chr.), stammte aus dem kleinen Staat Zou in der heutigen Provinz Shandong und studierte bei Schülern des Konfuzius. In seinem Buch, das ebenfalls den Titel »Mengzi« führt, legte er seine Auffassungen über das Entstehen, die Blüte und den Niedergang von Staaten dar und erweist sich in diesem Werk als würdiger Nachfolger seines großen Vorbildes Konfuzius. Mengzi verdammt eine nur auf Gewalt basierende Politik, die nur dem Herrscher dient und fordert eine ethisch bestimmte Regierung, die ausschließlich das Wohl des Volkes im Auge hat. Das Buch »Mengzi« wurde dann eine der kanonischen Schriften des Konfuzianismus und diente stets vielen Reformern als Grundschrift ihrer Verbesserungsvorschläge.

Menschenopfer Wie in anderen früheren Kulturen finden sich auch in China während der Shang-Dynastie (16.–11. Jh. v. Chr.) und der Zhou-Dynastie (11. Jh.–256 v. Chr.) Menschenopfer, die durch Ausgrabungen bezeugt sind. Diese Opfer gelten den Ahnen des Herrschers als Dankopfer, zur Versöhnung, zur Reinigung und Fürsorge, aber auch den Naturgottheiten zur Abwehr von Hochwasser oder Dürre. Man gab den verstorbenen Herrschern oftmals bis zu 100 Totenbegleiter mit ins Grab, vorwiegend Kriegsgefangene. Bereits in der zweiten Hälfte des 1. Jahrtausends v. Chr. ging die Zahl der Menschenopfer bei Fürsten-Begräbnissen allmählich zurück. Später wurden als Totenbegleiter Terrakottafiguren angefertigt: Krieger, Diener, Handwerker, Musikanten, Tänzer und Tänzerinnen, selbst Akrobaten und Clowns. Bis in die Ming-Zeit erhielt sich allerdings der Brauch, den Kaisern Nebenfrauen und Konkubinen mit ins Grab zu geben, vor allem jene, die keine Söhne geboren hatten.

Miaodao Die Inselgruppen Miaodao im Bohai-Meer zwischen den Halbinseln Shandong und Liaodong wurden vielfach in der Geschichte Chinas als »Wohnungen der Götter« bezeichnet. Diese Namensgebung soll zwar lediglich auf häufige Luftspiegelungen zurückzuführen sein, allerdings wurden auf einer der Inseln auch zahlreiche Kulturgegenstände aus der Zeit von 4000 v. Chr. gefunden, sodass die chinesischen Archäologen Miaodao als einen der Ursprungsorte der chinesischen Kultur ansehen.

Miao-Kriege In den Jahren 1855–1881 führte die Qing-Dynastie in der Provinz Guizhou erbitterte Kämpfe gegen die Miao-Stämme, die sich erhoben hatten, angespornt durch die Taiping-Rebellion, die auch diese Berggebiete erfasst hatte. Selbst nach der endgültigen Niederlage der Taiping dauerten die Miao-Kriege fort und entwickelten sich zu einem grausam geführten Kampf der kaiserlichen Truppen gegen die Miao-Nationalität, die schließlich 1881 unterlag.

Miao-Nationalität Zu den großen nationalen Minderheiten in China zählt die über 5 Millionen Angehörige umfassende Miao-Nationalität, die – über viele Landesteile verstreut – vornehmlich in Südchina lebt. Man findet die Miao in den Provinzen Yunnan, Guizhou, Sichuan, Hunan, Guangxi, Guangdong und Hainan sowie im Südwesten der Provinz Hubei. Ursprünglich siedelten die Miao in einem großflächigen Territorium südlich des Jangtse und wurden dann durch die Ausdehnung des Han-Herrschaftsgebietes zu weiträumigen Migrationen gezwungen, z. T. auch umgesiedelt, sodass heute zwar ein einheitliches Miao-Kulturfundament sichtbar ist, sich jedoch viele Dorfgemeinschaften ihrer neuen Umwelt angepasst haben. Die Miao-Sprache gehört zum Miao-Zweig der Miao-Yao-Sprachgruppe der sinotibetischen Sprachfamilie, ist jedoch in drei große Dialekte aufgespalten. Von vielen Miao wird heute die chinesische Schrift benutzt. Die räumliche Zersplitterung brachte es mit sich, dass heute ohnehin über 100 000 Miao in den Provinzen Guangxi und Guizhou inzwischen nicht mehr ihre Muttersprache sondern Chinesisch sprechen. 30 000 von ihnen sprechen seit längerem schon die Dong-Sprache und 10 000 die Yao-Sprache. Auf Grund der sehr verschiedenartigen Landesteile, in denen die Miao wohnen, kann von einer einheitlichen agrarischen Produktionsweise kaum gesprochen werden, allenfalls ist der Reisanbau, die Schafzucht und die Baumwollkultur den meisten Miao ein Hauptanliegen. Polytheismus, Animismus, Geisterglaube und Ahnenkult sind die vorherrschenden religiösen Grundausrichtungen. In der Geschichte wechselten sich Phasen der Vasallität, Koexistenz und Auflehnung gegen die Formen der Herrschaft in den einzelnen Dynastien ab. In der Xiantong-Zeit dauerte ein Aufstand der Miao gegen die Qing-Dynastie von 1855–1873. Inzwischen ist längst ein gedeihliches Zusammenleben mit den anderen Völkerschaften zu verzeichnen. In verschiedenen Gebieten leben die Miao seit langem mit den Han, den Yao, den Tu, den Bouyei, den Dong, den Zhuang und den Li zusammen. Ein sehr gut ausgebautes Bildungs- und Gesundheitswesen fördert neben einer fortschrittlichen Entwicklung zweifellos auch eine gewisse Sinisierung.

Milarepa Milarepa (1040–1123) war der wichtigste Schüler von Marpa und der Lehrer von Gampopa. Er ist einer der Begründer des Kagyu-Ordens und gilt als der große Dichter und Heilige in Tibet.

Militärwesen In der Frühzeit der von der Stammesaristokratie getragenen Staaten bildete diese Adelsschicht stets die Kerntruppe des Heeres, der auch die Führung im Kampf oblag. Die Stärke dieser Formationen lag in den Streitwagen, die durch Pferde gezogen wurden. Die ständigen Bedrohungen durch die Steppenvölker des Nordens machten es jedoch notwendig, dass seit der Mitte des 1. Jahrtausends v. Chr. auch die Untertanen zum Kriegsdienst herangezogen wurden. Es entwickelte sich schließlich ein allumfassendes Aushebungssystem, das die schnelle Einberufung einer großen Anzahl wehrfähiger Männer ermöglichte. In der zweiten Hälfte des 1. Jahrtausends v. Chr. löste die Reiterei bereits die Streitwagen ab, wobei jedoch das Fußvolk schon das Hauptkontingent ausmachte. Die straffe Zentralisation des Reiches seit der Qin-Dynastie hatte zur Folge, dass für jeden erwachsenen Mann grundsätzlich ein Jahr Militärdienst vorgeschrieben war und er außerdem zu zivilen Fronarbeiten kostenfrei herangezogen werden konnte. Diese »Wehrpflichtigen« wurden bei Bedarf dann noch durch Strafgefangene, Sklaven und fremde Söldner verstärkt. Die gesamte Streitmacht des Staates bestand aus drei Abteilungen. In der Hauptstadt war die kaiserliche Garde stationiert, in den lokalen Garnisonen waren je nach Gefährdungsgrad unterschiedlich große Zahlen von Soldaten kaserniert und die sehr umfangreichen Grenztruppen waren an der Großen Mauer oder in anderen grenznahen Regionen disloziert. Das Offizierskorps war zwar der zivilen Beamtenschaft rangmäßig gleichgestellt, die Befehlsgewalt selbst lag jedoch stets beim Kaiser und seinen zivilen Ministern.

Min Der Staat Min (909–945) entstand in Fujian nach dem Zerfall der Tang-Dynastie als einer der »Zehn Staaten«, die sich neben den »Fünf Dynastien« das Reich zur Beute gemacht hatten. Der Staat Min wurde jedoch bereits 945 von der Südlichen Tang-Dynastie erobert.

Minderheiten Der Vielvölkerstaat China umfasst insgesamt 56 Völker, von denen die Chinesen (Han) selbst 93,3 Prozent der Gesamtbevölkerung ausmachen. Die restlichen 6,7 Prozent entfallen auf die 55 nationalen Minderheiten, von denen die Zhuang 15,5 Millionen und die Hezhe nur 2000 Menschen aufweisen. Die Mandschuren sind die am stärksten sinisierte Völkerschaft und von den Han kaum noch zu unterscheiden, die anderen haben ihre Eigenart, Sprache, ihr Brauchtum und ihre Religion noch weitgehend bewahrt. Diese Minderheiten bewohnen hauptsächlich den Norden, Westen und Süden des Landes, mehrere von ihnen haben mehrere Millionen Angehörige, so die Zhuang, Hui, Miao, Uiguren, Yi, Mongolen, Tibeter, Tujia, Bouyei und Koreaner. Die Mandschuren, Hui und She sprechen heute ausschließlich Chinesisch, von den anderen Volksgruppen besitzen 13 eine auf lateinischen Buchstaben beruhende Schrift. Dem geringen Anteil der Minderheiten an der Gesamtbevölkerung steht die Tatsache gegenüber, dass sie einen größeren Flächenanteil als die Han bewohnen, da ihre Siedlungsgebiete vornehmlich in Wüsten, Steppen, Hochflächen, Berggebieten und Karstlandschaften liegen. Nach den Grundprinzipien der chinesischen Nationalitätenpolitik genießen die Minderheiten Religionsfreiheit und eine weitgehende kulturelle Autonomie und sind zu großen Teilen von der staatlich verordneten Geburtenplanung befreit. Insgesamt wurden fünf Autonome Gebiete in Provinzgröße für die Minderheiten eingerichtet, ferner 31 Autonome

Bezirke und 80 Autonome Kreise. In allen diesen Gebieten mit besonderem Status leben jedoch in zunehmendem Maße auch Han-Chinesen. Größere Probleme bestehen nach wie vor zwischen der Zentralregierung und den Tibetern sowie den Uiguren. Zum Islam bekennen sich die Hui, die Uiguren, Kasachen, Kirgisen, Tataren, Usbeken, Tadschiken, Dongxiang, Sala und Baoan. Dem Lamaismus hängen an die Tibeter, Mongolen, Tu und Yugur, während der Hinayana-Buddhismus von den Dai, Blang, Benlong und Wa praktiziert wird. Wer nicht dem Schamanismus oder Animismus anhängt, befolgt – wie viele Han-Chinesen – von den anderen Minderheiten ausschließlich die Gebote des Mahayana-Buddhismus. Mehrere Millionen Chinesen bekannten sich vor 1949 zum Christentum, ihre Zahl ist heute unbekannt. Von den Minderheiten bekennen sich die in der Nordmandschurei lebenden Russen zur Orthodoxie.

Mingdi Mingdi (57–75 n. Chr.), der zweite Kaiser der Östlichen Han-Dynastie, war der älteste Sohn von Guang Wudi, von dem er ein inzwischen gefestigtes Reich übernahm. In seine Zeit fällt die Eroberung von Ostturkestan durch chinesische Truppen unter dem Befehl des genialen Generals Ban Chao, der schon erfolgreich die Hunnen in der Mongolei bekämpft hatte. Ban Chao schloss das Tarim-Becken an das chinesische Reich an, schlug sein Hauptquartier in Kuqa auf und wurde zum Generalprotektor der westlichen Regionen ernannt. Durch diese Neuerwerbung erreichte die Han-Dynastie ihre größte räumliche Ausdehnung. Mingdi war überzeugter Konfuzianer, er ließ die Deiche des Gelben Flusses erhöhen, das Transportsystem ausbauen und wahrte bei allem äußerste Sparsamkeit. Der Schatten, der über seiner Regierungszeit lag, war seine ständige Furcht vor Attentaten und Aufständen und seine allzu große Strenge, die vor allem durch barbarische Strafen gegenüber Beamten zum Ausdruck kam, die er der Konspiration verdächtigte. Als er 47-jährig starb, übernahm sein fünfter Sohn im Jahre 75 n. Chr. als Kaiser Zhangdi die Macht.

Ming-Dynastie Die Ming-Dynastie mit ihrer 276-jährigen Dauer unterscheidet sich von der vor ihr liegenden und von der ihr nachfolgenden Dynastie vor allem dadurch, dass sie eine rein chinesische Dynastie war, denn vor ihr waren Mongolen auf dem Kaiserthron und nach ihr Mandschuren.

Die Mongolen wurden letztlich stets als Besatzer in China angesehen, die Mandschuren zwar nur als Fremde, die sich der chinesischen Kultur öffneten – aber ihre Privilegien als einstige Sieger waren so augenfällig, dass man sie doch nicht als völlig dazugehörig wahrnahm. Die Ming-Herrschaft jedoch stiftete chinesische Identität – und in vielen Teilen kann die Bezeichnung Ming (»die Glanzvolle«) als völlig zurecht akzeptiert werden. In den rund neun Generationen dieser Dynastie saßen 16 Kaiser auf dem Thron, zuerst in Nanking, dann in Peking, wobei einer der Kaiser zu zwei verschiedenen Zeiten herrschte und daher zwei verschiedene Kaisernamen trägt. Im Grunde genommen kann die Ming-Dynastie als machtvolle und wirtschaftlich gesunde Epoche gekennzeichnet werden, wenn man von den zeitweiligen unfähigen Herrschern, den Bedrohungen von außen, den Überschwemmungen, Hungersnöten und Erdbeben, den Rebellionen und Verschwörungen einmal absieht. Seit dem Beginn der Dynastie bis zu ihren ersten Verfallserscheinungen hatte sich die Bevölkerung von etwa 50 Millionen bis auf über 100 Millionen verdoppelt – und mit diesem Bevölkerungswachstum stiegen sowohl Chancen und Risiken innen- und außenpolitisch. In der Ming-Dynastie unternahm China zum ersten Mal größere Vorstöße nach Südostasien, den Indischen Ozean, ja sogar bis an die Küsten Ostafrikas mit Hochsee-Dschunken, zog sich jedoch ein Jahrhundert später völlig von diesen Unternehmungen zurück und isolierte sich. Der kaiserliche Befehl, die gesamte Flotte abzuwracken, kann als einer der größten Fehler in der Geschichte des Reiches der Mitte gewertet werden, denn damit überließ China ungewollt den Europäern den Vorsprung auf maritimem Gebiet und musste dies später bitter bezahlen. Religiös war die Ming-Dynastie – von Ausnahmen abgesehen – von großer Toleranz geprägt. Viele Klöster und Tempel zeugen noch heute von der Breitenwirkung, die sowohl der Konfuzianismus als auch der Buddhismus und Daoismus erfuhren und die vielfach sogar staatlich gefördert wurden. Kulturell kann sich die Ming-Dynastie durchaus mit den anderen glanzvollen Dynastien messen, ihre Leistungen waren auf allen Gebieten beachtlich und ihre Produkte wurden in ganz Asien und auch an den Herrscherhöfen Europas als unnachahmliche Raritäten bereits geschätzt, denn nur der

Adel und die reichen Kaufleute konnten sich Ming-Waren leisten, die stets ihren guten Preis hatten. Missionierungsversuche von Seiten christlicher Sendboten wurden zwar unternommen, führten aber nicht zu nachhaltigen Erfolgen, dafür waren die religiösen Welten zu verschieden. Die Reihe der Kaiser in der Ming-Dynastie mit ihren jeweiligen Regierungsjahren lautet: Hongwu (1368–1398), Jianwen (1399–1402), Yongle (1403–1424), Hongxi (1425), Xuande (1426–1435), Zhengtong (1436–1449), Jingtai (1450–1457), Tianshun (1457–1464), – Zhengtong und Tianshun sind ein und dieselbe Person. Chenghua (1465–1487), Hongzhi (1488–1505), Zhengde (1506–1521), Jiajing (1522–1567), Longqing (1567–1572), Wanli (1573 1620), Taichang (1620), Tianqi (1621–1627), Chongzhen (1628–1644).
Nach der Einnahme Pekings vergingen zwar nochmals 18 Jahre bis zum effektiven Ende der Dynastie, aber die unter den geflohenen Kaiser-Nachkömmlingen im Süden weitergeführte Rest-Dynastie hatte keinen Bestand, sodass das Ende bereits mit der mandschurischen Machtübernahme in Peking 1644 angegeben wird. Beim Beginn der Ming-Dynastie kam ein regelrechter hanzeitlicher Patriotismus auf, der dem neuen Kaisertum zu der nötigen Stabilität verhalf. Am Ende der Dynastie im Jahre 1644 war es ironischerweise ein chinesischer Rebellengeneral, der den Kaiser zum Selbstmord trieb und den Sturz der Ming-Herrschaft herbeiführte. Die kaisertreuen Truppen riefen fatalerweise die Mandschuren zu Hilfe, vertrieben mit ihnen zwar die Rebellen, konnten aber die ausländischen Hilfskräfte nicht wieder loswerden. Diese nutzten die Gelegenheit und errichteten nun ihrerseits eine von ihnen geführte Herrschaft, die Qing-Dynastie (1644–1911). Die Große Mauer, wie sie heute noch sichtbar ist, wurde im Wesentlichen während der Ming-Zeit errichtet und bildete damals die Nordgrenze zur Mongolei. Die erste Hauptstadt der Ming-Dynastie war bis 1421 Nanking, danach Peking. Die Hauptstadtprovinz wurde Bei Zhili genannt, die Provinz um das als zweite Hauptstadt geltende Nanking hieß damals Nan Zhili, bestehend aus den heutigen Provinzen Anhui und Jiangsu. Ferner bestanden weitere 13 Provinzen, die weitgehend mit den heutigen Kernprovinzen identisch genannt werden können.

Minggräber Die dreizehn

Minggräber, 50 Kilometer nördlich vom Pekinger Stadtzentrum entfernt, stellen ein 40 Quadratkilometer großes, von Bergen umschlossenes Becken dar, das im Süden ausläuft und dreizehn in sich geschlossene Mausoleen der Ming-Dynastie enthält. Jede Grabstätte besteht aus einem Tempel als Grabmal, einer Opferhalle und einem unterirdischen Palast. Der Zutritt zu dem gesamten Gräberfeld erfolgt durch das hohe, aus weißen Marmorquadern gefügte Ehrentor, das 1540 errichtet wurde. Etwa 1 Kilometer hinter diesem Ehrentor stößt man auf das Haupttor, das den Namen Großes Rottor trägt. Unweit davon ragen bereits der Grabmal-Pavillon und die Schmuckmonolithen empor. Bald danach wird die Geisterallee erreicht, an deren beiden Seiten 24 Steinfiguren stehen: Löwen, Einhörner, Kamele, Elefanten, Fabeltiere, Pferde, aber auch steinerne Generäle, Beamte und verdiente Würdenträger. Nach der Geisterallee gelangt man zum Drachen- und Phönixtor, von dem aus man bereits die Grabstätten sehen kann, die von Kiefern und Zypressen umgeben sind. Alle liegen sie im Halbkreis am Fuß der Berge, nicht nebeneinander sondern in angemessenen Abständen voneinander entfernt. Ausgegraben und geöffnet ist das Dingling, das Grab des dreizehnten Ming-Kaisers Wanli, der mit 10 Jahren den Thron bestieg und 48 Jahre von 1573–1620 regierte. Als der Kaiser 22 Jahre alt war, wurde bereits mit dem Bau seines Mausoleums begonnen und nach acht Jahren Bauzeit fertig gestellt. Freigelegt wurde das Grab Dingling im Jahre 1956.

Mingzong Mingzong (1329), achter und zugleich vorletzter Kaiser der Yuan-Dynastie, mit dem mongolischen Namen Khoshila, kam durch Thronverzicht seines jüngeren Bruders, des Kaisers Wenzong zur Regierung, starb jedoch bereits ein Jahr nach seiner Inthronisierung, sodass der abgedankte Wenzong den Thron wieder besteigen konnte.

Min-Königreich Eines der merkwürdigsten politischen Gebilde Chinas im 10. Jahrhundert n. Chr. war das Königreich Min (909–945), das in der heutigen Provinz Fujian an der Küste des Ostchinesischen Meeres bestand. In den turbulenten Jahren am Ende der Tang-Dynastie im Jahre 909 von einem rebellierenden Tang-Gouverneur und Militärmachthaber namens Wang Shenzi gegründet, blühte dieses Staatswesen durch den Seehandel mit Korea und Südasien auf, ja selbst mit nordchinesischen Hafenstädten wurde vom Königreich Min aus Handel getrieben. Da zu dem Territorium ein weites Hinterland gehörte, zählt man historisch diese Monarchie zu den zehn Königreichen, die im 10. Jahrhundert existierten. Der Dynastiegründer regierte unangefochten 17 Jahre, seine vier Nachfolger wurden jedoch allesamt nach wenigen Regierungsjahren ermordet – und der Bruder des letzten Min-Königs gründete selbst dann noch 943 ein selbständiges kleines Königreich mit dem Namen Yin. Als die Südliche Tang-Dynastie erstarkt war, annektierte sie 945 das Königreich Min.

Minyue-Reich Von etwa 2000 v. Chr. bis zur Han-Dynastie bestand in den Berggebieten des Wuyishan im Nordwesten der Provinz Fujian das Reich Minyue, das im heutigen Chengcun seine Hauptstadt hatte. Die Ruinen dieser alten Metropole liegen heute im großen Wuyishan-Naturschutzgebiet, das als »Paradies der Vögel und Königreich der Schlangen« bekannt ist. Aus der ältesten Zeit dieses untergegangenen Reiches sind bootförmige Särge erhalten, die auf Holzpflöcken ruhen, die an den Felswänden verankert sind. Aus späterer Zeit sind zahlreiche Tempel und Klöster, Pavillons, Türme und in die Felsen gehauene Inschriften erhalten, die von der Beliebtheit dieses Gebietes seit der Qin-Dynastie Zeugnis ablegen. In der Stadt Wuyishan sind die Bauten der alten Lehranstalt Lanting Shuyan erhalten, die eine der berühmtesten Lehranstalten des kaiserlichen China darstellte.

Mogao-Höhlen Die bei der Oasenstadt Dunhuang an der Seidenstraße gelegenen Mogao-Höhlen wurden im Jahr 1987 in die Liste des Weltkulturerbes der UNESCO aufgenommen und sind seit den Jahren nach der Kulturrevolution eines der wichtigsten Forschungszentren der chinesischen Archäologie. Die in einer 1,6 km langen Felswand befindlichen 492 Höhlen unterschiedlicher Größe enthalten 45 000 qm Fresken und 2400 bemalte Skulpturen in einer Größe von 10 cm bis zu 33 Meter. Die Darstellungen entstammen samt und sonders dem Buddhismus und Tantrismus. Die erste Höhle wurde 361 angelegt, die wichtigsten Teile gehen auf die Tang-Dynastie zurück. Nach der Vernichtung der Xia-Dynastie mit lamaistischer Ausrichtung durch die Mongolen wurden die Höhlen von den Mönchen offensichtlich verlassen und gerieten in Vergessenheit. Von einem Wandermönch 1899 wieder entdeckt, kamen in einem zugemauerten Raum 30 000 Manuskripte in verschiedenen zentral-asiatischen Sprachen und in Chinesisch zutage. Da sich staatlicherseits damals niemand um diese Schätze kümmerte, konnte der Forscher Sir Aurel Stein 3000 Rollen und 6000 andere Manuskripte, Malereien und Skulpturen für das British Museum in London erstehen. 4000 Dokumente konnte Paul Pelliot für das Pariser Museum Guimet erwerben. Kleinere Bestände gingen beim Besuch russischer und japanischer Forscher nach St. Petersburg und nach Tokyo, der Rest kam dann endlich in die chinesische Staatsbibliothek. Für die Kunst des fernen Ostens insgesamt sind die Fresken der Mogao-Höhlen und die dort erhaltenen Figuren von unschätzbarem Wert und noch längst nicht alle erforscht und publiziert.

Mohismus Philosophische Lehre, begründet von Mozi (Mo Di, Meister Mo) aus dem Staate Lu, dessen Lebenszeit etwa auf 480–390 v. Chr. anzusetzen ist. Die Gedanken des Philosophen sind in dem ebenfalls »Mozi« betitelten Buch niedergelegt, das von seinen Schülern und Anhängern verfasst wurde. In Abhängigkeit und Gegnerschaft zum Konfuzianismus lehnt der Mohismus jegliche Aristokratie des Geblüts ab und forderte eine Regierung, die sich ausschließlich auf Fähigkeit und Leistung stützen soll. Oberste Autorität sei allein der Himmel, der in gerechter Weise Lohn und Strafe an die Menschen verteilt. Der Himmel umfasse jedoch alles mit gleicher Liebe, so wie die Menschen sich ebenfalls mit gleicher Liebe begegnen sollen. Das Führen von Angriffskriegen sei zu verbieten, erlaubt seien allein Kriege zur Selbstverteidigung. Sparsamkeit und Fleiß hätten als wichtige Ziele in der Lebensführung aller Menschen zu gelten, jeglicher Aufwand in Kleidung und Pomp bei Begräbnissen sei daher als Verschwendung abzulehnen. Die Mohisten spalteten sich später in verschiedene Richtungen auf. In der Han-Dynastie, in der als Staatsdoktrin der Konfuzianismus dann etabliert wurde, verlor der Mohismus an Bedeutung.

Moinba Im Grenzgebiet zwischen China und Indien lebt die nationale Minderheit der Moinba mit etwa 7000 Angehörigen auf der Seite der Autonomen Region Tibet. Das äußerst gebirgige, subtropische Gebiet liegt teilweise südlich der von China nicht anerkannten McMahon-Linie im Himalaya, sodass das Moinba-Volk in dem umstrittenen Territorium zwischen China und Indien beheimatet ist. Die Moinba sind in der Religion und Lebensweise mit den Tibetern verbunden und sprechen wie diese eine tibeto-burmanische Sprache, die zu den sinotibetischen Sprachen gehört. Aus diesem Grunde sind bei den Moinba die tibetische Sprache und Schrift durchaus bekannt. Angebaut werden Reis, Mais, Buchweizen und Hirse. Bei mehreren Stämmen gab es bis zur Mitte des 20. Jahrhunderts noch Reste der Urgesellschaft, in der Jagd und Brandrodung vorherrschten.

Mongolei Zwischen der Mongolischen Republik und der VR China besteht eine 4673 Kilometer lange Grenze. Der definitive Grenzverlauf wurde nach langjährigen Querelen jedoch bereits in einem förmlichen Vertrag zwischen beiden Ländern 1988 festgelegt und bildet seither die Grundlage für normale, ja sogar sehr gute Beziehungen, zumal Peking der Mongolei den Zugang zum Seehafen Tianjin einräumte. In der Vergangenheit war jahrhundertelang das Verhältnis zwischen Mongolen und Chinesen äußerst spannungsreich. Mit anderen Steppenvölkern brachen mongolische Stämme immer wieder ins Reich der Mitte ein und eroberten unter Dschingis Khan nach der Niederwerfung des Jin-Reiches große Teile Nordchinas. Khubilai Khan errichtete dann 1271 die Yuan-Dynastie und dehnte seine Herrschaft schließlich auf das gesamte Reichsgebiet aus. Selbst als 1368 der letzte Mongolenkaiser Shundi (Togun Temur) geflohen war und die rein chinesische Ming-Dynastie errichtet werden konnte, blieben die Mongolen eine ständige Bedrohung. Der weitere Ausbau der Großen Mauer in der Ming-Zeit ist auf diese ständige Gefahr zurückzuführen. Als 1644 die Mandschus die Macht in China übernahmen, konnten sie die heutige Innere Mongolei bereits in ihre Qing-Dynastie eingliedern. 1691 hatte Kaiser Kangxi nach einem großen Feldzug auch die Oberherrschaft über die Gesamtmongolei errungen. Die Mandschuren teilten die Äußere Mongolei in 86 Banner, die Innere Mongolei in 49 Banner ein und legten ein strenges Steuer- bzw. Tributsystem für diese neuen Verwaltungseinheiten fest. Unter dem Einfluss Russlands kam es im 19. Jh. immer wieder zu antichinesischem Aufruhr regionaler Art, aber erst nach dem Sturz des Kaiserreiches 1911 konnte sich die Äußere Mongolei wieder von China lösen und ihre Selbständigkeit erklären. Nach dem Tode des letzten lamaistischen Oberhauptes der Mongolei, der zugleich die höchste geistliche und weltliche Autorität verkörperte, übernahmen bald die Kommunisten die Macht im Staate, gründeten die Mongolische Volksrepublik und näherten diese sehr stark an die Sowjetunion an. Eine scharfe Verfolgung der lamaistischen Mönche setzte ein und ihre Klöster wurden geschlossen. Diese Hinwendung zur UdSSR wirkte sich zuerst positiv auf die Beziehungen zur 1949 gegründeten VR China aus; sie erfuhren jedoch einen sehr starken Bruch nach dem Beginn des Konflikts zwischen Peking und Moskau. Ende der achtziger Jahre des 20. Jahrhunderts zeichnete sich eine Normalisierung zwischen beiden Ländern ab, die dann nach der Ausrufung der Mongolischen Republik 1992 nahtlos fortgesetzt wurde.

Mongolen Die Mongolen in der VR China übertreffen als nationale Minderheit mit 3,5 Millionen Angehörigen bei weitem die Bevölkerungszahl der Republik Mongolei (= Äußere Mongolei), die nur 2,4 Millionen Köpfe zählt. Die Hauptsiedlungsgebiete der Mongolen in China sind die Innere Mongolei, Sinkiang, Liaoning, Jilin, Heilongjiang, Gansu und Qinghai. Allerdings sind die Mongolen in der ursprünglich nur von ihnen bewohnten Inneren Mongolei heute auch nur eine Minderheit und stellen nur mehr ein Zehntel der 20 Millionen, die gegenwärtig dieses Gebiet bewohnen. Die mongolische Sprache gehört zur mongolischen Sprachgruppe der altaischen Sprachfamilie und ist in drei große Dialektgruppen aufgeteilt. Sei dem Anfang des 13. Jahrhunderts besitzen die Mongolen eine eigene Schrift, die auf der Grundlage der altuigurischen Schrift geschaffen wurde. Ursprünglich saßen die Mongolen am oberen Amur, wandten sich dann aber den Steppen zu und entwickelten sich zu einem nomadisierenden Reitervolk. Der Name Mongolen galt zuerst nur einem ihrer Stämme, wurde dann aber später auf alle sprachverwandten Stämme übertragen. Zu einer einheitlichen Nation schweißte sie im 12. und 13. Jahrhundert erst Dschingis Khan zusammen, dessen Enkel Kubilai Khan dann in China die Yuan-Dynastie (1279–1368) gründete. Mit dem Sturz dieser Dynastie zogen sich die Mongolen wieder in die Steppen zurück. In der Ming- und Qing-Dynastie unterstanden große Teile der Inneren Mongolei bereits chinesischer Oberhoheit. Die nationale Minderheit der Mongolen ist – als einstiges Herrenvolk in China – im Gegensatz zu den Mandschuren auf kulturelle Selbständigkeit bedacht und pflegt das eigene Brauchtum. Lebensgrundlage war stets die Viehwirtschaft auf nomadischer Grundlage. Pferde, Rinder, Schafe und Kamele grasen auch heute auf den Steppen. In der Inneren Mongolei hat sich allerdings inzwischen eine sehr vielseitige Industrie entwickeln können, die vielen Mongolen Beschäftigung und Aufstiegsmöglichkeiten geboten hat. Ursprünglich hingen die Mongolen dem Schamanismus an, wandten sich dann dem Lamaismus zu, der nun nach den Jahren der Mao-Zeit wieder eine begrenzte Neugeburt erlebt. Durch das sehr gut ausgebaute Schulwesen in den mongolischen Siedlungsgebieten sind heute sehr viele Mongolen mit dem Chinesischen vertraut. Die Mongolische Literatur, Musik, bildende Kunst und das Filmschaffen dieser Minderheit weisen inzwischen jedoch bereits beachtliche Schöpfungen auf.

Moscheen Die erste Berührung Chinas mit dem Islam erfolgte einerseits über die Seeroute, auf der arabische Händler schon im 7. Jahrhundert die südchinesischen Häfen erreichten, andererseits über die Seidenstraße, über die aus dem Nahen Osten Karawanen ins Land der Mitte zogen. Das wechselvolle Schicksal dieser Religion im Reich der Mitte spiegelt sich am besten in der Geschichte seiner Moscheen, von denen es seit dem Ende der Kulturrevolution wieder Tausende gibt. Entweder wurden die älteren, die geschlossen oder beschädigt waren, wieder instandgesetzt oder sie wurden mit viel Aufwand neu erbaut. Von den großen ehrwürdigen moslemischen Gebetsstätten sind vier die berühmtesten, die 627 in Kanton erbaute Huaisheng-Moschee, die Qingjing-Moschee in Quanzhou, die Fenghuang-Moschee in Hangzhou und die Xianhe-Moschee in Yangzhou. Die Tatsache, dass alle diese Orte große Handelsstädte sind – und zur Zeit der Erbauung schon waren – lässt darauf schließen, dass arabische Kaufleute ausnahmslos die ersten Gläubigen dieser Religion auf chinesischem Boden waren. Im Jahr 742 wurde dann die berühmte Huajuexiang-Moschee in der damaligen Hauptstadt Xian erbaut, architektonisch ganz in chinesischem Stil gehalten. Gleichfalls im traditionellen Holzbaustil folgte 996 die Niujie-Moschee in Peking.

Zwei wichtige Moscheen aus der Mongolenzeit liegen in Shanghai und in Peking. Die Songjiang-Moschee in Shanghai soll für die muslimischen Soldaten der Yuan-Dynastie errichtet worden sein – und die prächtige Pekinger Dongsi-Moschee wurde am Ende der Mongolenzeit, im Jahre 1346, errichtet. Die größte Moschee in Xinjiang, die 7000 Gläubigen Platz bietet, ist die Aitga-Moschee in Kaschgar (Kashi), die aus dem Jahre 1426 stammt. Heute ist sie das Symbol der Stadt. Die Dongguan-Moschee in Xining kann sich dagegen rühmen, die bedeutendste Moschee der Provinz Qinghai zu sein. Erbaut in der Ming-Dynastie, später zerstört und zweimal (1919 und 1979) renoviert, kann ihre Halle heute 3000 Beter aufnehmen. Die neueste und prächtigste Moschee in Ningxia ist die Nanguan-Moschee in Yinchuan, die erst im Jahr 1915 erbaut wurde und vor allem den moslemischen Hui als Gebetsstätte dient, die in diesem Gebiet vornehmlich wohnen.

Mulao-Nationalität Die mit rund 92 000 Angehörigen nicht ganz kleine Minderheit der Mulao lebt ausschließlich in zehn Landkreisen der Provinz Guangxi im Gebiet der Flüsse Longjiang und Wuyangjiang, wo mildes Klima herrscht und die reichlichen Niederschläge gute Ernten von Wasserreis, Mais, Kartoffeln, Bohnen und Baumwolle garantieren. Die Mulao-Sprache gehört zum Dong-Shui-Sprachzweig der Zhuang-Dong-Sprachgruppe innerhalb der sinotibetischen Sprachfamilie. Eine eigene Schrift der Mulao existiert nicht. Über die Beziehungen des Mulao-Volkes zum Kaiserhaus ist wenig bekannt, jedoch ist überliefert, dass die Mulao einmal im Sommer und einmal im Herbst ein bestimmtes Quantum an Reis als Steuer zu überbringen und für den Kaiserpalast in Peking abzuliefern hatten. Die Mulao sind Polytheisten, die viele Bräuche und Zeremonien von den Daoisten übernommen haben. Da die Mulao-Gebiete immer wieder von Dürre und schweren Überschwemmungen heimgesucht wurden, sind in den Jahren 1981 und danach große Bewässerungsanlagen gebaut worden.

Musikinstrumente Durch Ausgrabungen sind Musikinstrumente in China seit der Jungsteinzeit (5.–3. Jahrtausend v. Chr.) bekannt. Die ältesten Instrumente sind okarinaartige Tonflöten, dann folgen ab der Shang-Dynastie (16.–11. Jh. v. Chr.) Klingsteine, Glocken aus Bronze, schließlich ganze Glockenspiele, große Zithern, Mundorgeln, Langflöten, Trommeln und Schlaginstrumente. Die Musik spielte eine wichtige Rolle bei feierlichen Ritualen, bei Staatsakten und religiösen Feiern. Konfuzius, der selbst Zither spielte und komponierte, maß der Musik eine hohe erzieherische Wirkung im Sinne moralischer Festigung bei. Bei Staatsbanketten der Tang-Dynastie traten Hofmusikanten mit einer Vielzahl von Instrumenten auf. Am Kaiserhof der Tang in Changan sollen im 8. Jh. n. Chr. 2000 hauptamtlich besoldete Musiker tätig gewesen sein.

Mythische Herrscher Nach altchinesischer Überlieferung stehen am Anfang der – durchaus legendären – Geschichte des Reiches sechs mythische Herrscher, die als Kulturheroen die chinesische Zivilisation begründet haben. Der erste dieser legendären Kaiser ist Fu Xi, der seinen Untertanen das Fischen und das Musizieren gelehrt habe, der den Kalender schuf und das Heiraten einführte. Nachfolger von Fu Xi soll Shennong gewesen sein, der als zweiter Herrscher die Hacke erfand, den Ackerbau lehrte und die wichtigsten medizinischen Kenntnisse übermittelte. Als dritter Herrscher in dieser Reihe wird Huangdi verehrt, der Gelbe Kaiser, dem die Erfindung des Rades, des Wagens, des Schiffbaus, der Töpferei, der Währung und des Wegebaus zugeschrieben wird. Der Gelbe Kaiser sei es auch gewesen, der den Handel in Gang brachte, Schulen gründete und sogar ein Amt für Geschichtsforschung eingeführt habe. Als ein Prototyp des weisen Herrschers tritt Yao auf, der vierte Kaiser, der zwei Astronomen einstellte, die als Minister fungierten und den Himmel beobachten mussten. Die Bewegungen von Sonne und Mond sollen daher seit Yao genau berechnet worden sein. Der fünfte Herrscher ist Shun, der lange als Stellvertreter von Yao wirkte und von ihm dann den Kaiserthron übernahm. Klug und weise wie sein Vorgänger soll er geherrscht, den Kalender, die Maße und Gewichte reformiert und die Strafen gemildert haben. Der sechste und letzte der mythischen Kaiser ist Yu der Große, der Gründer der (legendären) Xia-Dynastie. Er war der große Deichbaumeister, der sein Land vor Überschwemmungen zu schützen wusste. 15 Jahre hatte er als Erster Minister von seinem Vorgänger die kluge Regierungsweise übernehmen und einüben können, die er dann als Herrscher erfolgreich weiterführte.

N

Nanchang Nanchang, die Hauptstadt der Provinz Jiangxi, liegt am Ostufer des Gan-Flusses südwestlich des Poyang-Sees und ist mit 2,5 Millionen Einwohnern auch die bevölkerungsreichste Stadt der Provinz. Seit ihrer Gründung in der Han-Zeit war sie all die Jahrhunderte lediglich ein wohlhabender Handelsplatz für landwirtschaftliche Erzeugnisse. Für die jüngere Zeitgeschichte Chinas erlangte sie allerdings dann die Bedeutung als Geburtsstätte der Roten Armee. Am 1. 8. 1927 gelang es dem damaligen Parteiführer (und späteren Premier) Zhou Enlai, die Truppen Chiang Kai-sheks vorübergehend aus Nanchang zu vertreiben. Die Tatsache, dass sich ein Haufen aufständischer Bauern zu einer straff organisierten Revolutionseinheit unter seiner Führung zu einem Sieg führen ließ, gilt als »Gründungsurkunde« jener Truppe, die seither Rote Armee genannt wird.

Nanchang-Aufstand Am 1. August 1927 kam es in Nanchang, der Hauptstadt der Provinz Jiangxi, zu einer Militärrevolte gegen Chiang Kai-shek, da dieser die Einheitsfront zwischen der Guomindang und der KPCh auflösen und die Kommunisten endgültig ausschalten wollte. Initiatoren des Aufstandes waren ausschließlich linke Truppenführer, die etwa 20 000 Mann der republikanischen Truppen befehligten. Zu diesen Offizieren gehörte auch Zhou Enlai. Die Aufständischen nahmen zwar die Stadt Nanchang ein und bildeten dort ein Revolutionskomitee, aber nach fünf Tagen gewannen die Anhänger Chiang Kaisheks die Oberhand und die Aufständischen mussten fliehen. Im Gedenken an diesen Aufstand wird der 1. August in der Volksrepublik daher als Gründungstag der Volksbefreiungsarmee gefeiert. Die an dieser Erhebung beteiligten Offiziere wurden später fast alle in den Rang eines Marschalls erhoben.

Nan Chan Si Im buddhistischen »Tempel der Südlichen Meditation« (Nan Chan Si) im Umkreis des heiligen Berges Wutaishan wurde in den Jahren 1974/75 die große Halle großzügig restauriert, da sie als der früheste und noch heute erhaltene Holzbau Chinas gilt. Erbaut im Jahr 782 während der Tang-Dynastie, finden sich in diesem Tempel auch noch Skulpturen (Bodhisattvas und Schutzgottheiten) aus dieser kunstsinnigen Dynastie. Die herrliche Lage am heiligen Berg und der ehrwürdige Altar machten früh schon diesen Tempel zu einem viel besuchten Pilgerziel.

Nanjing (Nanking) Nanjing (Nanking), Hauptstadt der Provinz Jiangsu mit 5,5 Millionen Einwohnern, war bereits ein Siedlungsplatz zu neolithischer Zeit und wies in der Bronzezeit schon mehrere Metallwerkstätten auf. In der Zhou-Dynastie bestand dann schon eine befestigte Stadt und war in der Han-Zeit ein Zentrum der Eisengießerei. Im 3. Jh. n. Chr. hielt der Buddhismus in der Stadt Einzug, oftmals gefördert von den Herrschern jener acht kleineren Dynastien, die zwischen 220 und 960 immer wieder die Stadt unter wechselnden Namen zu ihrer Residenz erkoren. Kaiser Wudi (502–550) von der Liang-Dynastie war es hauptsächlich, der den Bau von Klöstern vorantrieb und die Künste wohlwollend protegierte. Genau in diese Zeit jedoch fallen auch die ersten großen Katastrophen, die über die Stadt hereinbrachen: die große Flut des Jangtse, das verheerende Feuer 521, die Pest 529, eine erneute Flut 533 und mehrere Bauernaufstände. Die Stadt erholte sich langsam, wuchs aber dann zu einem bedeutenden Handelszentrum heran, in deren Nähe am Ochsenkopfberg die große Schlacht zwischen den Song-Truppen und der aus dem Norden anrückenden Jin-Armee 1130 stattfand. Zu ihrem eigentlichen Aufstieg verhalf der Stadt jedoch erst 1368 der erste Kaiser der Ming-Dynastie, der Nanjing zu seiner Hauptstadt erkor und die 33 Kilometer lange, 12 Meter hohe und 7 Meter breite Stadtmauer erbauen ließ – eine der gewaltigsten Stadtmauern der Welt. 1421 jedoch verlegten die Ming-Kaiser ihre Residenz nach Peking, sodass Nanjing in die zweite Reihe versetzt wurde. Das fruchtbare Umland, der sprichwörtliche Fleiß seiner Bewohner und die verkehrsgünstige Lage am Jangtse machten Nanjing jedoch nach wie vor zum wichtigsten Zentrum des Jangtsegebiets. 1842 mussten nach dem Ersten Opiumkrieg die Chinesen den demütigenden »Vertrag von Nanking« (1842) unterzeichnen, der England wichtige Handelsniederlassungen an der Küste einbrachte. Drei Jahre nach Ausbruch der Taiping-Rebellion machten dann die Aufständischen die Stadt zum Mittelpunkt ihres »Himmlischen Reiches des Großen Friedens« und übten von Nanjing aus ihre Schreckensherrschaft über das ganze südliche China aus. Bei der Niederschlagung des Aufstandes 1864 wurde nicht nur ein fürchterliches Blutbad in der Stadt selbst angerichtet sondern auch viele Bezirke und Landkreise im Umland völlig zerstört. Nach der langsamen Erholung nahm um die Jahrhundertwende die Stadt wieder einen bedeutenden Platz am Jangtse ein, sodass noch im kaiserlichen China, 1902, die Nanjing-Universität gegründet werden konnte, die heute gewissermaßen als das chinesische Cambridge gilt und eine Spitzenstellung im wissenschaftlichen Leben des Landes einnimmt. Nach dem Sturz der Qing-Dynastie erkor Sun Yat-Sen am 1. 1. 1912 dann Nanjing zum Sitz der Provisorischen Regierung der jungen Republik und blieb dies dann auch unter Chiang Kai-shek bis zu seiner Verlegung der Hauptstadt nach Chongqing 1937 beim Einmarsch der Japaner. Das Massaker, das die japanischen Truppen in Nanjing nach der Besetzung der Stadt anrichteten, soll über 300 000 Menschen das Leben gekostet haben. Von 1945 bis zu seiner Flucht nach Taiwan regierte Chiang Kai-shek dann wieder in der Stadt. Nach der Gründung der VR China wurde Nanjing Provinzhauptstadt von Jiangsu. Die Stadt ist wegen ihrer großen Hitze in den Sommermonaten als »Feuerofen« bekannt. Der Stolz der Stadt ist die ohne fremde Hilfe 1960–1968 erbaute Jangtse-Brücke, die als zweispurige Eisenbahn- und Autobrücke den riesigen Fluss überspannt.

Nanjing-Mensch Im März 1993 stießen Archäologen bei Ausgrabungen auf dem Berg Tangshan im Kreis Jiangning im östlichen Vorort von Nanjing (Nanking) auf die Schädeldecke eines Urmenschen, den Wissenschaftler der Chinesischen Akademie der Wissenschaften der mittel-pleistozänen Periode zuordneten. Damit ist eine Ähnlichkeit mit den Funden gegeben, die als Überreste des Peking-Menschen gelten. Die mittel-pleistozäne Periode ist allerdings für die Zeit von 100 000–400 000 Jahren anzusetzen.

Nanning Die Millionenstadt

Nanning, Hauptstadt der 1958 ausgerufenen Autonomen Region Guangxi Zhuang liegt am Ufer des Yong Jiang im Süden dieses Gebiets, das im Westen an Vietnam grenzt. Die Stadt blickt zwar als Siedlung des Zhuang-Volkes auf eine 1600 Jahre lange Geschichte zurück, war in der Tang-Zeit eine wichtige Militärbasis, gewann jedoch Stadtcharakter erst in der Yuan-Dynastie. Als Handelsplatz war Nanning stets wichtig für den Warenumschlag an der Route nach Vietnam und über Yunnan nach Burma. Da die nationale Minderheit der Zhuang von allen in Guangxi lebenden Völkerschaften die weitaus größte ist, wird der Alltag in Nanning ebenso eindeutig von den Zhuang bestimmt.

Nan Putuo Si Der Nan Putuo Tempel in der Stadt Xiamen (Amoy) liegt am Wulao Shan im Südosten, wurde in der Tang-Zeit gegründet und zuletzt unter dem Kangxi-Kaiser Xuanye (1661–1722) erneuert. Für die rund sechs Millionen Auslandschinesen, die von der Provinz Fujian aus ihr Glück in aller Welt suchten und in Scharen auswanderten, war der Nan Putuo Tempel stets die letzte Station in der Heimat, wo sie vor dem Antritt der Reise um Buddhas Segen flehten. Fast stets versprachen sie, Geld für den Tempel zu spenden, wenn sie ihr Glück im Ausland finden sollten. Viele dieser Ausgewanderten kamen seit dem Beginn der Öffnungspolitik inzwischen nach Xiamen und lösten ihr Versprechen ein, sodass in dem Tempel sogar mit der Ausbildung von Novizen begonnen werden konnte. Der Tempel selbst verwahrt viele Kunstgegenstände und buddhistische Schriften.

Nanyang Die alte Kulturstadt Nanyang im Süden der Provinz Henan gilt als repräsentativstes Zentrum für die Entwicklung verschiedenster Künste und Kulturtechniken der gesamten Han-Zeit (206 v.–220 n. Chr.). Der frühere Name der Stadt war Wan und wegen ihrer Ausstrahlungskraft im kulturellen Bereich wurde sie auch Nandu (Südliche Hauptstadt) genannt. Während der Periode der Streitenden Reiche war Nanyang das bekannteste Zentrum für Eisenverhüttung. Etwa 200 Persönlichkeiten, die in der Han-Epoche Berühmtheit erlangten, stammten aus Nanyang, allen voran der Astronom Zhang Heng (78–139), der Arzt Zhang Zhongjing in der späteren Han-Zeit und der Stratege und Staatsmann Zhuge Liang (181–234). Dieses in China allgemein bekannte Dreiergestirn ist unter dem Namen »Die drei Weisen von Nanyang« in die Geschichte eingegangen.

Nan Yue König- und dann Kaiserreich im äußersten Süden Chinas 203–111 v. Chr., gelegen in der heutigen Provinz Guangdong. Die Hauptstadt von Nan Yue war Panyu, das heutige Kanton. Bald nach der Reichseinigung unter dem »Ersten Erhabenen Kaiser« wurden starke Qin-Truppen im Jahr 218 nach Süden entsandt, um das »Gebiet südlich der Berge« zu erobern. Nach der Unterwerfung dieser Region wurden drei Kommandanturen errichtet: Guilin (Zimtwald) am Mittellauf des Perlflusses, Nanhai (Südmeer) östlich vom heutigen Kanton und Xiang (Elefantenland) westliche Gebiete mit Hainan bis zum heutigen Vietnam. Nach dem Sturz der Qin-Dynastie übernimmt der Präfekt Zhao Tuo die Herrschaft über Nanhai, unterwirft Guilin und Xiang und gründet das Königreich Nan Yue und macht sich selbst 196 v. Chr. zum König und 183 v. Chr. zum Kaiser Wu von Nan Yue. Nach seinem Tod 137 v. Chr. besteigt sein Enkel Zhao Mo (137–122 v. Chr.) den Thron und nach ihm dessen Sohn Zhao Yingqi (122–113 v. Chr.). Zhao Jiande, der älteste Sohn von Zhao Yingqi, wird 112 v. Chr. Kaiser von Nan Yue, unterliegt jedoch bereits ein Jahr später den Truppen der Han-Dynastie. Panyu, die Hauptstadt, wird gebrandschatzt, das Reich Nan Yue wird annektiert und in neun Kommandanturen eingeteilt. 1983 wurde durch Zufall bei Bauarbeiten das Grab von Zhao Mo, des Herrschers von Nan Yue, in Kanton mit über 1000 Beigaben aufgefunden. In einem eigenen Museum fanden die ausgegrabenen Schätze aus Jade, Bronze, Keramik und Gold an Ort und Stelle eine würdige Bleibe.

Nanzhao Das Königreich Nanzhao (650–902) wurde von den Bai, einer ethnischen Gruppe tibeto-burmesischen Ursprungs im Kerngebiet um den Erhai-See in Yunnan gegründet und hatte das heutige Dali zur Hauptstadt. Bald erstreckte sich ihre Herrschaft bis zum Dian-See, sodass sie Kunming als zweite Hauptstadt einrichten konnten. Unter meist sehr fähigen Herrschern konnten sie nach Vereinigung ihrer sechs Fürstentümer der expansiven Macht der Tang-Dynastie im 8. und 9. Jahrhundert durchaus widerstehen. Bis zum Jahr 794 machten sie mit den Tibetern gemeinsame Front gegen die Tang, dann entzweiten sie sich mit den Tibetern und schlossen Bündnisse mit China, ohne allerdings von ihren Einfällen nach Sichuan ganz abzusehen. Nach dem Ende des Königreiches Nanzhao führte das Volk der Dian diese Herrschaft im Königreich Dali (937–1253) bis zur Mongoleninvasion weiter.

Nationalmuseum für Geschichte (Taiwan) Während die Schätze des Nationalen Palastmuseums in Taipeh ausschließlich den fast unermesslichen Sammlungen aus dem Pekinger Kaiserpalast gewidmet sind, bietet das Nationalmuseum für Geschichte, ebenfalls in Taipeh, einen gewaltigen Überblick über die Kunstschätze aller Dynastien seit dem Neolithikum. Die Gegenstände stammen aus Ausgrabungen und wurden zum großen Teil schon in der ersten Hälfte des 20. Jahrhunderts nach Taiwan gebracht. Ferner gehen ganze Abteilungen auf die Bestände des damaligen Henan Provinzialmuseums in Kaifeng zurück. Eröffnet wurde das Museum 1956, inzwischen haben beachtliche Stiftungen die Sammlungen derart vergrößert, dass diese »Schatztruhe für chinesische Geschichte« gleich hinter dem Nationalen Palastmuseum genannt werden muss.

National Palace Museum Das in Taipeh auf Taiwan befindliche National Palace Museum beherbergt rund 700 000 Kunstwerke aus der 5000 Jahre alten Geschichte des Reiches der Mitte. Fast der gesamte Bestand wurde von Chiang Kai-shek 1949 vom Festland auf die Insel verbracht und wird seit 1965 in dem an einen Bergabhang gebauten Museum ausgestellt. Die Fülle der Schätze erlaubt es jedoch nur, alle drei Monate jeweils 15 000 Exponate zu präsentieren. Das National Palace Museum gilt als eines der reichhaltigsten und kostbarsten Museen der Welt. Für das Studium der chinesischen Geschichte ist ein Besuch in diesem Museum und im Gugong, dem Kaiserpalast in Peking, unverzichtbar, denn beide Bestände zusammen bilden die Schatzkammer des Reiches der Mitte.

Naturalsteuern Da in den meisten Jahrhunderten bis zu 90 Prozent der Bevölkerung in China auf dem Lande lebten, war an eine Besteuerung in Form von Geld in ländlichen Gebieten nicht zu denken, da der Bauer kaum über Geldmittel verfügte. Aus diesem Grunde wurden Naturalsteuern eingetrieben, die genau nach Katasterlisten festgelegt waren. In den Gebieten des Reis- und Getreideanbaus wurde jährlich nach der Zahl der Personen in einem ländlichen Haushalt ein bestimmtes Quantum an Reis oder Getreide erhoben, in Maulbeerbaum-Regionen Seide, im Nordwesten dagegen vornehmlich Tuch aus Hanf. Die Steuer konnte jedoch auch in Form verschiedener Fronarbeiten abgeleistet werden. Damit das Steuersystem dem jeweiligen Entwicklungsstand der Bevölkerung angepasst werden konnte, wurden relativ oft Volkszählungen durchgeführt.

Naturhistorisches Museum Tianjin Das Naturhistorische Museum in Tianjin ist das wohl berühmteste Museum seiner Art in China, denn in diesem hochmodernen Bau wird die gesamte Erdgeschichte Chinas und alle seine biologischen Aspekte dem Besucher durch seine 380 000 Ausstellungsgegenstände nahe gebracht. Das Museum ist auch eine Schatzkammer der wichtigsten in China aufgefundenen Fossilien.

Naxi-Nationalität Die nationale Minderheit der Naxi ist in hohen Waldgebieten der Provinz Yunnan zuhause, zu kleineren Teilen auch in den »kalten Bergen« von Sichuan und auf den Hochebenen Tibets in der westlichen Nachbarschaft. Mit rund 250 000 Angehörigen gehört diese Minderheit zu den kleineren Nationalitäten der VR China. Die Naxi-Sprache gehört zum Yi-Sprachzweig der tibeto-birmanischen Sprachgruppe der sinotibetischen Sprachfamilie. Bereits vor gut 1000 Jahren entwickelten die Naxi eine Art Hieroglyphen-Schrift mit dem Namen »Dongba«, in der eine Reihe von Sagen, Gedichten und Berichten aufgezeichnet wurden. Da diese sehr schwierige Schrift jedoch nie Volkstümlichkeit erlangte, wurde von chinesischen Philologen im Jahre 1957 eine neue Schrift auf der Grundlage der lateinischen Buchstaben entwickelt. Die Naxi sind zum größten Teil Polytheisten, zum kleineren Teil Lamaisten, was durch die Nähe zu Tibet erklärbar ist. Zum chinesischen Kaiserreich standen die Naxi bereits seit 1278 in engerer Verbindung, da die Yuan-Dynastie in dem von ihnen bewohnten Gebiet Lijiang eine Präfektur einrichtete. In der Ming-Dynastie und danach bestand ein ausgesprochenes Vasallenverhältnis Peking gegenüber. Mit der Einrichtung des »Autonomen Kreises Lijiang der Naxi-Nationalität« hat die Zentralregierung die Bedeutung dieser Minderheit unterstrichen und durch den Straßenbau und die Einrichtung von Schulen ihre Fürsorgepflicht zufrieden stellend erfüllt.

Nekropolen der Wei- und Jin-Zeit Aus der Zeit der Drei Reiche sind aus dem Königreich Wei (220–266) und aus den nachfolgenden Dynastien der Westlichen und Östlichen

Jin-Kaiser (266–420) mehr als 1000 Gräber nordöstlich der Stadt Jiayuguan inmitten einer wüstenhaften Landschaft erhalten, von denen bisher nur wenige geöffnet wurden. Die Gräber bestehen jeweils aus einem sehr engen, aus Ziegeln errichteten Gang, der zu drei Kammern führt, die mit Tonnengewölben und Kuppeln überdacht sind. Erhalten aus diesen Gräbern sind viele Ziegel, die mit leichtem Strich skizzenhafte Szenen aus dem Alltagsleben der damaligen Zeit in roten und schwarzbraunen Farben wiedergeben. Diese Ziegelbilder gelten in der Kunstgeschichte als unmittelbarste Äußerung ländlicher Künstler, die wie Momentaufnahmen des bäuerlichen Lebens wirken und vor allem Schilderungen aus der Wei-Zeit bieten.

Nengren-Tempel Im Ostteil der Stadt Jinjiang in der Provinz Jiangxi gelegen, bildet der Nengren-Tempel seit alters ein vielbesuchtes religiöses Zentrum nördlich des Poyang-Sees und zugleich einen Ausgangspunkt zum Besuch des berühmten Lushan-Berges, der sich östlich des Klosters befindet. Auf einer Fläche von 3000 Quadratmetern ist der Tempel der größte Komplex unter den zahlreichen historischen Bauten der Stadt.

Neokonfuzianismus Bezeichnung für die Fülle der philosophischen Richtungen, die seit dem 10. Jh. n. Chr. bis zum Untergang des Kaiserreiches die Lehren von Konfuzius ihrer Zeit anzupassen und auf moderne Weise zu formulieren versuchten. Dabei entwickelten sich viele, oft konkurrierende Schulen, die jedoch alle die moralischen Grundsätze des großen Weisen in den Mittelpunkt ihrer Interpretationen stellten.

Neolithische Kulturen Ausgedehnte Ausgrabungen in der zweiten Hälfte des 20. Jahrhunderts haben das Alter der chinesischen Kultur insgesamt um mehrere Jahrtausende erweitern können – gemessen an der bisherigen Annahme über den Beginn der Frühkulturen. Durch reichhaltige Grabfunde konnten drei Hauptphasen ziemlich gut belegt werden:
Frühphase (6000–5000):
Erste Gruppen von Jägern und Sammlern werden in Nordchina sesshaft, domestizieren Tiere, kultivieren Pflanzen und entwickeln erste Formen von Keramik. Die bisher gebrauchten Steinwerkzeuge werden zusehends verfeinert. In Hebei, Henan, Ost-Gansu und Süd-Shaanxi können bereits mehrere lokal verschieden geprägte Kulturen nachgewiesen werden.

Mittlere Phase (5000–3000): Dörfliche Siedlungen entstehen, durch Brandrodung werden neue Siedlungsgebiete erschlossen, eine Reihe von Kulturen, die nach ihren Fundorten bekannt werden, können durch sehr differenzierte und ästhetisch ansprechende Keramiken identifiziert werden. Aus dieser mittleren Phase erlangt die Yangshao-Kultur im Bereich der Kunst durch ihre erlesene Keramik bereits Weltgeltung.
Spätphase (3000–2000): Gipfelnd in drei geographisch unterscheidbaren Formen der Longshan-Kultur in Henan, Shaanxi und Shandong leitet diese Spätphase bereits über zur Zeit der legendären Xia-Dynastie und zur Shang-Zeit, in der dann erste Schriftzeugnisse auf Schildkrötenpanzern und Rinderknochen auftreten. Eine Reihe chinesischer Mythen weisen auf die Entstehung eines archaischen Königtums in dieser Zeit ebenfalls hin. Erst in der zweiten Hälfte des 20. Jahrhunderts traten die jungsteinzeitlichen Kulturen Chinas in ihrer ganzen Spannweite ins Licht der Geschichte. Bedeutende Ausgrabungen und exakte Altersbestimmungen führten zu dem Ergebnis, dass sich erste Kulturformen in der chinesischen Zentralebene bereits um 6000 v. Chr. herauszubilden begannen. Die nach den Fundorten benannten Kulturen, die noch vor der legendären Xia-Dynastie anzusetzen sind, werden hauptsächlich durch Keramik (Grabbeigaben) repräsentiert, von denen zahlreiche durch Formschönheit und Bemalung längst in der Kunstgeschichte ihren festen Platz gefunden haben. Der räumliche Spannungsbogen reicht vom Nordosten über die Zentralebene bis nach Nordwesten. Im Südosten – südlich des Jangtse – konnten ebenfalls vier unterschiedliche Kulturen festgestellt werden:

▷ ca. 6000–3000 v. Chr. Peiligang/Cishan-Kultur (Zentralchina)

▷ ca. 5000–2600 v. Chr. Yangshao/Banpo-Kultur (Zentralebene)

▷ ca. 5000–1900 v. Chr. Hemudu/Majiban/Songze- und Liangzhu-Kultur (Südosten)

▷ ca. 4500–2500 v. Chr. Daxi-Kultur (Zentralchina)

▷ ca. 4300–2200 v. Chr. Dawenkou-Kultur (Nordosten)

▷ ca. 3800–2100 v. Chr. Hongshan-Kultur (Nordchina)

▷ ca. 3200–1500 v. Chr. Yangshao/Gansu/Banshan/Machang-Kultur (Nordwesten)

▷ ca. 2600–2250 v. Chr. Longshan-Kultur (Zentralebene)

▷ ca. 2000–1500 v. Chr.
Longshan Shandong-Kultur (Nordosten)
Bereits in der Hongshan-Kultur finden sich die ersten bedeutenden Jadekunstwerke wie etwa der sog. Schweinedrache und eine zylindrische Röhre, genannt Cong, vermutlich Himmel und Erde symbolisierend. Die wichtigsten Ruinen, bei denen die Grundrisse der neolithischen Behausungen zu sehen sind, liegen in Hemudu, Provinz Zhejiang, und im Ausgrabungsort Banpo bei Xian. In der Sippensiedlung Banpo lassen sich drei Bereiche unterscheiden: ein Wohnviertel, ein Töpferviertel mit Ofen und eine gemeinsame Begräbnisstätte. Die auf den keramischen Gegenständen dargestellten Tiere (Fische, Frösche, Vögel, Rehe) wurden als Sippentotems gedeutet, die Jadefiguren dagegen als Amulette für die Toten.

Neun Dreifüße Symbole der Oberhoheit und Souveränität des Herrschers, gewissermaßen Reichsinsignien. In legendärer Vorzeit soll der mythische Herrscher Yu aus Bronze neun Dreifuß-Gefäße habe gießen lassen. Auf den Seiten dieser Gefäße seien die Landkarten der damals bekannten neun Provinzen eingraviert gewesen. Die Gefäße seien später verloren gegangen, der Begriff aber blieb als Souveränitätssymbol erhalten.

Neun Ur-Provinzen In den legendären literarischen Überlieferungen, die um die Gründung der ersten Herrschaftsgebiete in China kreisen, ist vielfach von neun Provinzen die Rede, in die der Kulturheros Yu das gesamte Land eingeteilt habe. Diese mythischen Ur-Provinzen waren sicherlich kein einheitliches Staatsgebiet sondern eher Stammesherrschaften mit einem gewissen kultischen Mittelpunkt, aus dem später dann ein politisches Zentrum hervorgegangen sein mochte. Diese neun Provinzen waren Yu (südliches Henan), Ki (Shanxi und Nord-Henan), Yen (Hebei), Tsing (Nord-Shandong), Yung (Shaanxi und Gansu), Östliches Su (Süd-Shandong und Jiangsu), Südliches Yang (Jiangsu, Nord-Zhejiang und Jiangxi), King (Hunan und Hubei), Westliches Liang (Sichuan).

Nianbadu In einem Tal des Xianxia-Massivs in der Provinz Zhejiang liegt die mit ihren malerischen Altbauten fast völlig erhaltene Stadt Nianbadu, die bis in die Tang-Dynastie (618–907) zurückreicht. Elf öffentliche Bauten und 36 große Wohnhäuser sind in dieser Stadt mit ihren grauen Wänden, schwarzen Ziegeln, bemalten Säulen und vielen Schnitzereien vollständig erhalten. Unter der Regierung der Nördlichen Song-Dynastie wurde das Reich in 44 du eingeteilt. Unter diesen Verwaltungseinheiten wählte man diese Stadt als achtundzwanzigste Einheit aus – und so kam die Stadt zu ihrem Namen, denn Nianba heißt im südchinesischen Dialekt »28«. Aufgrund der strategisch wichtigen Lage wurden in Nianbu viele Soldaten stationiert, die als Wächter der in der Umgebung liegenden Gebirgspässe sich im Dienst ablösten. Da über das Bergmassiv Xianxia der Durchgang zwischen den Provinzen Zhejiang und Fujian erschlossen war, wurde Nianbadu bald ein wichtiges Handelszentrum, von dem aus auch der Warenverkehr bis in die Provinz Jiangxi abgewickelt wurde. Bald ließen sich wohlhabende Kaufleute in Nianbadu nieder und trugen zur Ausgestaltung der Stadt bei. Berühmt ist der noch während der Regierungszeit des letzten Kaisers (1909–1911) gebaute »Tempel des Großen Königs«, in dem Konfuzius Opfer dargebracht wurden. Der Tempel hat eine Gesamtfläche von 1500 Quadratmetern und besticht durch seine kostbare Haupthalle mit ihrem doppelstöckigen Dach und ihren vielen Reliefs, Gravierungen und Schnitzereien.

Nianhao Glück verheißende Devise (Jahresdevise), die von einem Kaiser bei seiner Thronbesteigung oder bei einem wichtigen Ereignis ausgegeben wurde und nach der dann die Jahre im Kalender gekennzeichnet wurden. Im Jahr 140 v. Chr. wurde als Nianhao zum ersten Mal die Devise »Jianyuan« (Errichten des Anfangs) ausgegeben. Das Jahr darauf wurde dann »Jianyuan Zweites Jahr« genannt, das nächste »Jianyuan Drittes Jahr« usw. Auf diese Weise konnten die genauen Geschichtsdaten in den folgenden Jahrhunderten schnell ermittelt werden. Ein Nianhao gilt stets bis zur Ausrufung einer neuen Parole dieser Art. Jeder Kaiser war darauf bedacht, in einer solchen Devise nicht nur seine Macht sondern auch seine Fürsorge für die Wohlfahrt und den Frieden zum Ausdruck zu bringen.

Ningbo Ningbo, die alte Hafenstadt am Ostchinesischen Meer, liegt am Zusammenfluss der Flüsse Yao und Yong. Die Stadt selbst liegt zwar etwa 25 Kilometer landeinwärts, ihre Hafenanlagen jedoch sind am seeschifftiefen Wasser gegenüber den fischreichen Zhoushan-Inseln gelegen. Bereits in der Zeit der Streitenden Reiche bekannt und vom Ersten Kaiser Shi Huangdi selbst besucht, begann der Aufstieg der Stadt jedoch erst in der Tang-Dynastie, als in Ningbo ein staatliches Amt für Seehandel eingerichtet wurde. Von hier aus wurde damals fast der gesamte Handel mit Japan abgewickelt. In der Song-Dynastie stieg Ningbo dann sogar zum Haupthandelsplatz an der Ostküste auf. In der Ming-Dynastie fanden schwere Kämpfe gegen japanische Piraten in und um Ningbo statt. Bereits im 16. Jahrhundert durften die Portugiesen einen Handelsstützpunkt in der Stadt eröffnen. Eine allgemeine Niederlassungsfreiheit in der Stadt für Ausländer allgemein erzwangen jedoch erst die Engländer in den »Ungleichen Verträgen« von 1842. Die großen Auswanderungsströme um die Jahrhundertwende wurden dann auch über Ningbo geleitet, von wo aus die Emigranten von Zhejiang meist in Südostasien eine neue Heimat suchten. Nach 1949 bemühte sich die Stadt um die Ansiedlung von Industriebetrieben, und nach der Verkündung der Öffnungspolitik wurde neben 14 anderen Küstenorten Ningbo zur Sonderwirtschaftszone erklärt.

Ningxia Das im Range einer Provinz stehende »Autonome Gebiet Ningxia der Hui-Nationalität« umfasst rund 66 000 Quadratkilometer (17 Kreise und 5 Städte) mit etwa 6 Millionen Einwohnern, grenzt an die Innere Mongolei und an Gansu und wird zur Hälfte von den mohammedanischen Hui bewohnt. Diese chinesisch sprechenden Muslime haben mit ihrer sich gegenüber den Han abgrenzenden Eigenart dazu geführt, dass man 1958 diese Gebietseinheit mit diesem Namen geschaffen hat. Allerdings leben neben den Hui auch noch andere nationale Minderheiten in Ningxi wie die Mongolen, Mandschuren und Tibeter und seit mehr als 2000 Jahren sehr viele Han-Chinesen selbst. In der Geschichte war dieses Gebiet oft stark umstritten, und so kann man heute noch auf vielen hundert Kilometern an verschiedenen Linien die Überreste der Großen Mauer bemerken, die einst diese Region gegen die feindlichen Steppenvölker absichern sollte. Im 11. Jh. n. Chr. errichteten in Ningxia beispielsweise die Tanguten ihr Reich der Westlichen Xia, bis dieses von den Mongolen erobert und in ihr Großkhanat einbezogen wurde. Nicht weit von der heutigen Provinzhauptstadt Yinchuan entfernt liegen die neun Königsgräber der Westlichen Xia und die Grabstellen von 140 ihrer Adelsfamilien. Ausgegraben ist davon bisher ein

Königsgrab und vier Nebengräber. Das Gebiet Ningxi selbst kann in zwei klar umrissene Teile eingeteilt werden: den Südteil, der im Lößplateau liegt, und in den Nordteil mit der Ningxia-Ebene, durch die der Gelbe Fluss strömt. Man hat die Wasser des großen Stromes schon früh für die künstliche Bewässerung der fruchtbaren Tiefebene benutzt, sodass dort reiche Ernten an Wasserreis, Weizen, Hirse, Leinsamen und Zuckerrüben eingebracht werden können. Allerdings wird seit Jahrzehnten an diesem Mittellauf des Huanghe bereits so viel Wasser entnommen, dass in Dürrejahren kaum mehr Wasser die Mündung überhaupt erreicht und die Landwirtschaft am Unterlauf darunter leidet. In Ningxi sind neben einigen anderen Bodenschätzen vor allem riesige Kohlevorkommen entdeckt worden, sodass heute Ningxia bereits eine beachtliche Menge von Kohle mit hervorragendem Brennwert in andere Teile des Landes zu liefern imstande ist. Die Provinzhauptstadt ist Yinchuan mit rund 700 000 Einwohnern, früher die Hauptstadt der Westlichen Xia, heute das religiöse Zentrum der Hui, die im Zuge der 1978 verkündeten Religionsfreiheit bereits drei Jahre später die Große Moschee errichteten, die in ihrer islamischen Bauweise das Selbstbewusstsein der Hui auf sinnfällige Weise demonstriert.

Ningzong Ningzong (1195–1224), vierter Kaiser der Südlichen Song-Dynastie, eine schwache Herrscherpersönlichkeit, der auf unfähige Berater setzte und 1206 einen Krieg gegen die Jin vom Zaun brach, der mit einer schmachvollen Niederlage endete: 3 Millionen Unzen Silber mussten als Kriegsentschädigung gezahlt werden. Als die Mongolen bereits Peking eingenommen hatten, erkannte man am Kaiserhof immer noch nicht, welche Gefahren da heraufzogen und paktierte leichtfertig mit dem Xi Xia-Reich weit im Westen. Ningzongs Nachfolger war Lizong (1225–1264), ein Nachkomme Taizus in der 10. Generation.

Niujie-Moschee Die an der Niujie, der Rinderstraße in Peking gelegene älteste und größte Moschee soll bereits im Jahr 996 von einem arabischen Missionar gegründet worden sein. Die Moschee hat zwar ein chinesisches Aussehen und ein entsprechend niedriges Minarett, aber seine Achse ist nach Mekka ausgerichtet. Die Umgebung der Moschee ist stark moslemisch geprägt, an den Markt- und Imbissständen sind

Schweinefleisch und Alkohol nicht erhältlich.

Nördliche Dynastien Im Norden Chinas konnte im Jahre 439 ein türkischer Nomadenstamm, die Xian Bei (auch Toba Wei) das gesamte Land von der Gobi bis zum Jangtse einigen und die Nördliche Wei-Dynastie errichten, die bereits seit 386 Teile Nordchinas besetzt hatte. Überwältigt von der hohen chinesischen Kultur, begannen die Nördlichen Wei (386–534) von sich aus einen Sinisierungsprozess einzuleiten, der bald so weit vorangetrieben wurde, dass ihre Anführer sich Kaiser nannten, sich chinesisch kleideten, chinesische Namen annahmen und ihre Leute sogar zwangen, Chinesisch zu lernen. Die Hauptstadt der Dynastie war Luoyang, wo alsbald nach dem Vorbild der alten Kaiser des Reiches Hof gehalten wurde. Da die Nördlichen Wei bereits Buddhisten geworden waren, förderten sie diese Religion bald in einem Maße, das bisher unbekannt war. Man hat errechnet, dass im Norden Chinas die fast unglaublich große Zahl von 30 000 buddhistischen Klöstern gebaut wurden, und dass die Nördlichen Wei es waren, die für den Bau der kunstvollen Grotten von Yungang bei Datong in Shanxi und von Longmen bei Luoyang in Henan geradezu den Staatsschatz erschöpften. Die teilweise erzwungene Sinisierung stieß jedoch beim turkstämmigen Adel auf Widerstand, sodass sich die Dynastie spaltete und sich von 534–550 ein Staat der Östlichen Wei und ein Staat der Westlichen Wei (535–557) gegenüberstanden. Die Östlichen Wei wurden dann abgelöst durch die Nördlichen Qi (550–577) und die Westlichen Wei durch die Nördlichen Zhou (557–581). In jedem dieser Staaten nannte sich der Herrscher jedoch Kaiser, stets mit dem Anspruch und dem Bestreben, eines Tages das gesamte Reich regieren zu können. Dieses Ziel erreichten in der Tat die Nördlichen Zhou, die zuerst die mit ihnen stammesmäßig verwandten Nördlichen Qi bezwangen (577) und dann im Jahre 581 den Süden insgesamt eroberten. Dies war der Beginn der Sui-Dynastie (581–618), unter der das Reich nun wieder geeint war. Der Unterschied zwischen den Lebensverhältnissen im Norden und im Süden war gering, die »Nordmenschen« waren inzwischen Chinesen geworden, man sprach die gleiche Sprache, hatte die gleiche Religion und fühlte sich nun als Bürger eines großen mächtigen und einheitlichen Reiches.

Nördliche Han-Dynastie Die Nördliche Han-Dynastie (951–979) entstand als letzter der »Zehn Staaten«, die im 10. Jahrhundert entstanden und dann im Song-Reich aufgegangen sind. Das Herrschaftsgebiet dieser Dynastie erstreckte sich von Shaanxi über Shanxi bis nach Hebei. Als letzte Bastion dieser kurzlebigen Dynastien wurde dieses Territorium dann 979 dem Reich der Nördlichen Song-Dynastie einverleibt.

Nördliche Qi-Dynastie Die Nördliche Qi-Dynastie (550–577) löste in Nordchina die Östliche Wei-Dynastie ab und wurde von sechs nur kurze Zeit herrschenden Kaisern regiert. 577 erlag sie den Truppen der Nördlichen Zhou und ihr Gebiet wurde von dieser siegreichen Dynastie annektiert.

Nördliche Qi-Dynastie Die Nördliche Qi-Dynastie hatte nur eine Dauer von 27 Jahren, sie war aus der Nördlichen Wei-Dynastie hervorgegangen, wurde von den Herrschern Wenxuan di (550–560) und Wucheng di regiert (561–577) und von der Nördlichen Zhou-Dynastie überrannt und annektiert.

Nördliches Liang Der Herrschaftsbereich, der in Nordchina im Rahmen der »Sechzehn Staaten« des 4. Jahrhunderts n. Chr. »Nördliches Liang« genannt wurde, war in der Hauptsache von Chinesen bewohnt, seit seiner Gründung 397 jedoch von Hunnen beherrscht und fiel dann im Jahre 439 an die teilweise bereits sinisierten Nördlichen Wei, die in Nordchina seit 386 herrschten und dem Land Stabilität und Wohlstand bescherten. In der Reihe der sog. »schwachen Sechzehn« ist der Staat der Nördlichen Liang der elfte.

Nördliche Song-Dynastie Die Song-Dynastie insgesamt (960–1279) wird in der Geschichtsschreibung in zwei scharf voneinander getrennte Abschnitte eingeteilt: in die Nördliche Song-Dynastie (960–1126) mit der Hauptstadt Kaifeng und in die Südliche Song-Dynastie mit der im Süden gelegenen Hauptstadt Hangzhou (1127–1279). Im Schicksalsjahr 1126 griffen die Truppen des Jin-Reiches China an, nahmen die im Nördlichen Zentralgebiet gelegene Hauptstadt Kaifeng ein und führten die Kaiserfamilie in Gefangenschaft. Dies war das Ende der Nördlichen Song-Dynastie. Ein geflohener Prinz konnte sich im Jahre 1127 im Süden zum neuen Kaiser ausrufen und dort die Südliche Song-Dynastie begründen. Die Nördliche Song-Dynastie stand unter den beiden ersten Kaisern vierzig Jahre lang unter einem günstigen Stern. Kaiser Taizu (960–976) und sein Bruder, Kaiser Taizong (976–997), konsolidierten das Reich nach der langen Zersplitterung, lösten sukzessive die illegitimen zehn Herrschaftsgebiete des Südens auf und schufen in dem wieder geeinten Reich eine solide Wertegemeinschaft auf neokonfuzianischer Grundlage. Die Wirtschaft und der Handel florierten, die Künste und Wissenschaften erfuhren staatliche Förderung. Der dritte Kaiser, Zhenzong (998–1022) musste dann aber mit seinem Hofstaat bis nach Sichuan fliehen, weil die tungusischen Khitan bis nach Kaifeng vordrangen. Nur durch vertraglich zugesicherte jährliche Tributzahlungen in gewaltiger Höhe konnte er die Khitan schließlich zum Rückzug bewegen. Der vierte Kaiser, Renzong (1022–1063), stand ebenso hilflos den Heeren der Westlichen Xia gegenüber, die sich gleichfalls nur durch hohe Tributzahlungen wieder zurückzogen. Die Nachfolger, Yingzong (1064–1067), Shenzong (1068–1085) und Zhezong (1086–1101) sahen sich bereits erheblichen Schwierigkeiten gegenüber. Die feindlichen Nachbarstaaten erhöhten ihre Tributforderungen, sodass die Steuern erhöht werden mussten und die Wirtschaft stagnierte. Die Kluft, die sich zwischen den reichen Großgrundbesitzern und den armen Kleinbauern geöffnet hatte, konnte letztlich nicht mehr geschlossen werden, sodass sich der Niedergang des Reiches ankündigte. Unter Kaiser Huizong (1101–1125) zeichnete sich dann die Katastrophe deutlich ab. Huizong, in der Geschichte als bedeutender Maler bekannt, schloss unbedachterweise einen Bündnisvertrag mit den Jin, die vom Norden her die Khitan bedrohten. Die vereinigten Heere der Chinesen und Jin vernichteten zwar das Khitan-Reich (auch Liao-Reich genannt), aber nun hatte China die Jin zu Nachbarn. In kürzester Zeit griffen die Jin nun ihre ehemaligen Verbündeten an, erstürmten Kaifeng und zwangen damit den Kaiserhof zur Flucht. Huizong dankte 1125 zugunsten seines Sohnes Qinzong (1126) ab, wurde jedoch mit diesem ein Jahr später auf der Flucht gefangen genommen. Beide starben in der Gefangenschaft. Damit hatte die Nördliche Song-Dynastie ihr unrühmliches Ende gefunden. Die lange Zeit ihrer Dauer (166 Jahre) hatte allerdings China nach der unheilvollen Zeit der Zersplitterung (907–960) wieder auf Generationen Frieden und auch Wohlstand gebracht. In Kunst und Literatur, in Philosophie und in den Wissenschaften wurden Entwicklungen eingeleitet, die dann in der Südlichen Song-Dynastie unmittelbar weitergeführt werden konnten.

Nördliche Song-Gräber Etwa in der Mitte zwischen Luoyang und Zhengzhou liegt die Kreisstadt Gongxian an der Bahnstrecke, eine Stadt, die von Qin Shihuangdi im Jahre 221 v. Chr. in der Provinz Henan gegründet wurde. Historisch wichtig ist Gongxian jedoch wegen der sieben Kaisergräber aus der Nördlichen Song-Dynastie (960–1127), von denen über 100 Steinfiguren relativ gut und oft völlig unbeschädigt, erhalten geblieben sind. Hier ruhen Kaiser und Kaiserinnen und viele ihrer Familienmitglieder. Am Seelenweg zum Yong-Ding-Grab beispielsweise stehen, paarweise angeordnet, zivile und militärische Beamte aus Stein, Elefanten, Löwen, Pferde und Widder, aufgestellt zu Ehren von Kaiser Zhenzong (998–1022), der in diesem Grab bestattet wurde. Die Figuren stellen die Würdenträger am Hofe, aber auch die Gesandten aus fernen Ländern dar, die an ihrer Kleidung und ihrer Kopfbedeckung kenntlich sind. So kann man beispielsweise einen arabischen Gratulanten an seiner Kappe und auch daran erkennen, dass er kostbare Steine als Geschenke mitbringt. Der koreanische Abgesandte hält ein Kästchen in Händen, das so gemeißelt ist, dass man sogar die Perlmutteinlagen an den Wänden zu erkennen glaubt, und ein Diplomat aus Südostasien mit einem doppelt gewundenen Turban auf dem Kopf hält beim Grab des Kaisers Taizong sogar ein Rhinozeroshorn als Gabe in seinen Händen. Man findet solche Figuren bei den Gräbern der Südlichen Song nicht mehr. Die Kaiser dieser in Hangzhou regierenden Dynastie glaubten lange Zeit fest an eine Wiedereroberung des Nordens und ließen daher nur vorläufige Gräber für sich anlegen. Die Kaiser der Nördlichen Song-Dynastie dagegen bauten sich »Wohnstätten für die Ewigkeit«, sie konnten sich nicht vorstellen, dass ihr Land einmal von Fremdvölkern überrannt werden könnte. Die Gesandten in Stein bei ihren Gräbern zeugen von der Bedeutung, die diese Dynastie der Diplomatie beigemessen hat und welch weit reichende Beziehungen in ganz Asien der Hof in Kaifeng damals pflegte. Ähnlich ist auch die Ruhestätte für Kaiser Renzong (1023–1063) angeordnet, der Zhenzong auf dem Thron gefolgt war.

Nördliches Yan Das Nördliche Yan-Reich, das im Jahre 409 von dem Chinesen Feng Ba gegründet werden konnte, beschließt die Zahl der »Sechzehn Staaten«, die vor allem im 4. Jh. n. Chr. die Zeit der Zersplitterung auf nordchinesischem Boden bezeugen. Das Nördliche Yan-Reich ging 436 im Reich der Nördlichen Wei auf. Diese von sinisierten Türken geführte Dynastie war bereits im Jahre 386 gegründet worden und hat vor allem in der Kunst, vornehmlich in Skulptur und Plastik, erstaunliche Leistungen gezeitigt.

Nördliche Wei-Dynastie Im Jahre 386 errichtete Tuoba Gui von der Tuoba-Sippe des türkischen Xianbai-Stammes den Staat der Nördlichen Wei. Zur Hauptstadt wählte er Pingcheng in der Provinz Shanxi, im Osten der heutigen Industriestadt Datong. 399 rief er sich zum Kaiser aus und bestieg als Dao Wu Di den Thron. Im Jahre 423 griff er den Staat der Liu Song an und eroberte Luoyang. Nachdem auch der Staat der Nördlichen Liang besiegt war, vereinigte Kaiser Dao Wu Di ganz Nordchina, das im Laufe des 4. Jahrhunderts in 16 Staaten aufgesplittert war. 494 wurde die Hauptstadt nach Luoyang verlegt. Die Förderung des Buddhismus durch die Nördliche Wei-Dynastie war so weitreichend, dass man in der Mitte des 6. Jahrhunderts an die zwei Millionen Mönche und Nonnen zählte. Gleichzeitig ging die Sinisierung der einflussreichen Schichten der türkischen Tuoba Wei weiter, was jedoch zu Zerwürfnissen am Hofe führte. Dies führte im Jahre 535 zur Trennung in zwei Herrschaftsbereiche. Es standen sich nunmehr das Östliche Wei und das Westliche Wei als Königreiche gegenüber. Der Nachfolgestaat im Osten nannte sich dann Nördliche Qi und der im Westen Nördliche Zhou. Im Jahre 581 besiegten die Nördlichen Zhou die Nördlichen Qi und einigten damit das Land. Ein General dieses siegreichen Heeres usurpierte daraufhin den Thron und bereitete die Eroberung des südlichen Kaiserreiches vor, in welchem die unfähige Chen-Dynastie regierte. Dieser General namens Yang Jian marschierte nach sehr umsichtig betriebenen Vorbereitungen nach Süden, eroberte Nanjing, stürzte die Chen und ließ sich als Kaiser Wen Di im Jahre 589 der von ihm gegründeten Sui-Dynastie ausrufen. Damit war China wieder vollständig geeint. Gelungen war trotz aller Schwierigkeiten, Umwege und Teilungen die Sinisierung vieler fremdstämmiger Eroberer, die nun als nationale Minderheiten in diesem Einheitsstaat lebten, jedoch vielfach Chinesisch sprachen oder sogar schrieben, mindestens sich den chinesischen Sitten und Gebräuchen anpassten oder friedlich daneben ihre Traditionen pflegten. Einigendes Band war jedoch der Buddhismus, denn zu ihm bekannten sich vor allem schon die türkischen Wei vor der Eroberung. Die Übernahme konfuzianischer Staatslehren und Lebensnormen durch die Herrscher der Sui und die Duldung oder gar Förderung auch des angestammten Daoismus durch das Kaiserhaus trugen weiter zur Festigung der Sui-Herrschaft bei.

Nördliche Zhou-Dynastie Die Nördliche Zhou-Dynastie (557–581) löste in Nordchina nicht nur die Westliche Wei-Dynastie ab sondern eroberte 577 auch das Gebiet der Nördlichen Qi-Dynastie. Insgesamt herrschten in dieser Zeit fünf Kaiser. Ein General dieser Dynastie usurpierte jedoch den Thron und wurde im Jahre 581 zum Einiger Chinas, indem er im Süden die Chen-Dynastie stürzen konnte und daraufhin die Sui-Dynastie als Kaiser Wendi (581–618) gründete.

Nü Gua (Nüwa) Mythische Göttin und Urmutter der Chinesen. Noch auf Grabreliefs der Han-Dynastie erscheint sie mit ihrem göttlichen Gemahl Fuxi. Beide haben menschliche Oberkörper und drachenartige Unterleiber, die sich ineinander verschlingen. Nü Gua ist in den Mythen jedoch auch als Schöpfungsgottheit bekannt, die aus Lößschlamm die Menschen formte. Erst in zweiter Linie tritt sie als Ehegemahlin von Fuxi auf.

Nu-Nationalität Zu den zahlreichen nationalen Minderheiten, die in der Provinz Yunnan leben, gehört auch das Volk der Nu mit rund 25 000 Angehörigen. Hauptsiedlungsraum in diesem Urwaldgebiet sind die Täler des Lancanjiang, des Nujiang und des Dulonghe. Die steilen Felsen und Schneegipfel der sich dort auftürmenden Berge erreichen Höhen von ca. 3800 Metern. In den dichten Wäldern finden sich noch heute Tiger, Leoparden, Bären und Riesenadler. In den Tälern wird auf Grund des milden Klimas und der vielen Niederschläge eine gute Ernte an Reis, Hochlandgerste und Süßkartoffeln eingebracht. Die Nu-Sprache gehört zur tibeto-birmanischen Sprachgruppe der sinotibetischen Sprachfamilie. Seit Urzeiten Animisten, glauben die Nu auch heute noch an eine Allbeseelung der Natur. In der Geschichte waren die Nu mehrfach von den Völkern der Bai, der Naxi und der Lisu beherrscht, im 18. und 19. Jahrhundert setzte die Qing-Dynastie ihr genehme Statthalter ein, die sie aus den einheimischen Grundherrenschichten dieser Nachbarvölker gewann. Im Jahre 1950 wurde das gesamte Nu-Gebiet an die Volksrepublik China angeschlossen.

Nurhaci Der Fürst der Nüzhen, Nurhaci (1559–1626) einigte im Jahre 1616 alle mandschurischen Stämme und gab sich den Titel Khan. Die Nüzhen, auch Dschurdschen genannt, waren die Nachkommen jener tungusischen Stämme, die im 12. Jahrhundert in der Mandschurei und in Nordchina das Reich der Jin (1115–1234) gegründet hatten. Nurhaci (Nurhatsi) nannte daher die von ihm gegründete Dynastie in Anlehnung an seine großen Vorfahren Hou Jin, d. h. Dynastie der Späteren Jin oder Großen Jin. Bereits 1621 nahm er Shenyang ein, nannte es Mukden und errichtete dort seine Hauptstadt. Nach seinem Tod bestieg sein Sohn den Thron, erhob das Khanat zum Kaiserreich und nannte seine Dynastie nunmehr Große Qing. Er selbst ging als Kaiser Taizong (1592–1643) in die Geschichte ein. Die Herrschaft der Mandschuren in ganz China beginnt dann nach der Eroberung Pekings allerdings erst 1644 mit Kaiser Shunzhi (1644–1661).

Nyatri Tsenpo Legendärer erster König von Tibet. Man sagte von ihm, dass er seinen Stammbaum auf die indischen Nachkommen von König Bimbisara zurückführen könne. Bimbisara war ein Zeitgenosse von Buddha.

Nyingma Aus der ersten Periode des Buddhismus in Tibet stammt der Nyingma, der »alte« Orden, der seine Lehren auf Padma-Sambhava aus dem 8. Jahrhundert zurückführt. Padmasambhava war vom tibetischen König Trisong Detsen eingeladen worden, um den Buddhismus in seinem Land zu befestigen. Der große indische Lehrmeister kam und konnte die meisten Strömungen überwinden, die dem Buddhismus feindlich waren.

O

Östliche Jin-Dynastie Die Östliche Jin-Dynastie (317–420) konnte trotz erwiesener Schwäche ihrer Herrscher dem gesamten Land südlich des Jangtse für 103 Jahre Frieden und Wohlstand verschaffen. Dies war jedoch allein eine Folge der Uneinigkeit ihrer Feinde, die im Norden Chinas kleinere und größere Reiche gegründet hatten. Mongolen, Türken, Tungusen und Tibetaner hatten sich der Kerngebiete des alten China bemächtigt und hatten ihre Residenzen in den altehrwürdigen Hauptstädten aufgeschlagen, stritten jedoch gegeneinander. Dies verschaffte dem Süden eine lange Verschnaufpause, sodass diese Zeit sogar als eine Ära der Künste bezeichnet werden kann. Abkömmlinge der alten Jin-Dynastie hatten in Nanking den Kaiserthron bestiegen. Dort war nun das Zentrum der originär chinesischen Zivilisation, dort allein wurden noch die konfuzianischen Riten vollzogen und der Ahnenkult aufrechterhalten. Wohl drängten viele Flüchtlinge aus dem Norden den Kaiser zu einem Feldzug gegen die »Barbaren« im Norden, aber zu einem großen Schlag zwecks Rückeroberung der verlorenen Gebiete war der Süden weder willens noch in der Lage. Man genoss den Frieden. Konfuzianer, Daoisten und Buddhisten konnten ungestört ihrer Religion nachgehen, Landwirte und Handwerker brauchten nicht mehr unter unerträglichen Steuerlasten zu seufzen und die Kaufleute erfreuten sich einer bisher nicht gekannten Handelsfreiheit. Während sich im Norden die Sechzehn Königreiche ablösten und gegeneinander stritten, konnte sich der Süden fast unangefochten entwickeln. Unter den Kaisern Yuandi (317–322), Mingdi (323–325), Chengdi (326–342) und Kangdi (343–344), die alle nur kurze Zeit regierten, war man damit beschäftigt, dem Lande die nötige Stabilität zu verschaffen. Kaiser Mudi (345–361) gelang es dann jedoch im Jahre 356 Luoyang wieder zu erobern, das dann aber unter Aidi (362–365) wieder verloren ging. Die Kaiser Hai Xi Gong (366–370) und Jian Wendi (371–372) regierten zusammengenommen nur fünf Jahre. Der Nachfolger, Xiao Wudi (373 –396), sah sich dann gleich drei Gefahren gegenüber. Im Norden drängten die Toba, ein ungebärdiges Steppenvolk an die Grenzen des Kaiserreiches, im Süden trieben an den Küsten Piraten ihr Unwesen und im Westen hatten Bauernaufstände begonnen. Kaiser Xiao Wudi konnte zwar militärisch noch einmal obsiegen, aber seine Nachfolger Andi (397–418) und Gongdi (419) waren den kommenden Herausforderungen nicht mehr gewachsen. Die Toba (die Gründer der Nördlichen Wei-Dynastie) griffen erneut an, sodass ein energischer General den schwächlichen Kaiser zur Abdankung zwang, selbst die Macht übernahm und als Kaiser Song Wudi (420–422) die Liu Song-Dynastie gründete, so benannt zur Unterscheidung von der Song-Dynastie fünfhundert Jahre später. Die Östliche Jin-Dynastie war gefallen, abgelöst von der Liu Song-Dynastie, der auch nur 59 Jahre Dauer beschieden waren.

Östliche und Westliche Qing-Gräber Nach der Gründung der Qing-Dynastie und nach dem Einzug in den Kaiserpalast ließen sich die mandschurischen Herrscher, die nun Kaiser Chinas waren, in ähnlicher Weise wie die mingzeitlichen »Himmelssöhne« in kostbar angelegten unterirdischen Palästen außerhalb von Peking in ruhiger und landschaftlich sehr schöner Umgebung zur letzten Ruhe betten. Dies geschah jedoch an zwei gänzlich entgegengesetzten Orten: die Ostgräber liegen im Kreis Zunhua, etwa 125 Kilometer von Peking in der Provinz Hebei, die Westgräber dagegen im heutigen Kreis Jixian westlich von Peking. Die östliche Nekropole (Qing Dong Ling) birgt die Grabstätten von fünf Kaisern, 15 Kaiserinnen, 136 Konkubinen und einer Prinzessin. Kaiser Shunzi selbst hatte auf einer Jagd diesen Platz entdeckt und zur Nekropole der Qing-Dynastie bestimmt. Wie bei den Ming-Gräbern wurde ein Heiliger Weg als Zugang zu den Gräbern geschaffen, der von Steinskulpturen gesäumt wird. Die kostbarsten dieser Grabanlagen sind das Xiaoling für den Shunzhi-Kaiser und das Yuling für den berühmten Qianlong-Kaiser. Die Kaiserinwitwe Cixi ist ebenfalls in dieser Nekropole bestattet worden. Die Gräber mit ihren wertvollen Beigaben wurden mehrfach im 20. Jahrhundert ausgeraubt, die Anlagen als solche blieben erfreulicherweise erhalten. Beachtlich sind die Ausmaße dieser unterirdischen Paläste; so ist beispielsweise das Mausoleum für Qianlong unter der Erde 54 Meter lang, besteht aus drei Räumen und besitzt vier reich verzierte Doppeltüren, von denen jede drei Tonnen wiegt. Die Existenz der Westgräber dürfte allein auf das schlechte Gewissen des Kaisers Yongzheng (1723–36) zurückzuführen sein, der seinen Vater, den Kaiser Kangxi, vergiftet haben soll, um als Sohn einer Nebenfrau auf den Thron gelangen zu können. Um nicht in den Ostgräbern neben seinem Vater beerdigt zu werden, bestimmte er im Westen der Hauptstadt eine angenehme Gegend zu seinem Begräbnisplatz, der ebenfalls einen drei Kilometer langen Seelenweg aufweist, an dem steinerne Beamte, Offiziere und dienende Tiere Spalier bilden. In den Westgräbern wurden nach Yongzheng auch noch drei weitere Kaiser, drei Kaiserinnen und viele Konkubinen bestattet. Auch hier waren bei einigen Mausoleen Grabräuber am Werk. In der Zeit der Warlords wurde das Chong Ling, das Grab des Kaisers Guangxu, restlos ausgeraubt.

Östliche Wei-Dynastie Die Östliche Wei-Dynastie kannte nur einen Herrscher, den Kaiser Xiao Jing Di (534–550) im Gegensatz zur gleichzeitigen Westlichen Wei-Dynastie, die unter drei aufeinander folgenden Kaisern von 535–557 bestand.

Östliche Zhou-Dynastie Die Östliche Zhou-Dynastie (770–221 v. Chr.) erhielt ihren Namen von der Verlegung der Hauptstadt (in der Nähe des heutigen Xian) weiter nach Osten in die Nähe des heutigen Luoyang im Jahre 770 v. Chr. Die Zhou-Könige legten allerdings zwei benachbarte Zentren an: eine Königsstadt (Wang Cheng) als Residenz und eine Hauptstadt (Cheng Zhou) als Zentrum des Staates.

Opiumkriege Die beiden Opiumkriege (1840–1842 und 1850–1860) können rückblickend mit vollem Recht als erste Stufen zum Untergang des kaiserlichen China und als Vorstufen der späteren modernen Entwicklung angesehen werden. Zu Beginn des 19. Jahrhunderts war die Einfuhr von Tee und Keramik aus China nach England beträchtlich angestiegen. Die Chinesen akzeptierten nur Silber als Zahlungsmittel, der Handel lag in den Händen staatlicher Agenten, die den Handel mit englischen Kaufleuten in Kanton abwickelten. Kein fremder Händler durfte China betreten oder bereisen, die Kaufleute waren gezwungen, auf einem schmalen Landstrich gegenüber von Kanton zu wohnen. China hatte sich nach dem Vorbild Japans zu fast völliger Isolation entschlossen. Der Abfluss englischen Silbers nach China nahm beträchtlich zu und der Kauf englischer Waren war für Chinesen durch strikte staatliche Kontrollen nicht möglich – allerdings fand eine Ware durchaus Eingang nach China: Opium. Diese aus dem eingetrockneten Milchsaft aus den Fruchtkapseln des Schlafmohns gewonnene Droge ließen sich die Engländer nun ebenfalls mit Silber bezahlen. Als nun die Opiumsucht immer stärker um sich griff und der Abfluss chinesischen Silbers nach England weit über dem vertretbaren Ausmaß lag, versuchte das Kaiserhaus mit harten Strafmaßnahmen die weitere Einfuhr von Opium zu unterbinden. Englische Kaufleute im stillen Einverständnis mit chinesischen Schmugglern jedoch konterkarierten diese Abwehrmaßnahmen, man schätzt die Zahl der um 1830 opiumsüchtigen Chinesen auf etwa 10 Millionen. Nun wurde vom Kaiserhof der Opiumhandel bei Todesstrafe verboten und in den Lagerschuppen der Engländer viele Ballen Opium konfisziert und anschließend verbrannt. Diese von Kommissar Lin Zexu (1785–1850) durchgeführte Aktion rief englische Kriegsschiffe auf den Plan, die im Hafen von Kanton mit ihren schweren Kanonen chinesische Dschunken unter Beschuss nahmen. Im Verlauf des sich nun entwickelnden Krieges nahmen englische Expeditionstruppen Shanghai ein und drohten mit dem Vorrücken auf Nanking. Kaiser Daoguang kapitulierte und verpflichtete sich im Vertrag von Nanking 1842 das Handelsmonopol für die staatlichen Händler von Kanton aufzuheben, eine hohe Entschädigungssumme zu zahlen, Hongkong an England abzutreten und fünf Häfen an der chinesischen Küste für den Handel zu öffnen: Kanton, Xiamen, Fuzhou, Ningpo und Shanghai. In diesen Städten konnten exterritoriale Niederlassungen für englische Kaufleute errichtet werden, in denen ausschließlich englisches Recht gelten sollte. Im Jahre 1858 jedoch erhielt der Konflikt neue Nahrung, als Kaiser Xianfeng (1850–1861) sich weigerte, ausländische Botschaften in Peking zu akzeptieren. Dieser Affront gegenüber London führte zur Einnahme von Kanton durch englische Truppen und vereinte 1860 englische und französische Einheiten im Marsch auf Peking. Aus Anlass der Ermordung eines Emissärs brandschatzten und plünderten diese Expeditionstruppen den Sommerpalast in Peking. Wieder musste China kapitulieren, musste den Briten nun auch Kowloon gegenüber der Insel Hongkong zugestehen und weitere Häfen für den Überseehandel öffnen. Diese zweimalige Demütigung des Reiches der Mitte durch die Europäer deutete den weiteren Verfall der Macht schon recht deutlich an und legte die technische Rückständigkeit Chinas vor allem in der Seerüstung gnadenlos bloß. Gleichzeitig bestärkte diese Entwicklung jene Kräfte, die sich von einer Öffnung Chinas westlichem Wissen gegenüber die ersehnte Gesundung versprachen und im freien Handel und nicht in der Abschließung den allein richtigen Weg für den Wiederaufstieg erblickten.

Orakelinschriften Im Jahr 1899 wurden bei Anyang in der Provinz Henan im Dorf Xiaotun die erste Orakelinschriften auf Knochen und Schildkrötenpanzern gefunden. Aus diesen eingeritzten Zeichen ging hervor, dass sie die ersten schriftlichen Aufzeichnungen in frühchinesischer Schrift darstellten. Inzwischen sind weit über 100 000 solcher Inschriften gefunden, die alle aus der Zeit vom 16.–11. Jahrhundert v. Chr. stammen. Die Entzifferung und Interpretation dieser Aufzeichnungen obliegt einem Spezialgebiet der Sinologie. Die Knochen kamen aus der Gegend selbst und stammen von Rindern, Pferden, Schafen, Schweinen, aber auch Hirschen, vornehmlich vom Schulterblatt dieser Tiere. Die Schildkrötenpanzer wurden offensichtlich aus dem Süden des Landes bezogen. Alle Inschriften dieser Art dienten der Weissagung. Man befragte den Himmel über kommende klimatische Veränderungen wie Regen, Stürme, Schneefall, über Dürre und Hochwasser, und man wollte von den Göttern über den Ausgang von Jagdzügen, Kriegen, Bündnissen, Heiraten des Herrschers und ähnlichen Ereignissen Näheres erfahren. Der Orakelpriester, dessen Name meist angegeben ist, stellt dem Orakel die Frage. Die von dem Orakel gegebene Antwort wird eingeritzt und ein Vermerk dazugesetzt, ob das vorhergesagte Ereignis eingetroffen ist oder nicht. Allerdings enthalten viele Knochen und Panzer auch nur Teile von solchen Angaben. Bei der Befragung des

Orakels hielten sich die Orakelpriester an folgende Regeln: Man säuberte den Knochen oder Panzer, brachte eine Kerbe darauf an und bohrte daneben eine Vertiefung. Diese Stelle wurde dann über ein Feuer gehalten, sodass ein längerer und ein kürzerer Riss entstand. Aus der Länge und Form dieser Risse, die sich stets kreuzten, ergab sich die Antwort des Orakels. Die Inschriften wurden dann neben diese Risse eingeritzt.

Ordos-Mensch Vor 60 000 bis 30 000 Jahren lebte im Sjara-Osso-Gol-Flussgebiet im Süden der Inneren Mongolei der sog. Ordos-Mensch, ein Homo sapiens der Altsteinzeit, der Steinwerkzeuge gebrauchte und Mammute, Wollhaarnashörner und Spiralhorn-Antilopen jagte, vor allem aber scheint er einer primitiven Rinderart nachgestellt zu haben. Bereits 1922/23 hatten die beiden französischen Anthropologen Emile Licent und Pierre Teilhard de Chardin den Schneidezahn eines Ordos-Kindes in dieser Gegend gefunden, danach spürte der chinesische Paläoanthropologe Jia Lanpo zwei Oberschenkelknochen und einen Oberarmknochen des Ordos-Menschen auf. Den großen Durchbruch erzielten jedoch 1980 Mitglieder der Chinesischen Akademie der Wissenschaften, die Schädelfragmente, Schulterblätter, Oberarmknochen und Wadenbeine von neun Ordos-Menschen bei ihren Ausgrabungen zutage förderten. Daneben fanden sie rund 100 Steinwerkzeuge, Steinsplitter und Fossilien von 45 Tierarten, die anscheinend vom Ordos-Menschen gejagt wurden. Diese Funde geben Aufschluss über den Entwicklungsprozess des Menschen im späten Pleistozän, aber auch über die Beschaffenheit, Entstehung und Entwicklung der Ordos-Wüste.

Orotschen Die kleine nationale Minderheit der Orotschen (Oroken, Oroqen) mit einer Bevölkerung von nur 5000 Sprechern, lebt in den Wäldern des Großen und des Kleinen Hinggan-Gebirges in der Provinz Heilongjiang und in der Inneren Mongolei. Ursprünglich ein nomadisierendes Jäger- und Fischervolk, sind sie seit etwa 1955 sesshaft geworden und betreiben neben der Jagd auch Ackerbau. Die Orotschen saßen einst nördlich des Amur und wichen in der Mitte des 17. Jahrhunderts vor den russischen Invasoren nach Süden aus. Während der Qing-Dynastie waren sie Peking tributpflichtig und während der japanischen Besatzungszeit 1931–1945 schweren Repressalien ausgesetzt. 1951 richtete die neue Regierung dann das »Autonome Banner der Orotschen« ein, wo sie heute hauptsächlich konzentriert sind. Sprachlich gehört dieses Volk zum tungusischen Zweig der mandschurisch-tungusischen Sprachgruppe innerhalb der altaischen Sprachfamilie.

Ost-Han-Zeit Die Ost-Han-Zeit (25–220 n. Chr.) ist der zweite Abschnitt der chinesischen Han-Dynastie (206 v.–220 n. Chr.). Nach dieser Zeit tritt eine Teilung des Reiches ein.

Ost-Zhou-Zeit Die zweite Hälfte der Zhou-Dynastie wird Ost-Zhou-Zeit genannt (770–256 v. Chr.) und wird selbst wieder eingeteilt in die Zeit der Frühlings- und Herbstperiode (770–481 v. Chr.), auch genannt Chunqiu-Periode, und in die Zeit der Streitenden Reiche (48–221 v. Chr.), auch genannt Zhanguo-Periode.

P

Pachtgebiete Großbritannien, Frankreich, Russland, Japan und Deutschland bedienten sich im 19. Jahrhundert bei ihren Bestrebungen, im Reich der Mitte Fuß zu fassen, der juristischen Form der befristeten Verpachtung bei territorial größeren Gebietseinheiten. Zu unterscheiden von den Pachtgebieten sind die durch Vertrag abgetretenen Gebiete wie Hongkong (1842) und Taiwan (an Japan 1895) und die meist in oder bei Stadtgebieten liegenden kleineren Niederlassungen und Konzessionen, in denen Exterritorialität galt (Konsulargerichtsbarkeit). Im Pachtgebiet dagegen galt uneingeschränkt das Recht des jeweiligen kolonialen Gesetzgebers, für Ausländer und Chinesen gleichermaßen. Von den fünf Pachtgebieten lagen zwei in Guangdong, zwei in Shandong und das fünfte in der Provinz Liaoning. Das bekannteste Pachtgebiet im südlichen China waren die New Territories, die 1898 von Großbritannien gepachtet und am 1. Juli 1997 wieder mit der Stadt Hongkong an China zurückgegeben wurden. Weit unbekannter war das französische Pachtgebiet Guangzhouwan, das 1898 gepachtet und 1945 wieder an China zurückgegeben wurde. Das Territorium wurde von Französisch-Indochina aus verwaltet und erlangte nie größere Bedeutung. Im Jahre 1898 wollten die Briten für die Royal Navy einen Stützpunkt in Shandong ausbauen und pachteten das 735 Quadratkilometer große Weihaiwei. Da es jedoch nie zu einem Ausbau des Hafens kam, gab Großbritannien das Gebiet schon 1930 zurück. Das vom Deutschen Reich 1898 von China gepachtete Gebiet an der Bucht von Jiaozhou (Kiautschau) mit der Stadt Qingdao (Tsingtau) erwies sich als Glücksfall für die Region, denn Deutschland investierte aus Prestigegründen sehr viel in den Aufbau und Ausbau des Hafens und der Stadt. Da jedoch Japan im Ersten Weltkrieg bereits das gesamte Pachtgebiet eroberte und es trotz chinesischen Protestes auch nach 1918 behielt, erfolgte die Rückgabe erst 1922 an China. In der Mandschurei hatte Russland bereits 1894 für nur 25 Jahre die Halbinsel Liaodong mit dem Hafen Dalian und dem Flottenstützpunkt Port Arthur gepachtet. Im Rahmen des japanischen Sieges über China 1895 und über Russland 1905 fiel dieses Pachtgebiet dann an Japan, stets umstritten zwischen Russland, Japan und China, das nach wie vor auf seine Souveränität über dieses Gebiet pochte. Im Zusammenhang mit diesem Pachtvertrag sind weiterführende Konzessionen (Chinas an Russland) im Hinblick auf den Ausbau der Ostchinesischen Bahn der Russen quer durch Heilongjiang nach Wladiwostok und der Südmandschurischen Bahn von Port Arthur zum Bohai-Golf vergeben worden. Eine Rückgabe dieser stark umstrittenen Pachtgebiete erfolgte letztlich erst 1945 nach der Kapitulation Japans, da Tokyo die gesamte Mandschurei von 1932 bis zu diesem Zeitpunkt als Marionettenstaat mit dem Namen Mandschukuo eingerichtet hatte und sich damit ein Protektorat verschaffte, das mehr als doppelt so groß war wie Japan selbst.

Pagoden Zu den mannigfaltigen Denkmälern altchinesischer Baukunst zählen die Pagoden, vielfach architektonische Prachtwerke, die in allen Provinzen des Reiches zu finden sind und auf eine fast zweitausendjährige Geschichte zurückblicken können. Der Ursprung der Pagode ist indisch, jedoch brachten im Jahr 67 n. Chr. zwei buddhistische Mönche aus Indien Heilige Schriften aus ihrer Heimat in die damalige chinesische Hauptstadt Luoyang, durften dort ein Kloster erbauen und errichteten als zentrales Gebäude ihres Konvents einen viereckigen Turm – die erste Pagode in China. Inzwischen sind viele tausende von Pagoden entstanden, entweder in oder bei den Klöstern selbst oder aber als buddhistische Wahrzeichen in Städten, auf Hügeln und Bergen, am Ufer der Flüsse, auf freien Ebenen oder in waldigen Bergschluchten. Das Material, aus dem diese oft sehr hohen Türme errichtet sind, besteht aus Holz, aus Rohstein oder Backstein, dann und wann sogar aus Bronze. Die älteste, noch erhaltene Backsteinpagode, errichtet im Jahr 520, befindet sich im Songyue-Tempel auf dem gleichnamigen Berg in der Provinz Henan. Von ihren indischen Vorbildern haben sich die chinesischen Architekten zwar weitgehend schon frühzeitig gelöst, blieben ihnen aber im Hinblick auf einige Elemente dennoch verhaftet, was zu einer meist wundervollen Kombination Anlass gab. Aus der Verbindung der runden indischen Stupa mit der traditionellen chinesischen Pavillon- und Turmbauweise gingen inzwischen alle Pagoden-Baustile Chinas hervor. Die Hauptform ist der Turm-Stil. In ihm ist auch die älteste erhaltene und höchste Holzpagode errichtet; sie wurde 1056 im Kreis Yingxian, Provinuz Shanxi, erbaut; und stellt ein 67 Meter hohes achteckiges Gebäude dar. Im Pavillon-Stil sind die meisten einstöckigen Pagoden erbaut, die als Gedenkpagoden auf den Gräbern von Äbten oder bedeutenden Mönchen stehen. Der Miyanshita-Stil kennt dagegen zahlreiche Dachtraufen, die auf einem hohen Turmbau dicht aneinander angeordnet sind. Der lamaistische Stil orientiert sich sehr stark an den indischen Dagobas. In diesem Stil ist beispielsweise die von Kubilai Khan 1271–1279 errichtete Weiße Dagoba im Miaoying-Tempel in Peking erbaut, die 60 Meter hoch ist und von einem nepalesischen Architekten entworfen wurde. Auf indische Vorbilder verweist auch die Diamantenthron-Pagode in Hohot in der Inneren Mongolei, die fünf Pagoden aus einem hohen Sockel in die Höhe wachsen lässt. Ganz birmanisch in ihrer Bauweise ist die Menglongsun-Pagode in der Provinz Yunnan, die 700 Jahre alt ist und aus einem Hauptturm besteht, der von acht Nebenpagoden umgeben ist. Am bekanntesten von allen Pagoden Chinas dürfte die Große Wildgans-Pagode in Xian sein, ein mächtiges Bauwerk aus der Tang-Zeit, das mit ihrer »kleineren Schwester«, der Kleinen Wildgans-Pagode, das Wahrzeichen der einst mächtigen chinesischen Hauptstadt bildet.

Pakpa Im Jahre 1260 ernannte Kubilai Khan einen der fünf Großmeister des Sakya-Ordens zum geistigen und weltlichen Herrscher von Tibet. Dieser Regent von Kubilais Gnaden war Pakpa (1235–1280), der auf den Mongolenherrscher einen tiefen Eindruck gemacht hatte.

Palastmuseum Unter dem Pekinger Palastmuseum versteht man zwar den gesamten ehemaligen Kaiserpalast, d. h. die ehemals Verbotene Stadt mit seinen 72 Hektar an Fläche, seinen über 9000 Audienz- und Wohnzimmern, die mit allen Hallen allein 150 000 Quadratmeter an überdachtem

Raum aufweisen – aber die wertvollen Sammlungen des Palastmuseums sind neben diesen Wohnräumen und all den Türmen, Pavillons, Tempeln und Gärten doch besonderer Aufmerksamkeit wert. Von den einstigen Schätzen wurden 600 000 der kostbarsten Stücke nach Taiwan verbracht, wo sie im National Palace Museum in Taipeh untergebracht sind. In Peking selbst verblieben rund 800 000 Exponate, vornehmlich aus der Sammlung des Qing-Hofes. Unter den nach 1949 in das Palastmuseum gekommenen 220 000 Kulturgegenständen befinden sich ebenfalls äußerst bedeutende Objekte, darunter Malereien, Kalligraphien, Schnitzereien, Textilkunstwerke, Bronzegefäße, Keramik und Bücher. Auf einer gesamten Ausstellungsfläche von 18 000 Quadratmetern können im Wechsel rund 12 000 Exponate präsentiert werden. Das Museum steht seit dem 10. Oktober 1925 Besuchern aus aller Welt offen, nachdem im November 1924 der letzte Kaiser der Qing-Dynastie die »Purpurne Verbotene Stadt« hatte verlassen müssen.

Pantschen-Lama Nach dem Dalai-Lama ist die zweithöchste Autorität im tibetischen Buddhismus der Pantschen-Lama, der als Emanation des Buddha Amitabha gilt. Wie der Dalai-Lama gehört auch der Pantschen-Lama der Gelugpa-Schulrichtung an, residiert jedoch nicht in Lhasa sondern in Tashilhunpo. Den Titel Pantschen-Lama verlieh einst der 5. Dalai-Lama seinem Lehrer – und seit dieser Zeit existiert eine Existenzlinie des Pantschen-Lama mit bisher 10 Inkarnationen:

1. Gelek Pälsang (1385–1438)
2. Sönam Choglang (1439–1504)
3. Wenso Losang Döndrub (1505–1566)
4. Losang Chöky Gyältshen (1570–1662)
5. Losang Yeshe (1633–1737)
6. Losang Pälden Yeshe (1738–1780)
7. Losang Tänpä Nyima (1782–1853)
8. Losang Pälden Chödag (1855–1882)
9. Losang Chöki Nyima (1883–1937)
10. Losang Tinlä Lhündrub (1938–1989)
11. Gedhun Chöky Nyima (1995 inthronisiert, jedoch von der VR China nicht anerkannt. Ein Gegenkandidat wurde von der Regierung in Peking inzwischen präsentiert und soll von den Tibetern anerkannt werden.)

Pan Geng Pan Geng (etwa 13. Jh. v. Chr.) war der 19. Herrscher der Shang-Dynastie

(16.–11. Jh. v. Chr.) und wurde dadurch bekannt, dass er den endgültigen Standort der Shang-Hauptstadt nach fünfmaliger Verlegung bestimmte. Pan Geng ließ die Residenz bei Anyang in der heutigen Provinz Henan errichten.

Papier: Erfindung und Entwicklung Nach der traditionellen Überlieferung soll das Papier in China von dem Hofbeamten Cai Lun im Jahr 105 n. Chr. aus Baumwolle, Hanf, Lumpen und alten Fischnetzen erfunden worden sein. Ausgrabungen (aus der Westlichen Han-Dynastie) haben jedoch ergeben, dass Hanfpapier schon im Gebrauch gewesen sein muss. Cai Lun, dessen Geburtsjahr nicht bekannt ist und der 121 n. Chr. gestorben sein soll, dürfte jedoch durch seine Kombination von verschiedenen Faser-Arten die Papierherstellung so sehr verbessert haben, dass es einer Erfindung nahe kam. Noch heute zeigt man im Kreis Leyang in der Provinz Hunan jenen Teich, den Cai Lun bei seinen Versuchen benutzt haben soll. Der Leyang-Kreis, damals Guiyang genannt, gilt allgemein als Heimat von Cai Lun. Das Grab des Erfinders und der Ahnentempel seiner Familie werden allerdings bis auf den heutigen Tag im Kreis Yang, Provinz Shaanxi, gezeigt. Da Cai Lun ein wichtiges Amt am Hofe des Kaisers Hedi (88–106) versah und von diesem sehr geschätzt wurde, ist ein Umzug der Familie von Hunan nach Shaanxi durchaus plausibel. Immerhin wurde später Cai Lun wegen seiner Erfindung postum zum Marquis von Lungting erhoben. Die Papiermacher gedenken jedes Jahr an seinem (angenommenen) Geburtstag, dem 16. Tag des 3. Monats nach dem Mondkalender, in Ehrfurcht ihres Gründers. Die Erfindung brachte allenthalben sehr große Vorteile mit sich. Ursprünglich waren alle Texte in Stein gemeißelt, in Bronze gegossen oder auf Bambustäfelchen oder Holztafeln geschrieben worden. Zur Zeit des ersten Kaisers wurden die Bücher noch nach Gewicht gezählt. Ein großer Korb voller Bambustäfelchen wog 60 Kilogramm (1 Dan) – und so wurden die Bücher nach der Zahl ihrer Dan registriert. Auch das Beschreiben von Seidenbahnen war durchaus üblich, jedoch war Seide teuer und die Bambusbücher waren nur umständlich zu handhaben. Dem Papier gehörte daher die Zukunft. In der Östlichen Jin-Dynastie (317–420) war Luoyang mit seiner Umgebung bereits zu einem wichtigen Zentrum der Papierherstellung herangewachsen, bald folgten die Provinzen Hebei und Shandong, dann wurden die südlicher gelegenen Provinzen, vor allem Anhui, die bedeutendsten Papierlieferanten. Nach der Art des Rohmaterials wurden bald schon die Papiersorten bezeichnet und bewertet. Da gab es Bambuspapier, Rindenpapier, Grasfaserpapier, Hanfpapier und das nach Geheimrezepten gefertigte Jinsushan-Papier, auf dem die heiligen Schriften des Buddhismus vielfach aufgezeichnet wurden. Das bekannteste handgeschöpfte chinesische Papier ist das Xuan-Papier, es ist blütenweiß, weich und saugfähig, auf dem sowohl dicke als auch dünne Tuschestriche wiedergegeben werden können. Für Maler und Kalligraphen ist es unentbehrlich. Die Technik des Papierschöpfens blieb fünfhundert Jahre lang ein chinesisches Geheimnis, bis sie 610 über Korea nach Japan gelangte. 751 lernten die Araber von chinesischen Kriegsgefangenen die Herstellung dieses begehrten Beschreibstoffes. Von Samarkand aus kam diese Technik dann nach Ägypten, Marokko, Spanien und von dort aus dann in alle europäischen Länder. Eine Papiermühle, in der maschinell gearbeitet wurde, öffnete 1891 in Shanghai ihre Pforten – und heute arbeiten große Fabriken im ganzen Land und erzeugen weit über 300 Papiersorten.

Papiergeld Die moderne Banknote hat in China bereits eine lange Geschichte hinter sich. Bereits im Jahr 119 v. Chr., im 4. Jahr der Yuanshou-Regierungsperiode des Han-Kaisers Wudi galt bemaltes Hirschleder als Geld. Diese vom Staat geschützten und in der Bemalung genormten Ledernoten hatten einen sehr hohen Wert und wurden nur von Adligen bei Tributzahlungen oder als Mitgift benutzt. Eine Ledernote entsprach 400 000 Käsch (Kleinmünzen). Der aufblühende Handel und die Ausweitung der Wirtschaft in der Nördlichen Song-Dynastie führte dazu, für die schweren Kupfer- und Eisenmünzen nach einer leichteren Währung Ausschau zu halten. Auf diese Weise wurden die Jiaozi (Wechselbescheinigungen) eingeführt. Die Kaufleute hinterlegten bestimmte Summen bei einem Treuhänder, der darüber eine Bescheinigung auf Papier ausstellte. Dieser Schein konnte als Zahlungsmittel verwendet werden. Zuerst waren die Jiaozi nur mit der Hand geschrieben, aber bald wurden sie dann auf Kupferplatten gedruckt und mit Mustern versehen. Die Jaozi waren ursprünglich jedoch nur eine interne Kaufmannswährung, aber schon 1023 übernahm die Regionalregierung in Sichuan das Monopol, Papiergeld mit einer Laufzeit von drei Jahren herauszugeben. Die Deckung erfolgte durch Goldreserven, die Garantie übernahm der Staat. 1105 erschien das erste Papiergeld in Mehrfarbendruck, die Geldscheine trugen die Farben Blau, Rot und Schwarz. Bei Grafiksammlern sind diese Scheine hochbegehrt, da sie wegen der unruhigen politischen Lage damals nur wenig in Umlauf kamen. Die Südliche Song-Dynastie (1127–1279) führte dann generell Papiergeld unter dem Namen »Huizi« ein und versah die Scheine bereits mit einer Seriennummer und mit Angaben über die Ausgabestelle. Neben den Kupfer- und Eisenmünzen wurde das Papiergeld bei Steuerzahlungen und im Handelsverkehr allgemein verwendet. Im Norden des Landes hatte sich etwa zur gleichen Zeit die Jin-Dynastie unter ihren mandschurischen Herrschern fest etabliert und führte ab 1154 ebenfalls Papiergeld ein. Die eigentliche Blütezeit für die gedruckten Papiernoten begann jedoch erst mit der mongolischen Yuan-Dynastie (1271–1368). Der Großkhan verbot Metallgeld überhaupt und erhob die Geldscheine zum einzigen legalen Zahlungsmittel. Die riesigen Entfernungen im Mongolenreich spielten für diese Entscheidung sicherlich eine wichtige Rolle, denn größere Beträge in Münzen über weite Strecken zu transportieren, war äußerst hinderlich. Ausländische Kaufleute mussten ihr Gold und Silber in Banknoten umtauschen, bevor sie Waren einkaufen konnten. Damit die Währung stabil blieb, wurde eine staatliche Reserve angelegt, Währungsämter eingerichtet und der Geldumlauf kontrolliert. Die beiden folgenden Dynastien Ming und Qing behielten verständlicherweise das Papiergeld nach dem Sturz der Mongolenherrschaft bei – nur mit anderen Bezeichnungen. Allerdings kamen unter der neuen, wieder rein chinesischen Administration die Münzen erneut zu ihrem Recht. Im Jahre 1897 wurde dann von der Qing-Regierung das erste moderne Geldinstitut Chinas gegründet, die Chinesische Handelsbank, die ein Jahr später mit der Ausgabe moderner Banknoten in Anlehnung an europäische Usancen begann.

Parther Die Parther, die in den Zeiten der Han-Dynastie große Teile des heutigen Nordpersien und Kasachstan beherrschten, waren bestrebt, die Kontrolle über alle Abschnitte der Seidenstraße zu erlangen, die durch ihr Gebiet führte. Auf diese Weise konnten sie die durchziehenden Karawanen besteuern und sich ohne große Leistung bereichern. Der an sich beträchtliche Handel zwischen dem Römischen Imperium und der Han-Dynastie war daher stets nur indirekt, da der »parthische Filter« eine unmittelbare Kontaktaufnahme zwischen Rom und Changan verhinderte. Die Waren aus China verteuerten sich auf diese Weise im Römerreich beträchtlich, sodass beispielsweise Kaiser Tiberius (14–37 n. Chr.) das Tragen von Seide verbieten musste, weil zu viel römisches Gold zu ihrer Bezahlung ausgeführt werden musste.

Peking Die Geschichte Pekings spiegelt gewissermaßen die wesentlichen Entwicklungen Nordchinas in einer gewaltigen Zeitspanne wider. Die Menschen, die vor rund 500 000 Jahren das Gebiet südwestlich der heutigen Hauptstadt bewohnten und deren Überreste bei Zhoukoudian ausgegraben wurden, nennt die Wissenschaft »Peking-Menschen« – und so ist davon auszugehen, dass seit dieser Zeit stets Menschengruppen in dieser Gegend gelebt haben. In geschichtlicher Zeit entstand dann in der Pekinger Ebene ein erstes kleines Handelszentrum und daraus eine Stadt namens Ji. Diese Stadt war der Vorläufer des heutigen Peking und damals zugleich Hauptstadt des Staates Yan in Nordchina. Der Staat Yan war ein Vasallenstaat der Shang-Dynastie (16.–11. Jh. v. Chr.), später der Zhou-Dynastie. Im 3. Jh. v. Chr. wurde dieser Staat von Qin unterworfen. Solange Yan bestand, nannte man die Stadt auch Yanjing. Nach der Reichseinigung durch die Qin verschwand der Staatsname Yan und die Stadt Ji wurde zu einer Präfektur im zentralisierten China. Bis zur Tang-Dynastie behielt Ji seinen Namen, aber die Tang-Kaiser änderten ihn um in Youzhou. Bei den folgenden Zersplitterungen des Reiches wurde die Zentralmacht so geschwächt, dass aus der Südmandschurei die kriegerischen Khitan eindringen und im Norden Chinas die Liao-Dynastie gründen konnten. Sie behielten zwar ihre Hauptstadt im mandschurischen Norden, machten Youzhou aber zu ihrer südlichen Hauptstadt und nannten sie Nanjing (Südliche Hauptstadt). Im 12. Jahrhundert brachen dann die Jin aus dem Sungari-Gebiet hoch oben im Norden auf, zogen nach Süden und eroberten die Hauptstadt der Khitan, also das heutige Peking. Da nun die Jin aber bis zum Huai-Fluss vorstießen, machten sie das bisherige Nanjing der unterworfenen Khitan zu ihrer neuen Hauptstadt und nannten sie Zhongdu (Mittlere Hauptstadt). Man baute Zhongdu prächtig aus, noch heute ist aus dieser Zeit die Logou-Brücke über den Yongding-Fluss bestens erhalten, sie erhielt später den Namen Marco-Polo-Brücke. Die Katastrophe brach dann im Jahre 1215 über Zhongdu herein, als die Reiterscharen von Dschingis Khan die Stadt eroberten und sie in Schutt und Asche legten. Der Enkel des großen Eroberers hat dann 45 Jahre später die Stadt wieder aufgebaut, und dieser Enkel, Khubilai Khan, war es, der ihr den Namen Dadu gab, was so viel heißt wie Große Hauptstadt. Die mongolische Bezeichnung der Stadt lautete Khanbalik (Stadt des Großen Khan). Nach der Vertreibung der Mongolen hatten die Ming-Kaiser ihre Hauptstadt zuerst in Nanking errichtet. Als dann aber von dem Ming-General Xu Da auch Dadu erobert wurde, benannte er die Stadt um und gab ihr den Namen Beiping. Dreißig Jahre lang aber blieb noch Nanking die Hauptstadt der Ming-Dynastie. Nach der Thronbesteigung des dritten Ming-Kaisers jedoch wurde die Hauptstadt endgültig nach Beiping verlegt, das dann in Beijing (Nördliche Hauptstadt) umbenannt wurde. Von 1421–1928 war Beijing (Peking) dann Sitz der Kaiser und Reichshauptstadt, von 1911–1928 der Regierungssitz der Republik China. Von 1928–1949 musste Peking den Regierungssitz an Nanking abgeben und die Japaner hielten Peking von 1937–1945 besetzt. Von den Kommunisten am 22. 1. 1949 erobert, wurde es wieder Hauptstadt Chinas. Peking hat den Status einer regierungsunmittelbaren Stadt mit 17 000 Quadratkilometern und fast 13 Millionen Einwohnern. Dieses Groß-Peking wird vollständig von der Provinz Hebei umschlossen.

Peking-Mensch Im Jahre 1927 entdeckte man in Zoukoudian, Kreis Fangshan, 50 Kilometer südlich von Peking die Reste eines Skeletts, das man auf ein Alter von etwa 500 000 Jahren schätzte. Dieser frühe Typus des Homo erectus ging in die Geschichte als »Peking-Mensch« ein.

Penghu-Inseln Die zu Taiwan gehörende Inselkette in der Formosa-Straße, bestehend aus über 100 kleinen Inseln gegenüber Südwest-Taiwan, trägt den Namen Penghu-Inseln, deren Einwohner während der Südlichen Song-Dynastie aus dem Festland eingewandert sind, vor allem aus den Kreisen

Jinjiang und Tongan in der Provinz Fujian. Die Hauptinsel trägt ebenfalls den Namen Penghu, die Hauptstadt ist Magong. Die windumbrausten Inseln lassen keine intensive Landwirtschaft zu, sodass die Bewohner hauptsächlich vom Fischfang leben. Historisch bedeutsam ist der gesamte Archipel jedoch durch seine verschwenderische Fülle von Tempeln, die zumeist der Meeresgöttin geweiht sind, aber auch viele buddhistische Tempel sind zu finden, in denen der Erleuchtete selbst oder einer der bekannten Bodhisattvas angerufen wird. Insgesamt sind 153 Tempel auf den Penghu-Inseln zu entdecken, verteilt auf die 79 Dörfer dieser Eilande. Die Glaubensinbrunst der Inselbewohner zeigt sich dabei in den oft verschwenderisch ausgestatteten Heiligtümern, von denen vor allem der Dayi-Tempel in Magong selbst zu nennen ist.

Periode der Uneinigkeit Bezeichnung für die Zeit von 220–589 n. Chr., in der das Reich nach dem Sturz der Östlichen Han-Dynastie in eine große Zahl von Kleinstaaten und Königreichen zersplittert war, die sich teilweise bekämpften und ablösten und in der auch im Norden des Landes eine Reihe von Fremdherrschaften errichtet wurden. Diese turbulente Zeit endete erst mit der erneuten Reichseinigung durch die Sui-Dynastie im Jahre 589 n. Chr.

Pingcheng Pingcheng bei Datong in Shanxi war die erste Hauptstadt der Nördlichen Wei-Dynastie (386–534), deren Kaiser Xiao Wendi allerdings im Jahre 494 seinen Regierungssitz nach Luoyang in Henan verlegte und so Pingcheng einen zweitrangigen Status zuwies.

Pingdi Kindkaiser der Westlichen Han-Dynastie (1 v.–6 n. Chr.). In den letzten Jahren der Westlichen Han-Dynastie hatte sich ein Neffe der Kaiserinwitwe Wang nach dem Tode des Kaisers Aidi in den Besitz der Thronsiegel setzen können und hätte diese Ausweise seiner tatsächlichen Macht zur eigenen Thronbesteigung nutzen können. Klugerweise aber hielt er seine Zeit als noch nicht gekommen und sorgte dafür, dass ein ihm ungefährlicher achtjähriger Knabe aus der kaiserlichen Nachkommenschaft als Herrscher eingesetzt wurde. Dies war Pingdi, der nach sechs Jahren starb und einem noch jüngeren Kandidaten, dem zweijährigen Ruzi (7–9 n. Chr.) – von Wang Mangs Gnaden –, den Thron hinterließ.

Pingshuo Großes Grabungsfeld in der Provinz Shanxi, wo

man beim Übertagekohlenabbau über 1000 Han-Gräber gefunden hat und rund 8000 Funde verschiedener Art bergen konnte.

Pingyao Die Stadt Pingyao in der Provinz Shanxi, noch vor Rom im Jahre 837 v. Chr. gegründet, gilt heute als Museumsstadt und eindrucksvoller Denkmalskomplex, der das alte China in einer geradezu einzigartigen Weise repräsentiert. Mit ihrer gut erhaltenen Stadtmauer, ihren Tempeln, Klöstern, Türmen, Toren und engen Gassen ist die alte Kreisstadt heute eine historische Kostbarkeit ersten Ranges. Von den rund 300 aus alter Zeit stammenden Baulichkeiten stehen 70 unter Denkmalsschutz. Die 6,4 Kilometer lange Stadtmauer mit ihren zahlreichen Zinnen und Schießscharten sieht wie eine riesige Säge aus. Am Fuß ist die Mauer zehn Meter breit, auf der Mauerkrone misst sie fünf Meter, sodass einst sieben Reiter nebeneinander Platz finden konnten. Die Mauer hatte ursprünglich 3000 Schießscharten und 71 Wachtürme, die nach einer alten Legende 3000 Schüler von Konfuzius repräsentieren sollten, während die 71 Wachtürme ebenso viele Weise des Konfuzianismus symbolisierten. Gegründet wurde Pingyao im 5. Regierungsjahr des Königs Xuan der Zhou-Dynastie (837 v. Chr.), nach 2200 Jahren neu aufgebaut in der Ming-Dynastie und trotz der Zerstörungen durch die Japaner im Jahre 1938 und auch späterer Militärmachthaber letztlich zu wesentlichen Teilen erhalten und mit großer Sorgfalt wieder aufgebaut. Im Kloster Shuanglin sind in der großen Shakjamuni-Halle prächtige Wandreliefs erhalten geblieben.

Politbüro der KP Chinas Seit 1949 bestimmt das Politbüro der Kommunistischen Partei Chinas (KPCh) den Kurs der Regierung der Volksrepublik. Traditionell befindet sich unter den 24 Mitgliedern des Politbüros meist eine Frau und ein Angehöriger einer nationalen Minderheit. Innerster Zirkel der Macht in China ist allerdings der Ständige Ausschuss des Politbüros, dem neun Mitglieder angehören und denen die höchsten Staatsämter anvertraut sind. Das »tragende Fundament« des Politbüros ist das Zentralkomitee (ZK) der KPCh, das bei seiner Tagung im November 2002 in Peking 2114 Delegierte zählte.

Port Arthur (Lüshun) Das am Gelben Meer an der südlichen Spitze gelegene Lüshun ist im Westen unter dem Namen Port Arthur bekannt geworden, da diese Hafenstadt von den Russen 1897 besetzt und zum stärksten russischen Flotten-Stützpunkt in Ostasien ausgebaut wurde. Nach der Niederlage im russisch-japanischen Krieg verlor das Zarenreich diesen eisfreien Hafen an Japan, das die Stadt unter dem Namen Ryojunko zu einer wichtigen Flottenbasis am Gelben Meer machte. Nach 1945 kam der Hafen unter eine gemeinsame chinesisch-sowjetische Verwaltung und wurde 1955 dann an China zurückgegeben. Damit war der Weg für den Zusammenschluss von Lüshun mit der 60 Kilometer entfernten Stadt Dalian zum Großraum Lüda vorgezeichnet.

Postwesen Das Postwesen in kaiserlicher Zeit war erstaunlich gut ausgebaut und kann bis auf die Zhou-Dynastie zurückverfolgt werden. In der Qin-Dynastie gab es schon überall Poststationen und festgelegte Postwege, die dann in der Han-Dynastie bereits die fernsten Grenzgebiete erreichen konnten. In den folgenden Dynastien hing es von der jeweiligen Zentralgewalt ab, ob die Sicherheit in dem weitgespannten Verkehrsnetz garantiert und die regelmäßige Beförderung auf einem Territorium von mehreren Millionen Quadratkilometern aufrechterhalten werden konnte. In der Han-Zeit gab es schon 20 Meter breite Hauptstraßen, auf denen die Postkuriere verkehrten und alle 15 Kilometer eine Poststation. In jeder dieser Stationen waren vollständige Unterkünfte für die reitenden Boten vorhanden, dazu Kücheneinrichtungen und gut geführte Ställe für die Ersatzpferde. Oft befand sich bei einer solchen Station ein Tempel für den Pferdegott. In das gewaltige Postnetz des Reiches waren auch Wasserwege integriert. In den Grenzregionen gab es in der Nähe der Poststationen stets auch Alarmfeuertürme. Historischen Aufzeichnungen zufolge dauerte es nur sieben Tage, um von der Hauptstadt eine Nachricht über 1450 Kilometer zu befördern. Die größte Ausdehnung des Postwesens ist aus der Yuan-Dynastie zu vermelden, als die Botenwege der Mongolen bis nach Innerasien zu den westlichen Khanaten führten. Die Ming-Dynastie baute das innerchinesische Transpsort- und Postwesen dann weiter aus, kam aber an den Grenzen zur mongolischen Steppe an einen Haltepunkt. Erst als die Qing-Dynastie die gesamte Mongolei wieder in ihre Verwaltung einbeziehen konnte, erfuhr auch die Post wieder einen großartigen Aufschwung. Nun konnten von Südchina bis nach Ulan Bator Briefe befördert werden. In der Zeit zwischen 1644 und

1911 gab es Poststationen, die sogar die Merkmale einer Kleinstadt aufwiesen. Postbeamte, Pferdepfleger, Köche, an militärisch wichtigen Stellen auch Offiziere und Soldaten wohnten mit ihren Familien und Dienern in einer solchen Station. So blieb beispielsweise bis heute eine solche Station aus der Ming- und Qing-Zeit völlig intakt erhalten. Über dem Stadttor kann in verwitterter Schrift »Jiming-Poststation« entziffert werden. Diese kleine »Poststadt« befindet sich am Jiming-Berg des Kreises Huailai in der Provinz Hebei, etwa 80 Kilometer nordwestlich von Peking. Mit dem Ausbau des modernen Verkehrswesens, vor allem des Luftpostverkehrs, zerfielen recht viele der alten Stationen, einzelne aber blieben bestehen und wurden in das recht gut funktionierende Postwesen der Volksrepublik China einbezogen.

Potala Palast Der Potala Palast in Lhasa wird zu den zehn berühmtesten Bauwerken der Welt gerechnet, seine gigantische und hochkomplizierte Struktur ist der Inbegriff des traditionellen tibetischen Architekturstils. Gelegen auf dem Roten Berg im Nordwesten von Lhasa, stellte der Potala-Palast die Winterresidenz für die Dalai-Lamas dar, die dort zwischen Oktober und März wohnten und die theokratische Herrschaft über Tibet ausübten. Seit der Flucht des Dalai-Lama geschlossen, dann renoviert, ist der Palast seit der Öffnungspolitik Chinas nunmehr ein Museum. Zwar wurde von dem tibetischen Herrscher Slon-brtsangam-po (617–650) schon ein Vorgängerbau auf dem Roten Berg errichtet, aber dieser wurde durch Blitzschlag eingeäschert. Erst im 17. Jahrhundert wurde unter dem Fünften Dalai-Lama der sog. Weiße Palast auf dem Roten Berg geplant und gebaut und nach 1682 auch ein Roter Palast aufgeführt. Die Ausgestaltung beider Paläste dauerte rund zwei Generationen. Die Baulichkeiten auf dem langen Bergrücken können jedoch in drei Abteilungen eingeteilt werden. Der erste Teil ist eine ummauerte Stadt mit quadratischem Grundriss von jeweils 300 Metern Seitenlänge. Hier befanden sich früher Ställe, Unterstände für Elefanten, das Hauptquartier der tibetischen Armee, ein Gefängnis, Restaurants, Wohnungen von Adelsfamilien, ein Hof und eine Druckerei für buddhistische Schriften. Der zweite Teil – im Norden gelegen – diente als Garten für die Dalai-Lamas. Der dritte und wichtigste Teil des Potala wird eingenommen vom Roten und vom Weißen Palast. Der Rote Palast liegt in der Mitte, der Weiße Palast umgibt ihn auf drei Seiten: im Osten, Westen und im Süden. Die Höhe des Gesamtbauwerks beträgt 117 Meter. Die granitenen Mauern sind einen Meter stark, das Dach des Roten Palastes ist mit vergoldeten Ziegeln gedeckt. Die aufwendigsten Baulichkeiten sind die fünf Gedächtnishallen für den fünften, den siebten, den achten, neunten und dreizehnten Dalai-Lama. Diese fünf Hallen sind allesamt goldglänzende Schatzkammern. Die Östliche Halle im Weißen Palast ist die weiträumigste, in ihr fanden die wichtigsten Zeremonien statt. Die Kunstschätze und historischen Gegenstände des Palastes sind alle erhalten, darunter eine 2,28 Meter hohe goldene Statue von Sakyamuni, mehr als 300 Behälter mit Palmblatt-Manuskripten buddhistischer Sutren und einige tausend Thangkas (buddhistische Malerei auf Stoffbahnen) und zahlreiche Zeremonialgeräte.

Protestantismus Der erste protestantische Missionar, der seinen Fuß auf chinesische Erde setzte, war Robert Morrison (1782 –1834), von der Londoner Missions Gesellschaft, der 1807 in Kanton ankam. Die abwehrende Haltung der örtlichen Autoritäten machte zwar Missionspredigten unmöglich, aber Morrison konnte 1819 seine Übersetzung der Bibel ins Chinesische veröffentlichen. Nach dem Ende des Opium-Krieges öffnete der Vertrag von Nanking 1842 vielen britischen und amerikanischen Glaubensgemeinschaften den Weg nach China, aber ihre Vielfalt verwirrte die Chinesen und erschwerte deren Konversion. Die Taiping-Rebellen stützten sich zwischen 1850 und 1865 durchaus auf abgewandelte christliche Glaubenssätze und empfahlen sich durchaus den westlichen Mächten als Bundesgenossen, aber ihre Grausamkeit und die Frontstellung des Kaiserreiches gegen sie vereitelte ein näheres Zusammengehen. In Hongkong war schon 1850 das St. Pauls College zur Ausbildung chinesischer Priester eröffnet worden, und 1865 gründete James Hudson Taylor die Chinesische Inlands-Mission, die viele protestantische Prediger in das Innere des Landes entsandte. Bis 1895 drangen protestantische Missionare sogar nach Yunnan und Tibet vor. In einer Reihe von Provinzen wurden auch Missionsschulen und Krankenhäuser errichtet. Die enge Verbindung zwischen den Missionaren und den Kolonialmächten förderte jedoch die Fremden- und Christenfeindlichkeit vieler Chinesen, die sich dann im Boxer-Aufstand 1900–1901 entlud. Mehr als 200 protestantische Missionare und eine viel höhere Zahl chinesischer Christen fiel damals dem Wüten der Boxer zum Opfer. Nach der Niederwerfung des Aufstandes kehrten die Missionare jedoch rasch wieder zurück, und das Christentum allgemein erfreute sich vor allem im Süden Chinas einer neuen Bewertung und Wertschätzung. Sun Yat-sen und Chiang Kai-shek waren beide getaufte protestantische Christen. Bei der Gründung der VR China befanden sich etwa 8000 christliche Missionare aus dem Ausland insgesamt in China. Zwischen 1951–1953 wurden alle ausgewiesen, aber die chinesischen Christen durften bis 1958 noch ungehindert von einheimischen Priestern betreut werden. In den Jahren nach 1955 wurden die christlichen Kirchen jedoch schon zunehmend als unpatriotische Überbleibsel des Kolonialismus gebrandmarkt und es wurde der strikte Abbruch aller Kontakte mit dem Vatikan und allen protestantischen Stellen im Ausland gefordert. Die Katholiken hatten sich in der Chinesisch-Patriotischen Katholischen Vereinigung registrieren zu lassen, und die protestantischen Kirchen wurden unter der Flagge der »Drei Selbst« zusammengefasst (Selbst-Verwaltung, Selbst-Unterstützung, Selbst-Verkündigung). Wer sich nach 1957 weigerte, diesen Vereinigungen beizutreten, riskierte Verhaftung und Straflager. In der Kulturrevolution wurden dann zahlreiche Kirchen geschlossen und viele zerstört. Erst die neue Politik unter Deng Xiaoping brachte ab 1978 auch den Christen, Buddhisten, Daoisten und Muslimen wieder mehr Freiheit, jedoch mit Auflagen und Begrenzungen.

Provinzen In der VR China gibt es 33 Verwaltungseinheiten auf Provinzebene: 22 Provinzen, fünf autonome Gebiete und vier regierungsunmittelbare Städte. Dazu kommen die beiden Sonderverwaltungsregionen Hongkong und Macau. Offiziell wird von der VR China auch die »Provinz Taiwan« dazugerechnet, da der Anspruch auf die Insel nach wie vor besteht. Unterhalb der Provinzebene bestehen in China die Kreise, die jedoch verwaltungstechnisch nicht mit der Zentralregierung Verbindung aufnehmen können. Provinzen im heutigen Sinne und in der heutigen Größe bestehen erst seit der Yuan-Dynastie, vorher hatte die Zentralregierung die

Kontrolle über die Kreise seit der Reichseinigung vornehmlich durch Inspektoren ausgeübt. In der Zeit nach der Revolution von 1911 hatten die Militärmachthaber (warlords) oftmals auf Provinzebene eigene Herrschaftsgebiete abgesteckt und diese der Kontrolle der Zentralgewalt entzogen. Die Erklärung von fünf Provinzen zu autonomen Gebieten erfolgte auf Grund der von der VR China eingeleiteten neuen Nationalitätenpolitik, wobei sich die Autonomie dieser Gebiete jedoch nur auf kulturelle, religiöse und lokalspezifische Besonderheiten bezieht und die Zugriffsgewalt der Zentralregierung in keiner Weise einschränkt.

Pujiu-Tempel Der in Emeiyuan, Kreis Yonji, in der Provinz Shanxi liegende Pujiu-Tempel ist in ganz China aus literarischen Gründen bekannt geworden, denn er ist der Schauplatz der berühmten Liebesgeschichte, die den Inhalt des Dramas »Das Westzimmer« bildet. Die auch auf die Opernbühne gebrachte Romanze soll sich in diesem Kloster während der Zhenyuan-Periode (785–805) in der Tang-Dynastie abgespielt haben. Das genaue Gründungsdatum des Tempels ist unbekannt, nachweislich existierte die Anlage jedoch schon zur Zeit der Sui-Dynastie (581–618) und war damals als West Yongqing-Tempel bekannt. In der Tang-Dynastie erhielt der Tempel dann seinen heutigen Namen. Im Laufe der Jahrhunderte wurde der Pujiu-Tempel mehrfach zerstört, aber immer wieder aufgebaut und zuletzt 1986 gründlich renoviert. Wahrzeichen des Klosters ist die 36,7 Meter hohe Yingying-Pagode, die auch als Pujiu-Tempel-Dagoba bekannt ist. Dieser 13-stöckige, rechteckige Turm ist weithin sichtbar, zumal die Anlage selbst auf einem Hügelzug gelegen ist.

Pumi-Nationalität Die mit 25 000 Angehörigen recht kleine nationale Minderheit der Pumi lebt in den höheren Gebirgsketten der Provinz Yunnan in den Kreisen Lanping, Lijiang, Weixi, Yongsheng und Ninglang sowie in den Kreisen Muli und Yanyuan im benachbarten Sichuan. Die Pumi-Sprache gehört zur tibeto-birmanischen Sprachgruppe der sinotibetischen Sprachfamilie. Eine eigene Schrift existiert nicht, zum größten Teil wird bei Bedarf bereits die Han-Sprache und -Schrift benutzt. Angebaut werden von den Pumi an den Berghängen und in den Tälern Reis, Mais, Weizen und Hochlandgerste, Hafer und Saubohnen. Gehalten werden vor allem Rinder und Schafe. Intensiv wird auch Schweine-, Hühner- und Bienenzucht von den Pumi betrieben.

Puning-Tempel Der Puning-Tempel in der kaiserlichen Bergresidenz Chengde in der Provinz Hebei ist nach dem Muster des Tempels Samye in Tibet auf Befehl des Kaisers Qianlong zwischen 1758–1775 errichtet und gehört zu den Acht Äußeren Tempeln dieses einzigartigen Gebiets. Im Volksmund wird er »Tempel des Großen Buddha« genannt, da er eine 27,21 Meter hohe und 108 Tonnen schwere Statue des Bodhisattva Guanyin beherbergt. Die Statue aus Holz befindet sich in der 37 Meter hohen Haupthalle diese »Tempels des Universalen Friedens«.

Putuoshan Der neben dem Wutaishan, dem Emeishan und dem Jiuhuashan vierte heilige Berg der Buddhisten in China ist eine schmale, 12,5 Quadratkilometer große Insel im Ostchinesischen Meer, die seit der Späteren Liang-Dynastie schon von Mönchen bewohnt wird und noch 1938 in den Klöstern zwischen ihren Berghängen 3000 Mönche und Nonnen beherbergte. Seit der Öffnungspolitik gibt es auf dem Putuoshan wieder drei größere Klöster und 88 Nonnenklausen.

Putuozongcheng Der dem Potala-Palast in Lhasa nachgebaute Putuozongcheng gehört zu den Acht Äußeren Tempeln von Chengde und stellt die größte und weitläufigste Anlage dieser Art in der Umgebung der sommerlichen Kaiserresidenz in den Bergen der Provinz Hebei dar. Erbaut zwischen 1767 und 1771 sollte dieser aufwendige Palast-Tempel für die hohen tibetischen Kleriker zur Verfügung stehen, wenn sie dem Kaiser in Chengde ihre Aufwartung machten. Nach den Zerstörungen in der Kulturrevolution wurde der Tempel notdürftig wiederhergestellt und dient heute als Museum.

Q

Qi Legendärer Herrscher in der Frühzeit der chinesischen Geschichte, der als Begründer der Xia-Dynastie (2205–1766 v. Chr.) gilt. Mit Qi beginnt die Reihe der Machthaber, die den Thron vom Vater erben, während vorher die Tüchtigsten zur Regentschaft berufen wurden.

Qiang Nomadenvolk im Altertum an der Nordwestgrenze Chinas. Bereits die Herrscher der Shang-Dynastie (16.–11. Jh. v. Chr.) führten Verteidigungskriege gegen die Qiang, vor allem dann wenn sich andere Fremdvölker den Nomaden im Raubzug gegen die Chinesen anschlossen

Qiang-Nationalität Im Nordwesten der Provinz Sichuan lebt seit alters die nationale Minderheit der Qiang mit rund 110 000 Angehörigen. Zum Siedlungsgebiet dieses Volkes gehören vor allem die Mittelgebirgslagen entlang des Flusses Minjiang. Die Sprache der Qiang gehört zur tibeto-birmanischen Gruppe der sinotibetischen Sprache. In Ermangelung einer eigenen Schrift beherrschen viele Qiang heute die chinesischen Schriftzeichen und die Han-Sprache. Die Bezeichnung Qiang wurde im Altertum allgemein die Bezeichnung für die Waldbewohner und Brandrodungsvölker an der Westgrenze Chinas. Da dieses Gebiet seit dem 2. Jahrhundert v. Chr. zwischen dem Kaiserreich China und dem damaligen tibetischen Königreich Tübo umstritten war, wurden viele Qiang im Westen allmählich von den Tibetern assimiliert und die Stämme im Osten sinisiert. Ein mittlerer Kernbereich behielt die angestammte Sprache und entwickelte sich zur heutigen nationalen Minderheit der Qiang. Das Gebiet dieses Volkes ist die Heimat des Großen Pandabären, in den Wäldern werden viele Heilkräuter und Pilze gefunden. Seitdem in den Berggebieten am Oberlauf des Minjiang auch Eisenerz, Kohle, Kristall, Glimmer und Gips entdeckt wurden, sind eine Reihe von Bergwerken mit Fabriken entstanden.

Qianling Das Mausoleum Qianling für den dritten Kaiser der Tang-Dynastie, Gaozong (649–684) und seine berüchtigte Hauptfrau und spätere Kaiserin Wu Zetian (690–705) liegt etwa 85 Kilometer nordwestlich von Xian im Berg Liangshan, der zu dieser kaiserlichen Ruhestätte den natürlichen Grabhügel bildet. Der Umfang der gesamten Anlage beträgt 40 Kilometer, eingefasst von einer quadratischen Mauer mit je einem Turm an den vier Ecken. In diesem Areal liegen noch 17 Nebengräber für Prinzen und Prinzessinnen, Konkubinen und hohe Beamte. Fünf dieser Nebengräber sind bisher geöffnet worden, zwei davon sind zugänglich und werden museal verwaltet. Den heiligen Weg zu diesem grandiosen Grabmal säumen Ehrentürme, Obelisken und in Spalierreihen aufgestellte Steinfiguren von Pferden, Vögeln, Löwen und menschlichen Gestalten, die Minister und Gesandte aus fernen Ländern darstellen. Insgesamt wurden aus den bisher geöffneten Kammern rund 4000 Grabbeigaben geborgen, vor allem Keramik mit der berühmten Dreifarben-Glasur. Diese Figurinen stellen Reiter auf Pferden und Kamelen, Diener und Dienerinnen, ja selbst Akrobaten dar. Der elegante Stil und die formvollendete Materialbeherrschung machen diese Objekte zu Kunstwerken von Weltgeltung. In den Gräbern des Prinzen Zhanghuai und der Prinzessin Yongtai kann man an den Decken- und Wandgemälden das Hofleben, den Luxus, den Alltag im zivilen und militärischen Bereich studieren.

Qianlong Qianlong (1736–1795), der vierte Kaiser der Qing-Dynastie und zugleich der wohl berühmteste und mächtigste Kaiser des Reiches der Mitte, in dessen Regierungszeit China seine größte Ausdehnung überhaupt erreichte. Gleichzeitig war dieser Zenith auch die große Zäsur, denn nach dem Tod dieses erstaunlichen Mannes ging es zwar zuerst unmerklich, aber eindeutig mit der Macht Pekings bergab. Als Prinz Hongli 1711 geboren, 4. Sohn des Kaisers Yongzheng, Liebling seines Großvaters Kangxi, zeigte der Knabe in frühestem Alter schon eine solche Intelligenz, Tatkraft und Unerschrockenheit, dass der Weg zum Thron praktisch vorgezeichnet war. Als er mit 25 Jahren dann an die Macht kam, konnte niemand ahnen, dass er 59 Jahre regieren würde; er trat 1795 freiwillig zurück, weil er aus

Pietät seinem großen Vorbild gegenüber nicht länger als dieser regieren wollte; Kaiser Kangxi hatte 60 Jahre auf dem Thron gesessen. Qianlong verband in seiner überragenden Natur die Gaben eines Gelehrten mit dem Gespür eines Politikers und der Entschlusskraft eines Strategen. In chinesischer Philosophie und Literatur bestens bewandert, selbst ein hervorragender Kalligraph und Dichter von Rang, veranlasste er die Herausgabe vieler Werke, darunter die Edition der »Vier Schätze«, einer Sammlung von Schriften zu den Klassikern, zur Geschichte, Philosophie und Dichtung in 36 000 Bänden. Als leidenschaftlicher Kunstsammler und erlesener Kunstkenner baute er eine Sammlung von Kunstwerken im Kaiserpalast in Peking auf, die ihresgleichen in der Welt sucht – sie ist mehr oder weniger vollständig erhalten, jedoch auf Peking und Taipeh verteilt. In seiner Zeit blühten die Künste, und er selbst zog Scharen von Architekten, Malern, Bildhauern, Kunsthandwerkern und Wissenschaftlern aller Art an seinen Hof. Von dieser Begeisterung für das Schöne und Wissenswerte profitierten auch die Jesuiten, die an seinem Hofe sogar ranghohe Stellungen als Astronomen, Mathematiker, Architekten und Gartentechniker einnehmen konnten. Politisch war er im Innern auf einen harmonischen Ausgleich zwischen Mandschuren und Chinesen, aber auch zwischen allen anderen Völkern in seinem Vielvölkerstaat bedacht. Qianlong regte daher die Übersetzungen vieler chinesischer Texte ins Türkische, Arabische, Tibetische, Mongolische und Mandschurische – und umgekehrt – an. Religiöse Toleranz war für ihn selbstverständlich, denn in seinem Reiche waren durch die Einbeziehung der Mongolei und Tibets auch der Lamaismus neben dem Mahayana-Buddhismus und der Islam im Nordwesten auf staatliche Duldung und Förderung bedacht. Bei aller Rücksichtnahme auf diese großen Religionssysteme blieb die konfuzianische Grundrichtung aber unangetastet. Wie alle Kaiser Chinas vor ihnen, vollzogen auch die mandschurischen Kaiser – bis 1911 – alle traditionell vorgeschriebenen Riten peinlich genau. Als Kriegsherr zog Qianlong bei vielen Feldzügen meist selbst mit der Truppe gegen den Feind. Konnte er nicht selbst das Heer führen, so schickte er nur sehr erfahrene Offiziere auf militärische Expeditionen, so 1766–1769 nach Burma, 1788 nach Tongking und 1788–1792 nach Nepal. Bei sicheren Grenzen erreichte unter Qianlongs Herrschaft das Reich schließlich eine Ausdehnung von 12 Millionen Quadratkilometern, die Äußere Mongolei damals eingeschlossen. 1762 hatte das Reich bereits 200 Millionen Einwohner. Jenseits der Grenzen erkannten Korea, Nepal, Burma, Thailand, Vietnam und die Philippinen die chinesische Oberhoheit an. Getrübt wird das leuchtende Bild Qianlongs allerdings durch sein blindes Vertrauen einem schmeichelnden Höfling gegenüber, dem er in seinem fortgeschrittenen Alter Macht anvertraute und der sich mit seiner Familie im ganzen Land schamlos bereicherte. Vielleicht war es auch sein großer Fehler, als Qianlong 1793 das Angebot Englands ausschlug, einen für beide Seiten vorteilhaften Handel zu beginnen. Möglicherweise hätte China dadurch jenes technische Wissen und jene Güter importieren können, die eine Modernisierung des Landes schon frühzeitig ermöglicht hätten. Qianlong starb 1799 im Alter von 88 Jahren und wurde im Mausoleum Yuling bei den Östlichen Qing-Gräbern unter dem Tempelnamen Gaozong bestattet. Nachfolger wurde sein fünfter Sohn, der als Kaiser Jiajing von 1796–1820 regierte.

Qi-Dynastie Die Qi-Dynastie (479–501) hatte nur kurzen Bestand, in den 22 Jahren ihrer begrenzten Dauer regierten fünf Herrscher, von denen drei abgesetzt oder ermordet wurden. Am Kaiserhof in Nanking spielten sich Szenen wie in einer Shakespeare-Tragödie ab. Waren die Kaiser Qi Gaodi (479–482) und Wudi (483–493) noch stark und verantwortungsvoll, machten sich unter den Nachfolgern Mingdi (494–498), Dong Hunhou (499–500) und Hedi (504) grauenvolle Misswirtschaft verbunden mit Morden breit. Bürgerkrieg brach aus, bei dem in Nanking allein 80 000 Menschen an Hunger und Seuchen starben. Der Regent des Reiches, Xiao Yan, bestieg dann selbst den Thron als Kaiser Liang Wudi und gründete die Liang Dynastie. Kaiser Hedi, ein ausgemachter Sadist, wurde von seiner eigenen Leibwache hingerichtet und der Kopf, in Wachs eingelegt, dem neuen Kaiser überbracht.

Qi-Herzogtum In der heutigen Provinz Shandong war es um 1100 v. Chr. einem Häuptling der Yi-Stämme gelungen, im Rahmen der Zhou-Dynastie ein eigenes Fürstentum zu gründen und in dynastischer Abfolge bis 221 v. Chr. zu behaupten. Das Staatswesen erlebte seine höchste Blüte unter

Herzog Huan (685–643 v. Chr.), der unter den rivalisierenden Staaten im Zhou-Reich die führende Stellung als Hegemon erringen konnte. Als im 4. Jh. v. Chr. eine neue Familie die alte Dynastie ablösen und den Thron erringen konnte, setzte nochmals eine beachtliche wirtschaftliche und kulturelle Blüte ein, die sich wie bisher auf die enorme Salz- und Eisenproduktion des Gebietes stützen konnte. Von allen Staaten der zu Ende gehenden Zhou-Dynastie wurde Qi als letzter von dem dominierenden Qin-Staat besiegt und 221 in das durch Qinshihuangdi geeinte Reich einbezogen.

Qijia-Kultur Die in dem Ort Qijiaping im Tal des Tao-Flusses in Gansu entdeckte Qijia-Kultur (2250–1900 v. Chr.) gehört mit ihren unbemalten Keramiken und einfachen Werkzeugen zu einem westlichen Zweig der Longshan-Kultur.

Qin-Dynastie Die Qin-Dynastie (221–206 v. Chr.) steht am Anfang des chinesischen Kaiserreiches und hat letztlich das Reich der Mitte am nachhaltigsten geprägt. Qin Shi Huang Di, Erster Gottkaiser von Qin, nannte sich sein Gründer selbstherrlich, weil er glaubte, eine Dynastie von 10 000 Generationen begründen zu können. Huang war ein alter ehrwürdiger Herrschertitel und Di war der Name einer Gottheit. Wenn nun auch diese Dynastie seinen Gründer nur um einige Jahre überlebte, hat sie doch die Reichsidee in die chinesische Geschichte gebracht und alle späteren Teilungen und Spaltungen überwinden helfen. Die Struktur eines straff geführten Beamtenstaates anstelle von Adelsherrschaften stammt ebenfalls aus dieser nur 15 Jahre währenden Periode. Der »Erste Gottkaiser von Qin« war einer der grausamsten Gewaltherrscher der Geschichte, der fein säuberlich die Zahl der erschlagenen Feinde auf allen seinen Feldzügen registrieren ließ und dabei auf die damals unerhörte Zahl von 1 489 000 Toten kam. Diese Horrorzahl wurde jedoch noch übertroffen durch die Anzahl der Hingerichteten, durch die bei Zwangsarbeit Umgekommenen und Gefallenen aus dem eigenen Reich. Man schätzt, dass der Staat Qin damals 30 Millionen Einwohner zählte; der Blutzoll, der bei der Errichtung dieses Reiches gezahlt wurde, war so hoch, dass die Wut des Volkes diese Gewalt-Dynastie alsbald hinwegschwemmte. Nach dem Tode des Kaisers konnte sich sein Sohn nur vier Jahre und sein Enkel nur zehn Tage an der Herrschaft halten. Barbarische Strafen erwarteten jeden, der auch nur die leiseste Kritik zu äußern oder die leichteste Renitenz zu zeigen wagte. Über 400 konfuzianische Gelehrte ließ er lebendig begraben, 700 000 kastrierte oder verbannte »Kriminelle« ließ er beim Bau seines Grabmals schuften. »Wer einen Schuldigen nicht denunziert, wird in zwei Teile gehackt«, heißt es in einem Dekret. Im Felde war die gesamte Armee in Fünfergruppen eingeteilt. Floh einer aus dieser Gruppe vor dem Feind, so wurden die anderen vier gnadenlos hingerichtet. Jeder war für die Gesamtgruppe verantwortlich und kämpfte daher mit äußerster Härte. Im Zeitalter der Streitenden Reiche (475–221 v. Chr.) kämpften in China sechs Königreiche gegeneinander. Unter den Staaten Han, Zhao, Wei, Chu, Yan und Qi galt der Staat Qin als der angriffslustigste und seine Bewohner im Kriegshandwerk als recht gut ausgebildet. Das Reich Qin reichte vom Wei-Tal bis nach Gansu und hatte die Kriegstechnik zu Pferde von den benachbarten Steppenvölkern übernommen. In diesem Staat hatte sich der Legalismus voll durchsetzen können, eine Doktrin, die besagte, das ein Gemeinwesen nur durch härteste Gesetze und Strafandrohungen gut zu regieren sei. In diesem Staat übernahm im Jahre 246 v. Chr. der erst dreizehnjährige Prinz Zhao Zheng die Herrschaft. Unterstützt von legalistisch denkenden Beratern begann nun der Prinz in grausam geführten Feldzügen alle anderen Königreiche gegeneinander aufzuwiegeln und dann einzeln anzugreifen. Eine neu entdeckte Kriegstechnik mit vergifteten Bleipfeilen, abgeschossen mit Armbrüsten, kam ihm dabei zu Hilfe. Im Jahre 221 v. Chr. hatte der junge König alle anderen Königreiche in China unterworfen und damit das Reich von der Wüste Gobi bis zum Südchinesischen Meer zum ersten Mal geeint. Alle Stadtwälle und Befestigungen innerhalb Chinas wurden nun geschleift, an der Nordgrenze allerdings wurden die vorhandenen Mauern verstärkt und zur Großen Mauer zusammengefügt und dann nach beiden Seiten erweitert. Straßen in alle Richtungen wurden gebaut, sodass bereits nach zehn Jahren ein Streckennetz von 6800 km entstanden war. Das ganze Land wurde in 36 Kommandanturen und 1000 Landkreise eingeteilt. Der Adel wurde weitgehend entmachtet und Beamte vom Kaiser in alle wichtigen Verwaltungsstellen eingesetzt. Jeder Bürger zwischen dem 17. und 60. Lebensjahr wurde für öffentliche Arbeiten einen Monat pro Jahr zwangsrekrutiert. Vereinheitlicht wurden die Maße, die Gewichte, die Wagenspurbreiten und vor allem die Schrift. Eingeführt wurden Gold- und Silbermünzen mit einem quadratischen Loch in der Mitte. Geschaffen wurde ferner ein einheitliches Rechtssystem für das ganze Land. Um die Einhaltung seiner Befehle überprüfen zu können, unternahm der Kaiser fünf Inspektionsreisen durch das Reich, bei denen er etwa 9000 Kilometer zurücklegte. Die Hauptstadt Xianyang (beim heutigen Xian gelegen) ließ er mit mehreren Palästen großzügig ausbauen. Im Jahre 212 v. Chr. zählte man im Reiche 270 Paläste, die dem Kaiser zur Verfügung standen. Frühzeitig befahl er den Bau eines riesigen Mausoleums am Berg Li, in dem er einstens ruhen wollte. Unzufrieden mit den drei luxuriösen Palästen in der Hauptstadt, ließ der Kaiser einen vierten Palast erbauen, der alles Bisherige in den Schatten stellte. In der großen Halle dieses Palastes fanden tausende von Menschen Platz, sie war 675 Meter lang und 112 Meter breit. Rigoros wurden Aufstandsbewegungen im Reich bereits in den Ansätzen unterbunden. 120 000 Adelsfamilien wurden deportiert und im Nordosten der Hauptstadt angesiedelt, damit war eine ständige Kontrolle gewährleistet. Im Jahre 210 v. Chr. wurde der Kaiser auf einer Inspektionsreise krank und starb nach kurzer Zeit an einer unbekannten Krankheit. Der durch Intrigen an die Macht gekommene jüngere Sohn (der Ältere wurde durch Falschmeldungen zum Selbstmord getrieben) konnte nur vier Jahre regieren, der Enkel des Kaiser gar nur zehn Tage, dann brach mit aller Gewalt der Aufstand gegen das verhasste tyrannische System los, und aus dem allgemeinen Chaos erhob sich relativ rasch nun die Han-Dynastie, die über vierhundert Jahre dann Bestand haben sollte.

Qingdao (Tsingtau) Seit der Eingemeindung von fünf bevölkerungsstarken Landkreisen umfasst Qingdao eine Fläche von 10 654 Quadratkilometern mit einer Einwohnerzahl von 7 Millionen, wobei auf die Stadt selbst rund 2,3 Millionen entfallen. Als Deutschland im Jahre 1898 das Gebiet an der Bucht von Jiaozhou (Kiautschou) an der Südküste der Halbinsel Shandong pachtete, zählte man dort etwa 80 000 Einwohner. Man baute Qingdao zu einem großen Hafen am seeschifftiefen Wasser aus, gleichzeitig konnte der ausgezeichneten Lage wegen ein Badeort errichtet werden. 1904 wurde von deutschen Ingenieuren bereits eine Eisenbahn zur Hauptstadt der Provinz Shandong, nach Jinan, gebaut. Beim Sturz der Qing-Dynastie flüchteten viele kaiserliche Beamte in das Pachtgebiet. Im November 1914, einige Monate nach Ausbruch des Ersten Weltkrieges, besetzten japanische Truppen die Stadt und hielten trotz aller chinesischen Proteste das Gebiet bis 1922 besetzt. In dieser Zeit baute Japan jedoch aus Prestigegründen weitere Industrien in der Stadt auf. Die deutschen Marinesoldaten waren in Gefangenenlager nach Japan gebracht worden. Nach dem Abzug der Japaner wurde Qingdao von Militärmachthabern verwaltet, erst 1929 konnten die Guomindang-Truppen in die Stadt einmarschieren und der Nationalregierung unterstellen. In der Folgezeit wurde die Universität Qingdao gegründet und der Hafen weiter ausgebaut. Eine neue japanische Besatzungszeit folgte in den Jahren 1938–1945, danach stagnierte die Entwicklung in den Jahren des Bürgerkrieges bis 1949. Nach der Errichtung der kommunistischen Herrschaft begann eine neue Industrialisierungswelle, die auch die Bevölkerungszahlen stark anwachsen ließ. Im Rahmen der Öffnungspolitik wurden bereits zwei wirtschaftlichtechnische Entwicklungszonen und ein Freihandelsareal eingerichtet und neben der wiedererrichteten Universität mehrere Fachhochschulen angesiedelt.

Qing-Dynastie Die Qing-Dynastie (1644–1911) folgte in ihrem 267-jährigen Bestehen letztlich dem Schema aller Dynastien: kraftvoller Beginn – glänzende Entfaltung – Saturiertheit und Zenith – langsamer Abstieg und Ende im Chaos. Die Besonderheit dieser Dynastie lag jedoch darin, dass sie es war, die den Zusammenstoß mit den überlegenen europäischen Mächten zu bestehen hatte und ihrer gesamten Machtstruktur und ihrem Fundament nach nicht bestehen konnte. So beendete sie die lange Reihe der Dynastien, die auf chinesischem Boden entstanden – mit dem Unterschied, dass ihr keine neue Dynastie nachfolgte und die Monarchie keinen Befürworter mehr fand. Die Qing-Dynastie war eine Fremddynastie, von Mandschuren geführt, die sich jedoch dem chinesischen Wesen weitgehend anpassten. Allerdings blieb ein nicht zu beseitigender Unterschied: die Chinesen mussten einen Zopf tragen, konnten lange Zeit keine führenden Stellen beim Militär bekleiden, es war ihnen lange der Zuzug in die Mandschurei selbst verboten und es blieb die Zweisprachigkeit bis zuletzt bestehen, nur die gebildeten Mandschuren schrieben, sprachen und dachten Chinesisch. Dieser Zwiespalt nährte vor allem im 19. Jahrhundert antimandschurische Strömungen, man schrieb die Misere des Staates letztlich den Mandschuren als Fremdherrschern zu. Dabei gab es auf dem »Drachenthron« durchaus Kaiser, die selbst von der chinesischen Kultur und Kunst so durchdrungen waren, dass man sie sogar als die größten Mäzene ansprechen kann, die China je gesehen hat. In den ersten zweihundert Jahren der Mandschu-Herrschaft erreichte China sogar die größte Ausdehnung überhaupt und die Bevölkerung verdoppelte sich bis zum Jahre 1800 auf etwa 200 Millionen, am Ende der Dynastie gar auf 400 Millionen. Unter Kaiser Shunzhi (1644–1661) erfolgte nach der Ausrufung der Qin-Dynastie in Peking die allmähliche Eroberung von ganz China und erreichte unter Kangxi (1661–1722) ihren endgültigen Abschluss. Dieser verantwortungsvolle Herrscher betrieb bereits eine Politik der Aussöhnung zwischen Mandschuren und Chinesen und bemühte sich, ganz nach konfzianischen Grundsätzen das Riesenreich zu regieren, ähnlich verfuhr auch sein Nachfolger Yongzheng (1723–1735). Unter Kaiser Qianlong erreichte China seine größte Machtfülle. Dieser Herrscher führte das Reich der Mitte zu seinem absoluten Höhepunkt, innen- und außenpolitisch, gesellschaftlich und kulturell. Die Kunstsammlungen, die noch heute in den Palastmuseen in Peking und Taipeh zu bestaunen sind, wurden hauptsächlich von ihm angeregt und aufgebaut. Alle Randstaaten wie Korea, Thailand, Burma, Nepal, Vietnam erkannten die Oberhoheit Chinas an, die Äußere Mongolei und Ostturkestan waren Teile des Reiches. Die beiden letzten Jahrzehnte seiner Herrschaft allerdings zeigten bereits die ersten Schattenseiten, da korrupte Höflinge und Beamte allenthalben vor allem der Landbevölkerung zu viele Steuern und Gebühren abverlangten. Dies bekam der Nachfolger, Kaiser Jiajing (1796–1820), bereits in Form von Aufständen der Bauern in Südchina zu spüren, auch bildeten sich unter seiner Herrschaft gefährliche Geheimbünde, wie die »Gesellschaft vom Weißen Lotos« und die berüchtigten Triaden. Unter seinem Sohn, Kaiser Daoguang (1821–1850), erfolgte der erste Zusammenstoß mit einer europäischen Macht und endete demütigend für das Reich der Mitte. Nach dem für England siegreich beendeten Opiumkrieg musste im Vertrag von Nanking China Land und Rechte an die Briten abtreten. Hongkong wurde englischer Besitz und die Opiumeinfuhr musste gestattet werden. Der eigentliche Wendepunkt in der Entwicklung der Dynastie aber kam unter den Kaisern Xianfeng (1851–1861) und Kaiser Tongzhi (1861–1874), denn während der Regierungszeit beider Monarchen brach der Taiping-Aufstand los, der sich zum schrecklichsten Bürgerkrieg ausweitete, den China jemals gesehen hatte, und in dem 600 Städte verwüstet und 20 Millionen Menschen – meist auf schreckliche Weise – ums Leben kamen. Dieser als Hungerrevolte begonnene, dann religiös fanatisch unterfütterte Krieg mit eindeutig antimandschurischem Akzent warf das Land endgültig zurück. Die Niederringung der Taiping-Rebellen erfolgte zudem mit europäischer Hilfe, sodass das Kaiserhaus in eine gewisse Abhängigkeit geriet und immer mehr Konzessionen an die europäischen Mächte machen musste. Das Leben der beiden letzten Kaiser, Guangxu (1875–1908) und Xuanzong (Puyi), umfasst dann genau die Zeit, in der die Monarchie in China in ihre letzte Phase, in ihren Todeskampf eintrat, dekadent, halsstarrig und selbstverschuldet. Der letzte Kaiser Puyi endete als Gefangener der Kommunisten in Peking, als Gärtner in seinen ehemaligen Palastgärten, als »geläuterter« Genosse im Volksstaat Maos.

Qinghai Die Provinz Qinghai, mit einer Fläche von 721 000 Quadratkilometern mehr als doppelt so groß wie Deutschland, ist mit nur 5,5 Millionen Einwohnern eine der am dünnsten besiedelten Provinzen Chinas und umfasst 39 Kreise und drei Städte. Gelegen im Norden von Tibet, im Osten von Sinkiang, im Süden von Gansu und im Westen von Sichuan, erlaubt das extreme Klima mit eisigen Wintern und kurzen Sommern sowie ganz geringen Niederschlägen nur am Qinghai-See und im Qaidam-Becken eine ausgedehntere Landwirschaft. Qinghai ist ein hochliegendes Terrain und ein wichtiger Teil des Qinghai-Tibet-Plateaus mit Höhenlagen im Altun- und Qilian-Gebirgsland von 4000 Metern und niedrigeren Plateaus, auf denen Schafe, Yaks und Pferde gehalten werden können. In der Provinz entspringen der Gelbe Fluss und der Jangtse sowie Dutzende von kleineren Flüssen. Der Qinghai-See (Kukunor) ist der größte Binnensee

Chinas, jedoch mit Salzwasser, während der Ngoring-See und der Gyaring-See die größten Süßwasserseen der Provinz sind. Die Industrie steckt im Entwicklungsstadium, hat auf Grund ihrer reichlich vorhandenen Bodenschätze jedoch gute Entwicklungsmöglichkeiten. Für die nationalen Minderheiten der Provinz wurde eine Anzahl von Autonomen Bezirken und Kreisen eingerichtet. Zusammengenommen erreichen diese nicht Chinesisch sprechenden Nationalitäten fast 2 Millionen. Überwiegend sind seit alters dort ansässig: Tibeter, Hui, Mongolen, Kasachen, Sala, Tu, Dongxiang, aber auch die kleine Minderheit der Baoan ist südlich des Gelben Flusses in Qinghai zu finden. Provinzhauptstadt ist Xining mit rund 600 000 Einwohnern, inmitten eines fruchtbaren Plateaus gelegen auf 2200 Metern Höhe. Etwa 25 km südwestlich der Stadt liegt das berühmte lamaistische Kloster Kumbum (Taer-si), eines der wichtigsten Zentren des tibetischen Buddhismus, in dem früher bis zu 4000 Mönche lebten und das in der »Proletarischen Kulturrevolution« teilweise zerstört wurde. Nach 1979 zum Zeichen der Wiedergutmachung auf Staatskosten restauriert, leben heute wieder etwa 500 Mönche im Kloster und führen die altehrwürdige Tradition der Gelbmützen-Sekte weiter. Mit seiner Großen Golddach-Halle, der Großen Sutra-Halle und vielen anderen Hallen, Kapellen und Stupas stellt das Kumbum-Kloster ein eindrucksvolles Zentrum tibetischer Architektur und Kunst dar.

Qingong-Ausgrabungen
Eine der größten und interessantesten Ausgrabungsstellen Chinas mit Grabanlagen aus der Frühlings- und Herbstperiode sowie aus der Zeit der Streitenden Reiche liegt im Bezirk Fengxian in der Provinz Shaanxi. Hier wurden im Gebiet von rund 10 000 Quadratmetern Gruben mit Pferdewagen gefunden, sodass die Berechnung angestellt werden konnte, dass auf dem ganzen Areal rund 200 Wagen mit 800 Pferden ihren Herren mit ins Jenseits gegeben wurden. Gleichzeitig fand man Sargreihen, angelegt wie in einem Wohnviertel. So kamen aus dem großen Qingong-Grab 182 Särge hervor, in denen die Leichen von Menschen gefunden wurden, die den Göttern geopfert wurden. Da Grabdiebstähle in China bereits seit der Zhou-Dynastie selbst nachgewiesen werden können, nimmt es nicht wunder, dass die wichtigsten Gräber dieser Anlage bereits zur Zeit der Tang-Dy-

nastie und der Song-Dynastie ausgeraubt worden sind.

Qingshou-Grotten Wenig bekannt wegen ihrer abseitigen Lage, jedoch äußerst reichhaltig und ausgedehnt sind die Grotten des Qingshou-Klosters, das am Fuß einer Felswand an den Ufern des Jingshui-Flusses 10 Kilometer westlich der Kreisstadt Binxian in der Provinz Shaanxi gelegen ist. Unmittelbar an die Felswand lehnt sich ein dreistöckiges Gebäude – das Herzstück des Klosters – in dem eine 24 Meter hohe Statue des Buddha Amitabha den Besucher überrascht. Zu beiden Seiten von Amitabha sind die Bodhisattvas Guanyin und Mahasthamaprapta zu sehen, beide fünf Meter hoch. Aus den Wänden dieser großen Grotte wurden über 400 größere und kleinere Figuren von Buddhas und Bodhisattvas herausgeschlagen. Nicht weit davon entfernt liegen die vier sog. Arhat-Grotten und eine dritte Gruppe enthält über 60 Szenen aus dem Leben Buddhas. 100 Meter weiter westlich liegen dann noch die sog. Tausend-Buddha-Grotten, die über 300 Reliefabbildungen enthalten. Begonnen wurde mit der Arbeit an den Grotten 629, im dritten Jahr der Regierungsperiode Zhenguan der Tang-Dynastie, und die Bildwerke sind auch alle tangzeitlich. Aus dieser Periode und aus der Song-Dynastie sind auch eine Reihe von Inschriften erhalten, die Besucher damals anbringen ließen.

Qingyan Eine der historisch bemerkenswertesten Kleinstädte in Südwestchina ist Qingyan in der Provinz Guizhou. Die Stadt liegt 29 Kilometer von der Hauptstadt Guiyang entfernt auf der Südstrecke nach Huishui. Seit der Ming-Dynastie eine Festung, umschlossen von kreisförmigen Stadtmauern, blieben viele der Paläste und Pavillons, der zweidächigen Häuser und anderen Kulturrelikte bis zur Gegenwart erhalten. Qingyan konnte in der Vergangenheit als Paradebeispiel eines gedeihlichen Zusammenlebens von Konfuzianern, Daoisten, Buddhisten, Katholiken und Protestanten gelten. In seiner Glanzzeit zählte Qingyan 37 Klöster.

Qin-Herzogtum Als wichtiger Vorläufer der späteren Qin-Dynastie bestand seit dem Beginn der Zhou-Dynastie im 11. Jh. v. Chr. bereits eine Stammesherrschaft mit dem Namen Qin im Osten der heutigen Provinz Gansu, die ständig im Kampf gegen räuberische Nomadenstämme aus dem Norden lag. Die Stammesführer der Qin wurden daher von den Zhou-Herrschern mit dem Titel Herzog ausgestattet und wurden 771 mit dem westlichen Weihe-Tal belehnt, das sich bis in die Gebiete der heutigen Provinz Shaanxi erstreckte. Der Gong (Herzog) von Qin beherrschte bald darauf ein Gebiet, das von Gansu bis zum Knie des Gelben Flusses im Osten reichte. Durch geschickte Reformen, zentralisierte Verwaltung und Aufbau einer disziplinierten Militärmacht konnte der Herzog von Qin im Laufe des 3. Jh. v. Chr. nicht nur die meisten Nachbarstaaten unterwerfen, sondern auch 221 v. Chr. unter Ying Zheng, dem späteren Ersten Kaiser, die Qin-Dynastie im vereinten China gründen.

Qinhuangdao Qinhuangdao ist die Hafenstadt am Bohai-Meer, bei der das östliche Ende der Großen Mauer zu finden ist. Da man die Mauer stets mit einem Drachen verglichen hat, nannte man das Endstück an der Küste »Laolongtou« (Kopf des alten Drachen). Ganz in der Nähe liegt auch der »Erste Pass unter dem Himmel«, ein Engpass, der stets mit Wachtürmen, Schutzmauern, Signaltürmen und vielen Soldaten gesichert war. Diese militärische Festung war einst eine der wichtigsten des Reiches zur Abwehr von Feinden aus dem Norden. Nicht weit entfernt liegt auch der bekannte Bade- und Kurort Beidaihe.

Qin Shihuangdi Der Gründer des chinesischen Kaiserreiches, Qin Shihuangdi, war einer der grausamsten, zugleich erfolgreichsten Gewaltherrscher der Menschheitsgeschichte, der die Geschichte des Reiches der Mitte auf Grund seiner zentralistischen Politik wesentlich vorprogrammiert hat. Die Idee des geeinten Reiches, seine Vereinheitlichung der Schrift, der Maße, der Gewichte, der Münzen, der Spurbreiten für die Wagen auf den Straßen, der Ausbau der Großen Mauer, vor allem aber die Einführung eines vom Adel unabhängigen Beamtentums haben China tief geprägt. Geboren wurde der Herrscher im Staate Qin als Prinz Zheng am Königshof im Jahre 259 v. Chr. Als sein Vater, König Zhuang Xiang, im Jahre 246 v. Chr. starb, bestieg der Prinz 13-jährig den Thron als König Zheng von Qin. Nach Ausschaltung eines intriganten Beraters regierte der König ab 238 völlig souverän. Aus dem persönlichen Umfeld des Herrschers sind kaum Nachrichten erhalten, weder kennt man den Namen seiner Mutter, auch nicht den von seiner Frau, man wusste nur, dass er mit seiner Frau und seinen Konkubinen etwas mehr als 20 Kinder hatte. Aufgewachsen in kriegerischer Zeit, scheint ihm der kämpferische Charakter seiner Vorfahren vererbt worden zu sein, denn die einzigen Zeugnisse über seinen persönlichen Lebenszuschnitt berichten von einer unbezähmbaren Angriffslust, unermüdlicher Energie und Tatkraft, gepaart mit staunenswertem Arbeitseifer. Bereits in der Zeit seiner Vorfahren hatten legalistische Berater die Generallinie der Politik des Staates Qin bestimmt: Eiserne Disziplin, härteste Strafen und rigorose Auslese der Fähigen in der Verwaltung und bei den Streitkräften. Berüchtigt war die Grausamkeit seiner Truppen, sodass allein schon ihre bloße Erwähnung schwächere Gegner zur Kapitulation veranlasste. Millionen von Fronarbeitern wurden zwangsverpflichtet und hunderttausende von Bauernsöhnen wurden für den Kriegsdienst mobilisiert. Der meteoritenhafte Aufstieg des Staates Qin erfolgte in den Jahren 230–231 v. Chr. Spätere Chronisten schreiben, dass in dieser Zeit Qin seine Feinde verschlungen habe »wie eine Seidenraupe, die ein Maulbeerblatt auffrisst«. Ströme von Blut flossen, die Zahl der gegnerischen Kriegstoten war höher als alles, was man bisher in der chinesischen Geschichte gehört hatte, da die Qin-Soldaten vielfach auch ihre Kriegsgefangenen töteten. Im Jahre 221 v. Chr. bestieg König Zheng als Qi Shihuangdi (Erster göttlicher Kaiser von Qin) den Thron, und er verkündete »Wir sind der Erste Kaiser, und unsere Nachfahren sollen als Zweiter, Dritter Kaiser und so weiter bekannt werden, endlose Generationen lang«. Dies war die Begründung der Qin-Dynastie, die dann nur 18 Jahre dauern sollte. Die elf Jahre seiner eigenen Herrschaft waren ausgefüllt durch den Aufbau einer zentralistischen Reichsverwaltung, Mauerbau, Straßenbau, Ausbau der Hauptstadt mit mehreren riesigen Palästen, Kanalbau und der Anlage seines eigenen Mausolems, in dem allein über 700 000 Zwangsarbeiter jahrelang schuften mussten. In den letzten Jahren vor seinem relativ frühen und unerwarteten Ende durch eine unbekannte Krankheit verfiel der Kaiser dem Verfolgungswahn und der Schwermut. Nach seinem Tod im Jahre 210 v. Chr. bestattete man ihn in seinem unterirdischen Palast beim heutigen Xian, der bis zum heutigen Tage nicht freigelegt ist. Lediglich die dazugehörige unterirdische Armee der Terrakottakrieger ist teilweise ausgegraben.

Qinzong Letzter Kaiser der Nördlichen Song-Dynastie, geb. 1100 als Sohn von Kaiser

Huizong, bestieg nach der Abdankung seines Vaters 1126 den Thron, wurde jedoch im gleichen Jahr auf der Flucht von den nachrückenden Jin-Truppen gefangen genommen und verbrachte 29 Jahre bis zu seinem Tod in Gefangenschaft des siegreichen Staates Jin. Mit ihm endete die Nördliche Song-Dynastie, die 960 begonnen hatte. Ein junger Prinz, der neunte Sohn des Kaisers Huizong, konnte sich beim Untergang dieser Dynastie retten und erklärte sich dann zum ersten Kaiser der Südlichen Song-Dynastie unter dem Namen Gaozong (1127–1162).

Qiuzi Qiuzi war der Name des buddhistischen Königreiches am Nordrand der Wüste Takla Makan, das in vorchristlichen Jahrhunderten von Indoskythen bewohnt war und heute als Kuqa (Kutscha) in Xinjiang bekannt ist. Der Han-Kaiser Wu machte im Jahre 102 v. Chr. dann dieses Gebiet zu einem Lehens- und Tributstaat. Die indoskythischen Könige von Qiuzi hielten mit ihren Untertanen bis zum 14. Jahrhundert am Buddhismus fest, dann drang mit den Uiguren auch der Islam ein. Aus Qiuzi wurde Kuqa. Bemerkenswert ist, dass während der Zeit der Tang-Dynastie in Qiuzi über 100 buddhistische Tempel mit etwa 5000 Mönchen und Nonnen zu finden waren. Man weiß, dass aus Qiuzi der bekannte Mönch und Übersetzer Kumarajiva (344–413) stammte, dessen Übertragungen aus dem Sanskrit ins Chinesische insgesamt 74 Werke in 384 Bänden umfassen. Die vielen buddhistischen Grotten in und um Kuqa zeugen heute noch von der einstigen Glaubenswelt, in der auch die Tausend-Buddha-Grotten von Kizil geschaffen wurden.

Qixia-Kloster Der Berg Qixia erhebt sich 22 Kilometer nordöstlich von Nanjing (Nanking), an dessen Fuß sich das landesweit bekannte Qixia-Kloster befindet, erbaut 483 n. Chr. Hinter dem Kloster steigt der »Felsen der 1000 Buddhas« empor. In den bis heute erhaltenen 294 Nischen befinden sich 515 buddhistische Figuren, von denen die frühesten zwischen 484 und 515 n. Chr. entstanden sind. Kaiser Qianlong hat auf seiner Südreise diesem Kloster seine Aufwartung gemacht.

Quangzong Dritter Kaiser der Südlichen Song-Dynastie, dem wegen Krankheit nur eine vierjährige Regierungszeit (1190–1194) beschieden war; er dankte zugunsten seines zweiten Sohnes Ningzong (1195–1224) ab.

Quanzhou Die an der Formosastraße gegenüber Taiwan gelegene Hafenstadt Quanzhou gilt als Ausgangspunkt der »Seidenstraße des Meeres« und als »Heimat der Überseechinesen«, denn acht Millionen aus Quanzhou stammende Chinesen leben in rund 90 Ländern der Erde und fünf Millionen Landsleute auf Taiwan stammen aus Quanzhou und seiner unmittelbaren Umgebung. Schon seit der Tang-Dynastie unterhielt diese geschäftige Stadt an der südöstlichen Küste von Fujian Handelsbeziehungen mit Staaten in Südostasien und Hinterindien. Tausende ausländischer Kaufleute, Diplomaten und Missionare kamen in diese Stadt, darunter viele Mohammedaner. In Quanzhou und Umgebung sind daher über 30 000 Muslime anzutreffen, die alle der Hui-Nationalität zugerechnet werden.

Quemoy und Matsu Die beiden zu Taiwan gehörenden Inseln Quemoy (155 km²) und Matsu (26 km²) werden als Vorposten der Republik China von Taipei (Taipeh) aus betrachtet. Auf die Insel Quemoy mit ihren rund 50 000 Einwohnern unternahm die rotchinesische Armee 1958 einen militärischen Vorstoß, von dem sie sich nach schweren Verlusten wieder zurückziehen musste. Seither sind auf dieser Insel, die nur 1,5 Kilometer vom Festland entfernt ist, etwa 50 000 taiwanesische Soldaten ständig stationiert. Quemoy heißt im Kantoner Dialekt »Das Goldene Tor«, wird aber auch international oft »Kinmen« bezeichnet, eine Abschleifung von »Chinmen Tao«.

Qufu Die in der Provinz Shandong südlich von Jinan gelegene Kleinstadt Qufu ist die Heimat von Konfuzius, der hier 551 v. Chr. geboren wurde, und nach einem unsteten Wanderleben 479 v. Chr. auch an diesem Ort starb und begraben wurde. Qufu war zum Zeitpunkt seiner Geburt die Hauptstadt des Fürstentums Lu, und die Familie Kong, aus der zur Zeit der Frühlings- und Herbstperiode der große Weise hervorging, war eine zwar angesehene, aber nicht im Luxus lebende Familie in dieser Stadt. Als dann in der Han-Dynastie die Lehre von Meister Kong (Kong Fu Zi) zur Staatsdoktrin erhoben wurde, fiel der Glanz des »Lehrers der Zehntausend Generationen« auch auf seinen Geburtsort, und sein einstiges Wohnhaus wurde allmählich zu einer Gedächtnishalle umgestaltet, vielfach erweitert und im Laufe der Geschichte zu einem geradezu nationalen Heiligtum ausgebaut. Die gesamte Anlage wuchs zu einer Art Wallfahrtsstätte heran, dem Konfuzius-Schrein (Kong Miao), der eine Ausdehnung von 21 Hektar erreichte und über 100 unterschiedlich große Gebäude umfasst. Hauptattraktion ist die 32 Meter hohe und 54 Meter breite »Halle der Vollkommenheit« (Da Cheng Dian) mit einem Dach aus gelb glasierten Fayenceziegeln und 12 Säulen im Inneren aus dem erlesenen Nan-Hartholz. Dazu kommt dann die Residenz der Familie Kong mit 463 Räumen und 5 Höfen, denn hier residierten bis 1937 in ununterbrochener Generationenfolge die Nachkommen des großen Philosophen, genauer gesagt die jeweiligen Chefs der riesigen Kong-Familie. Der gesamte Komplex wird in seiner Größe und architektonischen Qualität, vor allem in seiner historischen Bedeutung, nur noch vom Kaiserpalast in Peking selbst übertroffen. Einmalig auf diesem Planeten jedoch ist der 200 Hektar große Friedhof mit dem Grab des Konfuzius, seit alters genannt »Konfuzius-Wald«, in dem alle unmittelbaren Abkömmlinge des Philosophen ebenfalls bestattet sind – und dies seit bald zweieinhalbtausend Jahren in ununterbrochener Abfolge. Alle fremden Eroberer, alle Aufständischen und Usurpatoren haben stets die Residenz und den Friedhof der Kong unangetastet gelassen, allein den Roten Garden des 20. Jahrhunderts war es vorbehalten, in verblendeter Zerstörungswut auch Hand an diese beiden ehrwürdigen Stätten zu legen. Inzwischen sind die Spuren dieser chaotischen Jahre in Qufu wieder getilgt und vieles wurde sorgsam restauriert. Die UNESCO nahm die gesamte Anlage 1994 in die Liste des Weltkulturerbes auf und die VR China ehrt die größte Persönlichkeit Ostasiens in der Geschichte wieder mit einer eindrucksvollen jährlichen Feier in Qufu.

Qujialing-Kultur Die in der Provinz Hubei entdeckte Qujialing-Kultur (3100–2650 v. Chr.) gehört bereits zu den Reis kultivierenden, spätneolithischen Kulturen des unteren Jangtse-Tales und wurde durch ihre vielen Dreifuß-Gefäße bekannt.

Qu-tan-Kloster Inmitten einer großartigen Landschaft, südlich der Stadt Ledu östlich von Xining in der Provinz Qinghai liegt das große Kloster Qu tan si, das in der Hongwu-Periode (1368–1399) zu Beginn der Ming-Dynastie erbaut wurde. Kaiser Xuanzong gab 1427 persönlich den Befehl zum Bau der großen Halle, die den klösterlichen Bezirk noch heute abschirmt. Kaiser Qianlong ließ 1644 das Kloster von

Grund auf renovieren, seine persönliche Anteilnahme zeugt gleichfalls vom Ruhm dieses Klosters und begründete seinen Reichtum bis in die neueste Zeit. Das persönliche Interesse der in Peking regierenden Kaiser für ein Kloster in so weit abgeschiedener Gegend ist jedoch erklärbar durch die Tatsache, dass das Qu tan-Kloster zu den lamaistischen Konventen gehörte und die Herrscher der Ming- und Qing-Dynastie an einem gedeihlichen Auskommen mit den Autoritäten in Tibet höchst interessiert waren.

R

Rechtsprechung Vor der Reichseinigung folgte man in China lange Jahrhunderte dem schriftlich nicht fixierten Gewohnheitsrecht der Sippen und Stämme, erst in der Chunqiu-Zeit (770–481 v. Chr.) finden sich schriftliche Bestimmungen zum Strafrecht, eingraviert auf Metallgefäßen. Die »Klassische Schrift des Rechts in 6 Abschnitten« von Li Kui aus dem 5. Jh. ist verloren gegangen, leider auch Gesetzessammlungen der ersten Kaiserdynastien. Die Rechtsprechung oblag den lokalen Verwaltungsbeamten, am Kaiserhof allerdings existierte ein dem Herrscher verantwortliches Justizministerium, das Kontrollfunktionen hatte. Das chinesische Recht war hauptsächlich Strafrecht, Zivilrechtsfälle wurden nach wie vor nach dem Gewohnheitsrecht entschieden, das regionalen oder lokalen Traditionen folgte. Die Gerichtsverhandlungen fanden in den normalen Amtsräumen statt. Verhandelt wurde nur beim Vorliegen einer Klage. Von Dritten mussten Mord und Diebstahl in jedem Fall angezeigt werden. Beim Prozess wurden der Kläger, der Angeklagte und die Zeugen gehört. Wenn möglich, sollte ein Corpus Delicti vorgelegt, wenn nötig, durch Prügel oder Folter Geständnisse erzwungen werden. Hierbei sollte der Delinquent genau beobachtet werden, seine Worte, sein Gesichtsausdruck, sein Atemholen, seine Art zuzuhören und seine Blicke. Das eigene Geständnis wurde am höchsten bewertet. In alter Zeit waren die Strafen bis zum 3. Jh. v. Chr. geradezu barbarisch: Todesstrafe, Kastration, Abschneiden der Füße, Abschneiden der Nase, Tätowierung. Späterhin wurden diese Strafen vielfach ersetzt durch Verbannung, Zwangsarbeit und durch die Prügelstrafe. Bei Hochverrat oder Verschwörung gegen das Kaiserhaus wurden oftmals Kollektivstrafen ausgesprochen, d. h. die Angehörigen des Täters wurden ebenfalls bestraft, mehrfach sogar seine ganze Sippe ausgerottet.

Reich der Mitte In der Zhou-Dynastie (11. Jh.–256 v. Chr.) wurden die Hauptstädte der Territorialstaaten stets mit »Zhong guo« bezeichnet, was so viel bedeutet wie »Stadt der Mitte«. Nach der Reichseinigung bedeutete dann Zhongguo bereits »Reich der Mitte« – im Gegensatz zu den Nachbarstaaten. Bis 1911 jedoch war die offizielle Bezeichnung der Name der jeweils herrschenden Dynastie, etwa Qing-Reich oder »Reich der Ming«. Nach 1911 bedeutete dann Zhongguo ganz offiziell »Reich der Mitte«, es war die Kurzbezeichnung für China. Gleichzeitig war für Gesamtchina die Bezeichnung »Hanren« im Gebrauch, benannt nach der Han-Dynastie, vielfach auch »Tangren« mit Bezug auf die glanzvolle Tang-Zeit.

Reichsteilungen Seit der Reichsgründung durch Qinshihuangdi im dritten Jahrhundert v. Chr. wurde China bis zur Gegenwart siebenmal geteilt, viermal auf Grund von Invasionen unterschiedlicher Fremdvölker, dreimal durch eine schwerwiegende innerchinesische Rebellion.

1. Nach dem Sturz der Han-Dynastie zerfiel China in die »Drei Reiche«: Wei im Norden, Wu im Südosten und Shu im Westen. Die Teilung dauerte von 220–265 n. Chr.

2. Von 304–439 fällt China erneut auseinander. Im Norden gründen eingedrungene Steppenvölker 16 neben- oder nacheinander existierende Kleinstaaten, im Süden wechseln sich vier chinesische Dynastien ab.

3. Nach dem Sturz der glanzvollen Tang-Dynastie folgen im Norden fünf und im Süden zehn Staaten aufeinander. Die Teilung währt von 907–960.

4. Nach dem Einbruch der Westlichen Liao im Jahre 1125 wird zuerst von dieser Dynastie, dann von der Jin und schließlich von den Mongolen ein großes Territorium in Nordchina dem Reich entrissen, im Süden kann die Südliche Song-Dynastie sich auch nur bis zum Sieg der Mongolen im Jahre 1279 behaupten. Die Reichsteilung bis zur Gründung der Yuan-Dynastie dauerte somit von 1125–1279.

5. Die Taiping-Rebellion (1855–1864) führt zu einer echten Reichsteilung, da der Kaiser der Qing-Dynastie in Peking dem Taiping-Reich mit der Hauptstadt Nanking gegenübersteht.

6. Von 1911–1928 herrschen die Warlords im Norden nach dem Sturz der Qin-Dynastie,

im Süden besteht die Republik China.
7. 1937–1945: Das von Japan besetzte Ost- und Zentralchina unter dem Kollaborateur Wang Jingwei steht gegen die in Chongqing residierende Nationalregierung.
Der Reichsgedanke setzte sich auf Grund der gemeinsamen Sprache, Geschichte, Schrift und Kultur trotz aller Schwierigkeiten immer wieder durch. Das Taiwan-Problem wird von beiden Seiten nicht als endgültige Teilung betrachtet, da Peking nach wie vor Taiwan als zu China gehörende Provinz betrachtet und Taiwan selbst eine endgültige Souveränitätserklärung und Abspaltung bisher vermieden hat.

Reichsverwaltung Das Reich der Mitte erforderte bereits in der Zeit der Han-Dynastie eine straffe und zugleich weit verzweigte Verwaltung. Dem Kaiser stand stets ein Großer Ratgeber (Cheng Xiang) zur Seite, ferner ein Großer Oberfeldherr (Taiwei) und der Große Zensor (Yushidafu). Diese drei Würdenträger nannte man landläufig die Drei Herzöge (Sangong), da sie die Aufgabe hatten, den gesamten Verwaltungsapparat zu überwachen. Der Große Ratgeber hatte die Rolle des Premiers inne, er hatte die größte Macht und regierte oft anstelle des Herrschers. Unter den Drei Herzögen standen die Neun Minister (Jiuqing), denen genau definierte Aufgabenbereiche zugewiesen waren. Zwei Minister aus diesem Gremium hatten den Oberbefehl über die persönliche Garde des Kaisers, die Palastwache und die erweiterten Garden. Hier galt der Dienst rund um die Uhr. Zwei weitere Minister teilten sich die Aufsicht über den Finanzsektor, die Privatkasse des kaiserlichen Hauses und die öffentlichen Kassen sowie über die Steuereinnahmen, die Palastarchive, die Bibliothek und das Sekretariat. Ferner waren sie für das Palastpersonal und für die kaiserlichen Manufakturen zuständig. Dem fünften Minister (Tingwei) war das Justiz- und Gefängniswesen anvertraut, der sechste fungierte als Großer Zeremonienmeister (Dahonglu) und war merkwürdigerweise auch für die Vasallen und die »Barbaren« gleicherweise zuständig. Der siebte Minister war der »Große Rektor« (Taichang), dem die Riten, die Medizin, die Astrologie und das gesamte Schulwesen unterstand, während der achte in der erlauchten Reihe der »Große Wagenlenker« (Taipu) war, der die Gestüte und den Wagenpark des Kaisers unter sich hatte. Der neunte Minister schließlich war der »Direktor der kaiserlichen Sippe« (Zongzheng), der aus der kaiserlichen Familie selbst stammen musste und dem die Abgaben an die Prinzen und die kaiserliche Verwandtschaft anvertraut waren. Da jedes Ministerium in mehrere Ressorts aufgeteilt war und eine große Anzahl von Büros (cao) unterhalten werden mussten, ergab sich – das Privatsekretariat des Kaisers eingeschlossen – eine beachtliche Größe des hauptstädtischen Verwaltungsapparates. Was für die Zentralverwaltung zutrifft, gilt auch für die Provinz- und Lokalverwaltungen, die in den verschiedenen Dynastien immer wieder Änderungen unterlagen, die sich auf die Größe der Provinzen und Präfekturen ebenso beziehen konnten wie auf die Namensgebung, die Titulaturen und Zuständigkeiten. Die Grundstrukturen der Reichsverwaltung während der Han-Dynastie blieben jedoch vielfach erhalten oder wurden nach einem Dynastiewechsel mehrfach wieder unter neuen Bezeichnungen aufgegriffen. Zur Zeit der Westlichen Han-Dynastie war das Reich unterteilt in Kommanderien (jun) und Königreiche (guo), die der Kaiser an seine Söhne und Verwandten zur Verwaltung übergeben hatte. Die bevorzugten Prinzen durften sich in diesen Königreichen »wang« (König) nennen, die Territorialherren der zweiten Reihe erhielten Markgrafschaften und wurden daher Marquis (Hou) genannt. Die konkrete Verwaltung der Königreiche und Markgrafschaften lag jedoch in den Händen von zwei kaiserlichen Beamten, die Könige und Markgrafen waren von der Verwaltung ihrer Lehen ausgeschlossen – als Vorsichtsmaßnahme der kaiserlichen Zentralregierung. Die Kommanderien wurden von einem Gouverneur (Taishou) und einem Generaloberfeldherrn (Duwei) verwaltet. Die Kommanderien, die später Präfekturen genannt wurden, waren bei entsprechender Größe in Unterpräfekturen (Xian) unterteilt. An ihrer Spitze stand dann ein Unterpräfekt (Ling oder Zhang), dem wiederum mehrere Zivil- und Militärbeamte zur Seite standen. Die Gouverneure – und in abgestufter Form die Unterpräfekten – repräsentierten den Kaiser und hatten alle Macht auf dem militärischen, zivilen, finanziellen und auch religiösen Sektor. Die Überwachung der Bevölkerung, die Steuererhebung, die richterliche Gewalt, ja sogar die Beaufsichtigung des Ackerbaus und der Landbewässerung lag ebenso in ihren Händen wie der Vollzug der Zeremonien, die von der Staatsreligion zu bestimmten Tagen des Jahres zwingend vorgeschrieben waren. Die zahlreichen kleineren Beamten waren ganz vom Gouverneur abhängig wie die Soldaten von dem entsprechenden Befehlshaber der Region. Zur Kontrolle der Gouverneure mit ihren vielseitigen Befugnissen waren zwölf Inspekteure eingesetzt, die alljährlich ihre Erkundungsreisen antraten, die Finanzen, die Justiz und die Verwaltung prüften, um dann in der Hauptstadt Bericht erstatten zu können. Jeder dieser Inspekteure war für ein Departement zuständig, in dem eine Anzahl von Kommanderien lag.

Renzong Renzong (1022–1063), vierter Kaiser der Nördlichen Song-Dynastie, hatte im Jahr 1038 einer Invasion der Westlichen Xia zu begegnen, die er schließlich durch gewaltige Tributzahlungen zum Abzug bewegen konnte. Diese Schwäche des Reiches nutzten die Khitan und erhöhten die Tribute, die an sie zu zahlen waren. Mit diesen Lieferungen (Seide, Silber und Tee in riesigen Mengen) konnte Renzong jedoch für China 80 Jahre Frieden erkaufen. Nachfolger von Renzong wurde der 13. Sohn seines Vetters, der dann 1064 als Kaiser Yingzong den Thron bestieg.

Renzong Renzong (1311–1320), vierter Kaiser der Yuan-Dynastie, Bruder des verstorbenen Wuzong, war von ganz anderem Zuschnitt als sein ungehobelter und unfähiger Vorgänger. Der mongolische Name dieses Kaisers war Ayurbarwada, er hatte jedoch eine streng konfuzianische Erziehung durch chinesische Lehrer genossen, liebte Malerei und Kalligraphie und war allen Künsten leidenschaftlich zugetan. Die Hinneigung dieses Kaisers zur chinesischen Kultur stieß jedoch bei Hofe selbst auf Widerstand; was er jedoch durchsetzte, war die Entlassung aller unfähigen Beamten, die sein Vorgänger leichtsinnigerweise eingestellt hatte. Nachfolger von Renzong wurde 1321 sein Sohn Shidebala, der als Kaiser Yingzong jedoch nur zwei Jahre regierte.

Republik 1912–1949 Der Versuch, nach dem Zusammenbruch der Qing-Dynastie auf dem Boden des Kaiserreiches einen demokratischen parlamentarischen Rechtsstaat zu schaffen, scheiterte wohl deshalb so gründlich, weil das Fundament für eine solche Staats- und Gesellschaftsordnung noch in keiner Weise vorhanden war. Die 1911 zwar gegründete Republik war bis zu ihrem Ende 1949 von schwersten Erschütterungen, Bürgerkriegen und Zwistigkeiten begleitet und durch den Krieg gegen die japanischen Invasoren derart geschwächt, sodass die Kommunisten schließlich die Regierung der Republik China mitsamt den ihr verbliebenen Truppen zur Flucht nach Taiwan zwingen konnten. In der achtunddreißigjährigen Geschichte der Republik China können sechs Entwicklungsphasen unterschieden werden.

1. Phase: Revolutionsperiode 1911/1912

Ein Militäraufstand in Wuhan führt zum Sturz der Qing-Dynastie. Der Oberbefehlshaber der Kaiserlichen Armee Yuan Shikai zwingt den Kaiser zur Abdankung. Gründung der Republik.

2. Phase: Herrschaft Yuan Shikais 1912–1916

Das an sich für Sun Yat-sen vorgesehene Präsidentenamt übernimmt Yuan Shikai, der autoritär regiert, jedoch bei dem Versuch, sich als Kaiser Chinas ausrufen zu lassen, restlos scheitert.

3. Phase: Regime der Warlords 1916–1927

Eine Reihe von Militärmachthabern herrschen in ihren Gebieten quasi-souverän, die Zentralregierung in Peking besteht jedoch formal weiter. In dieser Zeit machen sich Tibet, Sinkiang und die Mongolei selbständig, Japan besetzt das ehemalige deutsche Schutzgebiet in der Provinz Shandong. Im Süden des Landes bauen die Guomindang und die KPCh ihre Machtbasen aus und leiten 1925 den Nordfeldzug gegen die Warlords ein.

4. Phase: Nationalregierung in Nanking 1927–1937

Nach dem Bruch mit den Kommunisten und dem Sieg über die Warlords errichtet die Guomindang-Partei eine Zentralregierung in Nanking, kann jedoch die Errichtung kommunistischer Machtzentren nicht verhindern.

5. Phase: Japanische Invasion 1937–1945

Nachdem Japan bereits 1931 sich die Mandschurei einverleibt hatte, griff es mit großen Truppenverbänden Nationalchina im Jahre 1937 an und eroberte in kurzer Zeit bedeutende Teile Nord-, Ost- und Südchinas, wo es eine chinesische Marionettenregierung unter Wang Jingwei einsetzte. Die Bezeichnung für das von Japan besetzte China lautete ebenfalls Republik China. Da die Nationalregierung von Nanking nach Chongqing geflohen war, standen sich nunmehr zwei Staaten mit der Bezeichnung »Republik China« gegenüber. Der Überfall Japans auf die amerikanische Flotte in Pearl Harbour veränderte jedoch die Lage schlagartig. Die

Nationalregierung in Chongqing wurde zum Verbündeten der Alliierten und wurde 1945 nach der japanischen Kapitulation durch die Aufnahme in den Kreis der Siegermächte international enorm aufgewertet. 6. Phase: Bürgerkrieg und Sieg der Kommunisten 1945–1949 Obwohl die USA sich bemühten, zwischen Guomindang und KPCh zu vermitteln und sie zu einer Koalitionsregierung zu bewegen, brach der Gegensatz zwischen beiden Parteien bald in unverminderter Härte wieder auf. Es kam zu einem erbitterten Bürgerkrieg, den die KPCh innerhalb von zwei Jahren gewann. Mao Zedong rief bereits am 1. 10. 1949 in Peking die Volksrepublik China aus. Die nach Taiwan geflohene Guomindang und ihre Koalitionspartner führen seither die einstige Inselprovinz unter der Staatsbezeichnung Republik China weiter.

Richthofen Ferdinand Freiherr von Richthofen (1833–1905) gilt als der erste europäische Entdecker und Erforscher Asiens im wissenschaftlichen Sinne. In seinem fünfbändigen Monumentalwerk »China, Ergebnisse eigener Reisen und darauf gegründeter Studien« (1877–1912), gab er eine Zusammenschau, die das Wirtschaftsleben und die Kultur des Reiches der Mitte in unmittelbaren Konnex mit der Geologie, den Klimazonen, der Pflanzen- und Tierwelt und der Besiedlung brachte. Nach ihm ist das 5934 Meter hohe Richthofen-Gebirge benannt, das einen Teil des Qilian in Nordchina darstellt. Der Forscher wurde im schlesischen Carlsruhe geboren, studierte Geologie und Geographie und durchzog von 1868–1872 dreizehn der damals 18 chinesischen Provinzen Chinas. Als Universitätsprofessor lehrte er in Bonn, Leipzig und von 1886 bis zu seinem Tode 1905 in Berlin.

Richthofen-Gebirge Europäische Bezeichnung für das Qilian-Gebirge, das sich in der Provinz Gansu von Südost nach Nordwest erstreckt und entlang des Hexi-Korridors westlich der alten Seidenstraße verläuft, während parallel dazu im Osten die Steppengebiete und Kiesregionen der Gobi liegen. Benannt wurde diese Bergkette nach dem berühmten China-Forscher Freiherr von Richthofen.

Rote-Fahne-Kanal In der Zeit zwischen Februar 1960 und Juni 1969 wurde in der Provinz südlich des Changho-Flusses ein Bewässerungsprojekt in Angriff genommen und auch vollendet, das seither einen Landstrich mit Wasser versorgt, der in seiner ganzen Geschichte stets von extremen Dürreperioden heimgesucht wurde. Nur 20 Kilometer von der Grenze Henans zur Provinz Shanxi entfernt wurde der stets mit reichlich Wasser versehene, von West nach Ost fließende Changho angezapft und das Wasser in dem nach Süden fließenden Rote-Fahne-Kanal 70 Kilometer weit durch die Berge geleitet, von dem noch drei weitere Kanalarme abzweigen. Der Hauptkanal ist acht Meter breit und 4,3 Meter tief. Rechnet man die drei Kanalarme dazu und die vielen Nebenkanäle, so erreichen diese zusammen eine Länge von 2500 Kilometern. Das Wasser strömt durch 134 Tunnels und wird über 150 Aquädukte geleitet. Insgesamt mussten 1250 Hügel durchschnitten werden. Diese grandiose Leistung, die von einer gewaltigen »Arbeiterarmee« aus 15 Volkskommunen geleistet wurde, hat im Gebiet der Taihang-Berge vielen Menschen zum ersten Mal klares frisches Wasser gebracht und bewässert seither 40 000 Hektar Land.

Rote Garden Die von Mao, seiner dritten Frau und Lin Biao ins Leben gerufenen Roten Garden waren die Bannerträger der Großen Proletarischen Kulturrevolution, die zehn Jahre lang (1966–1976) Tod und Verderben fast in jeden Winkel Chinas trugen. Durchweg fanatisierte Schüler und Studenten, terrorisierten sie in unvorstellbar grausamer Weise alle, von denen sie glaubten, dass sie den »kapitalistischen Weg« gegangen seien oder gehen wollten. Unersetzliche Kulturschätze fielen ihnen zum Opfer. Die Zahl der Getöteten wird mit einer halben Million angegeben, aber es gibt auch Schätzungen, nach denen in Folge von Misshandlungen 10 bis 20 Millionen Opfer zu beklagen wären. Schulen und Hochschulen wurden geschlossen, Forschung und Lehre ruhten. Aus den Städten wurden praktisch alle jungen Menschen auf das Land zwangsverschickt, wo sie von den Bauern, mit der Mao-Bibel in der Hand, revolutionären Geist bei harter Arbeit einatmen sollten. Als die Produktion in ganz China rapide sank und das Land in einem Chaos unterzugehen drohte, wurde das Ende verkündet. In einzelnen Bezirken musste die Armee eingreifen, um die fanatisierten Horden zu entwaffnen. Die Folgewirkungen waren verheerend, denn eine halbe Generation junger Chinesen war in dieser Zeit ohne Ausbildung geblieben. Die Zeit der Roten Garden war gleichzeitig die Periode eines allein auf Mao konzentrierten exzessiven Personenkults.

Rote Turbane Der Name der Aufständischen in den letzten beiden Jahrzehnten vor dem Ende der Yuan-Dynastie lautete »Rote Turbane«, weil die rebellierenden Bauern rote Turbane auf ihren Köpfen und rote Fahnen mit sich trugen. Ausgelöst hatte die Rebellion ein Edikt des Mongolenkaisers Shundi (1320–1370), wonach 150 000 Bauern aus Henan und Hebei ausgehoben werden sollten, um Wasserbauarbeiten am Gelben Fluss auszuführen. Die Aussicht, unter der Peitsche erbarmungsloser Aufseher bei kümmerlicher Verpflegung monate- oder gar jahrelang schuften zu müssen, gab den Ausschlag für die Erhebung der ohnehin schon über Gebühr belasteten Bauern und Landarbeiter. Unter der Führung von Han Shantong und Liu Futong stellten sich die Aufständischen den kaiserlichen Truppen entgegen, die alsbald gegen sie aufgeboten wurden. Es entwickelte sich ein regelrechter Bürgerkrieg, der sich vor allem in Henan und Anhui ausbreitete und später auf ganz Nordchina bis in die Innere Mongolei übergriff. Nachdem Han Shantong gefangen genommen und hingerichtet worden war, fiel die Führung der Roten Turbane allein Liu Futong zu, der in Anhui einen »Bauernstaat« gründete und den Sohn von Han Shantong zum »Jungen König des Lichts« ausrufen ließ. Dies sollte der Auftakt zur Erneuerung der 1279 untergegangenen Song-Dynastie sein. Liu Futong wurde trotz vieler Siege von den kaiserlichen Truppen dennoch niedergerungen und verlor sein Leben. 1352 stieß ein kleines Häuflein von Bauern unter der Führung von Zhu Yuanzhang zu den Roten Turbanen. Zhu Yuanzhang übernahm bald den Oberbefehl und beseitigte den »Jungen König des Lichts«. Nach der Einnahme von Jiqing (heute Nanking) neigte sich die Mongolenherrschaft ihrem Ende zu, und als die Truppen von Zhu Yuanzhang auch Peking erobert hatten, konnte er die Fremdherrschaft beenden und sich selbst zum ersten Kaiser der Ming-Dynastie im Jahr 1368 ausrufen lassen.

Rotmützen-Sekte Eine Richtung des tibetischen Buddhismus, deren Anhänger an den roten Mützen zu erkennen sind. Die Sekte stammt ihren Grundlehren nach aus Nordindien und wird auf den Guru Padmasambhava, den »Kostbaren Lehrer« zurückgeführt, der um 765 Tibets erstes Kloster Samye am Tsangpo gründete und die geistigen Grundlagen für das tibetische Mönchtum legte.

Russen Die nationale Minderheit der Russen in China zählt nur etwas über 3000 Köpfe, ist jedoch hauptsächlich in der Inneren Mongolei und im Ili-Gebiet und einigen anderen Schwerpunkten in Sinkiang durch ihre hoch entwickelte Gärtnerei, Viehwirtschaft und Bienenzucht bekannt. Viele Russen kamen nach Sinkiang bereits mit den ersten Wellen der zaristischen Expansion, die meisten jedoch als Flüchtlinge während und nach der Oktoberrevolution. Sie bekennen sich zur russisch-orthodoxen Kirche. Die in den Städten wie in Ürümqi lebenden Russen findet man vielfach als Fachkräfte im Finanz- und Gesundheitswesen, sie alle bedienen sich inzwischen mühelos des Chinesischen.

Ruzi Kindkaiser der Westlichen Han-Dynastie (7–9 n. Chr.). Der tatsächliche Machthaber in China zu dieser Zeit, Wang Mang, hob dieses zweijährige Kind auf den Thron, da es ein Ururenkel des Kaisers Xuandi war. Damit glaubte er den Schein der Legalität wahren und gleichzeitig ungestört herrschen zu können. Als dann die kaiserliche Familie dagegen opponierte, konnte er diese Gegner schnell ausschalten und setzte sich selbst auf den Thron. Er erklärte, die Liu-Familie habe das Mandat des Himmels verloren, und er, Wang Mang, sei nunmehr der Gründer eines neuen Herrschergeschlechts mit dem Namen Xin-Dynastie. Ruzi, das Kind, hatte zwar nur zwei Jahre nominell regiert, wird aber gleichwohl als Herrscher in den offiziellen Kaiserlisten geführt. Der abgesetzte Knabe blieb am Leben, wuchs in der Umgebung von Wang Mang auf und wurde später sogar mit dessen Enkelin verheiratet – ein einmaliger Vorgang.

S

Sakya Das Sakya-Kloster in Tibet blickt auf eine ebenso bewegte und tragische wie ruhmreiche Geschichte zurück. 143 Kilometer südwestlich von Shigatse gelegen, im Süden des 4500 Meter hohen Tsuo-Passes, wurde es 1073 von der einflussreichen Khön-Sippe gegründet und im Verlaufe von Generationen zum Zentrum des Sakya-Ordens des tibetischen Buddhismus ausgebaut. Auf Grund eines uralten Mythos vom göttlichen Ursprung der Khön-Sippe konnte sich eine mächtige Sakya-Hierarchie entwickeln, aus der viele berühmte Lamas hervorgingen. Der berühmteste von ihnen, Kakya Pandita, erhielt 1244 eine Einladung vom Mongolenkaiser Godan Khan und verbrachte die letzten vier Jahre seines Lebens am Mongolenhof. Pakpa, der Neffe von Sakya Pandita, wurde dann 1264 zum »Präzeptor Tibets« von Khubilai Khan ernannt. Damit war Pakpa praktisch zum Souverän Tibets erhoben worden und sein Stammsitz Sakya, die Klosterstadt, wurde Hauptstadt von Tibet. Die Khön-Sippe erbaute innerhalb des Klosters zwei bedeutende Paläste, von denen aus ihre Mitglieder als weltliche Autoritäten Tibet beherrschten. Die Macht der Sakya blieb nicht unangefochten, andere Sippen und andere Orden probten den Aufstand. Das Kloster Sakya legte sich eine Armee zu und zerstörte das opponierende Kloster Drigung, konnte aber den Aufstand der mächtigen Pamotrupa-Familie nicht verhindern, die im Jahr 1354 den Sieg über die Sakya errang und damit die Herrschaft über Tibet übernehmen konnte. Die Sakya behielten jedoch ihre Macht über das weite Umland um das Kloster und konnten bis 1959 die Region wie ein eigenes Fürstentum verwalten. Das Kloster Sakya war seit dem 13. Jh. aufgeteilt in ein Nord- und in ein Südkloster. Die Roten Garden haben das Nordkloster in der Kulturrevolution restlos, das Südkloster teilweise zerstört. Das von Pakpa in der Mongolenzeit errichtete Südkloster mit seinen beiden Palästen Puntsok und Tara konnte einiges von seinen Schätzen retten und befindet sich in zügigem Wiederaufbau. In der Manjushri-Kapelle blieb erfreulicherweise die Ausgabe des Tanjur und Kanjur erhalten und in der Großen Versammlungshalle beherrschen riesige Buddhas aus Bronze den nach wie vor herrlichen Raum.

Sala Von den rund 75 000 Angehörigen der Sala-Nationalität leben etwa 90 Prozent im »Autonomen Kreis der Sala-Nationalität Xunhua« im Osten der Provinz Qinghai, die anderen in Gansu und Xinjiang. Die Vorfahren der Sala wanderten in der Yuan-Dynastie aus Samarkand in Zentralasien in diese Gegenden ein, sind turkstämmig, islamisch und verschmolzen im Laufe der Zeit mit den benachbarten Han, Hui und Tibetern zu einer eigenen Nationalität. Die Sala-Sprache gehört zu den Turksprachen der altaischen Sprachfamilie. Die Lebensgrundlage ist die Landwirtschaft, es werden vornehmlich Weizen, Hochlandgerste, Buchweizen und Kartoffeln angebaut. Die früher durch den Islam bedingte Minderstellung der Frau ist durch Gleichberechtigung auf den meisten Gebieten abgelöst.

Salzgewinnung In China wurde stets auf drei Arten Salz gewonnen: aus dem Meerwasser an den Küsten, aus Salzseen im Binnenland und aus Salzlagerstätten durch Bergwerke. Der Besitz dieser Quellen hatte vor der Reichseinigung für die entsprechenden Staaten eine enorme wirtschaftliche und politische Bedeutung, ihretwegen wurden sogar Eroberungskriege geführt. Salzhändler gehörten zu den reichsten Männern im Lande. Kaiser Wudi erließ dann 119 v. Chr. ein staatliches Salzmonopol und stellte den Handel unter Kontrolle. An den Produktionsstätten wurden sogar besondere Ämter eingerichtet. Das Monopol existierte – mit einigen Unterbrechungen – über 2000 Jahre.

Samye Samye ist das älteste Kloster Tibets überhaupt, gegründet 775 von dem indischen Missionar Padmasambhava als Lehranstalt für tibetische Mönche und als Stätte der Übersetzung. König Trisong Detsen berief zur Schlichtung von Meinungsverschiedenheiten zwischen den indischen und chinesischen Schulrichtungen 792 dann zu einer großen Versammlung viele indische und chinesische Gelehrte nach

Samye ein. Bei diesem Gelehrtenstreit siegte die indische Richtung über den Chan-Buddhismus (Zen), und so konnte sich in Tibet fortan die Nyingma-Tradition mit ihren vielen Gestalten im tibetischen Götterhimmel voll entfalten. Samye wurde dann Stammhaus des Nyingma-Ordens und wurde im Laufe der Geschichte mit seinen 108 Gebäuden eines der größte Klöster Tibets mit beachtlichen Schätzen. Nördlich des Yarlung Zangbo liegt es in der Luftlinie etwa 30 Kilometer von der Stadt Tsetang entfernt inmitten wüstenähnlicher Landschaft in einer grünen Oase. Zwischen 1959 und 1966 erlitt es schwere Schäden und ist seit einer Generation bereits im Wiederaufbau begriffen. Die Gegend zwischen Samye und Tsetang gilt als das tibetische Ur-Königreich. Im Laufe der Ausbreitung des Buddhismus im Himalayagebiet entstand über diese Region folgende Legende: Avalokiteshvara stieg in Gestalt eines Affen vom Himmel auf einen Berg hinter der heutigen Stadt Tsetang herab. Dort zeugte er mit einer Dämonin in einer Höhle die Urahnen der Tibeter. Da der Dalai-Lama als Inkarnation von Avalokiteshvara gilt, waren im Kloster Samye früher für ihn eigene Wohnräume eingerichtet.

Sanxingdui Sanxingdui im Kreis Guanghan, 40 Kilometer nördlich von Chengdu in Sichuan, ist der Name jenes Ortes, in dem bei Ausgrabungen zwischen 1980 und 1986 die Überreste einer Stadt aus der Shang-Zeit mit über dreihundert Grabbeigaben zum Vorschein kamen, die alle aus dem 13. und 12. Jahrhundert v. Chr. stammen und den Nachweis liefern konnten, dass die damals blühende Kultur des Sichuan-Beckens mit der Shang-Kultur der Anyang-Periode in Henan in Verbindung gestanden haben muss. Die Gegenstände aus Jade, Bronze, Gold, Stein und Keramik lösten in der Kunstgeschichte eine Sensation aus, da ihre Formen und expressiven Bildnisse in der vorliegenden Art noch nie in China aufgefunden worden waren.

Sassaniden Der Todeskampf der Sassanidenherrscher in Persien gegen die arabische Invasion im 7. Jahrhundert veranlasste den letzten König dieser Dynastie, Jesdegerd III., im Jahr 638 eine Delegation nach Changan zu entsenden, um die Chinesen zu militärischer Hilfe gegen die vordringenden arabischen Heere zu veranlassen. Die Chinesen lehnten zwar die erbetene Hilfe wegen eigener Schwierigkeiten ab, hießen aber persische

Flüchtlinge willkommen. Dieses Anerbieten nahm dann 674 der Sohn des Jesdegerd, Firuz, dankbar an und wurde in Changan freundlich aufgenommen. Mit ihm kamen andere persische Flüchtlinge, die in China ihren zoroastrischen Glauben pflegen und einen Tempel bauen durften. Firuz selbst wurde General der kaiserlichen Garde und starb in Changan. Persien war inzwischen zu einem festen Bestandteil der muslimischen Welt geworden. Die in China lebenden persischen Flüchtlinge nahmen daraufhin chinesische Namen an, auch der Sohn des Firuz, der als Ni Ni-shi in den Geschichtsbüchern der Tang-Dynastie erwähnt wird.

Schall von Bell Der Kölner Jesuit Johann Adam Schall von Bell (1592–1666) hat als einziger Deutscher in der chinesischen Geschichte die Freundschaft eines chinesischen Kaisers errungen und wurde in Peking 1658 zum Mandarin 1. Klasse befördert. Der Ehrentitel dieses erstaunlichen Mannes am Kaiserhof lautete: »Die Geheimnisse des Himmels ergründender Lehrer«. Mit dieser Bezeichnung spielten die Chinesen jedoch nicht auf die theologischen Kenntnisse des katholischen Ordensmannes an, sondern einzig und allein auf sein stupendes Wissen als Astronom, da er Mond- und Sonnenfinsternisse genauestens vorausberechnen konnte. Das »Astronomische Amt« war jedoch bei Hofe im damaligen China eines der wichtigsten Ämter überhaupt – und in dieses war der Jesuit berufen worden. Schall von Bell hatte in Köln das Dreikönigsgymnasium besucht, hatte in Rom an der päpstlichen Gregoriana-Universität Theologie, Mathematik und Astronomie studiert und war in den Jesuitenorden eingetreten, der ihn als Missionar nach China entsandte. Über Lissabon, Goa und Macau gelangte Schall von Bell nach Peking, wo man bald auf seine astronomischen Kenntnisse aufmerksam wurde. Der Jesuit, auch medizinisch versiert, hatte die kranke Braut des Kaisers geheilt und war den Chinesen auch beim Kanonenguss hilfreich zur Seite gestanden. Dieses Allroundwissen verblüffte und er wurde an den Hof gerufen. Unter dem chinesischen Namen Tang Jo-Wang zählte Schall von Bell bald zu den wichtigsten Beratern des Kaisers selbst. Die Erfolge und die Bevorzugung dieses Fremdlings weckten den Neid hoher Hofbeamter, die nach dem Tod des Kaisers eine Intrige gegen ihn inszenierten. Schall wurde verhaftet und zum Tode verurteilt. Kurz vor seiner Hinrichtung ereignete sich jedoch ein Erdbeben, das als Zeichen des Himmels gedeutet wurde. Schall wurde dadurch gerettet, starb jedoch an den Folgen der Folter 1666. Als Missionar konnte Schall von Bell nur mäßige Erfolge erzielen, umso größer war jedoch sein Ansehen als Gelehrter, da er fließend Chinesisch sprach und in dieser Sprache sogar mathematische Abhandlungen verfasste. Auf dem Gipfel seines Ruhmes amtierte Schall von Bell in Peking nicht nur als Direktor des Astronomischen Amtes sondern auch noch als Präsident des Amtes der kaiserlichen Oper und als Oberaufseher des Marstalls. Noch heute wird sein Grab von den chinesischen Behörden gepflegt.

Schatzkammer der Nationalitäten In dem 1959 in Peking gebauten Kulturpalast der Nationalitäten befindet sich eine viel bewunderte Schatzkammer der Nationalitäten in Form einer Bibliothek von über 400 000 Bänden, die Werke in vielen Sprachen der in China lebenden nationalen Minderheiten enthält und auf die Volkskunde der Nationalitäten spezialisiert ist. Zu den Kostbarkeiten dieser Bibliothek gehören seltene Ausgaben, Steinabreibungen, mit Gold- und Silbertinte geschriebene Bücher, Drucke von Holzplatten, Palmblattbücher, kostbare Manuskripte und vor allem die mit reinem Gold geschriebene Sutrensammlung »Sutrapitaka« aus der Ming-Dynastie. Dieses außergewöhnliche Werk stellt eine tibetisch geschriebene Prachtausgabe dar, in 113 Bündel gepackt, von denen jedes ungefähr 40 Kilo wiegt. Das Werk ist inhaltsreich wie eine Enzyklopädie und stellt eines der großen Buchkunstwerke der Welt dar.

Schifffahrt Die Anfänge der Schifffahrt in China lassen sich bis in die neolithischen Zeiten zurückverfolgen, denn in den Abbildungen der Shang-Dynastie (16.–11. Jh. n. Chr.) lassen sich bereits Boote erkennen. Typisch für die Schiffe der Frühzeit waren das Fehlen eines Kiels, ein rechteckig geformter Bug und ein ähnliches Heck und die Aufteilung des Schiffsinnern durch feste Schotten. Seit dem 5. Jh. v. Chr. sind nicht nur Flusstransporte und Küstenschifffahrt bezeugt sondern auch schon Seeschlachten. In der Zeit der Qin- und Han-Dynastie werden bereits regelrechte Schiffsexpeditionen nach Korea und Hinterindien gestartet. Man baute neben einfachen Ruderbooten auch große Segelschiffe, die mit mehreren

Decks und befestigten Aufbauten ausgestattet waren. Die Segel bestanden meist aus Mattengeflecht, seltener aus Stoffen. Das Steuerruder war drehbar und mit dem Schiffsheck fest verbunden. In den nachfolgenden Dynastien waren die seetüchtigen Segelschiffe stets hohen Marineoffizieren anvertraut, da vielfach Gefechte zur See mit japanischen Piraten auszufechten waren, die oftmals die chinesischen Küstenprovinzen heimsuchten. Als der Großkhan Khubilai im 13. Jahrhundert mit einer Armada Japan anzugreifen befahl, griff er auf eine Unzahl chinesischer Segelschiffe zurück, die er auch mit chinesischen Seeleuten in die Schlacht führte, die dann wegen fürchterlicher Stürme mit einer Katastrophe für die Angreifer endete. Die große Zeit der chinesischen Seefahrt jedoch brach in der Ming-Dynastie an. Bereits im 11. Jahrhundert war im Reich der Mitte der maritime Kompass erfunden worden, den man mit einer Sonnenuhr kombinierte. Nachts hatten die Steuerleute gelernt, ihren Kurs an Sternhöhen-Diagrammen abzugleichen. Im Schiffbau konnten bis zu 120 Meter lange Neunmaster gebaut werden. Von 1404 bis 1407 legten die Werften in Nanking am Jangtse 1681 Schiffe auf Kiel. Zu dieser Zeit herrschte der Ming-Kaiser Yongle (1403–1424), der eines der ehrgeizigsten außenpolitischen Projekte der chinesischen Geschichte in Angriff nahm: Eine Flotte von 63 Riesendschunken sollte in See stechen und in Südasien und an den Küsten des Indischen Ozeans von der Größe und Macht Chinas künden und diese unbekannten Küstengebiete näher erkunden. Die größten dieser Schiffe hatten 20 Meter hohe Seidensegel zu je fünf Tonnen Gewicht, an neun Masten insgesamt waren größere und kleinere Segel befestigt, mit Bambusrohren versteift. Jedes Riesenschiff hatte vier Decks und rund 100 Kabinen. 24 Bronze-Kanonen armierten jedes Schiff. Die gewaltige Flotte stand unter dem Oberbefehl des Eunuchen Zheng He, dem der Kaiser sein persönliches Vertrauen schenkte, denn Zheng He war ein nautisches Genie. Als die Flotte erfolgreich von ihrer ersten Probefahrt, die sie bis zu den Malediven führte, zurückgekehrt war, begann ein ungeheures Schiffbauprogramm, das mit einer von allen Chinesen auferlegten Sondersteuer finanziert wurde. Neue Fahrten wurden geplant und durchgeführt. Zeitweilig befehligte Zheng He 317 Segler mit fast

30 000 Mann. Die Flotte läuft Küstenstädte und Häfen in allen Randgebieten des Indischen Ozeans an, man erreicht Ostafrika, fährt in das Rote Meer ein, tauscht eine Fülle von Waren mit den einheimischen Händlern und trägt alle Daten und Markierungen auf Seekarten ein. Mit sieben Expeditionen dieser Art ist China nun die bedeutendste Seemacht der Welt – und verspielt sie bald darauf völlig. Im Jahre 1433 kommt vom Kaiserhof der Befehl, auf neue Expeditionen der Flotte ganz zu verzichten. Das völlige Aus aber erreicht die Werften und Matrosen im Jahre 1500: der Bau eines Schiffes mit mehr als zwei Masten wird zum Kapitalverbrechen erklärt. Was war geschehen? Keine fremde Macht hatte sich dieser gewaltigen Flotte in den Weg gestellt, das seemännische Können feierte immer neue Triumphe. Der Grund lag ganz in einer Kehrtwende der chinesischen Politik. Die Kämpfe mit den Steppenvölkern im Norden kosteten viel Geld und Menschenleben, der Ausbau der Großen Mauer verschlang Unsummen, die Sondersteuern für die Flotte waren unbeliebt – und der Profit aus dem Seehandel kam den Händlern und den Eunuchen zugute, weniger den Beamten, die in ihrer konfuzianischen Tradition solchen ungewohnten Expansionen abhold waren. Die stolze Flotte wurde abgewrackt, Chinas Weg in die Isolation begann und öffnete damit den Europäern den Weg zur Beherrschung der Weltmeere. Der spätere Niedergang Chinas wurde durch diese Entscheidung wesentlich vorbereitet.

Schlacht am Sarho In der Schlacht am Sarho, östlich von Fushun in der Provinz Liaoning am Zusammenfluss von Hunhe und Suzihe wurden die chinesischen Truppen bereits 1619 vernichtend von den Mandschuren geschlagen. Die moribunde Ming-Dynastie hatte durchaus erkannt, welche Gefahr ihr aus dem Nordosten drohte und rüstete ein Heer von 470 000 Mann aus, die unter der Führung der bedeutendsten Generäle die Mandschuren in ihre Grenzen weisen sollten. Der Vasallenstaat Korea unterstützte die Ming-Armee mit einem eigenen Kontingent. Nach der überraschenden Niederlage konnten die Mandschuren in den Folgejahren bereits die gesamte Provinz Liaodong (damaliger Name) in ihre Hände bringen und ihre Hauptstadt nach Mukden verlegen. Nurhaci, der unumstrittene Einiger und Führer der Mandschuren, meldete mit dem Sieg am Sarho endgültig seinen Anspruch auf die Vorherrschaft an.

Schlacht bei Samarkand Im Jahr 751 prallten zum ersten Mal chinesische und arabische Truppen in einer Schlacht aufeinander, die für die Chinesen ziemlich blamabel verlief. Chinesische Soldaten gerieten bei diesem Treffen in arabische Gefangenschaft. Auf diese Weise erhielt das Kalifat von Bagdad Kenntnisse über die Papierherstellung und die Porzellanfabrikation. Beeindruckt von der militärischen Stärke und der hohen Kultur Chinas erschien es den Kalifen von Vorteil, dem Tang-Kaiser bei der Niederschlagung eines Aufstandes beizustehen und mit ihm ein Bündnis zu schließen. Gegen Ende des 8. Jahrhunderts konnte Kalif Harun al-Raschid mit dem Tang-Kaiser eine Vereinbarung treffen, nach der sich arabische Kaufleute in China niederlassen konnten. In Notzeiten kauften dann diese meist wohlhabenden Muslime von verarmten chinesischen Familien Kinder, erzogen sie islamisch und legten damit den Grundstock für die heutige große muslimische Minderheit der Hui in China.

Schlacht um Shanghai Am 9. 11. 1937 eroberten japanische Truppen die Stadt Shanghai, wobei 270 000 chinesische und 60 000 japanische Soldaten den Tod fanden. Ungezählte Verwundete blieben bei den erbitterten Kämpfen vielfach ohne Versorgung. Vorhergegangen war ein japanischer Luftangriff am 14. August 1937, bei dem 2000 Menschenleben zu beklagen waren. Nach dem Überfall der Japaner 1941 auf Pearl Harbour besetzten die japanischen Truppen auch die ausländischen Konzessionen und Settlements der Westmächte in Shanghai. Am 2. 9. 1945 führte dann die Kapitulation Japans wieder zu britisch-amerikanischen Besetzungen dieser Niederlassungen, in die am 25. 5. 1949 dann die Volksbefreiungsarmee einmarschierte.

Schule der Sakyapa Die buddhistischen Schulrichtungen (Sekten) in Tibet unterscheiden sich von anderen Sekten in buddhistisch geprägten Ländern vor allem dadurch, dass sie gleichzeitig politische Vereinigungen darstellen, die mit anderen Schulen rivalisieren und oft sogar in militärische Konflikte gegeneinander verstrickt sind. So hat beispielsweise die vom Kloster Sakya (gegr. 1073) ausgehende Schule eine enge Verbindung zu den Mongolen herstellen können. Das Oberhaupt dieser Schule wurde sogar von Khubilai Khan zu seinem geistlichen Berater ernannt, sodass diese Schulrichtung in Tibet selbst eine Quasi-Regierung unter der Oberherrschaft der Mongolen ausüben konnte. Nachdem jedoch die Mongolendynastie 1368 in China gestürzt war, nutzte ein Zweig der rivalisierenden Kagyu-Sekte diese Situation aus, besiegte die Sakya-Herrscher und übernahm die politische Führung in Tibet. Ein ähnliches Bündnis kam im 17. Jahrhundert zwischen den Mongolen und der Gelukpa-Schule zustande. Der »Große 5. Dalai-Lama« (1617–1682) konnte durch die militärische Unterstützung der Mongolen seine Hauptgegner vernichten und die größten Teile von Tibet unter seine Kontrolle bringen. Dieser 5. Dalai-Lama war es auch, der mit dem Bau des Potala-Palastes begann. Die einst so mächtige Sakya-Gruppe konnte dagegen ihre einstige Bedeutung nie wieder erlangen.

Sechs Künste Bereits in der Zhou-Dynastie (11. Jh.–256 v. Chr.) war es für den gebildeten Aristokraten selbstverständlich, dass er folgende sechs Künste beherrschte: die Riten und die damit zusammenhängenden Gebräuche, die Musik, das Bogenschießen, das Lenken eines Streitwagens, das Schreiben und Lesen. Bereits in der Zeit der »Streitenden Reiche« wurden die Sechs Künste abgelöst bzw. erweitert durch literarische Kenntnisse und Charakterformung.

Sechzehn Königreiche Die Sechzehn Königreiche (oder Sechzehn Staaten) bezeichnen die Herrschaftsgebiete und die Zeit von 304–439 in Nordchina, in der mongolische, türkische, tungusische und tibetische Stämme ins Land eingefallen waren und in weiten Gebieten eine große chinesische Bevölkerung beherrschten. Ein buntes Kaleidoskop nebeneinander bestehender, sich bekämpfender und einander ablösender Staaten war es, das dem rein chinesisch gebliebenen Süden gegenüberstand, wo zu gleicher Zeit die sich ablösenden Dynastien der Westlichen und Östlichen Jin und der Liu Song bestanden. Abgelöst wurden die Sechzehn Königreiche dann von den Nördlichen Dynastien, beginnend mit den Nördlichen Wei im Jahre 439. Diese türkische Dynastie förderte den Buddhismus.

Seelenlehre Spätestens seit dem 5. Jh. v. Chr. war in China die Auffassung verbreitet, dass in jedem Menschen zwei Seelen wohnen. Aus den Lüften stammt die Hun-Seele, die Geist und Schöpferkraft verkörpert und nach dem Tod wieder in die Lüfte zurückkehrt. Die Po-Seele dagegen stammt aus der Erde, regelt das Leben des Körpers und geht dann wieder in die Erde ein. Beide können aber nur existieren, wenn der Körper intakt ist. In der Han-Dynastie kam dann die Lehre auf, dass jeder Mensch 10 Seelen besitze, drei Hun-Seelen und 7 Po-Seelen, und dass er nur gesund sei, wenn alle 10 Seelen vorhanden seien. Krankheit bedeutet nach dieser Lehre, dass eine oder mehrere fehlen. Beim Tod fehlen alle zehn Seelen. Gemeint waren damit wohl bestimmte Lebenskräfte, Lebenssäfte und Energien. Der Daoismus und Buddhismus verwarfen diese Lehre, ersetzten sie durch neue Auffassungen und durch die Wiedergeburtsvorstellungen.

Seidenbücher Vor der Erfindung des Papiers meißelte man in China Schriften in Stein, goss sie in die Wandungen der Bronzegefäße, schrieb sie auf Holz- und Bambustäfelchen und längere Texte vornehmlich auf Seidenbahnen. Über 20 solcher Seidenbücher kamen im Jahr 1974 in Mawangdui bei Changsha während der Öffnung eines Han-Grabes zum Vorschein, mit Tusche in Siegelschrift geschrieben. Die Texte stammen aus der Han-Dynastie und umfassen Werke über Astronomie, Philosophie, Politik, Diplomatie, Geschichte und Aufsätze über die »Gesetzesklassiker«. Die 20 Titel mit insgesamt rund 120 000 chinesischen Schriftzeichen umfassen größtenteils Werke, die gut zweitausend Jahre lang verloren waren. Der Fund gab der chinesischen Archäologie und der wissenschaftlichen Forschung einen bedeutenden Auftrieb.

Seidenhandel Da bereits in der Han-Zeit die jährliche Steuer auch in Seidenballen statt in Geldzahlungen geleistet werden konnte, verschaffte sich der Staat alsbald das Monopol im Seidenhandel, denn er konnte damit die Tribute an die kriegerischen Nomadenvölker bestreiten, die zur Abwehr räuberischer Einfälle vielfach gezahlt werden mussten. In Friedenszeiten verschaffte der staatliche Seidenhandel, etwa mit den Hunnen, China Pferde, Pelze, Filzteppiche, Jade, Glas, Korallen und Halbedelsteine. Da auf der »Seidenstraße« über Zwischenhändler bis ins Römische Imperium Seide geliefert wurde, kam auch Gold in die chinesische Staatskasse, so beklagt beispielsweise Plinius die ungeheuren Kosten, die für die Einfuhr von Seide aufgewandt werden mussten. Jahrein, jahraus, so schreibt der Chronist, müssten für den Handel mit den »Seres« hundert Millionen Sesterzen aufgewandt werden.

Seidenstraße Der Begriff »Seidenstraße« stammt von dem deutschen Geographen Ferdinand von Richthofen, der diesen Namen im 19. Jahrhundert für jene gewaltige Ost-West-Transversale prägte, die auf dem Landweg den Fernen Osten mit den Mittelmeergebieten und Europa verband. Haupthandelsgut war die Seide, deren Gewinnung lange Jahrhunderte chinesisches Staatsgeheimnis blieb. Der Transport erfolgte durch Kamelkarawanen, die bis zu 1000 Lastkamele umfassen konnten. Da die Pisten und Trampelpfade durch viele recht unterschiedliche Gebiete und zahlreiche Siedlungsgebiete fremder Völkerschaften führten, wurden die Waren an den Grenzen der jeweiligen Völker verkauft, von diesen bis zum Nachbarland weiterbefördert und wanderten auf diese Weise durch viele Hände, wobei sie sich stets entsprechend verteuerten. Durch die militärischen Vorstöße der chinesischen Armeen zu Beginn der Han-Dynastie rückten die Wüstengebiete Ostturkestans erstmals in das Blickfeld Chinas, sodass sich in den 400 Jahren dieser Dynastie von etwa 200 v.–200 n. Chr. bereits ein reger Warenaustausch von Ost nach West und umgekehrt entfalten konnte, der letztlich bis in die beginnende Neuzeit fortgeführt wurde. Die Seidenstraße nahm ihren Anfang in der chinesischen Kaiserstadt, dem heutigen Xian, führte durch Gansu und den Hexi-Korridor bis in die Wüstenoase Dunhuang, wo sich die Karawanenführer entscheiden mussten, ob sie die Nord- oder die Südroute nehmen sollten, die am Rande der Todeswüste Takla Makan vorbei nach Kaschgar führte. Von dort ging es weiter über den Pamir nach Afghanistan, Persien, das Zweistromland und Syrien bis zum Mittelmeer oder durch Kleinasien bis nach Konstantinopel. Vom Pamir aus führte jedoch auch eine sehr gefährliche Hochgebirgsstraße zum Indus. Über diese sog. »Indische Seidenstraße« kam beispielsweise der Buddhismus nach China. Von Xian aus führte aber auch eine südlich verlaufende Handelsstrasse über Sichuan und Yunnan bis nach Burma, wobei der Mekong auf einer langen Hängebrücke überquert werden musste. Nicht zu vergessen ist auch die »Seidenstraße zur See«, die von Kanton aus über das Südchinesische Meer, die Straße von Malakka, den Indischen Ozean bis in den Vorderen Orient führte und von arabischen Händlern mit ihren wendigen Dhaus befahren wurde. Außer der Seide gelangten auch andere Luxuswaren wie Jade und andere Edelsteine, Korallen, Glas, feines Leinen, kostbare Wolle und unbekannte Früchte in den Handel entlang dieser unendlich langen eurasischen Strecke. Vollkommen sicher war diese Straße, so wird berichtet, nur in der Mongolenzeit, in der grausame Strafen auf den warteten, der es wagte, eine unter dem Schutz des Großkhan stehende Karawane anzugreifen und zu berauben.

Sera Das Kloster Sera (Sela si), 5 Kilometer nördlich von Lhasa, war neben Drepung und Ganden in der Geschichte des tibetischen Buddhismus stets eines der wichtigsten des Landes und zugleich eines der drei Staatsklöster. Gegründet von einem Schüler Tsongkhapas im Jahr 1419, entwickelte es sich zu einer regelrechten Klosterstadt mit über 5000 Mönchen mit einer philosophisch-theologischen Hochschule. In der Hauptversammlungshalle werden kostbare Thangkas aufbewahrt. Wie durch ein Wunder überstand Sera das Wüten der Roten Garden in Tibet und ist heute wieder von etwa 300 Mönchen bewohnt.

Shaanxi Die Provinz Shaanxi (Schensi) gilt seit dem Neolithikum neben Henan und Shandong als eine der drei Wiegen der chinesischen Kultur. Shaanxi hat 206 000 Quadratkilometer Fläche und zählt 36 Millionen Einwohner in 88 Kreisen und 13 Städten. Im Norden der Provinz liegt die Innere Mongolei, im Osten liegen Henan und Shanxi, im Süden Sichuan und Hubei und im Westen Gansu und Ningxia. Damit liegt Shaanxi im Herzen der alten chinesischen Kulturländer. Nicht ohne Grund lag in dieser Provinz die alte Hauptstadt des Reiches der Mitte: Changan, das heutige Xian, das 13 Dynastien als Residenz diente und wo insgesamt 88 Kaiser in vielen Generationen zu unterschiedlichen Zeiten herrschten. Einst war Changan die bedeutendste Stadt Ostasiens, ja die bevölkerungsstärkste der Welt und der Ausgangspunkt der Seidenstraße, heute zählt die Stadt drei Millionen Einwohner, der Großraum Xian aber bereits über 6 Millionen. Die Provinz weist beträchtliche topographische Unterschiede auf. Im Norden gehört Shaanxi zur Lößhochebene mit einer 50–100 Meter mächtigen Lößschicht. In der Mitte liegt die 300 Kilometer lange und im Durchschnitt 50 Kilometer breite Ebene des Wei-Flusses, hochfruchtbar und Zentrum intensiven Feldbaus. Es gedeihen hauptsächlich, Weizen, Baumwolle und Mais. Zwischen dem nördlichen Hochland und dem Wei-Tal liegt auch der »Schwarze Gürtel«, ein lang gezogenes Gebiet, in dem Kohlebergwerke das Bild bestimmen. Hier wird auch Erdöl gefunden. Im Süden liegen das Qinling-Gebirge und die Daba-Berge mit durchschnittlichen Höhen von 2000 Metern. Südlich davon im Tal des Hanshui ist es mild und feucht, hier wachsen Zuckerrohr, Wasserreis, Apfelsinen und Zitronen. Lange war die Provinz nach dem Fall der Tang-Dynastie im 10 Jahrhundert etwas ins Abseits geraten, da sich der politische Schwerpunkt in die neuen Hauptstädte Luoyang, Kaifeng, Hangzhou, Nanking und Peking verlagert hatte. Erst 1930 wurde Xian an die Bahnlinien nach Osten angeschlossen, erst in dieser Zeit begann der Wiederaufbau in wirtschaftlicher Hinsicht. Kulturell allerdings hat Shaanxi eine Fülle zu bieten. Durch die Öffnung der Stadt für den Tourismus im Zusammenhang mit der Terrakotta-Armee des Ersten Kaisers hat Xian ebenfalls neue Impulse bekommen. Der ökonomische Aufschwung hat begonnen, zumal rund 80 Bodenschätze in der Provinz ausgewertet werden können.

Shalu 20 Kilometer südöstlich von Shigatse liegt das 1040 gegründete tibetische Kloster Shalu, das 1329 durch ein Erdbeben zerstört aber vier Jahre später durch Khubilai-Khan wieder aufgebaut wurde. Die Bauweise ist dem chinesischen Pagodenstil ähnlich, die Dächer sind mit türkisfarbenen Keramikziegeln gedeckt. Das Kloster ist in der Kulturrevolution erhalten geblieben, jedoch verbrannten die Roten Garden den gesamten Tanjur (Tandschur), den Kommentar zu Buddhas Regeln, der von dem Abt und Gelehrten Butön Rinpotsche (1290–1364) in 227 Bänden handschriftlich aufgezeichnet worden war und als größter Schatz des Klosters galt.

Shandong Die Provinz Shandong zählt mit 91 Millionen Einwohnern zu den bevölkerungsreichsten Provinzen Chinas, sie war von der Bevölkerungsexplosion in der zweiten Hälfte des 20. Jahrhunderts am stärksten betroffen, von 45 Millionen im Jahre 1949 wuchs die Bevölkerung bis zur Jahrtausendwende auf das Doppelte an. Die Provinz zählt auf einer Fläche von 156 700 Quadratkilometern 94 Kreise und 48 Städte. Die Provinzhauptstadt Jinan hat über vier Millionen und die Hafenstadt Qingdao (Tsingtau) über 2 Millionen Einwohner. Die Provinz liegt am Unterlauf des

Gelben Flusses und bildet in ihrem östlichen Teil eine lang gestreckte Halbinsel zwischen dem Bohai Meer und dem Gelben Meer. Ansonsten finden sich in der Provinz fruchtbare Schwemmlandebenen und Hügellandschaften. Der Gelbe Fluss durchzieht die Provinz von Südwest nach Nordost auf einer Länge von 600 Kilometern und der Kaiserkanal, der ihn kreuzt, weist in Süd-Nord-Richtung in der westlichen Ebene von Shandong ebenfalls 500 km auf. In dem warm-gemäßigten Klima von Shandong gedeihen Weizen, Mais, Baumwolle, Erdnüsse und Obst hervorragend und machen die Provinz zur ertragreichsten von ganz China. Von den 104 Arten von Bodenschätzen, die in Shandong gefunden werden, können viele bereits an Ort und Stelle verarbeitet werden. Von nationaler Wichtigkeit ist das an der Mündung des Huanghe gefundene Erdölfeld Shengli, das allein ein Viertel der chinesischen Ölförderung bestreitet. Die mit 3000 km gewaltige Küstenlinie der Provinz weist eine Reihe von bedeutenden Fischereiplätzen auf, vor allem aber den Hochseehafen Qingdao (Tsingtau), den das Deutsche Reich von 1898–1914 während der »Zeit des Schutzgebietes« als kolonialen Stützpunkt nutzte. Die Provinz ist uralter Kulturboden. Im Dorf Longshan, zwischen Zibo und Jinan gelegen, wurden 1930/31 die ersten Relikte einer neolithischen Kultur gefunden, die seither den Namen dieses Dorfes trägt und die Zeit von 2600–1500 v. Chr. markiert. Seit der Shang-Dynastie galt Shandong stets als Teil des chinesischen Kernlandes, wenn auch die Teilstaaten Chi und Lu während der Zhou-Dynastie in Shandong gegeneinander stritten und zur Zeit der »Drei Reiche« die Provinz zum Königreich Wu gehörte. In der Mongolenherrschaft war für die Provinz der Name Chungshu gebräuchlich. Kulturhistorisch erlangte Shandong Weltberühmtheit durch den heiligsten aller Berge, den Taishan, und durch den Geburts- und Sterbeort von Konfuzius, Qufu. Heute besuchen wieder viele gläubige Daoisten und Buddhisten neben Millionen von Touristen den Taishan – und verbeugen sich viele Menschen vor dem Grabe des »Lehrers der 10 000 Generationen« in Qufu.

Shangdi Für die Menschen der Shang-Dynastie (16.–11. Jh. v. Chr.) galt als oberste Gottheit im Himmel und als Ahnherr der Herrschersippe stets »Shangdi« (Oberster Herrscher), der direkten Einfluss auf das Leben seiner

Nachfahren nahm und auch den Alltag der Menschen allgemein positiv oder negativ beeinflussen konnte. Der jeweilige Herrscher trat nun mittels der Opfer mit dem Shangdi in Verbindung und bat ihn um Wohlwollen. Die Orakelpriester konnten ihn jedoch ebenfalls über die unmittelbare Zukunft durch ein Orakel befragen. Später trat an die Stelle eines persönlichen Gottes mehr und mehr eine abstrakte Himmelsvorstellung, man bat oder beschwor anstelle des Shangdi dann den Himmel als solchen. Im Daoismus allerdings traten dann wieder persönliche Gottheiten in großer Zahl in der chinesischen Glaubenswelt hervor.

Shangdi Kindkaiser der Östlichen Han-Dynastie im Jahre 106 n. Chr., Sohn von Kaiser Hedi. Wurde drei Monate alt aus dynastischen Gründen auf den Thron gehoben, starb jedoch vor dem Erreichen des ersten Lebensjahres und wurde dann durch Hedis Neffen, den erst zwölfjährigen Andi (106–125 n. Chr.), ersetzt.

Shangdu Shangdu (Obere Hauptstadt) war die erste von Kubilai Khan errichtete Hauptstadt seines Reiches, bevor er seine Residenz 1275 nach Peking (Dadu) verlegte. Shangdu wurde zehn Jahre vorher (1265) im heutigen Banner Zhenglan des Bundes Xilin Gol der Inneren Mongolei errichtet und hatte einen Umfang von 8 Kilometern. Die quadratisch angelegte Stadt hatte einen äußeren Teil, eine Innenstadt und den Kaiserpalast selbst. Die Straßen waren von Türmen, Tempeln und Geschäften gesäumt. Nach der Verlegung nach Dadu (Große Hauptstadt), dem heutigen Peking, kamen die Kaiser der Yuan-Dynastie nur noch zur Sommerfrische nach Shangdu. Durch Bauernaufstände wurde jedoch schon in den Jahren 1358 und 1363 die Stadt verwüstet und ist seit dem Ende der Ming-Dynastie ein Ruinenfeld. Marco Polo hat 1275 mit seinem Vater Nicolo Polo den Großkhan in Shangdu besucht und wurde dort mit Wohlwollen von ihm empfangen. Die Richtigkeit der Angaben Marco Polos in seinem Reisebericht wurden durch Funde in Shangdu durch Ausgrabungen voll bestätigt.

Shang-Dynastie Die Shang-Dynastie (1766–1122) ist im Gegensatz zur vorhergehenden Xia-Dynastie (2205–1766) nicht mehr legendär, sondern steht bereits im vollen Licht der Geschichte, wenn auch die Namen der Herrscher innerhalb dieser über 600 Jahre langen Periode nicht bekannt sind. Die Schrift und der Bronzeguss treten bereits zu Beginn dieser Dynastie auf. Die Zeichen auf Knochen, Schildkrötenpanzern und Bronzegefäßen lassen sich unschwer als die Vorformen der noch heute gebräuchlichen Schriftzeichen erkennen. Einige Namen von Städten konnten entziffert werden. Nach ihrer Hauptstadt Yin wurde die gesamte Dynastie auch verschiedentlich Yin-Dynastie genannt. Man schätzt, dass etwa zwei- bis dreihundert Clans den Shang-Staat getragen haben. Diese Clans können, nach den Grabfunden zu urteilen, nur erbliche Adelsfamilien gewesen sein, die über zahlreiche Untertanen verfügen, darunter auch über Sklaven, die aus Kriegsgefangenen rekrutiert wurden. Bei den Bestattungen bedeutender Clan-Oberhäupter waren umfangreiche Tier- und Menschenopfer üblich. Das Shang-Reich reichte in seinen Glanzzeiten von der mongolischen Grenze bis in das Tal des Jangtse und von Shaanxi im Westen bis nach Shandong im Osten. Der Akkerbau war bereits hoch entwickelt, man züchtete Pferde, Schweine, Schafe, gelegentlich auch Rinder und man hielt den Hund als Haustier. Die Anfänge der Seidenraupenzucht fallen auch schon in diesen Zeitraum. Die zahlreichen Grabbeigaben, die bei den Ausgrabungen vor allem der letzten Jahrzehnte des 20. Jahrhunderts ans Licht kamen, zeugen von einem ausgedehnten Ahnenkult dieser Epoche. Bronzene Weinopfergefäße, Kessel für Opferfleisch und einzigartige Kultbronzen lassen eine so perfekte Beherrschung der Gusstechnik und einen höchst verfeinerten Geschmack in der ästhetischen Gestaltung der Gefäße und Figuren erkennen, dass Shang-Bronzen inzwischen in allen Museen der Welt als kostbare, ja unwiederholbare Kunstwerke gelten. Das Königtum der Shang scheint sich auf eine mehr oder weniger unangefochtene Rolle als Lehensherr und Wahrer der Einheit gestützt zu haben, denn es bestanden königliche Domänen, staatliche Kornspeicher, eine zentralstaatliche Kontrolle von Maßen und Gewichten und die Verpflichtung der Lehensnehmer zu Tribut, militärischer Gefolgschaft und Gestellung von Arbeitskräften für öffentliche Bauvorhaben. In den damals noch weitgehend bewaldeten Gebieten des Shang-Reiches scheinen noch Elefanten und Nashörner gelebt zu haben, denn man findet diese Tiere als Bronzefiguren in realistischer Darstellung gar nicht so selten als Grabbeigaben dieser Zeit. Die am Ende jeder Dynastie anzutreffenden Verfallserscheinungen (Machtmissbrauch, Dekadenz, Korruption, übermäßiger Luxus, Unfähigkeit) fanden sich in den letzten Jahrzehnten der Shang-Dynastie gegen 1150 v. Chr. in überreichlichem Maße. Die Rebellion gegen den letzten Shang-Herrscher ging von einem mächtigen Lehensträger, dem Fürsten von Zhou aus. Im Jahre 1122 besiegte er in einer erbitterten Schlacht den letzten König der Shang und rief die Zhou-Dynastie aus.

Shanghai Die Riesenstadt Shanghai, die auf einer Fläche von 6340 Quadratkilometern 18 Stadtbezirke und einen Landkreis einschließt, hat 17 Millionen Einwohner und ist in stetigem Wachstum begriffen. Shanghai ist regierungsunmittelbar und kann sich rühmen, der industrielle und handelspolitische Motor für ganz China zu sein. Die Lage am Huangpu-Fluss, der 10 Kilometer nördlich in den Jangtse mündet, macht Shanghai zum wichtigsten Hafen neben Hongkong, mit dem es sich bereits einen harten Wettbewerb leistet. Zur Förderung des Außenhandels wurde 1990 die Neue Wirtschaftszone Pudong östlich des Huangpu mit 552 Quadratkilometern ausgewiesen und damit ein Tiefseehafen und eine Freihandelszone unmittelbar an der Mündung des Jangtse geschaffen. Man kannte Shanghai bereits zur Tang-Zeit als Hafenplatz für den Salzhandel und es war in der Ming-Zeit mit einer halben Million Einwohner schon die wirtschaftlich wichtigste Stadt Chinas. Im Jahre 1842 erzwangen Briten, Franzosen und Amerikaner die Öffnung der Stadt und errichteten in der Stadt ihre Niederlassungen, in denen die Konsulargerichtsbarkeit galt. Nach dem Ersten Weltkrieg hatte Shanghai bereits 2,5 Millionen Einwohner, von denen rund 50 000 Ausländer waren. Shanghai war zwischen den beiden Weltkriegen nicht nur die modernste Stadt Chinas sondern eine der interessantesten Städte der Welt mit ihrem internationalen Zuschnitt. Von 1937–1945 waren die Japaner in Shanghai und besetzten auch die Internationalen Niederlassungen mit Ausnahme der französischen Konzession, die als verbündet galt, weil sie der Vichy-Regierung unterstand. Von 1945–1949 versuchte die Nationalregierung wieder an die ehemaligen Standards anzuknüpfen, wurde aber dann von der Volksbefreiungsarmee eingenommen und galt in der neugegründeten VR China als Zentrum straff ausgerichteter, ideologisch geschulter Kader. Erst nach der Verkündung der

Öffnungspolitik begann der eigentliche Neuaufstieg, dessen Dynamik auf allen Gebieten zu einem ungeheuren Aufschwung führte. So gilt Shanghai heute mit 41 Hochschulen und mit über 200 Forschungseinrichtungen als wichtigstes Wissenschaftszentrum neben Peking. Eines der modernsten Museen Asiens – gestaltet im »Astronauten-Stil« der Postmoderne – ist das Shanghai-Museum, in dessen 21 Abteilungen 997 000 Exponate aus der 5000 Jahre alten Kulturgeschichte Chinas zu sehen sind.

Shangjing Die Hauptstadt der Liao-Dynastie (907–1125) war Shangjing im heutigen Banner Balinzuo in der Nähe der Stadt Chifeng in der Inneren Mongolei. Gegründet wurde sie von dem ursprünglich nur nomadisierenden Hirtenvolk der Khitan (Qidan) und hatte in ihrer Glanzzeit einen Umfang von 13,5 Kilometern. Heute ist Shangjing eine Ruinenstadt. Bereits im 11. Jahrhundert hatte die Liao-Dynastie am Fluss Laoahe im heutigen Kreis Ningcheng bei Chifeng eine weitere Hauptstadt errichtet, die den Namen Zhongjing trug. Zhongjing erreichte sogar einen Umfang von 15 Kilometern und lief bald schon Shangjing den ersten Rang ab, da es eine Nachahmung von Kaifeng war, der Hauptstadt der Nördlichen Song-Dynastie, und deshalb glanzvoller ausgestattet worden war. Nach dem Sturz der Liao-Dynastie 1125 durch die Jin-Dynastie gingen beide Städte ihrem endgültigen Untergang entgegen. Obwohl vor allem Zhongjing ein bedeutendes städtisches Gemeinwesen, ja sogar zu ihrer Zeit die größte Stadt im Gebiet der heutigen Inneren Mongolei war, blieb davon nur ein 81 Meter hoher Stupa am Fluss Laoahe erhalten. Die endgültige Zerstörung dieser einst gerühmten Stadt soll nach dem Tod des ersten Ming-Kaisers (1398) erfolgt sein, als vor und in Zhongjing der Kronprinz Zhu Yunwen und sein Bruder Zhu Di um die Macht kämpften.

Shangjunshu Der Buchtitel »Shangjunshu« (Buch des Herrn von Shang) nimmt Bezug auf den chinesischen Reformer Shang Yang, dem dieses von anderen Autoren verfasste Werk zugeschrieben wird. Das Buch entstand vermutlich am Ende der Zhanguo-Zeit (480–221 v. Chr.) und beschreibt den Staat Qin und seine Regierungsmethoden auf der Grundlage des Legismus.

Shangqiu Shangqiu, im Osten der Provinz Henan gelegen, am Schnittpunkt der vier Provinzen Henan, Shandong, Jiangsu und Anhui, soll eine Gründung aus der legendären Xia-Dynastie sein und war dann nachweislich eine der Hauptstädte der Shang-Dynastie. Die älteste Sternwarte Chinas ist in Shangqiu zu sehen, sie war Huoshen, dem Feuergott, geweiht. Der Aufstieg zur weit ausgedehnten Riesenstadt mit 8 Millionen Einwohner kam jedoch erst mit den Eingemeindungen in jüngster Zeit, als zwei Bezirke, sechs Kreise und 201 Gemeinden ihrer Verwaltung unterstellt wurden. Die Gesamtfläche beträgt mehr als 10 000 Quadratkilometer und folgt damit einem neuen Prinzip der Öffnungspolitik, das riesige Flächen zu Stadtgebieten zusammenfasst. So wohnen die meisten Bewohner von Shangqiu nicht etwa in der Stadt selbst sondern im städtischen Umfeld. Der Kohlebergbau, die Erdöl- und Erdgaslager, die Vorkommen von Eisenerz und Bauxit sowie die gut ausgebaute Landwirtschaft sind jedoch die Garanten für ein stetiges Wachstum, auch für eine sehr starke Zunahme der innerstädtischen Bevölkerung.

Shangze Shangze war im 4. Jahrhundert v. Chr. Minister im Staate Qin. Durch seine Maßnahmen legte er den Grundstein zum Aufstieg der Qin-Dynastie für die nach ihm folgenden Generationen. Shangze hob das Feudalsystem auf und verteilte das Land unter die Bauern, die er dadurch an die Dynastie band. Gleichzeitig aber führte er landesweit strenge Gesetze ein.

Shanhaiguan Eine der größten Festungsanlagen Chinas ist der Shanhai-Pass in der Provinz Hebei, gelegen im Nordosten von Qinhuangdao nur vier Kilometer nördlich von jener Stelle, wo die Große Mauer am Meer endet, d. h. an jenem berühmten Mauerstück, das als »Alter Drachenkopf« bekannt ist. Der Pass selbst wurde in der ersten Zeit der Ming-Dynastie (im Jahre 1381) angelegt und ist mit all seinen mächtigen Bauten relativ gut erhalten. Vier riesige Tortürme markieren seine Eingänge. Das eigentliche Wahrzeichen der Festung ist das Osttor, das 13 Meter hoch, 20 Meter breit und 11 Meter tief ist. Früh schon erhielt die imposante Anlage den Namen »Erster Pass unter dem Himmel« und er galt als wichtigste Abwehrbastion gegen die 1368 aus China verjagten Mongolen. Westlich der Großen Mauer, von der Passfestung gesichert, entstand im Laufe der Jahrhunderte dann die Stadt Shanhaiguan.

Shannan Das Gebiet Shannan in Südost-Tibet am Zusammenfluss der beiden Ströme Yarlung und Yarlung Zangbo gilt seit alters als Wiege der tibetischen Kultur. In diesem äußerst fruchtbaren Gebiet siedelte nachweislich im 2. Jahrhundert v. Chr. der Tubo-Stamm, dessen Häuptling das Schloss Yumbulukhar auf einem Fels am Rande des Tales bauen ließ, das – in veränderter Gestalt – noch heute zu sehen ist. Die Tubo einigten dann zu Beginn des 7. Jahrhunderts n. Chr. alle tibetischen Stämme und bauten dann in Lhasa ihre Hauptstadt. Die Grabstätten der Tubo aber lagen im Flusstal des Yarlung, wo sie ihre toten Könige noch lange Jahrhunderte bestatteten und damit ihrer alten Heimat nach wie vor ihre Reverenz bezeugten.

Shantou Shantou, international besser bekannt unter dem Namen Swatau, liegt an der Ostküste der Provinz Guangdong nördlich der alten Töpferstadt Chaoyang am südlichen Ausgang der Formosastraße. Shantou ist jene Stadt in China, von der gesagt wird, dass jede Familie mindestens einen Verwandten im Ausland habe, denn aus dieser Stadt sollen im 19. und 20. Jahrhundert (bis 1938) etwa 10 Millionen Chinesen per Schiff nach Südostasien und auch Amerika ausgewandert sein.

Shanxi Die Provinz Shanxi (Schansi) mit einer Fläche von 156 000 Quadratkilometern und einer Bevölkerungszahl von 32 Millionen Einwohnern (in 22 Städten und 100 Landkreisen) liegt westlich des Taihang-Gebirges und hat daher ihren Namen erhalten (Westlich der Berge). Jenseits dieses lang gestreckten Gebirgszuges liegt im Osten die Provinz Hebei, im Süden Henan, im Norden die Innere Mongolei und der Gelbe Fluss bildet die Grenze zu der im Westen gelegenen Provinz Shaanxi (Schensi). Nur ein Viertel der Fläche ist in der Provinz überhaupt kultivierbar, denn eine Reihe anderer Gebirge wie der Hengshan, der Wutaishan und der lange Luliangshan sind kaum bewohnt. Gleichzeitig bildet Shanxi den Ostteil des großen Lößplateaus, das im Durchschnitt über 1000 Meter über dem Meeresspiegel liegt und von vielen Schluchten durchzogen ist, vielfach stark erosionsgeschädigt, zu trocken und nur mit Mühe bebaubar. Die Provinz hat Kontinentalklima, wo Anbau möglich ist, gedeihen Mais, Hirse, Wasserreis und Baumwolle. Vor allem in den Becken zwischen den Bergwelten sind die Felder sehr fruchtbar. Wo nur möglich, haben die Bauern die Berge terrassiert und dadurch zusätzliche Anbauflächen gewonnen. Shanxi jedoch ist vor allem ein Land der Kohle, bei Datong liegen gewaltige Kohlevorkommen, und die Bergwerke dieser Stadt gehören zu den bedeutendsten von ganz China. Die Hauptstadt der Provinz ist Taiyuan mit 2,5 Millionen Einwohnern, am Ende des Taiyuan-Beckens gelegen und ihrer Tempel und Klöster wegen seit alters berühmt. Da die Provinz jedoch am Westrand der nordchinesischen Ebene liegt und nördlich von ihr bald die mongolischen Steppenlandschaften beginnen, war sie immer wieder das Einfallstor, durch das die räuberischen Nomadenstämme ins Reich der Mitte vorstießen. Das Gebiet ist seit neolithischer Zeit von Ackerbau treibenden, sesshaften Menschen besiedelt, ja sogar eine der Wiegen der chinesischen Kultur, sodass im Laufe der Geschichte dieser Raum immer wieder wie ein Magnet die kriegerischen Steppenvölker anzog. Einige von ihnen kamen und blieben, bildeten eigene Reiche und wurden dann im Laufe der Generationen sinisiert, so wie die Toba aus Zentralasien, die den Buddhismus übernahmen, die Nördliche Wei-Dynastie (386–534 n. Chr.) gründeten und Datong zu ihrer Hauptstadt erkoren.

Shan Yang Der Politiker und Reformer Shan Yang (auch Wei Yang oder Gongsun Yan), der im Jahre 338 v. Chr. hingerichtet wurde, gilt als erster Verfechter des Legismus, der als Kanzler seine Reformideen in die Tat umsetzen konnte. Nach einer kurzen Tätigkeit in Wei trat er in die Dienste des Staates Qin (361 v. Chr.) und schlug dort tiefgreifende Reformen auf der Grundlage des Legismus vor. Zwischen 359 und 350 v. Chr. erhielt er die Genehmigung für deren Durchführung. Shang Yang richtete eine zentralistische Verwaltung ein, verteilte Grund und Boden neu, vereinheitlichte die Maße und Gewichte und brachte alle Bürger in eine radikale politische, wirtschaftliche und fiskalische Abhängigkeit vom Staat. Aristokraten, die keine militärischen Leistungen vollbrachten, wurden degradiert und gingen ihrer Titel verlustig. Soldaten, die einen Feind töteten, erhielten Adelstitel. Alle Familien wurden in Zehner- oder Fünfergruppen eingeteilt und waren gegenseitig haftbar. Der Angriffskrieg wurde zur Staatspflicht erklärt. Nach einem Sieg des militärisch ausgerichteten Staates über das Königtum Wei wurde Shan Yang Kanzler und sorgte für strikte Disziplin bereits bei der Erziehung der Jugend. Nach dem Tode des Herrschers allerdings rächten sich die gedemütigten Adligen und richteten Shan Yang 338 v. Chr. grausam hin. Die Ideen von Shang Yang aber lebten neu auf als die Eroberungszüge von Qin und die Politik nach der Reichseinigung unter Qinshihuangdi ganz nach den Vorstellungen des Legismus vorbereitet und durchgeführt wurden.

Shaohao-Ling Das pyramidenförmige Grabmal von Shaohao, dem Sohn des legendären Gelben Kaisers, liegt fünf Kilometer östlich von Qufu in der Provinz Shandong. Nach den Regeln des Goldenen Schnitts gebaut, erhebt sich diese Grabpyramide zu einer Höhe von 18 Metern, während die Grundflächen 28 mal 15,2 Meter betragen. Das Grab ist noch nicht erforscht. Shaolao gilt als Vorfahr des Shang-Clans, dem auch später Konfuzius angehörte. Dieser Clan hatte im 17. Jahrhundert v. Chr. die Shang-Dynastie gegründet, die bis zum 11. Jh. v. Chr. Nordchina regierte.

Shaoshan Der Geburtsort von Mao Zedong, Shaoshan, liegt etwa 60 Kilometer südwestlich von Changsha in der Provinz Hunan und war von 1964–1976 in der Zeit des Personenkults Hauptpilgerstätte der chinesischen Kommunisten. Am 26. 12. 1893 wurde in dem geräumigen Anwesen Mao Zedong als Sohn eines wohlhabenden Bauern und Getreidehändlers geboren. Seit der Neubewertung des Maoismus dient das Gebäude als Bauernmuseum.

Shaoshao Mythischer Herrscher des chinesischen Altertums, Sohn des Huangdi, galt einigen Herrschersippen der Zhou-Dynastie (11. Jh.–256 v. Chr.) als Ahnherr.

Shaoxing Die alte Stadt Shaoxing liegt wie eine Perle zwischen dem Huji-Berg und dem Jing-See in der Provinz Zhejiang und zieht sich am Fluss Chientang entlang. Man bringt die Stadt mit dem nationalen Heros Yu zusammen, dem ersten König der legendären Xia-Dynastie (2205–1766 v. Chr.), der viele Jahre seines Lebens dem Kampf gegen das Hochwasser geopfert haben soll. In der Frühlings- und Herbstperiode (770–476 v. Chr.) war Shaoxing die Haupstadt des Yue Königreiches, das eines Tages von dem König von Wu in einem Überraschungsangriff zum größten Teil erobert wurde. Der König von Yue härtete sich durch Fasten und militärische Übungen solange ab, bis er einen Gegenangriff starten und die Feinde vertreiben konnte. In späterer Zeit wurde Shaoxing bekannt durch den berühmten Kalligraphen Wang Xi-zhi und den Dichter der Song-Dynastie Lu You. In Shaoxing lebten die Vorfahren von Zhou Enlai, und der Schriftsteller Lu Xun wurde in Shaoxing geboren und verbrachte in dieser Stadt auch seine Kindheit.

She-Nationalität Die nationale Minderheit der She mit rund 380 000 Angehörigen lebt in den südöstlichen Hügelländern Chinas, einem der wichtigsten Waldgebiete des Landes, das sich von der Südprovinz Guangdong über Fujian, Jiangxi und Zhejiang bis nach Anhui hinzieht. Wo es möglich ist, leben die She mit vielen Familien in einem Dorf zusammen, ansonsten leben sie gemischt gemeinsam mit den Han. Die Siedlungsgebiete liegen meistens in einer Höhe von 500 bis 1500 Metern über dem Meeresspiegel, in denen große Holzvorkommen und wichtige Bodenschätze die Existenzgrundlage der She bilden. Angebaut werden auch Reis, Weizen, Süßkartoffeln, Weizen, Bohnen und Raps. Die She-Sprache gehört zur sinotibetischen Sprachfamilie. Eine eigene She-Schrift besteht nicht, viele verwenden daher die chinesischen Schriftzeichen. Der Ahnenkult ist bei den She stark ausgeprägt. In jedem Dorf der She findet sich deshalb meist auch ein Ahnentempel. Ansonsten ist der Geister- und Gespensterglaube weit verbreitet, allerdings sind viele Elemente der chinesischen Volksreligion inzwischen auch bei den She mit eigenen polytheistischen Vorstellungen verwoben. Die Urheimat der She soll das Phaoenix-Gebirge bei Chaozhou in der Provinz Guangdong sein. Der Überlieferung nach flohen während verschiedener Dynastien bis zum Ende der Sui-Zeit immer wieder größere Familiengruppen vor der drückenden Steuerlast in die Berge, wo sie sich allmählich zu einer Nationalität zusammenfanden. Die Geschichte holte sie jedoch bald wieder ein, denn in der Tang-Dynastie ließen die Kaiser in ihrem Gebiet wieder straff geführte Verwaltungsbezirke errichten. Seither sind die She eine der vielen nationalen Minderheiten in China.

Shengze Shengze, eine Kleinstadt im Kreis Wujiang der Provinz Jiangsu, am Ufer des Kaiserkanals, gilt in China als Heimat der Seide. Nun sind durch Ausgrabungen freigelegter Keramiken aus der Jungsteinzeit bereits in der Provinz Zhejiang Darstellungen von Seidenraupen erkennbar, sodass ein spezieller Ort sicherlich nicht benannt werden kann, an dem zum ersten Mal Seide aus Kokons abgehaspelt wurde. In Shengze jedoch steht der Tempel der Raupengöttin und es ist belegt, dass bereits in der Tang-Zeit (618–

907) Seidenstoffe aus Shengze als Tribut an den Kaiserhof geliefert wurden und dass in der Ming-Dynastie der Seidenhandel dieser Stadt viele auswärtige Kaufleute veranlasste, dort ihre Dienststellen zu errichten. Im 19. Jahrhundert entwickelte sich Shengze dann mit einer jährlichen Produktion von 90 000 Ballen Seidenstoff zum größten Ort für die Seidenproduktion in Ostchina.

Shen Kuo Der bedeutendste Wissenschaftler der Song-Dynastie, Shen Kuo (1031–1095) stammte aus Qiantang (dem heutigen Hangzhou) und erhielt als Sohn eines Beamten eine sorgfältige klassische Erziehung, die ihn befähigte, die höchste Staatsprüfung abzulegen und den akademischen Grad und Titel eines Jinshi zu erlangen. Nach einer vieljährigen Tätigkeit als Schriftleiter der kaiserlichen Akademie in der Hauptstadt und später auch Staats-Schatzmeister, zog sich Shen Kuo nach Renzhou (der heutigen Stadt Zhenjiang) in der Provinz Jiangsu zurück, um in seinem Studio im Mengxi-Garten seinen wissenschaftlichen Studien nachgehen zu können. Das von ihm verfasste Monumentalwerk »Meng Xi Bi Tan« (Skizzen und Notizen von Mengxi) umfasst 30 Bände und behandelt Mathematik, Astronomie, Wetterkunde, Geologie, Geographie, Physik, Chemie, Metallurgie, Wasserbau, Architektur, Biologie, Agrikultur und Medizin. Als Beamter leitete er persönlich die Regulierung des Shuhe-Flusses und des Bianhe-Flusses, wodurch Überschwemmung vermieden und viel Land durch Kanäle und Wehre urbar gemacht werden konnte.

Shennong In mythischer Vorzeit, so berichtet die Legende, habe in China als zweiter Kaiser Shennong geherrscht, der Sohn eines Drachen und einer Prinzessin. Bekannt ist er auch als Yandi, als »eifriger« Kaiser, der den Menschen den Pflug, die Haustierzucht und die Heilkräuterkunde gebracht habe. Bei der Suche nach Heilkräutern sei er selbst beim Kosten eines giftigen Krautes gestorben. Man hat früh schon den Ort seines vermuteten Grabes als ein Heiligtum angesehen und als Pilgerstätte ausgewiesen. Diese im Jahre 967 vom ersten Song-Kaiser Taizu mit einem Tempel geschmückte Grabanlage liegt in Luyuan in der heutigen Gemeinde Tangtian, 17 Kilometer von der Kreisstadt Lingxian entfernt in der Provinz Hunan. 1988 wurde die ehrwürdige Stätte renoviert, sodass der imposante Baukomplex in der schönen Landschaft am Yanling-Hügel wieder durch seine majestätische Atmosphäre bezaubert. Mit einer Fläche von 100 Hektar am Fluss Mi gehört diese Anlage zu den gepflegtesten historischen Gedenkstätten in Hunan. Hat man das Mittagstor durchschritten, erwarten den Besucher viele Stelen mit Inschriften aus verschiedenen Dynastien, ein Opfer-Pavillon und eine 11 Meter hohe Gebetshalle. Das Grab selbst liegt auf einem mit Kiefern und Zypressen bewachsenen Hügel.

Shenyang Shenyang (Mukden), die Hauptstadt der Provinz Liaoning und mit 4,5 Millionen Einwohnern eine der größten Städte Chinas, liegt 840 Kilometer nordöstlich von Peking am Hun-Fluss, einem Nebenfluss des Liao in einer Ebene. Ursprünglich war die Gegend von tungusischen Stämmen besiedelt, aber bereits seit der Han-Zeit Siedlungsgebiet für chinesische Immigranten. Im 10. Jahrhundert war die Stadt ein wichtiger Militärstützpunkt für die damaligen Eroberer, zuerst für die Liao-Dynastie, dann für die Jin und schließlich für die Mongolen. Die Ming-Dynastie konnte die Stadt und die Provinz lange Zeit wieder unter ihre Kontrolle bringen. Aber die wieder erstarkten Jin, die auch Nüzhen, Dschurdschen oder Mandschuren genannt wurden, gründeten zu Beginn des 17. Jahrhunderts ein beachtliches Reich und machten die Stadt unter dem mandschurischen Namen Mukden zu ihrer Hauptstadt. Der starke Sinisierungsprozess, dem sie sich aussetzten, bewirkte jedoch, dass sie in Mukden für den Herrscher ihrer neu gegründeten Dynastie einen Kaiserpalast nach dem Vorbild des Gugong in Peking errichten konnten. Dieser 1625 begonnene Palast ist beträchtlich kleiner als sein berühmtes Vorbild in Peking, aber mit seinen drei Hauptachsen und seinen vielen Hallen und Pavillons eine zu Recht bestaunte und gut erhaltene Anlage. Die im Norden der Stadt angelegten Kaisergräber gleichen ebenfalls den Ming-Gräbern bei Peking und sind für den Dynastiegründer Nurhaci und seinen Sohn Abahai gestaltet worden. Vor allem das Zhao Ling für Abahai mit einem Areal von 330 Hektar übertrifft sogar ein einzelnes Grab der Ming-Kaiser bei weitem. Nachdem die Mandschuren dann die Qin-Dynastie 1644 gegründet und die Hauptstadt nach Peking verlegt hatten, wurde es ruhig um Mukden. Man nannte sie nunmehr »die alte Hauptstadt« und die Kaiser kamen nur noch zur Verehrung ihrer Ahnen für kurze Zeit nach Mukden. Bereits noch vor dem Fall der Mandschurendynastie aber entdeckten die Europäer in der Mandschurei gewaltige Bodenschätze, sodass der Kampf um Einflusszonen begann, den die Russen zuerst für sich entschieden; sie machten Mukden zum Ausgangspunkt ihrer Unternehmungen in Liaoning. Mit dem Sieg Japans im russisch-japanischen Krieg musste aber der Zar seine Vorrechte an Japan abtreten. Durch den Mukden-Zwischenfall, bei dem ein japanischer Hauptmann 1931 ermordet wurde, gewann Tokyo einen Vorwand, um die ganze Mandschurei 1932 zu erobern und das Kaiserreich Mandschukuo als japanischen Marionettenstaat zu errichten. Unter japanischer Regie begann eine gewaltige Industrialisierung, das Land wurde zur Rüstungsschmiede Japans. Erst die japanische Kapitulation 1945 und der Einmarsch der Sowjetarmee beendete diese Phase. Stalin befahl die totale Demontage der Mandschurei, die ein Jahr später dann beendet wurde, weil die Guomindang-Armee einmarschierte. Damals erhielt Mukden wieder den alten Namen, den sie in der Yuan-Dynastie schon einmal getragen hatte: Shenyang (Nördlich des Shen-Flusses). Im Bürgerkrieg zwischen den Guomindang-Streitkräften und der Roten Armee konnten die Kommunisten dann bereits 1948 die Stadt erobern. Im Zuge der Neuordnung Chinas wurde Shenyang Provinzhauptstadt und wuchs in den Jahrzehnten danach zu einer gewaltigen Industriestadt heran, in der die Chemie, der Maschinenbau, die Eisenhütten und die Textilindustrie dominieren.

Shenzen Jüngste Zweimillionenstadt Chinas, 1979 gegründet. Damals war Shenzen eine ländliche Kleinstadt an der Grenze zu Hongkong. Shenzen wurde zur Sonderwirtschaftszone erklärt, denn hier sollten die neuen Möglichkeiten der kurz vorher verkündeten Öffnungspolitik erprobt werden. Ausländische Unternehmen wurden zu günstigen Bedingungen eingeladen, mit chinesischen Betrieben Joint Ventures zu gründen. Mit größtem Erfolg. Aus Hongkong, Macau und von vielen Überseechinesen kamen Anfragen und dann sehr viel Kapital. In zwei Jahrzehnten wuchs eine gigantische und hochmoderne Industrielandschaft heran, in der auch die Löhne für chinesische Arbeiter höher sind als sonst im weiten Land. Die ausländischen Investoren genießen steuerliche, zollrechtliche und administrative Sonderkonditionen, große Planungsfreiheit und wenig staatliche Kontrolle.

Shenzong Shenzong (1068–1085), Kaiser der Nördlichen Song-Dynastie, unterstützte während seiner Regierungszeit den genialen Reformer Wang Anshi, der gegen den Widerstand der reichen Großgrundbesitzer und Kaufleute durch eine neue Gesetzgebung vor allem die vielen Kleinbauern entlastete. An der Westgrenze hatte Shenzong trotz eines gültigen Friedensvertrages immer wieder gegen Übergriffe der Westlichen Xia zu kämpfen. Nachfolger wurde sein 6. Sohn als Kaiser Zhezong (1086–1101).

Shexian Das alte kulturelle Zentrum im Süden der Provinz Anhui ist die Stadt Shexian südöstlich des berühmten Huangshan. Gegründet schon während der Qin-Dynastie vor über 2000 Jahren, gelangte die Stadt durch Handel früh zu Reichtum, sodass sich ein sehr reges kulturelles Leben entfalten konnten. Der berühmte konfuzianische Gelehrte Zhu Xi (1130–1200) stammt ebenso aus dieser Stadt wie der Maler Jian Jiang, der als einer der Begründer der sog. Xinan-Malerei in der Ming-Zeit gilt. In den letzten beiden Dynastien bestanden unverhältnismäßig viele junge Männer aus Shexian die kaiserlichen Staatsprüfungen. Erhalten sind in der Stadt 110 mingzeitliche Wohnhäuser und 100 Ehrengedenkbögen, steinerne Zeugnisse chinesischen Geschichtsbewusstseins.

Shigatse Die zweitgrößte Stadt Tibets auf 3900 Metern Höhe mit rund 40 000 Einwohnern liegt etwa 250 Kilometer westlich von Lhasa und war stets die Hauptstadt der Provinz Tsang und seit Mitte des 17. Jahrhunderts Sitz des Pantschen-Lama. Die einst großartige Burg (Zong), einst Sitz der Könige von Tsang, wurde von den Chinesen zerstört, das Kloster Tashilumpo blieb jedoch vollständig erhalten. Von hier aus residierten die Pantschen-Lamas und wurden hier auch begraben. Shigatse gehörte neben den drei Staatsklöstern Drepung, Sera und Ganden stets zu den größten Klosterstädten Tibets mit universitätsähnlichen Kollegien. Gegründet 1447 von einem Schüler des berühmten Tsongkhapa, wurde es im 16. und 17. Jahrhundert mehrfach erweitert und gilt mit seinen kostbaren Sammlungen von Thangkas und dem Bestand von über 10 000 Druckstöcken für buddhistische Schriften als eine der wenigen erhaltenen Schatzkammern Tibets.

Shiji Das Shiji ist die erste offizielle chinesische Reichsgeschichte, verfasst von dem Hofhistoriographen Sima Qian

(145–86 v. Chr.), der das Werk in zehnjähriger Arbeit in glänzendem Stil und mit hoher literarischer Meisterschaft im Auftrag des Han-Kaiserhofes verfasste. Die Geschichten der Fürstenhäuser der Zhou-Dynastie, die vielen Sachmonographien und Kaiserbiographien, die vielen Tabellen und Übersichten machen das Werk zu einer einzigartigen Geschichtsquelle, die von den mythischen Anfängen bis auf die Zeit des Autors alles umfasst, was über die Entwicklung Chinas anhand der Sima Qian vorliegenden Dokumente, Erzählungen und eigenen Beobachtungen berichtet werden konnte. Das 130 Kapitel starke Werk wurde Vorbild aller späteren Geschichtswerke offizieller und inoffizieller Art.

Shijiazhuang Shijiazhuang, die Hauptstadt der Provinz Hebei, verdankt ihren Aufstieg vom Bauerndorf um 1900 zur Millionenstadt von heute praktisch der Eisenbahn, da sich in ihr zwei Fernlinien kreuzen. Damit waren industrielle Entwicklungen vorgezeichnet. Etwa 15 Kilometer nordöstlich der Stadt liegt das kunsthistorisch bedeutsame »Kloster des Üppigen Gedeihens« (Long Xing Si), das aus dem Jahr 586 stammt und seit seiner songzeitlichen Erweiterung 971 ein Areal von 5 Hektar einnimmt und eine 22 Meter hohe Bronzefigur der Tausendarmigen Guanyin besitzt.

Shijing Das Shijing (Buch der Lieder oder Buch der Gedichte), eine der kanonischen Schriften des Konfuzianismus, ist eine 305 Gedichte umfassende Sammlung von volkstümlicher Lyrik, Opfergesängen, Festliedern und Hymnen, die alle in der ersten Hälfte des 1. Jahrtausends v. Chr. in China entstanden sind. Das Shijing stellt somit das wichtigste Dokument der älteren chinesischen Literatur dar.

Shi Ku Si Shi Ku Si (Kloster der Steingrotten) wird eine buddhistische Grottenanlage genannt, die im Nordosten der Stadt Gongxian in der Provinz Henan (zwischen Luoyang und Zhengzhou) zu finden ist. Dieses Heiligtum ist nicht so spektakulär wie Longmen oder Yungang, wartet dafür aber mit Besonderheiten auf, beispielsweise mit einer aus dem Stein gehauenen Szene »Anbetung Buddhas durch die kaiserliche Familie«. Die erste Höhle wurde bereits im Jahr 517 unter dem Kaiser Xiping während der Nördlichen Wei-Dynastie angelegt, aber die Arbeiten wurden in der Tang- und selbst in der Song-Dynastie weitergeführt. In den 256 Nischen, Höhlen und Schreinen blieben 7743 Steinskulpturen bis zur Gegenwart erhalten; sie stellen Buddha, eine Reihe von Bodhisattvas, Mönche aber auch Mitglieder der Herrscherfamilie dar, die als Stifter für die Grotten einst hervorgetreten waren.

Shiming Das chinesische Wörterbuch Shiming (Erklärung der Namen) wurde von Liu Xi zur Zeit der Östlichen Han-Dynastie verfasst und versucht, die Bedeutung der Wörter mit Hilfe ähnlich lautender Wörter zu erklären – eine Fundgrube für Sinologen.

Shouxian Die Stadt Shouxian, 100 Kilometer nördlich von Hefei am Huai-Fluss gelegen, war zur Zeit der Streitenden Reiche (475–221 v. Chr.) die Hauptstadt des bedeutenden Königreiches Chu. In der Westlichen Han-Dynastie war die Stadt Residenz des Fürsten von Huaian und in den folgenden Dynastien diente Shouxian stets als Präfektur.

Shu Shu ist die alte Bezeichnung für die heutige Provinz Sichuan. Im Altertum war Shu von nichtchinesischen Stämmen besiedelt und wurde erst von Qin im 4. Jh. v. Chr. erobert und später dann in das Qin-Reich eingegliedert. Ursprünglich galt die Bezeichnung nur für das Gebiet um Chengdu und wurde allmählich auf das ganze Becken von Sichuan ausgedehnt. Später war Shu zur Zeit der chinesischen Teilungen wieder der Name dort errichteter Staaten. Erst nach dem 1. Jahrtausend setzte sich dann zur Zeit der Song-Dynastie der heute gebräuchliche Name Sichuan durch.

Shu Han-Königreich Das Königreich Shu Han, im Bereich des heutigen Sichuan gelegen, bestand von 221–263 n. Chr. unter den beiden Königen Xuande (Vater) und Hou Zhu (Sohn). Dieses Königreich im Westen des einstigen Kaiserreiches wurde von dem Kriegsherrn Liu Bei errichtet, der als König Xuande (221–223) regierte und durch den »Roman der drei Königreiche« in ganz China als Heros bekannt wurde. Fast bekannter noch als der König selbst wurde sein treuer Schwurbruder Guan Yu, der Liu Bei in allen Lebenslagen unverdrossen zur Seite stand und für ihn auch sein Leben einbüßte. Guan Yu, später berühmt als Guandi, wird seit der Ming-Dynastie in China auch als Gott des Krieges verehrt und viele Tempel wurden ihm zu Ehren im ganzen Lande errichtet. In der Kunst wurde er in zahllosen Portraits gefeiert und in vielen Figuren aus Stein, Holz und Bronze dargestellt. Da Guan Yu literarische Neigungen hatte, wird er sogar auch als Gott der Literatur gefeiert. Der Staat Shu Han jedoch fiel im Jahre 263 nach einer militärischen Niederlage an den Staat Wei: Nachdem General Sima Juan jedoch den König von Wei 264 entthront und die Westliche Jin-Dynastie ausgerufen hatte, eroberte er 280 auch das Reich Wu und einte damit wieder für kurze Zeit das Land.

Shui Hu Zhuan Der Romanklassiker Shui Hu Zhuan (»Wasserufergeschichte«), unter dem deutschen Titel »Die Räuber vom Liang-shan-Moor« bekannt, stellt für die Sitten- und Kriminalgeschichte Chinas ein wichtiges Dokument dar. Verfasst im 14. Jahrhundert von dem mutmaßlichen Verfasser Shi Nai'an, schildert dieses umfangreiche Werk den Kampf von 108 Rebellen gegen die korrupten Hofbeamten, kaiserlichen Garden und bestechlichen Richter. Die mitreißend erzählte Geschichte ähnelte in ihrer Grundstruktur und Zielrichtung den Robin-Hood-Legenden des Westens, übertrifft diese jedoch an Drastik, Realismus, Humor und Detailschilderungen bei weitem. Unschuldig Verfolgte und Geächtete schließen sich in dem Roman zu einer 108-köpfigen Schwurbrüderschaft zusammen, die sowohl Bauern, Fischer, Kaufleute, kleine Beamte, Landadlige, ehemalige Offiziere, Mönche, Einsiedler und auch einige Frauen umfasst. Mehrere echte Räuber gehören auch dazu. Verschanzt haben sich die Rebellen im Liangshan, einem in Zentral-Shandong gelegenen Berggebiet, das von Seen und Sümpfen umgeben ist und ein ideales Versteck und Rückzugsgebiet für Aufständische darstellt. »Shui Hu Zhuan« ist der erste chinesische Roman, der in der Umgangssprache niedergeschrieben wurde und dessen Figuren sich jedem Leser unvergesslich einprägen. Die Geschichte hat einen sehr klaren Hintergrund in dem großen Bauernaufstand in Shandong, der die Song- Dynastie erschütterte. Das ausschweifende Leben der Hofbeamten während der Regierungszeit des Kaisers Huizong (1101–1119) lieferte genügend Stoff für die Schilderungen der korrupten Oberklasse in jener Zeit. Der Roman ist zwar erst in der Ming-Dynastie geschrieben worden, hat aber ein früheres Werk als Vorlage benutzt, das den Titel trägt »Anekdoten aus der Regierungszeit Xuanhe der Song-Dynastie« und der Autor konnte außerdem auf wenigstens 24 Versdramen aus der Yuan-Dynastie (1279–1368) zurückgreifen, die ebenfalls diesen Bauernaufstand zum Thema haben. In der Ming-Dynastie gärte es selbst allenthalben in der Bauernschaft bis zur endgültigen Festigung der Dynastie, sodass die Stimmung bei den Betroffenen durch den Autor gut eingefangen werden konnte. In der Qing-Dynastie wurde der Roman als subversiv verboten, aber es entstanden zahlreiche Opern, die unter anderem Titel die Heldentaten der Rebellen vom Liangshan feiern. In Japan erfreut sich »Shui Hu Zhuang« größter Beliebtheit, der gesamte Text liegt dort in über einem Dutzend Übersetzungen vor. Die deutsche Übertragung von Franz Kuhn bietet eine gekürzte, jedoch literarisch wertvolle Version.

Shui-Nationalität Die wasserreichen Gebiete am Oberlauf des Duliu-Flusses und des Long-Flusses in der Provinz Guizhou sind die Heimat der Shui-Nationalität, die mit knapp 300 000 Angehörigen zu den mittelgroßen Minderheiten in China zählt. In den von Shui bewohnten Gebieten leben jedoch auch Han, Miao, Dong und Yao. Das hügelige, mit weiten Wäldern bestandene Siedlungsgebiet dieses Volkes ist reich an Bodenschätzen und ist auch für die Landwirtschaft gut geeignet. Die Shui-Sprache gehört zum Dong-Shui-Sprachzweig der Zhuang-Dong-Sprachgruppe in der sinotibetischen Sprachfamilie. Früher existierte auch eine piktographische Shui-Schrift mit nur 100 Zeichen, die aber nur für religiöse Zwecke benutzt wurde. Heute sprechen viele Shui das Chinesische und verwenden auch die chinesischen Schriftzeichen. Ein Krebsübel der Shui-Gebiete war die Malaria, 80 Prozent der Bevölkerung waren in mehreren Bezirken von ihr betroffen. Nach jahrelanger Vorbeugung und Behandlung ist sie heute unter Kontrolle. Die Bodenschätze der Gegend werden heute gefördert und oft schon an Ort und Stelle verarbeitet.

Shule Die heutige Oase, in der die Stadt Kaschgar (Kashi) liegt, trug im Altertum den Namen Shule. Diese Bezeichnung bezog sich jedoch auch auf eine Stammesföderation, die ihren Sitz – mit gleichem Namen – in einer Niederung 30 Kilometer östlich der Stadt Kaschgar hatte. Diese Föderation hatte sich im 2. Jahrhundert v. Chr. aus Indoskythen, Elamiten arischen Ursprungs, Qiang und Hunnen gebildet. Die Westliche Han-Dynastie stieß jedoch in dieses Gebiet vor, gliederte es dem Reich der Mitte an und gründete dort die Xiyu-Präfektur. Die Stadt am Rande der Todeswüste Takla-Makan lag an der Seidenstraße, sodass ein großer Handelsplatz entstand, der im Laufe des 9. und 10. Jahrhunderts von den türkisch sprechenden Uiguren dominiert wurde. Die Stadt Kaschgar selbst entstand dann an der heutigen Stelle durch das Zusammenwachsen zweier Siedlungen. Von der einst buddhistischen Stadt Shule ist nichts mehr übrig geblieben. Das inzwischen völlig islamische Kaschgar entwickelte sich zum Hauptzentrum im Südwesten von Xinjiang.

Shun Mythischer Herrscher des chinesischen Altertums. Der aus einfacher Familie stammende Shun wurde von seinen Eltern und Geschwistern sehr schlecht behandelt, blieb aber stets fleißig und gehorsam. Von Kaiser Yao auf Grund seiner Pietät an den Hof gerufen und mit seinen beiden Töchtern verheiratet, wurde er zum Nachfolger berufen und herrschte als Kaiser weise und gerecht. Er bestimmte dann seinerseits den Tüchtigsten seiner Untergebenen zum Nachfolger: Yu, den berühmten Bezwinger des Hochwassers.

Shundi Kaiser der Östlichen Han-Dynastie (125–144 n. Chr.) Shundi, der Sohn Kaiser Andis und seiner Nebenfrau Li, kam mit elf Jahren auf den Thron und wurde zugunsten eines nördlichen Clans mit Liang Na verheiratet. Kaiserin Liang Na bekam jedoch keine Kinder, sodass mit einem Sohn Shundis die unglückselige Reihe der Kindkaiser fortgesetzt wurde. Dieses Kind wurde Shundi von seiner Nebenfrau Yu geboren, kam als Kaiser Chongdi (144–145 n. Chr.) auf den Thron und starb im Alter von zwei Jahren.

Shundi Shundi (1333–1368), letzter Kaiser der Yuan-Dynastie, mit dem mongolischen Namen Toghon Temur, kam als Dreizehnjähriger auf den Thron und war völlig von seinen Ministern abhängig, die mehrheitlich antichinesisch eingestellt waren. Der Kanzler Bayan machte für den Verfall der mongolischen Macht die schleichende Sinisierung verantwortlich, beharrte auf strikter Trennung, verbat den Chinesen Mongolisch zu lernen und bereitete weitere antichinesische Gesetze vor. Als dann auch noch Überschwemmungen das Land heimsuchten und Epidemien um sich griffen, kam es zu chinesischen Aufständen. Der Kaiser verlor jegliche Kontrolle über die Provinzen, und die mongolischen Kriegsherren stritten gegeneinander. In Ostchina übernahm ein buddhistischer Mönch die Führung der Aufständischen, gewann bald einen riesigen Anhang und zog siegreich 1368 in Peking ein. Dieser Mönch, ein einfacher Bauernsohn mit dem Namen Zhu Yuanzhang, wurde als Kaiser Hongwu Gründer der Ming-Dynastie (1368–1644).

Shunzhi Shunzhi (1644–1661), erster Kaiser der Qing-Dynastie, war der Enkel des Dynastiegründers Nurhachi, der sich bereits im Jahre 1636 zum Kaiser der Qing-Dynastie ausgerufen hatte. Die Mandschuren hatten vor der Eroberung Pekings Mukden, das heutige Shenyang, zu ihrer Hauptstadt gemacht, nach ihrem Sieg sogleich aber nach Peking verlegt. Im Gegensatz zu anderen Fremdvölkern an der Peripherie Chinas hatten sich die Mandschuren schon frühzeitig der chinesischen Kultur geöffnet und viele ihrer Söhne zur Ausbildung nach China geschickt, sodass sie relativ gut vertraut mit dem riesigen Land waren, das sie nun in der Zukunft beherrschen sollten. Shunzi war erst sechs Jahre alt, als man ihn auf den Thron setzte, sodass sein Onkel Dorghon für ihn die Regierungsgeschäfte führte. Nach dem Tode dieses Onkels allerdings übernahm der frühreife und intelligente Kaiser in seinem 14. Lebensjahr bereits die volle Macht. Nordchina mit Peking waren zwar in der Hand der Mandschuren, aber kaisertreue Truppen hielten den Süden nach wie vor besetzt. Die vollständige Eroberung des Reiches der Mitte dauerte sogar bis 1683, in diesem Jahr erst fiel Taiwan als die letzte Festung der Ming-Truppen. Shunzi selbst starb bereits mit 22 Jahren an einer plötzlichen Krankheit und wurde unter dem Tempelnamen Shizu im Xiaoling-Mausoleum in den Östlichen Gräbern der Provinz Hebei beigesetzt. Nachfolger wurde der dritte Sohn des Verstorbenen, der mit sieben Jahren inthronisierte Kaiser Kangxi (1661–1722).

Sichuan Die Provinz Sichuan (Setschuan) wurde im Jahre 1997 fühlbar verkleinert, als 82 000 Quadratkilometer und 30 Millionen Einwohner ausgegliedert und zum selbständigen Großraum, d. h. zur regierungsunmittelbaren Stadt Chongqing (Tschungking) erhoben wurden. Mit ihren nunmehr immer noch 485 000 Quadratkilometern und 85 Millionen Einwohnern in 144 Kreisen und 31 Städten ist aber Sichuan immer noch eine der großen Provinzen Chinas. Das Gebiet liegt am Oberlauf des Jangtse und besteht aus zwei klar abgegrenzten Teilen: dem kühlen Bergland von Westsichuan, dessen höchste Gipfel über 3000 Meter aufragen und dem heißen »Roten Becken«, das von Bergen auch an den Grenzen zu den Nachbarprovinzen umgeben ist. Die Erde ist rot wegen ihres starken Eisengehalts, aber sie macht Sichuan zu einer der fruchtbarsten Landschaften Chinas, wo neben Reis und Weizen, auch Mais, Baumwolle und Ölpflanzen prächtig gedeihen. Die Hauptstadt Chengdu mit ihren vier Millionen Einwohnern ist auch ein Zentrum vieler Industriebetriebe, denn die Provinz ist reich an Bodenschätzen. Die Altstadt von Chengdu gilt als eine der schönsten Städte Chinas. Bereits im Altertum war Chengdu die Hauptstadt des Königreiches Shu – und noch heute ist die Kurzform von Sichuan Shu oder auch Chuan. Im Westen liegt der erhabene Emeishan, einer der vier heiligen Berge der Buddhisten in China und am Min-Fluss steht bei der kleinen Stadt Leshan die größte Buddhastatue der Welt, eine steinerne Sitzfigur von 71 Metern Höhe. Im gebirgigen Westteil sind neun nationale Minderheiten beheimatet, die Yi, Tibeter, Miao, Qiang, Hui, Tujia, Bouyei, Naxi und Lisu, die entweder gemeinsam mit Han-Chinesen in den Städten und Dörfern wohnen oder aber in eigenen Autonomen Bezirken und Kreisen konzentriert sind.

Sieben antike Hauptstädte Unter dem Ehrentitel »Sieben antike Hauptstädte« sind gemeint: Anyang, Xian, Luoyang, Kaifeng, Beijing, Nanjing und Hangzhou. Damit lässt die chinesische Geschichtsschreibung die Antike mit der späteren Shang-Dynastie (um 1700–1100 v. Chr.) in Anyang beginnen und mit dem Sturz der Südlichen Song-Dynastie 1279 in Hangzhou enden.

Siegel China ist das Reich der Siegel schlechthin. Seit der Shang-Dynastie (16.–11. Jh. v. Chr.) im Gebrauch, wurden sie aus Bronze, Jade, Stein, Keramik, Porzellan, Elfenbein, Horn, Holz und anderen Materialien in unterschiedlichen Größen hergestellt und enthielten in erhabenem oder vertieftem Relief den Namen oder Titel des Besitzers. Man brachte Abdrucke von ihnen auf Ton an, mit dem die Verschnürungen von Dokumenten gesichert waren oder mit dem man Behältnisse verschloss. Nach der Erfindung des Papiers nahm der Gebrauch der Siegel rasch zu. Das Siegel wurde zu einem der wichtigsten Insignien der Beamten. Die Staatssiegel der Kaiser stellten gewissermaßen die Reichsinsignien dar. Wer die Kaisersiegel in seine Macht brachte, konnte Dynastien stürzen. In den letzten beiden Dynastien gehörte es zum guten Ton jedes wohlhabenden Chinesen, ein gut gearbeitetes Siegel zu besitzen, kalligraphisch gestaltet und meist mit einem kunstvollen Aufsatz auf dem zylindrischen oder kubischen Siegelkorpus. Siegelschneider zogen durch die Lande und fertigten auf Bestellung. Jeder Maler drückte sein Siegel auf das fertige Bild. Siegelsammlungen entstanden und Gesellschaften zur Pflege und Erforschung der Siegel wurden gegründet. Da die Namen und Bezeichnungen auf den Siegeln mit ästhetischer Eleganz und oft archaischen Charakteren gestaltet wurden, stellen die Siegel hervorragende Zeugnisse auch der chinesischen Schriftkultur dar. Das wichtigste Amtszeichen des Himmelssohnes war das kaiserliche Siegel, das zur Thronbesteigung für jeden Herrscher neu angefertigt wurde. Bis zum Ende der Ming-Zeit war die Siegellegende stets in chinesischer »Siegelschrift« geschnitten, die schon im Altertum zu diesem Zweck entwickelt worden war. Siegelschneider waren Künstler, Gelehrte und Handwerker in einer Person. Die Siegel der Kaiser hatten einen Doppeldrachenknauf und bestanden für rituelle Opferhandlungen aus Gold, für die Beglaubigung kaiserlicher Dekrete aus grüner Jade. In der Qing-Dynastie trugen die Siegel die Legenden in chinesischer und mandschurischer Siegelschrift. Im Jahr 1745 waren im Kaiserpalast in Peking 39 kostbare Staatssiegel vorhanden, von denen Kaiser Qianlong 25 aus Gold, Jade und Sandelholz auswählte und für den amtlichen und zeremoniellen Gebrauch im Herzen des Palastes in der Halle der Kosmischen Vereinigung aufbewahren ließ. Die höheren Beamten benutzten Siegel aus Silber und waren eifrig darauf bedacht, das Siegel in den Amtsräumen wohl verwahrt zu hüten, denn der Verlust des Siegels bedeutete den Verlust des Amtes.

Sima Qian Der größte Historiker Chinas, Sima Qian (145–87 v. Chr.) lebte am Hofe des Kaisers Wu in der Westlichen Han-Dynastie und wurde mit der Aufgabe betraut, die Geschichte des Reiches bis in seine eigene Zeit aufzuzeichnen. Sima Qian hinterließ in meisterhaftem Stil nicht nur ein Geschichtswerk, sondern in einem zweiten Teil auch die Biographien der wichtigsten Persönlichkeiten, die bis zu seinen Tagen Geschichte in China gestaltet haben. Mitten in seiner Arbeit fiel der »Große Chronist« (so sein offizieller Titel) in Ungnade und verbrachte den Rest seines Lebens meist im Gefängnis. Das Grab von Sima Qian liegt im Distrikt Hancheng bei seinem Geburtsort Zhichuan zhen in der Nähe des Gelben Flusses. Eine Übersetzung des großen Werkes, Teil I, besorgte in sechs Bänden in französischer Sprache Edouard Chavannes bei Leroux in Paris 1895.

Sinanthropos Lantianensis Das Unterkiefer-Fossil des Lantian-Menschen (Sinanthropos lantianensis) wurde von einem Forscherteam des Instituts für Paläoanthropologie an der Chinesischen Akademie der Wissenschaften am 19. Juli 1963 im Kreis Lantian, 50 Kilometer südlich der Stadt Xian in der Provinz Shaanxi entdeckt. Mit dieser Unterkiefer-Versteinerung wurden auch Fossilien von Mammuts, Tigern, Schakalen, Wildschweinen und Hirschen sowie ein Quarzkiesel mit Spuren menschlicher Bearbeitung gefunden. Die Fossilien gehören geologisch dem Mittleren Pleistozän des Quartär an, also dem gleichen Zeitraum, in dem auch der Sinanthropos pekinensis einst lebte. Da jedoch die verschiedenen Wölbungen auf dem Unterkieferbein des Lantian-Menschen relativ unausgeprägter sind, nimmt man für ihn ein Alter von maximal 600 000 Jahren und beim Peking-Menschen maximal 500 000 Jahren an.

Singapur Für den Handel zwischen China, Indien, Arabien und Europa war bereits im 14. Jahrhundert jene Insel an der Südspitze von Malaysia äußerst wichtig, die heute Singapur heißt und hauptsächlich von Chinesen bewohnt und regiert wird. Am Schnittpunkt zwischen dem Südchinesischen Meer und dem Indischen Ozean gelegen, hat sich Singapur seit dem 19. Jahrhundert kontinuierlich zu einer der erfolgreichsten Handelsstädte der Welt mit 2,8 Millionen Einwohnern entwickelt. Obwohl es vier offizielle Sprachen gibt (Chinesisch, Malaiisch, Englisch und Tamil) ist das Chinesische in der Form des Peking Dialekts (Mandarin) doch die im Alltag vorherrschende. Der Aufstieg Singapurs begann 1819, als Sir Stamford Raffles durch diplomatisches Verhandlungsgeschick dem Sultan von Malakka die Abtretung der Insel an England abringen konnte, um eine britische Handelsniederlassung an dieser strategisch so wichtigen Stelle zu gründen. Der zunehmende Ostasienhandel und der spätere Kautschukboom waren der Stadt sehr förderlich, sodass sich viele Chinesen, Inder und Malaien auf der Insel ansiedelten. 1867 wurde Singapur Kronkolonie Englands, wurde 1942 von den Japanern erobert (Schreckensherrschaft mit vielen Massakern unter den Chinesen) und 1945 von den Amerikanern wieder befreit. In Etappen konnte dann zwischen 1959 und 1965 die völlige Unabhängigkeit von Großbritannien erreicht werden. Der Stadtstaat besteht aus der Hauptinsel und 52 kleineren Inseln und umfasst 641 Quadratkilometer. Singapur ist einer der wichtigsten Knotenpunkte von »Greater China«.

Sinozentrismus Die gewaltige Größe des Reiches der Mitte mit seiner hoch entwickelten Zivilisation brachte es mit sich, dass sich die Chinesen eigenständige und differenzierte Kulturen außerhalb ihrer Grenzen bis zum 19. Jahrhundert kaum vorstellen konnten. Man war nicht ethnozentrisch oder rassistisch, denn man erkannte jeden Fremden, ja sogar jedes Volk nach einiger Zeit als dazugehörig an, wenn dieses die chinesische Sprache, seine Sitten und Gebräuche übernommen hatte. Man war sinozentrisch, auf die chinesische Kulturtradition bezogen, die in dem Riesenreich allüberall ihren prägenden Einfluss geltend machte. Man musste zwar anerkennen, dass die nach China eingedrungenen Fremdvölker wie Hunnen, Mongolen und Mandschuren militärisch zeitweilig stärker waren als die eigenen Truppen, aber man betrachtete sie alle letztlich doch als Barbaren, da sie feinere Sitten vermissen ließen und eben nicht chinesisch sprachen. Nur in Notzeiten wanderten Chinesen aus. In der zweiten Hälfte der Ming-Dynastie wrackte sogar auf Befehl des Kaisers die gesamte Hochseeflotte ab, da man sich der fast kompletten Isolation verschrieb. Das Vordringen der Europäer – mit Hilfe moderner Waffentechnik – im 19. Jahrhundert und ihre unbestreitbaren Erfolge riefen schwere Irritationen hervor, aber man betrachtete auch sie als »weiße Teufel« aus Übersee, letztlich als Barbaren. Erst das Beispiel Japans mit seiner Öffnungspolitik seit dem letzten Drittel des 19. Jahrhunderts führte zu einem Umdenken. Eine schmerzhafte Transformation der chinesischen Weltsicht wurde eingeleitet, die dann zum Sturz der Mandschu-Dynastie führte. Die schweren Krisen in den Jahren 1918–1949 sind Ausdruck dieser Neuorientierung geworden. Die Übernahme kommunistischer Ideen aus Europa und ihre maoistische Abwandlung leiteten dann nach der Ausrufung der VR China eine neue Phase in diesem Transformationsprozess ein.

Sklavenhaltergesellschaft In der Darstellung der chinesischen Kommunisten wird die gesamte Zhou-Dynastie als Sklavenhaltergesellschaft bezeichnet, während die mit dem Ersten Kaiser beginnende Periode und alle nachfolgenden Dynastien als Feudalgesellschaften gekennzeichnet werden.

Sklaverei Die Sklaverei in China unterscheidet sich wesentlich von dem Sklavenhaltertum des Alten Orients, Griechenlands und Roms dadurch, dass sich in China die Sklaven vornehmlich aus Verarmten rekrutierten, die sich selbst oder ihre Angehörigen verkaufen mussten, um ihre Schulden bezahlen zu können. Ferner gab es Staatssklaven, die sich aus Hochverrätern und Schwerkriminellen zusammensetzten und hauptsächlich bei Bauarbeiten und in Bergwerken eingesetzt wurden. Privatsklaven fanden im Hausdienst Verwendung. Kriegsgefangene treten zwar ebenfalls zu bestimmten Zeiten als Sklaven in Erscheinung, jedoch nicht in großer Zahl. Die Massen der Fronarbeiter beim Bau der Großen Mauer oder des Kaiserkanals waren samt und sonders Zwangsverpflichtete auf Zeit oder abgeurteilte Straffällige, jedoch keine Sklaven.

Sommerpalast Der am »Berg des langen Lebens« nordwestlich von Peking gelegene Sommerpalast der chinesischen Kaiser hat in der Geschichte mehrfach eine Rolle gespielt. Bereits zur Zeit der Jin-Dynastie begannen die Herrscher dieses mandschurischen Fremdvolkes mit dem Bau eines Gartens in der Mitte des 12. Jahrhunderts, als sie in Peking eine ihrer Residenzen einrichteten. Zum Meisterwerk der chinesischen Landschafts- und Gartenarchitektur machte diesen »Garten der Harmonischen Einheit« allerdings erst Kaiser Qianlong, der ihn zum Sommersitz der kaiserlichen Familie ausbauen ließ. Nach mehrjähriger Arbeit und großem Kostenaufwand wurde dieser 290 ha große Park mit seinen Villen, Pavillons, Hallen, Toren, seinem Langen Korridor, Brücken, Treppen, Tempeln und seinen Pagoden 1764 fertig gestellt. Aus Rache an der Kaiserfamilie für die Ermordung und Einkerkerung von Abgesandten zerstörten jedoch bereits 1860 englische und französische Truppen den gesamten Garten. Die Kaiserinwitwe Cixi ließ dann den Sommerpalast wieder errichten und fügte als kostspieliges Kuriosum das berühmte Marmorboot hinzu, bezahlt mit Geldern, die eigentlich für den Aufbau der kaiserlichen Marine bestimmt waren. Nach der Niederschlagung des Boxeraufstandes wurde der Park ein zweites Mal zerstört, diesmal von den Invasionstruppen der Alliierten, wiederum nahm man diesen größten Park Chinas quasi als Geisel. Noch vor dem Sturz der Qing-Dynastie wurde er erneut in den Jahre 1903–1908 wieder aufgebaut. 1924 endgültig für die Öffentlichkeit zugänglich gemacht, verwilderte er in den Jahres des Bürgerkrieges und wurde nach 1949 gründlich restauriert, 1998 wurde der Sommerpalast in die Liste des Welterbes der UNESCO aufgenommen, in der sowohl Kulturdenkmäler als auch Naturdenkmäler vertreten sind.

Sonam Gyatso Der mongolische Herrscher Altan Khan verlieh dem Tibeter Sonam Gyatso (1543–1587) den Titel eines Dalai-Lama. Sonam Gyatso gilt jedoch als dritter Dalai-Lama, da er aus Dankbarkeit zwei bedeutende Mönche vor ihm posthum zum Ersten und Zweiten Dalai-Lama ernannte.

Sonderwirtschaftszonen Den ersten Schritt in die eigentliche Moderne nach der Mao-Zeit tat Peking bereits 1979 mit der Errichtung von fünf Sonderwirtschaftszonen, in denen ausländische Firmen investieren und Betriebe errichten konnten. Diese fünf Zonen entstanden in Südchina bei Shenzen, Zhuhai, Shantou, Xiamen und auf der Insel Hainan. Die größte dieser Zonen ist Shenzen, gleich an der Grenze zu Hongkong und etwa 150 km südöstlich von Guangzhou (Kanton), mit dem es eine sechsspurige Autobahn verbindet. Schwerpunkte dieser Sonderwirschaftszonen sind Hightech-Projekte, Computertechnik, Mikroelektronik, Biotechnik und die Textilindustrie. 90 Prozent des ausländischen Kapitals kamen aus Hongkong und Macau zu einer Zeit, in der diese beiden Gebiete noch nicht zu China zurückgekehrt waren. Die Stadt hat heute rund 5 Millionen Einwohner und neben der Metropole Shanghai eine eigene Wertpapierbörse, die zweite in China überhaupt.
In Shenzen sind inzwischen Hochhaus-Komplexe emporgewachsen, in den anderen Zonen sucht man mit rasantem Tempo den Anschluss.

Song-Dynastie Die Song-Dynastie (960–1279) wird in der Geschichtsschreibung berechtigterweise stets in zwei große, scharf voneinander geschiedene Perioden geteilt, nämlich in die Nördliche Song-Dynastie (960–1126) mit 166 Jahren und in die Südliche Song-Dynastie mit 153 Jahren Dauer. Hervorgegangen ist die Song-Dynastie aus der Späteren Zhou-Dynastie, deren führender General Zhao Kuangyin von seinen eigenen Soldaten zum Kaiser erhoben wurde, weil sie dem regierenden Kindkaiser und der Kaiserinwitwe keine klaren Entscheidungen zutrauten. Zhao Kuangyin nannte seine neue Dynastie Song und ging selbst als Kaiser Taizu in die Geschichte ein. Unter der maßvollen Führung des neuen Kaisers erholte sich das Land, sodass bereits sein Nachfolger Taizong die sog. »Zehn Königreiche« im Süden Chinas beseitigen und mit Zentralchina wieder vereinigen konnte. Allerdings waren der neuen Dynastie im Norden neue Gefahren entstanden. Die aus der Mandschurei stammenden Khitan (auch Khitai) waren 928 zum Bohai-Meer vorgedrungen und konnten sich bis in die Innere Mongolei hinein ausdehnen. Sie gründeten die Liao-Dynastie und machten das heutige Peking zu ihrer Hauptstadt. 1125 wurden sie dann von chinesischen Truppen und ihren Verbündeten, den Jin (Jurchen) besiegt. Die Jin (= Jurchen, Ruzhen, Tataren, Dschurdschen) waren ein tungusischer Stamm, ebenfalls aus der Mandschurei, die sich dann gegen ihre Alliierten, die Chinesen, wandten. Die Nördliche Song-Dynastie geriet in so schwere Bedrängnis, dass nicht nur die Hauptstadt Kaifeng verloren ging, sondern auch der Kaiser und seine Familie mit vielen Gefolgsleuten in die Gefangenschaft der Jin abgeführt wurden (1126). Ein Kaisersohn konnte fliehen und errichtetete im Süden seine Residenz in Hangzhou (1127). Damit ward die Nördliche Song-Dynastie (960–1126) durch die Südliche Song-Dynastie (1126–1279) ersetzt. Beide Teildynastien wahrten das Erbe des alten China, wurden von der gleichen Kaiserfamilie in klarer Sukzession geführt und waren zu ihren Glanzzeiten ein wirtschaftlich prosperierendes Herrschaftsgebilde, das auf kulturellem Gebiet eine wahre Renaissance der Künste, der Literatur und der Philosophie einleitete. Im Jahre 1211 verlegten dann die Jin ihre Hauptstadt von Peking nach Kaifeng, da sie von einem noch mächtigeren Nomadenvolk bedrängt wurden, den Mongolen. Im Jahre 1232 ließ sich der Song-Kaiser dazu verleiten, gemeinsam mit den Mongolen die Jin zu vernichten, womit sie nunmehr in unmittelbare Nachbarschaft zu den Mongolen gerieten. Diese bedrohliche Nachbarschaft wurde der Südlichen Song-Dynastie zum Verhängnis. In einer Jahrzehnte währenden Agonie und in verzweifelten Abwehrkämpfen ging das Song-Reich unter. Der Mongolenkhan hatte gesiegt (1279). Khubilai errichtete als Kaiser Shizu die Yuan-Dynastie (1279–1368).

Songshan-Tempel Mit insgesamt 400 Räumen und über 100 Steintafeln ist der Songshan-Tempel der größte aller alten Bergtempel in China, er bedeckt eine Fläche von 11 Hektar. Der Tempel liegt, wie sein Name sagt, auf dem Songshan, einem der fünf heiligen (daoistischen) Berge Chinas. Der Berg ist ein uraltes Wallfahrtszentrum und liegt bei der Stadt Dengfeng in der Provinz Henan. Man erreicht den in der Tang-Zeit gebauten und in der Qing-Zeit renovierten Tempel kurz unterhalb des Huanggai-Gipfels.

Song-Staat Der Staat Song, ein Teilstaat im Rahmen der Zhou-Dynastie (11. Jh.–256 v. Chr.), umfasste Teile der heutigen Provinzen Henan, Anhui und Shandong und war ursprünglich ein Lehen, das der siegreiche Zhou-Herrscher einem Nachkommen des letzten Shang-Königs übergeben hatte. Galt es doch, die Geister der Ahnen des besiegten Shang-Stammes durch Opfer zu versöhnen, damit diese nicht etwa an den Siegern Rache nähmen. Die Bevölkerung dieses Gebietes setzte sich demnach hauptsächlich aus Angehörigen der Shang-Sippen zusammen. Politisch ereichte daher der Staat Song nicht die Bedeutung seiner Nachbarn, war aber in ökonomischer und kultureller Hinsicht durchaus bedeutsam. 286 v. Chr. teilten die drei Staaten Qi, Wei und Chu den Staat Song unter sich auf.

Songtsen Gampo Als erster priesterlicher König von Tibet führte Songtsen Gampo (617–649) den Buddhismus in Tibet ein, erbaute den Jokhang (Dschokhang) als zentrales Heiligtum und festigte die Macht der Yarlung-Dynastie. Berühmt ist aus dieser Zeit am Hof Songtsen Gampos der gelehrte Minister Tönmi Sambhota, der die tibetische Schrift schuf und die Grammatik des klassischen Tibetisch verfasste. Songtsen Gampo wurde später als Manifestation von Avalokiteshvara angesehen und verehrt.

Songyuesi-Pagode Die älteste noch erhaltene Ziegelpagode Chinas ist die Songyuesi-Pagode auf dem Berg Songshan im Kreis Dengfeng in der Provinz Henan. Gleichzeitig ist sie die einzige zwölfeckige Pagode und bietet mit ihrem fünfzehnstufigen Aufbau und ihren 41 Metern Höhe einen erhabenen Anblick in der ohnehin grandiosen Berglandschaft. Gebaut wurde sie im Jahre 520 und hat relativ unversehrt alle

Stürme der Jahrhunderte überdauert. Das Innere ist heute hohl, alle Treppen und Balken, die wohl ursprünglich vorhanden waren, sind schon lange verschwunden. In allen vier Himmelsrichtungen hat diese Pagode eine Tür.

Soong Ching Ling Soong Ching Ling (1890–1981) kann neben der im Gefängnis gestorbenen Jiang Qing als prominenteste und zugleich ranghöchste Frau des modernen China gelten. Geboren 1890 in Shanghai als Tochter der superreichen christlichen Familie Soong, war sie die Schwester der späteren Ehefrau von Chiang Kai-shek, während sie selbst die Lebensgefährtin von Sun Yat-sen war und später zur Ehrenpräsidentin der Volksrepublik China ernannt wurde. Der Finanzminister der von ihrem Schwager Chiang Kai-shek geführten Nationalregierung war ihr Bruder T. V. Soong, und ihre ältere Schwester Soong Ailing war die Frau des Bankmanagers H. H. Kong, der seinen Stammbaum bis auf Konfuzius zurückführen konnte. Diese auf den ersten Blick politisch völlig widersprüchlichen Zusammenhänge entwirren sich, wenn man den Lebensweg von Soong Ching Ling näher verfolgt. Nach ihrer behüteten Kindheit absolvierte sie die McTyeire-Mädchenschule in Shanghai und besuchte dann in den USA das Wesleyan-Frauencollege in Macon (Bundesstaat Georgia), wo sie 1913 den Titel eines Bachelors of Arts erwarb. Als sie auf dem Rückweg nach China in Tokyo Station machte, traf sie erstmals mit Sun Yat-sen zusammen. Der dort im Exil weilende Guomindang-Führer ließ sich kurz nach dieser Begegnung von seiner Frau scheiden und heiratete 1915 Soong Ching Ling, die 26 Jahre jünger war als er selbst. Bis zum Tode ihres Mannes (1925) wuchs die junge Frau ganz in die Arbeit der Guomindang hinein und fühlte sich danach als Testamentsvollstreckerin ihres Mannes. Sun Yat-sen hatte während seiner Lebenszeit die Zusammenarbeit mit den Kommunisten aus organisatorischen Gründen stets befürwortet und hatte seinen späteren Nachfolger Chiang Kai-shek an der Spitze einer Studienkommission auch für drei Monate nach Moskau entsandt. 1927 heiratete Chiang Kai-shek die Schwester von Soong Ching Ling, die diese organisatorische Verbindung der Guomindang zu Moskau ebenfalls befürwortete. Als nun ein Jahr später Chiang Kai-shek sich gegen die Kommunisten wandte und viele von ihnen verfolgen und töten ließ, fand dies zwar die Billigung seiner Ehefrau aber nicht seiner Schwägerin. Unentwegt arbeitete daher Soong Ching Ling an einer Versöhnung der beiden Lager, die jedoch nur aus Gründen des gemeinsamen Kampfes gegen Japan für etwa zehn Jahre gelang. Soong Ching Ling gründete während der Kriegsjahre in Hongkong vor der Besetzung durch die Japaner die »Chinesische Verteidigungsliga« und brachte für den »China-Hilfsrat« viele ausländische Gelder zusammen. Da sie die antikommunistische Politik ihres Schwagers konsequent ablehnte, war es für sie folgerichtig, dass sie sich in die 1949 gegründete Volksrepublik China begab, wo sie mit Ehren überhäuft und zur Stellvertretenden Vorsitzenden des Zentralen Volksregierungsrates ernannt wurde. 1959 ernannte man sie zur Stellvertretenden Staatspräsidentin und von 1975 wirkte sie bis zu ihrem Tode auch als Stellvertretende Parlamentspräsidentin. Zahlreiche Auslandsreisen im Dienste der Staatsführung wurden von ihr als Delegationsleiterin organisiert und durchgeführt. Nach ihrem Tod am 8. Mai 1981 fand sie ihre Ruhestätte auf der Shanghaier Grabanlage der Familie Soong.

Soong-Familie Eine der einflussreichsten Familien Chinas in der zu Ende gehenden Kaiserzeit und in der Ära Chiang Kai-shek war die Familie Soong, deren Begründer 1866 als Sohn armer Bauern auf der Insel Hainan geboren wurde. 1875 wurde der Neunjährige von einem Onkel adoptiert und nach Boston in Massachusetts mitgenommen, wo er von dem reichen Tabakfabrikanten Julian Carr adoptiert und auf den Namen Charles Jones Soong getauft wurde. Nach einer erfolgreichen Ausbildung zum Methodisten-Missionar kehrte er 1886 nach Shanghai zurück. Dortselbst eröffnete er eine Druckerei für Bibeln, druckte jedoch geheim auch die Flugblätter der antimonarchistischen Geheimorganisation, der auch der Arzt Dr. Sun Yat-sen angehörte. Durch seine sinoamerikanische Erscheinung kommt er mit US-Exporteuren in Verbindung und beginnt – noch in der Kaiserzeit – Maschinen der Schwerindustrie nach China zu importieren. Bis zur Revolution 1911 baut Charles Jones Soong neben seiner Druckerei ein großes Importgeschäft auf und wird einer der reichsten Chinesen Shanghais. Mit dem wegen eines gescheiterten Aufstandes ins Ausland geflohenen Sun Yat-sen hält er jedoch nach wie vor geheim Verbindung. Nach dem Sturz der Qing-Dynastie und der Ernennung Sun Yatsens zum Präsidenten der Republik beginnt der eigentliche Aufstieg der Soong-Familie. Die älteste Tochter von Charles Jones Soong heiratet nun Sun Yat-sen und wird First Lady der Republik, ihre Schwester Mayling wird die Frau von Chiang Kai-shek und die dritte Tochter Ailing heiratet H. H. Kong, einen Nachfahren von Konfuzius und zugleich wichtigsten Bankier von Nationalchina. Charles ältester Sohn, T. V. Soong, wird Finanzberater von Chiang Kai-shek und Premier Nationalchinas; er galt lange Zeit als der reichste Mann Chinas. Nach dem Ende der Guomindang-Herrschaft auf dem Festland stellte sich die Witwe von Sun Yat-sen den Kommunisten zur Verfügung und avancierte zur stellvertretenden Vorsitzenden der kommunistischen Volksrepublik China. Die Frau von Chiang Kai-shek wurde First Lady in Taiwan und agitierte erfolgreich in den USA für ihren Mann bis zur Kehrtwendung der amerikanischen Chinapolitik unter Nixon. Maßgeblich war sie jedoch daran beteiligt, dass ihr Sohn, Chiang Chingguo, die Nachfolge seines Vaters auf Taiwan als Staatschef antreten konnte. Nach dem Tod der Schwestern und nach dem Ableben von Chiang Chingguo traten die Soong zwar von der politischen Bühne ab, ihre Nachkommen jedoch sind in Wirtschaft und Gesellschaft auf der Inselrepublik nach wie vor in wichtigen Ämtern und Positionen tätig.

Spätere Han-Dynastie Die vierte der »Fünf Dynastien«, nach dem Fall des Tang-Reiches im Norden Chinas entstanden, war die Spätere Han-Dynastie (947–951), die trotz ihres originär chinesischen Namens von zwei türkischen Kaisern regiert wurde: Gaozu (947–948) und Yindi (948–951). Abgelöst wurde diese kurzlebige Dynastie von der Späteren Zhou-Dynastie (951–960).

Spätere Jin-Dynastie Spätere Jin-Dynastie hatten die tungusischen Mandschuren ihre neue Herrschaftsperiode genannt, in der sie in der Zeit von 1616–1644 zwar schon ganz Nordostchina (die heutige Mandschurei) erobert, jedoch die Qing-Dynastie noch nicht gegründet hatten. Die Mandschuren sind in der Geschichte unter mehreren Namen bekannt geworden, man nannte sie Sushen, Dschurdschen, Nüzhen, Mandschuren oder Jin. Unter dem Namen Jin hatten sie bereits 1115 eine mächtige Dynastie begründet, waren dann von den Mongolen geschlagen worden und hatten sich wieder in ihre alte Heimat zurückgezogen. Neu erstarkt leisteten sie der chinesischen Regierung in den Jahren 1592–1598 Militärhilfe gegen die Japaner in Korea, entzweiten sich dann jedoch mit den Chinesen. 1609 machten sie Nurhaci, einen Stammesfürsten, zu ihrem Führer, der sich »Khan der Nüzhen« nannte. Nurhaci, eine bedeutende Persönlichkeit, machte Shenyang unter dem mandschurischen Namen Mukden zu seiner Hauptstadt und unternahm Feldzüge bis nach Nordchina. Nurhacis Sohn Abahai führte nach dem Tod seines Vaters (1625) dann den Eroberungskrieg weiter, unterwarf 1638 Korea und 1642 ganz Nordostchina. 1635 setzte Abahai zwei wichtige Namensänderungen durch:

1. Der Name Nüzhen wurde endgültig durch den Namen Mandschu ersetzt.
2. Die Dynastie der Späteren Jin wird umbenannt in »Große Qing« (Da Qing), ab 1644 dann nur noch Qing-Dynastie genannt, die der unter Vormundschaft stehende Enkel Nurhacis unter dem Kaisernamen Shunzi von 1644 an regierte.

Spätere Liang-Dynastie Nach dem Sturz der Tang-Dynastie zerfiel das Reich im Norden in fünf kurzlebige Dynastien, die einander folgten, und im Süden in zehn Königreiche, die gleichzeitig nebeneinander bestanden. Die Spätere Liang Dynastie (907–922) war die erste der sog. »Fünf Dynastien« mit den beiden Kaisern Taizu (907–910) und Modi (911–923). Nach nur 26 Jahren wurde Modi, der aus Machtgier seinen Vater ermordet hatte, von einem Türken auf dem Thron abgelöst, der die Spätere Tang-Dynastie (923–935) eröffnete.

Spätere Shu-Dynastie Der Staat der Späteren Shu-Dynastie (934–965) lag in Sichuan, dem Südostteil von Gansu, in Süd-Shaanxi und in West-Hubei und war einer der zehn Königreiche, die sich zwischen der Tang- und der Song-Dynastie kurzfristig etablieren konnten. Das nur eine Generation bestehende Königreich wurde von der Nördlichen Song-Dynastie 965 erobert.

Späteres Liang Zu den sechzehn Staaten, die im 4. Jahrhundert auf dem Boden Nordchinas gegründet wurden und meist von recht kurzer Dauer waren, gehört auch der Staat der Späteren Liang, gegründet im Jahre 385 von dem Fremdvolk der Di. Bereits im Jahre 403 fiel dieser Staat an die Späteren Qin. Dieses Herrschaftsgebilde ist ein gutes Beispiel für die instabile Lage, in der sich damals letztlich ganz China befand und die das im

Süden bestehende Kaiserreich zur Ohnmacht verdammte. Das Reich der Späteren Liang ist der zehnte Staat in der Reihe der schwachen Sechzehn.

Späteres Qin Das von dem Fremdvolk der Qiang in Nordchina gegründete kurzlebige Reich mit dem Namen späteres Qin wird von der chinesischen Geschichtsschreibung als siebtes der »Sechzehn Staaten« aufgezählt, in die der gesamte Norden im Laufe von etwa 150 Jahren zersplittert war. Gegründet wurde das Spätere Qin im Jahre 384 von Yao Chang, in einer Zeit also, in der im Süden das Kaiserreich der Östlichen Jin-Dynastie bestand. Und in einer Periode der Schwäche fiel dann 417 das Spätere Qin-Reich auch an die Östlichen Jin.

Späteres Yan-Reich Im 4. Jahrhundert n. Chr. gründete das Turkvolk der Xianbei auf nordchinesischem Boden eine Reihe von Staaten, die alle eine unterschiedliche Ausdehnung aufwiesen und auch von einer sehr verschiedenartigen zeitlichen Dauer waren. Zu diesen Herrschaftsgebieten gehörte auch das im Jahre 384 von Murong Chui gegründete Spätere Yan-Reich, das dann im Jahre 409 bereits in das von Chinesen dominierte Nördliche Yan einbezogen wurde. Man zählt das Spätere Yan-Reich als Achtes der »Sechzehn Staaten« in der Zeit der Zersplitterung.

Späteres Zhao-Reich Das in den nördlichen Grenzregionen beheimatete Steppenvolk der Jie gründete im Jahre 319 einen eigenen Staatsverband, besiegte zehn Jahre später die Hunnen, übernahm deren Staat und gründete eine eigene Dynastie, die man in der Geschichte als das Spätere Zhao-Reich kennt. Bereits im Jahre 350 setzten jedoch die sog. Ran Wei diesem Staatsgebilde ein Ende, das stets als Drittes der sog. »Sechzehn Staaten« bezeichnet wird.

Spätere Tang-Dynastie Die Spätere Tang-Dynastie (923–935) ist die zweite der »Fünf Dynastien«, die nach dem Fall des Tang-Reiches im Norden Chinas entstanden waren. Gründer und erster Kaiser dieser Dynastie war ein Türke, der unter dem Namen Zhuanzong (923–926) den Thron erobern konnte. Ihm folgten dann die Kaiser Mingzong (926–934) und Feidi (934–935) bis zur Ablösung durch die Spätere Jin-Dynastie (936–947).

Spätere Zhou-Dynastie Die letzte der »Fünf Dynastien«, die nach dem Fall des Tang-Reiches im Norden Chinas entstand, war die Spätere Zhou-Dynastie (951–960), die nach drei Dynastien mit türkischen

Kaisern wieder von Chinesen regiert wurde. Allerdings war die Dynastie sehr kurzlebig, denn nur zwei Kaiser konnten den Thron bis zur Ablösung durch die Song-Dynastie behaupten, dies waren Taizu (951–954) und Shizong (954–960).

Sprachfamilien Von den 56 in China lebenden Nationalitäten sprechen 32 eine Sprache, die der sinotibetischen Sprachfamilie angehört, dazu gehört auch das Chinesische selbst. 19 Völker sprechen altaische Sprachen, zu denen die Sprachgruppen der Turkvölker, der Mongolen, Mandschuren und Tungusen gehören. Zwei Nationalitäten, die Russen und die Tadschiken sprechen eine indogermanische Sprache, drei kleinere Völker bedienen sich eines austroasiatischen Idioms und die Gaoshan gehören mit ihrer Sprache sogar der austronesischen Sprachfamilie an. Nicht identifiziert ist die Sprache des Jing-Volkes an der Küste des Golfes von Beibu an der Grenze zu Vietnam.

Spratly Islands China beansprucht seit den Zeiten der Qing-Dynastie große Flächen des Südchinesischen Meeres – zwischen Vietnam und den Philippinen gelegen – als Hoheitsgewässer. Darunter befinden sich auch die Spratly Islands, eine Gruppe von etwa 600 kleinen Inseln, in deren Umkreis sich die Erdöl- und Erdgaslagerstätten befinden, die von den Prospektoren als eine der bedeutendsten Fundstätten dieser Art in ganz Südostasien angesehen werden. Die VR China unterhält zwar einen Militärstützpunkt auf den Inseln, desgleichen aber auch die Anrainer Vietnam, Taiwan, Philippinen und Malaysia. Der Besitzstreit ist nicht entschieden, eine militärische Auseinandersetzung bisher aber auch von der VR China vermieden worden.

Staatsaufbau der VR China Seit Auflösung der Volkskommunen nach dem Tode Maos und der Abschaffung der Revolutionskomitees auf Parteiebene folgt der Staatsaufbau der VR China wieder folgendem Schema: Das Parlament ist der Nationale Volkskongress mit seinem Ständigen Ausschuss, von dem der Staatspräsident gewählt wird und der (stets im Einvernehmen mit dem Politbüro und dem ZK) den Staatsrat mit seinen Kommissionen und den Ministerien bildet. Die Provinzen, Städte, Bezirke, Kreise, Gemeinden und Dörfer bilden ihrerseits jeweils Regierungen und wählen Kongresse auf ihren Ebenen. Die unterste Ebene ist der Dorfkongress und das Dorfkomitee, während die größere Gemeinde einen Gemeindevolkskongress und eine Gemeinderegierung wählt. Die horizontale Verzahnung ist dadurch gewährleistet, dass beispielsweise das Gemeindeparteikomitee über die personelle Besetzung der Gemeinderegierung entscheidet und die Wahl dieser Personen durch den Gemeindevolkskongress vornehmen lässt. Rein administrativ gibt es ganz oben die Zentralen Führungsorgane von Partei und Staat. Es folgt die Provinzebene mit 31 Verwaltungseinheiten, darunter 4 Regierungsunmittelbare Städte, 22 Provinzen und 5 Autonome Gebiete. Auf Bezirksebene existieren mehr als 300 Regierungsbezirke bzw. Bezirksstädte. Die Gemeindeebene weist 50 000 Verwaltungseinheiten auf (Gemeinden, Kleinstädte und städtische Wohnviertel). Die Gemeinden wiederum zerfallen in Dörfer, von denen China im Jahre 1996 über eine Million aufwies.

Staatskult Die eindeutig religiös begründete Herrschaft von Königen und dann Kaisern in China entwickelte seit der Shang-Zeit einen Staatskult, der längst vor dem Aufkommen des Konfuzianismus, Daoismus oder gar Buddhismus bestand und letztlich unabhängig von den bekannten Religionen bis zum Sturz der letzten Dynastie (1911) eingehalten wurde. Reichsteilungen oder lang andauernde Besatzungsperioden konnten den Staatskult nicht auslöschen, bei jeder Neugründung einer Dynastie lebte er wieder auf. In der Ordnungsstruktur des chinesischen Staates war der Herrscher oberster Priester und Vermittler zwischen Himmel und Erde und zwischen den dynastischen Ahnen und den in seinem Herrschaftsbereich ihm anvertrauten Untertanen. Nach einem festliegenden Opferkalender wurden jedes Jahr in feierlichen Zeremonien mit Gebeten, Musik und Prozessionen dem Himmel, d. h. der höchsten Gottheit (Di) Opfer dargebracht. Die wichtigsten Zeremonien des Staatskults in China, Opferungen für die Götter und Verehrung der Ahnen, durften in den Hauptstädten nur vom Kaiser selbst vollzogen werden. In der Qing-Dynastie standen dafür neun Altäre in Peking zur Verfügung. Die Tage und Stunden der einzelnen Opferhandlungen waren nach dem Mondkalender vorgeschrieben. Im Tiantan (Himmelstempel) wurden am Tag der Wintersonnenwende die Zeremonien der Himmelsanbetung in feierlichster Weise zelebriert. Die Farbe dieses im Süden liegenden Himmelstempels ist blau, der Erdaltar (Ditan) im Norden hat eine gelbe Farbe, der Sonnenaltar (Ritan) im Osten ist rot und der Mondaltar (Yuetan) im Westen ist weiß. Die agrarischen Fundamente des chinesischen Staatskultes sind durch die anderen fünf Altäre klar erkennbar, denn es galt, Segen vor allem für das Gedeihen der Feldfrüchte von den Göttern zu erflehen. Da gab es einen Erde- und Getreidealtar (Shejitan), einen Ackerbaualtar (Xiannonaltar), einen Wind-, Wolken-, Sonnen- und Regenaltar (Tianshentan), einen Meer- und Bergaltar (Diqitan) und einen Altar für die Seidenraupengöttin (Xiancantan). Die meisten dieser Altäre wurden in Peking im 16. Jahrhundert während der Regierungszeit des Ming-Kaisers Jia Jing gebaut. Die Lage und Größe der Altäre früherer Dynastien ist nicht mehr genau auszumachen, sie müssen jedoch bedeutend gewesen sein, da selbst die beiden nichtchinesischen Dynastien der Jin und der Mongolen solche Altäre in Peking für die Himmelsverehrung bauen ließen. So ließ etwa Kubilai Khan, der erste Kaiser der Yuan-Dynastie, zwei Altäre errichten, einen für den Himmel allgemein und einen zweiten für die Anbetung des Erd- und Getreidegottes. Die Zeremonien wurden überaus feierlich gestaltet, teilweise unter Beteiligung des gesamten Hofstaates und militärischer Abteilungen. Am Himmelstempel wurden beachtliche Tieropfer dargebracht und die Früchte des Feldes den Göttern dargeboten. Während der Kaiser und seine höchsten Beamten den Göttern an acht Altären ihr Aufwartung machten, besuchte den Altar für die Seidenraupengöttin allerdings nur die Kaiserin mit ihren Hofdamen. Dieser Kult weist auf die Bedeutung der Seide für China hin, denn immerhin wurden Seidenballen als Steuerzahlungen anerkannt und vom Staat als Tribute zur Besänftigung angriffslustiger Steppenvölker eingesetzt.

Stelen Stelen sind Steinplatten mit Inschriften, die in China seit der Han-Zeit in vielfältiger Form und Größe aufgestellt wurden und in Ahnentempeln, bei Gräbern und auch bei bedeutenden Bauwerken zu finden sind. Zur Erinnerung an stattgehabte Besuche von Kaisern wurden Stelen errichtet, vor allem aber finden sie sich bei buddhistischen Klöstern zum Gedenken an berühmte Äbte und gelehrte Mönche. Der berühmte Stelenwald von Xian ist eine Sammlung von Inschriftentafeln aus ältester Zeit, deren Texte durch Steinabreibungen oftmals vervielfältigt wurden. Die umfangreiche Sammlung von beschrifteten Stelen im Museum der Provinz Shaanxi in Xian, auch als Bei Lin allgemein bekannt, stellt einen der bedeutendsten Schätze der chinesischen Schriftgeschichte dar und vereinigt mehr als 2300 Stelen mit eingravierten Texten aus mehr als zweitausend Jahren. Die Steine haben eine unterschiedliche Größe, ihre Texte sind meist jedoch noch gut lesbar und eignen sich hervorragend für Steinabreibungen. Eingemeißelt wurden philosophische und religiöse Texte, vor allem die klassischen Schriften, Kommentare und Erläuterungen zu den konfuzianischen Hauptwerken, aber es finden sich auch Bildnisse auf den Tafeln, ja sogar Landschaftsdarstellungen. Die Geschichte dieser einzigartigen Galerie ist bis auf die Tang-Zeit zurückzuführen, denn man weiß, dass 100 von den zwischen 833–837 gemeißelten Inschriftensteinen bereits im heutigen Xian aufgestellt und zum Grundstock einer Stelenbibliothek gemacht wurden. Vielfältige Beispiele chinesischer Kalligraphie sind in der Stelengalerie zu bewundern. Da sieht man den Siegelschrift-Stil der Qin-Dynastie neben der Kanzleischrift aus der Han-Zeit, auch die Konzeptschrift von Wang Xizhi ist zu sehen; er war der bekannteste Kalligraph des 4. Jahrhunderts. Die Schriften der Tang- und Song-Zeit sind ebenso zu studieren wie die aus den späteren Dynastien, vor allem die Inschriften von Gedichten des Kaisers Qianlong (1736–1795) locken die Bewunderer der Schriftkunst an, denn dieser Kaiser war Dichter und Kalligraph zugleich.

Steppenkunst Im Ordos-Gebiet, gelegen im heutigen Autonomen Gebiet Ningxia-Hui, wurden in den letzten hundert Jahren zahlreiche Gegenstände einer sehr expressiven Steppenkunst gefunden, die vornehmlich aus den Gräbern skythischer Herrscher stammten und Einflüsse persischer, mittelasiatischer und altsibirischer Stile erkennen lassen. Schwerter, Dolche, Plaketten, Schmuck und viele kleine Tierdarstellungen verweisen meist auf die Jagdmagie dieser Nomadenvölker, deren schönste Stücke heute in russischen, jedoch auch in chinesischen Museen zu finden sind.

Streitende Reiche Die Zeit von 475–221 v. Chr. wird in der chinesischen Geschichte die Periode der Streitenden Reiche genannt. Diese Bezeichnung ist durchaus zutreffend, denn es hatten sich im 6. und 5. Jahrhundert allmählich sieben mächtige Staaten herausgebildet, die sich mit aller Erbitterung bekämpften und um die Vorherrschaft stritten. Im Norden lag der Staat Yan, der Teile der heutigen Provinz Liaoning umfasste sowie beträchtliche Gebiete der Mongolensteppe. Westlich von Yan schloss sich Zhao an, der sich oben in den Grenzgebieten bereits mit einer Mauer gegen die räuberischen Hunnen in der Steppe schützte. Nach heutigen Maßstäben lag jedoch die große Landmasse von Zhao in der Provinz Hebei. Yan schützte sich gleichfalls vor den tungusischen Stämmen durch eine Mauer, die praktisch die gesamte Halbinsel Liaodong abschirmte und für das Reich Yan sicherte. Am Bohai-Meer lag der reiche Staat Qi, im heutigen Henan dagegen Han. Der Staat Wei lag nördlich von Han und der flächenmäßig größte Staat Chu lag südlich von Han und reichte bereits tief in den Süden hinunter. Der Mittel- und Unterlauf des Jangtse gehörte auf beiden Seiten zu Chu. Westlich von Wei und Han lag der Staat Qin, zu ihm gehörten große Teile des heutigen Shaanxi und bestimmte Gebiete von Gansu. Dieser Staat Qin war es dann auch, der am Ende der Streitenden Reiche als Sieger dieses »Kampfes aller gegen alle« hervorgehen sollte. In der Periode der Streitenden Reiche waren diese Staaten von Fürsten und Königen regiert, das Feudalsystem war fast etabliert, mächtige Adelsfamilien, Herzöge und Grafen, besaßen beträchtliche Teile von Grund und Boden und stellten die Heerführer und Offiziere in den oft zahlenmäßig überraschend starken Heeren, die jeder dieser Staaten aufstellte. Neben diesen sieben mächtigen Staaten bestanden jedoch noch kleinere Herrschaftsbereiche wie Lu, Song und Zhong Shan, die sich durch Diplomatie zwischen den größeren Gebilden zu halten versuchten oder sich in ein Vasallenverhältnis retteten. Auf Grund seiner räumlichen Abgelegenheit und Unzugänglichkeit konnte damals das westliche Shu im heutigen Sichuan an diesem Machtspiel noch nicht aktiv teilnehmen. Zu Beginn dieser Geschichtsperiode waren alle diese Staaten auf Grund intensiv betriebener Landwirtschaft relativ wohlhabend, der Jahrhunderte dauernde Kampf erschöpfte jedoch das Land zusehends. Bei allem Streit und Hader war jedoch diese Zeit gerade durch ein sehr reges Geistesleben gekennzeichnet. Viele Denkschulen wetteiferten miteinander: Konfuzianismus, Daoismus, Mohismus und Legalismus florierten. Das Kunsthandwerk brachte staunenswerte Leistungen hervor. Atemberaubende Jadeamulette, die als Grabbeigaben dieser Zeit im 20. Jahrhundert geborgen werden konnten, legen Zeugnis von dem verfeinerten Geschmack dieser Epoche ab. Das Ende dieser Periode im Jahre 221 v. Chr. allerdings war ziemlich abrupt und brutal. Der mit eiserner Disziplin regierte Staat Qin besiegte mit geradezu unmenschlicher Angriffslust und Grausamkeit alle anderen Staaten. Der Name dieses von den anderen Herrschern lange Zeit falsch eingeschätzten Staates (Qin) hat China schließlich dann den Namen gegeben, denn der Sieger nannte sich nach der Reichseinigung dann »Erster Gottkönig von Qin«.

Streitwagen Streitwagen sind als gefährliche Offensivwaffen in China seit der Shang-Zeit (16.–11. Jh. v. Chr.) bekannt. Da seine Konstruktion mit Speichenrädern dem vorderasiatischen Typ ähnlich ist, vermutet man eine Anregung aus dem westlichen Asien. Der Streitwagen, auf dem ein Lenker, ein Bogenschütze und ein Kämpfer standen, wurde von zwei oder vier, bisweilen sogar von acht Pferden gezogen. Fußtruppen liefen den Streitwagen voraus und folgten ihnen. In Gräbern hat man kunstvoll ausgestattete Streitwagen gefunden, deren Einzelteile aus Bronze eine genaue Rekonstruktion zuließen, zumal auch die Abdrücke der Holzteile sichtbar waren. Erst in der Zeit der »Streitenden Reiche« (480–221 v. Chr.) kam dann die schnelle Reiterei auf und löste die Streitwagen allmählich ab.

Subashi Das von dem berühmten Mönch Xuanzang besuchte und als »heiliger Ort« gerühmte Doppelkloster Subashi ist heute eine Ruinenstätte und liegt 20 Kilometer nordwestlich von Kuqa in Xinjiang, der Autonomen Region der Uiguren. Die Überreste der Pagoden, Mönchswohnungen und auch die Mauern des einstigen Haupttempels liegen auf einem weiten Geröllplateau vor den Ausläufern des 5000 Meter hohen Tienshan Gebirges.

Südliche Dynastien Unter den Südlichen Dynastien (420–589) versteht man die vier Kaiserreihen, die nach dem Ende der Östlichen Jin-Dynastie die Herrschaft im Süden Chinas vom Jangtse bis Hainan innehatten und sich als eigentliche Erben des alten China verstanden, während der Norden von fremden Steppenvölkern besetzt und regiert war. Dies sind im Einzelnen die Liu Song-Dynastie (420–479), die Qi-Dynastie (479–502), die Liang-Dynastie (502–557) und die Chen-Dynastie (557–589). Keine von diesen Dynastien konnte es wagen, den Norden zurückzuerobern, viele ihrer Kaiser waren zu jung, zu schwach, oft Spielbälle ihrer Familienclans oder gar der Eunuchen an ihren Höfen. Die Einigung Chinas kam zuletzt aus dem Norden, als die inzwischen fast völlig sinisierten Nördlichen Zhou im Jahre 581 das Reich insgesamt eroberten und die Sui-Dynastie ausriefen.

Südliche Han-Dynastie Die über einen Großteil der heutigen Provinzen Guangdong und Guangxi herrschende Südliche Han-Dynastie (907–971) war als einer der »Zehn Staaten« nach dem Fall der Tang-Dynastie südlich der Zentralebene neben den »Fünf Dynastien« entstanden, wurde jedoch 971 von der Nördlichen Song erobert.

Südliche Qi-Dynastie Die kurzlebige Südliche Qi-Dynastie (479–501) begann recht hoffnungsvoll, entwickelte sich jedoch alles in allem zu einer Katastrophe für das Land. Ständige Palastintrigen erschütterten die Herrschaft, von den sieben Kaisern dieser Zeit starben vier durch Mord. Bürgerkriegsähnliche Zustände führten zu der Belagerung der Hauptstadt durch eigene Truppen, sodass in Nanking 80 000 Menschen allein durch Hunger starben. Im Jahre 501 wurde Kaiser Hedi von seiner eigenen Palastwache ermordet. Der erste Minister des Reiches, der fähige Politiker Xiao Yan, bestieg daraufhin den Thron und rief als Kaiser Liang Wudi die Liang-Dynastie aus, der eine Dauer von 56 Jahren beschieden war.

Südlicher Hengshan Von den fünf heiligen Bergen Chinas tragen zwei den Namen Hengshan, einer im Nordosten der Provinz Shanxi, der andere in Südosthunan, 150 Kilometer südlich von Changsha. Dieser südliche Hengshan erstreckt sich in einer Länge von etwa 80 Kilometern nach Norden und weist 72 Gipfel auf. Die schönsten Sehenswürdigkeiten liegen konzentriert um den Gipfel des Nanyue-Shan, der sowohl den Daoisten als auch den Buddhisten heilig ist. Hier finden sich 16 Tempel und 20 Stupas, gleichzeitig auch zwei daoistische Klöster. Das große »Tempelkloster des Südberges« (Nan Yue Miao) zählt zu den größten Bergklöstern Chinas, wurde 725 gegründet und 1882 unter der Qing-Dynastie renoviert. Die 72 Gipfel des südlichen Hengshan werden durch die 72 Säulen der Haupthalle dieses Tempels symbolisiert.

Südliches Liang Zu den kurzlebigen Staaten des 4. Jahrhunderts n. Chr. gehört auch der von den türkischen Xianbei auf nordchinesischem Boden gegründete Herrschaftsbereich der Südlichen Liang, der im Jahre 397 von Tufa Wugu ins Leben gerufen wurde und schon 414 an die Westlichen Qin fiel. In der Reihe der »Sechzehn Staaten« wird das Südliche Liang als der Zwölfte angesehen.

Südliche Song-Dynastie Die Südliche Song-Dynastie (1127–1279) hatte eine Dauer von 152 Jahren, fast so viele wie ihre Vorgängerin, die Nördliche Song-Dynastie (960–1126), die 166 Jahre bestand. Das Scharnier zwischen beiden Dynastien ist jener Kaisersohn der durch einen glücklichen Zufall der Gefangennahme durch die Jin-Truppen entging und der in den Gebieten südlich des Jangtse genügend kaisertreue Gefolgsleute vorfand, die auch aus Eigeninteresse eine Fortsetzung der Dynastie befürworteten. Die ersten siebzig Jahre der Südlichen Dynastie brachten den Provinzen südlich des Jangtse durch kluge Politik und glückliche Umstände Frieden und Wohlstand. Zu dieser umsichtigen Politik gehörte auch die Zahlung enormer Tribute an die feindlichen Nachbarn, die sich mit Silber und Seide den Frieden zwei Generationen lang abkaufen ließen. Gaozong (1127–1162) und sein Adoptivsohn Xiaozong (1163–1190) konsolidierten den Staat und gaben ihm eine klare neokonfuzianische Ausrichtung mit kulturellem Fundament. Der dritte Kaiser, Guangzong (1190–1194), musste wegen Krankheit den Thron alsbald seinem zweiten Sohn Ningzong (1195–1224) überlassen, der allerdings die maßvolle Politik seiner Vorgänger verließ und sich mit unfähigen Beratern zu militärischen Abenteuern und politischen Fehlentscheidungen hinreißen ließ. Kaiser Lizong (1225–1264) machte dann aber den gravierendsten Fehler den ein Song-Herrscher überhaupt begehen konnte, er paktierte mit den Mongolen gegen die Jin, die zwar seine ungeliebten Nachbarn waren, aber doch einen Puffer zwischen dem Song-Reich und den Mongolen selbst darstellten. Nach einem Sieg der mongolisch-chinesischen Truppen standen die Südlichen Song bereits einem Mongolischen Imperium gegenüber, das zum Angriff entschlossen war und gegen dessen geballte Kraft sie letztlich keine Chance hatten. Unter Kaiser Duzong (1264–1274) begann sich die Tragödie bereits abzuzeichnen. Der Todeskampf der Dynastie währte nur noch fünf Jahre, in denen von den führenden Schichten noch die drei Kindkaiser Gongzong (1275), Duanzong (1276–1278) und Bing Di (1279) auf den Thron gehoben wurden. Der Erste von den dreien kam in Gefangenschaft, die beiden Letzteren endeten auf tragische Weise. In der letzten Seeschlacht der Dynastie bei Kanton im Jahre 1279 wurden von den rund 1000 chinesischen Dschunken rund 800 versenkt oder von den Mongolen gekapert. Die Zahl der Gefallenen und Ertrunkenen bei diesem dreiwöchigen Verzweiflungskampf soll sich auf nahezu 100 000 Mann belaufen haben. Damit wäre dieses Ringen als die verlustreichste Seeschlacht der Geschichte anzusehen, verlustreicher als die Galeerenschlacht zwischen Christen und Türken bei Lepanto im Jahre 1571, bei der in einem dreitägigen Ringen 50 000 Männer ihr Leben verloren.

Südliches Yan Die zahlreichen Staatsgründungen des Turkvolkes Xianbei auf nordchinesischem Boden im 4. Jahrhundert n. Chr. waren meist nur kurzlebiger Art, bereiteten aber die mächtige Nördliche Wei-Dynastie insofern vor, als sie allesamt einen totalen Sinisierungsprozess durchliefen. Die angestammte Bevölkerung war chinesisch und zahlreich, die Fremdvölker waren zahlenmäßig unterlegen, übernahmen chinesische Lebensart, Sprache, Schrift und Religionsformen und wurden so im Laufe der Generationen unmerklich zu Chinesen. Die von den Xianbei 398 gegründete Herrschaft »Südliches Yan« ist ein gutes Beispiel für diesen Amalgamierungsvorgang. Da dieser Staat ohnehin 410 schon an das chinesische Kaiserreich der Östlichen Jin fiel, war die gesellschaftliche Vereinigung der beiden Bevölkerungsschichten letztlich problemlos. In der Zahl der »Sechzehn Staaten« hält das Südliche Yan den dreizehnten Platz.

Südliche Tang-Dynastie
Die Südliche Tang-Dynastie (937–975) herrschte in Teilen von Anhui, Fujian, Jiangxi, Hunan und Hubei, eroberte in den Jahren ihres Bestehens die Staaten Wu, Min und Chu und wurde dann 975 selbst eine Beute der Nördlichen Song-Dynastie. Man rechnet die Südliche Tang-Dynastie zu den »Zehn Staaten«, die alle im Laufe des 10. Jh. n. Chr. entstanden sind und dann im Nördlichen Song-Reich aufgingen.

Sui-Dynastie Nach einer mehrhundertjährigen Zersplitterung konnte endlich im Jahre 581 das Reich unter der Sui-

Dynastie (581–618) wieder geeint werden; sie bestand selbst jedoch nur 37 Jahre, legte aber den Grundstein für den Aufstieg der nachfolgenden Tang-Dynastie, die dann die Glanzzeit Chinas einleiten sollte. Der Gründer der Sui-Dynastie war ein General aus der Nördlichen Zhou-Dynastie namens Yang Jian, der sich an die Macht geputscht und den Thron erobert hatte. Unmittelbar darauf griff er mit den Truppen des Nordens die letzte der Südlichen Dynastien an, besiegte den in Nanking regierenden Kaiser der Chen-Dynastie und rief sich zum Kaiser aller Chinesen aus. Der Sieger nannte sich nun Kaiser Wendi (581–604) und wählte für seine Sui-Dynastie als Hauptstadt Chang'an. Unter Wendi wurde eine Landreform durchgeführt, eine einheitliche Verwaltung für den zentralistisch geführten Staat geschaffen, Hungersnöten durch den Bau von Getreidespeichern vorgebeugt, der Frondienst verringert und die Steuern gesenkt. Das Land atmete nach langer Zeit wieder auf, Wirtschaft und Handel blühten. Wendi ließ die Große Mauer wieder instandsetzen, reorganisierte die Armee von Grund auf und siedelte an den Grenzen Soldaten mit ihren Familien als Wehrbauern an. Aus Gründen der Staatsraison vollzog er die konfuzianischen Riten, förderte jedoch mit beträchtlichen Mitteln den Buddhismus, zumal ihm diese Religion als Klammer der Einheit wichtig war. Das große Projekt des Kanalbaus begann zwar Wendi schon, es wurde dann aber durch seinen Sohn und Nachfolger Yangdi (604–617) aufgegriffen und unter neuer Leitung und dem Einsatz eines Riesenheeres von Zwangsverpflichteten während seiner Regierungszeit zu Ende geführt. Dies war das größte Bauprojekt seit dem Ausbau der Großen Mauer unter dem Ersten Kaiser. Ein 2500 km langer Kanal zog sich von Hangzhou im Süden quer durch China bis nach Luoyang und von dort wieder nordwärts bis in das Gebiet des heutigen Peking. Die Redewendung »Die Milchstraße am Himmel und der Kanal auf Erden«, gibt den Eindruck wieder, den diese 35 Meter breite Wasserstraße auf den Betrachter machte. Damit war es möglich geworden, die Reisüberschüsse des Südens in den Norden zur Hauptstadt und zu den Grenzgarnisonen zu bringen. Außenpolitische Erfolge stellten sich ein, als Aufstände der Turkvölker im Nordwesten niedergeschlagen und sogar Südvietnam zu einem Vasallenstaat gemacht werden konnte. Diese Erfolge verstärkten die Neigung des prunkliebenden Kaisers, sodass er mit dreieinhalb Millionen Fronarbeitern den Ausbau von Luoyang zu einer »Stadt des Glanzes und der Paläste« befahl. Völlig realitätsfern gab er dann 612 seinen Truppen die Weisung, auch Korea anzugreifen und zu annektieren. Diese Feldzüge jedoch scheiterten kläglich, alle Reserven wurden verbraucht, der Staatsschatz schmolz und eine allgemeine Verarmung setzte ein. Aufstände breiteten sich aus, 618 wurde Yangdi ermordet. Ein als Nachfolger eingesetzter Enkel Yangdis mit dem Kaisernamen Gongdi (617/618) erlitt bald darauf das gleiche Schicksal, sodass der erste Minister des Staates, der Regent Li Yuan, den Thron besteigen und eine neue Dynastie gründen konnte. Li Yuan nannte sich Kaiser Gaozu (618–649), die glorreiche Tang-Dynastie (618–907) konnte beginnen.

Sumeru-Grotten Eine der größten Buddhastatuen Chinas befindet sich in den Sumeru-Grotten in einer Schlucht des Liupan-Gebirges auf dem trockenen Löß-Plateau bei Guyuan in Ningxia. Die 20 Meter hohe Statue des Maitreya-Buddha ist zwar 6,3 Meter höher als die Statue des Shakjamuni in den Yungang-Grotten, aber die abgelegene Felslandschaft in Ningxia brachte es mit sich, dass die Sumeru-Grotten weit weniger bekannt sind als ihre weltberühmten »Schwestern« in Dunhuang, Yungang, Longmen und Maijishan. Immerhin aber sind auf einer Gesamtlänge von zwei Kilometern, getrennt jedoch durch eine Schlucht, 132 Felshöhlen erhalten, in denen 315 steinerne Buddhastatuen, 113 Nischen mit Buddhafiguren und 16 Zentralsäulen zu sehen sind. Ferner gibt es in den auf acht Felswände verteilten Grotten farbige Skulpturen, Wandmalereien und Überreste von Bauwerken zu besichtigen. Die ältesten Höhlen stammen noch aus der Zeit der Nördlichen Wei-Dynastie, einige auch von der nur 25 Jahre dauernden Nördlichen Zhou-Dynastie (557–581), die schönsten jedoch aus der Tang-Dynastie. Allerdings sind aus der kurzlebigen Nördlichen Zhou-Zeit über 40 überlebensgroße Statuen sehr gut erhalten geblieben. Die Hauptattraktion, die 20 Meter hohe Statue des sitzenden Buddha Maitreya, stammt aus der Regierungszeit der Tang-Kaiserin Wu Zetian.

Sun Yat-sen Sun Yat-Sen (Sun Wen), chinesischer Parteiführer (1866–1925), der sowohl von der VR China als auch von den Nationalchinesen in Taiwan als ihr eigentlicher politischer Ahnherr verehrt wird. Sun Yatsen stammte aus der Provinz Guangdong, wurde christlich erzogen und wurde Arzt, ausgebildet auch in westlicher Medizin. Früh schon trat er für eine grundlegende Erneuerung Chinas ein und musste 1895 nach einem misslungenen Putschversuch ins Ausland fliehen. Nach längeren Aufenthalten in den USA, Großbritannien und Japan kehrte er 1911 nach China zurück und wurde nach dem Sturz der Mandschu-Herrschaft vorübergehend Präsident der Republik, musste dann jedoch Yuan Shikai weichen. 1921 wurde er folgerichtig zum Präsidenten der süd chinesischen Gegenregierung in Kanton gewählt. In seinem Programm des dreifachen Volksprinzips (Nationalismus, Demokratie, Sozialismus) umriss er die Ziele der von ihm mitbegründeten Nationalen Volkspartei (Guomindang), die er bis zu seinem Tode im Jahre 1925 führte. Der Bruch der Guomindang mit den Kommunisten erfolgte erst drei Jahre später. Er selbst baute seine Partei mit sowjetrussischer Organisationshilfe auf und schickte seinen Gefolgsmann und späteren Schwager Chiang Kai-shek zum Studium nach Moskau. Begraben liegt der Gründer des nachkaiserlichen China in einem großzügig angelegten Mausoleum in Nanking.

Sunzi Der um 500 v. Chr. im Staat Wu lebende Philosoph und Militärtheoretiker und Verfasser des Buches »Die Kunst des Krieges« hat mit seinen zeitlosen Einsichten und durch praktische Erfahrung gewonnenen Kenntnissen vielen Generalstäben die wichtigsten Anleitungen zur Vorbereitung, Durchführung und siegreichen Beendigung von Verteidigungs- und Angriffskriegen geliefert. Sunzi zeigt, wie durch relativ wenig eigene Verluste jeder Widerstand gebrochen und der Gegner in die Knie gezwungen werden kann. Sunzis Buch war der Leitfaden für Maos militärische Entscheidungen und wurde später zur Pflichtlektüre für alle Offizierschüler der Roten Armee.

Suzhou Suzhou (Sutschau), das »Venedig des Ostens«, die Stadt der Gärten, mit rund 800 000 Einwohnern, liegt 100 Kilometer westlich von Shanghai und etwa 30 Kilometer vom Tai-See entfernt im unteren Jangtse-Tal in einer sehr fruchtbaren Gegend in der Provinz Jiangsu. Bereits in neolithischer Zeit siedelten hier Menschen, aber in die Geschichte tritt Suzhou erst im 6. Jh. v. Chr. ein, als He Lü, König von Wu, als Gründer

der Stadt genannt wird. He Lü machte Suzhou zur Hauptstadt seines beachtlich großen Territoriums, das aber 473 v. Chr. vom Königreich Yue annektiert wurde, um dann 315 v. Chr. mit diesem dem mächtigen Chu eingegliedert zu werden. Bereits damals war Souzhou schon ein Zentrum der Seidenverarbeitung, da aus den westlichen Regionen mit ihren vielen Maulbeerbäumen entsprechend viel Rohseide in die Stadt geliefert wurde. In der Han-Zeit machte der Gründer der Dynastie seinen Sohn Liu Bi zum »König von Wu« und ließ damit den alten Namen der Region wieder aufleben. In den ersten Dekaden der Han-Dynastie wurden vom Kaiser seine Söhne und treuesten Gefolgsleute zu »Königen« in den verschiedensten Gebieten des Reiches gemacht, was jedoch nicht mehr bedeutete, als dass sie gute Sachwalter des Reichsgedankens in allen Regionen sein sollten. Nach dem Zerfall der Östlichen Han-Dynastie wurde dann Suzhou Hauptstadt des völlig eigenständigen Königreiches Wu in der Periode der Drei Königreiche. Bis zur Reichseinigung durch die Sui-Dynastie teilte Suzhou das Schicksal vieler Städte in dieser turbulenten Zeit der Zersplitterung, in der es meist darum ging, unter dem Schutz eines mächtigen Landesherren möglichst ungeschoren zu überleben. Die große Zeit Suzhous brach mit dem Bau des Kaiserkanals in der Sui-Dynastie (581–618) an, da dieser Kanal unmittelbar an der Stadt vorbeigeführt wurde und gleich nach dem endgültigen Ausbau von den Reis transportierenden Schiffen aus Suzhou befahren wurde. Die Stadt wurde ein reiches Handelszentrum. Der Reis aus der gesamten Region musste nach Norden in die Hauptstadt und zu den Garnisonen befördert werden. Reis und Seide waren die wichtigsten Naturalsteuern Chinas – und Suzhou wurde einer der wichtigsten Stapel- und Umschlagsplätze. In der Tang- und Song-Dynastie wurde die Stadt großzügig ausgebaut, mit einer 17 km langen Mauer umgeben und prächtig mit Pagoden und Klöstern geschmückt. Sechs Kanäle durchzogen die Stadt in Nord-Süd-Richtung, vierzehn Kanäle in Ost-West-Richtung, sodass unzählige Brücken und Treppen der Stadt ein ganz eigenartiges Gepräge gaben und ihr später den Namen »Venedig des Ostens« einbrachten. Die Stadt hieß in der Song-Zeit »Pingjiang fu«, und als Marco Polo sie besuchte, sprach er von Sugui. 1368, beim Beginn der Ming-Dynastie, wurde ihr wieder der alte Name Suzhou gegeben. In dieser und in der Qing-Dynastie gingen viele wohlhabende Kaufleute und Beamte dazu über, in der so schönen Stadt sich einen Ruhesitz für das Alter anzulegen; sie bauten sich Paläste und herrliche Gärten, in denen alles vorhanden war, was für einen Chinesen eben zu einem kostbaren Garten gehörte: Teiche, Felsen, Steine, Pflanzen, Bäche, Pavillons, Korridore, Brücken – ein kleines Paradies auf Erden, das immer wieder neue Ausblicke gestattete. Von den einst rund 150 Gärten ist heute nur noch etwa ein Dutzend vorhanden, aber ihretwegen besuchen jedes Jahr fast drei Millionen Touristen diese Stadt. Die Stadt selbst jedoch ist nach wie vor ein Zentrum der Seidenspinnerei und der Leichtindustrie und will mit dem Aufbau eines riesigen Industrieparks mit Spitzentechnologie in der Zukunft neue Akzente setzen.

Swatow (Shantou) Swatow war bis in die fünfziger Jahre des 20. Jahrhunderts der international gebräuchliche Name für die große Hafenstadt Shantou, die in der Provinz Guangdong am Zusammenfluss des Hanjiang, Ronjiang und Lianjiang am Südchinesischen Meer liegt. Swatow gehörte zu den Häfen, die 1855 nach dem Opium-Krieg von China zugunsten der Europäer geöffnet werden mussten. Gleichzeitig war es schon vorher und dann bis 1949 einer der bedeutendsten Auswanderungshäfen, von dem aus Millionen von Arbeitsuchenden nach Südostasien, Afrika, Amerika und Europa sich einschifften. Im Jahre 1938 gingen in Swatow rund 5000 Segelschiffe und Dampfer vor Anker, die den gewaltigen Import und Export für das südchinesische Hinterland abwickelten und die Auswanderer aufnahmen. Die nach 1949 als Shantou – so der ursprüngliche Name – bekannte Stadt hat ihren Hafen modern ausgebaut und gilt inzwischen auch als hochmoderner Industriestandort.

T

Tadschiken Den rund vier Millionen Tadschiken in der seit 1991 selbständigen Republik Tadschikistan stehen in der VR China rund 30 000 Angehörige der »Tadschikischen Nationalität« gegenüber, die östlich der Pamir Hochebene in Sinkiang wohnen. Der Autonome Kreis Taxkorgan, wo die Tadschiken haupsächlich zu finden sind, liegt im höchsten Teil des Pamir. Eine Besonderheit dieser nationalen Minderheit ist die Tatsache, dass die Tadschiken als einziges Volk neben der kleinen Gruppe der Russen in China zur indoeuropäischen Sprachfamilie gehören, sie sprechen einen ostiranischen Dialekt. Im Frühsommer treiben die Hirten ihre Schafherden auf die Hochweiden und kehren erst im Herbst wieder in die Bergdörfer zurück. Da auch Hochlandgerste, Erbsen und Weizen angebaut werden, wird die Lebensweise der Tadschiken halbnomadisch genannt. Die bereits im Jahre 1958 gebaute Landstraße verbindet Taxkorgan mit Kaschgar (Kashi) und erschließt dadurch die einst abgelegenen Regionen dem Warenaustausch.

Taichang Taichang (1620) war der vierzehnte Kaiser der Ming-Dynastie, der nur einen Monat regierte, weil er nach der Einnahme einer verordneten »Wunderpille« während kurzer Krankheit verstarb. Taichang war der älteste Sohn des Kaisers Wanli. Das Gerücht ist nie verstummt, nach dem er von der Konkubine Zheng vergiftet worden sei. Zheng war die Konkubine Wanlis, die gerne ihren Sohn auf dem Thron gesehen hätte. Taicheng wurde im Ensemble der Ming-Gräber im Mausoleum Qingling unter dem Tempelnamen Guangzong begraben. Nachfolger wurde sein ältester Sohn, der unter dem Namen Tianqi 1621 den Thron bestieg.

Taiding Taiding (1323–1328), sechster Kaiser der Yuan-Dynastie mit dem mongolischen Namen Yesun Temur, kam aus der Steppe als Favorit des mongolischen Adels auf den Thron in Peking und brachte alle seine Minister aus der Mongolei selbst mit. Das Ergebnis dieser Verfahrensweise war eine im Grunde antichinesische Politik, die jedoch nach fünf Jahren schon mit seinem Tod (1328) ein Ende fand, und wieder durch eine chinesenfreundlichere Politik unter Kaiser Wenzong (mongolischer Name Tugh Temur) abgelöst wurde.

Taiji-Tempelhalle Der Überlieferung nach wurde der Philosoph Laozi (Lao Tse) am 15. Tag des ersten Monats des chinesischen Mondkalenders in der Gemeinde Taiqinggong im Kreis Luyi, Provinz Honan, geboren. Das Jahr der Geburt steht nicht fest, wird seit langem recht unterschiedlich angegeben, soll jedoch nach neueren Forschungen etwa um die Zeit von 480 v. Chr. liegen. An seinem Geburtsort wurde Laozi jedoch früh schon ein Tempel gebaut, der in der Han-Zeit erweitert und während der Tang-Dynastie zu einem riesigen Komplex ausgebaut wurde. Im Jahre 743 n. Chr. wurde diese Anlage Taiqinggong benannt (Taiqing-Palast) und galt fortan als kaiserlicher Ahnentempel für Laozi. In den kriegerischen Wirren am Ende der Tang-Zeit wurden die meisten Gebäude zerstört, nur der Hauptbau, die Taiji-Tempelhalle, blieb erhalten – und über zehn Gedenkstelen aus verschiedenen Dynastien. Wie die Legende berichtet, wurde Laozi am Ende seines Lebens zum Unsterblichen und fuhr von einer Plattform aus gen Himmel. Eine acht Meter hohe Laojun-Plattform mit 33 Steinstufen liegt nordöstlich der Kreisstadt Luyi, wurde zu Beginn der Tang-Zeit zur Erinnerung an diese Himmelfahrt erbaut und blieb bis heute erhalten. Seit dem Jahre 1992 werden am Geburtstag von Laozi sowohl bei der Plattform als auch vor der Taiji-Tempelhalle alljährlich vier Tage dauernde Schauspiele zu Ehren des Weisen und Gründers des Daoismus abgehalten.

Tainan Die im südwestlichen Küstenbezirk Taiwans liegende Stadt Tainan gilt als kulturelle Hauptstadt der Insel, während Taipeh das politische Zentrum unangefochten behauptet. Zwischen 1684 und 1887 war Tainan jedoch auch das Verwaltungszentrum Taiwans, nachdem der Ming-General Koxinga 1661 die Niederländer als Kolonialherren von der Insel vertrieben hatte. Tainan spielt mit seinen 220 Tempeln in Taiwan eine ähnliche Rolle wie Kyoto in Japan oder Kyongju in Korea, denn alle in China vorhandenen Religionen und Sekten unterhalten in dieser Stadt ihre Heiligtümer. Hervorzuheben sind vor allem der Tempel des Stadtgottes, der daoistische Tempel des Jadekaisers, das vom Sohne Koxingas im 17. Jahrhundert gegründete Kaiyuan-Kloster und das 300 Jahre alte Fahua-Kloster. Der riesige Komplex des Tempels der Heiligen Mutter stellt jedoch alle Anlagen der Stadt in den Schatten, er gilt sogar als größter Tempel-Komplex Asiens, der buddhistische und daoistische Bauten gleichermaßen einschließt und vor allem aber der Meeresgöttin Mazu geweiht ist.

Taipeh (Taipei) Taipeh (Taipei) wurde nach der Flucht der Guomindang-Truppen vom Festland auf die Insel am 7. Dezember 1949 zur provisorischen Hauptstadt der Republik China erklärt, womit damals jedoch das ganze China und nicht nur die Insel gemeint war. Dies war vier Jahre und sechs Wochen nach der Befreiung von Taiwan aus der japanischen Okkupation, die von 1895–1945 gedauert hatte. Die Stadt selbst wuchs in einem halben Jahrhundert zu einer der faszinierendsten Metropolen Asiens mit 2,7 Millionen Einwohnern heran. In seinem landschaftlich herrlich gelegenen Nationalen Palastmuseum befindet sich der kostbarste Kunstschatz Asiens, die von Chiang Kai-shek aus dem Kaiserpalast von Peking nach Taiwan verbrachten 600 000 Kostbarkeiten, die einst die Kaiser mehrerer Dynastien gesammelt hatten und die 7000 Jahre Kulturentwicklung Chinas in einmaliger Weise aufzeigen. Eine architektonische Meisterleistung der Vergangenheit ist in Taipeh der 250 Jahre alte Lunashan-Tempel, der sowohl der buddhistischen Göttin der Barmherzigkeit als auch der daoistischen Göttin des Meeres geweiht ist. Aus neuerer Zeit stammen die Sun-Yat-sen-Gedächtnishalle, die Chiang-Kai-shek-Gedächtnishalle, die Nationalkonzerthalle und das Nationaltheater, die alle im klassischen chinesischen Stil gebaut sind. Große Schätze verwahrt auch das Nationale Geschichtsmuseum, das dem Historiker vor allem eine Fülle von Anschauungsmaterial bietet.

Taiping-Rebellion Die bedrückende Lage der Bauern in allen Teilen des Landes um 1850, vor allem in den Südprovinzen, resultierte einerseits aus den steuerlichen Belastungen und den viel zu hohen Pachtabgaben an die in den Städten lebenden Grundbesitzer, andererseits aber auch aus der trostlosen Lage nach dem verlorenen Ersten Opiumkrieg gegen England. Bauernaufstände gab es zu allen Zeiten in China, diese waren meist lokaler Art und wurden von den kaiserlichen Truppen ziemlich rasch niedergeschlagen. Die Erhebung der Taiping allerdings weitete sich zu einer Massenbewegung und dann zu einem regelrechten Bürgerkrieg aus, der vierzehn Jahre währte, das Kaiserreich in den Grundfesten bedrohte und rund 20 Millionen Menschenleben forderte. Da fast ganz Südchina in die Hände der Aufständischen fiel und diese bereits eine Gegenregierung etabliert hatten, konnte dieser Bürgerkrieg nur mit Hilfe britischer, französischer und amerikanischer Truppen gewonnen werden. Diese ausländische Hilfe kam der Mandschu-Dynastie teuer zu stehen, das Kaiserreich war erpressbar und abhängig geworden, China sank auf einen halbkolonialen Status herab. Die Wucht dieses Aufstandes war auch bedingt durch die visionären Utopien seines Gründers Hong Xiuquan (1813–1864), der seinen Anhängern ein »Himmlisches Reich des Großen Friedens« (Tai Ping Tian Gun) versprach. Der aus einem Bauernhof in der Nähe von Kanton stammende Revolutionär hatte zeitweilig eine christliche Missionsschule besucht und mischte nun christliche Grundsätze mit antimandschurischen Parolen zu einem hochexplosiven sozialkritischen Gebräu. Indem er die buddhistische Emanationslehre mit christlicher Theologie kombinierte, gab er sich als Sohn Jesu Christi aus, nannte sich selbst Himmlischer König und brachte in kurzer Zeit ein schlagkräftiges Heer aufständischer Bauern zusammen. Die Ziele von Hong Xiuquan klangen nicht nur vernünftig sondern sogar längst überfällig: Gerechte Verteilung des Bodens, Gleichstellung der Frau, Verbot des Füßebindens bei kleinen Mädchen, Abschaffung der Kinderehe und des Konkubinats, Enteignung der Großgrundbesitzer. Diese landesweit verkündeten Forderungen ließen das Bauernheer mächtig anschwellen. Hong Xiuquan machte für den allgemeinen Notstand im Lande hauptsächlich die Fremdherrschaft der Mandschu verantwortlich, griff aber auch die konfuzianischen Traditionen scharf an, die von den Besitzenden stets für ihre Zwecke instrumentalisiert worden waren. Hong Xiuquan behauptete von sich, er habe bereits das »Mandat des Himmels« erhalten und sei von Gott letztlich sogar zur Rettung der gesamten Menschheit berufen. Dem von Hong Xiuquan entfachten Aufstand schlossen sich schließlich auch eine Reihe von nationalen Minderheiten an, die im Süden Chinas wohnten. In einem beispiellosen Siegeszug wurde eine Provinz nach der anderen eingenommen, die kaiserlichen Truppen waren nicht in der Lage, der zu einer Armee angewachsenen Taiping-Truppe Einhalt zu gebieten. So hehr und gerecht die verkündeten Ziele auch sein mochten, so brutal und abscheulich waren die Taten der Rebellen auf ihrem Vormarsch nach Norden. Landadlige, Grundherren und Qing-Beamte wurden auf diesem Wege zu tausenden getötet. In der Provinz Jiangxi massakrierten die Taiping fast die gesamte Bevölkerung der Porzellanstadt Jingdezhen, weil in dieser Stadt Porzellan für den Kaiserhof produziert wurde. Die Taiping stießen bereits im Mai 1853 bis nach Nanking vor, eroberten die Stadt und tauften sie in Tianjing (Himmlische Hauptstadt) um. Der Himmlische König (Hong Xiuquan) errichtete in Tianjing seine Residenz und rief das »Himmlische Reich des Großen Friedens« aus. Nun gab es zwei Regierungen in China. Verzweifelt versuchte die Qing-Regierung, den Süden wieder zu erobern, der Kampf tobte weit über ein Jahrzehnt ohne nennenswerten Erfolg für die Kaiserlichen. Schließlich rief man die Europäer zu Hilfe. Ausländische Söldner wurden zu einem »Regiment mit ausländischen Gewehren« zusammengefasst, aber Großbritannien und Frankreich beteiligten sich mit regulären Truppen an dem Feldzug gegen die Taiping. Im September 1856 war es bereits zu einem blutigen Streit in der Führungsgruppe des Himmlischen Reiches gekommen, der zu einem gegenseitigen Massaker ausartete, bei dem allein 20 000 Taiping den Tod fanden. Als 1864 der Himmlische König in Tianjing selbst verstarb und bald darauf die Kaiserlichen die Stadtmauern von Tianjing sprengen konnten, nahte das Ende des Himmelsstaates. Nach erbitterten Straßenkämpfen fiel die Stadt und damit endete die Utopie. Wer den nun folgenden Hinrichtungen entkommen konnte, kämpfte mit den versprengten Resten der Taiping-Armee noch bis 1868 im Jangtse-Gebiet, dann erlosch auch dieser Widerstand. Dort, wo in den »befreiten« Gebieten während der 15-jährigen Taiping-Herrschaft die egalitären Programme in die Tat umgesetzt werden konnten, kam es zur Errichtung einer Vorform von Volkskommunen, wie sie ein Jahrhundert später Mao einrichten ließ. Die ideale

Gesellschaft aber ließ sich nicht so leicht verwirklichen. Die Taiping gestatteten zwar jedem Bürger das Lebensnotwendige, aber alle Einkünfte, die darüber hinausgingen, mussten dem »Staatsschatz« übergeben werden, aus dem wiederum selbst alle Ausgaben für Hochzeiten und Begräbnisse usw. bezahlt wurden. Rigorose Kontrollen wurden bald notwendig. In jeder Gemeinde wurden Dorfbeamte ernannt, die den Staat verkörperten. Man erklärte die Frauen für gleichberechtigt, stellte aber sofort auch eine Frauen-Armee auf. Im 20. Jahrhundert hat Mao Zedong mit verschiedenen Ideen der Taiping auch die Kontrolle über die Bürger in jeder Gemeinde vollinhaltlich übernommen. Bei den Taiping waren es die »Himmlischen Beamten«, bei Mao die Zellwarte und Kader der Kommunistischen Partei.

Taishan Der wichtigste der fünf heiligen Berge Chinas ist der Taishan, südlich von Jinan gelegen, ein mächtiges Gebirge, dessen höchster Gipfel 1532 Meter erreicht und dem in der Geschichte des Reiches der Mitte auch eine eminent wichtige politische Rolle zugedacht war. Die chinesischen Kaiser bestiegen nämlich diesen Berg und dankten auf dem Gipfel in einer Opferzeremonie dem Himmel für das Mandat, das dieser ihnen verliehen hatte und das die eigentliche Legitimation ihrer Machtausübung war. In vielen Inschriften auf Felsen haben eine Reihe von Kaisern sich verewigt, so auch der Reichsgründer Shihuangdi (247–210 v. Chr.). In den darauf folgenden Generationen haben die Daoisten den Gott des Berges Taishan in ihren Götterhimmel aufgenommen und auch die Buddhisten erwiesen ihm stets gebührende Reverenz. Die UNESCO hat im Jahre 1987 den Taishan in die Liste des Weltkulturerbes aufgenommen.

Taiwan Der Inselstaat Taiwan (Formosa), von der VR China nur als »abtrünnige Provinz« betrachtet, begreift sich selbst als »Republik China« und hält formal an dem nicht durchsetzbaren Alleinvertretungsanspruch für ganz China fest. Taiwan umfasst mit den zu ihm gehörenden Inseln 36 000 Quadratkilometer und hat 23 Millionen Einwohner. Auf Grund der wirtschaftlichen Stärke zählt Taiwan zu den sog. Tigerstaaten Fernostasiens. Hauptstadt ist Taipei (Taipeh) mit 2,6 Millionen, gefolgt von der großen Hafen- und Industriestadt Kaohsiung mit 1,4 Millionen. Die gebirgige Insel wird zu 84 Prozent von den eigentlichen Taiwanesen bewohnt, den Nachkommen der seit langer Zeit zugewanderten Han-Chinesen, dann von den 14 Prozent Festlandchinesen, die mit den Guomindang-Truppen als Flüchtlinge auf die Insel kamen, die restlichen 2 Prozent verteilen sich auf die Nachkommen der malaio-polynesischen Ureinwohner. Gesprochen wird Hochchinesisch (Peking-Dialekt), Hakka und Min (Dialekte Südchinas) und malaio-polynesische Sprachen. Die Längenausdehnung der Insel beträgt 394 Kilometer, die größte Breite 142 Kilometer. Nach der etwa 45 Kilometer breiten, sehr fruchtbaren Küstenebene erheben sich im Osten der Insel drei weitgehend parallel von Süd nach Nord verlaufende Gebirgszüge, deren höchste Gipfel an 4000 Meter heranreichen. Bereits im 17. Jahrhundert waren die protomalaiischen Ureinwohner von den aus den chinesischen Festland kommenden Einwanderern in das bergige Innere der Insel zurückgedrängt, als sowohl die Portugiesen, die Spanier und die Niederländer Teile der Insel besetzten, um gute Ausgangspositionen für den Handel mit China und Japan zu erhalten. Schließlich erreichten 1642 die Niederländer die Alleinherrschaft. Zwanzig Jahre später allerdings beendete der Ming-General Cheng Cheng Kung (Koxinga) diese erste koloniale Phase, vertrieb die Niederländer und konnte als letzter Paladin der inzwischen gestürzten Ming-Dynastie die Insel bis zur Eroberung durch die Mandschuren halten. 1683 wurde Taiwan ein Teil der mandschurischen Ming-Dynastie, war verwaltungsmäßig festländischen Präfekturen angeschlossen und erst 1886 in den Rang einer Provinz erhoben. Nach dem für China verlorenen chinesisch-japanischen Krieg musste 1895 das Kaiserreich China die Insel an Japan abtreten, das dann bis 1945 Taiwan beherrschte. Nach der Kapitulation Japans wurde die Insel an das damals von Chiang Kai-shek geführte China zurückgegeben. 1949/50 flüchteten die letzten Reste der Guomindang-Truppen mit dem Staatschef vor den siegreichen Kommunisten auf die Insel und bauten sie zur »Schweiz des fernen Ostens« auf. Im Jahre 1978 erkannte jedoch Washington die VR China als legitime Vertretung von ganz China an und brach die Beziehungen zu Taipei ab. Damit verlor Taiwan die offizielle Unterstützung und Anerkennung der USA. Diesem Schritt der Vereinigten Staaten folgte die außenpolitische Isolierung der Insel, sodass nur noch 28 Staaten diplomatische Vertretungen auf Botschafterebene mit Taiwan unterhalten. Die wirtschaftlichen Kontakte allerdings blieben in bisheriger Form weitgehend erhalten und seit Januar 2001 sind sogar direkte Verbindungen zwischen der VR China und Taiwan gestattet, sodass nunmehr taiwanesische Schiffe ganz legal Häfen an der festländischen Küste anlaufen können.

Taiyuan Taiyuan, die 2,5 Millionen Einwohner zählende Stadt am Fen-Fluss auf etwa 800 Metern Höhe am nördlichen Rand des fruchtbaren Taiyuan-Beckens gelegen, ist die Hauptstadt der Provinz Shanxi und war viele Jahrhunderte ein wichtiges Bollwerk gegen den Einfall kriegerischer Völker aus dem Norden. Die Siedlung selbst geht bereits auf neolithische Zeiten zurück, aus dem Jahr 497 v. Chr. ist allerdings das Gründungsdatum der Stadt selbst überliefert, die damals Jinyang hieß. In das Licht der Geschichte rückte die Stadt dann erst wieder 969 n. Chr., als sie sich der Einnahme durch die Truppen der Song-Dynastie hartnäckig widersetzte und deswegen völlig zerstört wurde. Erst im Jahre 982 begann der Neuaufbau, diesmal unter dem Namen Taiyuan, der dann zu einer baldigen Blüte in wirtschaftlicher und kultureller Hinsicht führte. Die erhaltenen Bauten und Kulturdenkmäler stammen daher – von einigen Ausnahmen abgesehen – vor allem aus der späteren Song-Zeit und danach. Heute ist Taiyuan ein großes Industriezentrum mit Stahl- und Chemiewerken und ein Zentrum des Maschinenbaus. Im Zuge der Umwidmung religiöser Bauwerke während der Mao-Zeit wurde das Museum der Provinz Shanxi in einem alten Konfuziustempel und das Provinzmuseum Nr. 2 in einem daoistischen Tempel untergebracht. 25 Kilometer südwestlich von Taiyuan ist das berühmte Jinci-Heiligtum wie durch ein Wunder erhalten geblieben, ein Tempelkomplex, der in weitläufiger Anlage Hallen, Pavillons, Brücken und Terrassen hauptsächlich aus dem 12. Jahrhundert aufweist.

Taizong Taizong (976–997), zweiter Kaiser der Nördlichen Song-Dynastie, jüngerer Bruder von Kaiser Taizu, war bereits vor seiner Thronbesteigung Großkanzler des Reiches gewesen und kannte daher den Regierungsapparat und die Probleme des Staates genau. Taizong schuf die grundlegenden Institutionen und ein Netz von Kontroll- und Kommandostellen bis in die hintersten Winkel des Landes. Selbst ein Gelehrter, Dichter und Kalligraph, ermutigte er viele junge

Männer zum Studium konfuzianischer Schriften und wählte unter ihnen geeignete Bewerber für den höheren Staatsdienst aus. Bereits 995, ein Jahr vor seinem Ableben, machte er seinen dritten Sohn zu seinem Kronprinzen.

Taizu Taizu (960–976), erster Kaiser der Nördlichen Song-Dynastie, konnte als General Zhao Kuangyin im Heer der Späteren Zhou-Dynastie viele Erfahrungen sammeln, bis er von seinen Offizieren im Jahr 960 zum Kaiser ausgerufen wurde. Die Spätere Zhou-Dynastie, von einem Kindkaiser repräsentiert und von dessen Mutter regiert, schien den Soldaten keine sichere Spitze des Staates mehr zu sein und so machten sie ihren Kommandeur zum ersten »Soldatenkaiser« der chinesischen Geschichte. Der neue Monarch mit dem späteren Tempelnamen Taizu rief daraufhin seine eigene Dynastie aus, die als Nördliche Song-Dynastie in die Geschichte einging (960–1126) und ein Jahr später in der Südlichen Song-Dynastie (1127–1279) sogar ihre Fortsetzung fand. Taizu erwies sich als kluger und tatkräftiger Kaiser, der während seiner Regierungszeit die meisten der zehn Staaten im Süden Chinas seinem Reich angliedern konnte. Er straffte die Zentralmacht, brach die Macht der Militärgouverneure und setzte die Beamten der alten Dynastie wieder in ihre Ämter ein. Die Sippe des von ihm entmachteten jugendlichen Exkaisers wurde geschont und mit einer Apanage versehen. Unter der Schirmherrschaft von Taizong konnte sich der Neo-Konfuzianismus frei entfalten und verschaffte dem Staat ein moralisches Fundament und dem Kaiserhaus die gewünschte Legitimation. Nach dem Willen des Kaisers bestieg nach dem Tode Taizus sein jüngerer Bruder als Kaiser Taizong (976–997) den Thron.

Tang der Vollkommene Dieser Ehrenname wurde Cheng Tang (1751–1738 v. Chr.) zuteil, dem Gründer der Shang-Dynastie, der ersten historischen Dynastie Chinas. Nachdem er den König der Xia-Dynastie besiegt hatte, ließ er sich von den Großvasallen legitimieren. Er soll den Kalender reformiert haben.

Tang-Dynastie Die Tang-Dynastie (618–907) wird in der chinesischen Geschichtsschreibung als das »goldene Zeitalter« Chinas bezeichnet, als die Periode des glanzvollen Kaiserhauses, der kulturellen Hochblüte und der größten Weltoffenheit, der politischen Stabilität und der idealen Steuer- und Landreformen. Diese Betrachtungsweise trifft jedoch nur auf jene 137 Jahre zu, die zwischen ihrer Gründung und dem Jahr 755 liegen, denn dieses Schicksalsjahr bezeichnet den Beginn einer Katastrophe, ausgelöst durch die Rebellion eines Generals, der sich selbst zum Kaiser ausrief und zu dessen Niederschlagung die kaiserlichen Truppen acht Jahre brauchten. General An Lushan hatte sich als Schützling der Lieblingskonkubine des Kaisers bei Hofe einschmeicheln und große Truppenverbände für seine Rebellenarmee gewinnen können. Eine Todeswalze rollte über das Land, die Bevölkerung sank innerhalb von 10 Jahren von 53 Millionen auf 17 Millionen. Von diesem Aderlass hat sich die Tang-Dynastie nie wieder erholt. Die weiteren 152 Jahre, die der Dynastie als solcher bis zu ihrem Ende im Jahr 907 n. Chr. noch verblieben, sahen zwar in einigen Generationen wieder Erholung und Sicherheit, endeten jedoch von 888–907 wieder mit schrecklichen Massakern, Hungersnöten und Aufständen. Von den insgesamt 289 Jahren, die von 618–907 als Tang-Zeit gelten, sind in der Tat nur die Regierungszeiten der ersten sieben Kaiser »golden« zu nennen. In dieser Zeit allerdings hat China einen einzigartigen politischen, wirtschaftlichen, religiösen und kulturellen Aufschwung erlebt, an dem in allen Zeiten danach jede Dynastie gemessen wurde. Der Sohn des Dynastiegründers, der zweite Tang-Kaiser Taizong (626–649) war es vor allem, der politisch mit einer so klugen Hand regierte, dass er bei völliger Stabilität im Innern mit seinen Truppen alsbald die Kontrolle über die Innere Mongolei und das Tarim-Becken in Ostturkestan erlangen konnte. Der Herrscher von Tibet wurde durch verwandtschaftliche Bande zu friedlicher Nachbarschaft verpflichtet und das Ordos-Gebiet wurde dem Reiche einverleibt. Da nun die Seidenstraße in ihrem östlichen Abschnitt chinesischer Kontrolle unterstand, konnten über diese eurasische Transversale nunmehr aus vielen Ländern des Westens Waren, Menschen und Ideen nach China gelangen und chinesische Waren in vielen Teilen Asiens und selbst im byzantinischen Reich angeboten werden. Das Tang-Reich war das weltoffenste, das in China je existiert hat. An den Hochschulen der glanzvollen Hauptstadt studierten neben den einheimischen Anwärtern für eine hohe Beamtenstelle sowohl Perser als auch Japaner, und Gaukler aus Baktrien und Musikanten aus der Mongolei gaben sich bei den rauschenden

Festen in Changan ein Stelldichein. In einem nie zuvor gekannten Maße wurden die buddhistischen Klöster gefördert, das Kunsthandwerk blühte, am Kaiserhof wirkten über zweitausend hauptamtlich besoldete Musiker, die Manufakturen wetteiferten miteinander bei der Produktion feinster Seidengaze, prächtiger Brokate und erlesenster Porzellane. In der Dichtkunst erreichte die Lyrik bisher nie gekannte Gedankentiefe und Stilreinheit. Das glanzvolle Leben setzte sich sogar im Grabe fort, unzählige kostbare Grabbeigaben – im 19. u. 20. Jahrhundert gehoben – sollten dem Toten sein schemenhaftes Leben im Jenseits versüßen. Die Beamten, die nunmehr vor allem über ein strenges staatliches Prüfungssystem rekrutiert wurden, waren konfuzianisch erzogen und stellten die geistige Elite des Volkes dar, sicherten jedoch flächendeckend die Einheit des Staates und die Einheitlichkeit der chinesischen Gesamtkultur.

Tang in Süd-Shanxi Bis zum 11. Jh. v. Chr. bestand in Süd-Shanxi ein kleiner Staat mit dem Namen Tang, von dem die legendäre Tradition berichtet, dass er einst die Domäne der Urkaiser Yao gewesen sei. Alle Familien und Dynastien dieses Namens gehen auf dieses Gebiet zurück.

Tang-Kaisergräber Nach der Anlage des riesigen Mausoleums des Ersten Kaisers und den aufwendigen Ausstattungen der Kaisergräber in der Han-Zeit erreichte der imperiale Grabkult einen neuen Höhepunkt in der Tang-Dynastie (618–907). Zum ersten Mal wurden nun hohe Berge als Bestattungsorte ausgewählt, die man untertunneln ließ und in die man die unterirdischen Paläste hineinbaute. Vor den Berg-Mausoleen legte man regelrechte Totenstädte an mit »Geisterstraßen«, Toren, Türmen und Wohnungen für die Grabwächter. Kaiser Taizong (626–649) wählte für seine Wohnung im Jenseits einen 1200 Meter hohen Berg aus, der wie alle Tang-Gräber in der weiteren Umgebung des heutigen Xian zu finden ist. Die zu diesem Berggrab, dem Zhaoling, führende »Geisterstraße« war gesäumt von mindestens 68 steinernen Figuren, von denen jede etwa 4 Meter hoch war. 368 Hallen umfasste die Totenstadt, die umgeben war von drei Mauern, von denen die äußerste 60 km Länge aufwies. Das gesamte Areal ergibt eine Fläche von 182 Quadratkilometern. Umgeben ist des Grab von Taizong von ca. 200 Satellitengräbern, in denen Verwandte des Kaiserhauses und hohe Beamte bestattet wurden. 24 dieser Nebengräber wurden bisher geöffnet, die alle reiche Grabbeigaben enthielten oder einmal enthalten hatten, denn Grabräuber waren auch in China immer wieder aktiv. Das Doppelgrab Qianling von Kaiser Gaozong (649–683) und Kaiserin Wu Zetian (690–705) wird ebenfalls durch eine »Geisterstraße« erreicht, die mit ihren hohen Steinfiguren die Macht vor allem der Kaiserin symbolisieren sollte. Im inneren Mauerring dieser imposanten Grabstätte finden sich unter freiem Himmel zusätzlich 61 Statuen, die ausländische Diplomaten darstellen. Darunter befinden sich auch 16 Uiguren, da dieses westtürkische Volk dem chinesischen Kaiserreich damals tributpflichtig war. Unter den bisher geöffneten 24 Nebengräbern am Qianling sind zwei von kaiserlichen Prinzen und eines von einer Prinzessin besonders bemerkenswert. Die Fresken im unterirdischen Palast der Prinzessin Yongtai zeigen erlesen gekleidete Dienerinnen bei Vergnügungen im Freien und die Wandmalereien in den Gräbern der Prinzen Yide und Zhanghuai enthalten Bilder von jungen Adligen beim Spiel und bei der Jagd. Die Archäologen erhoffen sich von der Öffnung der eigentlichen Kaisergräber der Tang-Zeit nicht nur spektakuläre Grabbeigaben sondern auch neue Erkenntnisse über den aufwendigen Grabkult dieser Dynastie.

Tang-Paläste Von den einst märchenhaften vier Tang-Palästen in oder bei Xian sind die drei wichtigsten und größten in den turbulenten Zeiten während und nach der Tang-Dynastie völlig zerstört worden, lediglich die Sommerresidenz der Kaiser wurde nach 1949 wieder restauriert. Der prächtigste Palast, auf dem Longshan-Plateau bei Xian gelegen, war der Daming-Palast, dessen umgebende Mauern einst 2256 und 2614 Meter maßen. Allein 11 Tore erlaubten den Zugang zu diesem riesigen Gebäude. Am Ende der Tang-Dynastie wurde der Daming-Palast von Zhu Wen, dem Kaiser der Liang-Dynastie, völlig zerstört. Ein ähnliches Schicksal ereilte die beiden anderen Prachtbauten, den Xingqing-Palast und den Taiji-Palast. In der Sommerhitze zogen sich die Kaiser zu dem Badeort am Lishan-Hügel im heutigen Kreis Lintong zurück. Bei diesem Quellgebiet hatten sie den Huaqing-Palast erbaut, in dem beispielsweise Kaiser Xuanzong mit seiner Lieblingskonkubine Yang von Oktober bis zum nächsten Frühling in jedem Jahr sich aufhielt. Der Huaqing-Palast mit seinen Teichen wurde im letzten Drittel des 20. Jahrhunderts vornehmlich aus touristischen Gründen im ursprünglichen Stil wieder aufgebaut.

Tangsancai Tangsancai ist eine Bezeichnung aus dem Bereich der Keramik und bedeutet »Drei-Farben-Glasur der Tang-Dynastie«. Gemeint ist die große Erfindung in der Tang-Dynastie, drei- oder mehrfarbige Glasuren an Grabfiguren und Gefäßen aller Art anzubringen. Die Töpfer führten mit dieser neuen Glasurtechnik wundervolle Effekte herbei, fließende Farbspiele und vorher noch nie gesehene Kombinationen in Gelb, Blau, Kastanienbraun, Grün, Violett oder Weiß. In der Literatur war über solche Farbwunder nichts berichtet worden. Erstmals bekannt wurde »Tangsancai« durch Ausgrabungen Ende des 19. Jahrhunderts, als beim Bau der Eisenbahnlinie nach Tianshui vor allem bei Xian und Luoyang viele Gegenstände mit dieser Glasur aus Gräbern geborgen wurden. Diese Keramik-Erzeugnisse wurden jedoch zur Tang-Zeit bereits exportiert, was entsprechende Funde in Japan, Iran, Ägypten und anderen Ländern beweisen. Damit ist die weitvernetzte Handelsverbindung des Reiches der Mitte zu einer Reihe auch entfernt liegender Länder für die Zeit der Tang-Dynastie eindeutig nachgewiesen.

Tangshan-Erdbeben Eine der größten nationalen Naturkatastrophen Chinas ereignete sich am 28. Juli 1976 in den frühen Morgenstunden um 3.43 Uhr in der nordchinesischen Stadt Tangshan, 150 Kilometer westlich von Tianjin. Durch das Beben, das sich am Abend des gleichen Tages wiederholte, kamen in dieser Bergwerkstadt von 1 Million Einwohnern insgesamt 242 000 Menschen ums Leben, 80 000 wurden schwer verletzt, 1874 gelähmt und 2765 Waisenkinder mussten anschließend versorgt werden. Das Beben hatte die Stärke 11 auf der Richterskala und barg die Zerstörungskraft von 400 Atombomben des Hiroshima-Typs. Das Epizentrum lag 15 Kilometer unter der Erdoberfläche und strahlte auf ein Gebiet in Form einer 47 Quadratkilometer umfassenden Ellipse aus, in der die Stadt Tangshan lag. Am gleichen Tag behinderten gewaltige Regenfälle die Rettungsarbeiten. Bald zeigte sich jedoch, dass die gesamte Stadt nur noch eine einzige Ruine war. Die 682 in China seit dem Jahr 780 v. Chr. aufgezeichneten Erdbeben hatten nach den vorsichtigen Schätzungen der Wissenschaftler ebenfalls die Stärken 7–11, jedoch erreichte die Zahl der

Opfer von einst wohl noch nie die Dimension, die in der dicht bevölkerten Industriestadt Tangshan zu verzeichnen war. Erdbeben sind zwar in China keine Seltenheit, man registrierte von 1970–1980 insgesamt 90 Beben, aber man konnte in Tangshan selbst vorher keine besonderen Anzeichen bemerken. Inzwischen sind die sichtbaren Schäden weitgehend behoben, die Regierung stellte für den Wiederaufbau sehr viel Geld bereit, und die neu errichteten Wohnblocks mit drei bis fünf Stockwerken müssen nach neuen Baubestimmungen alle über tragende Wände aus Eisenbeton oder aus Ziegelsteinen mit Eisenbetonträgern verfügen. Das Wunder war der Neuaufbau der Stadt innerhalb von 10 Jahren. Heute leben im Stadtgebiet selbst wieder über 1,5 Millionen Menschen und in den zur Stadt gehörenden Landkreisen zusätzlich 4,5 Millionen, denn durch die Eingemeindungen beträgt die Gesamtfläche des erweiterten Stadtgebietes 13 472 Quadratkilometer. Tangshan liegt in einer Landschaft, die reich an Bodenschätzen ist; neben Kohle werden Eisen, Gold und Marmor abgebaut, sodass eine leistungsfähige Industrie wieder ihre Produktion aufnehmen konnte. Die rund 500 Jahre alte Porzellanmanufaktur der Stadt arbeitet ebenfalls wieder, sodass heute Tangshan zu einem der drei größten Porzellanzentren Chinas gezählt werden kann.

Tannu-Tuwa Das gesamte Gebiet der Äußeren Mongolei einschließlich von Tannu-Tuwa am Oberlauf des Jenissei westlich des Baikal-Sees war während der Qing-Dynastie nominell chinesisch. 1921 löste sich die Mongolei von China unter Ausnutzung der innerchinesischen Wirren nach dem Sturz des Kaiserreiches und wurde später eine von der UdSSR abhängige Volksrepublik, die von Peking in einem Grenzabkommen 1962 offiziell anerkannt wurde. Das nördlich der Mongolei gelegene Gebiet Tannu-Tuwa dagegen wurde 1922 von der UdSSR annektiert und 1944 als Tuwinisches Autonomes Gebiet von Stalin eingerichtet. Seit dem Zerfall der Sowjetunion gehört es als Republik Tuwa der Russischen Föderation an und zählt über 300 000 Einwohner.

Tashilunpo Tashilunpo ist von den wenigen vollständig erhalten gebliebenen großen Klöstern Tibets das am reichhaltigsten ausgestattete. In Shigatse, auf einer Höhe von 3900 Metern gelegen, beherbergt es wieder etwa 600 Mönche und ist mit seinen vielen

Kapellen, Gebetsräumen, Stupas und Figuren eine der größten Schatzkammern Tibets. Von hier aus herrschten alle Pantchen Lamas, auch der 1989 verstorbene Pantchen Lama wurde hier beerdigt. Hauptattraktionen von Tashilunpo sind ein 26 Meter hoher Riesenbuddha, eine kostbare Thangka-Sammlung und eine bedeutende Klosterdruckerei mit 10 000 Druckstöcken für buddhistische Schriften. Gegründet wurde Tashilunpo 1447 von einem Schüler des berühmten Tsongkhapa und erfuhr in allen Jahrhunderten seither bedeutende Erweiterungen.

Tataren Die Tataren (auch Tartaren) bilden mit rund 5000 Angehörigen eine kleine nationale Minderheit in China. Hauptsächlich wohnhaft im Autonomen Gebiet Xinjiang, betreiben sie Landwirtschaft und sind im Handwerk und im Handel tätig. Tatarisch gehört zu den Turksprachen der Altlaischen Sprachfamilie. Die Schrift der Tataren basiert auf den arabischen Buchstaben. Die Tataren sind Moslems. Ursprünglich waren die Tataren ein Stamm der Mongolen und im Gebiet der Goldenen Horde nachweisbar; sie vermischten sich dann mit Wolga-Bulgaren, Kumanen und Petschenegen sowie mit Resten früher dort ansässiger Turkvölker. Sprachlich setzte sich das Türkische im Laufe der Zeit bei diesem mongolischen Mischvolk völlig durch. Die in der Neuzeit einsetzende russische Vorherrschaft in der von Tataren bewohnten Gegend um Kasan an der Wolga führte zur Auswanderung zahlreicher Tatarenfamilien bis nach Ostturkestan. Diese Flüchtlinge, die der Leibeigenschaft zu entgehen suchten, sind die unmittelbaren Vorfahren der Tataren-Nationalität in China. Eine unmittelbare Verwandtschaft dieser Völkergruppe zu den 1,5 Millionen Tataren in der Russischen Föderation (Republik Tatarstan) ist demnach gegeben.

Tatarenstadt Bezeichnung jener großen Stadtteile Pekings im Norden, die nach 1644 die Mandschuren für ihre Wohnquartiere, Stallungen und ihre Garnison beanspruchten. Dieses beachtlich große, quadratische Areal umschloss in seiner Mitte die sog. Kaiserliche Stadt und diese hatte in sich – wie die Puppe in der Puppe – die Verbotene Stadt. Ein Viertel der Fläche der Kaiserlichen Stadt betrug etwa die Fläche der Verbotenen Stadt (72 Hektar). Im Süden der Tatarenstadt lag die Chinesen-Stadt, ein quer liegendes großes Rechteck, in dem der

Himmelstempel und der Tempel des Ackerbaus die wichtigsten Kultstätten waren. Hier drängten sich nun die vielen chinesischen Stadtbewohner, die aus der Tatarenstadt hatten weichen müssen – neben denen, die immer schon in diesem Gebiet wohnten.

Tausend-Buddha-Felswand Unter den vielen Grotten aus buddhistischer Zeit nimmt die Tausend-Buddha-Felswand in Sichuan nördlich der Stadt Guangyuan am östlichen Ufer des Jialing einen verhältnismäßig bescheidenen Platz ein. Auf einer 500 Meter langen und über 40 Meter breiten Felswand wurden jedoch immerhin in rund 400 Nischen etwa 7000 Buddhastatuen gemeißelt. Die Statuen sind Kleinode der Bildhauerei und können sich auf Grund ihrer Feinheit und Ausdruckskraft durchaus mit den Skulpturen der großen, viel bekannteren Grotten anderer Provinzen messen. Begonnen wurden die Meißelarbeiten während der Zeit der Südlichen und Nördlichen Dynastien (420–581).

Tek Sing Mit dem Namen Tek Sing ist eine der größten Schiffskatastrophen der chinesischen Geschichte verbunden. Die Tek Sing war eine Dreimast-Dschunke von 50 Metern Länge und 20 Metern Breite, deren Mast eine Höhe von 30 Metern erreichte. Damit stellte dieses Schiff eine der größten chinesischen Dschunken der Neuzeit dar. Bei ihrer Abfahrt von dem südchinesischen Hafen Amoy im Jahre 1822 hatte sie 2000 Passagiere an Bord, Händler mit ihren Waren und viele Auswanderer, die in Java und anderen Inseln Indonesiens eine Beschäftigung suchten. Die Warenladung der Tek Sing bestand aus 350 000 Teilen Porzellan unterschiedlicher Größe. Zwischen Sumatra und Borneo jedoch zerschellte die stolze Dschunke am Belvidere-Riff in der Gaspar-Straße, die als Durchfahrt zwischen den Inseln Bangka und Belitung auf der Fahrt nach Batavia zu bewältigen war. 1800 Menschen ertranken, nur 198 Schiffbrüchige konnten von dem Segler Indiana gerettet werden. Der australische Schatzsucher Michael Hatcher fand im Mai 1999 das Wrack in 30 Metern Tiefe, konnte die Hauptmasse des Porzellans bergen und ein Jahr später durch das Auktionshaus Nagel in Stuttgart versteigern lassen.

Tempel des Fürsten Wu Der Tempel des Fürsten Wu (Wu Hou Ci) ist dem Gedenken des großen Staatsmannes und Militärstrategen Zhuge Liang geweiht, der als Kanzler des Reiches Shu zur Zeit der Drei Königreiche berühmt war.

Der Tempel liegt in der südlichen Vorstadt von Chengdu in Sichuan. Als treuer Berater seines Königs Liu Bei hatte Zhuge Liang den Hauptanteil bei der Einigung des Landes und im Kampf mit dem Staat Wei. Bald nach dem Tod des genialen Premiers wurde für ihn eine Gedenkhalle errichtet, nicht weit von dem 12 Meter hohen Erdhügel, unter dem der Staatsgründer Liu Bei selbst ruht. Der heute »Tempel des Fürsten Wu« genannte Komplex umfasst auf einer Fläche von über 3,5 Hektar eine Halle für König Liu Bei, Tore, Wandelgänge, Stelen, 28 Standbilder von Generälen und Beamten des Königreiches Shu und die ganz in dunklem Holz gehaltene Gedächtnishalle für Zhuge Liang selbst. Eine vergoldete Tonfigur von Zhuge Liang in dieser Halle sitzt in würdiger Haltung in der Gewandung eines hohen Beamten auf einem Podest in einer großen altarähnlichen Nische. Die größte Stele in diesem Tempel, die während der Tang-Dynastie im Jahre 804 errichtet wurde, trägt eine Inschrift zu Ehren von Zhuge Liang, die von dem Tang-Staatsmann Pei du entworfen wurde. Eingemeißelt wurde sie von dem damals bekannten Bildhauer Liu Jian nach der Kalligraphie von Liu Gongchuo, einem hoch geschätzten Kalligraphen der Tang-Dynastie. Die Stele ist daher bekannt als die »Stele der drei Exzellenzen«.

Tempel des Prinzen Yanping In der im Südwesten von Taiwan gelegenen Stadt Tainan befindet sich der Tempel des Prinzen Yanping, ein Gedächtnistempel für den großen Admiral Koxinga, der in China unter dem Namen Zheng Chenggong bekannt ist und der im Jahre 1662 die holländischen Kolonialherren von der Insel Formosa vertrieb. Obwohl der siegreiche chinesische Eroberer der Ming-Dynastie gedient hatte, wurde ihm zu Ehren in der frühen Qing-Dynastie ein Tempel erbaut, denn die Insel Taiwan gehörte nunmehr dem Mandschu-Reich an. Im Jahre 1874 wurde der Status der Insel aufgewertet und der Kaiserhof in Peking verlieh ein Jahr später dem Kriegshelden posthum den Titel »Prinz Yanping«. Auf diese Weise erhielt die bisher Zheng Chenggong Tempel genannte Anlage den Namen Tempel des Prinzen Yanping. Am sechzehnten Tag des ersten Monats nach dem Mondkalender finden seither in diesem Tempel feierliche Opferzeremonien statt.

Terrakotta-Armee Im Jahre 1974 entdeckten Arbeiter beim Brunnenbau 1,5 km östlich des noch nicht geöffneten Kaisergrabes eine riesige Armee von lebensgroßen Terrakotta-Figuren, die mit echten Waffen ausgerüstet waren und den Verstorbenen im Jenseits beschützen sollten. Von den insgesamt 7300 Figuren sind inzwischen weit über eintausend geborgen, wieder zusammengesetzt und aufgestellt, die anderen sind durch Sonden zwar lokalisiert, bleiben zur Sicherheit jedoch noch in ihren Lehmgruben. Die ursprünglichen Holzverschalungen der elf unterirdischen Korridore sind verrottet und die Farbe der einst bunt bemalten Soldaten löst sich nach der Freilegung innerhalb von Minuten ab. Inzwischen versuchen die Archäologen mit insgesamt 30 Chemikalien den Zerfallsprozess bei den Figuren zu stoppen. Die gewaltige Armee umfasst eine Vor- und Nachhut, Offiziere, Unteroffiziere, Soldaten und Pferde. Die hohlen Körper sind nach festgelegten Standards gestaltet, sie bestehen aus jeweils drei Standplatten, zwei Fuß- und Beinformen, acht Arten von Körpern und Köpfen, wobei jedoch der Gesichtsausdruck jedes einzelnen Kriegers völlig individuell gestaltet ist. Die Panzerung der Tonsoldaten imitiert Lederrüstungen, besteht jedoch aus 700 Kalksteinplättchen, die mit Bronzedraht miteinander verbunden sind. Bei 7300 Kriegern ist dies eine fast unglaubliche Leistung. Man weiß von den Inschriften auf den Rüstungen, dass mindestens 85 Handwerksmeister und etwa 1000 Arbeiter diese unterirdische Armee geschaffen haben, aber die vielen Zulieferer und Zuarbeiter sind in dieser Zahl sicherlich noch nicht enthalten. Allein die Arbeit an den Brennöfen erforderte eine große Gruppe kenntnisreicher Brennmeister, viele Transporteure für die ungeheuren Holzmengen und eine unbekannte Zahl von Hilfsarbeitern. Alle Soldaten blicken nach Osten. Aus dieser Richtung – so vermutete der Kaiser – könnten nach seinem Ableben Feinde kommen, denn im östlichen Teil seines Reiches saßen einst seine hartnäckigsten Gegner. Man hatte die riesige Grube mit Balken und Erdreich abgedeckt und bestens gesichert. Nach dem Tod des Kaisers regierte sein Sohn nur vier Jahre und sein Enkel nur 10 Tage. In der nun folgenden Rebellion brachen die Aufständischen in die Grube ein, nahmen den tönernen Kriegern die Waffen aus den Händen und legten Brand in der gesamten unterirdischen Anlage. Die Decken stürzten ein und herabfallende Balken trafen die Soldaten und Pferde aus Ton, sodass alle zerstört am Boden lagen und von den nachprasselnden Lehm- und Erdmassen bedeckt wurden. Die Archäologen haben daher die Aufgabe, jede einzelne der Figuren wieder zu säubern, zusammenzusetzen und zu restaurieren. Da ein lichtdurchlässiges Dach über die gesamte Fundstelle gebaut ist, können die Fachleute ganzjährig arbeiten, und die Touristen können an allen Tagen des Jahres die unterirdische Armee bestaunen.

Territorialgewässer Peking erhebt Anspruch auf weite Meeresteile im Ostchinesischen und Südchinesischen Meer bis hinunter zum Tsengum-Riff vor der Küste Nordborneos. Diesen Anspruch begründet die Regierung der VR Chinas mit den Entdeckungsfahrten der chinesischen Flotten im 13. und 14. Jahrhundert. Die Ansprüche im Ostchinesischen Meer werden mit der Theorie begründet, dass die Territorialgewässer bis zu einer Wassertiefe von 200 Metern reichen und dass die Gewässer zwischen den Inseln eines Archipels zu dessen Territorium gehören.

Thronbesteigung Die Inthronisation jedes chinesischen Kaisers stellte bereits einen der ersten großen Staatsakte seiner Regierungszeit dar. Meist hatte der vorhergehende Herrscher eine Weisung hinterlassen und seinen Nachfolger darin schriftlich bestimmt. Der auf diese Weise Auserwählte legte dann die Zeremonialkleidung an, die Zeremonialkette und Zeremonialstiefel, um sich dann in einer Sänfte zur Halle der Höchsten Harmonie tragen zu lassen. Dieser Festakt war von den Qing-Kaisern fast gleichartig von ihren Vorgängern in der Ming-Dynastie übernommen worden. Feierlich wurde nun der Erhalt des Mandats verkündet und der neue Herrscher nahm auf dem Drachenthron Platz. Man nannte daher – landläufig – die Thronbesteigung auch den »Drachenflug«, denn der Kaiser galt auch als Inkorporation des Drachen, seines großen göttlichen Ahnherrn. Der nun auf dem Thron sitzende Kaiser blickte nach Süden, denn damit empfing er als Einziger die Ausstrahlung des Himmels aus der Richtung der intensivsten Sonnenstrahlung. Alle Beamten richteten dagegen ihren Blick nach Norden, die Prinzen und die höchsten Würdenträger nach Westen und Osten. Nach der feierlichen Zeremonie mit Ehrenbezeigungen und Huldigungen, der Übergabe des neuen Siegels und Vollzug aller vorgeschriebenen Riten, wurden in alle Reichsteile Boten entsandt, die die Änderung der Regierungsdevise und die Thronbesteigung allen Untertanen zu verkünden hatten. Dem Zeremoniell der Thronbesteigung kamen an Pracht und Feierlichkeit nur noch folgende Zeremonien gleich: die Kaiserliche Hochzeit, die Große Audienz, die Beisetzungszeremonien und die Zeremonien im Kaiserlichen Ahnentempel, am Himmelsaltar, am Altar des Ackerbaus und am Altar der Götter des Bodens und der Feldfrüchte.

Thronfolge Ähnlich wie in den meisten Dynastien europäischer Herrscher galt in China bei der Thronfolge die Primogenitur, d. h. der jeweils älteste Sohn wurde Nachfolger des verstorbenen Kaisers. War dieser älteste Sohn selbst nicht mehr am Leben, so folgte der Nächstgeborene. Bei Kinderlosigkeit griff man bei Bedarf auf den ältesten Sohn des ältesten Kaiserbruders oder einen nahen Verwandten zurück, sodass die Dynastie als solche stets erhalten blieb. Die Mandschuren folgten nach ihrer Machtübernahme in China 1644 zunächst dieser Praxis, kehrten aber nach schlechten Erfahrungen wieder zu ihrer ursprünglichen Thronfolgeregelung zurück, wonach stets der fähigste der Söhne eines Fürsten die Herrschaft übertragen bekam. Allerdings musste der Ausgewählte ein Prinz aus dem regierenden Fürstenhaus selbst sein – dann war auch Adoption möglich. Dies traf beispielsweise auf den letzten Kaiser der Qing-Dynastie selbst zu, der ein Sohn des Kaiserbruders war.

Tianing Si Das Kloster des Himmlischen Friedens (Tianing Si) in Changzhou, Provinz Jiangsu, war einst eines der größten Klöster Südchinas und ein Zentrum des Chan-Buddhismus (Zen). Mit über 500 Hallen barg es reiche Kulturschätze. Die fürchterlichen Zerstörungen der Roten Garden in der Kulturrevolution ließen nur sechs Hallen übrig. Seit 1978 ist das Kloster wieder mit Mönchen besetzt. Die 33 Meter hohe Halle der 500 Lohan wurde seit der Erneuerung der Religionsfreiheit 1978 wieder restauriert.

Tianjin (Tientsin) Tianjin ist eine der regierungsunmittelbaren Städte Chinas und untersteht daher nur der Zentralregierung. Mit fast 10 Millionen Einwohnern ist es die drittgrößte Stadt Chinas und weist mit ihrem großen Hinterland eine Fläche von 11 300 Quadratkilometern auf. Die Stadt liegt im östlichen Teil der nordchinesischen Schwemmlandebene nur etwa drei Meter über dem Meeresspiegel, ist im

Süden, Westen und Norden ganz von der Provinz Hebei umschlossen und grenzt im Osten an den Golf von Bohai. Aufgebaut am Zusammenfluss des Hai mit zwei seiner Nebenflüsse, war Tianjin immer wieder von verheerenden Hochwasserkatastrophen heimgesucht worden, bis nach 1950 der Hai-Fluss endlich reguliert wurde. Im Jahre 1976 zerstörte ein gewaltiges Erdbeben einen großen Teil der Stadt, inzwischen sind diese Schäden wieder behoben. Tianjin ist eine der größten Hafenstädte Chinas, sowohl für den Verkehr mit Binnenschiffen als auch durch seine Lage am Bohai-Meer als Hochseehafen. Bereits in alter Zeit endete hier der Kaiserkanal und so mussten die Güter aus dem Süden hier umgeladen werden, damit sie vor allem die 130 km nordöstlich gelegene Hauptstadt Peking erreichen konnten. Obwohl die Stadt selbst etwa 70 km vom Meer entfernt liegt, können aber Schiffe bis zu 3000 t auf dem Hai-Fluss bis zum Stadtgebiet selbst fahren; da aber das Verwaltungsgebiet von Tianjin bis zum Meer selbst reicht, legen die großen Frachter und Tanker an den Tianjin-Kais des Bohai-Meeres in seeschifftiefem Wasser an. Tianjin zählt zu den wichtigsten Industriezentren Chinas, woselbst nahezu alle Branchen vertreten sind. Mit der Erschließung des Dagang-Ölfeldes kamen zahlreiche petrochemische Betriebe dazu. Die Bedeutung als eine der wichtigsten Handelsstädte des Landes wird auch dadurch unterstrichen, dass Tianjin auch zu den 14 Wirtschafts-Sonderzonen gehört, die Vorzugsbedingungen für Auslandsinvestitionen bieten. Schließlich gilt Tianjin auch noch als eine der wichtigsten Städte für Wissenschaft und Forschung mit 22 Hochschulen, darunter der Nankai-Universität, der Technischen Universität, der Pädagogischen Universität und von 160 Forschungsinstituten. Die Geschichte von Tianjin kann bis 400 v. Chr. zurückverfolgt werden, als am Zusammenfluss des Hai-he mit den beiden anderen Flüssen eine bäuerliche Siedlung entstand. Zur Marktsiedlung in der Song-Dynastie vergrößert, nahmen die Jin die Stadt ein und nannten sie von 1127–1234 Zhigu. Unter den Mongolen wurde sie Haijinzhen genannt und unter den Ming-Herrschern Tianjinwai. Der Bau der heutigen Stadt begann im Jahre 1404, der damalige Grundriss ist noch heute zu erkennen, wenn auch nach dem Boxeraufstand die große Stadtmauer geschleift wurde. Bis ins 19. Jahrhundert war

Tianjin eine reine Garnisons- und Landhandelsstadt. Die Lage änderte sich, als die Europäer nach dem 2. Opium-Krieg das Kaiserreich zwangen, im »Vertrag von Tianjin« den ausländischen Mächten Konzessionen einzuräumen. So ließen sich zwischen 1860–1900 Japan, Deutschland, Russland, Österreich-Ungarn, Italien und Belgien Konzessionsgebiete in Tianjin einräumen. Diese ausländischen Niederlassungen führten zwar zu einem wirtschaftlichen Aufschwung der Stadt, brachten aber fühlbare Diskriminierungen für die Chinesen mit sich, sodass gerade in Tientsin, wie es damals hieß, fremdenfeindliche Bewegungen ihren Ausgang nahmen, gipfelnd im Boxeraufstand von 1900. Die beiden Weltkriege führten zu einer völligen Stagnation und von 1937–1945 besetzten die Japaner die Stadt. Der neue Aufschwung Tianjins kam dann erst nach 1950, er hält unvermindert bis zur Gegenwart an. Obwohl die Stadt gegenüber anderen Städten Chinas relativ jüngeren Datums ist und durch Überschwemmungen und Erdbeben mehrfach stark gelitten hat, sind doch einige ehrwürdige Stätten aus vergangenen Jahrhunderten erhalten geblieben wie etwa der Konfuzius-Tempel aus dem Jahre 1436, dessen zentrale Halle mit vergoldeten Glasurziegeln gedeckt ist.

Tianjing Tianjing (Hauptstadt des Himmlischen Königreichs) war der Name, den der Führer der Taiping-Rebellen, Hong Xiuquan, im Jahre 1853 der Stadt Nanking gab, als er sie mit seinen Truppen siegreich eingenommen hatte. Hong Xiuquan nannte sein Reich »Taiping Tianguo« (Himmlisches Königreich des Ewigen Friedens), das allerdings nur bis 1864 währen sollte. Immerhin hatte bis zu diesem Zeitpunkt das kaiserliche China riesige Gebiete des Südens an die Taiping verloren. Erst mit Hilfe der Europäer konnte General Zeng Guochuan die Rebellen dann besiegen und Nanking zurückerobern. Hong Xiuquan hatte in seiner neuen Hauptstadt einen herrlichen Palast errichten lassen, den er Tianwangfu nannte. Dieses gewaltige Areal wies drei riesige Hallen auf, eine Sonnenmauer und eine »Golddrachen-Mauer«, eine weitere große Halle und einen Westlichen und einen Östlichen Garten. Bei der Eroberung durch den General der Kaiserlichen wurde der Tianwangfu-Palast vollständig zerstört und niedergebrannt, nur die Anlage des Östlichen Gartens blieb bis heute erhalten. Die herrliche Anlage ist ein

Beweis, dass auch die Taiping nach ihrem Sieg 1853 architektonisch alten klassischen Vorbildern folgten und in ihren Repräsentationsbauten sich den von ihnen bekämpften Kaisern lückenlos anschlossen.

Tianning-Kloster Das Kloster Tianning ist eines der größten buddhistischen Klöster in Südostchina. Das 8,66 Hektar umfassende Areal mit über 400 Räumen in seinen Hallen und Pavillons liegt in der Stadt Changzhou, Provinz Jiangsu, und ist seit der Verkündung der Öffnungspolitik wieder eines der wichtigsten Pilgerziele für chinesische Buddhisten. Erbaut in der Tang-Zeit, stammen die heute noch vorhandenen Bauten jedoch aus der Qing-Dynastie (1644–1911). In der Kulturrevolution wurde das Kloster stark in Mitleidenschaft gezogen, aber eine umfassende Wiederherstellung zwischen 1980–1990 gab dem Heiligtum seine alte Schönheit und Würde zurück. Hauptgebäude ist die Shakjamuni-Halle, die 33 Meter hoch und 26 Meter lang ist, sie beherbergt drei große Buddhafiguren und viele Schnitzereien. In den beiden Hallen, die Manjusri und Samantabhadra geweiht sind, befinden sich 500 Arhat-Figuren aus Stein, Meisterwerke der Bildhauerkunst.

Tianqi Tianqi (1621–1627), der vorletzte Kaiser der Ming-Dynastie, war der älteste Sohn des Kaisers Taichang, er wurde 16-jährig auf den Thron gehoben und war völlig regierungsunfähig. So überließ er dem Eunuchen Wei Zhongxian, dem Freund seiner einstigen Amme, die Regierungsgeschäfte. Die siebenjährige Herrschaft dieses Kriminellen geriet zu einem Terrorregime. Alle Oppositionellen wurden gnadenlos hingerichtet. Der Kaiser selbst sah diesem Treiben tatenlos zu. Das Volk verlor jeglichen Glauben an eine gerechte Regierung, man war überzeugt, dass der Himmel das Mandat von der Ming-Dynastie genommen habe. Nach seinem Tod 1627 wurde er in dem Deling-Mausoleum bei den Ming-Gräbern unter dem Tempelnamen Xizong beigesetzt. Mit seinem Nachfolger, Kaiser Chongzhen (1628–1644) endete die Ming-Dynastie.

Tianshui Besiedelt seit der Jungsteinzeit, als Stadt seit der Han-Dynastie ein wichtiger Haltepunkt an der Seidenstraße, ist Tianshui in der Provinz Gansu vielen Chinesen als Ursprungsort der chinesischen Kultur bekannt. Die Stadt liegt etwa 300 Kilometer westlich von Xian am Wei-Fluss und erhielt den Namen Tianshui (Himmelswasser) ihrer vielen klaren Quellen wegen. Die »Stadt der Drachen«, wie sie auch genannt wird, soll der Ort gewesen sein, an dem der Urahn der chinesischen Nation, Fuxi, den Himmel und die Erde von einem Hügel aus beobachtet haben soll. Dieser Hügel wird heute noch als »Wahrsage-Hügel« dreißig Kilometer nördlich der Stadt gezeigt. Fuxi und seine Gemahlin Nu Gua aber hätten Menschenköpfe und Drachenleiber gehabt und sie hätten Kinder gezeugt, aus denen sich dann alle Chinesen entwickelt hätten. Aus der Ming-Zeit steht in Tianshui bis heute ein gut erhaltener Tempel, der Fuxi geweiht ist. Nach dem Mondkalender gerechnet, finden am 16. Tag des ersten Monats in Tianshui seit der Öffnungspolitik wieder größere Feierlichkeiten zur Verehrung von Fuxi statt. Dabei wird ein ausgedehnter Tempelmarkt abgehalten, der während der Mao-Zeit verboten war.

Tiantai Tiantai, die kleine Stadt, etwa 100 km südwestlich von Ningbo in der Provinz Zhejiang, liegt zu Füßen des Berges Tiantai, der als einer der bedeutendsten Klosterberge Südchinas gelten kann. Die buddhistischen Mönche, die seit der Tang-Dynastie in mehreren Klöstern auf dem Berg lebten, waren bis zur Qing-Dynastie in engem Kontakt mit japanischen Ordensleuten, die eine eigene Sekte ins Leben riefen und diese Tendai (eine Ableitung von Tiantai) benannten. Die wichtigsten Klöster auf dem Tiantai-Berg sind das 508 gegründete und 1783 restaurierte Guoqing-Kloster, das noch etwas ältere Gaoming-Kloster, das im 19. Jahrhundert wieder aufgebaute Zhen jue-Kloster und oben auf dem höchsten Gipfel die drei Tempel des Fang-guang-Klosters.

Tian Tong Si Tian Tong Si, das »Kloster des Himmlischen Kindes«, liegt 35 Kilometer östlich von Ningbo am Taibai-Berg in der Provinz Zhejiang und kann den Anspruch erheben, in der Tang-Dynastie eines der größten Klöster Chinas gewesen zu sein. Zwar soll die Gründung schon im 4. Jh. erfolgt sein, aber der Ausbau zum Großkloster erfolgte erst ab 757. In diesem Konvent studierten bedeutende japanische Zen-Meister, denn hier war eines der einflussreichsten Zentren des chinesischen Chan-Buddhismus (japanisch: Zen). Von den einst knapp tausend Hallen sind die meisten zerstört, aber das heute wieder von Mönchen bewohnte Kloster überrascht nach wie vor durch seine Ausmaße und auch seine landschaftlich reizvolle Lage.

Tibet Das Autonome Gebiet Tibet – im Range einer Provinz – wird im Chinesischen Xizang genannt (Westliches Lager), ist mit 1 228 000 Quadratkilometern die zweitgrößte Gebietseinheit in China und zählt rund 2,7 Millionen Einwohner, von denen die meisten in den 72 Landkreisen leben, die wenigsten in den beiden Städten Lhasa und Shigatse. Im Süden wird Tibet am Himalaya durch Indien, Nepal und Bhutan begrenzt, im Norden liegt das Kunlun-Gebirge und stößt an die Provinz Sinkiang, im Nordosten an Qinghai und im Südosten an Sichuan. Der Transhimalaya durchquert das Gebiet von West nach Ost. Im Durchschnitt liegt Tibet etwa 4000 Meter hoch und wird zu Recht daher als »Dach der Welt« bezeichnet. In diesem zentralasiatischen Hochland leben neben den Tibetern auch noch einige andere Minderheiten wie die Hui, die Mongolen, Moinba, Lhoba und Yi. Seit 1951 sind rund 300 000 Chinesen in Tibet ständig sesshaft geworden. In dem vom Yarlung Zangbo (Brahmaputra) durchströmten Land werden vor allem Hochlandgerste, Weizen, Erbsen und Raps angebaut, die eigentliche Lebensgrundlage bildet jedoch die Viehwirtschaft mit Yaks, Schafen und Ziegen. Die Hauptstadt Lhasa mit 400 000 Einwohnern ist politischer, kultureller und vor allem religiöser Mittelpunkt des Landes. Besiedelt wurde Tibet bereits in vorchristlichen Jahrhunderten durch das mongolische Nomadenvolk der Tanguten, die im 7. Jh. n. Chr. zum ersten Mal ein Königreich bildeten. Die Beziehungen Tibets zu den Nachbarstaaten waren gekennzeichnet durch enge friedliche Kontakte einerseits (Übernahme des Buddhismus aus Indien, Heirat des Königs mit chinesischer Prinzessin) und kriegerischen Auseinandersetzungen andererseits. So eroberten beispielsweise tibetische Truppen die Kaiserstadt Xian während der Tang-Dynastie im Jahre 736. Innerhalb des Landes entwickelte sich eine besondere Form des Buddhismus, das »Diamant-Fahrzeug«, landläufig Lamaismus genannt und stand in Konkurrenz zur angestammten Bön-Religion. Die tibetischen Buddhisten spalteten sich dann in mehrere Sekten oder Schulrichtungen auf, die sich gegenseitig bekämpften und zumeist von den großen Adelsfamilien des Landes dominiert wurden. So stritten vor allem die Orden Nyingma, Sakya, Kagyu und Gelugpa gegeneinander. Da bereits im 13. Jahrhundert die Mongolen Tibet militärisch überrannten, wurde eine bestimmte Abhängigkeit des Landes von der Mongolei begründet. Im 15. Jahrhundert verhalf der Mongolenherrscher dann dem Gelugpa-Orden (Gelbmützen-Sekte) zum Sieg und ernannte einen gelehrten Mönch dieser Richtung zum Dalai-Lama. Seit dieser Festlegung entwickelte sich ein zentralistisch geführter Priesterstaat unter der doppelten Führung des Dalai und des Pantchen Lama. Komplizierte religiös-politische Verbindungen zum »Reich der Mitte« führten von 1721–1912 zu einer völligen Abhängigkeit von China, die nach dem Sturz der Qing-Dynastie abgeschüttelt wurde. Die Selbständigkeit endete jedoch mit dem Einmarsch chinesischer Truppen 1950/51. Der Dalai-Lama floh 1959 nach Indien. In der Kulturrevolution wurden in Tibet von den Roten Garden die meisten Klöster des Landes zerstört, erst mit der Öffnungspolitik setzte dann eine entsprechende Neubesinnung ein. Als Autonomes Gebiet Tibet wurde das Land 1965 eingerichtet, seit 1987 ist Tibetisch auch wieder Amtssprache. Infrastruktur und Industrialisierung sind in Tibet noch unterentwickelt, erst wenn die im Bau befindliche Eisenbahnlinie von Lanzhou – Xining – Golmund – Lhasa einmal fertig gestellt sein sollte, wäre an eine verstärkte Auswertung der bedeutenden Bodenschätze Tibets zu denken.

Tibeter Die tibetische Nationalität zählt in der VR China insgesamt etwa vier Millionen, von denen die meisten im Autonomen Gebiet Tibet selbst leben, viele aber auch in den Provinzen Qinghai, Gansu, Suchuan und Yunnan zu finden sind. Die Entstehung der tibetischen Nation ist nicht geklärt, da die tibetische Sprache jedoch der tibeto-birmanischen Gruppe der sinotibetischen Sprachen angehört, dürfte eine Verwandtschaft mit den Himalayavölkern der Frühzeit ebenso gegeben sein wie mit den mongolischen Tanguten, die das Land in den ersten Jahrhunderten v. Chr. besiedelten. Die Schrift der Tibeter ist eine Lautschrift mit vier Vokalen und 30 Konsonanten, sie entstand in der ersten Hälfte des 7. Jahrhunderts wohl nach indischen Vorbildern. Die Tibeter selbst nennen sich Bod, ihr Land jedoch Pö und ihre Sprache Pöke. Die Chinesen nannten lange Zeit dieses höchstgelegene Land der Erde Tübo. Zu großen Teilen sind die Tibeter bis zur Gegenwart in weiten Teilen des Landes Hirtennomaden, im Süden des Landes betreiben sesshafte Bauern auch Ackerbau neben der Viehzucht. Hauptsächlich werden Pferde, Schafe und Yaks (Grunzochsen) gehalten. Die ursprüngliche Religion ist die dem Schamanismus nahe stehende Bön-Religion, von der dann wesentliche Elemente mit dem aus Indien übernommenen Buddhismus verschmolzen und zu der tibetischen Sonderform des Lamaismus führten. Die Mönche (Lamas) waren es, die mit ihren über 4000 Klöstern Tibet prägten und schließlich zu politischer Macht gelangten. Die Aufsplitterung des Lamaismus in verschiedene Sekten brachte nach der Staatsgründung im 7. Jahrhundert auch viele innere Zwistigkeiten mit sich. Im 13. Jahrhundert entwickelte sich das Land zu einem zentralistischen Priesterstaat. Der Adel sicherte sich dabei die wichtigsten Positionen in dieser lamaistischen Theokratie. Der kulturelle Einfluss Indiens und Chinas führten schließlich zu einer recht eigenständigen Synthese und einer tibetischen Hochkultur in der bildenden Kunst und in der Literatur. Die politischen Souveränitätsansprüche Chinas (mit einer Protektoratsherrschaft Pekings von 1721 bis 1912) wurden 1951 durch den Einmarsch chinesischer Truppen in Tibet untermauert. In welcher Weise die Forderungen des nach Indien geflüchteten Dalai-Lama nach einer weitergehenden Autonomie innerhalb der VR China in Zukunft erfüllt werden, ist völlig offen.

Tibetische Sekten Von den in Tibet entstandenen Sekten, bzw. Schulrichtungen oder Orden, ragen vier vor allem heraus:
1. die Bon-Sekte oder Sekte der »Weißen Hüte« mit vorbuddhistischen Fundamenten,
2. die Gelbmützen-Sekte (Gelug-Sekte) mit dem im indischen Dharamshala residierenden Dalai-Lama als Oberhaupt,
3. die Rotmützen-Sekte (Nyingma-Sekte), deren Oberhaupt im Südindischen Karnataka residiert,
4. die »Sekte der Schwarzen Hüte«, jedoch auch »Weiße Sekte« genannt, mit dem 17. Karmapa als Oberhaupt, der im indischen Dharmashala lebt.

Die einst mächtige Sakya-Sekte hat ihren vormals bedeutenden Einfluss verloren.

Tong wan Die Ruinen der Stadt Tong wan, der ehemaligen Hauptstadt der Xia-xia-Dynastie, liegen südwestlich von Yulin in einer wüstenartigen Gegend fast an der Grenze zur Inneren Mongolei. Von hier aus beherrschte der König Helian bobo (407–431 n. Chr.) einen jener »Barbarenstaaten«, die im 5. Jahrhundert Nordchina an sich gerissen hatten. Die Ruinen sind von der Kleinstadt Hengshan aus zu erreichen, sie liegen innerhalb der mingzeitlichen Großen Mauer, die in diesem Gebiet damals einen wichtigen Verteidigungsabschnitt darstellte.

Tongzhi Tongzhi (1862–1874), der achte Kaiser der Qing-Dynastie, war der Sohn des Kaisers Xianfeng und seiner Konkubine Cixi, die es intrigant verstanden hatte, diesen ihren erst sechsjährigen Sohn auf den Thron zu setzen um selbst herrschen zu können. Solange Xianfengs Bruder, Prinz Kong, noch die Außenpolitik mitbestimmen und die militärischen Operationen leiten konnte, blieb das Land halbwegs auf einer sicheren Bahn. 1864 wurde die Taiping-Rebellion endgültig niedergeschlagen. Prinz Kong versuchte nun, dem Beispiel Japans folgend, ausländische Berater ins Land zu holen und fähige chinesische Generäle – neben den mandschurischen – an wichtigen Entscheidungen zu beteiligen. Zum ersten Mal gründete China ein Außenministerium, während bisher alle fremden Emissäre als Tributbringer angesehen wurden. Der junge Kaiser entpuppte sich als charakterlich äußerst labile Persönlichkeit, und als er 1874 die Blattern bekam und plötzlich daran starb, ersetzte ihn seine Mutter eiligst mit dem nur vier Jahre alten Sohn ihrer Schwester, dem Kaiser Guangxu (1875–1908). Im Jahre 1881 starb die rechtmäßige Kaiserin, die Frau des jungen Kaisers Tongzhi, sodass Cixi die volle Macht an sich reißen konnte. Genial im Intrigenspiel, völlig unfähig in der Politik, steuerte nun Cixi den Staat in die Katastrophe.

Tongzhi-Restauration Eine »Rückkehr zur Ordnung« (Tongzhi) schworen sich hohe chinesische Würdenträger 1861, nachdem der erst dreißigjährige völlig unfähige und lasterhafte Kaiser Xianfeng gestorben war. Das Reich stand am Abgrund. Die Taiping-Rebellion erreichte bedrohliche Ausmaße und die Schwäche Chinas gegenüber den europäischen Mächten wurde immer offensichtlicher. Ein Regentschaftsrat setzte den fünfjährigen Sohn der Konkubine Cixi als Kaiser Tongzhi auf den Thron. Prinz Gong und viele einsichtige Beamte betrieben nun nach Ausschaltung des Regentschaftsrates, zuerst unter Beteiligung der intriganten Cixi, eine Restauration, die erneut Disziplin, Loyalität und Achtung vor dem konfuzianischen Wertesystem anstrebte. Gleichzeitig revidierte man die Einstellung gegenüber den »weißen Teufeln aus Übersee« und bat sie um Hilfe bei der Niederschlagung der Taiping-

Rebellion. Man war nun bereit, mit Hilfe ausländischer Berater das völlig veraltete Militärwesen Chinas zu modernisieren und Studenten ins Ausland zu schicken. Als jedoch das Taiping-Reich mit seiner Hauptstadt (Nanking) geschlagen war, erlahmte der Modernisierungswille und Literatenkreise in Peking machten mobil gegen weitere Öffnungsversuche und propagierten wiederum die konservative Abwehr alles Ausländischen. Cixi, die inzwischen die Regierungsgewalt an sich gerissen hatte, verbündete sich nun mit diesen Kräften und beendete die so hoffnungsvoll begonnene Tongzhi-Restauration. Kaiser Tongzhi starb 1874 mit 18 Jahren. Er hatte nie wirklich regiert.

Topographie Chinas Für die Beurteilung der geschichtlichen Ereignisse im Reiche der Mitte und für die Bewertung der politischen Transformationsprozesse der Gegenwart ist eine Kenntnis der Topographie des Landes unerlässlich, da sich vieles schon durch die Lage, das Klima, die Bodenbeschaffenheit und die Verkehrsmöglichkeiten von selbst ergibt. Grundlegendes Merkmal der Topographie Chinas ist die Tatsache, dass Westchina höher liegt als Ostchina. Die Hochgebirgsketten, Hochebenen und Plateaus im Westen sind sehr dünn besiedelt, lassen vielfach nur extensive Weidewirtschaft zu und bedingen dadurch eine sofort ins Auge springende Unterentwicklung gegenüber dem tiefer liegenden, fruchtbaren, dicht bevölkerten und auch industriell z. T. gut entwickelten Osten. Die Qinghai-Tibet Hochebene im Westen und Südwesten – das »Dach der Welt« – bildet mit einer Durchschnittshöhe von 4000 m die erste Stufe. Das Plateau der Inneren Mongolei, die Löß-Hochebene und die Hochebenen von Yunnan und Guizhou mit Durchschnittshöhen von 1000 bis 2000 m bilden die zweite Stufe. Dazwischen liegen das Tarim-, das Jungar- und das Sichuan-Becken. Die größte Wüste Chinas, die Takla Makan, breitet sich in diesem Gebiet aus. In der dritten Stufe sinkt der Osten mit Hügeln und Tiefebenen bis zur Küste kontinuierlich ab. Die Durchschnittshöhe beträgt 500 m, in den Küstenebenen um Shanghai liegen die Städte und Kreise meist nur 4 m über dem Meeresspiegel. Der Festlandssockel erstreckt sich ins Meer, in dem zahlreiche Inseln in einem nicht allzu tiefen Wasser liegen. Der Osten mit seinen Tiefebenen und breiten Flusstälern gilt als »Heimat von Reis und Fisch«, denn hier sind zwei bis drei Ernten pro Jahr möglich. Entwässert wird China in der Hauptsache durch drei Flüsse, die alle ins östliche und südöstliche Meer münden: der Jangtse mit seinen 6300 km Länge ist der längste Strom Chinas und ist schiffbar. Der Gelbe Fluss (Huanghe) mit seinen 5464 km Länge ist der zweitlängste Strom des Landes und ist wegen seiner gewaltigen Schlamm-Massen nicht schiffbar. Der ebenfalls mit kleineren Schiffen befahrbare, 2197 km lange Perlfluss im Süden entwässert das Gebiet mit der größten Niederschlagsmenge pro Jahr. China gehört zu den Monsungebieten der Erde. Der aus Sibirien und der Mongolei kommende kalte Wintermonsun dauert ein halbes Jahr und lässt in Nordchina die Temperaturen entsprechend sinken. Im Sommer weht der Südostmonsun vom Stillen Ozean her und beeinflusst das Klima im Ostteil Chinas. Der Südwestmonsun kommt vom Indischen Ozean und prägt das Wetter im Süd- und Südwestteil des Landes. Die Regenfälle in diesen Landesteilen, die vom Sommermonsun bedingt sind, konzentrieren sich daher auf die Monate Mai bis September. In den nordwestlichen Landesteilen herrscht vielfach Wüsten- und Steppenklima vor, dort werden die höchsten Hitzegrade erreicht. Die vielschichtige Oberflächengestalt Chinas aber bedingt eine große Anzahl von klimatischen Sonderformen, da das Land in den meisten Teilen hügelig oder gebirgig ist und mehrere Gebirgsketten aufweist, die zu den höchsten und längsten dieser Erde gehören: Himalaya, Transhimalaya, Kunlun und Tienshan.

Traditionelle Chronologie Für die ersten drei chinesischen Dynastien weicht die traditionelle, inzwischen als legendär erkannte Zeiteinteilung von der modernen, wissenschaftlich erhärteten Chronologie ab. Es ergeben sich folgende Unterschiede:
▷ Xia.
Traditionell: 2205–1766
Modern: vor 2000–1523, jedoch nicht völlig gesichert.
▷ Shang.
Traditionell: 1766–1122
Modern: 1523–1028
Die Bezeichnung Yin wird für diese Dynastie für die Zeit nach 1400 gebraucht.
▷ Chou.
Traditionell: 1122–256
Modern: 1027–256

Tributsystem Das sinozentrische Weltbild der Chinesen sah im Kaiser, dem Himmelssohn, den Herrscher über ein Reich, das letztlich »alles unter dem Himmel« (tianzi) umfasste und dessen Tugend die Verbindung zwischen den Menschen insgesamt und dem Himmel gewährleistete. Dies hatte zur Folge, dass die ganze Welt letztlich abhängig von diesem Herrscher war und sich seine Regentschaft demnach auch auf alle Völker erstrecken musste. Da jedoch in der Realität rings um das Reich der Mitte eine große Anzahl erst halbsinisierter Völker und eine noch größere Anzahl »barbarischer« Stämme zu finden waren, entwickelten die Chinesen ein System des »inneren und äußeren Ringes«, das die unmittelbaren Nachbarn, die bereits Elemente der chinesischen Kultur übernommen hatten, dem inneren Ring zuordnete, während die weiter entfernt wohnenden oder noch ungestümen Barbarenvölker dem äußeren Ring angehörten. Das System nun, nach dem im Verkehr mit diesen Völkern und Stämmen zu verfahren war, kann als Tributsystem bezeichnet werden, das in der Geschichte der Diplomatie als einmalig, wenn nicht genial beschrieben werden kann. Von den Herrschern der Staaten des inneren Ringes weiß man, dass sie in festgelegten Abständen ein- oder zweimal im Jahr Gesandtschaften an den chinesischen Kaiserhof schickten, Tribute überbrachten und einen königlichen Prinzen als Geißel hinterließen. Die Völker des äußeren Ringes waren zu solchen Tributgesandtschaften nur alle drei, fünf oder zehn Jahre verpflichtet, jedoch in jedem Fall bei einem Regierungswechsel. Die überbrachten Tribute bestanden in Pferden, Kamelen, Maultieren, Fellen, Pelzen, Sätteln, Zaumzeug und Leder. Die Gesandten der fremden Staaten und ihre Begleiter wurden bereits ab der Grenze eskortiert, untergebracht, verpflegt und unterhalten, bis sie zum Empfang beim Himmelssohn geleitet wurden. Bei Hofe waren sie dann einem strengen Ritual unterworfen, sie hatten vor allem den Kotau zu vollziehen, d. h. sie hatten drei Kniefälle zu machen und mussten sich neunmal niederwerfen und mit der Stirn den Boden berühren. Damit hatten sie ihre Loyalität gegenüber dem Himmelssohn bezeugt und ihre Vasallität gegenüber China anerkannt. Nun waren sie in Gnaden aufgenommen, oft mit Titeln dann geschmückt und zu wichtigen Bündnispartnern ernannt. Das kaiserliche Hofamt hatte bereits die Gegengaben vorbereitet, die sie vom Sohn des Himmels nunmehr überreicht bekamen: Seidenballen, Gold, Silber, Schmuck, Musikinstrumente, Heilmittel, Bücher und Luxusgegenstände der verschiedensten Art. Das Geheimnis des Erfolges für die Chinesen bestand nun gerade darin, dass die Geschenke des Kaisers im Wert oft vielfach die mitgebrachten Tribute überschritt, und dass ferner während der Gesandtschaftstage ein ausgedehnter Handel erlaubt wurde, den mitgereiste Kaufleute auf dem chinesischen Markt betreiben durften. So nimmt es nicht wunder, dass zur Glanzzeit des Reiches in der Qing-Dynastie insgesamt 311 Völker und Stämme außerhalb das Tributsystem akzeptierten. Die Qing-Dynastie hatte allerdings das System im Hinblick auf die Mongolen und Tibeter bereits abgewandelt und ihnen eine fast ebenbürtige Stellung im Verkehr mit dem Kaiser eingeräumt, die jedoch religiös begründet wurde. Indem sich die chinesischen Kaiser beispielsweise als Beschützer des Dalai-Lama bezeichneten, erkannte dieser im Gegenzug den Kaiser in Peking als Inkarnation des Bodhisattva der Weisheit an. Da die Mongolen zu dieser Zeit bereits dem tibetischen Buddhismus anhingen, konnte ihnen gegenüber ebenfalls eine privilegierte Behandlung im diplomatischen Verkehr beachtet werden.

Trisong Detsen Der zweite große priesterliche König von Tibet, Trisong Detsen (742–797), wird als Manifestation des berühmten Bodhisattva Manjusri verehrt.

Tritsug Detsen Der tibetische König Tritsug Detsen (815–838), auch bekannt unter dem Namen Ralpachen, führte in Tibet ein zentralistisches Regiment und erhob den Buddhismus zur Staatsreligion. Viele Klöster waren schon vor der Zeit von Tritsug Detsen entstanden, nunmehr wurden sie mit Nachdruck gefördert und wuchsen zu erstzunehmenden Machtzentren im Staat heran. Diese Entwicklung führte 838 zur Ermordung von Tritsug Detsen durch seinen Bruder Langdarma, der alle Klöster einreißen, die Heiligen Schriften verbrennen und während seiner nur vierjährigen Regierungszeit alle Mönche in den Laienstand zurückversetzen ließ. 842 wurde Langdarma von einem buddhistischen Mönch ermordet. Der bis dahin zentralistisch geführte tibetische Staat zerfiel nunmehr in einen Flickenteppich kleiner Adelsherrschaften und autonomer Klöster, die bis zur Herrschaft der Mongolen im 12. und 13. Jahrhundert ihre Souveränität eifersüchtig behaupteten. Unter mongolischer Protektion erlangten die Äbte von Saskya dann – bis zum Sturz der Mongolendynastie (1368) – weitgehend die Vorherrschaft in Tibet. Erst unter der von

Tsongkhapa begründeten Gelbmützen-Sekte sollte Tibet dann im 15. Jahrhundert wieder als einheitlicher Staat erstarken. Eine zentralistische Herrschaft Tibets wie zu Zeiten Tritsug Detsens konnte jedoch nie mehr erreicht werden, das Land blieb an die Mongolenherrscher einerseits und an die Qing-Dynastie andererseits mehr oder weniger gebunden.

Tsang Westlich von Lhasa gelegene tibetische Provinz mit der Hauptstadt Shigatse.

Tsongkhapa Der große Reformer des tibetischen Buddhismus und Begründer des Gelug-Ordens (Gelbmützen-Sekte) Tsongkhapa (1357–1419) ist auch unter dem Namen Losang Trakpa bekannt.

Tsurpu Das Hauptkloster der Karmapa, Tsurpu, liegt 60 Kilometer westlich von Lhasa in der Gemeinde Namga im Kreis Doilungdeqen. Im Jahr 1189 vom 1. Lebenden Buddha Karmapa erbaut, entwickelte sich das Kloster in der Folgezeit zu einer regelrechten Lamastadt mit der Residenz des Lebenden Buddha Karmapa. Unmittelbare Verbindungen Tsurpus bestehen zum Kloster Rumtek in Sikkim. Die Lebenden Buddha Karmapa Inkarnationen griffen in der Geschichte des Öfteren stark ins politische Geschehen ein, so etwa der 2. Lebende Buddha Karmapa, der im Palast Tschingis Khans missionierte. Mönke-Khan verlieh ihm ein goldenes Siegel und schenkte ihm eine mit Goldfäden bestickte Mütze, weshalb die Karmapa-Sekte auch »Sekte der schwarzen Mütze« genannt wird.

Tu Die Tu-Nationalität ist eine rund 170 000 Angehörige zählende nationale Minderheit in Qinghai und Gansu, vornehmlich konzentriert jedoch auf den »Autonomen Kreis der Tu-Nationalität Huzhu« in Gansu. Die Tu-Sprache gehört zur mongolischen Sprachgruppe der altaischen Sprachfamilie. Da die Tu sich selbst Mongghol (Mongolen) oder »Chahan-Mongghol« (Weiß-Mongolen) nennen, ist damit bereits ein Hinweis auf ihren Ursprung gegeben. Die Tu sind Nachfahren von mongolischen Besatzungstruppen Dschingis Khans, die sich nach dem Sturz des Mongolenreiches mit der einheimischen Bevölkerung des Qinghai-Gebietes vermischten. Die Tu sind Lamaisten. Eine eigene Schrift existiert nicht, vielfach wird bereits chinesisch gesprochen und geschrieben.

Tujia-Nationalität Mit fast 2,9 Millionen Angehörigen gehört die Tujia-Nationalität bereits zu den relativ großen Minoritäten in China. Beheimatet in verschiedenen Kreisen der Provinzen Südost-Sichuan, Hubei und Hunan, betreiben die Tujia in dem meist bergigen Gebiet Reisanbau auf Terrassenfeldern und pflanzen in den Tälern Zuckerrüben, Baumwolle und Teesträucher. Die Tujia-Sprache gehört zur tibeto-birmanischen Sprachgruppe der sinotibetischen Sprachfamilie. Da die Tujia keine eigene Schrift besitzen, verwenden viele von ihnen seit langem die Han-Schrift. Bekannt und beliebt sind die Web- und Flechtarbeiten der Tujia-Frauen. Überliefert sind in mündlicher Tradition viele Gedichte, Lieder, Sagen und Epen. Die ausdrucksvollen Tänze der Tujia mit über 70 Bewegungen stellen ein reiches folkloristisches Erbe dar. Da bereits seit dem 12. Jahrhundert sehr viele Han-Chinesen in das Tujia-Gebiet einwanderten und vielfach auch Heiraten zwischen den beiden Volksgruppen stattfanden, wurden bis 1956 die Tujia als eigene Nationalität gar nicht anerkannt. Sprache, Sitten, Brauchtum und Lebensführung der Tujia aber waren über die Provinzgrenzen hinweg klar als einigendes Band einer eigenen Nationalität erkennbar, sodass dieser Status völlig zu Recht von der Zentralregierung verliehen wurde.

Turksprachen in China Die vom Balkan bis nach Ostsibirien verbreitete türkische Völkerfamilie hat auch in China tiefe Spuren in der Geschichte hinterlassen. Sieben nationale Minderheiten, die sich einer Sprache der sog. Turkgruppe bedienen, leben auch in China: Uiguren, Sala, Usbeken, Kasachen, Tataren, Yugur und Kirgisen. Diese Sprachen gehören der altaischen Sprachfamilie an, zu der auch die Mongolen, Mandschuren und Tungusen zählen.

U

Überseechinesen Der Chinese als an sich bäuerlicher und von Natur her heimatgebundener Mensch ist in keiner Weise der geborene Auswanderer. Zudem hatte der Staat selbst bis 1868 die Auswanderung verboten, um nicht in Verwicklungen mit anderen Staaten zu geraten. Da jedoch durch die gewaltige Bevölkerungsexplosion im 19. Jahrhundert, und wegen vieler Naturkatastrophen, die Versorgungslage der Bevölkerung kaum mehr gesichert werden konnte, kam ab 1847 schon eine illegale Emigration nach Kuba und Peru zustande, wo chinesische Arbeitskräfte willkommen waren. Der verheerende Bürgerkrieg in China 1850–1868, dem etwa 20 Millionen Menschen zum Opfer fielen, veranlasste dann das Kaiserhaus, das Ausreiseverbot aufzuheben. Nun setzten regelrechte Massenauswanderungen ein, der chinesische Kuli war in vielen Ländern gefragt, vor allem in den südostasiatischen Regionen. Auf dem Seeweg kamen Millionen nach den Philippinen, Malaysia, Thailand, Vietnam, aber auch erste Transporte in die USA. Nach einer oder zwei Generationen härtester Arbeit und bescheidensten Lebens arbeiteten sich viele Chinesen in ihren Gastländern hoch und wurden Kaufleute und besetzten Stellen in den Dienstleistungsberufen, vor allem in der Gastronomie. Nach ihrem Ableben ließen sich viele Tausende jedoch damals in Zinksärgen in die Heimat transportieren, um in ihren Herkunftsorten bestattet werden zu können. Darauf hin wurde ein Leben lang gespart. Man schätzt die Gesamtzahl aller Überseechinesen heute auf rund 30 Millionen, von denen sieben Millionen auf den Philippinen, fünf Millionen in Thailand, je vier Millionen in Indonesien und Malaysia, zwei Millionen in Singapur und eine Dreiviertelmillion in Birma leben. In den USA leben drei, in Kanada zwei Millionen. In vielen Ländern, in denen sie leben, stellen sie einen bedeutenden wirtschaftlichen Faktor dar, und Singapur wird letztlich von Chinesen regiert.

Uiguren Das Uigurische Autonome Gebiet Xinjiang (Sinkiang) im Innern Zentralasiens an der nordwestlichen Grenze Chinas ist die Heimat der bedeutenden nationalen Minderheit der Uiguren, die mit sechs Millionen Angehörigen drei Fünftel der gesamten Bevölkerungszahl dieses Gebietes stellen. In diesem gewaltigen Gebiet, das ein Sechstel der Gesamtfläche Chinas einnimmt, leben die Uiguren allerdings auch zusammen mit Han, Kasachen, Hui, Mongolen, Kirgisen, Tadschiken, Xibo, Usbeken, Mandschuren, Dahuren, Tataren und Russen. Die Uiguren sind ein Turkvolk, das wegen seiner Zugehörigkeit zum Islam eine eigene Lautschrift mit arabischen Buchstaben entwickelte. Nach 1949 wurde eine neue Schrift auf der Grundlage der lateinischen Buchstaben geschaffen und ist parallel zur arabischen Schrift in Gebrauch. Daneben spielt das Chinesische eine bedeutende Rolle, da alle überregionalen Kontakte nur in der Han-Sprache möglich sind. In der Geschichte erlangten die Uiguren eine besondere Bedeutung durch die Entwicklung einer eigenen Schrift, die sie aus dem Aramäischen ableiteten. Sie hatten diese aus Palästina und Syrien stammende Schrift von den nestroianischen Missionaren kennen gelernt. Diese altuigurische Schrift (heute verschwunden) übernahmen dann die Mongolen – und später wurde diese wiederum zur Grundlage für die mandschurische Schrift. Somit kommt den Uiguren das Verdienst zu, in literarischer Hinsicht wichtige Vermittlerdienste geleistet zu haben. Der Nestorianismus wurde bei den Uiguren durch den Buddhismus und dieser seit dem Ende des 16. Jahrhunderts dann durch den Islam abgelöst. Die wechselvolle politische Entwicklung des gesamten Raumes, einstens Ostturkestan genannt, verhinderte vielfach eine klare uigurische Selbständigkeit, aber auch die Errichtung der chinesischen Herrschaft in diesem Gebiet war durch zahlreiche Brüche und Umstürze gekennzeichnet. Der Name »Uigur« bedeutet an sich so viel wie »Vereinigung« oder »Geschlossenheit«, diese Namensgebung spielt jedoch mehr oder weniger nur auf die kulturelle Identität der Uiguren an. Wissenschaftlich gesichert ist inzwischen ihre Herkunft. Der ursprüngliche Siedlungsraum der Uiguren lag südlich des Baikal-Sees und östlich des Balkasch-Sees. Damals waren sie noch Nomaden, heute sind sie längst sesshaft und gelten als Fachleute für künstliche Bewässerung durch unterirdische Kanäle.

Ureinwohner Taiwans Vor der Ankunft der ersten Chinesen auf Taiwan wurde die Insel ausschließlich von malaio-polynesischen Stämmen bewohnt, die bis ins 19. Jahrhundert hinein in den meist abgelegenen Bergregionen auch noch der Kopfjagd nachgingen. Im Jahr 2000 gab es auf Taiwan mit seinen über 22 Millionen Einwohnern noch 20 ethnische Gruppen, die als autochthone nationale Minderheiten anerkannt werden und insgesamt 336 000 Menschen umfassen, davon sind 38 Prozent Ami, 23 Prozent Atayal und 18 Prozent Paiwan. Die verbleibenden 21 Prozent verteilen sich auf 17 kleinere Völkerschaften. Zusammenfassend werden alle Angehörigen der malaiopolynesischen Stämme in Taiwan Gaoshan genannt.

Ursprungsmythen Die traditionelle chinesische Geschichtsschreibung, die bis zum Ende der Qing-Dynastie das historische Denken der Chinesen prägte, lässt auf die Ursprungsmythen nahtlos die ersten drei gesicherten Dynastien der Xia, Shang und Zhou folgen. Für den Chinesen der Kaiserzeit war demnach eine kontinuierliche Linie von der Erschaffung des Universums bis zu historisch belegbaren Epochen ersichtlich.

Der Erschaffung des Universums folgt

▷ die Epoche der Drei Kaiser, dann

▷ die Epoche der Fünf Kaiser und

▷ die Epoche der Drei Dynastien.

Die Epoche der Drei Kaiser bleibt etwas nebelhaft – summarisch, denn es verbinden sich hier die Namen der drei Herrscher mit den drei Elementen des Universums:

▷ Tianhuang, der Herrscher des Himmels

▷ Dihuang, der Herrscher der Erde

▷ Renhuang, der Herrscher der Menschen

Die Epoche der Fünf Kaiser ist die Zeit der Einführung sozialer und kultureller Einrichtungen, die Zeit der Entwicklung der chinesischen Zivilisation:

1. Kaiser: Fuxi, er gibt den Menschen die erste Regierung, lehrt sie den Hausbau als erster Zimmermann, erfindet das Winkelmaß und den Kompass zur Orientierung.

2. Kaiser: Shennong, er entwickelt die Ackergeräte, entdeckt die Heilkräfte der Pflanzen und eröffnet die ersten Märkte.

3. Kaiser: Huang Di, der Gelbe Kaiser. Er ist der große Gesetz-

geber, Baumeister und Eroberer, zugleich aber der große Kulturheros, dessen Hauptfrau die Seidenraupenzucht einführt.
4. Kaiser: Yao, mit ihm beginnt das goldene Zeitalter, er ist das vollkommene Vorbild eines Herrschers, der seinen eigenen Sohn von der Herrschaft fern hält, um die Regierung einem Würdigeren und Fähigeren zu übertragen.
5. Kaiser: Shun, er folgt minutiös dem Vorbild seines großen Vorgängers Yao.
Die Drei Dynastien
1. Xia-Dynastie, nach traditioneller, legendärer Chronologie von 2100–1751 v. Chr.
2. Shang-Dynastie, 1751–1066 v. Chr. (teilweise noch legendär)
3. Zhou-Dynastie, historisch, 1066–221 v. Chr.

Urumqi Urumqi (chinesisch Wulumuqi), die Hauptstadt des Autonomen Gebietes Sinkiang (Xinjiang) mit 1,4 Millionen Einwohnern, liegt am südöstlichen Rand der Dsungarei, wo die Ausläufer des Tienshan und der Bogda Shan zusammenstoßen. Urumqi heißt »Schönes Weideland« und seit eh und je haben nomadische Stämme diese Region durchzogen. Zwar stießen bereits in der Han-Dynastie chinesische Truppen in diese Region vor und errichteten eine Militär- und Zivilverwaltung zum Schutz der nordwestlichen Reichsgrenze, aber die eigentlichen Bewohner waren damals Turkvölker wie die Tölös im 4. Jahrhundert, später dann die Uiguren. Heute ist Urumqi eine Millionenstadt mit 13 Nationalitäten, von denen jedoch die Han-Chinesen 75 Prozent ausmachen und die Uiguren sowie die Hui jeweils nur etwa 10 Prozent stellen. In der Sui-Dynastie wurden von Urumqi aus schon die Verbindungswege nach Westen bis ins Ili-Tal ausgebaut und nach Osten bis Hami für Kamelkarawanen und Militärtransporte vorangetrieben. Nach der Errichtung der Yuan-Dynastie gehörten die Uiguren dann wie alle anderen Völker Zentralasiens zum Mongolischen Imperium, der rein chinesische Einfluss war in der Ming-Zeit uigurischen lokalen Herrschaften gewichen. Erst nach 1765 drang die Qing-Dynastie wieder nach Westen vor, aber die letzten Bastionen der uigurischen Khanate fielen erst 1877. Das noch ländlich wirkende Urumqi wurde dann 1882 zur Provinzhauptstadt des nunmehr wieder chinesischen Ostturkestan erhoben. Im 20. Jahrhundert, vor allem nach 1949, konnte auf Grund von bedeutenden Kohlevorkommen und Eisenerzlagern der

Aufbau einer Stahl- und Maschinenbauindustrie begonnen werden.

Usbeken Gemessen an den rund 20 Millionen Usbeken in der seit 1991 unabhängigen Republik Usbekistan ist die kleine nationale Minderheit der Usbeken in China mit nur 15 000 Köpfen zwar von geringer Bedeutung, jedoch der hohe Ausbildungsstand der Usbeken in der Wirtschaft und Kultur von Sinkiang ist äußerst bemerkenswert. Die Usbeken sind ein türkisch sprechendes Mischvolk aus Mongolen, Iranern und Türken, die ihren Namen auf Usbeg Khan (1313–1341) zurückführen, der diese Teilvölker zusammenschloss und die Islamisierung von Nordwest-Turkestan vorantrieb. Die Usbeken sind daher sunnitische Muslime mit einer eigenen Schrift. In China leben die Usbeken fast ausschließlich in Städten, vornehmlich in Kaschgar (Kashi), Ürümqi, Shache, Yecheng und in Yining.

Ussuri-Zwischenfall Im März 1969 kam es am Grenzfluss Ussuri zwischen Einheiten der chinesischen Volksbefreiungsarmee und Truppen der damaligen Sowjetunion zu einem längeren Schusswechsel, der die beiden kommunistischen Staaten hart an den Rand eines Krieges führte. Dieser Konfrontation zwischen Moskau und Peking waren lange ideologische Streitigkeiten vorausgegangen, vor allem aber die Weigerung der UdSSR, Peking vertragsgemäß eine Atombombe zu liefern. Als Folge dieser militärischen Auseinandersetzung entschloss sich Peking zwei Jahre später zu einer Öffnung gegenüber den USA, die auf Gegenliebe des neu gewählten Präsidenten Richard Nixon stieß, der im Juli 1971 seinen Außenminister Henry Kissinger nach Peking schickte.

V

Verbiest, Ferdinand Neben dem Italiener Matteo Ricci (1552–1610) und dem Deutschen Johann Adam Schall von Bell (1591–1666) war der belgische Jesuit Ferdinand Verbiest (1623–1688) der berühmteste und erfolgreichste Europäer in China zu Beginn der Qing-Dynastie, denn er gewann das Vertrauen von Kaiser Kangxi und wurde zum Leiter des kaiserlichen Observatoriums bestimmt. Als Missionar waren Verbiest größere Erfolge am Kaiserhof nicht beschieden, aber er nahm als Dolmetscher in kaiserlichem Auftrag an den chinesisch-russischen Verhandlungen in Peking teil und es gelang ihm der Guss von Kanonen für die chinesischen Truppen. Dem Bewunderer chinesischer Kultur entwarf Kaiser Kangxi höchstpersönlich eine Kalligraphie für den Grabstein, als Ferdinand Verbiest 1688 in Peking starb und dort auch bestattet wurde.

Verbotene Stadt Der mitten in der Hauptstadt Peking gelegene Kaiserpalast war von der Mitte des 15. Jahrhunderts bis 1911 Zentrum der Macht, Mittelpunkt des Reiches, Residenz der Kaiser und religiöses Zentrum Chinas. Unmittelbar vor dem Palast stand der Kaiserliche Ahnentempel und der Altar der Götter des Bodens und der Feldfrüchte. Der Ahnentempel galt als das eigentliche Staatsheiligtum Chinas, in ihm opferte jedes Jahr der Herrscher den Ahnen, vor dem Altar der Bodengötter flehte er um das Gedeihen der Feldfrüchte. Der Palast war für den gewöhnlich Sterblichen nicht zugänglich, daher Verbotene Stadt, aber auch der Name »Purpurne Verbotene Stadt« war gebräuchlich, denn genauso wie der Polarstern in der Mitte des Purpurnen Sternbildes im Zentrum des Himmels steht, so bietet sich auch die Purpurne Residenz des Kaisers dar. Erbaut wurde der Palast in der Ming-Dynastie von 1406–1420, spätere Umbauten in der Qing-Dynastie haben die Struktur der Anlage in keiner Weise verändert. Der vierseitig umschlossene Palastbezirk ist 72 Hektar groß und weist 9999 Räume auf, da der Himmelsherr allein über 10000 Räume in seinem Palast verfüge. Das Areal ist umschlossen von einem 50 Meter breiten Wassergraben, hinter dem sich eine acht Meter hohe Mauer erhebt. Durch die gesamte Verbotene Stadt ist eine Mittelachse in Süd-Nord-Richtung gelegt, die den ganzen umschlossenen Bezirk symmetrisch teilt. Diese Achse ist durch die wichtigsten Hallen unterbrochen, die quer zu ihr stehen und den offiziellen Bereich des Hofes darstellen: die Halle der Höchsten Harmonie, die Halle der Vollkommenen Harmonie und die Halle der Erhaltung der Harmonie. Schreitet man dort durch das Tor der Irdischen Ruhe, so gelangt man zur Halle des Kaiserlichen Seelenfriedens. Links und rechts dieser Achse liegen der Palast der Strahlenden Menschlichkeit, der Palast des Himmlischen Erbes, die Halle der Pflege des Herzens, der Palast des Ewigen Alters, die Halle der Verkörperten Harmonie und der Palast der Gesammelten Eleganz. Diese Bezeichnungen weisen bereits daraufhin, dass in diesem Palast der »Himmelssohn auf dem Drachenthron«, ausgestattet mit dem Mandat des Himmels, seine Wohnung genommen hat, d.h. dass hier ein Herrscher regiert, der eine einzigartige politische und religiöse Stellung einnimmt und mit anderen Monarchen dieser Welt nicht zu vergleichen ist. Vor allem im nördlichen Teil der Anlage schließt sich das Labyrinth der vielen Privatgemächer des Kaisers an, der Harem, die Wirtschaftsgebäude, die Depots, unterbrochen durch Treppchen, Brücken, Innenhöfe, Pavillons und Paläste besonderer Funktion wie etwa die Halle des Großen Buddha. Gleichzeitig war dieser Palast stets eine Schatzkammer, die ihresgleichen auf dieser Erde suchte. Unzählige Kostbarkeiten und Kunstwerke wurden von den Kaisern gesammelt. Seit 1926 ist die Verbotene Stadt das viel besuchte Palastmuseum, in dem ein Teil der einstigen Schätze noch bestaunt werden kann, während ein anderer Teil durch Chiang Kai-shek nach Taiwan verbracht wurde und dort im »Palastmuseum« von Taipeh zu bewundern ist. Ähnlich wie in der Verbotenen Stadt zu Peking hatten Unbefugte zur Zeit der beiden Dynastien keinen Zugang zum Sommerpalast im Norden der Stadt und zur Bergresidenz in Chengde, wohin der Kaiser mit seinem gesamten Hofstaat in den Monaten drückender Hitze entfloh.

Vertragshäfen Der Vertrag von Nanking 1842 nach dem Ersten Opiumkrieg verpflichtete China zuerst zur Öffnung der Häfen von Kanton, Xiamen, Fuzhou, Ningbo und Shanghai, während die Verträge von Tientsin (1858) und die Konvention von Peking (1860) China zur Öffnung weiterer elf »Vertragshäfen« verpflichtete: Niuzhuang, Hankou, Zhenjiang, Jiujiang, Danshui, Tainan, Shantou (Swatow), Zhifu, Jiongzhou, Nanking und Tientsin. Bis zum Ende der Dynastie 1912 folgten viele andere Hafenorte, sodass rund 50 Vertragshäfen nach dem Sturz des Kaiserreiches den Ausländern offen standen. In diese Verträge hatte die neu gegründete Republik China vollinhaltlich einzustimmen. Die Vertragshäfen waren gleichsam Symbole für den halbkolonialen Status, in den China geraten war. Andererseits jedoch entwickelte sich in diesen Hafenstädten eine neuartige Mischkultur, da sich viele ausländische Kaufleute in ihnen ansiedelten. Viele Ideen zur Modernisierung Chinas gingen von den in diesen Städten wohnenden Fremden aus, die Atmosphäre in ihnen war kosmopolitisch und durch den bedeutenden Warenumschlag an diesen Plätzen gelangte auch eine Schicht anpassungswilliger Chinesen zu beträchtlichem Wohlstand.

Vertrag von Nertschinsk Der zwischen dem Kaiserreich China und dem zaristischen Russland geschlossene Vertrag von Nertschinsk im Jahre 1689 führte der Qing-Dynastie die Bedrohung von Seiten einer westlichen Landmacht im Norden der Mandschurei zwar recht drastisch vor Augen, konnte aber für Peking noch als günstig eingestuft werden, denn Russland verzichtete in diesem Vertrag ausdrücklich auf das linke Ufer des Amur, zu dem die zaristischen Truppen bereits vorgedrungen waren. Die Verhandlungen wurden für China von den in Pekings Diensten stehenden Jesuiten geführt.

Verwaltungssystem Das Verwaltungssystem des Reiches der Mitte wechselte oftmals mit dem Beginn neuer Dynastien, der Invasion fremder Eroberer und den Friedensschlüssen mit anderen Staaten. Selbst in der VR China gab es Veränderungen in der Verwaltungsstruktur durch Neugliederungen und die Wiedereinbeziehung von Hongkong und Macau in den Gesamtstaat. Nach dem Stand des Jahres 2002 gibt es in China unterhalb der zentralen Ebene 22 Provinzen, fünf provinzähnliche Autonome Regionen, vier regierungsunmittelbare Städte (Beijing, Shanghai, Tianjin und Chongqing) sowie zwei Sonderverwaltungszonen (Hongkong und Macau). Die Bezirksebene umfasst 125 Regierungsbezirke und acht Bünde (= Regierungsbezirke in der Inneren Mongolei), 31 Autonome Bezirke und 163 bezirksfreie Städte. Auf Kreiseebene zählt man 1893 Kreise, 93 Autonome Kreise, 51 Banner (= Kreise in der Inneren Mongolei), drei Autonome Banner, 158 kreisfreie Städte, 621 Stadtbezirke, vier Sonderdistrikte, einen Industriedistrikt, einen Bergdistrikt und einen Landwirtschaftsdistrikt. Die Gemeindeebene wartet mit 82 450 Gemeinden auf, 5140 Kleinstädten und mit einer unbekannten Anzahl von Straßenvierteln. Die erste Selbstverwaltungsebene beginnt mit 948 000 Dörfern, über 60 000 Marktflecken und einer nicht bekannten Anzahl von städtischen Wohnvierteln. Die zweite Selbstverwaltungsebene umfasst die vielen Millionen städtischer Einwohnergruppen und Dorfbewohnergruppen.

Vier Bücher Spricht man in China von den »Vier Büchern«, so meint man vier kanonische Schriften des Konfuzianismus: Daxue, Lunyu, Mengzi und Zhongyong. Daxue und Lunyu sind lediglich zwei Kapitel des Liji (Ritenbuch), das Mengzi ist die berühmte Schrift des Menzius und das Zhongyong ist ein Buch über geistige Lebensführung. Die Zusammenstellung zu den »Vier Büchern« stammt erst aus dem 12. Jh. n. Chr.

Viererbande Knapp einen Monat nach dem Tode Maos wurden 1976 auf Befehl Hua Guofengs die vier Hauptverantwortlichen der Kulturrevolution sowie weitere Rädelsführer dieses chaotischen Treibens verhaftet. Die Mitglieder der »Viererbande«, Jiang Qing (die Ehefrau Maos), Wang Hongwen, Jao Wanyuan und Zhang Chunqiao wurden vor Gericht gestellt und der Mitverantwortung an dem Tod unzähliger Unschuldiger bezichtigt. Der von Ende 1980 bis Januar 1981 dauernde Prozess endete mit zwei Todesurteilen (für Jiang Qing und Zhang Chunqiao), die jedoch später in lebenslängliche Haftstrafen umgewandelt wurden. Wang Hongwen erhielt eine lebenslängliche und Jao Wenyuan eine zwanzigjährige Haftstrafe. Bei diesem Prozess ging es hauptsächlich auch darum, Mao Zedong selbst weitgehend zu entlasten und die Schuld der Viererbande und ihrem Gefolge anzulasten. Die Rehabilitation vieler Verfolgter setzte nach dem Prozess auf breiter Front ein, vorangetrieben vor allem durch Deng Xiaoping.

Vier-Flüsse-Projekt Im Dezember 2002 begannen in China die Bauarbeiten für das größte und aufwendigste Wasserbauprojekt der Menschheit. Das »Vier-Flüsse-Projekt« benannte Unternehmen wird die Kosten des »Drei-Schluchten-Projekts« am Jangtse um das Doppelte übertreffen. Bis zum Jahr 2050 soll Wasser aus dem südlichen Jangtse, dem Huaihe und dem Haihe mit seinen Nebenflüssen bis zum Gelben Fluss geleitet werden. In drei Kanälen soll das kostbare Nass über 1300 Kilometer in den trockenen Norden gepumpt werden. Auf diese künstliche Weise sollen 300 Millionen Menschen in neun Provinzen mit Wasser – zusätzlich zu ihren eigenen Vorräten – versorgt werden. Die größten Nutznießer werden die Hauptstadt Peking, die Hafenstadt Tianjin (Tientsin) und die Küstenprovinzen Jiangsu und Shandong sein. Viele Menschen werden wiederum von Umsiedlungsmaßnahmen betroffen sein.

Vier Schichten Bereits in der Zhou-Dynastie während des 1. Jahrtausends v. Chr. bildete sich in China eine gesellschaftliche Hierarchie heraus, die im Wesentlichen bis zum Sturz des Kaiserreiches 1911 erhalten geblieben war und die mit dem Begriff der »Vier Schichten« gekennzeichnet werden konnte. Ganz oben standen die Angehörigen des Adels und die Beamten, die den Staat regierten und verwalteten, dann folgten die Bauern, die den Nährstand verkörperten, die dritte Schicht wurde durch die Handwerker gebildet und an letzter Stelle standen die Kaufleute. Außerhalb dieser vier abgestuften Gruppen betrachtete man die Schauspieler, Bettler, Sklaven und Prostituierte als nicht zur Gesellschaft gehörig. Die Adligen waren jene Gruppe, die durch Geburt und Erbe zu Ansehen, Macht und Reichtum kamen, aber sie wurden schon recht früh ergänzt durch die Beamten, die durch die Prüfungen einer Bildungsbehörde zu hohen Positionen gelangen konnten und letztlich die eigentlichen Stützen in dem riesigen Staat darstellten. Die Auswahlprüfungen fanden mit unterschiedlichen Schwierigkeitsgraden in den Kreisen, den Provinzen und in der Reichshauptstadt statt. Die Vorbereitung auf die letzte und schwierigste Prüfung beanspruchte meist eine 20- bis 30-jährige Studienzeit. Dieser rigorose Lernprozess aber machte aus den Beamten »Literati«, d. h. Männer, die nicht nur des Lesens und Schreibens kundig waren, die Philosophie und Literatur ihres Landes überblickten, malten und musizierten, und letztlich die eigentlichen Kulturträger des Landes waren. Die Bauern stehen zwar an zweiter Stelle in dieser Stufenleiter, aber ihr Los war teilweise sehr bedrückend. Der Adlige und Beamte war steuerfrei, der Bauer trug die hauptsächliche Abgabenlast, hatte Missernten, Dürre, Überschwemmungen und Hungersnöte zu fürchten. Die gesellschaftliche Position des Bauern gleich nach den Beamten ist jedoch ein Hinweis darauf, dass die Agrarwirtschaft stets als Grundlage des Staates angesehen wurde und der Staatskult sich neben der Ahnenverehrung ausschließlich auf die Bitte um das Gedeihen der Feldfrüchte und auf den Dank für gute Ernten bezog. Die dritte Schicht in der chinesischen Stufenleiter der Gesellschaft waren die Handwerker, die ebenso wie die Bauern in der Wahl ihres Ortes und Arbeitsplatzes staatlicherseits eingeschränkt waren. Der Staat zog sie des Öfteren zu öffentlichen, schlecht bezahlten Dienstleistungen heran, sodass sie kaum zu Wohlstand gelangen konnten. Die unterste Stufe dieses Gesellschaftsmodells besetzten die Kaufleute. Diese Zurücksetzung eines so wichtigen Berufsstandes ist auf die Entfremdung der Literatenbeamten von den Erfordernissen des Alltags zurückzuführen, denen volkswirtschaftliche Erwägungen vielfach unbekannt waren. Die Kaufleute aber waren mobil, der Handel war gewinnträchtig und so gelangten sie oftmals zu weit höherem Einkommen als selbst alteingesessene Adlige oder Beamte. Sie ließen dann vielfach ihre Söhne studieren, eröffneten ihnen dadurch den Zugang zu einer Beamtenlaufbahn und hoben über diesen Umweg den Makel ihrer gesellschaftlichen Minderbewertung für ihre Familien auf.

Vierte Reichsteilung Nach der Zerschlagung des Liao-Reiches im Nordosten durch die Jin-Truppen und deren Vorrücken auf die damalige Reichshauptstadt Kaifeng, blieb den Song-Herrschern nur die Flucht in den Süden, wo sie in Hangzhou die Südliche Song-Dynastie gründeten. Im Westen hatten die kriegerischen Xia Xia Teile des Landes sich angeeignet und einen machtvollen Staat begründet. Bereits 1206 waren die Mongolen gegen die Jin vorgerückt, sodass bis zum Jahre 1227 (Ende des Xia Xia-Reiches) vier Dynastien gleichzeitig auf chinesischem Boden existierten (Song, Jin, Xia Xia und Mongolen). Die Nachfolger Dschingis Khans einigten dann gewaltsam 1279 wieder das Reich, bestiegen den chinesischen Kaiserthron und riefen die Yuan-Dynastie aus.

Vietnam Die Vietnamesen (Viet) gehen auf eine austroindonesische Urbevölkerung zurück, die später von sinomongolischen Einwanderern überlagert wurde. Das Siedlungsgebiet dieser Viet (chin. Yue) war das heutige Vietnam und große Teile der heutigen Provinzen Guangdong und Guangxi. Der Erste Kaiser Chinas, Qin Shihuangdi, dehnte dann seine Eroberungszüge bis in dieses Gebiet aus und gliederte es seinem Herrschaftsgebiet ein. Nach dem Sturz der von ihm begründeten Qin-Dynastie erklärte dann der dort stationierte Militärmachthaber Zhao Tuo die Unabhängigkeit des von ihm verwalteten Gebiets und nannte es Viet Nam (Viet des Südens). Während der von ihm gegründeten, knapp 100 Jahre währenden Dynastie drangen bereits viele chinesische Wertvorstellungen in den neuen Staat ein, der dann unter der Westlichen Han-Dynastie (206 v.–7. n. Chr.) wieder von China beansprucht wurde. 111 v. Chr. gelang China die Rückeroberung des gesamten Gebiets, das nunmehr als Provinz Jiaozhi dem Reich wieder eingegliedert wurde. Vietnam war nun chinesischer Verwaltung unterstellt und übernahm die klassische chinesische Schriftsprache und das Zeichensystem als Amts- und Gelehrtensprache. Vietnamesen, die nun Chinesisch in Wort und Schrift beherrschten, konnten nach Ablegung der entsprechenden Prüfungen auch hohe Beamtenstellungen im Reich der Mitte erringen. Daoismus und Buddhismus wurden auch die prägenden Religionen Vietnams, das sich dadurch von seinen meist indisch beeinflussten Nachbarn im Süden klar abhob. In der Sui-Dynastie prägte man am chinesischen Kaiserhof eine neue Bezeichnung für diese südlichste aller Provinzen: Annam. Vereinzelte Aufstandsbewegungen gegen die chinesische Herrschaft hatten lange Zeit keinen Erfolg, erst nach dem Zusammenbruch der Tang-Dynastie gelang dann 939 den Vietnamesen wieder die Errichtung eines eigenen Staates, der sich bis zur Mongoleninvasion 1257 auch behaupten konnte. Der Sieg über die Mongolen im Jahr 1288 nach einem dreißigjährigen Abwehrkampf stärkte das vietnamesische Selbstbewusstsein derart, dass auch spätere Versuche der Eroberung durch Truppen der Ming-Dynastie

1428 erfolgreich zurückgeschlagen werden konnten. Die beiden für Vietnam wichtigsten Dynastien, die Le- (1428–1788) und die Nguyen-Dynastie (1802–1945) lehnten sich dann zwar stark an chinesische Vorbilder in der Herrschaftspraxis an, schickten auch – pro forma – Tributgesandtschaften nach Peking, konnten sich jedoch ihre Selbständigkeit voll bewahren. Die chinesische Prägung ging kulturell so weit, dass alle gebildeten Vietnamesen in der Zeit dieser beiden Dynastien das Chinesische in Wort und Schrift beherrschten. Mit der Ankunft der Europäer brach für Vietnam eine neue Ära an. Ein französischer Jesuitenpater aus Avignon, Alexandre de Rhodes, entwickelte ein Schriftsystem auf der Grundlage der lateinischen Buchstaben, das es ermöglichte, die eigene vietnamesische Sprache viel genauer schriftlich zu fixieren als es mit der Nom-Schrift möglich war, die aus den chinesischen Zeichen abgeleitet war. Als jedoch 1859 französische Truppen in den Süden Vietnams eindrangen und dort ihre Kolonie Cochinchina errichteten, riefen die vietnamesischen Monarchen chinesische Truppen zu Hilfe. Frankreich aber war militärisch klar überlegen und errichtete in der Folgezeit die beiden Protektorate Annam und Tongking, die dann China im Vertrag von Tianjin gezwungenermaßen anerkennen musste. Im Zweiten Weltkrieg besetzten japanische Truppen das Land. Der Versuch Frankreichs, den alten Kolonialstatus wieder einzuführen, scheiterte endgültig 1954 nach dem Sieg der vietnamesischen Volksbefreiungsarmee. Vietnam wurde am 17. Breitengrad geteilt, der Norden kam unter kommunistische Herrschaft, der Süden blieb zwar längere Zeit westlich geprägt, konnte aber – trotz massiven Eingreifens der USA – gegen die aus Norden anrückenden Vietminh nicht gehalten werden. Am 30. April 1975 fiel Saigon – und damit war Vietnam unter kommunistischem Vorzeichen wieder vereinigt. Die lange geübte Waffenbrüderschaft zwischen der VR China und der Sozialistischen Republik Vietnam zerbrach, als sich in einem länger währenden Prozess die UdSSR und die VR China entzweiten. Vietnam lehnte sich immer mehr an die UdSSR an, die VR China proklamierte die Öffnungspolitik. 1979 kam es zum Krieg Chinas gegen Vietnam, in dessen Verlauf große Teile im Norden des Landes in Richtung Hanoi verwüstet wurden. Ausgelöst hatte diese chinesische Strafexpedition der vietnamesische Einmarsch in Kambodscha, das mit China verbündet war. Seit dieser Zeit hat sich die Lage entspannt, Vietnam versucht seit Jahren in kleinerem Maßstab wirtschaftlich das chinesische Vorbild der »sozialistischen Marktwirtschaft« nachzuahmen.

Volkskommunen Bezeichnung der erzwungenen Arbeits- und Produktionseinheiten, die seit 1958 alle Bereiche der Landwirtschaft umfassten. Das ausschließlich von Parteikadern geführte Kollektiv bestimmte, was produziert werden sollte. Das Privateigentum war abgeschafft, jegliche Privatinitiative verpönt. Da die Leistungsbereitschaft stetig sank und die Produktion ständig zurückging, wurden die Volkskommunen 1976 aufgehoben und durch Genossenschaften und Pachtbetriebe ersetzt.

W

Wa-Nationalität Die Heimat der Wa-Nationalität ist das Awa-Gebirgsgebiet im Südwesten der Provinz Yunnan. Das subtropische Klima und die reichlichen Niederschläge lassen in dieser Region, die zum größten Teil über 2000 Meter hoch liegt, neben Reis und Mais, Hirse, Kartoffeln und Baumwolle viele Früchte gedeihen wie Bananen, Ananas, Mango, Quitten und andere. Die Wa-Nationalität ist eine der kleineren Minderheiten in China und zählt rund 300 000 Angehörige. Die Wa-Sprache gehört zu der Mon-Khmer-Sprachgruppe der austroasiatischen Sprachfamilie. Seit dem Jahre 1957 benutzen die Wa eine für sie geschaffene Schrift, die aus dem lateinischen Alphabet entwickelt wurde. Mehrheitlich sind die Wa Animisten und glauben an die Allbeseelung der Natur sowie an Dämonen und Schutzgeister. Einige Gruppen bekennen sich zum Hinayana-Buddhismus. Die Wa-Gebiete sind bereits seit der Han-Dynastie Teil des chinesischen Territoriums. Aus diesem Grund sind auch viele Han-Chinesen seit langem in den Wa-Regionen sesshaft.

Wang Der Titel der chinesischen Herrscher zur Zeit der Shang- und Zhou-Dynastie lautete Wang (König), jedoch schon ab 770 nehmen auch die Vasallen des immer schwächer gewordenen Zhou-Königtums diesen Titel an. Als dann der Erste Kaiser für sich den Titel »Shihuangdi« (Erster erhabener Göttlicher Herrscher) wählte, wurde Wang zum Titel der kaiserlichen Prinzen. In den europäischen Sprachen bürgerten sich für den Gesamtherrscher der Titel Kaiser und für die Kaisersöhne dann allerdings – nach europäischem Vorbild – die Bezeichnung Prinzen ein.

Wang Chong Chinesischer Philosoph (27–100 n. Chr.), der einzige aufklärerische Geist des chinesischen Altertums, der in seinem Werk »Lunheng« (Wägen der Lehren) die meisten Auffassungen seiner Zeit verwirft und die Existenz der Natur aus dieser selbst erklärt. Nach ihm ist der Himmel keine Gottheit, da alles aus dem Wechselspiel von Yin und Yang entstehe und die Existenz von Geistern ebenso unmöglich sei wie die Unsterblichkeit der Seele. Leben und Tod sind nach Wang Chong natürliche Prozesse. Für den Staat sei die materielle Situation des Volkes entscheidend. Armut und Verelendung führen nach Wang Chong unweigerlich zu Wirren und Aufständen. Naturgemäß blieb den Gedanken von Wang Chong jegliche Breitenwirkung in dem bereits konfuzianisch geprägten Land versagt, in dem die Ahnenverehrung eine so bedeutende Rolle spielte.

Wang Jingwei Wang Jingwei (1883–1944) war eine der schillerndsten Persönlichkeiten der modernen chinesischen Geschichte, zuerst einer der ersten Mitarbeiter Sun Yat-sens, dann Gegenspieler von Chiang Kai-shek, schließlich Chef der von Japan eingesetzten Marionettenregierung, gilt er in Peking bis heute als einer der großen Vaterlandsverräter. Geboren 1883 in Kanton als Sohn eines Gelehrten, erhielt er eine klassische chinesische Bildung und legte 1902 die kaiserliche Erste Staatsprüfung mit dem Grad eines Xiucai erfolgreich ab. Mit einem Stipendium der Provinzregierung studierte er dann in Tokyo Politik, Wirtschafts- und Rechtswissenschaften. 1905 stieß er zu Sun Yat-sen und gab in Japan für chinesische Studenten eine revolutionäre Monatsschrift heraus. Obwohl die kaiserliche Regierung ein Kopfgeld von 100 000 Dollar auf eine Ergreifung ausgesetzt hatte, kehrte Wang heimlich nach China zurück und plante ein Attentat auf den Prinzregenten. Das Unternehmen scheiterte und Wang wurde 1910 verhaftet und zu lebenslanger Haft verurteilt. Verheiratet war Wang damals schon mit Chen Bichun, einer Auslandschinesin aus Penang. Der Sturz der Qing-Dynastie 1911 brachte Wang die Freiheit bereits nach einem Jahr. Wang ging nach Frankreich zum Studium, kehrte aber auf Bitten Sun Yat-sens 1917 zurück und wurde sein Berater und Privatsekretär bis zu dessen Tod 1925. Bei dem beginnenden Machtkampf in der Guomindang geriet Wang in Rivalität zu Chiang Kai-shek, der ihn aus der Führungsriege verdrängen konnte. Bis zum Einmarsch der Japaner pendelte Wang zwischen den Flügeln der Nationalen Volkspartei hin und her und gründete schließlich nach einem erneuten Europaaufenthalt in Kanton eine Gegenregierung gegen Chiang Kai-shek, der inzwischen Nanking zur Hauptstadt der von ihm geführten Republik China gemacht hatte. Ein kurzes Zusammenspiel der beiden Kontrahenten hatte keinen Bestand, obwohl ein Triumvirat aus Chiang Kai-shek, Wang Jingwei und Hu Hanmin für die Spitze der Guomindang angesichts der japanischen Bedrohung gebildet worden war. Nach dem Ausbruch des Krieges 1937 plädierte Wang Jingwei für ein Zusammengehen mit den Japanern und wurde von ihnen im März 1940 als Chef einer Marionettenregierung eingesetzt. Diese völlig von Tokyo gegängelte Kollaborations-Regierung wurde dann im Juli 1941 von Deutschland diplomatisch anerkannt. Wang glaubte, im japanischen Panasiatismus bestimmte Ideen von Sun Yat-sen entdecken zu können, aber er war letztlich ein willenloses Werkzeug der Japaner geworden. 1944 wurde Wang Opfer eines Attentats und erlag in einem japanischen Krankenhaus im November des gleichen Jahres seinen Verletzungen.

Wang Mang Wang Mang, Kaiser Chinas vom Jahre 9 bis 23 n. Chr., bildet gewissermaßen das Scharnier zwischen der Westlichen und Östlichen Han-Dynastie. Als Neffe der Kaiserinwitwe Wang regierte er praktisch schon 10 Jahre vor seiner Thronbesteigung, als er ihm genehme Kindkaiser auf den Thron gehoben hatte. Als er dann im Jahre 9 selbst die Alleinherrschaft übernahm, wollte er auch gleichzeitig eine neue Dynastie gründen und nannte sie Xing (die »Neue«). Wang Mang begann mit durchaus vernünftigen Regenerierungsmaßnahmen, aber er traf auf den Widerstand der auf dem Lande schwer begüterten Familien aus dem alten Kaiserclan. So musste er verschiedene Gesetze widerrufen, die er zwecks Eindämmung der Privilegien und Reichtümer dieser Großgrundbesitzer erlassen hatte. Ein fiskalischer Schachzug zur Stärkung der Reichsfinanzen aber gelang ihm, er ließ das Gold in Privatbesitz gegen Kupfer umtauschen, sodass das kaiserliche Schatzamt im Jahre 23 n. Chr. über 140 000 kg Gold verfügte. Wie schon mehrfach in der Geschichte, änderte jedoch der Gelbe Fluss in seiner Regierungszeit seinen Lauf gleich zweimal und brachte eine ungeheure Katastrophe über das Land. Der Kronschatz und die Vorräte waren bald aufgezehrt, Aufstände brachen aus, und Wang Mang wurde von einem Soldaten im Zorn erschlagen.

Nach dem Tode dieses Zwischenkaisers rangen mehrere Gruppen und Fraktionen zwei Jahre um die Macht, ein bitterer Bürgerkrieg begann, der die Regierungszeit Wang Mangs fast wie ein Paradies erscheinen ließ. Mit Guang Wudi (25–57 n. Chr.), einem späten Nachfahren des einstigen Han-Kaisers Jingdi, begann dann die Östliche Han-Dynastie, östlich deshalb, weil die neue Hauptstadt Luoyang östlich von Chang'an liegt, der alten Metropole, die bei dem Streit um die Macht völlig zerstört worden war.

Wang Xi-zhi Wang Xi-zhi (303–379) wird als der größte aller Kalligraphen in der chinesischen Geschichte verehrt. Seit der Han-Dynastie bis zur Gegenwart wird die Kalligraphie als die erhabenste aller Künste gepriesen, die Entwicklung eines neuen unverwechselbaren Stils als Leistung eines Genies angesehen. Wang Xi-zhi war ein General der Östlichen Jin-Dynastie, lebte jedoch die meiste Zeit seines Lebens als gelehrter Eremit an einem Teich, von dem man sagte, sein Wasser sei im Laufe der Jahre völlig schwarz geworden, da der einsame Künstler seinen Mal- und Schreibpinsel so oft darin ausgewaschen habe. Die Wertschätzung von Wang Xi-zhi beruht auf der Verbindung von strenger Komposition und freiem Strich, die ein einzigartiges Schriftbild von seltenem ästhetischem Reiz ergibt.

Wanli Wanli (1573–1620) war der am längsten regierende Kaiser seit dem 2. Jh. v. Chr. bis zu seiner Zeit, er herrschte 47 Jahre über das Reich der Mitte. Die Periode seiner Herrschaft zeigt eine helle und eine sehr dunkle Seite. Wirtschaftlich war eindeutig ein beachtlicher Aufschwung zu verzeichnen, da sich das Land nach außen öffnete und beispielsweise aus Amerika Mais, Süßkartoffeln und Erdnüsse einführte, die mit ihren reichen Ernteerträgen zu einer Verdoppelung der Bevölkerung seit der frühen Ming-Zeit bis auf 100 Millionen führte. Der Aufschwung fand jedoch stets dort statt, wo der Staat nicht reglementierend eingriff. Der Überseehandel blühte, ganze Flotten exportierten chinesisches Porzellan und Seide, eine Schicht reicher Kaufleute wuchs heran. In der Verwaltung allerdings stand es schlecht. Der Kaiser überließ die Regierungsgeschäfte den Eunuchen und den vielen Staatsbeamten. Wo jedoch Posten zu vergeben waren, die nichts einbrachten, fand sich kein Bewerber. Die Administration war ineffektiv und das Rechtswesen desolat, weil der Kaiser selbst die Zügel schleifen ließ. Dies hatte verheerende Auswirkungen auf die Verteidigung des Reiches. 1560 eroberten die Mongolen die Provinz Qinghai und die Japaner überzogen Korea von 1593–1598 mit einem Krieg, in dem große Teile des Vasallenstaates Korea zerstört wurden. Die größte Gefahr aber ging von den Mandschuren aus, die unter ihrem fähigen Führer Nurhachi 1620 den gesamten Nordosten der heutigen Mandschurei in ihre Gewalt brachten. In Peking aber wurden die Zeichen der Zeit noch nicht erkannt. Dort wurden mit Unsummen von Staatsgeldern allein 45 Prinzen und über 23 000 Adlige mit unverantwortlich hohen Apanagen bedacht. Als Wanli 1620 starb wurde er unter dem Tempelnamen Shenzong im Dingling-Mausoleum der Ming-Gräber bestattet. Als das Grab 1956 geöffnet wurde, kamen unzählige Grabbeigaben zutage, die auf sinnfällige Weise die Verschwendungssucht dieses Kaisers illustrieren. Nachfolger von Wanli wurde sein ältester Sohn, der als Kaiser Taichang (1620) nur einen Monat regierte und nach kurzer Krankheit bei der Einnahme einer verordneten »Wunderpille« verstarb.

Wannian-Kloster Das Wannian-Kloster auf dem heiligen Berg Emeishan in der Provinz Sichuan dürfte das bedeutendste der vielen Klöster sein, die bei diesem viel besuchten Pilgerziel einst zu finden waren und z. T. auch heute noch zu finden sind. Das Kloster liegt auf 1020 Metern Höhe beim Aufstieg über die nördliche Route und soll bereits zur Jin-Zeit (265–420 n. Chr.) gegründet worden sein. Dieses »Kloster der Zehntausend Jahre« brannte zwar 1946 bis auf ein Steingebäude aus der Ming-Zeit total ab, wurde aber 1953 wieder herrlich aufgebaut. Der Konvent hat die Kulturrevolution überstanden und birgt als größte Kostbarkeit die neun Meter hohe bronzene Statue des Buddha Samantabhadra (Pu Xian), die im Jahre 980 gegossen wurde. Der im Volksmund »Puxi« genannte Boddhisattva reitet auf einem weißen Elefanten und hat ein Gewicht von 62 Tonnen. Das bis zu 3099 Meter ansteigende Bergmassiv des Emeishan, 160 Kilometer südwestlich von Chengdu gelegen, gilt seit dem 2. Jahrhundert als einer der vier heiligen Berge des Buddhismus und ist Samantabhadra, einem Schüler Buddhas, geweiht. Die Legende berichtet, dass dieser würdevolle Mönch auf einem weißen Elefanten von Indien bis ins heutige Sichuan gekommen sei und als Wegbereiter des Buddhismus gewirkt habe. Es wundert daher nicht, dass sich im Laufe der Zeit an die 200 Klöster an den Abhängen des gewaltigen Berges ansiedelten, von denen heute noch gerade ein Zehntel erhalten blieb.

Warlords Der inzwischen international gebräuchliche englische Begriff Warlords bezeichnet die Gruppe all jener Militärführer, die in China nach dem Sturz der Qing-Dynastie (1911) ihre Militärbezirke zu eigenen Machtbasen ausbauten und darin autokratisch, wenn nicht gar despotisch, herrschten. Bereits vor dem Zerfall der Dynastie hatten sich mehrere von ihnen äußerst selbstherrlich der Kontrolle durch die Zentralregierung zu entziehen versucht und stellten nach dem Ausbruch der Revolution ihre eigenen Interessen eindeutig über das Staatswohl, indem sie ganze Provinzen mehr oder weniger zu ihrem eigenen Herrschaftsgebiet erklärten und sogar mit ausländischen Mächten Verträge schlossen. Erst der Nord-Feldzug von Chiang Kai-shek brach dann endgültig die Macht der Warlords. Dieser von Chiang Kai-shek persönlich geführte Feldzug war die erfolgreiche Expedition der Armee der Nationalregierung in Nanking, die zwischen 1926 und 1928 dann zur Niederwerfung der sechs damals in China herrschenden Warlords führte. Der mächtigste dieser Kriegsherren war damals Zhang Zuolin, der eine halbe Million Soldaten befehligte und den Nordosten Chinas dominierte. Als das 100 000 Mann starke Heer Chiang Kai-sheks vor der Einnahme Pekings stand, zog er sich mit seinen Truppen in die Mandschurei zurück, wo er am 3. Juni 1928 vor Mukden einem Attentat der Japaner zum Opfer fiel. Bald darauf kapitulierte Wu Peifu, der Sohn von Zhang Zuolin, der mit einer Viertelmillion Soldaten die Provinzen Henan, Hubei und Hunan befehligte, und der in den südlich gelegenen Provinzen herrschende Sun Chuanfang konnte ebenso ausgeschaltet werden wie der mit 60 000 Soldaten in Yunnan sitzende Tang Yiyao. Als sich dann die beiden Warlords Yan Xishan in Shanxi und der in Gansu und Ningxi operierende Feng Yuxiang freiwillig dem Nord-Feldzug anschlossen, konnte Chiang Kai-shek im Juli 1928 auch Peking einnehmen. Damit war die Einigung Chinas nach 17 Jahren der Zerrissenheit wieder vollendet, die Warlords waren beseitigt.

Wei Name zweier Staaten im

Rahmen der Zhou-Dynastie (11. Jh.–221 v. Chr.). Der erste Staat dieses Namens wurde von einem Angehörigen der Zhou-Herrschersippe und seinen Nachkommen regiert und lag im Nordosten der heutigen Provinz Henan. Die ständigen Kämpfe gegen die aus dem Norden herandrängenden, fremdstämmigen Di zehrten an seinen Kräften, sodass das Territorium schrumpfte und schließlich als Präfektur dem Qin-Reich eingegliedert wurde. Der zweite Staat namens Wei entstand erst 423 v. Chr., als der Staat Jin unter drei mächtigen Familien aufgeteilt wurde und drei Staatswesen daraus entstanden: Han, Zhao und Wei. Die Lage von Wei war günstig für große Bewässerungsanlagen, der Staat erstreckte sich vom Süden der heutigen Provinz Shanxi bis in den Norden von Henan. 225 vernichtete der Staat Qin die Streitmacht von Wei und annektierte das Gebiet.

Weidenbaum-Kloster Das Weidenbaum-Kloster (Wu Dang Zhao) liegt in der Inneren Mongolei, 70 Kilometer nordöstlich der Stadt Baotou (Pautau) in einem Tal des Yin-Gebirges. Dieses Kloster war einst die größte tibetisch-buddhistische Anlage in der Mongolei überhaupt und beherbergte in ihren Glanzzeiten fast 1000 Mönche. Gegründet in der Ära Kangxi (1662–1722) umfasste der Komplex mehr als 2500 Räume. Nach den Verwüstungen in der Kulturrevolution sind die sechs Haupthallen inzwischen gut restauriert. In zwei dieser Hallen blieben die reiche Ausstattung und der Skulpturenschmuck erfreulicherweise erhalten.

Weifang Weifang, im Zentrum der Shandong-Ebene gelegen, wurde als Handelsstadt, ähnlich wie Jinan, bereits 1906 für den Handel mit dem Ausland geöffnet. Auf diese Weise wurden die kunsthandwerklichen Arbeiten dieser Stadt bald in aller Welt bekannt, vor allem ihre Silberschmiedearbeiten, Holzschnitzereien, Seidenbilder, Stickereien und Nachbildungen archaischer Bronzegefäße.

Weihai Die Großstadt Weihai im Nordosten der Halbinsel Shandong am Bohai-Golf liegt genau der Hafenstadt Lüshun auf der Halbinsel Liaodong in der Provinz Liaoning gegenüber. Da beide Städte wie Tore diesen Golf bewachen, lag es nahe, Festungsanlagen an dieser Stelle zu errichten, was auch bereits in der Ming-Dynastie geschah. Beim Ausbruch des Chinesisch-Japanischen Krieges von 1894 war daher Weihai erstes Ziel der japanischen Invasoren. Die nordchinesischen Marinetruppen wurden in diesem Gebiet völlig aufgerieben und Weihai erobert. 1898 ging unter dem Druck der britischen Regierung die Stadt in die Verwaltung Englands bis 1930 als Konzessionshafen über. 1938 fiel Weihai wieder den Japanern in die Hände und wurde erst im August 1945 von der chinesischen Volksbefreiungsarmee zurückerobert. Die in einer malerischen Küstengebirgslandschaft liegende Hafenstadt hat auf einer Fläche von 400 qkm rund eine Viertelmillion Einwohner.

Wei-Königreich Das Königreich Wei ist das im Norden und Nordosten gelegene Herrschaftsgebiet, das nach dem Zerfall der Östlichen Han-Dynastie im Jahre 220 n. Chr. von Cao Pi gegründet wurde, der sich in Luoyang zum König von Wei ausgerufen hatte. Dieses Königtum war eines der drei Reiche, die in China durch den »Roman der Drei Königreiche« allgemein bekannt wurden. Der erste König von Wei, Wendi (220–226), hatte genauso wie seine beiden Rivalen aus den Königreichen Wu und Shu Han das Ziel, die Kaiserdynastie wiederherzustellen. Keinem der drei Könige konnte dies gelingen, das gegenseitige Ringen dauerte bis zum Jahre 266. Zu Beginn des Wei-Reiches hatte Wendi alle Anstrengungen unternommen, die Finanzkraft seines Herrschaftsbereiches zu stärken und den Konfuzianismus bei seinen Untertanen fest zu verankern. Alle drei nachfolgenden Könige jedoch hatten sich schwerer Attacken der nördlichen Steppenvölker zu erwehren, während der letzte Wei-König Yuandi (260–264) noch ein Jahr vor seinem Tod das Königreich Shu Han erobern konnte. Nach dem Ende von Yuandi usurpierte der General Sima Yuan jedoch den Thron und regierte von 265–289 als erster Kaiser der Westlichen Jin-Dynastie.

Weiße Sekte Unter dem Begriff »Weiße Sekte« wird in den von Tibetern bewohnten Gebieten Asiens die Schulrichtung Karma Kagyu verstanden, deren Hauptsitz das Kloster Tsurphu in Tibet ist. Das Oberhaupt der Sekte, Peri Dorji, der 16. Karmapa, verstarb 1951 während einer Reise in den USA und hatte vorher im Kloster Rumtek in Sikkim residiert. Im Jahre 1992 wurde der am 26. Juni 1985 geborene Ugain Chilai aus dem Bagor-Tal im Osten Tibets als 17. Reinkarnation des Ersten Karmapa von einer Suchkommission entdeckt und ins Kloster Tsurphu gebracht. Der Titel dieser »Wiedergeburt« lautete fortan Gyalwa Karmapa. Kurioserweise tragen die Anhänger dieser Schulrichtung als Erkennungszeichen jedoch schwarze Hüte, sodass die Mönche der Weißen Sekte auch »Schwarzhüte« genannt werden. Im Jahr 1999 »übersiedelte« der 17. Karmapa von Tsurphu nach Dharamshala in Indien.

Weiyang-Palast Einer der berühmtesten Paläste der chinesischen Geschichte war der Weiyang-Palast der Westlichen Han-Dynastie, der bald nach dem Beginn der Dynastie in Changan auf Befehl des ersten Han-Kaisers Liu Bang errichtet wurde. Der Grundriss war fast quadratisch und maß 2250 mal 2150 Meter – siebenmal so groß wie die Verbotene Stadt in Peking der späteren Ming- und Qing-Dynastien. Der Name Weiyang bedeutet »Zentrum der Erde«. Liu Bang übernahm also die aus der Qin-Zeit stammende Auffassung, dass der Sitz des Kaisers, d. h. seine Hauptstadt, das Zentrum der Erde sei, entsprechend dem Polarstern, der im Zentrum des Himmels als Sitz des Himmelsherrn galt.

Wendi Dritter Kaiser der Han-Dynastie, regierte 180–157 v. Chr. Wendi wurde als Prinz Liu Heng als 5. Sohn des Kaisers Gaozu und der Konkubine Bo im Jahre 202 v. Chr. geboren. Erst als ihm drei seiner Brüder nach der Ausschaltung des Lu-Clans zur Macht verhalfen, konnte er 180 v. Chr. den Thron besteigen. Wendis Herrschaft wird von den Historikern als maßvoll, gerecht und äußerst erfolgreich beschrieben. Er halbierte die Steuern, legte Vorräte für Zeiten der Not an und verbesserte das staatliche Prüfungssystem. Indem er fähige konfuzianische Gelehrte auf wichtige Staatsposten berief, festigte er den Konfuzianismus allgemein im Land, mit weitreichenden positiven Folgen. Der friedlich verlaufene Übergang der Herrschaft auf den Sohn Jingdi nach dem Tode des Kaisers 157 v. Chr. gab dem Reich ein gutes Beispiel für Kontinuität und Dauer dieser inzwischen machtvollen Dynastie.

Wendi Wendi (581–604), erster Kaiser der Sui-Dynastie, kam durch Mord an die Macht und durch Mord endete er auch selbst. Begonnen hatte dieser Herrscher als Adelsspross mit dem Namen Yang Jian in der Nördlichen Zhou-Dynastie. Mit Helfern ermordete er den letzten Kaiser dieser Dynastie und dessen gesamte Familie, bestieg selbst den Thron und rief bereits 581 die Sui-Dynastie aus. Im Jahre 589 eroberte er ganz Südchina und löschte dort die letzte der Südlichen Dynastien aus. Damit hatte er China nach langer Zeit der Zersplitterung wieder geeinigt: Als Kaiser Wendi begann er sofort tatkräftig unter Mithilfe fähiger Berater das Reich als einheitlichen und zentralistisch gelenkten Staat wieder aufzubauen. Wendi senkte die Steuern, verringerte den Frondienst, ließ die Große Mauer wieder instandsetzen und reorganisierte das Heer. In erfolgreichen Feldzügen dehnte er den Einfluss Chinas bis nach Südvietnam aus und schlug Aufstände in Ostturkestan nieder. Die ständigen Erfolge trübten wohl seine Einschätzung der Realitäten und seine Entscheidungen ließen das früher beobachtete Maß vermissen. Zwei Feldzüge nach Korea endeten mit totalen Niederlagen, Aufstände und Bürgerkriege brachen aus, 618 wurde Wendi ermordet und sein Nachfolger Yangdi (604–617) gilt als jener Kaisersohn in der chinesischen Geschichte, der den Giftmord an seinem Vater befohlen haben soll.

Wengong Wengong (Herzog Wen) war von 636 bis 628 Herrscher des Staates Jin und seit 632 v. Chr. Hegemon der rivalisierenden Staaten der Zhou-Dynastie.

Wenwang und Wuwang Wenwang (König Wen) war der Führer des Stammes der Zhou im 11. Jh. v. Chr., der den Sturz der herrschenden Shang-Dynastie vorbereitete. Allein durch kluge Politik soll er zwei Drittel der von den Shang unterworfenen Stämme für sich gewonnen haben. Sein Sohn Wuwang (König Wu) vollendete dann durch seinen Sieg bei Muye im heutigen Henan das Werk seines Vaters und begründete damit die Zhou-Dynastie (11. Jh.–256 v. Chr.). Beide Persönlichkeiten gelten bei den Konfuzianern als ideale Herrschergestalten.

Wenzhou Die am Ostchinesischen Meer in der Provinz Zhejiang gelegene Hafenstadt Wenzhou gilt wegen ihrer günstigen Lage als ein ideales Entwicklungszentrum für den Handel mit dem Ausland, in dem bereits heute über 20 Kais Anlegeplätze für 10 000 t-Schiffe bieten. Die am großen Oujiang-Fluss gelegene Stadt mit weit über 500 000 Einwohnern war jedoch bereits in der Qin-Dynastie (221–206 v. Chr.) als Stadt der »begabten Handwerker« bekannt und ist damals schon für ihre Töpferwaren, Stickereien und Schnitzereien gerühmt worden. Da zahlreiche Flüsse das Hinterland von Wenzhou durchströmen, ist die Gegend für den Anbau von Getreide, Orangen, Mandarinen und Zuckerrohr sehr geeignet. Die eingemeindete Gesamtfläche (mit neun

Kreisen) umfasst über 11 000 Quadratkilometer und weist eine Bevölkerungszahl von über 6 Millionen auf. In den Berggebieten des Hinterlandes werden über 40 Erze abgebaut, darunter auch Alaunstein. 60 Prozent der Weltreserven von Alaun liegen in den Bergen von Wenzhou, die daher auch als »Alaunstadt der Welt« bezeichnet wird.

Wenzong Wenzong (1328–1329 und 1329–1332), siebter Kaiser der Yuan-Dynastie, hatte nach kurzer Herrschaft zugunsten seines älteren Bruders auf den Thron verzichtet, bestieg denselben aber wieder, nachdem dieser Bruder (Kaiser Mingzong) ein Jahr danach schon starb. Wenzongs mongolischer Name ist Tugh Temur, aber der äußerst fähige Herrscher war chinesisch erzogen worden und gilt in der Geschichte der Mongolenkhane als der große Chinesenfreund. Wenzong förderte die Studien, gründete eine Akademie und war selbst ein renommierter Maler und Kalligraph. Die Regierungszeit des an sich auf Ausgleich bedachten Herrschers war überschattet von zahlreichen Verschwörungen gegen ihn, die von mongolischen Prinzen selbst inszeniert wurden. Die Mongolenherrschaft geriet ins Wanken, sein Nachfolger, Kaiser Shundi (1333–1368) sollte der letzte Monarch der Mongolendynastie in China sein.

Westgräber der Qing Südwestlich von Peking, 15 Kilometer von der Stadt Yixian entfernt, liegen die Westgräber (Qing Xi Ling) der Qing-Dynastie, in denen ebenso wie in den Ostgräbern im Malan-Tal Kaiser und Kaiserinnen, Nebenfrauen, Prinzessinnen und Adlige beigesetzt wurden. Die inmitten von Bergen gelegene Nekropole umschließt eine 21 Kilometer lange Mauer und umfasst 14 Gräber, darunter die Kaisergräber Tai Ling, Chang Ling, Mu Ling und Chong Ling. Der Baubeginn war 1730 unter Kaiser Yongzheng (1723–1735), der im Tai Ling selbst begraben liegt. Kaiser Jiajing wurde im Chang Ling bestattet, sein Nachfolger Daoguang im Mu Ling und im jüngsten dieser Gräber ruht Kaiser Guangxu (1875–1908). Durch den Sturz der Qing-Dynastie verzögerte sich die Fertigstellung dieses Mausoleums bis 1915, und so wurde der vorletzte Kaiser erst zu republikanischer Zeit in diesem Grab beigesetzt. Die Anlage der gesamten Nekropole ist imposant und malerisch. Die Hallen und Tempel ähneln im Stil dem Kaiserpalast in Peking. Jedes Mausoleum ist mit einer roten Mauer umgeben, und die Dächer sind mit gelb glasierten Ziegeln gedeckt. Ein 2,5 km langer »Seelenweg« führt zum bedeutendsten der Westgräber, dem Tai Ling.

Westliche Han-Gräber Zweihundertzwanzig Kilometer nordöstlich der Ruinen der alten Qin-Haupstadt Xianyang bildet der Zusammenfluss des Jinghe mit dem Weihe ein spitzes Dreieck im Wei-Tal, in dem die beiden Han-Kaisergräber Changling und Yangling liegen. Im Changling wurde Gaodi (auch Gaozu) beigesetzt, der von 206–194 v. Chr. regierte, und in einem Grab daneben wurde seine berüchtigte Gemahlin Lu Hou bestattet. Im Yangling liegt der fünfte Han Herrscher, Jingdi (157–141 v. Chr.) begraben. Zwischen den Kaisergräbern und dem Dorf Yangjiawan fand man eine große Reihe von Nebengräbern, aus denen man viele aus Ton geformte und kalt bemalte Figuren bergen konnte: Beamte, Würdenträger, Musikanten und sehr viele Fußsoldaten nebst einigen bewaffneten Reitern.

Westliche Jin-Dynastie Nur 51 Jahre war es der Westlichen Jin-Dynastie (265–316 n. Chr.) vergönnt, das wieder geeinte Reich mit Mühe zusammenzuhalten, dann kam die erneute Teilung. Kaiser Jin Wudi (265–289) begann als tatkräftiger Herrscher, umsichtig und glücklich in der Auswahl fähiger Berater. Für die Zukunft erwies sich jedoch eine seiner Maßnahmen als verhängnisvoll für das Land. Wudi stattete nicht nur seine 25 Söhne mit Herrschaftsgebieten aus sondern übergab auch loyalen Gefolgsleuten große Territorien zu Lehen. Alle diese Regionen waren dann von der Steuerabgabe an den Staat befreit. Die Absicht dabei war, im gesamten Reich kaisertreue Statthalter eingesetzt zu wissen. Solange Wudi lebte, funktionierte auch dieses System, jedoch brach gleich nach seinem Tod der Streit unter den Prinzen aus, von denen sogar zwei, fremde Nordstämme gegen ihre Rivalen zu Hilfe riefen. Der schwache Nachfolger Huidi (290–306) war dieser Auflösung des Reiches hilflos ausgeliefert, und sein Bruder und Thronfolger Huaidi (307–312) holte sogar selbst die Hunnen ins Land, wurde von ihnen aber gefangen genommen und seine Hauptstadt zerstört. Das Ende der Dynastie kam mit Kaiser Mindi (313–316), dem Enkel Wudis, der 316 in Gefangenschaft getötet wurde. Beide Residenzstädte, Luoyang und Chang'an, waren ausgeplündert und teilweise völlig zerstört. Die letzten Nachkommen des Kaiserhauses Jin flohen nach Süden und errichteten in Nanking ihre Hauptstadt, wo sie dann als Herrscher der Östlichen Jin-Dynastie das Erbe des Alten China zu wahren versuchten. Der gesamte Norden aber fiel Steppenvölkern aus dem Norden anheim. China war wieder geteilt.

Westliche Liao-Dynastie Die Westliche Liao-Dynastie (Xi Liao) bestand nur 43 Jahre von 1125–1168, dann wurde sie von den Mongolen überrannt und in ihr großes Reich einbezogen. Die Gründung im Jahre 1125 geschah aus existenzieller Not, denn die beachtlich große Liao-Dynastie im Osten mit der Hauptstadt Nanjing (dem heutigen Peking) war von den Jin-Truppen erobert und die Herrschaft der Liao-Kaiser beendet worden. Daraufhin machte sich ein großer Teil der Bevölkerung des unterworfenen Landes auf einen weiten Weg nach Westen, der sie nach fast 5000 Kilometern bis nach Ostturkestan brachte, wo sie am Ili-Fluss in der heutigen Provinz Sinkiang einen neuen Staat gründeten. Die Herrscher dieses kurzlebigen Staates waren: Dezong 1125–1136 n. Chr., Gantianhou 1136–1142, Renzong 1142–1154, Chengtian 1154–1168, Mozhu 1168.

Westliche Qing-Gräber In einer sehr reizvollen Hügellandschaft 125 Kilometer südöstlich von Peking liegen die Westlichen Gräber der Qing-Dynastie (Qingxiling), in denen vier Kaiser, drei Kaiserinnen, sieben Prinzen und eine Anzahl kaiserlicher Konkubinen bestattet wurden. Zum größten und auch schönsten Mausoleum in diesem Ensemble, dem Tailing, führt eine drei Kilometer lange Geisterallee mit vielen Steinfiguren, sie halten Wache für Kaiser Yongzheng, der sich diesen erlesenen Platz für seine ewige Ruhestätte reservieren ließ. Beeindruckend sind für jeden Besucher die doppelstöckigen Opferhallendächer, die dem Ganzen einen äußerst ehrwürdigen und erhabenen Eindruck vermitteln. Das noch sehr gut erhaltene Changling, das Mausoleum des Kaisers Jiaqing (1796–1820) besticht mit seinem Fußboden aus rotem Marmor in der Opferhalle, und das Muling, das Grab des Kaisers Daoguang (1821–1850), wartet mit außergewöhnlichen Drachendarstellungen auf. Das Chongling, das Grab des vorletzten Kaisers der Qing-Dynastie, Guangxu (1875–1908), wurde 1931 von Grabräubern heimgesucht. Da dieses Mausoleum beim Sturz der Dynastie 1911 noch nicht fertig gestellt war, sorgte die republikanische Regierung in bester chinesischer Tradition dafür, dass die Arbeiten daran 1915 abgeschlossen werden konnten. Dieses Gebiet ist auch in seinem unterirdischen Teil zugänglich, während die anderen noch nicht geöffnet wurden. Der Gesamtumfang der Westgräber insgesamt beträgt mehr als 100 Kilometer, die bebaute Fläche ist auf eine halbe Million Quadratmeter zu veranschlagen.

Westliches Liang Zu den wenigen Staaten in Nordchina zur Zeit der Zersplitterung im 4. Jahrhundert, die nicht von einem Fremdvolk, sondern von Chinesen selbst regiert wurden, gehört der im Jahre 400 von Li Hao gegründete Staat mit der Bezeichnung Westliches Liang, der dann 421 in das Nördliche Liang überging und schließlich im Staat der Nördlichen Wei ab 439 Aufnahme fand. In der Reihe der schwachen »Sechzehn Staaten« bildet die Dynastie des Westlichen Liang den vierzehnten Staat.

Westliches Qin Im vierten Jahrhundert, in der unseligen Zeit der Zersplitterung Nordchinas in »Sechzehn Staaten«, taucht als neunter Staat dieser Reihe im Jahre 385 der von den türkischen Xianbei gegründete Staat der Westlichen Qin auf. In dieser Zeit kämpften auf nordchinesischem Boden Mongolen, Türken, Tibeter, Tungusen und andere Steppenvölker um Macht, Einfluss und Lebensraum. So nimmt es nicht wunder, dass im Jahre 431 das aus der Steppe gekommene Volk der Xia den Staat der Westlichen Qin übernehmen konnte.

Westliches Xia-Reich Unter der Führung eines Tangutenstammes entstand im Jahr 1158 im Nordwesten Chinas ein machtvolles »Reich der Westlichen Xia« (1038–1227), in dem zwar mehrheitlich Han-Bevölkerung anzutreffen war, das aber auch von Tibetern, Türken und Mongolen bewohnt war. Das Reich erstreckte sich von der Südlichen Mongolei bis Qinghai und setzte sich in den Provinzen Shaanxi und Shanxi bis nach Gansu fort. Die Nördliche Song-Dynastie musste mit diesem gefährlichen Nachbarn schon 1044 einen kostspieligen Friedensvertrag schließen, der sie zu erheblichen Tributzahlungen an die Westlichen Xia verpflichtete, ohne jedoch vor neuerlichen Angriffen geschützt zu sein. Im Jahre 1227 annektierten die Mongolen dann das Reich dieses Nomadenstammes.

Westliche Wei-Dynastie Abspaltung von der Östlichen Wei-Dynastie in Nordwestchina. Die Westliche Wei-Dynastie (535–557) überlebte ihre Gegnerin, die Östliche Wei-Dynastie um sieben Jahre und wurde von drei aufeinander folgenden Herrschern regiert.

Westliche Zhou-Dynastie Die Westliche Zhou-Dynastie (1028–771 v. Chr.) ist jener Geschichtsabschnitt, der auf die Shang-Dynastie (ca. 1523–1028 v. Chr.) folgte und im Jahr 771 v. Chr. durch die Östliche Zhou-Dynastie (771–221 v. Chr.) abgelöst wurde. Da aus dem Westen kriegerische Fremdvölker in das Zhou-Reich eingedrungen waren, wurde die Zentralverwaltung weiter nach Osten verlegt und von der Geschichtsschreibung diese Einteilung in Westliche und Östliche Zhou-Dynastie vorgenommen.

Whampoa-Militärakademie Whampoa ist der kantonesische Name jener östlichen Vorstadt von Kanton, die in hochchinesischer Umschrift Huangpu lautet. In Whampoa wurde im Auftrag von Sun Yatsen die erste Militärakademie der Guomindang im Mai 1924 gegründet, zu dessen Leiter Chiang Kai-shek berufen wurde, der aus der Sowjetunion zurückgekehrt war. Zwischen der Guomindang und der KPCh wurde mit Unterstützung Moskaus eine enge Zusammenarbeit vereinbart, die darin gipfelte, dass als Leiter der Politabteilung dieser Institution Zhou Enlai berufen wurde und neben ihm auch sowjetische Berater tätig waren, vor allem der bekannte General Galen, der als »Blücher« in die Geschichte einging. Die Akademie sollte zweierlei Aufgaben übernehmen. Zum Ersten sollte moderne Militärtechnik und Strategie gelehrt werden, wofür die Sowjetunion die Ausrüstung zweier Kadettenregimenter zur Verfügung stellte. Zum Zweiten aber sollte durch eine neuartige politische Schulung des Offizierskorps die an keine zündende Idee gebundene Haltung der traditionellen Söldnerheere abgelöst werden; die dort Studierenden sollten von der Notwendigkeit überzeugt werden, einen modernen Staat aus China zu machen, der aus seinem halbkolonialen Status endlich erwachen sollte. Diese Überzeugungsarbeit trug die Bezeichnung »Ideologische Schulung«. Da bereits vier Jahre nach der Gründung dieser Akademie die beiden Parteien sich wie Todfeinde gegenüberstanden, war es verständlich, dass sich später hohe Militärführer im Felde als Gegner konfrontiert sahen, die früher in Whampoa am gleichen Tisch gesessen hatten.

WTO-Beitritt China, das sich mehrmals in seiner Geschichte aus Angst vor Fremdeinflüssen selbst isoliert hat, trat am 11. Dezember 2001 der Welthandelsorganisation WTO bei – ein Schritt, der in der Geschichte auch der VR China beispiellos ist. Mit diesem Beitritt dokumentierte die KP-Führung endgültig, dass ihre Öffnungspolitik unumkehrbar sei und das Land sich an die internationalen Gepflogenheiten der bisherigen 143 Mitglieder halten wolle. Zu diesem Zweck schaffte die VR China 830 Gesetze ab und führte 2300 neue Gesetze und Regularien ein, die es nunmehr mit der gesamten Weltwirtschaft engstens verknüpfen. Der Beitritt birgt für China ungeahnte Chancen, aber auch bedeutende Risiken. Der Export nimmt ähnlich zu wie die ausländischen Direktinvestitionen in China, aber auch die hohen Einfuhrzölle in China müssen nun gesenkt werden, der Rationalisierungsdruck nimmt zu und viele Beschäftigte werden ihre Arbeit verlieren.

Wu Chinesischer Staat im Südosten der heutigen Provinz Jiangsu in der Zeit der Zhou-Dynastie (11. Jh. v. Chr.–221 v. Chr.). Die Herrscher von Wu entstammten vermutlich dem Königshaus Zhou selbst und konnten das ihnen anvertraute Gebiet erst langsam an das chinesische Kerngebiet anschließen, da die heutige Provinz Jiangsu damals von den fremdstämmigen Man bewohnt war. In jahrelangen Kämpfen unterlag Wu um 470 v. Chr. seinem südlichen Nachbarn Yue.

Wu Der Staat Wu (920–937), einer der »Zehn Staaten«, die nach dem Sturz der Tang-Dynastie entstanden waren, hatte nur eine Dauer von 17 Jahren und herrschte über Teile der heutigen Provinzen Jiangsu, Anhui, Jiangxi und Hubei. Im Jahr 937 wurde Wu von jenem Staat unterworfen, der als Südliches Tang (937–975) in die Geschichte einging.

Wuchi-Weg Bereits in der Östlichen Han-Zeit (25–220 n. Chr.) führte der sog. Wuchi-Weg von Chengdu in Sichuan bis nach Kunming in Yunnan und von dort weiter nach Burma. Bekannt später als »Seidenstraße in Südwestchina« galt der Wuchi-Weg durch seine abgelegenen Bergpfade stets als gefährliche Strecke.

Wudang-Shan Das im Nordwesten der Provinz Hubei gelegene Wudang-Gebirge mit einem Umfang von etwa 400 Kilometern, dessen Hauptgipfel bis zu 1612 Meter aufragt, ist seit der Ming-Dynastie ein religiöses und kulturelles Zentrum von beträchtlichen Ausmaßen und kostbaren architektonischen Schönheiten. Im Jahre 1412 befahl der Yongle-Kaiser (1403–1424) der Ming-

Dynastie die aus dem 7. Jahrhundert stammenden und in den Kriegen gegen die Mongolen zerstörten zwei taoistischen Tempel zu erneuern, praktisch jedoch einen eigenen, prächtigen Komplex von acht Palästen, 12 Pavillons, 39 Brücken und 72 Grotten daneben zu errichten. Völlig neuartig jedoch war der gleichzeitige Bau und die Einrichtung von 36 Nonnenklöstern, die ebenfalls in diesem landschaftlich so reizvollen Gebiet geschaffen wurden. Architektonische Wunderwerke stellen die majestätische Goldene Halle aus dem Jahr 1416 mit einer zehn Tonnen schweren vergoldeten Bronzestatue des von den Daoisten verehrten Kaisers Zhenwu und die mit blauen Ziegeln gedeckte Große Halle des Zixiao-Tempels dar. In diesem Tempel und im Nanyan- und Taihe-Kloster werden außerdem eine große Anzahl von Steintafeln aus den Zeiten der Ming- und Qing-Dynastie aufbewahrt. Im Wesentlichen haben alle diese Bauten die Kulturrevolution überstanden und wurden, soweit beschädigt, inzwischen restauriert.

Wudi Wudi, der fünfte Kaiser der Westlichen Han-Dynastie, regierte 54 Jahre von 141–87 v. Chr. und führte das Reich zum glanzvollsten Höhepunkt der Han-Dynastie überhaupt. Geboren als ältester Sohn des Kaisers Jingdi, gab man ihm den Prinzennamen Liu Che, ernannte ihn mit vier Jahren zum König von Jiaodong und galt bereits mit neun Jahren als Thronfolger. Als sein Vater 141 v. Chr. starb, folgte Wudi ihm, wie vorgesehen, auf den Thron. Erste Maßnahmen zielten auf die Stärkung der Zentralgewalt, der Konfuzianismus wurde zur Staatsdoktrin offiziell erhoben. Ausgedehnte Bewässerungsanlagen kamen der Landwirtschaft zugute. Die Gründung einer Kaiserlichen Akademie sollte den Nachwuchs für die höheren Beamtenpositionen sichern. Die Hauptstadt Chang'an wurde durch einen 125 km langen Kanal mit dem Gelben Fluss verbunden. Allgemeiner Wohlstand breitete sich aus, die kaiserliche Residenz galt als ein Abbild der ganzen Welt, denn seine Paläste und Parkanlagen, seine künstlichen Seen und zierlichen Felsen waren zumindest ein »Reich der Mitte« en Miniature. Das Jahr 135 v. Chr. war ein Wendepunkt: Wudi wandte sich der Außenpolitik zu und befahl den Angriff gleichzeitig in drei Himmelsrichtungen. Im Norden marschierten chinesische Truppen in koreanische Gebiete ein, im Nordwesten wurden – allerdings unter schweren eigenen

Verlusten – die Hunnen in die Wüste Gobi zurückgetrieben und der Gansu-Korridor nach Ostturkestan in Besitz genommen. Wudi ließ 700 000 Chinesen dann dort aussiedeln. Im Süden wurden all jene Gebiete in Zhejiang, Fujian und Guangdong an der Küste dem Reiche einverleibt, die sich bisher der Kontrolle der Zentralgewalt noch hatten entziehen können. Das unabhängige Königreich Nanyue, das von Nord-Vietnam bis nach Guangxi reichte, wurde ein südliches Grenzland. All diese Aktionen aber erschöpften die Reserven des Staates. Die einst so vollen Vorratslager hatten sich geleert, den Bauern wurden immer mehr Steuern abverlangt, sodass es schließlich zu Aufständen kam. In den letzten Jahren seiner Regierung brachen bereits Kämpfe um seine Nachfolge aus, die bürgerkriegsähnliche Formen annahmen. Die Familie Wei, der die Kaiserin entstammte und der man Verschwendung vorwarf, wurde von der mächtigen Li-Familie erbittert bekämpft. Der Li-Clan siegte, die Kaiserin beging Selbstmord, und als Thronfolger wurde der Sohn einer Nebenfrau auserkoren, der keinerlei mächtige Verwandtschaft hatte. Wudi starb im Jahre 87 v. Chr. und hinterließ ein Imperium, das vom heutigen Nord-Vietnam bis zum heutigen Süd-Korea und vom Ostchinesischen Meer bis zur Grenze des Tarim-Beckens reichte.

Wu Guang Gemeinsam mit Cheng Shen löste Wu Guang (gest. 208 v. Chr.) den großen Volksaufstand aus, der den Auftakt zum Sturz der Qin-Dynastie (221–207 v. Chr.) bildete. Beide Anführer kamen jedoch ein Jahr vor dem Fall der despotischen Dynastie ums Leben.

Wuhan Die Geschichte der heute 7,5 Millionen Einwohner zählende Hauptstadt der Provinz Hubei ist eine dreigeteilte, denn die Riesenstadt entstand erst 1927 aus dem Zusammenschluss dreier selbständiger Städte: Wuchang, Hankou und Hanyang. Als Stadtbezirke blieben diese drei Namen erhalten: Wuchang liegt am Ostufer des Jangtse, Hankou und Hanyang liegen unmittelbar gegenüber und zwischen beiden mündet der Han-Fluss in den großen Strom. Wuchang blickt von den drei Schwestern auf die älteste Geschichte zurück. Gegründet im 3. Jahrhundert n. Chr., war Wuchang bereits in der Zeit der Drei Reiche die wichtigste Stadt in diesem Jangtsegebiet und war in der Yuan- und Ming-Dynastie dann Hauptstadt des damaligen riesigen Verwaltungsbezirks Huguang, der die heutigen Provinzen Hubei, Hunan, Guangxi und

Guangdong umfasste. Weltweit bekannt wurde Wuchang dann 1911, als am 10. Oktober ein Militärputsch in der Stadt letztlich zum Sturz des Kaiserreiches führte. Hankau musste auf Druck der Westmächte 1861 dem internationalen Handel geöffnet werden und musste Konzessionsgebiete an Briten, Franzosen, Russen und Deutsche abtreten. Das kleinere Hanyang besteht zwar schon seit der Tang-Dynastie, kann aber für sich nur in Anspruch nehmen, das erste chinesische Eisen- und Stahlwerk 1891 eröffnet zu haben. Heute ist Wuhan insgesamt ein Zentrum der chinesischen Schwerindustrie, und ist auch als kulturelles Zentrum des Jangtse-Tales zwischen Chongqing und Shanghai tonangebend. Die 1957 nach zweijähriger Bauzeit errichtete doppelstöckige Jangtsebrücke verbindet die drei Stadtteile miteinander.

Wuhu Die in der Provinz Anhui gelegene Hafenstadt Wuhu am Jangtse mit rund einer Million Einwohnern war nach der Öffnung für den Außenhandel einer der wichtigsten Flusshäfen Chinas und daher ab 1877 ein bedeutender Handelsplatz. Gegründet schon zur Zeit der Han-Dynastie war die Stadt durch den im 9. Jahrhundert erbauten Tempel des Guangji-Klosters auch ein wichtiges religiöses Zentrum.

Wuhuan Chinesischer Name eines fremdstämmigen Nomadenvolkes, das zur Zeit der Han-Dynastie in der Mongolei lebte, den Hunnen tributpflichtig war und mit ihnen Raubzüge nach China unternahm. Von dem chinesischen Feldherrn Cao Cao (155–220 n. Chr.) wurden die Wuhuan dann in einer Schlacht besiegt. Teile von ihnen schlossen sich dann den wohl turksprachigen Xianbei an und gingen in deren Stammesverband auf.

Wu-Königreich Das Königreich Wu (222–263), ist eines der drei berühmten Reiche, die um die Macht nach dem Zerfall der Östlichen Han-Dynastie kämpften. Gegründet von General Sun Quan, der dann als erster König unter dem Namen Wu Wudi von 222–252 regierte, konnten weder er noch seine drei Nachfolger das Mandat des Himmels für das ganze Reich erreichen. Feidi (252–258), Jingdi (258–264) und Modi (264–280) regierten jedoch einen großen Staat mit dem heutigen Nanking als Hauptstadt. Als der siegreiche General Sima Yuan, der Gründer der Westlichen Jin-Dynastie, den Staat Wu eroberte, fiel ihm der gesamte Harem des Königs Modi in die Hände, in dem der Trunkenbold 5000

Konkubinen versammelt hatte. Modis Harem gilt als der am reichsten bestückte der Weltgeschichte.

Wu Peifu Der Militärmachthaber Wu Peifu (1874–1939) war einer jener Kriegsherren, die sich nach dem Sturz der Mandschu-Dynastie selbständig machten und Nord- und Zentralchina unter sich aufteilten. Wu Peifu war der »Warlord« von Henan, Hubei und Hunan und stand in Konkurrenz zuerst zu Yuan-Shikai (1859–1916), dann zu dessen Gegenspieler Zhang Zuolin (1873–1928) und Yan Xishan (1883–1960). Erst der siegreiche Nordfeldzug der Guomindang-Truppen unter Chiang Kai-shek (1887–1975) beendete 1928 die Selbständigkeit der Kriegsherren.

Wu Sangui Beim Ansturm der Mandschuren 1644 schlug sich der kaiserliche General Wu Sangui auf die Seite der siegreichen Invasoren und wurde von ihnen zum Dank als Vizekönig des Westens eingesetzt. In dieser Eigenschaft verwaltete er 17 Jahre lang zwei Provinzen des Westens und rief sich dann zum Gegenkaiser aus. Nach seinem Tod 1681 konnte sein Nachfolger und Enkel Wu Shihfan diesen usurpierten Thron nicht mehr halten, sodass Kaiser Kangxi nach einer siegreichen Schlacht das Gebiet dem Reich einverleiben konnte.

Wutai Shan Bis 1949 gehörte der Wutai Shan zu den meistbesuchten Wallfahrtszielen für buddhistische Pilger aus ganz Ostasien. Wutai Shan bedeutet »Berg der Fünf Terrassen«, denn das riesige 500 Quadratkilometer weite Gebiet ist ein Gebirgsstock mit fünf Gipfeln, dessen höchste Erhebung bis zu 3058 Meter ansteigt. 230 Kilometer nordöstlich von Taiyuan gelegen, gehört die Region zu den hochgelegenen Gebieten der Provinz Shanxi. Früher lagen etwa 300 Klöster – oft weit voneinander entfernt – im Wutai Shan, 47 davon blieben erhalten. Der Berg ist Wenshu geweiht, dem Bodhisattva der Weisheit, dessen Sanskritname Manjushri lautet. Vor allem die mongolischen Buddhisten hatten im Laufe der Jahrhunderte eine besondere Beziehung zu diesem Bodhisattva entwickelt, der einst auf dem Bergmassiv gelebt und gelehrt haben soll. Aus diesem Grund pflegten bis ins 20. Jahrhundert hinein wohlhabende Mongolen die sterblichen Überreste ihrer Eltern auf den Berg zu bringen, um sie dort zu begraben. Auf Grund vieler Stiftungen von Adligen und auch von Kaisern gehörten die Klöster des Wutai Shan zu den reichsten des Landes.

Mittelpunkt im Ensemble der Wutai Shan-Heiligtümer ist das Xiantong-Kloster, das bis auf die Han-Zeit zurückgeführt wird. Beachtlich ist auch das Fo Guang Si, das »Kloster des Lichtes Buddhas«, dessen weitausladende Hallen aus dem Jahr 847 stammen. Die Pilger wurden einst am »Tempel der Smaragdgrünen Berge« empfangen und dann zu den anderen Tempeln weitergeleitet.

Wuwei Die nordwestlich von Lanzhou gelegene Stadt Wuwei galt stets als das Osttor des Hexi-Korridors in Gansu und war schon in der Han-Zeit ein wichtigster Stützpunkt in der Nähe der Großen Mauer. Die Tanguten eroberten im 11. Jahrhundert sowohl Wuwei als auch das noch nördlicher gelegene Zangye und fügten diese Städte ihrem Westlichen Xia-Reich (1038–1227) ein. Archäologen legten bei Wuwei 1968 aus den Gräbern der Östlichen Han-Dynastie (25–220 n. Chr.) das berühmte »Pferd auf der Schwalbe« frei, das ein durch die Luft fliegendes Pferd darstellt, das mit einem seiner Hufe auf einem Vogel steht, der in Wirklichkeit den Drachenvogel verkörpert, der dem Windgott geweiht ist. Diese Bronzeskulptur wurde bald danach zum Sinnbild der chinesischen Bronzekunst überhaupt. In der Stadt selbst sind der Konfuzius-Tempel und der Haizang-Tempel erhalten. Die in der Nähe gelegenen Tiantishan-Grotten sollen einst mit Dunhuang gewetteifert haben, fielen dann aber der Zerstörung anheim.

Wuxi Die 700 000 Einwohner zählende Stadt Wuxi am Nordufer des Tai-Sees in der Provinz Jiangsu ist 130 Kilometer nordwestlich von Shanghai gelegen und ist eine der ältesten Siedlungen des Jangtse-Tales. Bereits um 1000 v. Chr. wurde hier Seide erzeugt und so sind auch die Seidenspinnereien stets das hauptsächliche Merkmal dieser Stadt geblieben. In der Neuzeit kam die Baumwollindustrie hinzu, ergänzt durch moderne Leichtindustriefirmen und eine landesweit bekannte Produktion von Historienfilmen. Von geschichtlichem Interesse ist der Hui Shan-Tempel am 330 Meter hohen Hui Shan aus der Liang-Zeit (6. Jh.) und das große tangzeitliche Guang Fu-Kloster aus dem Jahr 1008, das nach den Zerstörungen des 19. und 20. Jahrhunderts als Paradebeispiel chinesischer Restaurierungskunst gelten kann; es stellt heute mit seinen Hallen und Pagoden wieder eines der größten buddhistischen Zentren Chinas dar.

Wuyue Der Staat Wuyue

(907–978), der sich über Teile der heutigen Provinzen Zhejiang und Jiangsu erstreckte, war einer der »Zehn Staaten«, die nach dem Fall der Tang-Dynastie entstanden waren. 978 gelang es den Nördlichen Song den Staat Wuyue zu erobern und in ihr Reich einzugliedern.

Wuzong Wuzong (1308-1311), dritter Kaiser der Yuan-Dynastie mit dem monglolischen Namen Khaishan, herrschte bis zu seinem Tode im Jahre 1311 nur drei Jahre. Als kriegerischer Steppenfürst war er auf dem Thron seines riesigen Imperiums mit einem inzwischen beachtlichen Beamtenapparat völlig deplatziert. Ohne auf Eignung im Geringsten zu achten, verteilte er Ministerposten an Schauspieler, Schlachter, buddhistische Mönche und machte daoistische Priester zu Herzögen und persönlichen Beratern. Er verschleuderte Lizenzen und förderte ungewollt und vor allem unwissentlich die Inflation durch den ungehemmten Druck von Papiergeld. Die Regierung dieses Steppensohnes vertiefte die Abneigung der gebildeten Chinesen gegenüber ihren mongolischen »Besatzern« um ein Beträchtliches.

X

Xanadu (Shangdu) Die nördliche Hauptstadt des Khubilai Khan wurde im Westen durch den Bericht Marco Polos unter der von ihm gebrauchten Umschrift Xanadu bekannt, in China und im ganzen Fernen Osten kennt man jedoch diese einst wohl märchenhafte Stadt unter der Bezeichnung Shangdu (obere Stadt), deren Ruinen heute in der Inneren Mongolei liegen. Khubilai war 1255 im mongolischen Imperium mit dem großen Gebiet Huanzhou belehnt worden, dessen Kern nördlich vom heutigen Peking in der Mongolei lag. Als seine Architekten einen reizvollen Ort zwischen bewaldeten Hügeln gefunden hatten, ließ der Herrscher »zwischen den Drachenbergen im Norden und dem Fluss Luan im Süden« eine prächtige Residenz errichten, unterteilt in eine Äußere Stadt, eine Kaiserstadt und eine Palaststadt als eigentlichem Herrschersitz. Dies geschah, als Khubilai Khan zwar den Norden Chinas schon beherrschte, aber das Reich der Mitte noch längst nicht unterworfen hatte. Fest entschlossen, das Riesenreich zu erobern, erklärte er sich 1260 zum chinesischen Thronfolger und zog in seine neue Hauptstadt Shangdu (Xanadu) ein. Ganz im Widerspruch zu seinen Kriegsplänen nannte er sie Kaipingfu (Stadt des Friedensbeginns). Bereits drei Jahre später aber zog er in das neu befestigte Peking um, das damals Dadu (Große Hauptstadt) genannt wurde. Einerseits mögen strategische Gründe für diesen Umzug gesprochen haben, andererseits war Khubilai Khan durchaus von der chinesischen Kultur so fasziniert, dass er wohl eine chinesische Stadt und Umwelt den Hügeln der Steppe vorzog. Shangdu wurde nun Sommerresidenz, die aber durchaus politische Bedeutung behielt, da der Herrscher bei seinem Besuch von dieser Stadt aus die Verbindung zu den Nomadenstämmen des Nordens am besten aufrechterhalten konnte. Die Ruinen von Shangdu lassen zwar nicht mehr die einstige Pracht aber wenigstens die einstige Größe dieser Stadt noch klar erkennen. Die Palaststadt war ein ummauerter, gewissermaßen innerer Bereich in rechteckiger Form, der in nordsüdlicher Richtung 620 Meter und in ostwestlicher Richtung 570 Meter an Länge aufwies. Umschlossen war dieser Residenzbereich von der Kaiserstadt, in der die Würdenträger und die Wachen, die Diener und Boten wohnten – und diese wiederum war eingefasst von der Äußeren Stadt, deren Mauern aus gestampftem Lehm eine Fläche von zwei Quadratkilometern umschlossen. In diesem Areal lagen einst jene Herrlichkeiten, die Marco Polo so begeistert beschrieben hat, auch der Garten mit den seltenen Tieren und Pflanzen und vor allem der riesige Palast aus Marmor und Zierstein, dessen Hallen vergoldet gewesen sein sollen. Selbst die damals angelegten Teiche konnten bei den Ausgrabungen lokalisiert werden. 1265 ließ Khubilai in Shangdu sogar einen konfuzianischen Schrein errichten, in dessen Nebengebäuden staatliche Stipendiaten untergebracht waren. Diese Maßnahme war wohlberechnet, denn nach seinem endgültigen Sieg über die Song-Dynastie erklärte sich Khubilai Khan zum chinesischen Kaiser Shizu und gründete damit die Yuan-Dynastie (1279–1368).

Xia-Dynastie Die Xia-Dynastie, die lange als rein legendäre Epoche vor der als gesichert geltenden Shan-Zeit galt, hat sich durch Ausgrabungen zwischen 1955 und 1960 als real existierende Herrschaftsperiode zwischen dem 21. und dem 16. Jahrhundert v. Chr. erwiesen. Chinesische Archäologen stießen im Dorf Erlitou, Kreis Yanshi, Bezirk Luoyang in Henan, sogar auf die einstige Haupstadt Xuncheng, die man bisher ebenfalls in das Reich der Fabel verwiesen hatte. Man konnte die Ruinen von zwei Palästen freilegen sowie eine große Grabanlage und die Überreste einer Bronzegießerei. Dabei kamen eine Reihe von Sakralgegenständen aus Ton und Bronze ans Tageslist, aber auch nützliche Dinge des Alltags wie etwa Tonröhren für Wasserleitungen. Die Existenz der Xia-Dynastie konnte nun nicht mehr angezweifelt werden und ein fester Anhaltspunkt dafür war ebenfalls gegeben, dass zu dieser Zeit der Bronzeguss in China bereits bestens gemeistert wurde. Das Verbreitungsgebiet der Xia-Herrschaft umfasste den Ostteil der heutigen Provinz

Shaanxi, den Südteil von Shanxi und große Teile des heutigen Henan. Man nimmt an, dass die Nachfahren des Stammes des »Gelben Kaisers« das Fundament des Xia-Volkes gebildet haben könnten. Selbst der »Gelbe Kaiser« könnte auf Grund der neu geschaffenen Fakten letztlich als historische Persönlichkeit angenommen werden.

Xiamen Xiamen (im Fujian-Dialekt: Amoy) ist mit einer halben Million Einwohnern die zweitwichtigste Stadt der Provinz Fujian, ausgestattet mit einem geschützten Seehafen und einem Flughafen. Xiamen liegt auf einer Insel nahe der Mündung des Flusses Jiulong in dem Meeresteil, der als Formosa-Straße bekannt ist. Ein 5 Kilometer langer Damm verbindet seit 1956 die Insel mit dem Festland. Bereits zur Song-Zeit war Xiamen als Hafen bekannt, in der Ming-Dynastie wurde die Stadt befestigt. 1551 landeten die Portugiesen in Xiamen, und im 17. Jahrhundert baute General Koxinga die Stadt zum Stützpunkt gegen die Mandschus aus und begann von ihr aus die Eroberung Taiwans. Im Vertrag von Nanking 1842 musste China auch Xiamen dem internationalen Handel öffnen. Als dann im letzten Drittel des 19. Jahrhunderts sehr viele Chinesen auswanderten, war auch Xiamen einer der großen Auswanderungshäfen Chinas. Dies hatte zur Folge, dass im 20. Jahrhundert sehr viele Rückwanderer in jenen Zeiten zu verzeichnen waren, in denen wohlhabend gewordenen Emigranten von einst geschäftliche Möglichkeiten geboten wurden. So besteht heute die Hälfte der 500 000 Einwohner von Xiamen aus zurückgekehrten Auslandschinesen – ein einmaliges Phänomen in der VR China. Es nimmt daher nicht wunder, dass bereits 1982 eine Sonderwirtschaftszone in Xiamen errichtet wurde und seither vor allem mit taiwanesischer Beteiligung nach kapitalistischen Regeln produziert wird.

Xian Xian, die Hauptstadt der Provinz Shaanxi, zählt in ihrem Großraum 6,5 Millionen Einwohner und trägt den Namen Xian erst seit dem Beginn der Ming-Dynastie. In all den Dynastien vorher lagen auf dem Areal der heutigen Stadt und darüber hinaus die Hauptstädte von elf Dynastien. Die Namen dieser einstigen Hauptstädte verweisen auf die jeweilige Geschichtsperiode: Fengjing und Haojing (Zhou-Dynastie), Xianyang (Qin), Changan (Westliche Han), Daxiang (Sui), Changan (Tang), um die Wichtigsten zu nennen. In den Jahren 1374–78 wurde dann Xian von einer mächtigen Mauer umgeben, die mit ihren 12 Kilometern an Umfang, ihren Toren, Ecktürmen und Brustwehren einst eine unüberwindliche Befestigung darstellte. Diese Maßnahme wurde ergriffen, weil ihre Vorgängerstädte oftmals geplündert, gebrandschatzt oder sogar völlig zerstört worden waren. Der einstige Glanz und die Größe des alten Changan lässt sich am ehesten ermessen, wenn man sich vergegenwärtigt, dass die heutige Stadt nur auf einem sehr kleinen Areal der einstigen Metropolen steht. Erhalten sind von den riesigen Palästen, Klöstern, Schreinen, Pagoden, Pavillons und Gärten der glanzvollen Dynastien auf Grund der vielen Zerstörungen nur einige Bauten von überragender Bedeutung. Wahrzeichen der Stadt ist die Große Wildganspagode aus dem Jahr 652, während die Kleine Wildganspagode aus dem Jahre 706 stammt. Beide Pagoden haben mehrere Erdbeben überstanden und wurden daher schon mehrfach restauriert. Im Zentrum liegen der 33 Meter hohe Trommelturm und der 36 Meter hohe Glockenturm, die beide aus der Ming-Zeit stammen. Die fünf Höfe umfassende Große Moschee aus dem späten 14. Jahrhundert ist die älteste von 14 islamischen Moscheen in Xian und könnte wegen ihrer chinesischen Bauweise leicht mit einem Buddhistentempel verwechselt werden. Die reichhaltigste Sammlung von beschrifteten Steintafeln (Stelenwald), die China besitzt, ist im ehemaligen Konfuzius-Schrein untergebracht. Die Daoisten versammeln sich heute wieder in ihren beiden alten Heiligtümern, dem Tempel der Stadtgötter und dem Tempel des Ostgipfels, während sich die Buddhisten im Kloster des Großen Gedeihens treffen. Das Kloster geht auf die Tang-Zeit zurück, wurde als wichtigstes buddhistisches Zentrum der Stadt dann Ziel vieler Zerstörungen, sodass alle seine Gebäude aus neuerer Zeit stammen. Die größte Attraktion in der Nähe von Xian ist die 30 Kilometer östlich der Stadt 1974 entdeckte Terrakotta-Armee, während das nur 10 Kilometer entfernte Banpo-Museum und die Gräber der Han- und Tang-Kaiser im Nordwesten der Stadt dem historisch Interessierten viele Erkenntnisse vermitteln wenn er genügend Zeit für eine eingehende Besichtigung mitbringt.

Xianbei Chinesischer Name eines möglicherweise turksprachigen Nomadenvolkes in der Mongolei, das lange den Hunnen tributpflichtig war, im 2. Jahrhundert n. Chr. von diesen unabhängig wurde und vom 3. Jahrhundert an in China eindrang, dort mehrere eigene kleine Staaten bildete und schließlich im chinesischen Volk aufging.

Xiandi Xiandi (189–220 n. Chr.), letzter Kaiser der Östlichen Han-Dynastie, Sohn von Kaiser Lingdi. Als Kind Spielball im Machtspiel der Eunuchen am Hofe von Luoyang, unter deren Einfluss sein Vater Lingdi völlig geraten war. Nach Lingdis Tod von General Cao Cao beschützt und mit dessen Tochter verheiratet. Unter Protektion und Kontrolle von Cao Cao herrschte Xiandi bis zu dessen Tod im Jahre 200 n. Chr. Cao Pi, der Sohn von Cao Cao, zwang nun den Kaiser zur Abdankung und eröffnete als König Wendi eine neue Dynastie im Norden des Reiches, die als Königreich Wei bis 264 unter ihm und vier weiteren Königen bestand. Das Kaiserreich war zerfallen in die Königreiche Wei, Wu und Shu Han. Xiandi beendete mit seiner Abdankung im Jahre 220 n. Chr. die über 400 Jahre dauernde Han-Dynastie.

Xianfeng Xianfeng (1851–1861), siebter Kaiser der Qing-Dynastie, war der vierte Sohn von Kaiser Daoguang und bestieg den Thron im zwanzigsten Lebensjahr. Völlig unerfahren und inkompetent, überließ er die Regierungsgeschäfte praktisch ganz seinen Ministern und Beamten, die sich vom ersten Tag an einer fürchterlichen Bedrohung gegenübersahen. Die Taiping-Rebellion hatte im Süden des Landes ihren Anfang genommen und wälzte sich buchstäblich wie eine Feuerwalze nach Norden. Man hat diesen Bürgerkrieg als eines der seltsamsten und blutigsten Ereignisse der Weltgeschichte überhaupt bezeichnet, denn dies war kein Krieg gegen einen fremden Feind, in diesem Aufstand brachten Chinesen ihre Landsleute um. Über 600 Städte wurden zerstört, geplündert und verbrannt, und nach neuesten Schätzungen kamen zwischen 1850–1864 über 20 Millionen Menschen in China um. Ausgehend von lokalen Hungeraufständen wuchs sich diese Bewegung zu einem Vernichtungsfeldzug aus, der an sich gegen die Qing-Regierung gerichtet sein sollte, aber sich bald zu einem flächendeckenden Massaker von apokalyptischen Ausmaßen entwickelte. Angeführt von einem religiösen Schwärmer namens Hong Xiuquan nahm der Aufstand bald chiliastische Züge an. Hong behauptete, der Sohn Jesu Christi zu sein und von

Gott den Auftrag bekommen zu haben, ein himmlisches Reich auf Erden zu gründen. Wo auch immer die Taiping-Rebellen die Oberhand gewannen, praktizierten sie einen primitiven Sozialismus, der gewissermaßen eine Vorwegnahme der von Mao ein Jahrhundert später gegründeten Volkskommunen war. 1853 nahmen die Taiping Nanking ein, erklärten die Stadt zur Hauptstadt ihres neuen Reiches und Hong Xiuquan rief sich zum »Himmlischen König« aus. Im Jahr 1855 änderte auch noch der Gelbe Fluss seinen Lauf und brachte unzähligen Menschen Tod und Verderben und Millionen Hunger und Obdachlosigkeit. Die Taiping hatten sich geschworen, die Qin-Dynastie endgültig zu stürzen. In dieser Situation traten die europäischen Mächte auf die Seite des Kaisers und warfen gemeinsam dann die Taiping nieder – in der Erkenntnis, dass ihnen ein schwacher, ihnen verpflichteter Kaiser mehr nützen könne als ein selbstbewusstes China, geführt von einer utopischen Sekte. Als jedoch der Kaiser sich weigerte, auf bestimmte Vorschläge Englands und Frankreichs einzugehen, marschierten die beiden europäischen Verbündeten nach Peking und zerstörten aus Rache den Sommerpalast. Der Kaiser selbst war in seine Bergresidenz Jehol geflohen und starb dort 1861; er wurde im Mausoleum Dingling (Östliche Qing-Gräber) unter dem Tempelnamen Wenzong begraben. Nachfolger wurde jener Sohn von Xianfeng, den er mit seiner Konkubine Cixi gezeugt hatte und der als Kaiser Tongzhi (1860–1874) sechsjährig auf den Thron gesetzt wurde.

Xiangfan Die Stadt Xiangfan am Hanshui-Fluss in der Provinz Hubei mit über 350 000 Einwohnern galt bereits vor über 2200 Jahren als wichtigste militärische Festung dieser Provinz und besaß stets eine überragende strategische Bedeutung, da sie an einem Einfallstor von Henan aus nach Süden gelegen ist.

Xiangguo-Tempel Der im Herzen der Stadt Kaifeng gelegene Xiangguo-Tempel, gegründet 555 n. Chr., war während der Tang- und der Song-Dynastie wegen seines Reichtums und seiner künstlerischen Ausstattung als »Kloster Nummer Eins unter dem Himmel« bekannt und war jahrhundertelang ein berühmtes Zentrum buddhistischer Gelehrsamkeit. Bei der großen Überschwemmung im Jahr 1644 wurde das Kloster zerstört, aber danach wieder aufgebaut. Hauptattraktion ist in dem weitläufigen Komplex der achteckige Pavillon mit einer vergoldeten Statue der Guanyin, deren tausend Augen aus Ginkgo-Holz den Betrachter in Staunen versetzen. Dieses Hauptkultbild reicht bis zu der kunstvollen Kassettendecke in diesem Pavillon im Pagodenstil. Die imposante Haupthalle des Tempels mit doppelt geschwungenem Dach gilt als architektonisches Meisterwerk.

Xiang Ji Xiang Ji (auch Xiang Yu), chinesischer Heerführer (232–202 v. Chr.), der mit seinen Truppen in die Kämpfe am Ende der Qin-Dynastie eingriff und wesentlich zum Untergang des Qin-Reiches beitrug. Mit Liu Bang, dem späteren Kaiser Gaozu, kämpfte er um die Macht, konnte sich aber nicht durchsetzen. Xiang Ji war es, der die Qin-Hauptstadt Xianyang einnahm und den Kaiserpalast in Brand steckte. In der Provinz Anhui kam es zur entscheidenden Schlacht zwischen den beiden Rivalen. Nach seiner Niederlage nahm sich Xiang Ji das Leben.

Xianyang Xianyang, die alte Hauptstadt der Qin-Dynastie, liegt 22 Kilometer südwestlich der Mündung des Jing He in den Wei He. Das heute teilweise ausgegrabene Stadtgebiet dehnt sich am Nordufer des Wei-Flusses über 12 Kilometer von Osten nach Westen. Hier residierte einst Qin Shihuang Di, hier hielten seine Vorfahren Hof, hier bestieg der spätere Kaiser nach dem Tode seines Vaters im Alter von dreizehn Jahren als »König Zheng von Qin« den Thron. Als der Zentralstaat Zhou zerfallen war und die Zeit der »Streitenden Reiche« (481 - 222 v. Chr.) heraufzog, konnte sich der Staat Qin im Nordwestens Chinas behaupten und wurde dann unter Qin Shihuang Di zum Ausgangspunkt der Reichseinigung. In Xianyang entfaltete denn auch der »Erste Kaiser von Qin« eine überwältigende Prachtentfaltung. Zeitgenössische Schriftsteller berichten von hohen zweistöckigen Palastbauten, überdachten Wandelhallen und Laubengängen. In den chaotischen Jahren am Ende der Dynastie wurden alle Paläste zerstört, aber die Stadt erholte sich und erlebte in der Han-, Sui- und Tang-Dynastie eine neue Blütezeit. Für den Historiker und Archäologen hat Xianyang eine magische Anziehungskraft, denn in der Umgebung dieser Stadt liegen 72 Kaisergräber und 800 Gräber von kaiserlichen Familienmitgliedern, Ministern und Generälen. Im Jahr 1965 wurden nahe des Changling-Grabes aus der Westlichen Han-Dynastie 3000 Terrakottakrieger und im Jahr 1990 in der Nähe des Yangling-Grabes rund 40 000

Tonfiguren aus der gleichen Zeit geborgen. Den neun Gräbern aus der Westlichen Han-Dynastie stehen zufälligerweise auch neun der Tang-Dynastie gegenüber, die im Norden und Nordwesten der Stadt liegen, während die Han-Kaiser im Osten bestattet sind. Das Zaoling-Grab für den Tang-Kaiser Li Shimin umfasst allein 20 000 Hektar, ein Gelände, in dem noch weitere Nebengräber vermutet werden.

Xiaoling Unter dem Namen Xiaoling sind in China zwei berühmte Kaisergräber bekannt: das Mausoleum des Gründers der Ming-Dynastie in Nanking und das Mausoleum des Kaisers Shunzi, der sich seine letzte Ruhestatte in den Östlichen Qing-Gräbern anlegen ließ. Das Xiaoling (Xiao Mausoleum) von Kaiser Zhu Yuanzhang wurde zwischen 1381 und 1383 am südlichen Abhang der Purpur- und Goldhügel angelegt, die sich in den östlichen Außenbezirken der Stadt Nanking befinden. Die Grabanlage hat zweimal schwer gelitten, zuerst bei der Erstürmung Nankings durch die Mandschus und ein zweites Mal während des Taiping-Aufstandes. In der späteren Phase der Qing-Dynastie wurde es bereits sorgfältig restauriert und wurde seit 1949 weiter instandgesetzt. Das Mausoleum kann sich mit den Ming-Gräbern in Peking durchaus messen. Ein 800 Meter langer Seelenweg führt zu der großzügigen Anlage, die drei Höfe aufweist und von einer purpurroten Mauer umgeben ist. Der Seelenweg selbst wird gesäumt von einer Reihe überlebensgroßer Tierfiguren, Krieger und Würdenträger, paarweise angeordnet, die stehend oder sitzend ewige Wache zu halten scheinen. Der hier begrabene Gründer der Ming-Dynastie hat mit seiner Anweisung für den Gräberbau den Mausoleums-Architekten für 600 Jahre die Richtung gewiesen. Zhu Yuanzhang befahl nämlich, von dem bisher geübten Brauch, das Grab viereckig zu gestalten, Abschied zu nehmen und den Grabhügel selbst rund auszuführen. Bis 1912 wurden aus diesem Grund alle Kaisergräber mit runden Grabhügeln ausgestattet. Das zweite Mausoleum namens Xiaoling liegt 125 Kilometer östlich von Peking in der Provinz Hebei und gehört zu den Östlichen Qing-Gräbern, die in der herrlichen Landschaft des Kreises Zunhua zu finden sind. Dieses Grab ist das Mausoleum des Gründers der Qing-Dynastie, der als Shunzhi (1644–1661) in die Geschichte einging und auch unter seinem Kaisernamen Fulin bekannt ist. Auch zu dieser würdigen Grabstätte führt ein Seelenweg und man erreicht sie erst, wenn man das Drachen- und Phönixtor durchschritten, die Siebenbogen-Brücke überquert und auch das Tor des Erhabenen Wohlwollens passiert hat. In diesem großen Gräberbezirk liegen neben Shunzhi noch vier weitere Kaiser in ihren unterirdischen Palästen, desgleichen vierzehn Kaiserinnen und 136 Konkubinen. Der imposanteste Komplex von allen ist jedoch das Xiaoling, das 1663 mit gewaltigem Aufwand errichtet wurde.

Xiao Zhuo Eine der berühmtesten Frauen der chinesischen Geschichte ist Xiao Zhuo (953–1009), die als Siebzehnjährige an den Hof des Kleinstaates Liao gebracht wurde, um als Konkubine dem Kaiser dieses Landes zu dienen und in dessen Harem eingereiht zu werden. Auf Weisung des Hofes der chinesischen Song-Dynastie wurden später Verhandlungen mit dem Liao-Reich aufgenommen, die nun Xiao Zhuo leitete und einen Frieden zwischen beiden Staaten einleitete. Der Kaiser der Liao hatte die Konkubine lieb gewonnen und er bewunderte zugleich ihren Verstand und Scharfsinn, sodass er ihr schließlich die Leitung der Staatsgeschäfte überließ. Die VR China widmete Xiao Zhuo in den neunziger Jahren des 20. Jahrhunderts eine Gedenkmünze.

Xiaozong Xiaozong (1163–1190), der zweite Kaiser der Südlichen Song-Dynastie, ein Adoptivsohn von Gaozong, jedoch ein direkter Nachfahre von Taizu. Diesem Kaiser war es vergönnt, einen sehr günstigen Friedensvertrag mit den Jin abzuschließen und über zwei Jahrzehnte seinem Land einen bedeutenden wirtschaftlichen Aufschwung zu sichern. Da nun der Südlichen Song-Dynastie alle Möglichkeiten genommen waren, am Handel über die Seidenstraße teilzunehmen, wurde zum ersten Mal in großem Stil der Seehandel ausgeweitet und der Schiffbau in einer bisher nie gekannten Weise gefördert. Man legte Schiffe in den Werften auf Kiel, die an sechs riesigen Masten zwölf lange Segel trugen und als Transporter von Stück- und Massengütern gleichermaßen geeignet waren. In den Häfen an der Ostküste liefen ganze Flotten von Handelsschiffen Richtung Südostasien und Indien aus, aber auch arabische Dhaus von den Küsten des Persergolfes machten an den Molen der Chinesen in den Häfen von Guangdong, Fujian und Zhejiang fest. Eine ausgegrabene Dschunke aus der Südlichen

Song-Zeit weist beispielsweise die Abmessungen von 40 Metern Länge, 10 Metern Breite und 250 Tonnen Gewicht auf. Im Jahre 1190 dankte Xiaozong zugunsten seines Sohnes Guangzong (1190–1195) ab, dem aber nur eine vierjährige Regierungszeit beschieden war.

Xia-Staat Der zu Beginn des 5. Jahrhunderts von dem Hunnen Helian Bobo gegründete Staat Xia in Nordchina bestand nur 24 Jahre (407–431) und wurde dann von den Tuyuhun erobert. Die Tuyuhun waren ebenfalls ein nichtchinesisches Volk, das südlich des Qilian-Gebirges und nördlich der Xueshan-Berge wohnte. Auch dieser Staat sollte dann bald in das Reich der Nördlichen Wei eingegliedert werden, er wird in der Geschichtsschreibung als der vorletzte in der Reihe der schwachen und kurzlebigen »Sechzehn Staaten« des 4. Jahrhunderts gezählt.

Xibo Die nationale Minderheit der Xibo mit rund 100 000 Angehörigen ist eine Völkerschaft, die aus der Nordmandschurei stammt und heute in zwei weit entfernten Gebieten wohnt. Die Xibo sind Nachfahren der Ost-Hunnen, die in der heutigen Provinz Jilin siedelten. Ihre Sprache gehört zur mandschurisch-tungusischen Sprachgruppe der altaischen Sprachfamilie. Bis zum Ende des 17. Jahrhunderts waren die Xianbei, wie sie damals genannt wurden, hauptsächlich in Nordostchina verblieben und hingen dem Schamanismus an. Die erstarkten Mandschuren gliederten jedoch die Xibo in ihr Herrschaftsgebiet ein und zwangen mehrere tausend rekrutierte Xibo-Soldaten mit allen ihren Familienangehörigen zu einem Deportationsmarsch bis nach Zentralasien, wo sie die Sicherung der Grenzen des Qing-Reiches in Sinkiang übernehmen sollten. Diesen 17 Monate währenden Zug über Gebirge, durch Wüsten und Steppen überlebten viele nicht, aber die Angekommenen richteten sich in dieser für sie vollkommen ungewohnten Gegend mit zäher Tatkraft ein. Und so wuchs ein zweites Xibo-Gebiet in China heran, in dem heute sogar die Hauptmasse dieses Volkes zu finden ist. Konzentriert im »Autonomen Kreis der Xibo-Nationalität Qapqal« in Sinkiang und in zwei Kreisen am Ili-Fluss, sind diese West-Xibo sowohl in der Landwirtschaft als auch in der Kleinindustrie tätig. Die Ost-Xibo findet man nach wie vor in den beiden mandschurischen Provinzen Jilin und Liaoning, aber auch in der Inneren Mongolei. Die Ost-Xibo sprechen heute vielfach Chinesisch, die West-Xibo beherrschen vielfach neben ihrer angestammten Sprache Uigurisch und Kasachisch und schreiben in einer eigenen Schrift, die 1947 Xibo-Intellektuelle aus der Mandschu-Schrift entwickelten.

Xin-Dynastie Bezeichnung der von dem Usurpator Wang Mang ausgerufenen Dynastie (9–23 n. Chr.). Wang Mang hatte den Kindkaiser Ruzi abgesetzt, der damit die Westliche Han-Dynastie praktisch beendete. Nach einer nur vierzehnjährigen Regierungszeit wurde Wang Mang im Jahr 23 erschlagen und die Östliche Han-Dynastie (25–220 n. Chr.) konnte nach einem zweijährigen Bürgerkrieg mit der Thronbesteigung von Guang Wudi (25–57) beginnen.

Xingcheng Die einstige, 1429 gegründete Festungsstadt Xingcheng liegt 130 Kilometer nördlich des bekannten Badeortes Beidaihe in der Provinz Liaoning und kann sich rühmen, seine zehn Meter hohe Stadtmauer unversehrt bis zur Gegenwart erhalten zu haben. Die Seitenlänge der quadratisch gebauten Anlage der Altstadt beträgt jeweils einen Kilometer, die Mauer selbst ist an der Sohle 6,5 Meter und an der Krone 5 Meter breit. An den vier Ecken steht jeweils ein mächtiger Wehrturm. Xingcheng war zur Ming-Dynastie Garnisonsstadt und für die Verteidigung Beijings gegen die aus dem Norden einfallenden Invasoren wichtig. 1626 versuchte der Nüzhen-Fürst Nurhatsi mit einem 130 000-Mann-Heer hier nach Süden durchzubrechen. Bei Ningyuan – so der frühere Name von Xingcheng – ereilte ihn die Niederlage, sein Heer wurde von den Ming-Truppen vernichtend geschlagen. Die Nachfolger Nurhatsis konnten erst 1644 den Sieg über die Ming-Dynastie erringen. Das Volk der Nüzhen wurde unter dem Namen Mandschuren dann bekannt und führte China 267 Jahre in der Qing-Dynastie. Die Mandschuren schonten die Stadt, denn 1642 öffnete der damalige Garnisonsbefehlshaber Zhu Dale dem anstürmenden Invasionsheer kampflos die Tore von Xingcheng und leitete damit den endgültigen Niedergang des alten Herrscherhauses ein. 14 Kilometer nordwestlich der Stadt hat sich die 43 Meter hohe Baitayu-Pagode erhalten, die bereits 1092 auf einer Anhöhe gebaut wurde und mit ihren 13 Stockwerken ein weithin sichtbares Wahrzeichen buddhistischer Frömmigkeit für die Menschen dieser Gegend war.

Xinglongqing-Kultur Die Xinglongqing-Kultur (6000–

4000 v. Chr.) ist benannt nach dem Dorf Xinglongqing in der Nähe der Stadt Chifeng in der Inneren Mongolei, sie gilt als Vorläuferin der Longshan-Kultur und war vornehmlich in der Inneren Mongolei und in der Provinz Liaoning verbreitet. Die Entdeckung dieser Kultur erfolgte in den Jahren 1983–1993 durch chinesische Archäologen, die eine Siedlung auf einer Fläche von mehr als 3 Hektar freilegten. Es kamen Hausfundamente, ein Schützengraben und 20 Gräber zutage, in denen zahlreiche Steinwerkzeuge sowie Tonkrüge enthalten waren, die man bei niedriger Temperatur gebrannt hatte. Geräte aus Knochen sowie der älteste, in China bisher gefundene Jadeschmuck, gehörten ebenfalls zu den Fundstücken.

Xining Die Hauptstadt der Provinz Qinghai ist die Halbmillionenstadt Xining, auf einem 2200 Meter hohen Plateau im Nordosten der Provinz gelegen. Xining zählt zu den am rasantesten gewachsenen Städten Chinas, denn es hatte 1949 erst 50 000 Einwohner. Die heute überaus lebendige Industriestadt wurde im Jahre 121 v. Chr. als Garnison unter dem Namen Xipingting gegründet und war stets ein Treffpunkt der Kulturen und Religionen. Die Han-Chinesen brachten den Daoismus und Konfuzianismus in dieses Gebiet, die Tibeter den Lamaismus und die Völker Ostturkestans und Zentralasiens den Islam. Die Ostpass-Moschee (Dong Guan Qingzhen) aus dem späten 14. Jahrhundert, ganz in chinesischem Stil errichtet, ist nach wie vor eine der größten Moscheen in Nordwestchina.

Xinjiang (Sinkiang) Die flächengrößte Provinz Chinas, Sinkiang, ist mit einer Fläche von 1 660 000 Quadratkilometern mehr als viermal so groß wie Deutschland. Die lange Außengrenze teilt Sinkiang mit der Mongolei, Russland, Kasachstan, Kirgistan, Tadschikistan, Afghanistan, Pakistan, Indien sowie den chinesischen Provinzen Tibet, Qinghai und Gansu. Der östliche Ausläufer des Tienshan teilt das Gebiet in das nördliche Beijiang und das südliche Nanjiang. Das gewaltige Gebiet reicht vom Pamir im Westen bis zum östlichen Ende der Turfan-Senke und vom mongolischen Altai im Norden bis zu den Gebirgsketten des Kunlun und des Altintagh im Süden. Bewohnt wird die Provinz von 13 verschiedenen Völkerschaften, von denen die Uiguren mit 47 Prozent der Bevölkerung zwar noch den ersten Platz behaupten, denen aber mit 38 Prozent bereits die Han-Chinesen folgen. Die gesamte Provinz umfasst 19 Städte und 85 Kreise, von denen mehrere für die größeren Nationalitäten als Autonome Kreise vorbehalten sind, so für die Kasachen, Tadschiken, Hui, Xibo und Mongolen. Die Hauptstadt Ürümqi (Urumtschi) liegt wie andere wichtige Städte im dsungarischen Becken, weitere bedeutende Zentren sind die Oasenstädte, die entweder südlich des Tienshan die Takla Makan-Wüste säumen oder aber im Süden an den vom Kunlun-Gebirge und vom Pamir kommenden Schmelzwasserflüssen liegen. Beide Linien bildeten stets die beiden Hauptwege der Seidenstraße, die sich bei Dunhuang teilten und bei Kashgar wieder vereinigten. Zur Zeit der Westlichen Han (206 v.–25 n. Chr.) lagen an diesen Oasenketten 36 Königreiche, in der Periode der Östlichen Han (25–220 n. Chr.) waren es mehr als 50. Die Versuche der chinesischen Kaiser, das riesige Gebiet mit seinen vielen Steppenvölkern und Oasenbewohnern militärisch zu erobern und dann mit chinesischen Gouverneuren zu verwalten, gelang nur während der Han- und der Tang-Dynastie, dann erst wieder in der Mitte des 18. Jahrhunderts. Das von westlichen Völkern als Ostturkestan bezeichnete Land, von den Chinesen Xiqu (Westland) genannt, wurde von den Armeen der erstarkten Qin-Dynastie mit ziemlich brutalen Methoden erobert. Aus ganz China hatte der kaiserliche Hof Soldaten rekrutiert und mit ihren Familien in großen Kolonien in dem neu gewonnenen Territorium angesiedelt. Bis zur Mitte des 19. Jahrhunderts konnte die Herrschaft Chinas über Sinkiang als gefestigt gelten. Als dann jedoch die Schwäche der Qing-Dynastie offensichtlich geworden war, versuchten Russland und die Türkei ihren Einfluss in der Region geltend zu machen. Muslimische Aufstände der mohammedanischen und türkisch sprechenden Uiguren brachen aus, die bis ins 20. Jahrhundert hinein andauerten. Yakub Beg, der Emir von Kashi, konnte sich von 1864–77 als eigenständiger Machthaber halten, indem er von der Türkei Waffen erhielt und seine Soldaten von türkischen Offizieren ausgebildet wurden. Zwischen 1884 und 1944 gehörte dann Sinkiang wieder zum chinesischen Kaiserreich, bzw. zur Republik China. Als die Sowjetarmee dann allerdings den im Ili-Tal ausgebrochenen Aufstand unterstützte, kam es zur Gründung einer unabhängigen »Republik Ostturkestan«. Seit 1949 versucht nun – mit wechselndem Erfolg – die VR China das nach wie vor politisch gärende Land näher an sich zu binden. Dazu diente auch die Verwaltungsmaßnahme, die große Provinz zum »Autonomen Gebiet der Uiguren« zu erklären.

Xinzheng In der Mitte der Provinz Henan gelegen, gilt die alte Kulturstadt Xinzheng als Geburtsort des legendären Huangdi, der als Urahne der chinesischen Zivilisation gilt und im Einzugsgebiet des Gelben Flusses geherrscht haben soll. Wenn man Huangdi als historische Persönlichkeit betrachtet und etwa in die Zeit um 3000 v. Chr. versetzt, so ist jedoch Xinzheng auch als Mittelpunkt der viel früher anzusetzenden Feiligang-Kultur zu nennen, die in diesem Gebiet zwischen 6000 und 3000 v. Chr. blühte. Benannt ist diese Kulturstufe nach dem Dorf Feiligang in der Nähe von Xinzheng. In der Frühlings- und Herbstperiode (770–476 v. Chr.) war Xinzheng unbestritten eines der wichtigsten politischen, militärischen und kulturellen Zentren Zentralchinas. Die alte Stadt nahm einst eine Fläche von 14 Quadratkilometern ein. Vorhanden sind nach wie vor Ruinen von Palästen, Speichern, Manufakturen und Bronzegießereien.

Xiongnu Chinesischer Name eines wohl hunnischen Nomadenvolkes im Gebiet der heutigen Mongolei, deren Überfälle und Raubzüge die Chinesen jahrhundertelang abzuwehren hatten. In der Zeit der Qin-Dynastie ließ der Erste Kaiser die bereits bestehenden Grenzwälle im Norden zur Großen Mauer verbinden, um die Xiongnu von neuen Einfällen abhalten zu können. Zu Beginn der Han-Dynastie jedoch gelang es dem Xiongnu-Fürsten Maodun (gest. 174 v. Chr.) einen mächtigen Staat zu errichten, andere Steppenvölker zu unterwerfen und China in einem höchst gefährlichen Maße zu bedrängen. China schlug eine Beschwichtigungspolitik ein und fand sich dazu bereit, beachtliche Tribute an die Xiongnu zu entrichten, vor allem Reis und Seidenballen zu liefern. Unter Kaiser Wu (141–87 v. Chr.) gelang es dann General He Qubing, die Xiongnu entscheidend zu schlagen. Nach dem Friedensschluss verheiratete man sogar chinesische Prinzessinnen an die Xiongnu-Fürsten, um sich deren Wohlwollen zu sichern. Der Niedergang der chinesischen Macht am Ende der Westlichen Han-Dynastie hatte jedoch neue Einfälle von Seiten dieses kriegerischen Volkes zur Folge. Nur interne Zerfallserscheinungen im Führungsstab der Xiongnu ermöglichten es dann, deren südliche Stämme zu unterwerfen und in nordchinesischen Grenzgebieten fest anzusiedeln. Die Nord-Xiongnu blieben jedoch weiterhin eine Gefahr für die Östliche Han-Dynastie bis in die Mitte des 2. Jh. n. Chr. Erst nach dem Abzug dieser Nordstämme aus Zentralasien in westliche Richtung war die Gefahr dann für China gebannt.

Xixia-Kaiserreich Die Geschichte des Xixia-Kaiserreichs (1038–1227) wird zwar von der offiziellen chinesischen Historiographie nicht gebührend gewürdigt, da ihre Dynastie als nicht legal angesehen wird, und ihre Kaiser als Separatisten des Song-Reiches gelten, aber die Bedeutung dieses Reiches für die Kultur weiter Teile von Nordchina darf nicht unterschätzt werden. Die Träger dieses Reiches waren die Tanguten, tibetische Stämme, die bereits der Tang-Dynastie als lokale Verwalter des Ordos-Gebietes treu gedient hatten und auch den ersten beiden Song-Herrschern die Treue hielten. Die Tang-Kaiser hatten ihren Häuptlingen sogar ihren kaiserlichen Familiennamen Li zu tragen erlaubt und die Song ihnen den Namen Zhao ihrer Kaiserfamilie verliehen, aber einer der Stammeshäuptlinge, Li Jiqian (963–1004) scherte aus der Gefolgschaft der Chinesen aus und suchte Verbindung zu den Khitan, heiratete eine Khitan-Prinzessin und wurde mit der Militärhilfe dieses Eroberervolkes zum »König von Xia« ausgerufen. Damit war der Grundstein gelegt für ein großes nördliches Reich, das vom Ordos-Gebiet bis nach Ningxia reichte und dessen Hauptstadt Kara-Khoto war. Der zweite Herrscher dieses neu gegründeten Reiches, Li Yuanhao, eröffnete 1030 den Kampf gegen die Song und erklärte sich 1038 für völlig unabhängig und ließ sich zum »Kaiser von Xixia« ausrufen. Er ging unter dem Namen Jingzong in die Geschichte ein. 1044 erpresste er vom Song-Kaiserreich jährliche Tributzahlungen von 1417 kg Silber, 130 000 Ballen Seide und 30 000 Teelieferungen. Dafür versprach er, Frieden zu halten. Die Kaiserreihe des Xixia-Reiches bis zur Zerstörung durch die Mongolen lautet:

Jingzong	(1038–1048)
Yizong	(1048–1067)
Huizong	(1067–1086)
Chongzong	(1086–1139)
Renzong	(1139–1193)
Huanzong	(1193–1206)
Xiangzong	(1206–1211)
Shenzong	(1211–1222)
Xianzong	(1223–1226)
Li Xian	(1226–1227)

Während der langen Regierungsjahre von Chongzong und Renzong erreichte das Xixia-Reich eine wirtschaftliche und kulturelle Hochblüte. Die Tanguten kontrollierten den Handel an der Seidenstraße, förderten den Buddhismus und schufen eine eigene Schrift, die dem Chinesischen ähnlich erscheint, jedoch völlig eigenständig ist. Bereits im Jahre 1209 spürte das Reich die Bedrohung durch die Mongolen, aber aller Widerstand war letztlich erfolglos und 1227 wurde Xixia vollständig von den Mongolen zerstört. Nur wenige Überreste ihrer Kultur blieben in Museen und Bibliotheken Chinas, Japans und Russlands erhalten, vor allem literarische, medizinische und religiöse Werke in der Xixia-Schrift. Während der 190-jährigen Dauer der Xixia-Dynastie im Westen Chinas (1038–1237) wurden am südlichen Fuß des Helan-Gebirges neun Kaisergräber und 270 Gräber von hohen Beamten auf einer Fläche von 50 Quadratkilometern angelegt. Die als »Pyramiden des Ostens« bezeichneten Gräber haben ein sehr kompaktes und prächtiges Aussehen und sind in klarer Pyramidenform aus grünen Ziegeln gemauert. Rote Mauern mit großen Torbögen umgaben sie einst und sind z. T. noch heute vorhanden.

Xixuansi-Grotten Die buddhistischen Xixuansi-Grotten liegen neun Kilometer nordöstlich von der Kreisstadt Gongxian in der Provinz Henan und befinden sich am Berg Dali im mittleren Teil des Mangshan-Gebirges. Geschaffen von den Bildhauern und Malern der Nördlichen Wei-Dynastie, können sie sich zwar in der Größe mit den Yungang- und Longmen-Grotten nicht messen, zeigen jedoch in hervorragender Weise bei der Gestaltung der Figuren die Prägung der Nördlichen Wei durch die chinesische Kunst und damit die erfolgte Sinisierung dieses einstigen Steppenvolkes. Vor allem war es Kaiser Xuanwu (reg. 500–515), der sich persönlich um die Ausgestaltung der Grotten und des dazugehörenden Xixuan-Klosters kümmerte. Erhalten sind bis heute noch fünf Grotten mit insgesamt 7743 Skulpturen, 255 Altären, 200 Gedenktafeln mit Widmungen und eine Nische mit 1000 Buddhafiguren. Dazu kommen drei aus dem Felsen herausgehauene Riesenstatuen. Da auch einige Beispiele der Bildhauerkunst der Nördlichen Qi- und der Sui-Dynastie in diesen Grotten erhalten sind, bilden die Werke der Xixuansi-Grotten letztlich die Brücke zum Stil der Tang-Dynastie.

Xuande Xuande (1426–1435), der fünfte Kaiser der Ming-Dynastie, war der älteste der zehn Söhne Kaiser Hongxi's, ein Freund der Wissenschaften und Künste, der während seiner knapp zehnjährigen Herrschaft eine kulturelle Hochblüte ermöglichte. Man hat Xuande mehrfach mit einem europäischen Renaissancefürsten verglichen, denn auch er versammelte an seinem Hofe eine große Zahl von Gelehrten und Künstlern. Rückblickend allerdings hat man seine Entscheidung, eine Palastschule für Eunuchen einzurichten und ihnen auch sehr hohe Posten anzuvertrauen, als Fehler gewertet, da die Eunuchenherrschaft dadurch geradezu vorprogrammiert wurde. Xuande wurde mit zehn Konkubinen unter dem Tempelnamen Xuanzong im Mausoleum Jingling bei Peking begraben.

Xuandi Kaiser der Westlichen Han-Dynastie von 74–49 v. Chr. Xuandi (geb. 91 v. Chr.) war ein Enkel von Kaiser Wudi und der Kaiserin Wei, der die Ausrottung der Wei-Familie durch den Li-Clan lebend überstand, da ein Wärter den Säugling versteckt hatte. Der Junge wuchs unter einfachen Leuten auf, wurde aber dann doch als Kaiserenkel beim Tode Zhaodis im Jahre 74 v. Chr. auf den Thron gesetzt. In seiner Regierungszeit wurden die Steuern gesenkt, die harten Strafgesetze gemildert und die Gebühren reduziert. Dem Lande wurde ein rigoroser Sparkurs verordnet. Der seit Wudi aufgeblähte Staatsapparat aber verschlang nach wie vor Unsummen, der Niedergang der Dynastie zeichnete sich langsam schon ab.

Xuankong-Tempel Etwa 5 Kilometer südlich des Kreises Hunyuan in der Provinz Shanxi befindet sich der Xuankong-Tempel, der mitten in die Felswände gehauen ist und auch als »Fliegendes Kloster« oder als »In der Luft hängender Tempel« bekannt wurde. Geschaffen zwischen 471 und 523, umfasst der Gesamtkomplex 40 Gebäude und Hallen, die durch Leitern verbunden sind. Der atemberaubende Anblick wird verstärkt, wenn man erfährt, dass die gesamte Anlage schon Erdbeben der Stärke 6 auf der Richterskala unbeschädigt überstanden hat.

Xuantong (Puyi) Xuantong (1909–1911), letzter Kaiser der Qing-Dynastie, geboren als Sohn von Prinz Chun II., dem Bruder von Kaiser Guangxu, in Europa bekannt unter dem Namen Henry Puyi, da der ursprüngliche mandschurische Name Aisin Gioro Puyi lautete. Dem Kindkaiser, umgeben von meist unfähigen Regenten und

Vormündern, waren nur knapp drei Jahre des Daseins als »Herrscher« vergönnt, dann brach die Revolution aus. Viele reformfreudige Chinesen waren nach dem Tod von Cixi aus Japan zurückgekehrt, und am 9. 10. 1911 gab die zufällige Detonation einer Bombe in Wuhan das Signal zum allgemeinen Aufstand gegen das Qing-Regime. Nach der Ausrufung der Republik gab Dr. Sun Yat-sen in Nanking am Grabe des ersten Ming-Kaisers feierlich »das Land an die kaiserlichen Ahnen zurück«, dies war die diplomatische Umschreibung des Begräbnisses der Monarchie. In Peking jedoch wurde Präsident dieser Republik General Yuan Shikai, der Kommandeur der nördlichen Truppen. Puyi wurde erlaubt, bei einer Apanage von vier Millionen Dollar jährlich, mit dem gesamten Hofstaat im Palast zu verbleiben und wurde erst 1924 von einem anderen »Warlord« endgültig aus dem Palast vertrieben. Nachdem er in der japanischen Botschaft in Tientsin (Tianjin) Zuflucht gefunden hatte, lockten ihn die Japaner in die Mandschurei und ernannten ihn in dem von ihnen besetzten Land zum »Kaiser von Mandschukuo«, wo er praktisch als Aushängeschild und Marionette der Japaner alle ihre Unterdrückungsgesetze zu unterzeichnen hatte. 1945 von den Sowjets gefangen genommen, dann an die Kommunisten in China ausgeliefert, umerzogen, zum Gärtner ausgebildet und als »geläuterter Genosse« vorgezeigt, endete dieses schicksalhafte Leben in Peking 1967. Puyi wurde als »erster Kaiser« Chinas feuerbestattet. In dem Werk »Ich war Kaiser von China« hat er sein Leben beschrieben.

Xuanzang Der Mönch Xuanzang (602–664) gilt als eine der verehrungswürdigsten Gestalten der chinesischen Geschichte. Weltruhm erlangte er als Gelehrter, Reisender, Lehrer und Übersetzer und er ging in die Literaturgeschichte ein, da ihn der Autor des Romans »Die Reise nach dem Westen« in der Ming-Zeit zur Hauptfigur wählte. Noch geboren in der Sui-Dynastie, wurde der aus dem heutigen Xian stammende Xuanzang relativ früh Mönch und stach schon in jungen Jahren durch seine ungewöhnliche Belesenheit und Beredsamkeit hervor. Der Widerspruch in verschiedenen buddhistischen Texten bewog ihn, die gefahrvolle Pilgerschaft über den Hindukusch bis nach Indien zu wagen, um dort die buddhistischen Originalschriften in den dortigen Klöstern studieren zu können. Aus der mutig begonnenen Wallfahrt wurden 16 lange Reisejahre, auf denen er mehrere zentralasiatische Sprachen, Sanskrit und indische Dialekte erlernte und an vielen Fürstenhöfen als inzwischen viel gefeierter Gelehrter empfangen wurde. Mehrfach jedoch entging er nur knapp dem Tode, denn es galt stets, die gefährlichsten Hochgebirgspässe zu Fuß oder mit Maultieren zu überqueren. Wie durch ein Wunder schaffte er es, 520 Schriften des buddhistischen Lehrwerks in Pali und Sanskrit nach China zu bringen. Vom Kaiser mit höchsten Ehren empfangen, schrieb er in dreijähriger Zurückgezogenheit einen detaillierten Reisebericht und übersetzte dann insgesamt 75 Werke aus dem mitgebrachten Textmaterial. Vor allem aber bedeutet sein Bericht »Über die westlichen Gebiete der Großen Tang-Dynastie« für die Geschichtswissenschaft eine einmalige Quelle für die gesamte Region von Ostturkestan, Indien und Nepal im Hinblick auf die politische, wirtschaftliche und kulturhistorische Gesamtlage. In Xian ist bis heute die Große Wildganspagode erhalten geblieben, in der eine große Zahl von Schriften Xuanzangs und seiner Schüler aufbewahrt wird.

Xu Beihong Xu Beihong (1891–1953) war einer der ersten chinesischen Maler, die es wagten, traditionelle chinesische Maltechniken mit westlichen Stilformen zu verbinden und die Ölmalerei in China publik zu machen. 1895 in Qintingqiao im Kreis Yixing in der Provinz Jiangsu geboren, wuchs er als das erste von sechs Kindern in einer künstlerisch aufgeschlossenen Lehrerfamilie auf. Früh schon zeigte sich seine ungewöhnliche Begabung, sodass er schon in jungen Jahren durch Malunterricht zum Lebensunterhalt seiner Familie beitragen konnte. Durch den Verkauf eigener Bilder konnte sich Xu Beihong 1917 einen einjährigen Studienaufenthalt in Japan finanzieren. Nach China zurückgekehrt, erhielt er einen Lehrauftrag an der Pekinger Lehrerbildungsanstalt und konnte mit einem staatlichen Stipendium zum Studium nach Frankreich reisen. In Paris besuchte er die Academie Julien und die Ecole des Beaux Arts, wo er eingehend alle westlichen Mal- und Reproduktionstechniken kennen lernte und bald auch in Öl zu malen begann. Von 1921–1923 studierte und malte er in Berlin und konnte dann mit Hilfe von Bewunderern seiner Werke zwei weitere Jahre in Paris verbringen und eine ausgedehnte Europareise unternehmen. 1927 trat er dann eine Professur in Nanking an, wurde bald nach Shanghai und schließlich nach Peking berufen. Bald jedoch wurde er mit seinen Werken weit über die Grenzen Chinas hinaus bekannt, sodass er mit Unterstützung der chinesischen Regierung in vielen europäischen Städten seine Tusch- und Ölmalereien, vor allem seine berühmten Pferdebilder ausstellen konnte. Damals zog es ihn von Peking früh schon wieder nach Nanking zurück, wo das Zentrum des fortschrittlichen künstlerischen Geschehens war, das jedoch nach der japanischen Invasion nach Chongqing verlegt wurde. Ausgedehnte Reisen führten ihn nach Indien, Indonesien und Malaysia, stets begleitet von vielen seiner Bilder, die ihm in den zahlreichen Ausstellungen viele Bewunderer und bleibende Freunde verschafften. 1946 wurde Xu Beihong Direktor der Kunstakademie in Peking und behielt diese Position auch nach der Machtergreifung der Kommunisten, die ihn auch noch zum Vorsitzenden des Künstlerverbandes machten. Bereits 1951 setzte jedoch ein Schlaganfall seinem Schaffen ein Ende. Xu Beihong vermachte vor seinem Tode (am 26. 9. 1953) seine 1200 eigenen Bilder und Skizzen sowie seine wertvolle Sammlung chinesischer Werke aus vier Dynastien dem Staat. Dieser Bestand gestattete die Errichtung eines eigenen Xu Beihong-Museums im Nordwesten Pekings, das 1983 eingeweiht wurde. Xu Beihong ist in seinem künstlerischen Schaffen eine erste vollgültige Synthese zwischen fernöstlicher und westlicher Malerei gelungen, er bahnte damit neue Wege für die Weltkunst überhaupt und wurde zum Vorbild für viele nach ihm kommende Künstler, die diese neue und viel versprechende Verbindung weiter auszubauen versuchen.

Xu Guangqi Der 1562 in Shanghai geborene Xu Guangqi gilt als der berühmteste Gelehrte der Ming-Dynastie (1368–1644), der ob seiner Universalität mit Leibniz verglichen werden kann. Xu hinterließ ein Riesenwerk von 130 Bänden, in denen er seine eigenen Erkenntnisse, Forschungen und Entdeckungen ausbreitete, aber auch wichtige Schriften aus Europa erstmalig in seiner Übersetzung vorstellte, so etwa »Die Elemente« des griechischen Mathematikers Euklid. Xu Guangqi nahm zu astronomischen Problemen Stellung, revidierte den chinesischen Kalender, vor allem aber gab er für zahlreiche praktische Lebensbereiche zukunftsweisende Ratschläge. In seinem umfangreichen Werk »Nong Zheng Quan Shu« leistete er einen bedeutenden Beitrag zur Entwicklung der chinesischen Landwirtschaft und gab Ratschläge für die Bekämpfung der Heuschrecken, für die Eindämmung von Überschwemmungen, förderte als hoher Beamter die Neulandgewinnung, verbesserte die Anbaumethoden, ordnete die Wasserwirtschaft neu, weitete den Baumwollanbau aus und sorgte für den Anbau der sehr ertragreichen Süßkartoffeln, die man aus den Philippinen einführte. Die Durchsetzung moderner Methoden in der Landwirtschaft und im Gewerbe war Xu Guangqi möglich, da er im Rang eines Ministers im Auftrag des Kaisers handeln konnte. Nach einer schwierigen Jugend durch ärmliche Verhältnisse in seinem durch japanische Seeräuber geschädigten Elternhaus, gelang es Xu Guangqi dennoch, sich eine umfassende Bildung anzueignen und alle Staatsprüfungen abzulegen. Vom Kaiserhof erhielt er die Auszeichnung »großer Gelehrter« und konnte dann als hoher Regierungsbeamter viele seiner praktischen Erfahrungen unmittelbar umsetzen und landesweit verbreiten. Bekannt war er vor allem dadurch, dass er auf dem Lande stets eigene Beobachtungen machte und Versuche anstellte.

Xumifushou-Tempel Der Xumifushou-Tempel in der kaiserlichen Bergresidenz Chengde, Provinz Hebei, gehört zu den Acht Äußeren Tempeln dieses einzigartigen Kunst- und Kulturzentrums. Dem tibetischen Kloster Tashilunpo in Shigatse getreulich im Jahre 1780 nachgebaut, war der Tempel der Aufenthaltsort des Dreizehnten Pantschen-Lama, als dieser dem Kaiser in Jehol seine Aufwartung machte. Mit seinem vergoldeten Dach der Haupthalle und seinen acht vergoldeten Kupferdrachen gehört der Xumifushou-Tempel zu den prachtvollsten architektonischen Denkmälern Chinas. Der etwas merkwürdige Name bedeutet »Tempel der Glückseligkeit des Sumeru-Berges« – eine Anspielung auf den mythischen Berg Sumeru, der Erde und Himmel verbindet.

Xumi-Grotten Die viertgrößte Ansammlung von Grottentempeln in China liegt im Autonomen Gebiet Ningxia der Hui-Nationalität. Diese gewaltige buddhistische Kultstätte befindet sich 55 Kilometer nordwestlich der Bergstadt Guyuan am Berg Xumi. Über einhundert Grotten sind hier in den Fels gehauen worden, die ersten schon in der Nördlichen Wei-Dynastie (386–534), die anderen in den Dynastien Sui, Tang, Song und Ming. Die Darstellungen der ersten Grotten aus der Zeit der Nördlichen Wei-Dynastie zeigen noch indische Einflüsse, alle anderen sind schon typisch chinesisch. Die Ausdehnung und Vielfalt der Xumi-Grotten wird nur noch von denen in Dunhuang (Gansu), in Longmen (Henan) und in Yungang (Shanxi) übertroffen. Die größte Buddhafigur in einer Grotte des Berges Xumi erreicht eine Höhe von 20 Metern.

Xun Qing Xun Qing (auch Xun Kuang oder Xunzi, Meister Xun), konfuzianischer Philosoph (etwa 300–225 v. Chr.), der in seinem Buch »Xunzi« die Lehre entwickelte, dass der Mensch von Natur aus letztlich schlecht sei und durch Erziehung zum Guten erst gebracht werden könne. Materieller Wohlstand ist nach Xun Qing belanglos gegenüber der Charakterbildung. Nur ein kleiner Teil der Menschen sei jedoch fähig, sich selbst zum Guten zu erziehen, deshalb müsse der Herrscher die Masse der Menschen dazu anhalten. Der Herrscher selbst müsse jedoch zu seinem Amt ebenfalls durch weise Lehrer erst erzogen werden, da adlige Geburt allein nichts bedeute.

Xu Xiake Der bedeutendste Geograph der neueren chinesischen Geschichte, Xu Xiake (1586–1641), gilt mit seinem 20-bändigen Werk »Reisebeschreibungen von Xu Xiake« (mit ca. 400 000 chinesischen Schriftzeichen) als ein für die chinesische Geschichtsschreibung hochbedeutsamer Chronist, da er in den Jahren 1608 bis zu seinem Tod 1641 sechzehn Provinzen Chinas bereiste und alles genauestens erforschte und berichtete: die geologischen Gegebenheiten, die geographischen Verhältnisse, die Flora und Fauna und die Lebensgewohnheiten der Menschen, auch die der nationalen Minderheiten. Er sammelte Dokumente und Landkarten und scheute keine Mühen und Strapazen, um auch abgelegene und durch Räuber gefährdete Gebiete zu erkunden. Die enormen Strapazen, die er 33 Jahre lang auf sich nahm, führten auch zu seinem relativ frühen Tod am Ende der Ming-Dynastie.

Y

Yan Chinesischer Staat (11. Jh.–222 v. Chr.) im Norden der heutigen Provinz Hebei. Gegründet zu Beginn der Zhou-Dynastie als Vasallenstaat zur Verteidigung der Nordgrenze gegen die hereinbrechenden Nomadenvölker. Die von diesem Staat gebauten Mauerabschnitte wurden später in die Große Mauer eingefügt. Vom Westen her streckte jedoch Zhao und vom Süden aus Qi die Hand nach Yan aus. Nur durch ein Bündnis mit fünf anderen Staaten gelang es Yan in erbitterten Kämpfen Qi abzuwehren. Ein Jahr vor der Reichseinigung (222 v. Chr.) wurde Yan dann von Qin vernichtet.

Yanan Yanan (Yenan), am Mittellauf des Yanhe mitten in der Lößhochebene der Provinz Shaanxi gelegen, ist der berühmte Zufluchtsort in der einst recht abgelegenen Region, den die Rote Armee nach ihrem legendären Langen Marsch 1935 erreichte. Hier richteten sich die Kommunistische Partei und die Armeeführung in den Höhlenunterkünften ein und führten von den Verstecken in den Lößbergen aus zuerst den Kampf gegen die Japaner und dann gegen die Truppen der Guomindang. Seit dem Sieg der KPCh 1949 gilt Yanan als der geheiligte Ort der Revolution – und die 44 Meter hohe aus der Ming-Zeit stammende Pagode gilt gewissermaßen als Wegweiser zu dem seit langem dort eingerichteten Museum, das Originalunterlagen von Mao Zedong und Zhou Enlai sowie Dokumente der Militärkommission und des Politbüros aus der Zeit von 1935–1945 zeigt.

Yan Di König Yan Di gehört zu den legendären Kulturheroen der chinesischen Geschichte, er ist auch bekannt als Shen Longshi, gilt als einer der ersten Ahnherrn der chinesischen Nation und ist auch als einer der Begründer der Landwirtschaft in China bekannt. Er soll im Kreis Yanling in der Provinz Hunan geboren worden sein, einem Kreis der heute zu der 700 000 Einwohner zählenden Stadt Zhuzhou gehört. Bereits in der Westlichen Han-Dynastie wurde in Luyuanpo, Kreis Yanling, ein Yan-Di-Mausoleum gebaut und in späteren Dynastien weiter ausgestaltet. Heute nimmt es eine Fläche von 24 Quadratkilometern ein und ist durch seine landschaftlichen Schönheiten bekannt. Yan Di soll ein Bruder des Huangdi gewesen sein, dem er allerdings beim Kampf um die Macht erlag.

Yandu Ehemalige Hauptstadt von Yan (864–222 v. Chr.), einem der sieben großen Feudalstaaten zur Zeit der »Streitenden Reiche«. Heute Ruinenfeld, gelegen zwischen zwei Armen des Yi-Flusses 2 Kilometer von der Stadt Yixian entfernt, südwestlich von Peking. Früher trug die Stadt auch den Namen Wuyang und galt als bedeutende wehrhafte Metropole mit einem weitläufigen Palastviertel und einem dicht besiedelten Handwerkerbezirk.

Yangcheng Nach der Überlieferung war Yangcheng die Hauptstadt der legendären Xia-Dynastie, deren Dauer vom 21.–17. Jahrhundert v. Chr. angegeben wird. Die Lage der Stadt war unbekannt – bis 1983 chinesische Archäologen mit hoher Wahrscheinlichkeit die Überreste dieser Hauptstadt im Kreis Dengfeng (Provinz Henan) aufspürten. Bei den Ausgrabungen kamen zwei nahe beieinander liegende Städte zum Vorschein, beide am Nordufer des Yinghe-Flusses auf einer Anhöhe. Die mythischen Berichte schrieben stets die Gründung der ersten Dynastie Qi zu, dem Sohn des Flussbezwingers Yu. Man fand heraus, dass eine der beiden Städte teilweise vom Fluss hinweggeschwemmt worden war. Somit wurde die Legende vom Flussbezwinger Yu zu einer möglichen Fährte, zumal durch die Carbon-14-Tests auch klar nachgewiesen werden konnte, dass die beiden Städte aus der Zeit um 2000 v. Chr. stammen. Mit den Mauerresten wurden Tausende von Töpferarbeiten, Steingut, Werkzeuge und Waffen aus Stein, Knochen und Muscheln gefunden. Man entdeckte auch, dass nach der wohl großen Überschwemmung auf einem intakten Untergrund eine neue Stadt aufgebaut wurde, die etwa einen Hektar einnahm und einen quadratischen Grundriss hat. Wenn die Vermutungen der Archäologen zutreffen, wäre die Existenz der Xia-Dynastie bewiesen und Yangcheng wäre die älteste Hauptstadt Chinas zu nennen.

Yangdi Yangdi (607–617), zweiter Kaiser der Sui-Dynastie, kam durch Giftmord an seinem Vater auf den Thron und wurde nach 13 Jahren der Regierung vom Sohn eines Minister erdrosselt, den er einstens degradiert hatte. Das Zeitalter Yangdis gilt als Phase der Maßlosigkeit. Der Luxus dieses Kaisers überschritt alles bisher Dagewesene, desgleichen seine Grausamkeit. Yangdi schrieb sich allerdings in die Geschichte der Menschheit mit einem Projekt ein, das dem Bau der Großen Mauer fast ebenbürtig genannt werden kann. Es ist dies der Bau des 2500 km langen Kaiserkanals quer durch China von Hangzhou bis Luoyang und von dort nach Norden bis in die Gegend des heutigen Peking. Diese »Milchstraße« auf Erden, die mit der am Himmel verglichen wurde, war eine strategische Maßnahme. Auf dem Wasserwege konnten nun die Reisüberschüsse des Südens zur Hauptstadt und zu den Grenzgarnisonen des Nordens gebracht werden. Riesenheere von Zwangsverpflichteten schufteten über zehn Jahre lang an dem gewaltigen Bau, Hunderttausende sollen dabei zugrunde gegangen sein. Die Massenaushebung von Bauern zu Bauarbeiten am Kanal und beim Aufbau der zerstörten Stadt Luoyang schadete dem Land, die Felder konnten nicht mehr bestellt werden, die Ernte blieb aus und Hunger machte sich breit. Als dann auch noch drei Feldzüge nach Korea mit Niederlagen endeten, der Gelbe Fluss über die Ufer trat und Bauernaufstände allüberall losbrachen, kündigte sich das Ende nicht nur Yangdis, sondern der gesamten Dynastie an. Im Jahre 617 wurde Yangdi ermordet und ein Jahr später auch sein Enkel und Nachfolger auf dem Thron, Gongdi (617–618), der diese kurzlebige Dynastie beschloss; man hatte ihn als siebenjährigen Knaben auf den Thron gehoben. Aus den Wirren der letzten Jahre der Sui-Dynastie ging dann 618 die glorreiche Tang-Dynastie hervor, die eine Dauer von 289 Jahren erreichen sollte. Im geschichtlichen Rückblick zeigt sich, dass einst die kurze Qin-Dynastie die Vorläuferin für die große Han-Dynastie gewesen war – und die Sui-Dynastie als das Fundament für die Tang-Dynastie gelten kann.

Yangling Die Grabanlage des Kaisers Jingdi (188–141 v. Chr.), das Mausoleum Yangling, kann als eine der bekanntesten Ausgrabungsstätten in der Nähe von Xian aus der Han-Zeit gelten. Außer der Erforschung des Kaisergrabes entdeckten die Archäologen eine Nebengräberanlage mit

5000 hanzeitlichen Einzelgräbern, von denen 280 freigelegt wurden. Eine Fülle von Grabbeigaben lieferten wertvolles Material für das Studium des kaiserlichen Bestattungssystems der Han-Dynastie und über die Gepflogenheiten beim Begräbnis wohlhabender Persönlichkeiten. Kaiser Jingdi war der Enkel des ersten Han-Kaisers Liu Bang, der im Jahr 157 den Thron bestieg und vierter Kaiser der Westlichen Han-Dynastie wurde. Geboren unter dem Namen Liu Qi, verfolgte der Sohn von Kaiser Wendi eine fortschrittliche Politik und brachte China während seiner 17 Jahre dauernden Regierung zu einer beachtlichen wirtschaftlichen Blüte. In der Nähe des heutigen Dorfes Zhangjiangwan bei Xianyang nordwestlich von Xian bestimmte er ein Gelände von 12 Quadratkilometern zu seiner Begräbnisstätte. In der Nähe seines Grabes liegen auch die Gräber seiner Gemahlin und die seiner beiden Konkubinen. Das Grab von Kaiser Liu Qi (Jingdi) ist quadratisch mit Seitenlängen von 418 Metern, das rechteckige Grab der Kaiserin misst immerhin auch 347 und 350 Meter an den Seitenlängen. In allen Gräbern fand man kostbare menschliche und tierische Tonfiguren, Geschirre, Wagen, Waffen und eine große Menge von Getreidebeigaben.

Yangshao-Kultur In dem Dorf Yangshao, im Tal des Jianshui-Flusses westlich von Luoyang in der Provinz Henan, fand man 1921 die ersten Tongefäße aus neolithischer Zeit mit äußerst bemerkenswerter bunter Bemalung von hohem ästhetischen Reiz, die dann einer ganzen Kultur den Namen gaben. Inzwischen sind in rund 1000 Fundstellen in Nordchina Vasen, Amphoren, Schalen und Krüge, Platten und Teller hervorgekommen, die alle dieser weit verbreiteten Kultur zugerechnet werden können. Das Hauptverbreitungsgebiet ist in dem großen Bogen zu sehen, der sich von der Inneren Mongolei über Gansu, Shaanxi, Shanxi nach Henan erstreckt. Nach neuesten Erkenntnissen lag die erste Blütezeit dieser Kultur bereits in dem Zeitraum von 6000–5000 v. Chr., wobei jedoch regional einige Zweige bis zum Beginn der Bronzezeit reichen können. Die Yangshao Kultur ist noch vor der Bronzezeit selbst anzusetzen, erreichte jedoch bei Gegenständen aus Stein oder Horn bereits einen hohen Grad der Materialbeherrschung.

Yang Xiong Der chinesische Philosoph Yang Xiong (53 v.–18. n. Chr.) versuchte Konfuzianismus, Daoismus und die

Yin-Yang-Lehre in einem neuen System zu vereinen und legte diese Gedanken in seinem Hauptwerk »Fayan« (Worte des Gesetzes) nieder.

Yangzhou Die am Großen Kanal nördlich des Jangtse gelegene Stadt Yangzhou galt vor dem Aufstieg von Nanking und Suzhou in früherer Zeit als eine der wohlhabendsten und kulturell bedeutendsten Städte Chinas. Noch heute ist die malerische, wenig industrialisierte Stadt mit ihren 400 000 Einwohnern mit ihren vielen Brücken, Pagoden, Pavillons, Gärten, Hallen und Parks ein viel besuchtes Ziel für Touristen aus aller Welt. Bereits in der Frühlings- und Herbstperiode (770–476 v. Chr.) bestand hier eine städtische Ansiedlung, aber zu größerer Bedeutung stieg die Stadt erst mit dem Bau des Großen Kanals auf, an dessen linkem Ufer sie seither liegt. Handel und Schifffahrt begannen zu florieren. Im Jahre 763 erließ der Tang-Kaiser ein Gesetz, nach dem alles Getreide aus dem Süden zuerst nach Yangzhou gebracht werden musste. Dort musste es registriert und für die Weiterfahrt auf dem Kanal in nördlicher Richtung freigegeben werden. Die Stadt kam zu großem Reichtum auch noch dadurch, dass Salz, Seide, Bauholz und Tee in großen Mengen an diesem wichtigen Verkehrsknotenpunkt umgeschlagen wurden. Der kulturelle Austausch mit Japan nahm von Yangzhou aus seinen Anfang, gleichzeitig entwickelte sich die Stadt zu einem Zentrum des Kunsthandwerkes, der Maler und Dichter. Marco Polo war im Auftrag des Mongolenkaisers in der Yuan-Dynastie drei Jahre als Gouverneur in der Stadt tätig und berichtete ebenfalls über Handelskontakte mit dem Ausland. Der Niedergang der Stadt begann erst, als die Versandung des Kanals einsetzte und in der Mitte des 19. Jahrhunderts die Taiping-Rebellen schwere Verwüstungen anrichteten. Kulturell konnte die Stadt jedoch ihren hohen Rang behaupten. Für die Buddhisten in ganz Fernostasien hat der Name Yangzhou einen ganz besonderen Klang, denn von hier aus reiste der Mönch Jianzhen zwischen 742 und 752 sechsmal nach Japan und trug dort wesentlich zur Verbreitung der chinesischen Kultur bei. Jianzhen wurde in Yangzhou geboren, wurde ein angesehener buddhistischer Lehrer und war Abt des »Klosters des Großen Glanzes« (Daming Si) in seiner Heimatstadt. Dieser Klosterkomplex wurde beim Taiping-Aufstand zerstört, aber zwischen 1860 und 1870 wieder völlig aufgebaut. Dieses bereits im 5. Jahrhundert gegründete Kloster besitzt in seiner Haupthalle drei riesige Buddha-Statuen, daneben 18 Luohan-Figuren und eine Guanyin-Statue. An den berühmten Mönch erinnert die Jianzhen-Gedenkhalle, die dem Toshodai-Tempel in der japanischen Stadt Nara nachgebildet ist. Die nie abgerissene Verehrung Jianzhens in Japan hat dazu geführt, dass ein ständiger Austausch von Delegationen japanischer Mönche und auch Politiker mit den Buddhisten in Yangzhou seit dem Beginn der Öffnungspolitik in Gang gekommen ist. Der zweite bedeutende Tempel in Yangzhou ist der »Tian Ning Si« (Tempel der Himmlischen Ruhe), der ebenfalls schon zu Beginn des 5. Jahrhunderts gegründet wurde. Im Jahr 418 übersetzte in diesem Kloster bereits ein nepalesischer Mönch buddhistische Schriften ins Chinesische. In der Ming-Zeit wurde die Anlage grundlegend erneuert und 1757 durch einen Palast und einen kaiserlichen Garten erweitert.

Yan Hui Der berühmte Schüler des Konfuzius Yan Hui (514–483 v. Chr.) gilt durch seinen Studieneifer und seine schnelle Auffassungsgabe allen Konfuzianern als Idealgestalt. Da Konfuzius den frühen Tod dieses Schülers öffentlich betrauerte, wurde Yan Hui später in den Konfuzius-Tempeln ebenfalls verehrt.

Yantai Yantai, der größte Fischereihafen der Provinz Shandong, liegt an der Nordküste der Halbinsel, die durch ihre ins Meer vorspringende Zunge das Bohai-Meer vom Gelben Meer trennt. Der alte Name der Stadt war Zhifu. Bereits 1862 wurde diese an so wichtiger Stelle gelegene Seestadt für den ausländischen Handel geöffnet, in der Japan, die USA und verschiedene europäische Staaten Handelshäuser, jedoch keine Konzessionsgebiete besaßen.

Yantielun Die Einführung des Staatsmonopols auf Salz und Eisen im Jahr 119 v. Chr. durch das Kaiserreich rief im ganzen Land lange anhaltende Diskussionen hervor. Im Jahre 81 v. Chr. veröffentlichte dann Huan Kuan einen »Dialog über Salz und Eisen« und breitete in dem Werk alle Argumente dafür und dagegen genauestens aus und bereitete damit dem wirtschaftspolitischen Denken in China für die folgenden Zeiten den Weg.

Yan Xiadu Die Untere Hauptstadt des alten Staates Yan zur Zeit der Streitenden Reiche, Yan Xiadu, lag in der Provinz Hebei in der Nähe von Yixian zwischen dem nördlichen und dem mittleren Yi-Fluss. Der heutige Fundplatz brachte den beachtlichen Grundriss bei Ausgrabungen zutage, er zeigt einen östlichen und einen westlichen Stadtbezirk, die beide rechteckig sind und von starken Mauern einst umgeben waren. Die östliche Mauer maß einstens fast 5 Kilometer in der Länge und hatte die gewaltige Höhe von 15–30 Meter. Fertig gestellt wurde sie im Jahre 330 v. Chr. Man fand in den Ruinen von Yan Xiadu Werkstätten von Knochenschnitzern sowie Produktionsstätten für Bronze- und Eisenwaffen.

Yao Mythischer Herrscher des chinesischen Altertums, der nach der Belehnung mit den Lehen Tao und Tang auch »Herr von Tao und Tang« genannt wurde. Yao galt allen Konfuzianern vor allem deshalb als Muster eines guten Herrschers, weil er keinen seiner zehn Söhne für die Herrschaft geeignet hielt, sondern als Nachfolger Shun auswählte, der für seine Kindespietät allgemein bekannt war.

Yao-Nationalität Eine der größeren, vor allem aber weit im Lande verstreuten Minderheiten Chinas ist die Yao-Nationalität, die in rund 130 Landkreisen in sechs weit auseinander liegenden Provinzen zu finden ist. So trifft man auf Yao-Dörfer in Yunnan und Guizhou im Westen genauso wie in Jiangxi, Guangdong und Guangxi im Osten und in der Provinz Hunan, die südlich des Jangtse mehr in der Mitte liegt. Die Yao sind wegen dieser räumlichen Zersplitterung, die schon lange besteht, in vier Sprachgruppen aufgeteilt. Nur etwa die Hälfte aller Yao sprechen die eigentliche Yao-Sprache, die zur Miao-Yao-Sprachgruppe der sinotibetischen Sprachfamilie gehört. Zwei Fünftel von ihnen sprechen eine abgewandelte Yao-Sprache, die der Miao-Sprache ähnlich ist. Ein kleiner Teil dieser Minderheit aber spricht eine Sprache, die mehr der Dong-Sprache gleicht und zur Zhuang-Dong-Sprachgruppe gehört – und ein weiterer kleiner Teil spricht nur reines Chinesisch. Eine eigene Schrift besitzt die Yao-Nationalität nicht. Wo immer die Yao auch leben, sie bevorzugten schon in alter Zeit Gegenden mit Bergen und Wäldern, und so ist es bis heute geblieben. Neben der Landwirtschaft ist stets auch die Forstwirtschaft und die Jagd das gemeinsame Fundament des Erwerbs bei den Yao geblieben. Die sehr selbstbewussten Yao unternahmen seit der Han-Dynastie fast in jedem Jahrhundert den Versuch, sich vom Regiment des jeweiligen Kaiserhauses zu befreien, selbst bei der Einnahme von Nanking durch die Tai-ping-Truppen im Jahre 1853 waren 3000 Yao als Freiwillige dabei. Nach der Ausrufung der VR China im Jahre 1949 wurden in den von dieser Minderheit bewohnten Gebieten Hunderte von Yao-Nationalitäten-Gemeinden und viele Autonome Kreise eingerichtet, die alle gesellschaftlichen Wandlungen mit zu vollziehen hatten, bis sie 1978 dann nach der allgemeinen Agrarreform als Pächter wieder selbständig wirtschaften konnten.

Yaoxian Die historische Bedeutung der Stadt Yaoxian liegt in ihrem Besitz einer hervorragenden Sammlung von über 200 Stelen, die zumeist im Yaoxian-Museum aufbewahrt werden. Die älteste Stele stammt aus der Zeit der Nördlichen Wei (aus dem 5. Jh.), die jüngste aus der Qing-Dynastie. Yaoxian liegt im Norden von Xian an der Bahnlinie nach Tongchuan. Zwischen diesen beiden Städten wurden im Jahre 1959 neun Brennöfen für Keramik entdeckt, die unter den Tang Steinzeug in allen möglichen Formen und Farben produzierten. In der Song-Zeit spezialisierten sich dann einige Manufakturen dieser Region auf Seladon, das schon damals große Berühmtheit erlangte.

Ye Die Stadt Ye, einst südwestlich des heutigen Linzhang in der Provinz Hebei gelegen, war die Hauptstadt der östlichen Wei-Dynastie (534–550) und blieb es auch, als diese Dynastie von der Nördlichen Qi-Dynastie (550–577) abgelöst wurde.

Yi Mythischer Bogenschütze in der Zeit nach Erschaffung der Menschheit. Yi, mit außergewöhnlichen Fähigkeiten ausgestattet, rettete die Menschheit in der Zeit, als zehn Sonnen am Himmel erschienen und alles zu verbrennen drohten. Yi schoss neun Sonnen vom Himmel und ließ eine von ihnen am Himmel, die sich seither als segensreich für die Menschheit erweist.

Yi Sammelbezeichnung für die Fremdvölker, die ursprünglich an der ostchinesischen Küste und im Tal des Jangtse wohnten. In Jahrhunderte langen Kriegen gingen die Yi dann im chinesischen Volk auf. Der Name Yi jedoch wurde dann auf alle Ausländer übertragen.

Yijing Das Yijing (I Ging), meist übersetzt mit »Buch der Wandlungen«, ist das große Wahrsagebuch Chinas, aufgebaut auf die 64 Hexagramme. Das Yijing gehört zu den kanonischen Schriften des Konfuzianismus und enthält Wahrsagesprüche, Anspielungen auf Mythen, Omentexte und Hinweise auf historische Ereignisse. Die dunklen und nicht leicht verständlichen Texte dieses Werkes aus dem 1. Jahrtausend v. Chr. riefen bis zur Gegenwart eine Flut von Kommentaren hervor.

Yin Die Hauptstadt der Shang-Dynastie (1711–1066 v. Chr.) war Yin, nordwestlich der heutigen Stadt Anyang gelegen, ausgebreitet am Südufer des Flusses Huan. Entdeckt wurden die Ruinen von Yin erst 1899 von dem chinesischen Archäologen Wan Yi rong (1845–1900), der in dieser Gegend jene mit Piktogrammen versehenen Schildkrötenpanzer und Tierknochen fand, die dann als Orakelinschriften entziffert werden konnten. Die so wichtige Entdeckung von vielen Gegenständen aus Stein, Keramik und Bronze wurde gekrönt durch die Auffindung der Überreste (Grundmauern) von Palästen, Werkstätten und anderen Gebäuden. Ein historischer Bericht aus der Han-Zeit gab damals schon die Lage von Yin in dieser Gegend am Ufer des Huan-Flusses an – nun war sie gefunden und damit auch die reale Existenz der Shang-Dynastie erwiesen, die man bis dahin in Gelehrtenkreisen für legendär gehalten hatte. Nun weiß man allerdings, dass die erste Hauptstadt der Shang-Dynastie den Namen Yan trug und bei der Stadt Qufu in Shandong lag. Seit ihrer Gründung im Jahr 1711 v. Chr. diente sie den Shang-Herrschern jedoch nur bis 1300 v. Chr. als Residenz, dann verlegten sie ihren Sitz nach Yin am Huan-Fluss. Yin blieb Hauptstadt bis zum Sturz der Shang-Dynastie 1066 v. Chr. Aus diesem Grunde wird in der Geschichtsschreibung die Zeit von 1711–1300 stets als Shang-Dynastie, die Zeit von 1300–1066 jedoch oftmals als Yin-Dynastie bezeichnet. Andere Angaben bezeichnen die gesamte Herrschaftsperiode zusammenfassend als »Shang- und Yin-Dynastie«, zumeist jedoch nur als Shang-Dynastie.

Yi-Nationalität Das Yi-Volk zählt zu den großen nationalen Minderheiten in China mit etwa fünfeinhalb Millionen Menschen, von denen 3 Millionen in der Provinz Yunnan, 1,5 Millionen in Sichuan, 560 000 in Guizhou und eine kleine Gruppe in Guangxi Zhuang ihre Heimat haben. Die Yi-Sprache gehört der tibeto-birmanischen Sprachgruppe an, die ihrerseits zur sinotibetischen Sprachfamilie gehört. Es gibt eine im 13. Jahrhundert geschaffene Lautschrift mit rund 10 000 Schriftzeichen, von denen rund 1000 Zeichen im Alltag in Gebrauch sind. In der alten Yi-Schrift sind Stammbäume, Chroniken, medizinische Bücher aber auch literarische Werke überliefert. Diese alte Schrift wurde 1959 reformiert. Viele Yi beherrschen jedoch inzwischen die Han-Sprache. Die Yi sind Polytheisten, haben aber auch Elemente des Daoismus und Buddhismus übernommen. Die gesellschaftliche Struktur war bis 1958 durch eine starke Klassentrennung gekennzeichnet, die noch krasser ausgeprägt war als das indische Kastenwesen. Der Adel und die Großgrundbesitzer nannten sich die Schwarzen Yi, sie machten etwa 7 Prozent der Bevölkerung aus und bildeten die Herrenschicht. Die Weißen Yi (50 Prozent) waren Bürger mit stark eingeschränkten Rechten, vielfach den Schwarzen Yi dienstverpflichtet und in vielen Lebensbereichen von ihnen abhängig. Ein Drittel der Bevölkerung waren Sklaven, genannt Ajia, die völlig den Befehlen der Schwarzen oder aber der Weißen Yi unterworfen waren, der Rest der Bevölkerung, Xiaxi genannt, war von allen Rechten ausgeschlossen, man sah sie als völlig willenlose »Werkzeuge« an, gehalten fast wie Tiere, die ein Leben lang härteste Fronarbeit zu leisten hatten. Ein Aufsteigen von einer Klasse in die nächst höhere war nicht möglich, auch nicht durch Heirat. Die Befreiung von den Fesseln dieses Zwangssystems war im Jahre 1958 das größte Ereignis in der Geschichte des Yi-Volkes seit Jahrhunderten. Bereits seit den Zeiten der Han-Dynastie bestand eine gewisse Abhängigkeit der Yi-Stämme vom chinesischen Kaiserreich, die in der Tang-Dynastie weiter ausgebaut und in der Ming- und Qing-Dynastie zu einer völligen Eingliederung in die Verwaltungsstrukturen des Reiches führte. Beim Taiping-Aufstand waren daher ebenfalls Erhebungen gegen die Qing-Herrschaft zu verzeichnen. Die chinesischen Präfekten der vergangenen Dynastien hatten die Klasseneinteilung der Yi-Gesellschaft stets unangetastet gelassen, die Yi konnten eine »klassenlose« Gesellschaft daher erst nach der Ausrufung der Volksrepublik China im Jahre 1949 und danach kennen lernen.

Yinchuan Yinchuan, die Hauptstadt der Autonomen Region Ningxia, zählt rund 700 000 Einwohner und bildet den wirtschaftlichen und kulturellen Mittelpunkt dieser von zahlreichen Minderheiten, vor allem von Hui, bewohnten Region. Im 5. Jahrhundert schon war in der Nähe der heutigen Stadt die Residenz des Staates Xia entstanden, der jedoch nur kurzlebig war. Als die Tanguten 1038 im Ordos-Gebiet ihren Staat errichteten, griffen sie auf diesen Namen zurück (Westliche Xia) und erklärten Yinchuan zu ihrer Hauptstadt. Der mächtige Staat dieser Dynastie dehnte sich über die westliche Mongolei bis nach Gansu aus und wurde erst 1227 von den Horden Dschingis Khans vernichtet. In der Yuan-Dynastie war es ein wichtiger Handelspunkt und in den Dynastien Ming und Qing hatte Yinchuan den Status einer Präfektur. 1928 wurde die Provinz Ningxia gegründet und Yinchuan wurde Hauptstadt. Von historischem Interesse sind vor allem die Gräber der Westlichen Xia, die 30 Kilometer westlich von der Stadt ein Areal von gut 40 Quadratkilometern einnehmen. In dieser beeindruckenden Nekropole wurden neun Könige und 140 höhere Würdenträger (Adlige und Beamte) beigesetzt. Jedes dieser Gräber stellt eine abgeschlossene bauliche Einheit dar mit Mauer, Tor, Pavillon, Ehrenhalle, Altar und einem Turm. Diese Bauteile über der Erde wurden bereits vor der Ming-Zeit weitgehend zerstört. Die unterirdischen Teile sind zwar ausgeraubt worden, blieben aber im Prinzip alle erhalten und überraschen durch ihre Tiefe und Ausmaße. Das Grab, das 1972–1975 geöffnet wurde, lag 25 Meter tief, bestand aus einer großen Kammer mit zwei Seitenräumen und war nur durch einen schräg nach unten verlaufenden Gang von 49 Metern Länge zu erreichen.

Yingzong Yingzong (1064–1067), fünfter Kaiser der Nördlichen Song-Dynastie, konnte wegen Krankheit in seiner kurzen Regierungszeit keine grundlegenden Entscheidungen treffen, er wurde von seinem ältesten Sohn, Kaiser Shenzong (1068–1085), auf dem Thron abgelöst, als er 35-jährig starb.

Yingzong Yingzong (1321–1323), fünfter Kaiser der Yuan-Dynastie mit dem mongolischen Namen Shidebala, war von chinesischen Tutoren erzogen worden und favorisierte jene Partei, die eine Versöhnung zwischen dem mongolischen Herrenvolk und den unterworfenen, aber kulturell weit höher stehenden Chinesen einleiten wollte. Diese Politik stieß auf Widerstand beim mongolischen Adel, sodass der Kaiser von mongolischen Prinzen ermordet wurde, denen er ihre Jahresbezüge im Rahmen einer Antikorruptions-Kampagne gekürzt hatte. Aus Furcht vor ähnlichem Schicksal hoben die mongolischen Adligen einen Stammeshäuptling aus der Steppe mit dem Namen Yesun

Temur auf den Thron, der in Peking dann als Kaiser Taiding (1323–1328) regierte.

Yinshan-Gebirge Das Yinshan-Gebirge erstreckt sich in der Mitte der Inneren Mongolei über 200 Kilometer lang nördlich der Städte Baotou, Hohot und Jining in west-östlicher Richtung. Dieses Gebirge ist historisch bedeutsam, weil in den weiten Grassteppen, die sich von ihm aus im Norden und Süden hinziehen, die Hauptsiedlungsgebiete all jener Völker lokalisiert werden konnten, die sukzessive räuberische Überfälle auf chinesisches Territorium im Laufe zweier Jahrtausende immer wieder unternahmen und oftmals auch erfolgreich dabei waren. Nacheinander kamen aus diesem Gebiet Hunnen, Xianbei, Turkvölker, Qidan und Nüzhen, zuletzt die Mongolen.

Yixing In der Provinz Jiangsu, etwa 15 Kilometer westlich des Tai-Sees gelegen, erhebt die Töpferstadt Yixing mit Recht den Anspruch, in China als Stadt der Tonwaren zu gelten und bildet damit das Gegenstück zur berühmten Porzellanstadt Jingdezhen in Jiangxi. Durch archäologische Befunde ist nachgewiesen, dass an dieser Stelle seit der Jungsteinzeit bis zur Gegenwart in ununterbrochener Folge Tonwaren hergestellt wurden: Töpfe, Teller, Kannen, Krüge, Schüsseln, Vasen, Fässer, Hocker, Skulpturen, Reliefs – alles, was überhaupt aus Ton geformt und gebrannt werden kann. Im Altertum bestanden in Yixing und in der näheren Umgebung rund 100 Brennöfen, gegenwärtig arbeiten in 30 Fabriken in dieser Töpfermetropole des Landes mittelbar oder unmittelbar fast alle Einwohner der Stadt für die Produktion von keramischen Erzeugnissen, die in mehr als 60 Länder dieser Erde exportiert werden. Die Celadon-Herstellung war in Yixing bereits um 1000 v. Chr. bekannt, erfuhr in der Zeit der Westlichen Jin-Dynastie (4.–5. Jh. n. Chr.) eine beträchtliche Erweiterung und erreichte ihren Höhepunkt in der Tang-Dynastie. Celadon galt als »Orientalischer Saphir«, an den Fürstenhöfen als kostbares Erzeugnis, feinstem Porzellan ebenbürtig. Beliebt war auch die rote Töpferware von Yixing, Teekannen aus rotem Ton waren in jedem vornehmen Haushalt zur Kaiserzeit zu finden.

Yiyang Die Stadt Yiyang im zentralen Norden der Provinz Hunan ist eines jener urbanen Zentren des modernen China, die von einer Kleinstadt innerhalb von zwei Generationen zu einer Großstadt von 380 000 Einwohnern heranwuchs, gegründet auf eine Kombination von intensiver Landnutzung einerseits und Ansiedlung von Hightech-Betrieben andererseits. Die Stadt hat eine Geschichte von mehr als 2000 Jahren, denn sie geht bis in die Zeit der Qin-Dynastie zurück. Da sie durch ihre günstige Lage beim Dongting-See in der Nähe des Jangtse für den Wassertransport immer schon gute Möglichkeiten bot, war sie als kleine Handelsstadt in der Abfolge der verschiedenen Dynastien im südlichen China durchaus bekannt. Der Aufstieg zur modernen Stadt größeren Zuschnitts erfolgte jedoch letztlich erst nach 1949, verstärkt aber nach Ausrufung der Öffnungspolitik. Die Stadt besann sich ihrer natürlichen Reserven in ihrem Umland und baute seine Fischereibetriebe aus, in denen bis zu 114 Fischarten gefangen werden können, nutzte seine riesigen Bestände an Bambus (200 Millionen Pflanzen), seine Forstbestände und Weidegründe und steigerte den Anbau von Ramiefaser, gleichzeitig die Aberntung der umfangreichen Schilfbestände. Da die Umgebung von Yiyang über Lagerstätten von Wolfram und Vanadium verfügt, sind neue Entwicklungsmöglichkeiten auf diesem Sektor gegeben. Die Ansiedlung von Hightech-Betrieben in einem großen Industriepark soll für die Stadt den Weg der Modernisierung im 21. Jahrhundert weiterführen.

Yi Yin Aus den Orakelinschriften des 16. Jh. v. Chr. geht hervor, dass beim Sturz der Xia-Dynastie und der Begründung der Shang-Dynastie Yi Yin als Gefolgsmann dem siegreichen König Cheng Tang entscheidend geholfen hat. Er wurde Kanzler im Shang-Königreich und nach seinem Tod wurden auch ihm – wie dem König selbst – Ahnenopfer dargebracht.

Yongcheng Yongcheng, die alte Hauptstadt des Staates Qin, lag im heutigen Kreis Fengxiang im westlichen Teil der Provinz Shaanxi und ist durch Ausgrabungen im Jahr 1986 lagemäßig genau bestimmt worden. In dem freigelegten Qin-Grab Nr. 1 wurde die Ruhestätte eines Fürsten, vermutlich Qin Jinggong, neben entsprechenden Grabbeigaben entdeckt. Gleichfalls konnten Paläste, Ahnentempel und Hofhäuser dieser Stadt lokalisiert werden, die etwa 294 Jahre lang Residenz der Herrscher von Qin bis zur Reichseinigung durch Shi Qin Huang Di im Jahr 221 v. Chr. gewesen war. Yongcheng war einst der Name der Hauptstadt des Herzogtums und späteren Königreiches von Qin in der Provinz Shaanxi, an deren Stelle heute die Stadt Xianyang steht. 1976 fanden Archäologen den Friedhof dieser einstigen Königshauptstadt und eine Gruppe von Palastgebäuden, die von Umfassungsmauern umgeben waren. Obwohl die Gräber schon in früherer Zeit geplündert worden waren, fand man noch über 2600 Grabbeigaben aus Stein, Jade, Eisen, Bronze, Keramik, Lack, Bambus, Holz, Seide und Ton, vor allem aber 160 Behälter mit Menschenopfern, Dienern und Sklaven offensichtlich, die ihren verstorbenen Herren im Jenseits zur Verfügung stehen sollten. Die Funde stammen aus der Zeit zwischen 770–221 v. Chr.

Yongle Yongle (1403–1424), dritter Kaiser der Ming-Dynastie, usurpierte den Thron als vierter Sohn des Dynastiegründers, weil er sich übergangen fühlte. Der durchaus rechtmäßig auf den Thron gelangte Enkel floh und soll verkleidet als Mönch entkommen sein, als die Truppen des Usurpators Nanking einnahmen. Kaiser Yongle hatte als Prinz im Auftrag seines Vaters als Befehlshaber des Nordens gegen die Mongolen gekämpft und setzte diesen Kampf als Kaiser nunmehr in fünf großen Feldzügen fort. Durch den Einmarsch seiner Truppen in Vietnam provozierte er einen lang anhaltenden Widerstand der Vietnamesen, es gelang ihm jedoch, auf hoher See die Flotte der japanischen Piraten zu besiegen, die schon lange die Küsten Ostchinas verheerten. In seine Regierungszeit fallen zwei wichtige Entscheidungen von weit tragender Bedeutung: unter dem Kommando des genialen Admirals Zheng He startete China die ersten großen maritimen Expeditionen nach Südostasien, den Indischen Ozean, den Persergolf, das Rote Meer und bis an die Ostküste Afrikas. Die große Zeit der chinesischen Hochseeflotten hatte begonnen. Ferner entschloss sich Yongle, die Hauptstadt von Nanking nach Peking zu verlegen und dort den großen Palast (die Verbotene Stadt) bauen zu lassen. Innenpolitisch führte seine straffe Regierung zu einer wirtschaftlichen und auch kulturellen Blüte. Umfangreiche Instandsetzungsarbeiten an den Dämmen des Gelben Flusses und die Wiederherstellung des Großen Kanals gehen auf seine Initiative zurück. In religiösen Angelegenheiten war Yongle tolerant, so ließ er beispielsweise den gesamten buddhistischen Kanon (Tripitaka) mit 6771 Werken herausgeben, förderte jedoch gleichzeitig die konfuzianischen Studien. Unnachgiebig verfolgte er seine Opponenten und dehnte die Verfolgung seiner politischen Gegner sogar auf deren Familien und Freunde aus. Yongle starb 1424 während eines Feldzugs gegen die Mongolen und wurde mit 16 Konkubinen bereits im Mausoleum Changling bei Peking (Ming-Gräber) begraben. Als sog. Tempelnamen erhielt Kaiser Yongle die Bezeichnung Chengzu nach seiner Beisetzung. Nachfolger wurde sein ältester Sohn, Kaiser Hongxi (1425).

Yong Le Gong Das Kloster Yong Le Gong (Palast der Ewigen Freude) ist aus kunsthistorischer und religionssoziologischer Sicht eines der wichtigsten Zeugnisse des Daoismus aus der Zeit der Yuan-Dynastie. Ursprünglich stand das Kloster am Ufer des Gelben Flusses, musste jedoch am Ende der 50er Jahre des 20. Jahrhunderts dem großen Wasserbauprojekt Sanmenxia weichen. In der damals noch geschichtsbewussten Phase zehn Jahre vor der Kulturrevolution wurde die kostbare Anlage 20 Kilometer weiter nach Osten versetzt, wo sie heute drei Kilometer nördlich der Kreisstadt Ruicheng im Südwesten der Provinz Shanxi die Stürme der Zeit überstanden hat. Es handelt sich bei diesem Kloster um vier Hallen, die zwischen 1247 und 1358 entstanden sind und auf insgesamt 960 Quadratkilometern Wandmalereien enthalten, die zum Besten gehören, was China in dieser Art hervorgebracht hat. Der elegante und opulente Stil, die höchst harmonische Farbgebung und die Fülle der dargestellten Szenen und Motive sind einzigartig. Dargestellt sind in den vier Hallen ausnahmslos daoistische Gottheiten und Unsterbliche – in den Trachten der Yuan-Zeit, meist Bilder aber aus dem Leben des Dao-Meisters Lü Dongbin (8. Jh.), der als einer der Acht Unsterblichen weit über China hinaus in ganz Ostasien bekannt geworden ist. Das Kloster – so die Legende – soll ursprünglich die Wohnanlage von Lü Dongbin gewesen sein, der als durchaus historische Persönlichkeit nach seinem Tode von den daoistischen Gläubigen als Unsterblicher verehrt wurde. Man erweiterte daher sein einstiges Wohnhaus zu einem Kloster und verehrte dann darin neben Lü Dongbin später auch noch den Dao-Meister Wang Chongyang, der im 12. Jahrhundert eine einflussreiche daoistische Lehrrichtung begründet hatte. Als nun im Jahr 1231 das gesamte klösterliche Anwesen niederbrannte, sorgte ein bei Hofe einflussreicher daoistischer Mönch für die Wiedererrichtung des Klosters in den Jahren 1247–1262 und für dessen reichhaltige und künstlerisch hochwertige Ausgestaltung. Die Malereien in den vier Hallen entstanden im Laufe mehrerer Generationen, das 95 Meter lange Bild mit dem gesamten daoistischen Pantheon erst in den Jahren 1325–1358, also erst kurz vor dem Sturz der Mongolendynastie. Damit ist der Beweis erbracht, dass die sprichwörtliche Toleranz der Yuan-Dynastie im Hinblick auf religiöse Fragen sich bis zu ihrem Ende auch auf den Daoismus erstreckte und auch in der mongolischen Ära höchste Kunst mit staatlicher Duldung oder Förderung bis zuletzt geschaffen wurde. Die daoistischen Götter auf den Wandgemälden tragen jedoch ausnahmslos kostbare Roben chinesischer Würdenträger – ein Hinweis sicherlich auf die Dominanz der chinesischen Kultur in den Zeiten der Fremdherrschaft.

Yongquan-Tempel In der östlichen Vorstadt von Fuzhou in Fujian erhebt sich der dreihundert Meter hohe Trommelberg, auf dem in halber Höhe das majestätische Yongquan-Kloster steht, das mit seinen 25 verschiedenen Hallen eine der größten Sakralanlagen der Provinz darstellt. Erbaut im Jahre 908, präsentiert sich der Tempel in relativ guter Erhaltung als wahre Schatzkammer buddhistischer Kunst, in dem auch eine Sammlung religiöser Schriften aus Burma verwahrt wird.

Yongzheng Yongzheng (1723–1735), dritter Kaiser der Qing-Dynastie, war bereits 45 Jahre alt, als er den Thron bestieg. Sein Bild schwankt sehr in der geschichtlichen Bewertung. Einerseits zeigte er sich als fähiger Staatsmann, der auf Einhaltung der Gesetze auch bei seinen eigenen Beamten scharf achtete, unwürdige Fronarbeiten abschaffte, die Erziehung und Bildung förderte und eine straffe Zentralverwaltung installierte. Als gläubiger Buddhist ließ er den Palast, in dem er vor seiner Thronbesteigung residiert hatte, zu dem berühmten Lama-Tempel in Peking umbauen. Andererseits war er äußerst misstrauisch und beseitigte ruhelos und gnadenlos alle ihm gefährlich erscheinenden Rivalen, eigene Brüder und andere Verwandte eingeschlossen. Yongzheng starb mit 57 Jahren und wurde als erster Kaiser in den sog. Westlichen Qing-Gräbern bestattet. Er ruht im Mausoleum Tailing unter dem Tempelnamen Shizong. Um Streit wegen der Nachfolge zu vermeiden, hielt er den Namen des Thronfolgers geheim. Das Dokument durfte erst nach seinem Tod geöffnet werden – benannt hatte er seinen vierten Sohn, den später berühmten Kaiser Qianlong (1736–1795).

Younghusband-Expedition Aus Furcht vor einem weiteren Vordringen des russischen Zarenreiches aus Zentralasien nach Tibet, entsandte 1904 Lord Curzon, der Vizekönig von Indien in Delhi eine militärische Expedition in das unbekannte und verschlossene Schneeland im Himalaya. Unter der Führung von Sir Francis Younghusband drang die englische Truppe bis nach Lhasa vor, der Dalai-Lama floh in die Mongolei. Nachdem die Tibeter zur Öffnung von drei Handelsposten veranlasst worden waren, traten die Expeditionstruppen den Rückzug an. Die neu geschaffene Verbindung sollte den Engländern in Delhi vor allem eine genaue Beobachtung der russischen Expansionsbestrebungen ermöglichen, ein Vordringen Englands nach Tibet war nicht erwogen worden.

Yu Mythischer Herrscher im chinesischen Altertum, gleichzeitig Kulturheros, der als Bezwinger des Hochwassers gilt. Yu soll es gewesen sein, der das Land in 9 Provinzen einteilte. Der Sohn von Yu, der als Qi bekannte erste Herrscher der halblegendären Xia-Dynastie, könnte wie sein Vater als tatkräftige Führergestalt am Anfang der chinesischen Dynastiengeschichte tatsächlich gestanden haben.

Yuandi Kaiser der Westlichen Han-Dynastie (49–33 v. Chr.), der Sohn von Xuandi, versuchte den Verfall des Staates aufzuhalten, indem er selbst bei den kaiserlichen Banketten zu sparen begann, die seit Kaiser Wudi ungewöhnliche Ausmaße angenommen hatten. Fasst man die drei Zeiten der Kaiser Zhaodi, Xuandi und Yuandi zusammen, so kann man jedoch bei allen Schwierigkeiten von einer recht friedlichen Ära sprechen, in der Handel und Wandel blühten und die Künste eine ungestörte Entwicklung nehmen konnten. Yuandi hatte sukzessive drei rechtmäßige Ehefrauen, Fu, Feng und Wang. Von seinen Kindern überlebte nur der Sohn von Kaiserin Wang, der spätere Kaiser Chengdi, der nach seinem Tod im Jahre 33 v. Chr. den Thron bestieg.

Yuan-Dynastie Die Yuan-Dynastie (1279–1368) war mit ihrer 89 Jahre währenden Dauer sicherlich der schwerwiegendste Einschnitt der chinesischen Geschichte überhaupt. Der Enkel Dschingis Khans, der Großkhan der Mongolen, Khubilai Khan, hatte bereits 1271 den gesamten Norden Chinas unterworfen und die Hauptstadt des mongolischen Reiches von Karakorum in der Steppe nach Khanbaliq, dem heutigen Peking, verlegt. Bereits damals rief er sich als Kaiser einer neuen Dynastie aus, der er den Namen Yuan gab. Allerdings wird der Beginn dieser Dynastie erst auf das Jahr 1279 festgesetzt, da in diesem Jahr die Südliche Song-Dynastie endgültig untergegangen war. Nach diesen teilweise mörderischen Kämpfen leitete Khubilai Khan (chinesischer Kaisername: Shizu) eine Politik der Versöhnung ein. Allerdings besetzte er die wichtigsten Stellen im Reich ausschließlich mit Mongolen und vornehmlich mit Ausländern aus Zentralasien, oftmals mit Muslimen aus dem Mittleren Osten. Den Chinesen blieb der Zugang zu höheren Stellen verschlossen, was einen nie aufgehobenen Gegensatz zwischen den mongolischen Besatzern und den weit mehr gebildeten Chinesen begründete. Khubilai Khan (1279–1294) als erster Kaiser der Yuan-Dynastie, führte bis zu seinem Tode ständig Kriege mit Japan und Grenznachbarn, sodass eine klare Linie einer vernünftigen Koexistenzpolitik letztlich nicht formuliert wurde. Unter allen seinen Nachfolgern schlug das Pendel von einer versöhnlichen Haltung zu einer krass antichinesischen Politik immer wieder stark aus. Zwar gab es durchaus mongolische Herrscher, die von chinesischen Lehrern unterrichtet wurden und von der Kultur des unterworfenen Riesenvolkes durchaus fasziniert waren, aber der mongolische Steppenadel machte letztlich allen Sinisierungstendenzen bald wieder ein Ende. Wohl erreichte China in der Mongolenzeit durchaus ein hohes Maß an Wohlstand, es hatte über die nunmehr sichere Seidenstraße Zugang zu den Märkten Westasiens und erhielt von dort Güter aller Art – aber der Pfahl steckte tief im Fleisch: die Diskriminierung durch ein zwar im Kriege stets siegreiches Volk, das aber in den Augen der Chinesen letztlich den Barbaren zuzurechnen war. Als dann die mongolischen Stammesführer sich zerstritten und die Zentralregierung die Zügel nicht mehr straff in der Hand hatte, zeigten sich erste Verfallserscheinungen. Solange das chinesische Volk unter dem Mongolenregime noch halbwegs gut leben konnte blieb es noch ruhig. Als dann Überschwemmungen, Heuschreckenfraß und Epidemien das Land heimsuchten, explodierte der Kessel, dessen Deckel lange dichtgehalten hatte. Es kam zu schweren Ausschreitungen, dann zu Aufständen, schließlich zu einer Massenerhebung, die das Mongolenregime hinwegfegte. Ein Mönch aus Ostchina konnte sich zum Führer der Aufständischen aufschwingen, im Jahre 1368 den mongolischen Herrscher mitsamt seiner Familie aus Peking in die Mongolei vertreiben und sich als Kaiser Hongwu als Gründer der Ming-Dynastie den endlich vom fremden Joch befreiten Chinesen präsentieren. Die mongolischen Herrscher, neun an der Zahl, kamen unter ihren mongolischen Namen auf den Thron, werden aber unter ihren chinesischen Tempelnamen in der Geschichtsschreibung geführt und in die offizielle Kaiserliste Chinas aufgenommen. Die Liste der Kaiser der Yuan-Dynastie mit ihren mongolischen Namen und ihren chinesischen Tempelnamen lautet wie folgt: Khubilai = Shizu (1279–1294), Temur Oljeitu = Chengzong (1294–1307), Khaishan = Wuzong (1308–1311), Ayurbarwada = Renzong (1311–1320), Shidebala = Yingzong (1321–1323), Yesun Temur = Taiding (1323–1328), Tugh Temur = Wenzong (1328–1329 + 1329–1332), Khoshila = Mingzong (1329), Toghon Temur = Shundi (1333–1368). Im Gegensatz zu den chinesischen Kaisern, deren Gräber seit der Qin-Dynastie genau bekannt sind, wurden die mongolischen Herrscher Chinas meist an unbekannten Orten in der Mongolei begraben.

Yuanmingyuan Yuanmingyuan (Garten des vollendeten Glanzes) war der Name der außergewöhnlichen Anlage im Nordwesten Pekings, die Kaiser Qianlong (1736–1795) errichten ließ und die vor allem von dem aus Mailand stammenden Jesuiten Guiseppe Castiglione entworfen und gebaut wurde. Der Kaiser ließ auf einem Gelände von der zehnfachen Größe der Verbotenen Stadt neben diesem Garten auch noch den Qingyiyuan (Garten der klaren Wasserwellen) und alle jene Gebäude errichten, die einst auf dem Areal des heutigen Sommerpalastes standen. Diese drei wunderbaren Gartenanlagen wurden allesamt von den anglofranzösischen Truppen im Jahre 1860 bei ihrer Strafexpedition geplündert und zerstört. Der heutige, von der Kaiserinwitwe Cixi 1886 erbaute Sommerpalast ist nur eine nostalgische Erinnerung an die für immer entschwundenen herrlichen Gartenwunder, die eine Synthese zwischen chinesischer Architektur und europäischem Barock darstellten. In dem ausgedehnten Parkgelände standen mehrere Prunkschlösser im Stil des italienischen Rokoko, vor allem der Haiantang-Palast mit der berühmten horologischen Fontäne, die unter Einbeziehung der zwölf Tierzeichen – bestehend aus Bronzefiguren – einen einmaligen Anblick geboten haben. Die erhaltenen Pläne und Abbildungen dieses gartentechnischen Paradieses lassen erkennen, mit welcher Barbarei die mutwillige Zerstörung dieser kaiserlichen Gärten etwa 100 Jahre nach deren Vollendung betrieben wurde.

Yuanmou-Mensch Die 1965 in der Provinz Yunnan entdeckten Zahnfossilien und Steingeräte eines frühen Urmenschen wurden von Paläoanthropologen auf ein Alter von 1,7 Millionen Jahren datiert. Die Fundstelle liegt im Kreis Yuanmou, der vom Longchuan-Fluss durchströmt wird, einem Nebenfluss des großen Jinsha Jiang. Nach diesem Landkreis wurde der »Yuanmou-Mensch« benannt, der weit über eine Million Jahre älter ist als der Lantian-Mensch und der Peking-Mensch und damit den ältesten Urmenschen repräsentiert, der bisher in China entdeckt wurde.

Yuan Shikai Yuan Shikai (1859–1916), Militärführer, Staatspräsident und im Winter 1915 sogar für 83 Tage Kaiser von China, gilt als eine der schillerndsten Figuren der modernen chinesischen Geschichte. 1859 im Kreis Xiangcheng, Provinz Henan, als Spross einer angesehenen Beamtenfamilie geboren, erhielt er eine solide, klassisch-konfuzianische Bildung und trat mit 21 Jahren in den kaiserlichen Militärdienst ein. Nach zweijährigem Dienst beim Küstenschutz in Shandong wurde er mit seiner Einheit nach Korea verlegt, wo er sich bei der Niederwerfung zweier Aufstände in diesem damaligen Vasallenstaat Chinas auszeichnete. 1885 zum Generalresidenten von Korea ernannt, konnte er durch eine geschickte Verhandlungstaktik die Japaner bis 1894 daran hindern, von der Halbinsel Besitz zu ergreifen. Der Sieg Japans in diesem Jahr jedoch über China mit einer weit überlegenen Strategie und Bewaffnung, zwang das Kaiserhaus zu einer tief greifenden Modernisierung aller drei Waffengattungen. Yuan Shikai wurde der Oberbefehl über diese neue Armee übertragen, die mit Hilfe deutscher Offiziere nunmehr aufgestellt wurde. Eine Reihe von militärischen Ausbildungsstätten und Akademien wurden von Yuan Shikai ebenfalls ins Leben gerufen. Als die mächtige Kaiserinwitwe Cixi jedoch die ihr gefährlich erscheinenden Reformer auszuschalten begann, stellte sich Yuan Shikai jedoch auf ihre Seite und verriet dadurch genau jene Persönlichkeiten, die ihm bei seinen Modernisierungsplänen nahe standen. Zum Dank für diesen Verrat ernannte Cixi ihn postwendend zum Gouverneur der Provinz Shandong und übertrug ihm dann später auch den Oberbefehl über die neu geschaffene moderne Beiyang-Armee. Als Cixi wenige Jahre vor ihrem Tod sah, dass sie Yuan Shikai allmählich zu mächtig gemacht hatte, war es für eine generelle Entmachtung bereits zu spät, da er sich längst unentbehrlich gemacht hatte. Als Cixi 1908 starb und der dreijährige Aisin Gioro Puyi – ihrem letzten Willen gemäß – zum Thronerben und dessen Vater Prinz Chun II. zum Prinzregenten eingesetzt worden waren, stieg Yuan Shikai zum mächtigsten Mann des Reiches auf. Als im Oktober 1911 eine Revolte in Wuchang ausbrach, ernannte Prinz Chun II. den erfahrenen Truppenführer zum Hochkommissar aller Streitkräfte und zum Ministerpräsidenten. Sun Yat-sen, der in Nanking inzwischen zum Präsidenten der Provisorischen Chinesischen Republik von den Revolutionären ausgerufen worden war, konnte sich auf keine militärische Macht stützen und bot daher Yuan die Präsidentschaft an. Im Februar 1912 trat Sun zurück und Yuan wurde Präsident. Yuan Shikai erwies sich erneut als Verräter, indem er die gütliche Vereinbarung mit Sun Yat-sen brach und den Führer der Guomindang, Song Jiaoren, ermorden und die Partei in seinem Machtbereich verbieten ließ. Das bereits gebildete Parlament löste Yuan Anfang 1914 auf und ersetzte es durch einen ihm genehmen Staatsrat. Nach Ausbruch des Ersten Weltkrieges nutzte Japan die Chance, Deutschland den Krieg zu erklären und das deutsche Schutzgebiet um Tsingtau sowie große Teile der Provinz Shandong zu besetzen. Dies hatte Yuan Shikai nicht verhindern können; er hoffte nunmehr auf die Unterstützung ehemals kaisertreuer Kräfte, führte das alte System der Beamtenprüfungen wieder ein und ernannte sich im Dezember 1915 selbst zum neuen Kaiser von China. Diese Usurpation der Macht stieß jedoch auf den von ihm nicht erwarteten Widerstand aller Gouverneure und Militärmachthaber, sodass er nach 83 Tagen wieder die Kaiserkrone ablegen und die Republik wiederherstellen musste. Bis zum Mai 1916 konnte er sich als Präsident der Republik China noch halten, dann musste er auch von diesem Amt zurücktreten.

Einen Monat später, am 6. Juni 1916, starb er und hinterließ 30 Kinder, die er mit seiner Ehefrau und mehreren Konkubinen gezeugt hatte. Yuan Shikai hatte zu hoch gepokert, vor allem hatte er stets auf zwei Schultern Wasser getragen. Das beste Beispiel für seine verräterische Grundhaltung war seine Taktik beim Boxeraufstand. Insgeheim unterstützte er die Boxer, nach außen jedoch vertrieb er sie aus seinem Machtbereich, was ihn den Europäern als Verbündeten erscheinen ließ. Insofern kann er als charakterliches Pendant zu Cixi gelten – beiden wies die moderne chinesische Geschichtsschreibung die denkbar schlechtesten Plätze an.

Yu der Große Die Herrscher der legendären Xia-Dynastie führten ihren Stammbaum bis auf Yu den Großen zurück, einen halbmythischen Kaiser, der im Königreich Yue zur Zeit der Streitenden Reiche als ihr dynastischer Vorfahre verehrt wurde. Die Einwohner von Yue behaupteten, die Frau von Yu stamme aus ihrem Volk und daher seien sie alle seine Nachkommen. Yu der Große, dessen Reich sehr ausgedehnt gewesen sei, habe einmal eine Inspektionsreise in den Süden gemacht und sei in der heutigen Provinz Zhejiang gestorben. Dort sei er auch begraben worden. Man zeigt sein Mausoleum (Da Yumiao) in der Nähe der Stadt Shaoxing am Fuße des Berges Guiji. Die recht ausgedehnte Anlage mit einem Tempel aus dem 18. Jahrhundert ist ein gutes Beispiel für die Ahnenverehrung und das Geschichtsbewusstsein der Chinesen überhaupt.

Yue Zur Han-Zeit bezeichnete man das ganze Land an der Küste von Zhejiang und Fujian bis hinunter nach Annam mit Guangdong und Guangxi als Yüe. Da in diesen Gebieten zahlreiche Völker beheimatet waren, sprach man auch von den »hundert Yüe«. Unterschieden wurde später noch zwischen Na-Yüe (Süd-Yüe), das Guangdong, Guangxi und Tongking einschloss und Dong-Yüe (Ost-Yüe), das von Zhejiang bis Annam reichte.

Yue Fei Die große Symbolfigur des chinesischen Patriotismus ist Yue Fei (1103–1142), der als General der Song-Dynastie tapfer gegen die Jin im Norden kämpfte, von einem neidischen Premier jedoch angeklagt und hingerichtet wurde. Als später offenbar wurde, dass der Premier heimlich mit den Jin Verhandlungen geführt hatte, wurde Yue Fei vom Kaiser rehabilitiert und sein Leichnam feierlich in Hangzhou beigesetzt. An dem Begräbnisort wurde 1221 ein Tempel gebaut und Yue Fei postum sogar mit dem Titel Wang (König) ausgestattet. Die Grabstätte wurde 1979 von Grund auf renoviert und ist zu einer patriotischen Gedenkstätte ausgestaltet worden. Der Yue Miao (Tempel des Generals Yue Fei) umfasst neben der Ehrenhalle den Grabhügel, zu dem ein Seelenweg führt, an dessen beiden Seiten Steinfiguren stehen: Beamte, Pferde, Tiger und Schafe; sie alle symbolisieren Vaterlandsliebe, Treue und absolute Loyalität.

Yueyang Die alte Kulturstadt Yueyang liegt am nordöstlichen Ende des weit verzweigten Dongting-Sees in der Provinz Hunan und stellt heute mit rund 550 000 Einwohnern eine bedeutende Industriestadt der Provinz dar. Die Haupteisenbahnlinie Peking-Kanton berührt Yueyang, und über die Flüsse Xiang, Zi, Yuan und Li kann man rund 100 Kreise und Städte der Provinz erreichen. Da jedoch die Stadt gleichzeitig am Jangtse liegt, können per Schiff sowohl Shanghai als auch Chongqing angesteuert werden. Seit der Tang-Dynastie ist der Yueyang-Turm durch viele Dichtungen in ganz China bekannt. Dieser großartige Pavillon-Turm mit seinen drei übereinander gesetzten Dächern gilt als architektonisches Meisterwerk, er steht am alten Westtor, das zum Ufer des Dongting-Sees führt. Der rechteckige, 20 Meter hohe Turm wird von insgesamt 40 Säulen getragen. Dem Turm gegenüber liegt die Insel Junshan im See, die viele Zeugnisse aus der Vergangenheit bewahren konnte.

Yuezhi Chinesischer Name eines zentralasiatischen Steppenvolkes, das in der zweiten Hälfte des 1. Jahrtausends v. Chr. in der heutigen Mongolei nomadisierte und damals auch die Xiongnu (Hunnen) beherrschte. Als sich die Xiongnu dann im 2. Jh. v. Chr. selbständig machten und die Yuezhi in westliche Richtung abdrängen konnten, spalteten sich die Yuezhi. Die sog. »Kleinen Yuezhi« ließen sich in den heutigen Provinzen Gansu und Qinghai nieder und wurden im Laufe von Generationen sinisiert. Die »Großen Yuezhi« dagegen zogen über das Tianshan-Gebiet und Nordafghanistan bis nach Nordindien, wo sie dann das riesige Kuschan-Reich (2.–5. Jh. n. Chr.) gründeten, das in seinen Glanzzeiten von Ost-Iran bis Westbengalen reichte.

Yugur Die Yugur sind eine kleine Völkerschaft von rund 10 000 Sprechern, die im Grenzgebiet der Provinzen Gansu und Qinghai leben und vornehmlich Schafzucht betreiben. Mit den Uiguren dürfen sie nicht verwechselt werden. Das Besondere an dieser nationalen Minderheit ist die Tatsache, dass sie sich dreier Sprachen bedient. Die im Westen des Siedungsgebietes lebenden Stämme sprechen eine Yugur-Sprache, die zu den Turksprachen gehört; die im Osten siedelnden Großfamilien bedienen sich einer Yugur-Sprache, die der mongolischen Sprachgruppe zugerechnet wird. Das gemeinsame Kommunikationsmittel ist jedoch das Han-Chinesische. Eine eigene Schrift besitzen die Yugur nicht. Neben Resten des Schamanismus herrscht bei den Yugur der Lamaismus vor. In der Geschichte waren sie als die Hexi-Huihu bekannt, denn sie bildeten im Hexi-Korridor ein eigenes Khanat, waren jedoch meist den chinesischen Kaisern tributpflichtig. Im 11. Jahrhundert kamen sie unter die Herrschaft der Xixia und nach der Vernichtung des Xixia-Reiches 1227 unter mongolische Botmäßigkeit. Bereits unter der Ming-Dynastie wurden sie wieder chinesische Untertanen, wobei sie allerdings aus westlichen Regionen weiter nach Osten zogen und sich dann endgültig innerhalb des Jiayu-Passes niederließen. Aus dieser Wanderbewegung und aus den verschiedenen Untertanen-Verhältnissen im Laufe der Geschichte erklärt sich auch die merkwürdige Sprachteilung bei den Yugur.

Yuling Das Grab des Kaisers Qianlong (1736–1796) ist das durch seine außergewöhnlich schönen Steinmetzarbeiten bekannte Mausoleum Yuling, das innerhalb der Östlichen Qing-Gräber zu finden ist. Dieses von Flussläufen umrahmte Gräberfeld in einer herrlichen Hügellandschaft liegt östlich von Peking im Kreis Zunhua, Provinz Hebei, 125 Kilometer von der Hauptstadt entfernt. Das Yuling ist ein unterirdischer Palast, bestehend aus drei gewölbten Kammern und vier Doppeltoren aus reinem Marmor, geschmückt mit Reliefs und mit Figuren der Himmelskönige. Die Särge bergen die sterblichen Überreste des Kaisers, seiner zwei Gemahlinnen und von drei Konkubinen. Die Grabbeigaben wurden nach dem Sturz der Qing-Dynastie zur Zeit der Warlords bereits ausgeraubt. Die Grabanlage Yuling ist zugänglich und kann als vornehmstes Mausoleum der Östlichen Qing-Gräber gelten.

Yulin-Grotten Neben den Mogao-Grotten bei Dunhuang waren die Höhlen von Julin im Gansu-Korridor für buddhistische Gläubige bereits seit der Wei-Zeit bedeusam. Dieses

Grottensystem, auch »Schlucht der Zehntausend Buddhas« genannt, liegt 60 Kilometer östlich von Dunhuang. Von den 41 Grotten sind elf relativ gut erhalten; besonders hervorzuheben sind die Wandbilder aus der Tang- und Song-Epoche. Erstaunlich ist, dass neun der Yulin-Grotten noch in der Qing-Zeit geschaffen wurden.

Yunjusi Yunjusi, das Wolkenheimkloster, auch genannt »Das Kloster, über dem die Wolken verweilen«, birgt einen der größten buddhistischen Schätze der Welt, die gesamte buddhistische »Bibel« ausStein, d.h. alle Sutren auf 14278 Steintafeln mit rund 35 Millionen Schriftzeichen, gemeißelt von vielen Mönchsgenerationen, um den gesamten Kanon der heiligen Texte unversehrt für die Nachwelt erhalten zu können. Das Kloster Yunju liegt 75 Kilometer südlich von Peking im Kreis Fangshan an der Westseite des Shijing-Berges, der auch als Baidai-Berg bekannt ist. Das aus dem 7. Jahrhundert stammende Kloster war bis zum Zweiten Weltkrieg ein wichtiges buddhistisches Zentrum mit mehreren hundert Mönchen, wurde aber durch japanische Granaten stark zerstört. Der Wiederaufbau ist seither im Gange. In diesem Kloster begann im Jahr 605 der Mönch Jingwan buddhistische Sutren auf Stein zu meißeln, wohl aus Furcht vor neuen Buddhistenverfolgungen, denn er hatte den von der Nördlichen Zhou-Dynastie angeordneten Klostersturm 577–581 persönlich erlebt. Stein konnte nicht verbrannt werden; wenn man ihn gut verwahrte, blieb er auch vor mutwilliger Zerstörung sicher. Was einem Wunder gleichkommt, schufen die Mönchsgenerationen nach Jingwan in vielhundertjähriger Arbeit im Yunju-Kloster: sie meißelten etwa 5000 große Steinplatten und versteckten sie in Berghöhlen, und fast 10000 kleine Platten und vergruben sie in einer tiefen Kammer unter einer Pagode. Als dieses Bauwerk bei den Kampfhandlungen im Zweiten Weltkrieg zerstört wurde, konnten die in der Erde verborgenen Platten dann 1957 gehoben werden. Es zeigte sich, dass diese kleineren Platten beidseitig bemeißelt sind. Auf jeder Platte stehen 28 Längszeilen zu je 17 Zeichen. Fasst man diese Steintexte mit den Texten der großen Tafeln oben auf dem Bergversteck zusammen, so ergibt sich das größte und schwerste Buch der Welt, eben der gesamte buddhistische Kanon mit verschiedenen Kommentaren. Dieses Werk, geschaffen von Generationen fleißiger und kenntnisreicher Mönche, war im Kernbereich bereits um 1118 n. Chr. vollendet, zog sich jedoch mit Ausläufern noch bis zum Ende der Ming-Dynastie 1644 hin, sodass von einer rund tausendjährigen Arbeitszeit gesprochen werden kann. Die großen Tafeln ruhen unangetastet in ihren Bergkammern. Von den kleineren Tafeln machte man Steinabreibungen auf Papierrollen (mit 30 Millionen-Schriftzeichen), die inzwischen im Guangji-Tempel in Peking Aufnahme gefunden haben. Die kleineren Tafeln sind wieder in die ursprüngliche Grube zurückgelegt worden, damit ihnen die Luftverschmutzung nicht zusetzen kann. Wollte man jemals alle Tafeln aneinander gereiht präsentieren, so müsste der Betrachter 50 Kilometer zu Fuß abschreiten, denn die kleineren Tafeln sind beidseitig bemeißelt. So ruht nach wie vor im Yunju-Kloster eine der größten kulturellen Gemeinschaftsleistungen, die in China jemals unternommen wurde.

Yunnan Die Provinz Yunnan liegt im äußersten Südwesten Chinas und grenzt im Norden an die Provinz Sichuan, im Osten an Guizhou und Guangxi, im Süden an Vietnam und Laos und im Westen an Myanmar (Burma). Mit einer Fläche von 394 000 Quadratkilometern gehört es von der Ausdehnung her zu den größeren Provinzen Chinas, von der Bevölkerung her (43 Millionen) jedoch zu den mittleren oder gar kleineren Gebietseinheiten. Zwei Drittel der Gesamtbevölkerung machen zwar bereits die Han-Chinesen aus, aber es leben daneben noch 22 nationale Minderheiten in der Provinz, allen voran die Yi mit fast vier Millionen, dann folgen mit ebenfalls jeweils über einer Million die Dai, die Lisu, die Bai und die Hani. Recht unterschiedlich in der Kopfzahl sind dann die Völker der Miao, Blang, Yao, Wa, Hui, Lahu, Jino, Zhuang, Jingpo, Achang, Benglong, Drung, Tibeter, Naxi, Nu, Pumi und Lahu. Ostyunnan ist ein Hochplateau und liegt rund 2000 Meter über dem Meeresspiegel, hat viele Seen und Bergbecken und ist durch seine Kalksteinfelsen ein äußerst malerisches Karstgebiet. Westyunnan dagegen präsentiert sich als Bergland und Canyonregion, deren Höhenzüge in Nordsüdrichtung verlaufen und meist weit höher liegen als 2000 Meter, einige Gipfel sind mit ewigem Schnee bedeckt und erreichen eine Höhe von über 5000 Metern. Infolge der großen Unterschiede in der Bodengestalt ist das Klima von Yunnan sehr unterschiedlich. In den tief gelegenen Flusstälern herrscht sogar tropisches Klima und in den Höhenlagen gibt es ausgesprochene Kaltwetterzonen. Diese Unterschiede machen Yunnan zu einem Paradies der Pflanzen und Tiere, hier leben die letzten Wildelefanten Chinas und viele andere Tropentiere. Provinzhauptstadt ist Kunming, die auf Grund ihrer malerischen Lage und der in ihr enthaltenen Kulturschätze neben der viel weiter westlich gelegenen Stadt Dali als eine der schönsten Städte Chinas bekannt ist. Im Altertum existierte im Umkreis von Kunming zwischen dem 4.–1. Jh. v. Chr. das Königreich Dian, das bereits im Jahre 109 v. Chr. dem Reich der Mitte einverleibt wurde und als Kommandantur Vizhou eine wichtige Handelsstation nach Hinterindien bildete. Während der Zersplitterung Chinas zwischen dem 3. und 7. Jahrhundert n. Chr. fiel das Gebiet an das tibeto-birmanische Nanzhao-Reich und wurde erst in der Mongolenzeit wieder völlig in das von Peking aus regierte Imperium einbezogen. Als der Handel sich dann in der Neuzeit auf den Seeweg verlagerte, gerieten Kunming und die gesamte Provinz Yunnan in Vergessenheit; sie blieb bis ins 20. Jahrhundert fast unberührt von der modernen Entwicklung. Im Zweiten Weltkrieg war Kunming dann die Endstation der Burma-Straße, auf der westliches Kriegsmaterial zu den chinesischen Verbündeten gelangte. Heute ist Kunming eine Zweimillionenstadt, von der aus auch die Industrialisierung der vor allem landwirtschaftlich geprägten Provinz vorangetrieben wird, denn in Yunnan sind über 70 Arten von Bodenschätzen entdeckt worden, die der Erschließung harren.

Yuxian Yuxian, eine Stadt in der Provinz Hebei, 200 Kilometer westlich von Beijing gelegen, hat eine Geschichte, die bis zur Östlichen Zhou-Dynastie zurückreicht. In der von Mauern umgebenen Stadt finden sich Pagoden, Pavillons und Gebäude, die für die Liao-Dynastie (916–1125), für die Yuan-Dynastie (1271–1368) und für die beiden letzten Dynastien charakteristisch sind. Berühmt vor allem sind die achteckige Pagode des Nan-an-Tempels aus der Nördlichen Wei-Dynastie, 32 Meter hoch und mit 13 Stockwerken ausgestattet, vor allem aber der herrliche Sakyamuni-Tempel, der auch als Tempel des schlafenden Buddha bekannt ist.

Z

Zehn Königreiche Unmittelbar nach dem Sturz der Tang-Dynastie machten sich die im Süden des Reiches stationierten Garnisonskommandeure die Situation zu nutze und gründeten regionale Reiche, die jedoch von der chinesischen Geschichtsschreibung als illegitim angesehen werden und nicht den Kaisertitel für ihre Herrscher beanspruchen können. Meist bestanden sie bis zur Eroberung durch die Nördliche Song-Dynastie gleichzeitig nebeneinander, oft aber befehdeten sie sich und annektierten den Nachbarstaat, wenn die Gelegenheit günstig war. Man nennt diese Periode der Zersplitterung des Südens die Zeit der Zehn Königreiche oder die Zeit der Zehn Staaten, die zwar politisch getrennt waren, aber in der Sprache, Religion, in Sitten und Gebräuchen und im gesamten Wertekanon dem gleichen Grundmuster folgten. Diese zehn Reiche sind im Einzelnen:

1. Das Reich Wuyue (907–978), es herrschte über Teile der heutigen Provinzen Jiangsu und Zhejiang und wurde von der Nördlichen Song erobert.
2. Das Reich der Südlichen Han (907–971), erstreckte sich über den Großteil der heutigen Provinzen Guangdong und Guangxi. Bereits 971 von den Truppen der Nördlichen Song-Dynastie unterworfen.
3. Das Reich Chu (907–951) reichte von Henan bis zum Nordteil von Guangxi, wurde von der Südlichen Tang erobert und wurde dann mit ihr 975 in das Song-Reich eingegliedert.
4. Das Reich Min (909–945) herrschte in Fujian, wurde von der Südlichen Tang erobert und kam 975 in diesem Verbund zur Nördlichen Song-Dynastie.
5. Das Reich der Früheren Shu-Dynastie (907–925). Das Herrschaftsgebiet dieses Königreiches dehnte sich von Sichuan über die Südteile von

Gansu und Shaanxi bis in den Westteil von Hubei aus. Bereits 925 wurde es von der Südlichen Tang erobert und kam dann ein halbes Jahrhundert später auf diese Weise in die Nördliche Song-Dynastie.

6. Das Reich Wu, erst im Jahre 920 gegründet und schon 17 Jahre später von der Südlichen Tang-Dynastie erobert, erstreckte sich dieses Königreich über Teile der heutigen Provinzen Jiangsu, Anhui, Jiangxi und Hubei. Mit der Südlichen Tang kam es 975 zur Nördlichen Song-Dynastie.

7. Das Reich Jingnan (auch Nanping, 924–963) war ein kleines Herrschaftsgebiet in der heutigen Provinz Hubei, es wurde bereits 963 von der Nördlichen Song-Dynastie erobert.

8. Das Spätere Shu-Reich (934–965) beherrschte Teile von Sichuan, Gansu und Süd-Shanxi bis nach West-Hebei. Als erstes der zehn Königreiche von der Nördlichen Song-Dynastie erobert.

9. Südliches Tang-Reich
Das erfolgreichste der zehn Königreiche des Südens, das 937 gegründet wurde, vier von diesen Reichen sukzessive eroberte und dann selbst von den Nördlichen Song 975 unterworfen wurde.

10. Nördliches Han-Reich
Entstanden im Jahre 951 in Hebei, Nord-Shanxi und Shaanxi, wurde es von den Nördlichen Song 979 als letztes der Südreiche bezwungen.
Nach diesem Sieg war die Einigung Chinas unter dem Zepter der Nördlichen Song-Dynastie praktisch abgeschlossen.

Zehnter Pantschen-Lama Der 10. Pantschen-Lama (1938–1989) gilt als eine der widersprüchlichsten Figuren der tibetisch-chinesischen Geschichte des 20. Jahrhunderts. Geboren 1938 im Kreis Xunhua in der Provinz Qinghai unter dem Namen Goinbo Cedan, wurde er als kleines Kind 1941 als Wiedergeburt des 9. Pantschen-Lama entdeckt und in das große Kloster Kumbum (Taersi) gebracht und zwei Jahre später als Zehnter Pantschen-Lama feierlich inthronisiert. Damit galt er als Inkarnation des Buddha Amitabha und somit als zweithöchste Autorität Tibets nach dem Dalai-Lama. 1949 erkannte ihn auch die damals noch regierende Guomindang-Regierung offiziell an. Da die damaligen Autoritäten von Kumbum, der Abt und die Mönche, als chinafreundlich galten, ging ein Glückwunschtelegramm des elfjährigen Pantschen-Lama an Mao Zedong ab, in dem er zur Gründung der Volksrepublik China gratulierte und um die baldige Befreiung Tibets bat.

Dieser Schritt wurde zwar von der überwiegenden Mehrheit der tibetanischen Bevölkerung abgelehnt, aber 1951 stießen bereits die ersten Verbände der chinesischen Volksbefreiungsarmee nach Tibet vor. Ohne die Beteiligung des Dalai-Lama erkannte der Pantschen-Lama, d. h. die ihn umgebende Gruppe, in einem Abkommen die Herrschaft Chinas über Tibet an. Der Dalai-Lama sah sich – in völliger politischer Ohnmacht – nun gezwungen, dieses Abkommen ebenfalls anzuerkennen. Der 10. Pantschen-Lama, dessen offizieller tibetischer Titel Bainqen Erdeni Qoigyi Gyaincain lautete, wurde nunmehr 1952 von chinesischen Truppen nach Lhasa gebracht, wo er zum ersten Mal mit dem Dalai-Lama zusammentraf. Danach wurde er zur eigentlichen Residenz der Pantschen-Lamas, nach Xigaze, geleitet. 1954 wählten die Chinesen den Sechzehnjährigen als Abgeordneten in den Nationalen Volkskongress. Mit einer offiziellen Delegation chinesischer Buddhisten nahm er 1956 an den Feierlichkeiten zum 2500. Geburtstag von Buddha in Indien teil. Nach der Flucht des Dalai-Lama aus Tibet 1959 galt er als Garant Pekings für die Vorherrschaft Chinas auf dem Dach der Welt. Als der Pantschen-Lama jedoch seine Meinung plötzlich änderte und sich 1964 gegen die Roten Garden Maos stellte, wurde er in das Pekinger Gefängnis Qincheng eingewiesen, in dem er bis 1977 verbleiben musste, dort jedoch die Kulturrevolution überlebte. Dieses Gefängnis galt als Umerziehungslager, und so erklärte der Pantschen-Lama nach seiner Freilassung 1978, die KP Chinas wirke im Interesse des Volkes. Daraufhin wurde er – mit 42 Jahren – zum Stellvertretenden Parlamentspräsidenten der Volksrepublik China gewählt. 1982 betrat er nach 18 Jahren zum ersten Mal wieder tibetischen Boden, blieb dort jedoch nur zwei Monate. In Peking amtierte er als Stellvertretender Vorsitzender des Ständigen Ausschusses des II., V., VI. und VII. Nationalen Volkskongresses. Als er Anfang 1989 eine Inspektionsreise nach Xigaze unternahm, erlag er bereits mit 51 Jahren am 28. Januar einem Herzinfarkt und wurde im Kloster Tashilunpo in einer Gedenkhalle beigesetzt.

Zeitrechnung Für die Zeit vor 841 v. Chr. ist in China jegliche Zeitangabe unsicher, weil die Quellen widersprüchlich sind und alle Daten nur als ungefähr oder unhaltbar betrachtet werden müssen. Genaue Jahresangaben sind für diese Zeit demnach stets anfechtbar. Erst ab 841 v. Chr. werden die Jahre dann nach den Regierungsjahren der Herrscher gezählt. Seit 140 v. Chr. ist zusätzlich die Zählung nach Jahresdevisen (Nianhao) in Gebrauch. Die Zählung der Jahre nach dem Sechzigerzyklus kam als dritte Zählweise dann im 1. Jahrhundert v. Chr. dazu. Die europäische Zeitrechnung setzte sich erst nach dem Sturz der letzten Dynastie allgemein durch und ist heute allein gültig.

Zeremonielle Oberherrschaft In der Ära Kangxi (1661–1722) und Qianlong (1735–1796) konnte China eine Reihe von Randstaaten zur Anerkennung der Dominanz der Qing-Dynastie zwingen und errichtete über diese Staaten eine gewissermaßen zeremonielle Oberherrschaft. Auf diese Weise entsandten folgende Länder an den Kaiserhof in Peking jährliche Tributgesandtschaften: Burma, Laos, Annam, Siam und Nepal. Formosa war 1683 endgültig erobert worden, Tibet 1724, die Dsungarei und Sinkiang 1759. Über die Mongolei hatte man 1696 bereits ein Protektorat errichtet.

Zhang Daqian Zhang Daqian (1899–1983) ist einer der berühmtesten Maler des modernen China, wohl auch der international bekannteste, denn er war bereits zu Lebzeiten mit Ausstellungen seiner Bilder in Asien, Europa und Süd- wie Nordamerika vertreten. Geboren 1899 in Neinang, Provinz Sichuan unter dem Namen Zhang Yuan, erhielt er bei einem mehrmonatigen Aufenthalt in einem buddhistischen Kloster den Namen Daqian zugeteilt, den er dann beibehielt. Bereits in frühester Jugend galt er als Wunderkind. Mit 18 Jahren ging er mit seinem Bruder nach Japan, um in Kyoto die Technik des Textilfärbens und -druckens zu erlernen. Nach seiner Rückkehr ging er bei den bekanntesten Malern Shanghais in die Lehre und galt bereits im Jahre 1928 als Meister der Malerei und Kalligraphie. Nach ausgedehnten Reisen in die südchinesischen Bergwelten zog er 1932 in die Küstenstadt Suzhou. Nach einer Ausstellung seiner Werke in Paris 1933 erhielt er drei Jahre danach eine Professur an der Zentraluniversität in Nanking. Von 1940–1942 kopierte er die farbenprächtigen Fresken der buddhistischen Grotten von Dunhuang in der Provinz Gansu und trug wesentlich zu deren Bekanntwerdung und Wertschätzung bei. In den folgenden Jahren konnte er viel besuchte Ausstellungen in Chongqing und Chengdu bestreiten und nach dem Ende des Krieges in Hongkong, Paris, London, Genf und Prag seine Werke präsentieren. 1948 ging er nach Indien, wo er die Fresken in den buddhistischen Tempelhöhlen von Ajanta kopierte und in verschiedenen indischen Städten ausstellte. 1952 siedelte er sich in Argentinien, dann in Brasilien an. Diese Jahre waren erfüllt von vielen Ausstellungen und Ehrungen in vielen Hauptstädten der Erde. 1976 nahm er seinen Alterssitz in Taibei (Taipeh) auf Taiwan, wo er am 2. April 1983 verstarb. In seinem äußerst vielseitigen Werk orientierte er sich zuerst an den Meisterwerken der Qing-Epoche, ging dann jedoch bald auf die Maler der Tang- und Song-Dynastie zurück. In seinen späteren Lebensjahren widmete er sich vornehmlich der Landschaftsmalerei. Berühmt wurde aus dem Jahre 1968 seine 20 Meter lange Rolle mit dem Titel »Der zehntausend Li lange Fluss Changjiang«, in der er den Lauf des Jangtse von seinen Quellgebieten bis zur Mündung bei Shanghai in großartigen Bildern verfolgte.

Zhangdi Zhangdi (75–88 n. Ch.) war der dritte Kaiser der Östlichen Han-Dynastie, der das Glück hatte, in Harmonie und Frieden das inzwischen gefestigte Land dreizehn Jahre lang führen zu können. Da die Kaiserin ihm keinen Sohn schenken konnte, wurde der erst neun Jahre alte Sohn seiner zweiten Nebenfrau nach seinem Tod auf den Thron gesetzt, nur wieder wie so oft, um die Dynastie als solche retten zu können. Mit Hedi (88–106 n. Chr.) begann im Grunde schon die langsame Auszehrung der Östlichen Han-Dynastie, die zwar noch über einhundert Jahre fortdauerte, aber nie mehr die einstige Größe und Stabilität erreichte.

Zhang Heng Der Mathematiker, Astronom und Dichter Zhang Heng (78–139 n. Chr.) entstammte einer verarmten Beamtenfamilie und erreichte durch Selbststudium die Zulassung zur kaiserlichen Hofschule. In seiner Jugend zeichnete er sich literarisch als Meister der Reimprosa aus, wandte sich dann aber der Mathematik und der Astronomie zu. Er berechnete den Wert Pi, konstruierte die Armillarsphäre und ein Gerät zur Beobachtung und Messung von Erdbeben. Als erster chinesischer Astronom erkannte er den Schein des Mondes als Reflex des Sonnenlichtes. Die Werke von Zhang Heng sind nur in Auszügen erhalten.

Zhanghuai Der Kronprinz Zhanghuai (654–684) war der

zweite Sohn des Kaisers Gaozong der Tang-Dynastie und der Kaiserin Wu Zetian. In seinem dreißigsten Lebensjahr beging der Kronprinz Selbstmord, da er sich den Unwillen seiner Mutter zugezogen hatte und er degradiert worden war. Nach seinem Tod allerdings wurde ihm ein fürstliches Begräbnis zuteil. Man fand das Grab nördlich von Xian und konnte bei seiner Freilegung über 600 Kunstwerke bergen, vor allem über 50 Wandmalereien, die zu beiden Seiten der großen 71 Meter langen Korridore angebracht worden waren und eine Fläche von etwa 400 Quadratmetern bedecken. In den dargestellten Szenen aus dem Alltag der Tang-Dynastie am Kaiserhof sieht man Hofbeamte, Reiter, Polospieler, aber auch Fabeltiere wie weiße Tiger und grüne Drachen.

Zhang Jiao Der Führer einer religiös motivierten Erneuerungsbewegung, Zhang Jiao, propagierte den »Weg des großen Friedens« (Taipingdao) und stellte seine utopische Vision der korrupten und dekadenten Han-Dynastie entgegen, sammelte rund 100 000 Anhänger unter den verarmten Bauern dieser Provinz und rief in seiner Heimat Hebei einen allgemeinen Aufstand im Jahre 184 n. Chr. aus. Obwohl Zhang Jiao im gleichen Jahr starb, entfaltete die Rebellion ihre Eigendynamik, ging in den Massenaufstand der »Gelben Turbane« über, erhielt zuletzt auch Zulauf von Aristokraten und führte nach langen Kämpfen schließlich im Jahr 220 n. Chr. zum Sturz der Östlichen Han-Dynastie (206 v.–220 n. Chr.).

Zhang Qian Der kaiserliche Gesandte Zhang Qian (gest. 114 v. Chr.) kann mit seinen Berichten über seine diplomatischen Missionen als eine der wichtigsten Quellen für die Kenntnis der zentralen asiatischen Völker jener Zeit gelten. Ausgeschickt von Kaiser Wu (141–87 v. Chr.), sollte Zhang Qian zu den Yuezhi-Stämmen im Ili-Tal vordringen, um diese für einen Pakt mit China gegen die Hunnen (Xiongnu) zu gewinnen. Zhang Qian brach mit 100 Mann Begleitung im Jahre 139 v. Chr. von Chang'an auf, wurde aber von den Hunnen abgefangen und verbrachte bis zu seiner Flucht 10 Jahre in deren Gefangenschaft. Als Flüchtling erreichte er die Juezhi und musste erkennen, dass diese an einem Pakt mit China nicht interessiert waren. Auf seiner Rückreise durch Baktrien konnte er viele Informationen über die Verhältnisse in Zentralasien sammeln und nach seiner Heimkehr dem Kaiser berichten. Zhang Qian konnte dann als Ratgeber des Kaisers einen Pakt mit den Wusun gegen die Hunnen vorbereiten und wichtige Hinweise für den Ausbau von Handelsbeziehungen mit zentralasiatischen Völkern geben.

Zhanguo-Zeit Die Zeit der »Streitenden Reiche« oder der »Kämpfenden Staaten« (Zhanguo: 481–221 v. Chr.) ist politisch eine Zeit des Ringens um Vorherrschaft in der zu Ende gehenden Zhou-Dynastie, deren Herrscher nur noch de jure ihre Machtstellung behaupten konnten, aber de facto jegliche Einflussmöglichkeit auf den Gang der Dinge verloren hatten. Aus der großen Zahl der rivalisierenden Herrschaftsgebiete schälten sich am Ende sieben Staaten heraus (Qin, Chu, Wei, Han, Yan, Zhao und Qi), von denen dann am Ende Qin obsiegte.

Zhangye Die rund 480 km nordwestlich von Lanzhou im Flaschenhals des Gansu-Korridors gelegene Stadt Zhangye wurde bereits in der Han-Zeit als Garnison gegründet und ein Abschnittskommando der Großen Mauer darin eingerichtet. Das »Goldene Zhangye« war Mittelpunkt der Getreidekammer des Hexi-Gebiets und galt als wichtige und wohlhabende Stadt, in der auch Marco Polo ein Jahr lebte. Erhalten aus alter Zeit ist der »Tempel des Großen Buddha« (Da Fo Si), in dem sich eine der größten Figuren des Schlafenden Buddha befindet, die in China zu finden sind. Die 34,5 Meter lange Figur zeigt den liegenden Erleuchteten, der ins Nirwana eingeht. Weitere Sehenswürdigkeiten sind der Trommelturm aus dem Jahre 1504 und die 50 Meter hohe Holzpagode. Die Stadt hat heute eine Ausdehnung von 4240 Quadratkilometern und zählt fast eine halbe Million Einwohner. Etwa 60 km südwestlich von Zhangye kommt man im bergigen Grenzgebiet zur Provinz Qinghai zu den »Höhlen des Klosters der Pferdehufe«, die in der Nördlichen Wei-Zeit von den Gläubigen in den Steilhang geschlagen wurden. Die Gruppe besteht aus etwa 20 Höhlen und Nischen und enthält Figuren von 60 Luohan und von den vier Himmelskönigen. Eine kleinere Anlage dieser Art sind die 3 Kilometer weiter nordöstlich gelegenen »Tausend-Buddha-Höhlen«, die aus dem 5. und 6. Jahrhundert stammen und keine Schätze mehr enthalten.

Zhang Yi Der 310 v. Chr. gestorbene chinesische Politiker, Intrigant und hochintelligente Abenteurer Zhang Yi ist in der Geschichte dadurch bekannt geworden, dass er es allein durch große Beredsamkeit erreichte, die von sechs Staaten bereits geschmiedete Allianz gegen den Staat Qin zu zerbrechen, die Su Qin, sein ehemaliger Mitschüler und späterer Gegenspieler mit viel Mühe zustandegebracht hatte. Beide Rivalen zogen nach ihrer Ausbildung von Staat zu Staat und boten den Herrschenden ihre Dienste an. Zhang Yi hatte bei diesem Spiel mit hohem Risiko aufs richtige Pferd gesetzt und gewonnen.

Zhang Zhidong Der chinesische Politiker Zhang Zhidong (1837–1909) trat nach der Jahrhundertwende für eine Neuorganisation des Schul- und Hochschulwesens ein und war 1907–1909 Erziehungsminister. In bester neokonfuzianischer Tradition war er für die Erhaltung der chinesischen Grundwerte bei gleichzeitiger Öffnung gegenüber westlicher Technik und Wissenschaft.

Zhang Zuolin Zhang Zuolin (1873–1928) wurde 1873 als Sohn armer Bauern in Haicheng, Provinz Liaoning, geboren und stieg nach dem Ersten Weltkrieg zum mächtigsten Warlord Chinas auf. Nur Feng Yuxiang und Wu Peifu können als fast gleichstarke Rivalen zeitweilig neben ihm genannt werden. Bereits in jungen Jahren trat er in den kaiserlichen Militärdienst ein und zeichnete sich im Krieg gegen Japan 1894/95 aus. Skrupellos und mit einem geradezu instinktiven Sinn für taktische und strategische Richtungsänderungen begabt, kämpfte er 1904 im Russisch-Japanischen Krieg auf der Seite Japans gegen die zaristischen Truppen und stieg noch vor dem Sturz der Qing-Dynastie zum Kolonnenführer in der Mandschu rei auf. Nach der Gründung der Republik wurde er 1916 zum Militärgouverneur der Provinz Liaoning ernannt und 1918 zum Generalinspekteur der mandschurischen Provinzen berufen. Dieser Aufstieg ist leicht dadurch erklärbar, dass der Mangel an fähigen Truppenführern auf Seiten der Republik Leute wie Zhang Zuolin in jedem Fall begünstigte. Bald betrachtete der zu Macht und Ansehen gekommene Zhang die gesamte Mandschurei als seinen Privatbesitz und steckte die ihm von der Zentralregierung zur Verfügung gestellten Mittel in seine eigene Tasche. Als die Zentralregierung ihn wegen seiner Eigenmächtigkeiten absetzte, hatte dies keinerlei Auswirkungen, da sie ihn nicht zur Rechenschaft ziehen konnte. Zhang Zuolin herrschte geradezu autokratisch über die Mandschurei und schloss eigenmächtig mit dem Ausland Verträge ab, so auch mit der Sowjetunion über die Eisenbahnlinie durch mandschurisches Gebiet. Sun Yat-sen versuchte Ende 1924 ihn für die Guomindang zu gewinnen, jedoch vergeblich. Ein Vorstoß Zhang Zuolins mit großen Truppeneinheiten nach Shanghai und Zentralchina schlug allerdings fehl, sodass er sich wieder ganz auf die Mandschurei konzentrieren musste. Da Japan lange schon begehrlich seine Hand nach der Mandschurei ausstreckte, war ihr Zhang Zuolin naturgemäß im Wege. Kurz vor Mukden zerriss eine Bombe den privaten Sonderzug, mit dem Zhang Zuolin am Tag vorher von Peking abgefahren war. Dieses für den Warlord tödlich verlaufene Attentat wurde von allen Seiten den Japanern zugerechnet.

Zhanjiang Die Hafenstadt Zhanjiang auf der Leizhou-Halbinsel der Provinz Guangdong ist auf dem chinesischen Festland der nächstgelegene Seehafen zu Europa, Afrika und Südostasien. Import-Export-Zentrum für West-Guangdong, West-Hunan und Ost-Guangxi mit über 21 Anlegeplätzen, mit der Eisenbahn mit ganz Südwestchina verbunden und gleichzeitig Fischereihafen, gehört Zhanjiang zu den acht größten Häfen Chinas. In der Kaiserzeit war die Stadt mit ihrem Umland, vor allem dem südlich gelegenen Kreis Haikang, Verbannungsort für in Ungnade gefallene Beamte. Heute zählt die Stadt nach beachtlichen Eingemeindungen 4,6 Millionen Einwohner auf einer Fläche von 12 000 Quadratkilometern.

Zhao Chinesischer Staat im Süden des heutigen Hebei und im Norden der heutigen Provinz Shanxi, der von 453–228 v. Chr. bestand. Gegründet wurde dieser Territorialstaat durch die Aufteilung des Staates Jin in drei Teile, von denen der Staat Zhao – im Gegensatz zu Wei und Han – die schwierige Aufgabe zu bewältigen hatte, die nach Süden vordringenden Steppenvölker aus der Mongolei abzuhalten und zurückzudrängen. Nur durch den Bau von festen Grenzmauern und durch die Entwicklung einer schnell einsatzbereiten Reiterei konnte dies gelingen. Die Grenzwälle von Zhao wurden später in die Große Mauer eingefügt. Der ständige Kampf gegen die Nomadenstämme schwächte den Staat, der dann 228 von Qin vernichtet wurde.

Zhaodi Der Kaiser der Westlichen Han-Dynastie, Zhaodi (87–74) war als Prinz Li Fuling erst vier Jahre alt, als er nach dem Tode seines Vaters, des Kaisers Wudi, im Jahre 87 v. Chr. auf den Thron gesetzt wurde. Notgedrungen verfolgten die maßgeblichen Generäle und einflussreichen Beamten am Hofe dieses Kindkaisers eine friedliche Politik, da die Kriege von Wudi alle Reserven im Lande aufgezehrt hatten. Als Zhaodi zweiundzwanzigjährig unter ungeklärten Umständen 74 v. Chr. starb, wurde er von einem Enkel Wudis auf dem Thron ersetzt, der unter dem Kaisernamen Xuandi (74–49 v. Chr.) bekannt wurde.

Zhaojiabao Zhaojiabao ist ein Dorf bei Zhengpu südlich von Xiamen (Amoy) in der Provinz Fujian und kann sich rühmen, eines der ungewöhnlichsten Dörfer der Welt zu sein. Die Einwohner von Zhaojiabao sind nämlich samt und sonders Abkömmlinge der kaiserlichen Familie der Südlichen Song-Dynastie. Beim Sturz dieser Dynastie durch die Mongolen flohen sie in die Wildnis, fanden in dieser Gegend Zuflucht und bauten sich ein Dorf, das sie mit Mauern umgaben. Die Wohnhäuser jedoch bauten sie im Palaststil ihrer Dynastie. Diese Wohnhöfe sind alle intakt geblieben und gewähren einen authentischen Einblick in das Ambiente von songzeitlichen Behausungen gehobener Art.

Zhaoling Zhaoling, das Grabmal des Kaisers Taizong (627–649) aus der Tang-Dynastie, liegt in der Gemarkung von Qianxian nordwestlich von Xianyang in der Provinz Shaanxi. Kunsthistorisch ist das Zhaoling-Grab durch die sechs Basreliefs bekannt geworden, die als Meisterwerke der frühen Tang-Zeit zu gelten haben. Auf diesen Reliefs sind die sechs Kampfrosse in Stein abgebildet, mit denen Taizong in die Schlachten zog. Zwei dieser stehenden oder galoppierenden Rosse befinden sich in den Vereinigten Staaten, die vier anderen sind im Museum von Xian zu bewundern.

Zhaoling-Gräber In einem von Pferdeschwanzkiefern bestandenen Park liegen im Norden der mandschurischen Riesenstadt Shenyang (Mukden) die Zhaoling-Gräber, auch Beiling-Gräber genannt, die zwischen 1643 und 1651 für den Shunzi-Kaiser der Qing-Dynastie und seine Frau erbaut wurden. Hat man das Ehrentor durchschritten, kommt man zur Geisterstraße, die mit steinernen Elefanten, Kamelen und anderen Tieren zu beiden Seiten bestückt ist. Die Hallen an den Seiten dienten der Aufbewahrung der Opfergerätschaften. Das Ende der rechteckigen Einfriedung wird durch einen mächtigen Turm markiert, in dem die Inschriftenstele steht. Genau dahinter setzt sich die hohe Mauer halbkreisförmig fort, denn hier liegt der Tumulus. Von bewaldeten Berghängen umgeben stellen die Zhaoling-Gräber eine der eindrucksvollsten Anlagen dieser Art aus der Qing-Dynastie dar.

Zhao Xiang Der wohl grausamste aller Qin-Herrscher war König Zhao Xiang, der von 306–251 v. Chr. regierte und den weiteren Aufstieg des Qin-Reiches unter seinem Nachfolger Qinshihuangdi vorbereitete. Zhao Xiang besiegte 291 v. Chr. die Königreiche Han und Wei und ließ – nach glaubwürdigen Berichten – 240 000 Gefangene töten. Im Jahre 275 überfiel und vernichtete er das Königreich Wei und ließ 40 000 Gefangene umbringen.

Zhejiang Die Küstenprovinz Zhejiang am Ostchinesischen Meer ist die zweitkleinste Provinz Chinas mit einer Fläche von 101 800 Quadratkilometern, in der insgesamt 64 Kreise und 35 Städte liegen. Die Einwohnerzahl beträgt 47 Millionen. Das Bemerkenswerte an dieser Provinz ist die Tatsache, dass trotz der Gebirgsnatur der meisten Landschaften nach wie vor die Landwirtschaft den Haupterwerbszweig bildet, obwohl nur 0,04 Hektar Nutzfläche pro Person zur Verfügung stehen. Da die Küstenlinie 2253 Kilometer (viele Buchten) beträgt, wird ausgiebig Fischfang betrieben. Die nicht zu bestreitende Unterentwicklung der Provinz im Hinblick auf das Verkehrswesen und die Industrialisierung ist auch darauf zurückzuführen, dass Zhejiang jahrzehntelang als gefährdete Frontprovinz (gegenüber Taiwan) galt und weder die Zentralregierung in Peking noch ausländische Investoren am Aufbau einer modernen und leistungsfähigen Industrielandschaft interessiert waren. Die Provinzhauptstadt Hangzhou war während der Südlichen Song-Dynastie jedoch Reichshauptstadt und gilt seither als Stadt der Kunst und der Gelehrten. Die Hafenstädte Ningbo und Wenzhou gelten als die bahnbrechenden Zentren der Entwicklung von Industrie und Handel seit Beginn der Öffnungspolitik.

Zhengde Zhengde (1506–1521), der zehnte Kaiser der Ming-Dynastie, ältester Sohn von Kaiser Hongzhi, schlug völlig aus der Art und war das Gegenteil seines maßvollen und verantwortungsvollen Vaters. Exzentrisch, unberechenbar und ausschweifend, machte er den Kaiserthron zum Gespött der Eingeweihten, denn er besuchte verkleidet die städtischen Bordelle und ließ auch Prostituierte sich in den Palast schaffen. Vielfach war er betrunken und gab sich Ausschweifungen aller Art hin.

Aufstände und Banditentum griffen im Lande um sich und führten zu Unordnung und Verarmung in weiten Teilen des Reiches. Der Vorsitzende des »Großen Sekretariats« führte schließlich die eigentlichen Amtsgeschäfte und versuchte den allgemeinen Niedergang aufzuhalten. Da von den Kindern Zhengdes keines überlebte, wurde ein Nachkomme von Chenghua aus der engeren Verwandtschaft von Zhengde adoptiert und gelangte dann als Kaiser Jiajing (1522–1567) auf den Thron. Nach dem allseitig mit Erleichterung aufgenommenen Tod von Zhengde 1521 wurde er unter dem Tempelnamen Wuzong im Mausoleum Kangling bei den Ming-Gräbern beigesetzt.

Zhengding Die alte Kulturstadt Zhengding in der Provinz Hebei liegt gut 300 Kilometer südlich von Peking und bildete seit der Sui-Dynastie in der nordchinesischen Ebene stets einen strategisch wichtigen Ort. Auf Grund der bis heute in der Stadt erhaltenen Bau- und Kunstdenkmäler als alter Zeit wurde Zhengding in die Liste der bedeutsamen historischen Städte Chinas aufgenommen. Markantestes Bauwerk der Stadt ist der Longxing-Tempel, der im Jahre 586 erbaut wurde und eine Grundfläche von über 6 Hektar einnimmt. Im 18. Jahrhundert diente dieser Tempel sogar einmal als kaiserliche Residenz außerhalb der Hauptstadt. Auf einer Nord-Süd-Achse sind zehn große Hallen und Pavillons angeordnet, in denen sich außergewöhnliche Kulturschätze befinden. Das Hauptgebäude ist der »Pavillon der großen Barmherzigkeit«, in dem eine 21,3 Meter hohe Figur des Guanyin-Bodhisattva zu finden ist. In der Vairocana-Halle steht ein dreistöckiger Bronzelotosthron, fast sechseinhalb Meter hoch in der Form einer buddhistischen Pagode. Auf diesem Lotosthron sind tausend Buddha-Figuren versammelt, die auf Lotosblättern sitzen. In der Stadt selbst existieren bis heute vier berühmte Pagoden, die alle während der Sui- und Tang-Dynastie erbaut wurden. Im Tianning-Tempel steht die sehr kompakt wirkende Lingxiao-Pagode, im Guanghui-Tempel die reich verzierte Blumen-Pagode, im Linji-Tempel die grazile Chengling-Pagode und im Kaiyuan-Tempel die 48 Meter hohe Sumeru-Pagode, die mit der Großen-Wildgans-Pagode in Xian eine starke Ähnlichkeit aufweist. Im Jahre 854 gründete der Mönch Yi Xuan, der aus Shandong kam, in Zhengding die Linji-Schule des Buddhismus, die einflussreichste Schule des Zen, die bis heute in Japan eine große Rolle spielt. Im Linji-Tempel bauten seine Schüler zu seinem Gedenken die 30,47 Meter hohe Chengling-Pagode, in der heute noch sein Mantel und seine Almosenschüssel verwahrt werden.

Zheng He Der berühmteste Seefahrer der chinesischen Geschichte, Zheng He (1375–1435), fuhr ein halbes Jahrhundert vor Vasco da Gama, Columbus und Magellan mit gewaltigen Flotten im Dienste der Ming-Dynastie nach Südostasien, Indien, Arabien und zur Ostküste Afrikas. In einer moslemischen Familie im Süden der Provinz Yunnan geboren, wurde er 1382 bei der Eroberung Südwestchinas durch die Ming-Truppen gefangengenommen, kastriert und als Eunuch dem Gefolge eines Kaisersohnes zugeteilt. Mit diesem Prinzen, der als Kaiser Yongle (1403–1424) den Thron bestieg, zog er auch in den Krieg und zeichnete sich bei Kampfhandlungen aus. Ein Jahr nach der Machtübernahme Yongles erhielt der junge Eunuch ehrenhalber den chinesischen Familiennamen Zheng und legte daraufhin seinen ursprünglichen Namen Ma Sanbao ab. Gleichzeitig erhielt der hochintelligente und entschlussfreudige Zheng am Hofe die Stellung als leitender Eunuch und wurde bald als Sonderbotschafter bei allen Schiffsexpeditionen der inzwischen gefestigten Ming-Dynastie eingesetzt. Auf diese Weise kam Zheng He mit dem Flottenwesen in engste Berührung, fertigte selbst Seekarten von bemerkenswerter Genauigkeit an und rüstete alsbald für eine erste Reise mit 27 000 Teilnehmern, zu denen neben den Matrosen auch Soldaten, Ärzte und Versorgungspersonal gehörten. Die größte Dschunke dieser Flotte konnte 12 Segel setzen, war 150 Meter lang mit einem Hauptmast von 60 Metern Höhe. Dieses Schiff konnte 1500 Passagiere befördern, war völlig fahrtüchtig und konnte als das größte von Menschen bisher gebaute Wasserfahrzeug der Welt gelten. In den Jahren 1405–1433 unternahm Zheng He sieben Reisen, die ihn zu 37 Ländern in Südostasien, Nahost und Ostafrika brachten. Hinter seinem Flaggschiff sollen 100 Dschunken gefahren sein, beladen mit kostbaren Geschenken für fremde Potentaten, die ihrerseits wiederum Gegengeschenke mitgaben und dadurch einen beträchtlichen Handel mit dem Reich der Mitte einleiteten. Auf Einladung von Zheng He kamen auch zahlreiche Könige und Fürsten südasiatischer Staaten nach China und nahmen Beziehungen zum Kaiserhof in Peking auf. Nach dem Tod des Kaisers Yongle und nach dem Ableben von Zheng He, 1635, isolierte sich China jedoch zusehends, sodass die so hoffnungsvoll begonnene Flottenpolitik eingestellt und viele der großen Dschunken sogar abgewrackt wurden.

Zhengtong/Tianshun
Zengtong und Tianshun sind zwei Kaisernamen für ein und dieselbe Persönlichkeit, um die sich in China um die Mitte des 15. Jahrhunderts geradezu abenteuerliche Dinge abspielten. Als Kaiser Xuande im Jahre 1435 gestorben war, wurde sein ältester, aber erst achtjähriger Sohn als Kaiser Zhengtong (1436–1449) auf den Thron gehoben. Unter der Obhut seiner äußerst erfahrenen und umsichtigen Großmutter, der Kaiserinwitwe Zhang, und unter der Anleitung dreier verantwortungsvoller Minister wuchs der Knabe, begabt und frühreif, ganz zwanglos in sein hohes Amt hinein. Als er jedoch 22 Jahre alt war, ließ er sich durch die Siege seiner Truppen im Süden dazu hinreißen, mit einem Expeditionskorps unter seiner Führung die Mongolen im Norden anzugreifen. Das Unternehmen endete mit einer totalen Niederlage, denn er stand dem kriegserfahrenen Mongolenkhan Esen gegenüber. Zhengtong wurde gefangen genommen und in die Mongolei gebracht. Als diese Katastrophe in Peking bekannt wurde, gab man die Hoffnung auf eine Rückkehr oder einen Loskauf Zhengtongs auf und inthronisierte in aller Eile seinen jüngeren Bruder als Kaiser Jingtai (1450–1457). Inzwischen war jedoch in der Mongolei etwas Ungewöhnliches passiert, der Mongolenfürst schloss Freundschaft mit dem Gefangenen und entließ ihn mit allen Ehren in die Heimat. Dort jedoch saß inzwischen ja sein eigener Bruder auf dem Kaiserthron, der ihn und seine Frau sofort nach Rückkehr festnehmen und sechseinhalb Jahre einsperren ließ. Diese Gefangenschaft hätte bestimmt bis zum Lebensende gedauert, wenn nicht Jingtai 1457 gestorben wäre. Zwar war Jingtais Sohn bereits zum Thronfolger erklärt worden, aber Freunde von Zhengtong inszenierten eine Palastrevolution und brachten den Gefangenen als legitimen Kaiser wieder auf den Thron. Allerdings erhielt er nun den neuen Kaisernamen Tianshun (1457–1464) und als solcher herrschte er dann noch sieben Jahre. Die lange Gefangenschaft hatte ihn allerdings misstrauisch und

rachsüchtig gemacht. Während der Regierung seines Vorgängers waren schon Volksaufstände losgebrochen, der Krieg hatte viele Menschenleben gekostet, sodass die letzten Jahre seiner Herrschaft sehr getrübt waren. Der Kaiser mit den beiden Namen und Regierungszeiten hat aber wenigstens erreicht, dass die grausame Sitte abgeschafft wurde, mit dem toten Kaiser auch eine Reihe seiner Konkubinen mitzubegraben. Diese barbarische Sitte stammte aus der Mongolei, und so verbot der Kaiser auch alle mongolischen Gebräuche und Trachten in China. Begraben wurde er im Yuling Mausoleum bei den Ming-Gräbern nördlich von Peking und als Tempelname wurde für ihn Yingzong ausgewählt. Nachfolger wurde Zhengtongs ältester Sohn, Kaiser Chenghua (1465–1487).

Zhengzhou Zhengzhou, die Hauptstadt der Provinz Henan mit 2 Millionen Einwohnern, stand stets im Schatten ihrer erfolgreicheren Konkurrentinnen Luoyang und Kaifeng und machte nur zweimal innerhalb von 2500 Jahren auf sich aufmerksam. Auf dem Gebiet der heutigen Stadt stand zwischen dem 18. und 13. Jh. v. Chr. die Hauptstadt der Shang-Dynastie. Diese Residenz mit dem Namen Yin geriet jedoch bald in Vergessenheit, als die Shang-Herrscher nach Anyang umzogen. Man hat Teile der 7 km langen Stadtmauer aus der Shang-Zeit sowie Kultgefäße aus dieser Geschichtsperiode ausgegraben. Die später Zhengzhou genannte Stadt diente dann ausschließlich durch alle Jahrhunderte dem Landhandel, bis zu Beginn des 20. Jahrhunderts die großen Eisenbahnlinien Chinas geplant und gebaut wurden und Zhengzhou zum Knotenpunkt der langen Süd-Nord- und der Ost-West-Verbindung aufstieg. Dies war der Beginn der Industrialisierung.

Zhenjiang Die heutige Industriestadt Zhenjiang mit etwa 400 000 Einwohnern liegt nordöstlich von Nanking am Südufer des Jangtse, genau Yangzhou gegenüber. Ihre Lage in grüner Hügellandschaft trug ihr den Namen »Wächter des Flusses« ein, denn von diesem Punkt aus ließ sich der Schiffsverkehr am besten kontrollieren. Gegründet wurde die Stadt bereits 545 v. Chr. in der Östlichen Zhou-Dynastie, aber ihr Aufstieg begann nach mehr als elfhundert Jahren, als die Sui-Dynastie an der Stelle von Zhenjiang den Großen Kanal in den Jangtse einmünden ließ. Damit war eine große Entwicklungsmöglichkeit für Produktion und Handel gegeben, es entstanden Seidenspinnereien und Brokatwebereien, die auch Marco Polo im 13. Jahrhundert dann rühmte. Als um 1900 dann die Eisenbahnlinie Beijing-Shanghai eröffnet wurde, gründeten auch die Westmächte Kontore in der Stadt. Buddhistische Mönche bauten an den Hängen der umliegenden Berge und auf den waldigen Hügeln bereits in alter Zeit Klöster, die einen Kranz von kostbaren Bauwerken in und um die Stadt geschaffen haben. Die wichtigsten Anlagen dieser Art sind das Kloster der Stärke und Weisheit (Ding Hui Si) aus der Zeit der Östlichen Han-Dynastie, das »Kloster des Süßen Taus« (Gan Lu Si) aus der Zeit der Drei Reiche und das Goldhügel-Kloster (Jin Shan Si), das aus dem Jahr 1021 stammt. Die Geschichte der Provinz Jiangsu – in allen ihren Phasen und Aspekten, vor allem ihre kulturelle Entwicklung – kann man am besten im Zhenjiang-Museum dieser Provinz studieren. Das erst 1958 gegründete Museum verfügt über 30 000 historische Gegenstände vom Neolithikum bis zur Gegenwart, vor allem aber über 100 000 Bücher aus den letzten beiden Dynastien.

Zhenruchan-Tempel Östlich des bekannten Lushan-Gebirges in der Provinz Jiangxi liegt das bei den Buddhisten gerade wegen seiner »Unberührtheit« bekannte Kloster Zhenruchan, denn das 808 n. Chr. gebaute Kloster hat eine so abgelegene Lage auf dem Berg Yunju (Verweilende Wolken), dass dieses Kloster in der Provinz allmählich den Ruf eines Heiligtums erhielt. Der Lärm des Antijapanischen Krieges drang jedoch dennoch in diese Abgeschiedenheit und das Kloster wurde zerstört. Dank der Bemühungen des berühmten Mönches Xuyun wurden von in- und ausländischen Gläubigen so viel finanzielle Mittel zusammengebracht, dass der ehrwürdige Tempel zwischen 1953 und 1959 völlig wieder hergestellt werden konnte. Mit seinen 20 Hallen und 143 Wohnhäusern ist der Zhenruchan-Tempel heute in der Lage, ständig 80 Mönche zu beherbergen und eine 230 Hektar große Forstfarm zu betreiben. Der Hauptschatz des Tempels besteht – neben 200 buddhistischen Figuren – vor allem in einer 3,6 Meter hohen Statue der Guanyin, einem Kunstwerk aus Weißjade, die 7 Tonnen wiegt und als Geschenk birmanischer Gläubiger auf den heiligen Berg gekommen ist.

Zhenyuan Die im Osten der Provinz Guizhou gelegene Stadt Zhenyuan war bereits in der Han-Zeit ein wichtiger Verkehrsknotenpunkt zwischen den Provinzen Hunan und Guizhou und hatte stets eine große strategische Bedeutung. Der Wuyang durchfließt die Stadt und auf diesem Fluss werden seit alters viele Güter flussabwärts bis zum Meer transportiert, sodass in Zhenyuan sogar ein Tempel für den Meeresgott zu finden ist. Die Stadt war immer schon ein wichtiges Kulturzentrum von Südost-Guizhou, wo 23 Nationalitäten leben und wo in dem berühmten, 1489 erbauten Qinglong-Kloster mit seinen über 30 Hallen und Pavillons die drei wichtigsten Religionen Chinas, Daoismus, Buddhismus und Konfuzianismus recht einträchtig koexistierten.

Zhenzong Zhenzong (998–1022), dritter Kaiser der Nördlichen Song-Dynastie, musste bereits sechs Jahre nach seiner Thronbesteigung von Kaifeng nach Nanking und dann weiter nach Chengdu mit seinem gesamten Hofstaat vor den Khitan fliehen, die von ihren Stammesgebieten in der Mandschurei nach China vorgedrungen waren. Militärisch konnte Zhenzong die tungusischen Krieger nicht besiegen, er unterzeichnete daher einen Friedensvertrag, der China zu Tributzahlungen an die Khitan verpflichtete. Gegen jährliche Lieferungen von 200 000 Ballen Seide und 100 000 Unzen Silber erkaufte sich Zhenzong Ruhe an der Nordgrenze. Nachfolger auf dem Thron wurde sein 6. Sohn, Kaiser Renzong (1022–1036).

Zhezong Zhezong (1086–1101), Kaiser der Nördlichen Song-Dynastie, war zehn Jahre bei seiner Thronbesteigung, starb mit 24 und wurde dann durch seinen Bruder (Huizong) auf dem Thron ersetzt. Bis zu seiner Regierungsfähigkeit hatte die Kaiserinwitwe mit Hilfe der Konservativen das Reich verwaltet und den genialen Reformer Wang Anshi entlassen. Nach dem Tode seiner Mutter rief jedoch Zhezong sofort die Reformer zurück und linderte damit den Gegensatz zwischen den Großgrundbesitzern und den Kleinbauern, denen die Reformgesetze entgegenkamen.

Zhidi Zhidi (145–146), für 16 Monate Kaiser der Östlichen Han-Dynastie, Ururenkel des Kaisers Zhangdi, war einer jener Kindkaiser, die aus dynastischen Gründen auf den Thron kamen. Zhidi starb mit acht Jahren um einem vierzehnjährigen Verwandten, dem Urenkel von Zhandi Platz zu machen, der als Kaiser Huandi (146–168) den Thron bestieg.

Zhongdu Die erste Hauptstadt der 1368 gegründeten Ming-Dynastie war Zhongdu nordwestlich von Fengyang in der Provinz Anhui. Als die Bauarbeiten an dieser Residenzstadt im Einzugsbereich des Huai-Flusses fast schon vollendet waren, entschloss sich Kaiser Hongwu um 1375, seine Residenz nach Nanking zu verlegen; erst der Yongle-Kaiser (1402–1424) zog dann endgültig nach Peking um. Die Ruinen von Zhongdu sind nach wie vor beeindruckend. Die kaiserliche Stadt war durch drei Mauern vor jedem Angriff bestens geschützt. Die innerste Palaststadt war umgeben von einer 3 Kilometer langen Mauer, in gemessenem Abstand erhob sich parallel dazu die mittlere Mauer mit einer Länge von 6,5 Kilometern, und die äußere Mauer war sogar 25 Kilometer lang. Der Kaiser, dessen Eltern schon gestorben waren als er den Thron bestieg, befahl 1369 für sie ein Mausoleum nur 5 Kilometer südwestlich von Zhongdu zu errichten. Die Arbeiten an diesem sehr aufwendigen Monumentalgrab waren erst 1380 vollendet, es gehörte einst zu den größten, die zwischen 1380 und 1911 überhaupt errichtet wurden. Beim Sturz der Ming-Dynastie wurde dieses außergewöhnliche Mausoleum vollständig zerstört, erhalten geblieben sind jedoch die Steinfiguren des langen »Heiligen Weges«, die zahlenmäßig von keiner anderen Spalier-Reihe der »Geisteralleen« in China übertroffen werden. Wie bei allen anderen steinernen Wächterfiguren dieser Art wechseln sich Beamte, Würdenträger und Tiere ab.

Zhongshan Das Fürstentum und nachmalige Königreich Zhongshan, das sich zwischen dem 6. und 3. Jahrhundert vor der Zeitenwende in der heutigen Provinz Hebei entwickeln konnte, wurde in der Epoche der Streitenden Reiche stets von seinen mächtigen Nachbarn bedroht und fiel schließlich im Jahr 299 v. Chr. der aggressiven Qin-Dynastie zum Opfer. In dieser Epoche übten die Zhou-Könige nur noch nominell die Macht aus, sodass sich 24 Jahre vor der Zerstörung dieses Staates der Fürst von Zhongshan zum König hatte ernennen können. Die rigorose Herrschaft der Qin-Dynastie sorgte dafür, dass die Herrscher von Zhongshan bald in Vergessenheit gerieten, auch die späteren Dynastien erwähnten in ihren Chroniken das kleine Königreich nur selten. Im Jahre 1974 stießen dann Maurer bei Geländearbeiten im Kreis Pingshan südwestlich von Peking auf zwei Königsgräber dieses Kleinstaates, sodass die Archäologen eine große Anzahl von Grabbeigaben bergen konnten. Zwischen 1974–1978 wurden vor allem Bronzegefäße geborgen, die von dem hohen Stand der Technik des Bronzegusses in dieser Zeit Zeugnis ablegen. Gold- und Silberschmiedearbeiten, Lackgegenstände und Waffen kamen ebenfalls zum Vorschein. Kulturhistorisch interessant ist die Tatsache, dass mit dem Herrscher Hunde begraben wurden, denen man Halsbänder aus Gold und Silber angelegt hatte.

Zhongshan Ling Zhongshan Ling, das Sun Yat-sen-Mausoleum in Nanking, ist die größte Grabanlage der nachkaiserlichen Zeit in China. Erbaut in den Jahren 1925–1929 ist dieses wahrhaft imperiale Mausoleum dem Andenken des Republikgründers Dr. Sun Yat-sen gewidmet, der bei Verhandlungen in Peking 1925 starb und vier Jahre später hierher überführt wurde. Der Besucher – von der geschäftigen Stadt kommend – tritt zuerst durch ein Ehrentor in eine von Himalaya-Zedern gesäumte Allee und wird zu einem Eingangsportal geleitet, von dem aus eine Treppe aus 392 Granitstufen nach oben zu der mächtigen Gedenkhalle führt, die mit blauen Keramikziegeln gedeckt ist. Im Innern dieser Halle steht die Statue Sun Yatsens, dessen Grabkammer jedoch unterhalb dieses an einen Ahnentempel erinnernden Gebäudes liegt.

Zhongyue-Kloster Der Zhongyue Miao ist eines der ältesten daoistischen Klöster Chinas und zugleich die größte Tempelanlage der Provinz Henan. Gelegen auf dem Heiligen Songshan, dem »Mittelberg« des alten China, soll der Konvent bereits im 3. Jahrhundert v. Chr. in der Zeit der Reichseinigung gegründet worden sein. Die heutigen großzügigen Anlagen stammen allerdings aus der Qing-Dynastie. Die Mittelachse des Kloster ist 650 Meter lang und der ganze Komplex in elf Höfe unterteilt, in denen eine große Anzahl von Hallen und Toren mit 300 tausendjährigen Zypressen ein eindrucksvolles Ensemble ergeben. Die im Kloster verwahrten historischen Dokumente und Kunstgegenstände sind beträchtlich.

Zhongzhou Zhongzhou ist der alte Name für die Provinz Henan, die als Wiege der chinesischen Kultur gilt. Der Name rührt von der Mittellage her, da diese Provinz in der Mitte der neun Verwaltungsbezirke lag, in die China früher eingeteilt war. In diesem Mittelgebiet liegen die alten Hauptstädte Anyang, Luoyang und Kaifeng. Gebräuchlich war auch der Name Zhongyuan (in der Mitte der Bezirke).

Zhou-Dynastie Die Zhou-Dynastie (1028–221 v. Chr.) ist eigentlich eine Sammelbezeichnung für vier Perioden der chinesischen Geschichte, die jeweils ein recht unterschiedliches Gesicht zeigen und nur durch wenige Merkmale als »Dynastie« überhaupt angesprochen werden können: Der erste Zeitabschnitt von 1028–771 ist derjenige, auf den die Bezeichnung »Dynastie« noch zutrifft, denn das in der heutigen Provinz Shaanxi sitzende Volk der Zhou löste 1028 die Dynastie Shang ab und unterwarf anschließend alle im Shang-Bereich wohnenden Regionalmachthaber. Das Zhou-Reich wurde bis zum Unterlauf des Gelben Flusses und des Huai ausgeweitet und neben der östlichen Hauptstadt Hao (beim heutigen Xian) noch zusätzlich Luoyi (das heutige Luoyang) als zweite Hauptstadt eingerichtet. Der König wurde von einer Adelsgesellschaft getragen, an die er zahlreiche Lehen vergab, seine unmittelbare Herrschaft beschränkte er auf die Hauptstadt und die weitere Umgebung. Bei Einfällen der kriegerischen Nomadenstämme aus dem Norden führte er die Streitmacht an, wie er auch in religiösen Angelegenheiten die wichtigsten Riten selbst zelebrierte. Da aber die Lehensherren eigene Streitmächte unterhalten durften, war die Schwächung der Zentralmacht vorprogrammiert. Bald kam es zu Auseinandersetzungen zwischen dem König und den Vasallen, sodass vom Westen her Steppenvölker in die Grenzbereiche in Gansu eindringen konnten. Da das Zhou-Reich bis nach Liaoning und Shandong reichte, konnte man nach Osten ausweichen und von dort aus weiterregieren. Aus diesem Grunde spricht man von einer Westlichen Zhou-Dynastie (1028–771 v. Chr.) und einer unmittelbar anschließenden Östlichen Zhou-Dynastie (771–221 v. Chr.). In dieser Zeit konnte von einer starken Zentralgewalt keine Rede mehr sein. Die großen Lehen entwickelten sich zu selbständigen Fürstentümern und Königreichen, sodass sich im 6. Jahrhundert bereits über 140 quasi-souveräne Herrschaftsgebilde auf dem Boden des Zhou-Reiches befanden. Dem eigentlichen König blieb nur noch der Titel und die Funktion eines obersten Schamanen, der die großen Opfer vollziehen und sich als Mittler zwischen Himmel und Erde betrachten durfte. Man nennt diese Phase der Zersplitterung mit nur noch losem Zusammenhalt die »Frühlings- und Herbst-Periode« (722–481

v. Chr.). Dieser Abschnitt, bereits durch schwere Auseinandersetzungen im Innern gezeichnet, ging dann über in die Periode der »Streitenden Reiche« 481–221 v. Chr., in der sich sieben Staaten feindlich gegenüberstanden. Die einstige Dynastie war nur noch eine ferne Erinnerung. Unerbittlich tobte der Kampf zwischen den Staaten Yan, Zhao, Qi, Wei, Han, Chu und Qin. Ähnlich wie im alten Rom die Disziplin der Legionäre, der Expansionswille des Senats und die Staatsdoktrin die Stadt am Tiber zum Kern einer Großmacht werden ließ, so schritt mit rauem Kampfeswillen und geradezu bestialischer Grausamkeit der an sich kleine Staat Qin im dritten Jahrhundert v. Chr. von Sieg zu Sieg und unterwarf alle anderen Staaten. Im Jahre 221 v. Chr. war die erste Kaiserdynastie der Qin entstanden, Qin Shi Huang Di hatte China gewaltsam geeint. Die Gesamtdauer der Zhou-Dynastie betrug 807 Jahre, wobei auf die Westliche 257 Jahre und auf die Östliche 550 Jahre entfallen. Die Frühlings- und Herbst-Periode währte 290 Jahre, die Zeit der Streitenden Reiche 260 Jahre. In dieser Zeit sind jedoch die bedeutendsten Denkschulen, darunter der Konfuzianismus, entstanden und der Daoismus fand seine erste Prägung ebenfalls in der Zeit der Streitenden Reiche. Die außergewöhnlichen Grabfunde in den letzten Jahrzehnten legen Zeugnis ab von einer verfeinerten Kultur, die zum Fundament eines großartigen Kulturreiches in den späteren Jahrhunderten werden sollte.

Zhou Enlai Zhou Enlai (1898–1976), gebildet und weltgewandt, war 27 Jahre Ministerpräsident der VR China und gehörte über 50 Jahre dem Politbüro der KPCh an. Neben Mao Zedong gilt Zhou Enlai als bekannteste und auch erfolgreichste Führungspersönlichkeit sowohl in der Partei als auch in den staatlichen Ämtern, die er bekleidete. Geboren 1898 in Huqian in der Provinz Jiangsu als Sohn einer wohlhabenden Beamtenfamilie mit viel Landbesitz, erhielt er in seiner Kindheit und Jugend eine klassische chinesische Bildung, teils in seinem Heimatort, dann in der Mandschurei bei einem Onkel und schließlich in Tientsin. In Japan studierte er anschließend an der Waseda-Universität in Tokyo und an der Kyoto-Universität, vor allem, um das für Chinesen nicht leichte Japanisch zu erlernen. Nach seiner Rückkehr in die Heimat schrieb er sich 1919 an der Nankai-Universität in Tientsin (Tianjin) ein. Ein

Jahr später gehörte er zu jenen 1500 jungen Chinesen, die aufgrund eines Vertrages zwischen China und Frankreich ein Werkstudium in französischen Schulen und Fabriken ableisten konnten. Die Mittel, die Zhou Enlai durch seine Eltern zur Verfügung standen, nutzte der Werkstudent jedoch zu ausgedehnten Reisen nach England, Belgien und Deutschland. In Frankreich hatte er mit der dort gebildeten Sektion chinesischer Kommunisten Kontakt aufgenommen und trat noch während seines Auslandsaufenthaltes der KPCh bei. 1924 kehrte er nach Hause zurück und erhielt unverzüglich wichtige Ämter, sowohl in dem Regionalkomitee der KPCh der Provinz Guangdong als auch in der Politabteilung der Guomindang, da diese Parteien damals die bekannte »Einheitsfront« bildeten und das »doppelte Parteibuch« gang und gäbe war. Bald wurde Zhou Leiter der Politabteilung der von der Guomindang gegründeten Whampoa-Militärakademie. Chef dieser wichtigen Ausbildungsstätte war Chiang Kai-shek. 1925 heiratete Zhou Deng Yingchao, die er als Student während seiner Zeit in Tientsin kennen gelernt hatte. Die kinderlos gebliebene Ehe mit dieser ihm treu ergebenen Lebensgefährtin hielt in allen Turbulenzen ohne Erschütterungen. 1927 war Zhou einer der beteiligten Offiziere an dem gescheiterten Nanchang-Aufstand, nach dessen Niederschlagung er vor den Zugriffen der Guomindang-Miliz fliehen musste. Zhou entkam wie andere Politbüro-Mitglieder der KPCh damals nach Moskau, wo er mit wichtigen Vertretern der Komintern zusammentraf. 1928 kehrte Zhou heimlich nach China zurück und arbeitete im Untergrund in der Parteizentrale, die in Shanghai errichtet worden war. 1930 wurde er für acht Monate von der Komintern nach Moskau zurückberufen, um dort die chinesische Sektion zu leiten. Nach seiner Rückkehr begab sich Zhou in die Guerillabasis Mao Zedongs in der südchinesischen Bergwelt, wo er an der Ausrufung der sog. »Chinesischen Sowjetrepublik« in Jiangxi beteiligt war. In diesem »Staat im Staat« bekleidete Zhou bereits wichtige Führungspositionen, musste aber 1934 im Herbst wie alle anderen Anhänger vor den Angriffen der republikanischen Truppen aus dieser Basis weichen und den Langen Marsch nach Norden antreten. Während dieses einjährigen Gewaltmarsches entwickelte sich Zhou zu einem loyalen und engen Gefolgsmann Maos, was später seinen Aufstieg und sein Leben wesentlich bestimmen sollte. An dem Zustandekommen der neuen Einheitsfront zwischen Guomindang und KPCh angesichts der japanischen Bedrohung war Zhou wesentlich beteiligt und leitete dann während des Zweiten Weltkrieges das Verbindungsbüro der KPCh bei der Nationalregierung in Chongqing. Bis zum Ausbruch des Bürgerkrieges war Zhou Enlai auch bei den vergeblichen Koalitionsverhandlungen zwischen Chiang Kai-shek und Mao Zedong anwesend, die von den Amerikanern in Gang gebracht worden waren. Gleich nach der Ausrufung der Volksrepublik China am 1. 10. 1949 in Peking wurde Zhou Enlai Ministerpräsident des neuen Staates und leitete gleichzeitig auch bis 1958 das Außenministerium, das er dann wegen Arbeitsüberlastung an Chen Yi abgab. Premier Rot-Chinas blieb Zhou jedoch 26 Jahre lang bis zu seinem Tode 1976. In seinen Funktionen als Ministerpräsident und Außenminister unternahm Zhou zahlreiche Auslandsreisen nach Asien und Afrika, achtmal allein in die Sowjetunion, in mehrere Länder des Ostblocks und 1954 zur Genfer Vietnam-Konferenz. Unentbehrlich als Ministerpräsident überstand Zhou die Kulturrevolution unangetastet und hielt mehrfach seine schützende Hand über wichtige Kulturdenkmäler, die durch die chaotischen Roten Garden aufs höchste gefährdet waren. Nach dem Abklingen dieser Exzesse bemühte sich Zhou vielfach um die Rehabilitation von Parteigenossen, die dem Wüten der aufgeputschten Jugendlichen zum Opfer gefallen waren. Nach einem dreijährigen Krebsleiden starb Zhou Enlai am 8. Januar 1976.

Zhoukoudian In dem zu Peking gehörenden Landkreis Fangshan südwestlich von Peking liegt der Fundort des Peking-Menschen Zhoukoudian. Aufgenommen in die UNESCO-Liste der zu schützenden Kulturdenkmäler als Weltkulturerbe, war dieser Ort bereits seit 1918 für Paläontologen von magischer Anziehungskraft, nachdem der schwedische Geologe Johan Gunnar Andersson den »Hühnerknochenhügel« von Zhoukoudian als Stätte ältester Besiedlung erkannt hatte. Von 1921–1927 fanden eingehende Grabungen auf dem ebenfalls dort liegenden »Drachenknochenhügel« statt. Aufsehen erregende Funde führten zur finanziellen Unterstützung durch die Rockefeller Stiftung und 1929 konnte der vollständige Schädel des Sinanthropus pekinensis präsentiert werden. Genauere Untersuchungen ergaben ein Alter von 430 000–240 000 Jahren. Seit den kriegerischen Auseinandersetzungen der Jahre 1937–1945 sind die Hauptfundstücke zwar verschollen, aber es kamen nach 1949 wieder viele Knochen und Schädel aus späteren Zeiten zutage. Von den wohl für immer verschwundenen Hauptfunden existieren jedoch genaue Text- und Bilddokumentationen. Die Fülle der aufgefundenen Steinwerkzeuge (über 100 000 Einzelstücke) machen jedoch Zhoukoudian ohnehin zu einer der wichtigsten Fundstellen, die nachweislich bis etwa 12 000 v. Chr. auch noch von Menschen der Jungsteinzeit besiedelt war.

Zhoushan Chinas größte Inselgruppe Zhoushan im ostchinesischen Meer ist seit der Song-Dynastie (960–1279) Chinas bedeutendstes Fischereizentrum mit gegenwärtig 10 500 Fischkuttern. Die gesamte Inselgruppe besteht aus nicht weniger als 1339 Inseln, die sich über ein Gebiet von 22 200 Quadratkilometer verteilen. Die Hauptinsel Zhoushan (mit dem gleichnamigen Hauptort) ist 502 Quadratkilometer groß und sieht aus wie ein Schiff (Zhou). Da die Insel gebirgig ist, wurde Zhou mit Shan (Berg) kombiniert und dieser Name auf die gesamte Inselwelt übertragen, die außerhalb der Mündung des Jangtse und der Flüsse Qiantang und Yong liegen. Die Vermischung warmer und kalter Strömungen und das subtropische Klima sorgen dafür, dass die Fische hier reichlich Nahrung finden. Gefangen werden hauptsächlich Gelbfische, Tintenfische, Bandfische, Muscheln, Geißelgarnelen und Abalonen, auch Purpurtang wird eingebracht. Von der rund eine Million zählenden Einwohnerschaft der Inselwelt beschäftigt sich etwa ein Viertel direkt mit der Fischerei. Durch Überfischung und Wasserverschmutzung ging jedoch schon im letzten Jahrzehnt vor dem Jahr 2000 der Ertrag aller Fischer fühlbar zurück, sodass nunmehr von zahlreichen Familien ein Ausweg in Form der Fisch- und Garnelenzucht gesucht wird.

Zhouyang Zhouyang, eine Kleinstadt östlich von Zhenjiang an der Bahnlinie Shanghai-Nanking gelegen, kann sich rühmen, zehn Kaisergräber aus den Dynastien Qi (479–502) und Liang (502–557) zu beherbergen. Die einstigen Bauten sind alle verschwunden, aber Stelen, Pfeiler und Fabeltiere aus Stein blieben erhalten. In ihrem Selbstwertgefühl verkörperten die Kaiser dieser beiden Dynastien das eigentliche China gegenüber den Nördlichen Wei im Norden des Landes – ähnlich wie die nachfolgende Chen-Dynastie, auf die dann die erneute Reichseinigung unter den Sui im Jahr 581 folgte.

Zhuang-Nationalität Die zahlenmäßig größte nationale Minderheit in China stellt das Volk der Zhuang mit über 13,5 Millionen Angehörigen dar. 12 Millionen von ihnen leben überwiegend im Autonomen Gebiet der Zhuang-Nationalität Guangxi in den Gegenden Nanning, Bose, Hechi und Liuzhou und der Rest ist auf besondere Kreise in den Provinzen Yunnan, Guangdong, Guizhou und Hunan verteilt. Wo es möglich ist, wohnen die Zhuang in eigenen Dörfern, viele aber leben mit anderen Nationalitäten wie Yao, Miao, Dong, Mulao und Maonan zusammen. Die Zhuang-Sprache gehört zum Zhuang-Dai-Sprachzweig in der Zhuang-Dong-Sprachgruppe der sinotibetischen Sprachfamilie. Das Siedlungsgebiet der Zhuang in Guangxi ist vielgestaltig, große Gebirge wechseln sich ab mit hügeligen Beckenlandschaften, pittoreske Karstgegenden mit herrlichen Flusslandschaften wie etwa bei Guilin. Im Süden grenzt das Gebiet auch an den Golf von Tonking, wo sich die beiden wichtigen Hafenstädte Beihai und Fangheng befinden. Reichliche Niederschlagsmengen lassen in dem milden, zum Teil auch feuchtheißen Klima Wasserreis, alle Obstsorten, Mais, Kartoffeln, Bananen, Litschi, Ananas, Pampelmusen und Mango gedeihen. In großen Plantagen wachsen Teesträucher, Tungölbäume, Zimtbäume und viele andere Nutzpflanzen. Überdies birgt die Erde viele Bodenschätze, darunter auch Gold, Wolfram und Erdöl. Das kulturelle Erbe der Zhuang ist beachtlich und die ungebrochene Kreativität auf künstlerischem Gebiet ist chinaweit bekannt. In der Musik und Malerei haben die Zhuang Beachtliches geleistet, ebenso auf dem Gebiet des Kunsthandwerks. Lange Zeit wurden Mythen, Sagen, Märchen, Legenden, Erzählungen und Lieder der Zhuang nur mündlich überliefert. Im Jahre 1955 wurde jedoch auf der Grundlage des lateinischen Alphabets eine eigene Zhuang-Schrift geschaffen, sodass nunmehr eine reichhaltige Literatur dieses Volkes vorliegt und bereits eigene Zhuang-Opern zur Aufführung gelangen. Die Zhuang sind von alters her Animisten, wurden jedoch schon in der Tang-Dynastie stark vom Daoismus beeinflusst. Zum chinesischen Kaiserreich gehörten die Zhuang bereits seit dem Jahre 214 v. Chr., als der erste Kaiser der Qin-Dynastie 500 000 Soldaten auf fünf Routen in das gesamte Gebiet Lingnan vorrücken und nach der Eroberung Präfekturen einrichten ließ. Die meisten nachfolgenden Dynastien bedienten sich im Zhuang-Gebiet einheimischer Beamtenschichten, die sich im Laufe der Zeit viele feudale Privilegien aneignen und ihre Posten auch vererben konnten. Zahlreiche Bauernaufstände gegen diese örtlichen Machthaber waren zu verzeichnen. Seit der Song-Dynastie griffen bis zur Ming-Dynastie immer wieder größere Verbände japanischer Piraten die Küstenlandschaften des Zhuang-Gebietes an und mussten des Öfteren mit hohen eigenen Verlusten zurückgeschlagen werden. Im 19. Jahrhundert schlossen sich zahlreiche Zhuang der aufständischen Taiping-Armee bei ihrem Marsch nach Norden in den fünfziger Jahren an, während in den Jahren 1870–1885 viele Zhuang-Soldaten die Vietnamesen in ihrem Kampf gegen Frankreich unterstützten. Grund war die erkennbare Zielrichtung der französischen Kolonialarmee, auf das Zhuang-Gebiet vorzurücken und Teile davon ihrem Kolonialreich anzugliedern. Am Zhennan-Pass kämpften 1885 reguläre Han-Truppen unter dem Qing-General gemeinsam mit Zhuang-Freiwilligen in der »Schwarzen Flagge Armee« gegen Frankreich und stoppten durch ihren damaligen Sieg den Vormarsch der Franzosen nach Südchina für immer, wenigstens in diesem Teil des damals noch existierenden Kaiserreiches. Im Jahre 1930 errichteten die Kommunisten im Zhuang-Gebiet unter ihrem damaligen Politkommissar Deng Xiaoping viele revolutionäre Zellen, sodass dann im Herbst dieses Jahres viele Zhuang-Soldaten den sog. Langen Marsch nach Norden mit der Roten Armee mitmachten. Nach der Ausrufung der Volksrepublik China im Jahr 1949 wurden im Zhuang-Gebiet vor allem eine Unzahl von Bewässerungsanlagen geschaffen, die zu einer schnellen Steigerung der Getreideproduktion in den Folgejahren führten.

Zhuangzi Zhuangzi (Chuang Tzu, 350–275 v. Chr.) gilt nach Laozi (Laotse) als der große Philosoph der daoistischen Schule, dessen gesammelten Werke in Prosa gleichzeitig zu den bedeutendsten Dichtungen des Zeitalters der Streitenden Reiche zählen. Zhuangzi trug wesentlich dazu bei, dass der Daoismus sowohl als philosophische Schule als auch im ganzen Reich verbreitete Religion die gesamte chinesische Zivilisation tief beeinflussen konnte.

Zhuanxu Mythischer Herrscher des chinesischen Altertums, der von verschiedenen Nachkommen des Zhou-Herrscherhauses als halbgöttlicher Ahnherr verehrt wurde.

Zhu De Zhu De (1885–1976) kann als der wichtigste Militärführer des revolutionären China gelten, war lange Zeit Oberkommandierender der Volksbefreiungsarmee und nach der Gründung der Volksrepublik China Stellvertretender Staatspräsident und schließlich Vorsitzender des Nationalen Volkskongresses. Geboren 1885 im Kreis Yilung, Provinz Sichuan, erhielt er als Sohn eines reichen Bauern eine klassische chinesische Ausbildung und besuchte dann die Höhere Lehrerbildungsanstalt in Chengdu, um anschließend ein Jahr als Sportlehrer tätig zu sein. 1909 trat er in die Militärakademie der Provinz Yunnan in Kunming ein und ließ sich zum Offizier ausbilden. Noch vor dem Sturz der Qing-Dynastie wurde er Leutnant und wurde dann nahtlos von der republikanischen Armee übernommen. Bereits 1916, mit 31 Jahren, war er General. Zhu De konnte für sich Urlaub erwirken, lebte von 1919 bis 1922 in Shanghai und begab sich dann auf eine ausgedehnte Europareise. In Berlin traf er mit Zhou Enlai zusammen, der ihn in die KPCh aufnahm und ihm einen Platz an der für Asiaten eingerichteten Hochschule in Moskau verschaffte. 1926 kehrte er nach China zurück, wo er sich am gescheiterten Nanchang-Aufstand beteiligte und danach zu Mao Zedong stieß, der in Jiangxi das Führungszentrum der KPCh aufgebaut hatte. Zhu De erhielt bald nach seiner Ankunft den militärischen Oberbefehl, während Mao sich auf die politische Führung beschränkte. 1934 wurde er zum Mitglied des Politbüros gewählt und trat dann mit Mao den Langen Marsch an. In der Folgezeit blieb er der unangefochtene Chef der kommunistischen Verbände und trug mit seinen klugen strategischen Entscheidungen wesentlich zum Sieg der Kommunisten über Chiang Kai-shek bei. Als Stellvertretender Staatspräsident unternahm er zahlreiche Reisen in sozialistische Staaten und blieb dann bis zu seinem Tode mit 91 Jahren Vorsitzender des Nationalen Volkskongresses.

Zhujiajiao Etwa 40 Kilometer südwestlich von Shanghai, zwischen der Stadt Qingpu und dem Dianshan-See liegt die alte, ganz am Wasser liegende Handelsstadt Zhujiajiao, die schon seit der Song-Dynastie als Umschlagsplatz von Waren aller Art bekannt und beliebt war. Die Stadt, ganz an einem Nebenfluss des Huangpu Jiang gelegen, war stets per Schiff gut zu erreichen, behielt auch in der Yuan-Dynastie ihre kommerzielle Bedeutung und kam ziemlich gut erhalten durch die Stürme der Zeiten bis in die Gegenwart. Da an beiden Seiten des Flusses sich die Häuser entlang ziehen, verbinden 36 kleinere Brücken die Ufer miteinander. Die Stadt gilt als ein natürliches Film-Studio und wird daher als Hollywood von Shanghai apostrophiert, ein Name, den ihr gut 60 Filme eingetragen haben, die in Zhujiajiao produziert worden sind.

Zhurong Mythische Feuergottheit des chinesischen Altertums, die von verschiedenen Abkömmlingen des Zhou-Herrscherhauses als Ahn verehrt wurde.

Zibo Die Stadt Zibo in der Provinz Shandong liegt an der Bahnstrecke Jinan-Qingdao und führt seine Geschichte bis auf das Jahr 1066 v. Chr. zurück. Lange Zeit war Zibo Hauptstadt des Fürstentums Qi. Bei Ausgrabungen kamen die Ruinen von Palästen und Stadtmauern zutage, und aus der Frühlings- und Herbstperiode (770–476 v. Chr.) die Skelette von rund 600 Pferden, die mit einem Fürsten damals lebendig begraben wurden, damit sie ihm im Jenseits dienen könnten. Zibo war in der Vergangenheit auch als Porzellanstadt bekannt und ist die Heimat von Pu Sunling (1640–1715), einem Schriftsteller der Qing-Zeit, der für seine Geistergeschichten bekannt ist.

Zi Chan Zi Chan (auch Gongsun Qiao), chinesischer Diplomat des kleinen Staates Zheng, dem er längere Zeit Frieden bescheren konnte, da er durch Verhandlungen seine mächtigen Nachbarn gegeneinander ausspielen konnte. Zi Chan war der erste Staatsmann der chinesischen Geschichte, der Gesetzestexte schriftlich fixieren ließ. Zi Chan starb 536 v. Chr.

Zongli yamen Der Begriff Zongli yamen ist eine Abkürzung von Zongli geguo shiwu yamen (Büro für die Angelegenheiten verschiedener Länder) und bezeichnet eine Vorform des späteren chinesischen Außenministeriums. Bis zum Jahre 1861 hatte China nie ein solches Ministerium eingerichtet, denn dies hätte bedeutet, dass man andere Nationen als gleichrangig hätte behandeln müssen. Als nun aber England nach den beiden Opiumkriegen für sich und andere Staaten die Öffnung von Vertragshäfen erzwungen hatte und auch diplomatische Vertretungen in Peking anvisiert wurden, richtete man chinesischerseits das Zongli yamen ein, das jedoch keine eigene politische Linie verfolgen konnte, sondern völlig vom Kaiser und dem Großen Rat abhängig war. Die Entwicklung am Ende des Boxer-Aufstandes zwang dann China jedoch 1901 zur Einrichtung eines eigenen Außenministeriums (Waiwuhu) anstelle des Zongli yamen.

Zuangzi Das Zuangzi (Meister Zhuang) ist der Titel eines Meisterwerkes der alten chinesischen Literatur und zugleich das wichtigste Werk des Daoismus neben dem Daodejing. Zugeschrieben wird das Werk zwar Zhuang Zhou aus dem 4. Jh. v. Chr., es stammt jedoch aus etwas späterer Zeit und beschreibt in brillantem Stil das Leben daoistischer Weiser und ihren seligen Zustand, den man mit »Einswerden mit der Natur« umschreiben kann.

Zuozhuan Chinesisches Geschichtswerk (»Überlieferungen des Herrn Zuo«), das die Zeit von 770–481 v. Chr. behandelt, jedoch erst in der Zeit der »Streitenden Reiche« (480–221 v. Chr.) entstanden ist. Durch die Fülle der historischen Informationen stellt es das wohl wichtigste Werk über die Zeit der »Frühlings- und Herbstannalen« dar. Das Zuozhuan gilt jedoch gleichzeitig als literarisches Meisterwerk.

Zweite Reichsteilung Der Westlichen Jin-Dynastie waren nur 24 Jahre der Herrschaft über ganz China vergönnt, da drangen ab 304 n. Chr. bereits eine Reihe von Fremdvölkern vom Norden und Nordwesten her in das Reich ein und gründeten in der Zeit von 304–439 insgesamt die »Sechzehn Königreiche«, die entweder gleichzeitig oder auch nacheinander in Nordchina herrschten. Mit einigen Truppenteilen waren Nachfolger der Jin-Herrscher nach Süden geflohen und konnten dort in der Zeit von 317–420 n. Chr. die Östliche Jin-Dynastie errichten. Dieser kulturell durchaus beachtlichen Geschichtsperiode folgten dann auf dem gleichen südlichen Territorium folgende kurzlebigen Dynastien: Liu Song (420–479), Südliche Qi (479–502), Liang (502–557) und Chen (557–589), diese letzte Dynastie mündete dann in die Sui-Dynastie ein. Im Norden dagegen hatte ein starkes Steppenvolk, die Tuoba Wei, in langanhaltenden Kämpfen die verbleibenden Throne der »Sechzehn Königreiche« beseitigen und die Nördliche Wei-Dynastie (386–534) begründen können. Diese für den

Buddhismus so überaus wichtige Dynastie im Norden Chinas spaltete sich vor der nächsten Reichseinigung noch in eine Östliche und Westliche Wei-Dynastie, in eine Nördliche Qi und eine Nördliche Zhou-Dynastie auf und machte dann den Weg frei für die Sui-Dynastie, die 581 wieder den gesamtchinesischen Anspruch vertreten konnte.

Chronologie

Vorzeit

Yuanmou-Mensch	1,7 Millionen Jahre
Provinz Yunnan	(entdeckt 1965)
Lantian-Mensch	600 000 Jahre
Shaanxi	(entdeckt 1964)
Altpaläolithikum	500 000–150 000 v. Chr.
Peking-Mensch	500 000 Jahre
Zhoukoudian (Peking)	(entdeckt 1927)
Jinniushan-Mensch	280 000 Jahre
Liaoning	(entdeckt 1984)

Mittleres Paläolithikum
150 000–50 000 v. Chr.

Maba-Kultur
in Guangdong
Changyang-Kultur
in Hubei

Jüngeres Paläolithikum
50 000–15 000 v. Chr.

Shandingdong-Kultur
Hebei
Liujiang-Kultur
Guangxi
Yushu-Kultur
Heilongjiang

Mesolithikum
15 000–10 000 v. Chr.

Zhailai nuoer-Kultur
Innere Mongolei und Shaanxi

Neolithische Kulturen

Frühes Neolithikum	10 000–6000 v. Chr.
Huanghe-Kultur	
Jangzi-Kultur	
Fundorte in den unteren Talebenen	
Mittleres	6000–5000 v. Chr.
und Spätes Neolithikum	5000–2100 v. Chr.
Peiligang- und Cishan-Kultur (Zentralebene)	ca. 6000–3000 v. Chr.
Xinglongqing-Kultur (Innere Mongolei Liaoning)	6000–4000 v. Chr.
Xingliangang-Kultur (Unterlauf des Gelben Flusses)	5400–4400 v. Chr.
Majiabang-Kultur (Unterlauf des Jangtse)	5000–4000 n. Chr.
Hemudu-Kultur (Unterlauf des Jangtse)	5000–3300 v. Chr.
Yangshao-Kultur (Mittellauf des Gelben Flusses)	5000–3000 v. Chr.
Majiayao-Kultur = Yangshao-Kultur in Gansu	5000–3000 v. Chr.
Daxi-Kultur (Zentralchina)	4500–2500 v. Chr.
Dawenkou-Kultur (Unterlauf des Gelben Flusses)	4300–2500 v. Chr.
Songze-Kultur (Unterlauf des Jangtse)	3900–3300 v. Chr.
Hongshan-Kultur (Nordchina)	3500–2200 v. Chr.
Liangzhu-Kultur (Unterlauf des Yangtse)	3300–2200 v. Chr.
Banshan- und Machang-Kultur (Nordwesten)	3200–1500 v. Chr.
Henan-Longshan-Kultur (Mittelauf des Gelben Flusses)	2600–2000 v. Chr.
Shaanxi-Longshan-Kultur (Mittellauf des Gelben Flusses)	2300–2000 v. Chr.
Shandong-Longshan-Kultur (Unterlauf des Gelben Flusses)	2300–2000 v. Chr.
Qijia-Kultur (Oberes Einzugsgebiet des Gelben Flusses)	2000–1600 v. Chr.

Xindian-Kultur	um 1000 v. Chr.
(Oberes Einzugsgebiet des Gelben Flusses)	
Legendäre Xia-Dynastie	2100–1751 v. Chr.
(Beginn der Bronzezeit)	
Shang-Dynastie	1751–1066 v. Chr.
(Herrschernamen und Regierungszeiten nach der traditionellen chinesischen Chronologie)	
Ältere Shang-Dynastie	
Cheng Tang	1751–1738 v. Chr.
Tai jia	1738–1726 v. Chr.
Wuding	1726–1697 v. Chr.
Taigeng	1697–1672 v. Chr.
Xiaojia	1672–1655 v. Chr.
Yongji	1655–1643 v. Chr.
Taiwu	1643–1568 v. Chr.
Zhongding	1568–1557 v. Chr.
Wairen	1557–1533 v. Chr.
Hetan	
Zuyi	1533–1513 v. Chr.
Zuxin	1513–1472 v. Chr.
Wojia	
Zuding	1472–1440 v. Chr.
Nangeng	1440–1398 v. Chr.
Yangjia	
Jüngere Shang-Dynastie oder Yin-Dynastie	
Pangeng	1398–1370 v. Chr.
Xiaoxin	1370–1349 v. Chr.
Xiaoyi	1349–1339 v. Chr.
Wuding	1339–1280 v. Chr.
Zugeng	1280–1273 v. Chr.
Zujia	1273–1240 v. Chr.
Linxin	1240–1226 v. Chr.
Gengding	
Wuyi	1226–1209 v. Chr.
Taiding	
Di Yi	1209–ca. 1154 v. Chr.
Zhouxin	ca. 1154 v. Chr.
Übergangsperiode: schwankende Angaben	
Nach alten Angaben endgültiger Sieg der Zhou über die Shang:	erst 1027 v. Chr.

Zhou-Dynastie	(1066–221 v. Chr.)
Westliche Zhou-Dynastie	1066– 770 v. Chr.
Wu wang	1066–1063 v. Chr.
Cheng wang	1063–1026 v. Chr.
Kang wang	1026–1000 v. Chr.
Zhao wang	1000– 976 v. Chr.
Mu wang	976– 921 v. Chr.
Gong wang	921– 909 v. Chr.
Yi wang	909– 884 v. Chr.
Xiao wang	884– 869 v. Chr.
Yi wang	869– 857 v. Chr.
Li wang	857– 827 v. Chr.
Xuan wang	827– 781 v. Chr.
You wang	781– 770 v. Chr.
Östliche Zhou-Dynastie	770– 221 v. Chr.
Unterteilung: Chunqiu-Periode (= Frühling-Herbst-Periode):	770– 476 v. Chr.
Ping wang	770– 719 v. Chr.
Huan wang	719– 696 v. Chr.
Zhuang wang	696– 681 v. Chr.
Li wang	681– 676 v. Chr.
Hui wang	676– 651 v. Chr.
Huai wang	651– 618 v. Chr.
Qing wang	618– 612 v. Chr.
Kuang wang	612– 606 v. Chr.
Ding wang	606– 585 v. Chr.
Ling wang	585– 544 v. Chr.
Jing wang	544– 519 v. Chr.
Jing wang	519– 475 v. Chr.
Zeit der Streitenden Reiche (= Zhanguo-Periode)	475– 221 v. Chr.
Yuang wang	475– 468 v. Chr.
Zhengding wang	468– 441 v. Chr.
Kao wang	440– 425 v. Chr.
Weilie wang	425– 403 v. Chr.
An wang	401– 375 v. Chr.
Lie wang	375– 368 v. Chr.
Xian wang	368– 320 v. Chr.
Shenjing wang	320– 314 v. Chr.
Nan wang	314– 249 v. Chr.

Von den sich bekämpfenden Reichen Han, Zhao, Wei, Qi, Qin, Chu und Yan obsiegt Qin und einigt das Reich.

Qin-Dynastie	221–206 v. Chr.
Qin shihuang di	221–209 v. Chr.
Er shihuang di	209–206 v. Chr.
Westliche Han-Dynastie	
Gao di (Gao zu)	202–194 v. Chr.
Hui di	194–187 v. Chr.
Lü hou	187–180 v. Chr.
Wen di	179–156 v. Chr.
Jing di	156–140 v. Chr.
Wu di	140– 86 v. Chr.
Zhao di	86– 73 v. Chr.
Xuan di	73– 48 v. Chr.
Yuan di	48– 32 v. Chr.
Chang di	32– 6 v. Chr.
Ai di	6– 1 v. Chr.
Ping di	1 v. Chr.–6 n. Chr.
Herrschaft des Wang Mang oder Xin-Dynastie	
Wang Mang	9– 23 n. Chr.
Östliche Han-Dynastie	
Guangwu di	25– 58 n. Chr.
Ming di	58– 76 n. Chr.
Chang di	76– 89 n. Chr.
He di	89–106 n. Chr.
Shang di	106–107 n. Chr.
An di	107–126 n. Chr.
Shun di	126–145 n. Chr.
Zhong di	145–146 n. Chr.
Zhi di	146–147 n. Chr.
Huan di	147–168 n. Chr.
Ling di	168–189 n. Chr.
Shao di	189 n. Chr.
Xian di	189–220 n. Chr.
Zeit der Drei Reiche	(220–280 n. Chr.)
Königreich Wei	
Wen di	220–227 n. Chr.
Ming di	227–240 n. Chr.
Qi wang	240–254 n. Chr.

Fürst von Gaoguixi	254–260 n. Chr.
Wei wang	260–265 n. Chr.
Königreich Shu (= Shu-Han)	
Zhaolie di	221–223 n. Chr.
Liu houzhu	223–263 n. Chr.
Königreich Wu	
Da di	220–252 n. Chr.
Wu zhu	252–258 n. Chr.
Jing di	258–264 n. Chr.
Wei di	264–280 n. Chr.
Westliche Jin-Dynastie	
Wu di	265–290 n. Chr.
Hui Di	290–307 n. Chr.
Huai di	307–313 n. Chr.
Min di	313–316 n. Chr.
Östliche Jin-Dynastie	
Yuan di	317–323 n. Chr.
Ming di	323–326 n. Chr.
Cheng di	326–343 n. Chr.
Kang di	343–345 n. Chr.
Mu di	345–362 n. Chr.
Ai di	362–366 n. Chr.
Fei di	366–371 n. Chr.
Jianwen di	371–373 n. Chr.
Xiaowu di	373–397 n. Chr.
An di	397–419 n. Chr.
Hong di	419–420 n. Chr.

Im Jahr 304 dringen endgültig nomadische »Barbaren« ins Reichsgebiet ein und gründen im Norden «Sechzehn Staaten« (304–439):

Cheng Han	(304–347)
Han (Frühes Zhao)	(304–329)
Späteres Zhao	(319–350)
Früheres Yan	(337–370)
Früheres Liang	(320–376)
Früheres Qin	(351–394)
Späteres Qin	(384–417)
Späteres Yan	(384–409)
Westliches Qin	(385–431)
Späteres Liang	(385–403)

Nördliches Liang	(397–439)
Südliches Liang	(397–414)
Südliches Yan	(398–410)
Westliches Liang	(400–421)
Xia	(407–431)
Nördliches Yan	(409–436)

Seit 386 rückten die Stämme der Toba Wei ebenfalls aus den Steppen vor, erobern und absorbieren sukzessive die »Sechzehn Staaten« und gründen im Norden folgende 5 Staaten (386–581).

Nördliches Wei-Reich (= Bei Wei)	(386–534)
Daowu di	386–409 n. Chr.
Mingyuan di	409–424 n. Chr.
Taiwu di	424–452 n. Chr.
Wencheng di	452–466 n. Chr.
Xianwen di	466–471 n. Chr.
Xiaowen di	471–500 n. Chr.
Xuanwu di	500–516 n. Chr.
Xiaoming di	516–528 n. Chr.
Xiaozhuang di	528–530 n. Chr.
Donghai wang	530–531 n. Chr.
Jiamin di	531–532 n. Chr.
Xiaowu di	532 n. Chr.
Xiaojing di	534–550 n. Chr.
West-Wei-Reich	
Wen di	535–552 n. Chr.
Hong di	554–556 n. Chr.
Ost-Wei-Reich	
Jing Di	534–550 n. Chr.
Nördliches Qi-Reich	
Wenxuan di	550–560 n. Chr.
Wucheng di	561–577 n. Chr.
Nördliches Zhou-Reich	
Min di	557 n. Chr.
Ming di	557–561 n. Chr.
Wu di	561–579 n. Chr.
Xuan di	579–581 n. Chr.

Im Süden, der von den Invasionen der nördlichen »Barbaren« verschont blieb, folgten auf die Westliche und Östliche Jin-Dynastie weitere vier Dynastien, die mit den beiden vorangegangenen Jin-Dynastien die sog. »Sechs Dynastien« ergeben:

Liu Song-Dynastie	
Wu di	420–423 n. Chr.
Shao di	423–424 n. Chr.
Wen di	424–454 n. Chr.
Xiaowu di	454–465 n. Chr.
Fei di	465 n. Chr.
Ming di	465–473 n. Chr.
Fei di	473–477 n. Chr.
Shun di	477–479 n. Chr.
Südliche Qi-Dynastie	
Gao di	479–483 n. Chr.
Wu di	483–494 n. Chr.
Ming di	494–499 n. Chr.
Dongkun hou	499–501 n. Chr.
He di	501–502 n. Chr.
Liang Dynastie	
Wu di	502–550 n. Chr.
Jianwen di	550–551 n. Chr.
Yünchang wang	551–552 n. Chr.
Yuan di	552–555 n. Chr.
Jing di	555–557 n. Chr.
Chen-Dynastie	
Wu di	557–560 n. Chr.
Wen di	560–567 n. Chr.
Xuan di	567–583 n. Chr.

Im Norden konnten inzwischen die Nördlichen Zhou 577 die Nördlichen Qi besiegen und ein starkes Reich gründen, in dem jedoch vier Jahre später ein aufständischer Zhou-General, Yang Jian, den Thron usurpierte und die Sui-Dynastie gründete.

Sui-Dynastie	(581–618)
Wen di	581–605 n. Chr.
Yang di	605–618 n. Chr.
Tang Dynastie	(618–906)
Gao zu	618–627 n. Chr.
Tai zong	627–650 n. Chr.
Gao zong	650–684 n. Chr.

Zhong zong	684 n. Chr.
Jui zong	684 n. Chr.
Lü hou	684–705 n. Chr.
Zhong zong	705–710 n. Chr.
Jui zong	710–712 n. Chr.
Xuan zong	712–756 n. Chr.
Su zong	756–763 n. Chr.
Tai zong	763–780 n. Chr.
De zong	780–805 n. Chr.
Shun zong	805–806 n. Chr.
Xian zong	806–821 n. Chr.
Mu zong	821–825 n. Chr.
Jing zong	825–827 n. Chr.
Wen zong	827–841 n. Chr.
Wu zong	841–847 n. Chr.
Xuan zong	847–860 n. Chr.
Yi zong	860–874 n. Chr.
Xi zong	874–889 n. Chr.
Zhao zong	889–905 n. Chr.
Zweite Reichsteilung	(906–960)

Zeit der Fünf Dynastien (Wudai) und der Zehn Reiche (Shiguo).
Im Kernland Chinas mit den Hauptstädten Luoyang und Kaifeng folgen nachstehende Dynastien aufeinander:

Spätere Liang-Dynastie	
Tai zu	907–915 n. Chr.
Mo zu	915–922 n. Chr.
Spätere Tang-Dynastie	
Zhuang zong	923–926 n. Chr.
Ming zong	926–934 n. Chr.
Min zong	934 n. Chr.
Fei di	934–936 n. Chr.
Spätere Jin-Dynastie	
Gao zu	936–943 n. Chr.
Qi wang	943–946 n. Chr.
Spätere Han-Dynastie	
Gao zu	947–948 n. Chr.
Yin di	948–951 n. Chr.
Spätere Zhou Dynastie	
Tai zu	951–954 n. Chr.

Shi zong	954–960 n. Chr.
Hong di	960 n. Chr.

Die Zehn Reiche (Shiguo)

Wu	(920–937)
in Anhui, Jiangxi und Hubei	
Wuyue	(907–978)
in Jiangsu und Zhejiang	
Südliche Han	(907–971)
in Guangdong und Guangxi	
Chu	(907–971)
in Henan und Teilen Guangxis	
Frühere Shu	(907–925)
in Gansu, Shaanxi und Hubei	
Min	(909–945)
in Fujian	
Jingnan	(924–965)
in Hubei	
Spätere Shu	(934–965)
in Sichuan und West Hubei	
Südliche Tang	(957–975)
in Teilen von Jiangsu, Anhui, Fujian, Jiangxi und Hubei	
Nördliche Han	(951–979)
in Teilen von Shaanxi, Shanxi und Hebei	

Im Nordosten hatten ab 907 die Khitan die Liao-Dynastie gegründet und stießen weiter nach Süden vor.

Liao-Dynastie

Tai zu	907– 927 n. Chr.
Tai zong	927– 947 n. Chr.
Shi zong	947– 951 n. Chr.
Mu zong	951– 968 n. Chr.
Jing zong	968– 983 n. Chr.
Sheng zong	983–1031 n. Chr.
Xing zong	1031–1055 n. Chr.
Dao zong	1055–1101 n. Chr.
Tian zuo	1101–1124 n. Chr.

Die erneute Reichseinigung gelingt 960 mit Ausnahme von Teilgebieten im Nordosten und Nordwesten durch die Herrscher der Song-Dynastie.

Song-Dynastie	(960–1279)
Unterteilung:	
Nördliche Song-Dynastie	(960–1126)
Tai zu	960–976 n. Chr.
Tai zong	976–998 n. Chr.
Zhen zong	998–1023 n. Chr.
Ren zong	1023–1064 n. Chr.
Ying zong	1064–1068 n. Chr.
Shen zong	1068–1086 n. Chr.
Zhe zong	1086–1101 n. Chr.
Hui zong	1101–1126 n. Chr.
Qin zong	1126 n. Chr.
Südliche Song-Dynastie	(1126–1279)
Gao zong	1127–1163 n. Chr.
Xiao zong	1163–1190 n. Chr.
Guang zong	1190–1195 n. Chr.
Ning zong	1195–1225 n. Chr.
Li zong	1225–1265 n. Chr.
Du zong	1265–1275 n. Chr.
Hong di	1275–1276 n. Chr.
Duan zong	1276–1278 n. Chr.

Im Nordwesten hatten die Tanguten 1038 die Xixia-Dynastie gegründet.

Xixia-Dynastie	(1038–1227)

Nach der Vernichtung der Liao-Dynastie durch die Jin zog ein Teil des Liao-Volkes nach Ostturkestan und gründete dort das Reich der

Westlichen Liao	(1125–1168)
De zong	1125–1136 n. Chr.
Gantian hou	1136–1142 n. Chr.
Ren zong	1142–1154 n. Chr.
Cheng tian	1154–1168 n. Chr.
Mo zhu	1168 n. Chr.

Im Nordosten und Norden Chinas erstarkte die Jin-Dynastie.

Jin-Dynastie	(1125–1239)
Tai zu	1115–1123 n. Chr.
Tai zong	1123–1135 n. Chr.
Xi zong	1135–1149 n. Chr.
Hailing wang	1149–1161 n. Chr.
Shi zong	1161–1190 n. Chr.
Zhang zong	1190–1209 n. Chr.
Weizhao wang	1209–1213 n. Chr.
Xuan zong	1213–1224 n. Chr.
Ai Zong	1224–1234 n. Chr.
Mo di	1234 n. Chr.
Mongolenherrschaft	
Yuan-Dynastie	(1279–1368)

Kublai-Khan, bereits seit 1260 als Kaiser Shizu auf dem chinesischen Thron begründet die Yuan-Dynastie.

Shizu	(1260–1294)
Cheng zong	1295–1308 n. Chr.
Wu zong	1308–1312 n. Chr.
Ren zong	1312–1321 n. Chr.
Ying zong	1321–1324 n. Chr.
Taiding	1324–1329 n. Chr.
Ming zong	1329–1330 n. Chr.
Wen di	1330–1333 n. Chr.
Shun di	1333–1368 n. Chr.

Ming-Dynastie (1368–1644)

Taizu	1368–1398 (31 Regierungsjahre)
Name:	Zhu Yuanzhang
Regierungsperiode:	Hongwu (= Gewaltiges Kriegertum)
Mausoleum:	Xiaoling in Nanking
Huidi	1399–1402 (4 Regierungsjahre)
Name:	Zhu Yunwen
Regierungsperiode:	Jianwen (= Kulturförderung)
Mausoleum:	Grab unbekannt
Chengzu	1403–1424 (22 Regierungsjahre)
Name:	Zhu Di
Regierungsperiode:	Yongle (= Ewige Freude)
Mausoleum:	Changling (Ming-Gräber)

Renzong	1425 (1 Regierungsjahr)
Name:	Zhu Gaochi
Regierungsperiode:	Hongxi (= Umfassende Wohlfahrt)
Mausoleum:	Xianling (Ming-Gräber)
Xuanzong	1426–1435 (10 Regierungsjahre)
Name:	Zhu Zhanji
Regierungsperiode:	Xuande (= Verkündung der Tugend)
Mausoleum:	Jingling (Ming-Gräber)
Yingzong	1436–1449 (14 Regierungsjahre)
Name:	Zhu Qizhen
Regierungsperiode:	Zhengtong (= Gerechte Herrschaft)
Mausoleum:	Yuling (Ming-Gräber)
Daizong	1450–1456 (7 Regierungsjahre)
Name:	Zhu Qiyu
Regierungsperiode:	Jingtai (=Glücklicher Zustand)
Mausoleum:	Grab in der Westlichen Hügeln bei Peking

Zum zweiten Mal Kaiser in neuer Regierungsperiode:

Yingzong	1457–1464 (8 Regierungsjahre)
Name:	Zhu Qizhen
Regierungsperiode:	Tianshun (= Himmlische Harmonie)
Mausoleum:	Yuling (Ming-Gräber)
Xianzong	1465–1487 (23 Regierungsjahre)
Name:	Zhu Jianshen
Regierungsperiode:	Chenghua (= Gelingender Wandel)
Mausoleum:	Maoling (Ming-Gräber)
Xiaozong	1488–1505 (18 Regierungsjahre)
Name:	Zhu Youtang
Regierungsperiode:	Hongzhi (= Umfassende Ordnung)
Mausoleum:	Tailing (Ming-Gräber)
Wuzong	1506–1521 (16 Regierungsjahre)
Name:	Zhu Houzhao
Regierungsperiode:	Zhengde (= Wahre Tugend)
Mausoleum:	Kangling (Ming-Gräber)
Shizong	1522–1566 (45 Regierungsjahre)
Name:	Zhu Houzong
Regierungsperiode:	Jiajing (= Lobenswerte Befriedung)
Mausoleum:	Yongling (Ming-Gräber)
Muzong	1567–1572 (6 Regierungsjahre)
Name:	Zhu Zaihou

Regierungsperiode:	Longqing (= Feierliche Erhabenheit)
Mausoleum:	Zhaoling (Ming-Gräber)
Shenzong	1573–1620 (48 Regierungsjahre)
Name:	Zhu Yijun
Regierungsperiode:	Wanli (= Tausendfache Nachfolge)
Mausoleum:	Dingling (Ming-Gräber)
Guangzong	1620 (1 Regierungsmonat)
Name:	Zhu Changluo
Regierungsperiode:	Taichang
Mausoleum:	Qingling (Ming-Gräber)
Xizong	1621–1627 (7 Regierungsjahre)
Name:	Zhu Youxiao
Regierungsperiode:	Tianqi (= Göttliche Belehrung)
Mausoleum:	Deling (Ming-Gräber)
Sizong	1628–1644 (17 Regierungsjahre)
Name:	Zhu Youjian
Regierungsperiode:	Chongzhen (= Erhabenes Wissen)
Mausoleum:	Siling (Ming-Gräber)

Qing-Dynastie (1644–1911)

Shizu	1644–1661 (18 Regierungsjahre)
Name:	Aisin-Gioro Fu Lin
Regierungsperiode:	Shunzi (= Respektierte Herrschaft)
Mausoleum:	Xiaoling (Östliche Qing-Gräber)
Shengzu	1662–1722 (61 Regierungsjahre)
Name:	Aisin-Gioro Xuan
Regierungsperiode:	Kangxi (= Aufblühende Wohlfahrt)
Mausoleum:	Jingling (Östliche Qing-Gräber)
Shizong	1723–1735 (13 Regierungsjahre)
Name:	Aisin-Gioro Yin Zhen
Regierungsperiode:	Yongzheng (= Aufrichtige Eintracht)
Mausoleum:	Tailing (Westliche Qing-Gräber)
Gaozong	1736–1795 (60 Regierungsjahre)
Name:	Aisin-Gioro Hong Li
Regierungsperiode:	Qianlong (= Himmlischer Wohlstand)
Mausoleum:	Yuling (Östliche Qing-Gräber)
Renzong	1796–1820 (25 Regierungsjahre)
Name:	Aisin-Gioro Yong Yan
Regierungsperiode:	Jiaqing (= Freudige Belobigung)
Mausoleum:	Changling (Westliche Qing-Gräber)
Xuanzong	1821–1850 (30 Regierungsjahre)
Name:	Aisin-Gioro Min Ning

Regierungsperiode:	Daoguang (= Leuchtendes Ziel)
Mausoleum:	Muling (Westliche Qing-Gräber)
Wenzong	1851–1861 (11 Regierungsjahre)
Name:	Aisin-Gioro Yi Zhu
Regierungsperiode:	Xianfeng (= Allgemeiner Reichtum)
Mausoleum:	Dingling (Östliche Qing-Gräber)
Muzong	1862–1874 (13 Regierungsjahre)
Name:	Aisin-Gioro Zai Chun
Regierungsperiode:	Tongzhi (= Gemeinsame Herrschaft)
Mausoleum:	Huiling (Östliche Ming-Gräber)
Dezong	1875–1908 (34 Regierungsjahre)
Name:	Aisin-Gioro Zhi Tian
Regierungsperiode:	Guangxu (Glänzende Nachfolge)
Mausoleum:	Chongling (Westliche Qing-Gräber)
Xuandi	1909–1911 (3 Regierungsjahre)
Name:	Aisin-Gioro Pu Yi
Regierungsperiode:	Xuantong (= Verkündete Einheit)
Urnenbestattung:	in Peking

10.10.1911	Ausrufung der Republik China durch Sun Yat-sen.
01.01.1912	Wahl Sun Yat-sens zum Präsidenten durch die Versammlung in Nanking.
11.12.1912	Thronverzicht der Mandschus. Ende der Qing-Dynastie; Auseinandersetzung zwischen Sun Yat-sen und dem Militärmachthaber Yüan Schi-kai. Rücktritt Sun Yat-sens zugunsten von Yüan Schi-kai.
1912–1916	Yüan Schi-kai verfolgt als Vorläufiger Präsident der Republik jedoch dynastische Pläne und lässt sich am
01.01.1916	unter der Regierungsdevise Hong Xian (Große Verfassung) zum Kaiser ausrufen, stirbt jedoch am 6. 6. 1916.
1916–1928	Teilung Chinas. Im Norden Militärmachthaber (Warlords), im Süden die Republik China mit der Hauptstadt Nanking unter Sun Yat-sen und dann ab 1925 unter Chiang Kai-shek.
1928–1937	Chiang Kai-shek schließt den Nordfeldzug gegen die Warlords erfolgreich ab und regiert in Nanking die wieder vereinigte Republik China, ohne jedoch die Kommunisten besiegen zu können.
1937–1945	Krieg Japans gegen China. Chiang Kai-shek und Mao Zedong schließen ein Zweckbündnis gegen die Japaner.

	Die Guomindang operiert von Chongqing aus, die Kommunisten von Yanan.
02. 09. 1945	Kapitulation Japans
1945–1949	Republik China (Hauptstadt Nanking), jedoch Beginn des Bürgerkrieges bereits am 8. 1. 1947.
10. 10. 1949	Sieg der Kommunisten. Mao Zedong ruft die Volksrepublik China aus.

Karasuk
Irtysh
Barnaul
Prokop'yevsk
Biysk
Novokuznetsk
ZAPADNYY SAYAN
RUS
Pavlodar
Yermak
Yenisey
Kyzyl
Irku
Temirtau
Semipalatinsk
Leninogorsk
Karaganda
Ust'-Kamenogorsk
Hövsgöl Nuur
Ulaangom
KASACHSTAN
Kurchum
Erde
Altai
Bulgan
Ayaguz
Hovd
Uliastay
Khrebet Tarbagatay
Fuhai
Hangayn Nuruu
Tsetser
Balkaš
4226
Tacheng (Qoqek)
Fuyun
Kaškanteniz
VOLKS
Ozero Balkhash
Taldy-Kurgan
MON
Karamay
4359
Junggar Pendi
Edrengiyn Nuruu
ALMATY (ALMA-ATA)
Panfilov
Yining (Gulja)
Kuytun
Atlas Bogd 2702
Talgar
Ürümqi
Karlik Shan
BIŠKEK (FRUNZE)
Tariskay Shan 5068
Aydingkol Hu -154
4925
Hami
7439 Pik Pobedy
KIRGISISTAN
Tien Shan
Andizhan
Aksu (Aksu Yangi Shahr)
Tarim He
Lop Nur
Anxi
Badain Jar Shamo
Yumen
Taklimakan Shamo
5400
Kashi (Kashgar)
Tarim Pendi
Altun Shan
6194
5532
Pamir
Hotan (Khotan)
Da Qaidam
Qaidam Pendi
K2 (Godwin-Austen) 8611
Kunlun Shan
Gilgit
Karakorum
CHIN
FAJSALĀBĀD (ISLAMABAD)
6400 Mawang Kangri
Xizang Gaoyuan
Srinagar
Leh
Jinsha Jiang
Rawalpindi
PAK.
6520
Gujranwala
Garyarsa (Gartok)
Tibet
Amritsar
7216 Kuhanbokano
Qamdo
Lahore
Jalandhar
Nyainqêntanglha Shan
Daxue Shan
Chen
Ludhiāna
Dehra Dun
Himalaya
Namcha Barwa 7756
Mekong
Gongga Shan 7556
Sahāranpur
Lhasa
Meerut
NEPAL
Komdi 4185
DELHI
Bareilly
KĀTHMANDU
Mt. Everest 8846
Kangto 7089
Bikaner
THIMPHU
Aligarh
BHUTAN
Kumon Taung
Jaipur
Agra
Kānpur
Lucknow
Darjiling
Siliguri
Dibrugarh
Dukou
Gorakhpur
Jodhpur
Gwalior
Allāhābād
Ganga
Patna
Brahmaputra
Myitkyina
Dali
Jhansi
Mymensingh
Silchar
Udaipur
Vārānasi
Gaya
Bhāgalpur
BANGLADESCH
Impha
Bhamo
Wuliang Shan
Kunmi
Bhopāl
Jabalpur
Ranchi
Bhātpāra
DHAKA
Agartala
MYANMAR
Indore
Jamshedpur
Hāora
Vadodara
Kharagpur
Calcutta
Chittagong
Mandalay
Dekkan
Nāgpur
Raipur
Luang Praba
Surat
INDIEN
Palmyras Point
Pakokku
Kengtung
Meiktila
Cuttack
Sittwe (Akyab)
Mumbai (Bombay)
Kyaukpyu
Thayetmyo
Brahmapur
Gulf of Bengal
LA
Pune
Warangal
Myanaung
Chieng-Mai
VIANGCHAN
Vishākhapatnam
YANGON (RANGOON)
Pegu
Kolhapur
Sholāpur
Hyderābād
Rājahmundry
Udon Thani
THAILAND